Polonia

Gdańsk y Pomerania
p. 317

Varmia y Mazuria
p. 383

Mazovia y Podlaquia
p. 88

Wielkopolska
p. 292

★
Varsovia
p. 50

Silesia
p. 245

Małopolska
p. 164

Cracovia
p. 121
◉

Montes Cárpatos
p. 202

EDICIÓN ESCRITA Y DOCUMENTADA POR

Mark Baker, Marc Di Duca, Tim Richards

MERCADO, PLAZA DE LA
CIUDAD VIEJA, VARSOVIA P. 55

BADAHOS/GETTY IMAGES ©

BISONTES, PARQUE NACIONAL
DE BIAŁOWIEŻA P. 111

MAREMAGNUM/GETTY IMAGES ©

Sumario

Bienvenidos a Polonia

Elegantes centros medievales como Cracovia y Gdańsk le disputan a la activa Varsovia el favor urbano del viajero. Fuera de las ciudades, bosques, ríos y lagos incitan a disfrutar del aire libre.

Todo un milenio

Las raíces de Polonia se remontan al primer cambio de milenio, ofreciendo al viajero 1000 años de peripecias, reyes y castillos que explorar. A los interesados en la historia de la II Guerra Mundial no les faltarán alicientes, y son omnipresentes los monumentos y museos dedicados a sus batallas y a la supervivencia nacional. Su rico legado judío es también objeto de un creciente reconocimiento. Aparte de los profundamente emotivos monumentos a las víctimas del Holocausto, se están restaurando sinagogas, y antiguos centros judíos como Łódź o Lublin han creado rutas del patrimonio judío para que los viajeros puedan conocer la historia a su ritmo.

De castillos a cabañas

La antigua capital, Cracovia, es un laboratorio viviente de la arquitectura a lo largo de los siglos. Su corazón gótico casi intacto luce orgulloso ejemplos de estilo renacentista, barroco y *art nouveau*. Fabulosos castillos medievales y evocadoras ruinas jalonan cimas en todo el país, y las espléndidas fortalezas de ladrillo rojo de los Caballeros Teutones se alzan en el norte, a lo largo del Vístula. Iglesias de madera se ocultan entre los Cárpatos, y las destrezas de los habitantes de las tierras altas quedan patentes en los numerosos *skansens* (museos etnográficos al aire libre).

Comida reconfortante

Los amantes de la comida casera se encontrarán en Polonia como en casa. La cocina polaca gira en torno a ingredientes autóctonos como el cerdo, el repollo, la remolacha y las cebollas, combinados y preparados con maestría. Especialidades regionales como el pato, la oca y la trucha evitan la monotonía. En clave de dulces cuesta imaginar un destino más sugerente; de hecho, sus tartas de nata, *strudels* de manzana, tortitas, *dumplings* rellenos de fruta y el helado (en polaco, *lody*) puede que tienten a más de uno para que se salte el plato principal y pase directamente al postre.

La Polonia natural

Lejos de las grandes urbes, Polonia destaca por su belleza natural. Buena parte del país lo conforman grandes extensiones de llanuras, si bien la frontera al sur está alineada por una cordillera poco elevada pero encantadora que invita a pasar semanas de espléndida soledad. En el campo pueden encontrarse un sinfín de rutas de senderismo bien señalizadas que siguen el cauce de ríos, atraviesan bosques y salvan puertos de montaña. El noreste propone multitud de lagos y vías fluviales intercomunicados, ideales para practicar kayak.

Por qué me gusta Polonia

por Mark Baker, autor

Visité el país por primera vez como estudiante en la década de 1980 y me conmovió el humor, ingenio y amabilidad de un pueblo que convivía con la adversidad. En muchos viajes posteriores he podido profundizar en su cultura, a menudo fruto de su turbulenta historia, tratando de comprenderla. Hoy me impresiona el brío y la energía de su gente, que ha generado la historia poscomunista de mayor éxito en el centro de Europa. Por si fuera poco, tienen *kiełbasa* (salchicha autóctona), *pierogi* y vodka aromatizado con membrillo, ¿qué más se puede pedir?

Para más información sobre los autores, véase p. 472.

Arriba: Castillo Real, Varsovia (p. 54).

Polonia

Gdańsk
La metrópoli del norte
de Polonia (p. 320)

Castillo de Malbork
Mastodóntico buque insignia
la Orden Teutónica (p. 357)

Playas del Báltico
Hedonistas, refinadas o
simplemente relajantes (p. 364)

MAR BÁLTICO

Wejherowo · Gdynia

Ustka · Słupsk · Lębork · Sopot

Darłowo · Sławno · Kartuzy · Gdańsk

Bahía de
Pomerania

Kołobrzeg · Koszalin · Bytów · Kościerzyna · Tc

Świnoujście · Gryfice · Białogard · Miastko · Starogard Gdański · Ma

Laguna
Szczecin

Goleniów · Połczyn Zdrój · Szczecinek · Chojnice · Tuchola · Kwid

Szczecin · Złocieniec · Czaplinek · Świecie · Grudz

Stargard Szczeciński · Wałcz · Złotów · Chełmn

Toruń
Ciudad gótica magníficamente
conservada (p. 346)

Choszczno · Piła · Bydgoszcz · To

Strzelce Krajeńskie · Chodzież

Myślibórz · Wronki · Żnin · Inowrocł

Gorzów Wielkopolski · Oborniki · Strzelno

Kostrzyn · Skwierzyna · Szamotuły · Poznań · Gniezno

BERLÍN · Września

Świebodzin · Środa · Konin · Ko

Odra · Śrem · Turel

Gubin · Zielona Góra · Jarocin

Cottbus · Lubsko · Leszno · Gostyń · Kalisz

Żary · Żagań · Nowa Sól · Krotoszyn · Sie

ALEMANIA · Głogów · Rawicz · Ostrów Wielkopolski

Wrocław
Testigo de la II Guerra Mundial y
reconstruida con buen criterio (p. 247)

Lubin · Trzebnica

Bolesławiec · Brzeg Dolny · Kępno · Wieluń

Zgorzelec · Lubań · Legnica · Oleśnica · Namysłów

Dresde · Jawor · **Wrocław** · Kluczbo

Bogatynia · Jelenia Góra · Strzegom · Oława · Brzeg

Świdnica · Strzelin · Opole · Lublini

Wałbrzych · Dzierżoniów · Strze Opol

Parque Nacional de Karkonosze
Para perderse en bicicleta
de montaña (p. 268)

Ząbkowice Śląskie · Kędzierzyn

Kłodzko · Paczków · Nysa · Prudnik · Gliwic

Głuchołazy · Racibórz · Ry

ALTITUD · **PRAGA** · Hradec Králové · Głubczyce · Jastrzęł

	1500m
	1200m
	900m
	600m
	300m
	150m
	0

**Museo y Monumento
de Auschwitz-Birkenau**
Inquietante pero muy emotivo
(p. 289)

Ostr

**REPÚBLICA
CHECA**

Olomouc · Cieszy

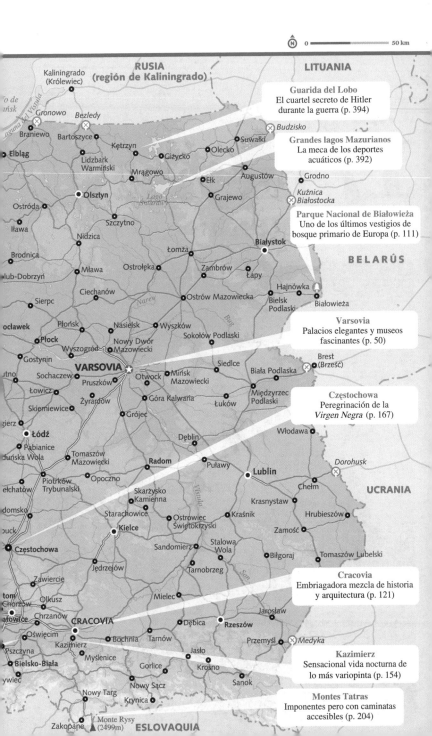

N   0 ————————— 50 km

Kaliningrado
(Królewiec)
RUSIA (región de Kaliningrado)
LITUANIA

Guarida del Lobo
El cuartel secreto de Hitler
durante la guerra (p. 394)

Gronowo
Bezledy
Budzisko
Suwałki

Grandes lagos Mazurianos
La meca de los deportes
acuáticos (p. 392)

Braniewo
Bartoszyce
Kętrzyn
Giżycko
Olecko

Elbląg
Lidzbark
Warmiński
Mrągowo
Ełk
Augustów
Grodno

Ostróda
Olsztyn
Lago
Śniardwy
Grajewo
Kuźnica
Białostocka

Parque Nacional de Białowieża
Uno de los últimos vestigios de
bosque primario de Europa (p. 111)

Iława
Szczytno
Nidzica
Białystok

Brodnica
Mława
Ostrołęka
Łomża
Zambrów
Łapy
BELARÚS

lub-Dobrzyń
Ciechanów
Ostrów Mazowiecka
Hajnówka
Bielsk
Podlaski
Białowieża

Sierpc
Narew
Płońsk
Nasielsk
Wyszków
Sokołów Podlaski

Varsovia
Palacios elegantes y museos
fascinantes (p. 50)

ocławek
Płock
Wyszogród
Nowy Dwór
Mazowiecki
Brest
(Brześć)

Gostynin
VARSOVIA
Otwock
Siedlce
Biała Podlaska

utno
Sochaczew
Pruszków
Mińsk
Mazowiecki

Łowicz
Żyrardów
Góra Kalwaria
Łuków
Międzyrzec
Podlaski

Częstochowa
Peregrinación de la
Virgen Negra (p. 167)

Skierniewice
Grójec

gierz
Łódź
Dęblin
Włodawa

Pabianice
duńska Wola
Tomaszów
Mazowiecki
Radom
Puławy
Lublin
Dorohusk

Piotrków
Trybunalski
Opoczno
Chełm
UCRANIA

ełchatów
Skarżysko
Kamienna
Krasnystaw

domsko
Starachowice
Kraśnik
Hrubieszów

buck
Ostrowiec
Świętokrzyski
Zamość

Częstochowa
Kielce
Sandomierz
Stalowa
Wola
Biłgoraj
Tomaszów Lubelski

Zawiercie
Jędrzejów
Tarnobrzeg

Cracovia
Embriagadora mezcla de historia
y arquitectura (p. 121)

tom
Chorzów
Olkusz
Mielec

afowice
Chrzanów
CRACOVIA
Dębica
Rzeszów
Jarosław

Oświęcim
Kazimierz
Bochnia
Tarnów
Przemyśl
Medyka

Pszczyna
Myślenice
Jasło

Kazimierz
Sensacional vida nocturna de
lo más variopinta (p. 154)

Bielsko-Biała
Gorlice
Krosno

ywiec
Nowy Sącz
Sanok

Nowy Targ
Krynica

Montes Tatras
Imponentes pero con caminatas
accesibles (p. 204)

Zakopane
Monte Rysy
(2499m)
ESLOVAQUIA

Las 17 mejores experiencias

Majestuosa Cracovia

1 Un ambiente único envuelve las atractivas calles y plazas de esta antigua capital (p. 121) con una embriagadora mezcla de historia y arquitectura. Desde la inmensa Rynek Główny, la mayor plaza de mercado de Europa, al magnífico castillo de Wawel (foto inferior izda.), en una colina sobre el casco antiguo, toda la ciudad resulta fascinante. Basta con añadir el antiguo barrio judío de Kazimierz y su vida nocturna para entender por qué Cracovia es un destino de visita obligada.

Museos y palacios de Varsovia

2 La capital (p. 50) posee una historia de gran dramatismo, y sus mejores museos reflejan ese arduo pasado. Su momento más oscuro durante la revuelta contra la dominación nazi está elocuentemente narrado en el Museo del Levantamiento, y la larga presencia judía en el país se expone en el Museo de la Historia de los Judíos Polacos. En el Museo Chopin suenan bellas melodías, y el Museo del Neón presenta un derroche de colorido de la era comunista. El Palacio Wilanów (foto inferior dcha.), o el cautivador Palacio en el Agua del parque Łazienki son buenas muestras de encanto señorial.

S-F/SHUTTERSTOCK ©

2

MARCIN KRZYŻAK/SHUTTERSTOCK ©

Gdańsk

3 Colosales iglesias de ladrillo rojo dominan las esbeltas casas de comerciantes (foto superior), encajadas entre palacios que flanquean viejas calles anchas y tortuosas callejas medievales. El patrimonio artístico de su rico pasado marítimo y comercial llena museos enteros, y turistas de todo el mundo se acercan a disfrutar de sus puestos de ámbar y espectáculos callejeros. Esto es Gdańsk (p. 320), antes parte de la Liga Hanseática, pero que hoy tiene la suya propia.

Wrocław

4 A lo largo de su turbulenta historia, la antigua ciudad alemana de Breslau (foto inferior) ha tomado todo lo que ha podido de sus invasores, y ha sobrevivido. Muy castigada en la II Guerra Mundial, fue reconstruida en torno a su plaza principal. También destaca el *Panorama de Racławice*, un enorme cuadro del s. XIX expuesto en un edificio circular. Wrocław (p. 247) también posee una vibrante vida nocturna, con un sinfín de bares y restaurantes en las angostas calles de su animado casco antiguo.
Catedral de San Juan Bautista (p. 252)

MANFRED GOTTSCHALK/GETTY IMAGES ©

WITOLD SKRYPCZAK/GETTY IMAGES ©

Castillo de Malbork

5 Nave nodriza medieval de la Orden Teutónica, el famoso castillo gótico de Malbork (p. 357) es una montaña de ladrillos unidos por un lago de mortero. Aquí residió el todopoderoso señor de la orden y más tarde los monarcas polacos que visitaban la ciudad. Todos han pasado a la historia, pero ni siquiera los obuses de la II Guerra Mundial pudieron con él. Si el viajero va a Polonia en busca de sus castillos, este es ineludible; es mejor verlo antes de anochecer, cuando los sesgados rayos del sol tiñen el ladrillo de carmesí.

Grandes lagos de Mazuria

6 No hay como disfrutar de un cóctel en la cubierta de un yate de lujo y darse un chapuzón, o ponerse un salvavidas, agarrar un remo y embarcarse en una aventura por las aguas de estos lagos (p. 392) comunicados entre sí, considerados la meca polaca de la navegación y los deportes náuticos. En tierra firme, el tintineo de las copas se mezcla con las charlas sobre el barco. En invierno, tan pronto como se congelan los lagos, el esquí de fondo reemplaza al esquí acuático.

Playas del Báltico

7 La temporada estival es breve y sus aguas, de las más frías de Europa, pero si lo que se busca es una playa de arena, pocos destinos superan a las del mar Báltico. Muchos llegan atraídos por las playas de sus numerosos centros costeros, como el hedonista Darłówko, el refinado Świnoujście (p. 374) o la ciudad balneario de Kołobrzeg (p. 371). En cambio, otros optan por huir del gentío y ponen rumbo a las dunas movedizas del Parque Nacional de Słowiński (p. 365), donde la persistente braveza del Báltico esculpe montañas de arena cribada.

PAWEL KAZMIERCZAK/SHUTTERSTOCK ©

Arquitectura popular

8 Si la palabra *skansen*, que designa un museo de arquitectura popular al aire libre, aún no está integrada en el vocabulario del viajero, sin duda lo estará tras visitar Polonia. Estos magníficos jardines con cabañas de troncos y casas de madera dan para un maravilloso paseo y son testimonio de siglos de vida campesina. Se dice que el mayor está en Sanok (p. 221), en los Cárpatos, pero quedan restos de antiguas iglesias de madera (foto superior izda.) y demás edificios en otros museos al aire libre del país. Capilla en el Agua (p. 166)

La Guarida del Lobo

9 El cuartel general de Hitler durante la II Guerra Mundial (p. 394) estaba tan bien diseñado que los Aliados no supieron de su existencia hasta que fue invadido por el Ejército Rojo en 1945. Ahora bien, no tendría por qué haber sido así si seis meses antes el coronel Claus von Stauffenberg (uno de los hombres de Hitler) hubiera corrido mejor suerte en su intento de asesinar al *Führer*. Hay que recurrir a la imaginación para apreciar en detalle este lugar que sigue siendo una de las ruinas bélicas más fascinantes de Polonia, y, además, representa un importante hito en la historia del s. xx.

Cata de vodka

10 La cerveza es la bebida de mayor consumo en Polonia, aunque en las celebraciones la bebida por excelencia es el vodka (p. 43). Una vez que se abre una botella, nadie puede marcharse hasta que no quede ni una sola gota. Polonia produce algunos de los mejores vodkas del mundo, como el Żubrówka o "vodka de los bisontes", aromatizado con hierbas del bosque de Białowieża, que sirven de pasto para estos mamíferos.

El legado gótico de Toruń

11 Pese a que muchas localidades del norte del país quedaron reducidas a escombros durante la guerra, Toruń (p. 346) escapó milagrosamente y hoy se puede disfrutar de una magnífica ciudad gótica amurallada a orillas del Vístula. Se puede recorrer su casco antiguo (foto superior), repleto de museos, iglesias, plazas y regias mansiones, y reponer fuerzas con una picante galleta de jengibre, su tentempié por excelencia. Otro de sus reclamos es el vínculo de Copérnico con una de sus casas góticas.

Peregrinación de la 'Virgen Negra'

12 En Polonia iglesias y monasterios son lugares habitados, llenos de vida, y no solo ruinas, como ocurre en otros países. Esto se aprecia en particular en el monasterio de Jasna Góra (p. 168), en Częstochowa. Para vivir el ambiente, hay que visitar esta localidad el 15 de agosto, cuando la festividad de la Asunción congrega a miles de peregrinos.

PUESTA A PUNTO LAS 17 MEJORES EXPERIENCIAS

Vida nocturna en Kazimierz

13 Antaño una animada mezcla de las culturas judía y cristiana, la mitad occidental de Kazimierz es hoy uno de los epicentros de la vida nocturna de Cracovia (p. 154). Escondidos entre sus calles pueden encontrarse bares para todos los gustos. El centro neurálgico es Plac Nowy, una pequeña plaza con mucho ambiente, dominada por un edificio circular que antiguamente era el mercado de carne del barrio. Quienes piensen que el casco antiguo de Cracovia se está volviendo algo aburrido, no tienen más que salir por Kazimierz y disfrutar de la fiesta.

Senderismo en los Tatras

14 En muchos sentidos, los Tatras (p. 204) son la cordillera ideal: impresionante pero accesible, con cumbres que cualquiera puede coronar con un poco de esfuerzo. Ahora bien, esto no merma su impactante presencia, sobre todo en verano, cuando el cielo se despeja y muestra la cara rocosa de las montañas, elevándose sobre los diminutos pinos más abajo. El mejor lugar desde donde acometer el ascenso es el complejo de montaña de Zakopane.

15

16

PARIS/GETTY IMAGES ©

17

KEVIN CLOGSTOUN/GETTY IMAGES ©

Ciclismo en el Karkonosze

15 Encajado entre el monte Wielki Szys-zak (1509 m) al oeste y el monte Śnieżka (1602 m) al este, el Parque Nacional de Karkonosze (p. 268) no es únicamente un paraíso senderista. En su frondosa extensión se suceden diversas rutas de bicicleta de montaña, que cubren unos 450 km, y a las que se accede fácilmente desde Szklarska Poręba (p. 269) o Karpacz (p. 271). Basta con hacerse con un mapa de las rutas en la oficina de turismo, alquilar una bicicleta y cruzar los bosques pasando junto a precipicios majestuosos tallados por glaciares de la Edad de Hielo.

Parque Nacional de Białowieża

16 El bisonte de la etiqueta de las botellas de cerveza Żubr o vodka Żubrówka cobra más sentido tras visitar esta pequeña porción de bosque virgen junto a la frontera con Belarús. El Parque Nacional de Białowieża (p. 111) alberga uno de los últimos bosques primigenios europeos, que se puede visitar con un guía. Cerca se encuentra una reserva donde puede verse a otro superviviente, el bisonte europeo.

Auschwitz-Birkenau

17 Este antiguo campo de exterminio (p. 289) es un sombrío recordatorio de parte del mayor genocidio de la historia y la eliminación de más de un millón de personas. Actual museo y monumento a las víctimas, tras el infame cartel de la entrada, donde se lee "Arbeit macht frei", se alzan los pabellones carcelarios, con exposiciones tan impactantes como divulgativas. A poca distancia, el antiguo campo de Birkenau alberga los restos de las cámaras de gas utilizadas durante el Holocausto. La visita al complejo es una experiencia inquietante pero emotiva.

Lo esencial

Para más información, véase 'Guía práctica' (p. 433)

Moneda
Złoty (PLN)

Idioma
Polaco

Visados
En general, no son necesarios para estancias de hasta 90 días.

Dinero
Hay muchos cajeros automáticos; casi todos los hoteles y restaurantes aceptan tarjetas de crédito.

Teléfonos móviles
Las tarjetas SIM polacas se pueden utilizar en terminales europeos y en algunos estadounidenses.

Hora local
Hora de Europa central (GMT/UTC más 1 h)

Cuándo ir

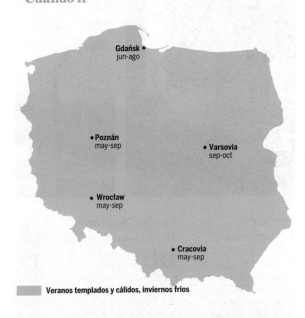

Gdańsk
jun-ago

Poznán
may-sep

Varsovia
sep-oct

Wrocław
may-sep

Cracovia
may-sep

Veranos templados y cálidos, inviernos fríos

Temporada alta (may-sep)

➡ En junio y julio suele hacer sol, aunque a veces llueve.

➡ Museos, parques nacionales y demás atracciones permanecen abiertos.

➡ Muy concurrido, sobre todo los festivos y fines de semana.

Temporada media (mar, abr y oct)

➡ Algunas atracciones cierran o tienen horarios reducidos.

➡ Abril y octubre son frescos, aunque suele haber días soleados.

➡ El fin de semana de Pascua llegan muchos viajeros; hay que reservar con antelación.

Temporada baja (nov-feb)

➡ La nieve de las montañas atrae a los esquiadores a las estaciones del sur.

➡ La semana entre Navidad y Año Nuevo es una época muy ajetreada.

➡ A veces cierran los museos y castillos de las localidades pequeñas.

Webs

Lonely Planet (www.lonely planet.es) Información sobre el destino y foro de viajeros.

Oficina Nacional de Turismo de Polonia (www.polonia.travel/ es) Sitio oficial de turismo.

New Poland Express (www. newpolandexpress.pl) Recoge las noticias más destacadas.

Warsaw Voice (www.warsaw voice.pl) Cubre la actualidad polaca.

Información turística de Varsovia (www.warsawtour.pl) Sitio oficial de turismo de Varsovia.

InfoKraków (www.infokrakow. pl) Web oficial turística de Cracovia.

Teléfonos útiles

Para llamadas interurbanas, no es necesario marcar ☎0.

Ambulancia	☎999
Bomberos	☎998
Policía	☎997
Urgencias desde móviles	☎112
Prefijo nacional	☎48

Tipos de cambio

Europa	1 €	4,12 PLN
EE UU	1 US$	3,73 PLN

Para tipos de cambio actualizados, véase www.xe.com.

Presupuesto diario

Hasta 150 PLN

➡ Cama en dormitorio compartido o casa de huéspedes: 50 PLN

➡ Comer en bares y compra de alimentos: 40 PLN

➡ Billetes tren/autobús: 30 PLN

➡ Gastos varios: 10 PLN

200-300 PLN

➡ Habitación en hotel o pensión de precio medio: 100-120 PLN

➡ Almuerzo y cena en restaurantes aceptables: 80 PLN

➡ Billetes de tren/autobús: 30 PLN

➡ Gastos varios: 20 PLN

Más de 350 PLN

➡ Habitación en el mejor hotel de la ciudad: 200 PLN

➡ Almuerzo y cena en los mejores restaurantes: 100 PLN

➡ Tren/autobús/taxi: 50 PLN

➡ Gastos varios: 20 PLN

Horario comercial

Los centros comerciales suelen abrir más horas de las indicadas, y de 9.00 a 20.00 el sábado y domingo. Los museos cierran casi siempre el lunes, y su horario es más reducido fuera de la temporada alta.

Para más información, véase p. 439.

Cómo llegar

Aeropuerto de Varsovia-Frédéric Chopin (p. 442)

Tren 4,40 PLN, 20 min a la estación Warszawa Centralna

Autobús urbano 4,40 PLN; nº 175 al casco antiguo

Taxi 60 PLN aprox.; 20 min al casco antiguo

Aeropuerto internacional Juan Pablo II (p. 442), Cracovia

Tren 10 PLN; 18 min a la estación Główny de Cracovia

Autobús urbano 4 PLN; nº 292 o 208 a la estación de autobuses

Taxi 80 PLN aprox.; 20 min al casco antiguo

Aeropuerto Lech Wałęsa (p. 442), Gdańsk

Autobús urbano 3 PLN; nº 110 al barrio de Wrzeszcz

Taxi 70 PLN aprox.; 30 min al centro

Cómo desplazarse

Aunque Polonia posee una extensa red de trenes y autobuses, las conexiones son más fiables entre grandes ciudades. El transporte tiene precios razonables, pero no siempre es rápido o eficiente.

Tren Los trenes PKP Intercity ofrecen servicio rápido y asequible entre las principales ciudades. Su web www.rozklad-pkp.pl facilita un práctico horario.

Autobús Polski Bus (www. polskibus.com) enlaza ciudades grandes y a veces es más rápido que el tren. En el resto del país, los autobuses son útiles para localidades remotas y pueblos sin servicio ferroviario.

Automóvil Siempre es práctico para viajar a un ritmo propio, pero las autopistas pueden ser estrechas y soportan mucho tráfico. En muchas ciudades se pueden alquilar vehículos. Se conduce por la derecha.

Para más información sobre **cómo desplazarse,** véase p. 444

En busca de...

Castillos

Si hay una cima, seguro que hay un castillo. En Polonia hay ejemplos épicos, desde moles aristocráticas del s. XIX a ruinas más sombrías y a menudo más elegantes.

Castillo Real de Wawel Decano de todos ellos, el imponente castillo de Cracovia es el símbolo de la nación polaca (p. 123).

Malbork Hicieron falta infinidad de ladrillos rojos para levantar la mayor fortaleza medieval de Europa (p. 357).

Książ El mayor castillo de Silesia atesora bajo sus cimientos un curioso secreto de los tiempos de la guerra (p. 263).

Krzyżtopór El resultado de combinar magia, dinero y la mano de un polaco excéntrico del s. XVII (p. 179).

Museos

Ya se trate de arte, historia, arquitectura popular o ciencia, tanto Varsovia como Cracovia alardean de excelentes colecciones.

Fábrica de Schindler Evocador museo en la antigua fábrica de esmaltados de Oskar Schindler, que narra la historia de Cracovia bajo la ocupación alemana en la II Guerra Mundial (p. 138).

Rynek Underground Bajo la inmensa plaza del mercado de Cracovia, este museo se sirve de la magia audiovisual para ilustrar la historia comercial de la ciudad (p. 128).

Museo Marítimo Nacional Los aficionados a la navegación disfrutarán en este complejo de Gdańsk (p. 327).

Museo Chopin Tributo interactivo al célebre compositor polaco (p. 61).

Arquitectura comunista

Desde los edificios socialistas de la década de 1950, hasta las estrambóticas estructuras de la de 1960 y 1970, los 40 años de régimen comunista dejaron huella en el país.

Estación de autobuses de Kielce De construcción futurista y poco atractiva (p. 175).

Palacio de la Cultura y la Ciencia Regalo de Stalin al pueblo polaco (p. 64).

Nowa Huta Este extenso barrio de la década de 1950 contrasta poderosamente con el casco antiguo de Cracovia (p. 139).

Monumento a las Víctimas de Junio de 1956 Espectacular monumento a los trabajadores de Poznań asesinados durante una brutal represión (p. 297).

Senderismo

Polonia ofrece miles de kilómetros de senderos señalizados por montañas y llanos.

Zakopane Cerca se encuentran los senderos a mayor altitud y más espectaculares de los Tatras (p. 204).

Bieszczady Verde, limpio y remoto; este pequeño rincón encajado entre Ucrania y Polonia es aquí lo más parecido al fin del mundo (p. 221).

Parque Nacional de Karkonosze La cresta entre los montes Szrenica y Śnieżka ofrece magníficas vistas (p. 268).

Góry Stołowe Parque nacional con extrañas formaciones rocosas, en los Sudetes (p. 277).

Vida nocturna

A los polacos les encanta la fiesta, y en verano las plazas de todo el país se llenan de mesas y trasnochadores.

Praga La 'margen derecha' de Varsovia está llena de bares (p. 78).

Wrocław Miles de universitarios han de tener algo que hacer los viernes por la noche (p. 256).

Kazimierz Barrio de Cracovia con un sinfín de pequeños bares de moda, en calles estrechas y

detrás de viejas y bellas fachadas (p. 154).

Poznań Su casco antiguo, repleto de animados *pubs*, clubes y restaurantes, atrae a gente de negocios y estudiantes (p. 294).

Cultura popular

Se observa un interés creciente por la cultura popular. De hecho, multitud de *skansens* salpican el paisaje y el calendario estival está lleno de festivales de música folclórica.

Sanok Su Museo de Arquitectura Tradicional es el mayor del país (p. 222).

Tarnów Su Museo Etnográfico está especializado en la historia popular de la minoría romaní (p. 210).

Katowice Aquí está el Parque Etnográfico de Alta Silesia, que ocupa más de 20 Ha de zonas verdes (p. 285).

Casubia Esta región, salpicada de pueblos y museos etnográficos, contrasta con el ruidoso litoral (p. 345).

PUESTA A PUNTO EN BUSCA DE…

rriba: Catedral de Wawel (p. 124), Cracovia.
bajo: Museo de Arquitectura Tradicional (p. 222), Sanok.

Ciudades históricas

Polonia tiene más de un milenio de existencia y sus ciudades reflejan los cambios arquitectónicos y económicos que se han producido a lo largo de los siglos. Muchas urbes importantes, como Varsovia, Gdańsk y Wrocław, fueron destruidas durante la II Guerra Mundial y posteriormente reconstruidas. Otras, como Cracovia y Toruń, sobrevivieron sin sufrir daños y mantienen su aspecto de siempre.

1. Cracovia (p. 121)
El Castillo Real de Wawel (p. 123) exhibe una mezcla de estructuras góticas y renacentistas con un estilo barroco.

2. Wrocław (p. 247)
Vista del casco antiguo de Wrocław.

3. Varsovia (p. 50)
Pese a que buena parte de la ciudad fue destruida durante la II Guerra Mundial, la Ciudad Vieja de Varsovia fue reconstruida recuperando su aspecto anterior.

4. Gdańsk (p. 320)
Cuando se construyó la Żuraw (Grúa), a mediados del s. xv, era la mayor grúa medieval de Europa.

Arquitectura comunista

Gran parte de Polonia fue reconstruida después de la II Guerra Mundial según los planes urbanísticos diseñados en Moscú, en consonancia con la estética comunista y realista socialista de entonces. El resultado fueron algunos disparates maravillosos, como el Palacio de la Cultura y la Ciencia de Varsovia, y otros proyectos, más serios, que reflejaban una realidad muy distinta solo unas décadas atrás.

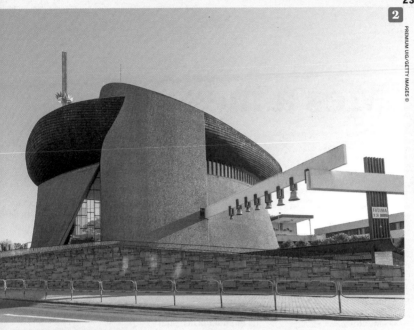

CHRISTIAN KOBER/JOHN WARBURTON-LEE/GETTY IMAGES ©

4

1. Varsovia (p. 50)
Palacio de Congresos, que forma parte del Palacio de la Cultura y la Ciencia (p. 64), una "muestra de amistad" de la Unión Soviética.

2. Cracovia (p. 121)
La iglesia de Arka Pana (p. 140), en Nowa Huta (Nueva Siderurgia), el barrio más nuevo de Cracovia.

3. Łódź (p. 90)
Un bloque de apartamentos en la antigua ciudad industrial.

4. Rzeszów (p. 213)
El *Monumento al Acto Revolucionario*, de Marian Konieczny (p. 215), está dedicado a la lucha contra la Alemania nazi.

3

WIKTORD/SHUTTERSTOCK ©

Mes a mes

Enero

Enero arranca a lo grande a medianoche, pero el restablecimiento total de los servicios no se produce hasta pasada la primera semana del año.

☆ Año Nuevo en Cracovia

El año entrante se recibe con grandes festines y fuegos artificiales. Cracovia ofrece todo eso y una alternativa más refinada: el concierto de Año Nuevo en el Teatr im Słowackiego (p. 157).

☆ Escapada a las montañas

Tras las fiestas, no hay nada como dirigirse al sur y disfrutar de la nieve. Mejor aún es poner rumbo al sur para esquiar; Zakopane es el principal centro turístico de invierno del país (p. 206).

Febrero

La temporada de esquí alcanza su apogeo. El gentío en las pistas aumenta a mediados de mes con la semana de vacaciones escolares.

☆ Shanties

Cracovia acoge este festival internacional de la canción marinera (shanties.pl) desde 1981.

Abril

Con días más largos, árboles con brotes, y cálidas y soleadas tardes que auguran días mejores, la Semana Santa es un gran momento para viajar.

☆ Semana Santa y Beethoven

El fin de semana de Pascua se suele celebrar en todo el país con una gran cena y mucha bebida. El Festival Anual de Pascua de Beethoven (beethoven.org.pl) tiene lugar en Varsovia, con dos semanas de conciertos.

☆ Maratón de Cracovia

Esta cita deportiva (zis. krakow.pl) atrae cada año a más participantes.

Mayo

Coincide con la vuelta del buen tiempo y el ruido de los estudiantes a punto de acabar el curso. Durante la Juvenalia, los estudiantes toman Cracovia.

☆ Música báltica

El festival de música y arte Probaltica (www.probaltica. art.pl) se celebra en Toruń y reúne a músicos tradicionales de todo el Báltico.

☆ Música sacra

Częstochowa es un centro de peregrinación religiosa, aunque en mayo saca a relucir su lado ecuménico durante el Gaude Mater (gaudemater.pl), con música sacra de diferentes credos.

Junio

Arranca el verano, y las celebraciones del Corpus Christi (normalmente en junio, a veces en mayo) pueden ser muy bulliciosas; la más multitudinaria es la de Łowicz.

✯✯ Cuatro Culturas

Cada año, Łódź celebra su histórico papel como punto de encuentro de las culturas polaca, judía, rusa y alemana con este festival de acertado nombre (4kultury.pl). La oferta abarca teatro, música, cine y debates.

☆ Teatro en Poznań

El Festival de Malta en Poznań (malta-festival.pl) es la mayor cita teatral del país, con una semana de representaciones callejeras y miles de visitantes.

✯✯ Festival de Cultura Judía

A finales de junio y comienzos de julio, el Festival de Cultura Judía de Cracovia (jewishfestival.pl) es uno de los principales eventos del año y acaba con un gran concierto de *klezmer* al aire libre en ul Szeroka, Kazimierz.

Julio

Los centros vacacionales están repletos, pero sin llegar a los niveles de agosto. Es el momento álgido de la temporada de festivales.

✯✯ El 'rock' del aeropuerto

El Open'er Festival (opener.pl) de Gdynia, de pop e

rriba: Mercado navideño, plaza del Castillo (p. 54), Varsovia.
bajo: Maratón de Cracovia, Cracovia.

indie rock, es *la cita* estival de la que todos hablan. Tiene lugar la primera semana de julio en el aeropuerto Kosakowo de la ciudad (p. 332).

 Arte callejero

El Festival de Arte Callejero de Varsovia (www. sztukaulicy.pl) ofrece cinco días de teatro, muestras de arte y representaciones al aire libre.

Agosto

Hay un gran gentío en la costa y en los complejos lacustres y de montaña, que se acrecienta los fines de semana. Sol, muchos festivales y una feria de *pierogis* en Cracovia.

Diversión en la montaña

El Festival Internacional de Folclore de Montaña de Zakopane (zakopane.pl) reúne a montañeses de todo el mundo en una semana de música, danza y trajes tradicionales.

Feria de Santo Domingo

La mayor juerga del año en Gdańsk (jarmarkdominika. pl) se viene celebrando desde 1260. Esta antigua festividad iniciada por los monjes dominicos se extiende hoy por las principales calles de la ciudad (p. 332).

Septiembre

El otoño llega pronto en el mes en que da comienzo el curso escolar y todo vuelve a la normalidad. Suele haber un largo período de sol.

 Wratislavia Cantans

Este festival (wratislavia cantans.pl) es la principal cita con la música y las bellas artes de Wrocław. Programa música sacra pero con cierto aire intelectual.

Old Jazz Festival

A finales de septiembre, los locales de Poznań se llenan de intérpretes locales e internacionales de todas las edades con motivo del Old Jazz Festival (oldjazz festival.pl).

Octubre

Acaba finalmente la temporada turística, y castillos y museos vuelven a su horario de invierno o se sumen en una profunda modorra.

Varsovia de cine

Durante más de 10 días, el Festival de Cine de Varsovia (wff.pl) programa las mejores películas del momento. Se proyectan las cintas polacas más destacadas y hay numerosas retrospectivas.

Noviembre

Las montañas reciben las primeras nevadas, aunque la temporada de esquí no arranca hasta diciembre. En el resto del país, las frescas temperaturas y las breves tardes anuncian la llegada del invierno.

Zaduszki Jazz Festival

Los cracovianos combaten la nostalgia invernal con el Zaduszki Jazz Festival, que arranca cada año en torno al Día de los Difuntos (2 de noviembre). Durante una semana se suceden actuaciones por toda la ciudad, en clubes, bares e incluso iglesias.

Cruasanes del Día de San Martín

El Día de la Independencia de Polonia es el 11 de noviembre. En esa misma fecha Poznań también celebra con desfiles y mucha jovialidad el Día de San Martín, donde lo mejor de todo son sus cruasanes rellenos.

Diciembre

A mediados de mes comienza la temporada de esquí.

Mercados navideños

Los hay por todo el país, pero el más evocador es el del casco antiguo de Varsovia. Un árbol de Navidad ensalza Plac Zamkowy, la plaza mayor.

 Concurso de belenes de Cracovia

Diciembre trae un singular concurso en el que los participantes han de construir el belén más asombroso. No hay que perderse las fascinantes *szopki* (escenas navideñas) construidas con cartón, madera y papel de aluminio (p. 145).

Itinerarios

 Polonia indispensable

Polonia es un país enorme con mucho para ver, de modo que los viajeros con tiempo limitado tendrán que configurar su itinerario cuidadosamente. Quienes visiten el país por primera vez, no deben perderse la capital, Varsovia, ni Cracovia. Para un viaje de una semana, se pueden dedicar tres días a cada una y un día para desplazamientos.

Varsovia es una espléndida mezcla donde confluyen el estilo soviético de posguerra y la arquitectura barroca y renacentista de su casco antiguo, hoy restaurado.

Se recomienda reservar como mínimo un día para visitar museos, en concreto el del Levantamiento de Varsovia, el de Chopin o el de la Historia de los Judíos Polacos.

Varsovia es el polo opuesto de **Cracovia,** antigua capital real de Polonia. Si la primera es una urbe moderna revestida de elementos antiguos, la última es justo lo contrario. Se puede pasar un día visitando el casco antiguo y el castillo de Wawel, dedicar el segundo al antiguo barrio judío de Kazimierz y el tercero hacer una excursión a las **minas de sal de Wieliczka** (si se viaja con niños) o al museo y monumento conmemorativo de **Auschwitz-Birkenau.**

Las tres grandes: Cracovia, Varsovia y Gdańsk

2 SEMANAS

Esta ruta visita Cracovia y Varsovia antes de poner rumbo a la cautivadora ciudad portuaria báltica de Gdańsk. Pese a que el circuito se puede realizar en 10 días, tener alguno más vendrá bien.

Hay que dedicar al menos cuatro días a **Cracovia,** una de las ciudades medievales mejor conservadas de Europa. Al igual que en el itinerario "Polonia indispensable", el primer día se recomienda callejear por su casco antiguo. No hay que perderse la basílica de Santa María. El segundo día es para los puntos de interés del castillo de Wawel. Y el tercero, para explorar el barrio de Kazimierz. La última jornada se recomienda visitar las **minas de sal de Wieliczka** o **Auschwitz-Birkenau.** Si se dispone de un día adicional, el complejo de montaña de **Zakopane** (a 2 h en autobús) es una buena opción.

A continuación hay que tomar el tren a **Varsovia** y pasar allí tres o cuatro días. Contar con un día extra permite disfrutar de los fascinantes museos de la ciudad, así como recorrer sin prisas el casco antiguo y la elegante ul Nowy Świat. Para tomar algo por la noche, una buena opción es el Praga, cruzando el río Vístula. Vale la pena deleitarse con un paseo por el parque Łazienki. Como excursión de un día, son recomendables el palacio **Wilanów,** 6 km al sur del centro, y el antiguo campo de exterminio nazi de **Treblinka.**

En Varsovia, tómese el tren a **Gdańsk.** Su magníficamente restaurado centro histórico, que, al igual que Varsovia, quedó reducido a escombros durante la II Guerra Mundial, vale la pena. Luego hay que bajar por la Ruta Real y no perderse el Museo del Ámbar. Cabe destacar el barrio ribereño y la bella ul Mariacka.

Si es verano y la temperatura lo permite, uno puede darse un chapuzón en **Sopot** o en la playa de la **península de Hel,** más tranquila y refinada.

A lo largo del Vístula

El mayor de los ríos polacos nace en una cordillera al sur del país y desemboca en el mar Báltico. Su curso atraviesa muchas de las localidades más antiguas de Polonia.

Este circuito es ideal para el viajero sin una agenda estricta y en busca de una forma distinta de conocer el país. Lo mejor será ir en autobús (en los últimos años se han reducido los servicios de ferrocarril a muchas de estas localidades), aunque, como es natural, quienes dispongan de vehículo propio podrán cubrir la ruta en tres semanas o menos.

Se comienza río arriba con dos o tres días en la antigua capital real de **Cracovia** y una excursión de un día al museo y monumento conmemorativo de **Auschwitz-Birkenau,** en Oświęcim. Desde Cracovia, se llega en autobús hasta la bella **Sandomierz,** una joya aún por descubrir, de impresionante variedad arquitectónica y encaramada en un peñasco con vistas al río. Desde aquí, vale la pena desviarse hasta **Zamość,** una localidad del s. XVI, casi intacta.

De nuevo en el curso del Vístula, se impone parar en la antigua colonia de artistas –hoy popular retiro de fin de semana– de **Kazimierz Dolny,** antes de llegar a **Varsovia** y disfrutar de sus atractivos durante unos días. La siguiente escala es **Płock,** capital polaca del *art nouveau;* siguiendo el río se entra en Pomerania y se atraviesa el núcleo de la medieval **Toruń,** otra localidad gótica bien conservada, que además presume de ser la cuna del astrónomo Nicolás Copérnico.

Pasado Toruń, el río encara su tramo final. Antaño, el curso del Vístula estaba vigilado por incontables bastiones de Caballeros Teutones. El legado de estos caballeros se puede observar en **Chełmno, Kwidzyn** y **Gniew,** aunque el ejemplo más soberbio está en **Malbork,** en la margen de uno de los brazos secundarios del río. El viaje termina en la ciudad portuaria de **Gdańsk,** donde desemboca el río.

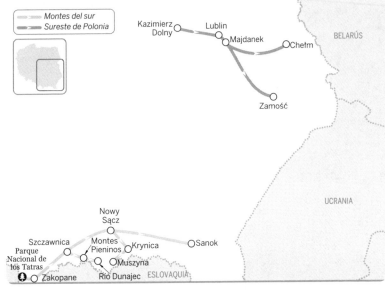

Montes del sur

La frontera meridional de Polonia está alineada de un extremo al otro por montañas. Este itinerario es ideal para excursionistas.

Se comienza en **Zakopane,** centro turístico de montaña de fácil acceso en autobús desde Cracovia. Hay que calcular al menos un día para ver su histórica arquitectura de madera y el Museo del Estilo de Zakopane, y otro (como mínimo) para una caminata por los **montes Tatras.**

A partir de aquí, el viajero deberá tomar algunas decisiones difíciles. Los **montes Pieninos,** al este de los Tatras, son preciosos, mientras que el balneario de **Szczawnica** resulta ideal para hacer caminatas, excursiones en bicicleta o practicar descenso en *rafting* por el río **Dunajec.** Tras Szczawnica, la localidad de **Nowy Sącz** ofrece comodidades urbanas, aunque también se puede optar por **Krynica** o **Muszyna,** dos populares balnearios ideales para practicar senderismo.

Un largo trayecto separa Nowy Sącz de **Sanok,** con un asombroso *skansen* (museo etnográfico al aire libre) y acceso a la Ruta de los Iconos, de 70 km, salpicada de iglesias de madera.

Sureste de Polonia

El rincón suroriental de Polonia es poco conocido, pues está fuera de los circuitos turísticos habituales. Se puede empezar en **Lublin,** cuyo casco antiguo ha sido recientemente restaurado. El castillo de Lublin merece una visita, al igual que la torre de los Trinitarios, con unas vistas espléndidas. Ver el campo de concentración de **Majdanek,** a las afueras de la localidad, requiere de medio día.

Lublin sirve de base para explorar **Chełm,** conocida por sus túneles subterráneos de caliza, y que ofrece además estimables puntos de interés y restaurantes vinculados al legado judío.

Desde aquí también se puede visitar el popular retiro de artistas de **Kazimierz Dolny,** repleto de museos y galerías, y rodeado de campos y bosques perfectos para pasear o montar en bicicleta.

Desde Lublin, se pone rumbo al sur hasta **Zamość,** merecidamente autoproclamada "Perla del Renacimiento". Muy bien conservada, esta localidad del s. XVI cuenta con una animada plaza central que acoge conciertos y festivales musicales en verano.

Mapa de Polonia con las rutas marcadas: MAR BÁLTICO, Gdańsk, Grandes lagos Mazurianos, RUSIA, Parque Nacional de Wigry, LITUANIA, Szczecin, Parque Nacional de Biebrza, BELARÚS, Tykocin, Białystok, Toruń, Parque Nacional de Białowieża, ALEMANIA, Poznań, Lublin, Chełm, UCRANIA, Wrocław, Zamość, REPÚBLICA CHECA, Cracovia, Sanok, Przemyśl, Parque Nacional de Bieszczady, ESLOVAQUIA.

Leyenda:
- Ciudades del oeste
- Territorios fronterizos orientales

1 SEMANA — Ciudades del oeste

Polonia occidental es una región que a lo largo de los siglos ha sido objeto de acaloradas disputas territoriales entre Polonia y Alemania. **Wrocław,** con su eficiente red de transportes, es un buen punto de partida. Es la antigua ciudad alemana de Breslau, cuya arquitectura conserva un gusto germánico con un toque polaco. Tras la II Guerra Mundial, Wrocław fue repoblada con refugiados provenientes de los territorios de Polonia oriental, lo que dotó a la ciudad de una mayor dimensión étnica.

Desde aquí, vale la pena continuar hasta **Poznań,** un próspero enclave comercial con una embriagadora mezcla de negocios y placer, esto último acentuado por su numerosa población universitaria. Fue aquí donde un milenio atrás se forjó el Reino de Polonia.

Tras visitar Poznań, la deslumbrante localidad gótica de **Toruń** espera al viajero. Se llega hasta ella tras un breve trayecto en autobús o en tren, y es conocida por su bellas estructuras de ladrillo rojo y sus galletas de jengibre. La ruta concluye en **Gdańsk** o **Szczecin** (esta última en claro contraste con la belleza arquitectónica del resto de las ciudades visitadas).

3 SEMANAS — Territorios fronterizos orientales

La región fronteriza de Polonia oriental es una remota franja de esplendor natural en la que la vida discurre con más pausa que en el resto del país. Este itinerario agradará a viajeros que prefieran la soledad de la naturaleza al bullicio de las grandes urbes.

Es más cómodo empezar en **Cracovia,** pero enseguida se parte hasta **Sanok,** con su *skansen* y museo de iconos, para luego adentrarse en el **Parque Nacional de Bieszczady.** Después hay que dirigirse al norte y seguir las carreteras secundarias hasta llegar a la localidad renacentista de **Zamość,** pasando por **Przemyśl.** Continuar hasta **Chełm** para observar los túneles subterráneos de caliza y después deleitarse con las comodidades urbanas de **Lublin.**

Hacia el norte se pasa por zonas rurales hasta llegar al **Parque Nacional de Białowieża,** con su bosque primigenio y su manada de bisontes. Continuar hasta la capital de provincia de **Białystok** y la aldea de **Tykocin,** con su memorable sinagoga. Desde aquí se pueden visitar parques nacionales, como los de **Biebrza** y **Wigry,** y los **grandes lagos Mazurianos,** todos con opciones para navegar y practicar senderismo.

Actividades al aire libre

¿Por qué conocer Polonia desde la ventanilla de un tren, encerrado en un museo o a través del objetivo de la cámara, pudiendo subir a una bici o ponerse las botas de senderismo y salir a respirar aire fresco? Polonia ofrece todo esto y mucho más.

Las mejores actividades al aire libre

Mejor excursionismo
Montes Tatras (p. 204), montes Pieninos (p. 240), montes Bieszczady (p. 227).

Mejor kayak
Río Krutynia (p. 387), Ruta de Drawa (p. 37), río Brda (p. 37).

Mejor ciclismo
Montes Bieszczady (p. 221), montes Sudetes (p. 265).

Mejor esquí
Montes Tatras (p. 204), montes Sudetes (p. 255).

Mejores deportes acuáticos
Grandes lagos Mazurianos (p. 392), Augustów y alrededores (p. 114).

Mejor época para ir
Verano (jun-ago) Para hacer excursiones a pie, en bici y en kayak.

Finales de primavera (may) y principios de otoño (sep) Antes y después del verano puede hacer sol y las pistas, lagos y canales están menos concurridos.

Invierno (nov-mar) La mejor época para el esquí y el *snowboard* en las cordilleras del sur.

Pasado y presente

La tradición polaca de disfrutar al aire libre se remonta al s. XIX, cuando se trazaron los primeros senderos por las cordilleras del sur. Los caminantes y alpinistas polacos siempre están presentes en las grandes citas del montañismo mundial, y el país ha financiado muchas expediciones por todo el mundo, incluido el Himalaya.

Polonia no emergió como destino de deportes de naturaleza hasta la caída del comunismo. Los operadores turísticos cada vez atienden más a las demandas de los aventureros de todo el mundo, con mejores instalaciones y una oferta más amplia.

Ciclismo

Casi todas las regiones cuentan hoy con rutas ciclistas bien señalizadas, desde cortos y cómodos circuitos a épicas rutas internacionales, y la situación mejora cada año. Se puede restringir el recorrido a las zonas más llanas y cubrir el resto de la ruta en tren, pero los que no teman a las pendientes pueden recorrer algunas de las regiones más fascinantes (y poco exploradas) del país. Puede ser difícil encontrar mapas que indiquen las rutas ciclistas fuera de Polonia, pero en las oficinas de turismo suelen tenerlos.

Rutas ciclistas

Montes Cárpatos

En los montes Bieszczady hay pistas que atraviesan una serie de bosques de un verde profundo y prados que componen algunos paisajes naturales y arquitectónicos de postal. Parte de la **Ruta de los Iconos** (de 70 km; p. 223), cerca de Sanok, es accesible para los ciclistas, a los que recompensa con vistas de antiguas iglesias de madera y castillos. La localidad de Sanok está a caballo de una amplia red de carreteras y senderos frecuentados por ciclistas que cubren cientos de kilómetros en Polonia y se extienden por las vecinas Eslovaquia y Ucrania. La web municipal (www.gminasanok.com) ofrece un buen resumen de estas pistas.

La región del río Dunajec, en los montes Pieninos, no es apta únicamente para el *rafting*. **Szczawnica** (p. 241), en particular, es un gran centro ciclista. Es el punto de partida de varias rutas y cuenta con numerosas agencias de alquiler de bicicletas. Una de las mejores rutas de la región es la que sigue el Dunajec unos 15 km hasta la localidad eslovaca de Červený Kláštor.

Bosque de Białowieża

Hay rutas encantadoras que arrancan cerca del pueblo de Białowieża y atraviesan la zona norte de este bosque y grandes extensiones de bosque virgen al norte y oeste del **Parque Nacional de Białowieża** (p. 111), con desvíos que se adentran en el propio parque. Lo mejor es pedir un mapa en el centro de información y ponerse en marcha. Para ir sobre ruedas, **Rent a Bike** (p. 112) alquila bicicletas.

El Noreste

Pasear en bicicleta por la región de Mazuria también es muy agradable y fácil, ya que el terreno es llano. Junto al lago Mamry, la localidad de **Węgorzewo** (p. 395) es una práctica base para acceder a 18 rutas señalizadas, con circuitos de 25 a 109 km. El **bosque de Augustów** (p. 117) y las zonas en torno a **Suwałki** (p. 118) son también buenos territorios ciclistas. El viajero hallará varias empresas de alquiler en Augustów, como Jan Wojtuszko (p. 116).

Montes Sudetes

Estos montes, sobre todo en torno a la localidad de **Szklarska Poręba** (p. 269), son un filón para ciclistas de montaña. El **Parque Nacional de Karkonosze** (p. 268), que llega hasta la frontera checa, cuenta con numerosas pistas ciclistas señalizadas y es popular entre los amantes de los deportes extremos. Algunas de las pistas siguen por la República Checa. La **oficina de turismo de Szklarska Poręba** (p. 270) facilita mapas y asesora sobre alquileres.

Circuitos ciclistas

La mayoría de los ciclistas van por su cuenta, pero si se quiere viajar en un grupo organizado, la británica Cycling Holidays Poland (véase arriba) es la principal empresa a contactar. **Hooked on Cycling** (☑Reino Unido +44 1506 635 399; www.hookedoncycling. co.uk), especializada en circuitos autoguiados por toda Europa, es otra opción.

WEBS DE CICLISMO

Cities for Bicycles (www.rowery.org.pl)

Cycling Holidays Poland (www.cyclingpoland.com)

EuroVelo (www.ecf.com)

Central & Eastern European Greenways (www.greenways.by)

PUESTA A PUNTO ACTIVIDADES AL AIRE LIBRE

CICLISMO SEGURO

➡ Siempre que sea posible, hay que permanecer en las pistas señalizadas. Los conductores no suelen prestar atención a los ciclistas, y las carreteras polacas, sobre todo las alejadas de las rutas principales, pueden llegar a ser pésimas. Más vale estar al tanto.

➡ De las grandes ciudades, Cracovia es la que presenta mayores avances, y sus rutas por el río son pintorescas y seguras.

➡ Incluso las localidades pequeñas cuentan con tiendas de recambios donde se hacen reparaciones baratas.

Paseos y senderismo

Las zonas montañosas de Polonia son estupendas para explorarlas a pie y atraen a miles de excursionistas cada año. Unos 2000 km de senderos atraviesan los parques nacionales del país, muchos de ellos bien señalizados y equipados con refugios. Además, el repertorio natural de cumbres, pendientes, climas y terrenos que exhibe la geografía del país permite infinidad de posibilidades, desde caminatas de una semana hasta dar paseos de 1 h. La **PTTK** (Sociedad Polaca de Turismo, Polskie Towarzystwo Turystyczno-Krajoznawcze; ☎22 826 2251; www.pttk.pl) tiene una web poco fiable, pero sigue siendo un excelente recurso para senderismo y paseos en todo el país. Ofrece un listado de refugios de montaña y centros de información gestionados por ellos, así como mucha información útil para planificar una caminata.

Dónde ir de excursión

Las cordilleras del sur son las mejores para disfrutar de excursiones por cotas altas, pero para pasear por las llanuras, cualquier región es buena.

Montes Cárpatos

Los **montes Tatras** (p. 204), en el sur, son un destino ideal para salir de excursión. Los Tatras Occidentales y los Altos Tatras ofrecen diferentes paisajes, siendo estos últimos los más desafiantes y más espectaculares. Una de las escaladas más populares es la del monte Giewont (1894 m), coronado por una cruz pero rodeado de fuertes pendientes que hacen desistir a algunos.

Los valles que rodean Zakopane brindan recorridos diversos, aptos para senderistas de todos los niveles (algunos se recorren en menos de 1 h). Asimismo, los senderos

GUÍAS DE MONTAÑA

Dos prácticas guías de senderismo para los Tatras (en inglés) son *High Tatras: Slovakia and Poland*, de Colin Saunders y Renáta Nározná (2012), y la excelente (pero más difícil de encontrar) *Tatra Mountains of Poland and Slovakia*, de Sandra Bardwell, publicada en el 2006.

en torno a los cercanos montes **Pieninos** (p. 240) y los **Bieszczady** (p. 227) en el este, ofrecen apasionantes experiencias, incluso para quienes prefieren pasear. Otra opción son los **Altos Beskides** (p. 237), que cuentan con senderos por los que se irán encontrando albergues de montaña. Muszyna y Krynica son populares bases de acceso a esta región.

La cordillera de los **Bajos Beskides** (p. 231), de menor altura, ofrece caminatas menos arduas y vistas no tan espectaculares.

En todas estas zonas la primera escala obvia es la oficina de información turística.

Montes Sudetes

El **Parque Nacional de Karkonosze** (p. 268) es una genuina muestra de esta cordillera. Las antiguas y peculiares formaciones rocosas en forma de meseta de las montañas Góry Stołowe figuran entre sus atractivos. Resulta sencillo acceder a esta zona desde la localidad de Szklarska Poręba, a los pies del monte Szrenica (1362 m), y existe una gran variedad de senderos que van desde Karpacz hasta el monte Śnieżka (1602 m). Más al sur, la localidad de Międzygórze es otra buena base para explorar los Sudetes. Las oficinas de turismo de Karpacz y Szklarska Poręba informan amablemente sobre los caminos y albergues de montaña más adecuados.

Otras regiones

➡ El **bosque de Augustów** (p. 117), en la región de Augustów-Suwałki, incluye 55 lagos, buenas carreteras, abundantes caminos y partes ricas en flora y fauna. También hay numerosas bahías y penínsulas que explorar por el lago Wigry, en el **Parque Nacional de Wigry** (p. 119), y el **Parque Paisajístico de Suwałki** (p. 119), de 63 km², ofrece espectaculares vistas.

➡ La cordillera más baja del país se encuentra en el **Parque Nacional de Świętokrzyski** (p. 175), en Małopolska, cerca de Kielce. Alberga una ruta de 17 km que pasa por un antiguo lugar sagrado en lo alto de una colina que en la actualidad es un monasterio.

➡ El **Parque Nacional de Roztocze** (p. 200) cuenta con diversas rutas más sencillas por un terreno poco accidentado, y el parque paisajístico que rodea **Kazimierz Dolny** (p. 190) ofrece paseos sin dificultad pero gratificantes.

➡ También destacan el Parque Nacional de Kampinos (p. 86), a las afueras de Varsovia, con sus célebres dunas; el Parque Nacional de Wielkopolska (p. 308), en Wielkopolska, y el denso

PARQUES NACIONALES: LOS 10 MEJORES SEGÚN LAS ACTIVIDADES

En Polonia hay 23 parques nacionales muy variados. Para más información sobre rutas ciclistas y senderistas, se pueden consultar sus webs. Es mejor asegurarse antes de presuponer que una ruta esté abierta.

PARQUE NACIONAL	CARACTERÍSTICAS	ACTIVIDADES	MEJOR ÉPOCA PARA LA VISITA	WEB
Białowieża (p. 111)	bosque primigenio; bisontes, alces, linces, lobos	observación de fauna, senderismo	primavera, verano	www.bpn.com.pl
Biebrza (p. 108)	ríos, pantanos, bosques; alces, agachadizas reales, carricerines cejudos	observación de aves, piragüismo	primavera, otoño	www.biebrza.org.pl
Kampinos (p. 86)	bosques, dunas	senderismo, ciclismo de montaña	verano	www.kampinoski-pn.gov.pl
Karkonosze (p. 268)	montañas; pinos enanos, flora alpina	senderismo, ciclismo de montaña	verano, invierno	www.kpnmab.pl
Narew (p. 110)	ríos, juncales; castores	observación de aves, piragüismo	primavera, otoño	www.npn.pl
Ojców (p. 166)	bosque, formaciones rocosas, cuevas; águilas, murciélagos	senderismo	otoño	www.ojcowskiparknarodowy.pl
Roztocze (p. 200)	bosque; alces, lobos, castores, caballos salvajes	senderismo	primavera, otoño	www.roztoczanskipn.pl
Słowiński (p. 365)	bosque, pantanos, dunas; pigargos, aves acuáticas	senderismo, observación de aves	todo el año	www.slowinskipn.pl
Tatras (p. 204)	montañas alpinas; rebecos, águilas	senderismo, escalada, esquí	todo el año	www.tpn.pl
Wolin (p. 365)	bosque, lago, litoral; pigargos, bisontes	senderismo, observación de aves	primavera, otoño	www.wolinpn.pl

Parque Nacional de Wolin (p. 365), al noroeste del país.

Circuitos a pie

Por las pistas y circuitos naturales de Polonia operan muchos guías y operadores locales. Si se desea organizar una caminata guiada desde casa, la británica **Venture Poland** (Reino Unido +44 20 7558 8179; www.venturepoland.eu) está especializada en circuitos a pie por los Cárpatos, y **Walks Worldwide** (Reino Unido +44 1962 737 565; www.walksworldwide.com; 8.00-18.00 lu-vi, 9.00-17.00 sa) cubre todas las cordilleras del sur.

Piragüismo, kayak y 'rafting'

Por toda Polonia fluyen corrientes ideales para que uno le de al remo: las tierras bajas de Mazuria, Varmia y Kashubia, al norte del país, cuentan con miles de lagos y ríos. Más al este está el **canal Augustów** (p. 115), que conecta con lagos y ríos. Al sur de Augustów se extienden diversos parques nacionales poco visitados que ofrecen más oportunidades para subirse a un kayak en un entorno protegido, lleno de riachuelos y pantanos.

POSZTOS/SHUTTERSTOCK ©

Arriba: Garganta del Dunajec desde el monte Sokolica (p. 242).

Izquierda: En kayak por el río Krutynia (p. 387).

No es preciso viajar con el kayak, pues hay muchos sitios donde alquilar embarcaciones, remos y chalecos salvavidas a precios muy razonables, así como numerosas empresas de circuitos y guías. Las oficinas de turismo locales ofrecen asesoramiento.

Dónde remar

Grandes lagos Mazurianos

La localidad de **Olsztyn** (p. 385) es una práctica base para las salidas acuáticas, en particular en kayak. **PTTK Mazury** (p. 448) facilita excursiones, equipo y guías. Desde Olsztyn es posible surcar el río Łyna hasta la frontera del enclave ruso de Kaliningrado, o pasar un par de horas navegando más cerca de la localidad.

La ruta más popular en kayak de la zona recorre el **río Krutynia** (p. 387). Comienza en Sorkwity, 50 km al este de Olsztyn, y sigue su curso y el lago Bełdany hasta Ruciane-Nida. Hay quien considera que el Krutynia es el río más espectacular del norte y el de aguas más claras de Polonia. Atraviesa 100 km de bosques, reservas ornitológicas, prados y pantanos. Para familiarizarse con él, PTTK Mazury, en Olsztyn, organiza populares circuitos de 10 días por el Krutynia, desde el **Stanica Wodna PTTK** (www.sorkwity.pttk.pl) en Sorkwity. Salen a intervalos regulares de junio a agosto, y el precio (1190 PLN) incluye kayak, comida, seguro, alojamiento en cabaña y un guía que habla polaco, inglés o alemán. El viajero también puede ir por su cuenta, alquilando un kayak (30 a 40 PLN diarios) en el Stanica Wodna PTTK de Sorkwity, aunque es mejor comprobar antes la disponibilidad.

Koch (89 751 1093; www.masuren2.de; ul Sportowa 1) es un operador de circuitos con base en el Hotel Koch de Kętrzyn que concierta todo tipo de aventuras en los grandes lagos Mazurianos.

Región de Augustów-Suwałki

Menos visitados que los famosos grandes lagos Mazurianos (y quizá más frescos), los lagos de la **región de Augustów-Suwałki** (p. 114) no están interconectados, pero sus aguas son claras. El río donde se practica piragüismo es el Czarna Hańcza, por una ruta que suele iniciarse en Augustów y avanza hacia el norte hasta el lago Serwy, pasando por el canal de Augustów, de 150 años de antigüedad, la región de lagos de Suwałki y el bosque de Augustów. Aunque numerosos operadores turísticos realizan este circuito,

SERVICIOS DE RESCATE

Urgencias generales 112
Rescate en la montaña
601 100 300
Rescate en el agua 601 100 100

también es posible recorrerlo de manera independiente.

Cerca de la localidad de Suwałki, el lago Wigry del **Parque Nacional de Wigry** (p. 119) ofrece aguas cristalinas ideales para remar. En la región de Augustów-Suwałki, **Szot** (p. 116) ofrece una excelente gama de rutas cortas y largas con guías.

Al sur de los lagos Mazurianos, el río Biebrza atraviesa la espléndida región de Podlaquia y el **Parque Nacional de Biebrza** (p. 108), con su variado paisaje de ríos, tremedales, pantanos y bosques húmedos. La principal ruta para el kayak sale de la localidad de Lipsk y sigue río abajo por el Biebrza hasta Wizna, cubriendo unos 140 km (7-9 días). Aunque es más tiempo del que tienen muchos visitantes, también se pueden cubrir tramos más cortos y hay sitios donde acampar por toda la orilla.

El **Parque Nacional de Narew** (p. 110), más al sur, resulta tan interesante como el Parque Nacional de Biebrza pero no está orientado al turismo. Protege un tramo particular del río Narew apodado el "Amazonas polaco", donde el río se divide en decenas de canales. **Kaylon** (p. 110) organiza aventuras en canoa o kayak en esta parte de Podlaquia.

Pomerania

El río más conocido para la práctica del kayak es el Brda, que atraviesa zonas boscosas del **Parque Nacional de Bory Tucholskie** (www.pnbt.com.pl) y unos 19 lagos.

La ruta de Drawa, que cruza el **Parque Nacional de Drawa** (www.dpn.pl), es una interesante excursión para remeros expertos. Se dice que esta ruta era una de las preferidas del papa Juan Pablo II para remar cuando era joven.

Montes Cárpatos

El descenso organizado más típico en Polonia es la plácida travesía por la **garganta del Dunajec** (p. 242), en los Pieninos. El río serpentea desde el lago de Czorsztyn (Jezioro Czorsztyńskie) hacia el oeste entre abruptos acantilados, algunos de más de

PUESTA A PUNTO ACTIVIDADES AL AIRE LIBRE

SENDERISMO SEGURO

Para disfrutar de excursiones cómodas y seguras, más vale prepararse a conciencia:

➡ Conseguir información fidedigna de las autoridades locales del parque nacional sobre las condiciones y características de la ruta.

➡ Comprar un mapa adecuado en alguna librería local o en la oficina de turismo.

➡ Informar a alguien de la ruta que se va a seguir y de cuándo se espera volver.

➡ Las condiciones meteorológicas pueden ser impredecibles en zonas montañosas, así que conviene llevar ropa y equipo adecuados y consultar la previsión meteorológica.

➡ Ser consciente de la legislación, normas y protocolo sobre la flora y fauna.

➡ Estar dispuesto a regresar en cualquier momento si las cosas se tuercen.

➡ Si se tiene previsto pernoctar en un refugio de montaña, hay que intentar reservar con antelación o al menos informar a alguien de la llegada. En caso contrario existe el riesgo de no tener donde dormir.

300 m de altura. El río es angosto, tiene un punto de 12 m de ancho que hace las veces de embudo, y cambia sin cesar, pasando de tramos majestuosamente serenos y hondos a rápidos de montaña de poca profundidad. Aun así, nótese que no se trata de aguas rápidas, sino de una placentera y relajada excursión. El punto de partida es el **muelle de balsas** (p. 243) del pueblecito de Sromowce Wyżne-Kąty. Se empieza con un trayecto de 18 km y se desembarca en Szczawnica. La travesía dura unas 2¼ h, en función del caudal del río. Algunas balsas descienden aún más, hasta Krościenko (23 km, 2¾ h), pero en ese tramo no hay mucho que ver.

Esquí y 'snowboard'

Polonia cuenta con las pistas de esquí más económicas de toda Europa. El alojamiento en las estaciones de esquí oscila entre 50 PLN por habitación en una casa particular y 300 PLN en los hoteles más lujosos. Los telesillas cuestan unos 100 PLN por día.

El sur del país está bien equipado para practicar esquí de fondo y descenso para todos los niveles y presupuestos. La popularidad del *snowboard* también está creciendo.

Dónde esquiar

Las cordilleras del sur de Polonia son el lugar más indicado, aunque se puede practicar esquí nórdico en zonas más llanas, especialmente por los lagos Mazurianos.

Montes Tatras

Son la zona de esquí mejor equipada y Zakopane, capital nacional de los deportes de invierno, su enclave más popular. Las pistas, que alcanzan su máxima altitud en el monte **Kasprowy Wierch** (p. 206), de 1987 m, son aptas para todos los niveles, y Zakopane dispone también de buenas instalaciones y equipos. Además de duras montañas –como el monte Kasprowy Wierch o el **Gubałówka** (p. 206), con pistas de 4300 y 1500 m respectivamente–, el variado panorama de los alrededores de Zakopane ofrece terrenos llanos para principiantes y mucho tiempo para aprender, con una extensa temporada de esquí que algunos años llega hasta abril.

Montes Sudetes

Otro núcleo importante es Szklarska Poręba, en Silesia, al pie del **monte Szrenica** (p. 269; 1362 m). La localidad ofrece casi 15 km de rutas de senderismo, esquí y esquí de fondo. La cercana Karpacz, en las laderas del monte Śnieżka (1602 m), goza de unos 100 días de nieve al año. La web de la **oficina de turismo de Karpacz** (p. 272) ofrece un excelente resumen de opciones de esquí y esquí de fondo, además de *snowboard* y *snowtubing*. Asimismo, la localidad de Międzygórze acoge a los entusiastas que se aventuran hasta la **estación de esquí** (p. 273) de la "Montaña Negra" de Czarna Góra.

Beskid Śląski

La localidad de Szczyrk, al pie de los Beskides de Silesia, cuenta con las pistas menos duras y las colas más cortas del país, alberga el centro de entrenamiento polaco para los Juegos Olímpicos de Invierno y dispone de suficientes pendientes suaves para los esquiadores y *snowboarders* novatos. Véase la página web oficial de Szczyrk (www.szczyrk.pl) para información sobre las pistas y escuelas de esquí, alquiler de equipos y servicios turísticos.

Otras actividades al aire libre

Equitación

Polonia es un país que siempre ha amado los caballos. Los parques nacionales, las oficinas de turismo y los centros ecuestres privados trabajan bien en la señalización de pistas ecuestres y en la organización de rutas a caballo.

La división de montañismo y equitación del **PTTK** (p. 34) puede ser de ayuda en la organización de salidas independientes. Por todo el país existen muchas caballerizas estatales y privadas, así como centros de equitación, que van desde establecimientos rústicos de agroturismo a lujosas instalaciones. También se pueden organizar salidas de unas horas, o de unos días, por medio de numerosos operadores privados. El coste varía dependiendo de la duración y la calidad. Una semana en un poni puede costar unos 800 €, mientras que un fin de semana en una finca selecta con acceso a establos con los mejores corceles ronda los 500 €. Es aconsejable comparar hasta que se encuentre lo que mejor se adapte al gusto, aptitudes y presupuesto de cada cual.

Para más detalles se puede contactar con la **Asociación Ecuestre Polaca** (☑22 417 6700; www.pzj.pl), que ofrece mucha información, aunque toda en polaco.

Navegación

La cultura del mar está poco explotada en Polonia. Es posible alquilar yates o veleros con su propio capitán, que seguro deleitará al viajero con sus habaneras. La costa del Báltico no está mal, pero la gran afluencia de visitantes en verano demuestra el atractivo de los grandes lagos Mazurianos para la navegación. Esta gran red de lagos interconectados permite disfrutar de un par de semanas en el agua sin pasar dos veces por el mismo lago.

Se pueden alquilar veleros en Giżycko, Mikołajki y en muchos pueblecitos. La web de la **oficina de turismo** (p. 398) de Giżycko tiene un listado de barcos y yates para alquilar, y ofrece consejos de primera mano. En el paseo marítimo de Mikołajki, **Wioska Żeglarska** (p. 398) alquila veleros y su personal asesora sobre otras empresas si sus barcos están ya reservados.

Los más aficionados disfrutarán sobre todo con las excursiones por el **canal Elbląg-Ostróda** (p. 390), en la región de Olsztyn. Con 82 km, es el canal navegable más largo operativo en Polonia, y también el más insólito; la diferencia del nivel del agua alcanza casi los 100 m y se solventa con un sistema único de gradas, que arrastra físicamente a los barcos por tierra firme mediante vagones sobre raíles. El canal sigue el curso de una cadena de seis lagos,

DÓNDE MONTAR A CABALLO

Parque Nacional de Białowieża Ofrece la posibilidad de montar a caballo (o en coches de caballos o en trineos, en invierno) por pistas forestales. Para más información, se aconseja contactar con el centro de información (p. 113).

Montes Bieszczady Están surcados por caminos de herradura, incluido el Parque Nacional de Bieszczady. El mejor lugar para organizar una salida es la localidad de Ustrzyki Dolne; su servicial oficina de turismo (p. 226) es un buen lugar para ponerse en marcha.

Baja Silesia Cuenta con la Ruta Ecuestre de los Sudetes, de 360 km. **Horse Ranch Sudety-Trail** (www.sudety-trail.eu), de gestión privada, organiza todo tipo de paquetes ecuestres para principiantes y jinetes expertos, para dos a seis personas de mayo a noviembre.

Distrito de los lagos Mazurianos Si el viajero desea cabalgar a orillas de los lagos, su web turística (www.masurianlakedistrict.com) es una buena fuente de inspiración. Cerca de Giżycko, en una casa solariega prusiana del s. XIX, la **Old Smithy Inn** (Karczma Stara Kuźnia; www.starakuznia.com.pl) ofrece paseos guiados, comidas y alojamiento.

ACTIVAMENTE VERDES

Hay información sobre circuitos a pie, en bicicleta y a caballo respetuosos con el medio ambiente en la **Fundación Polaca de Asociaciones Medioambientales** (www.environmentalpartnership.org), sucursal polaca de una fundación regional que promueve el turismo responsable.

casi todos zonas protegidas. De mayo a septiembre, barcos de recreo operados por **Żegluga Ostródzko-Elbląska** (p. 390) surcan su tramo principal, entre Ostróda y Elbląg. Se ofrecen excursiones de distinta duración. Para familiarizarse con la vida en el canal, es recomendable el tramo entre Elbląg y Buczyniec (desde 99 PLN, 4½ h), que cubre su parte más interesante, incluidas las cinco gradas.

Para ir en velero por el mar Báltico hay que dirigirse a la bahía de **Szczecin** (p. 376), que comparten Alemania y Polonia. Sus 870 km² permiten visitar la **isla de Woslin** y el **Parque Nacional de Wolin** (p. 365). El golfo de Gdańsk también brinda la oportunidad de acceder a puertos marítimos y a pintorescos pueblos pesqueros.

En los Cárpatos, el **lago Solina** (p. 229) es el centro de deportes acuáticos más importante de la región de los Bieszczady, e incluye navegación y ocio. Está a unos 30 km al suroeste de Ustrzyki Dolne y es accesible en autobús. La **oficina de turismo del lago Solina** (p. 229), junto a la autopista 894, camino de Lesko, facilita todos los detalles.

'Windsurf' y 'kitesurf'

Aunque el *windsurf* y el *kitesurf* suelen compartir el agua con las embarcaciones, su verdadero feudo se encuentra en Hel, en el golfo de Gdańsk, entre Władysławowo y Chałupy. La arbitrariedad del viento y las corrientes provoca constantes cambios en la forma de la **península de Hel** (p. 343), de manera que, por muy populares que sean los lagos Mazurianos, este es un sitio único. **JoyTrip** (p.338) con sede en Gdańsk, es una buena agencia para alquilar equipo.

Ala delta y parapente

El ala delta y el parapente están cobrando fuerza en Polonia, sobre todo en las monta- ñas del sur, desde Zakopane y hacia el este. La web www.paraglidingmap.com/sites/Poland tiene un buen listado de zonas de despegue, con fotos y previsión meteorológica. Un lugar popular para empezar es la cima de **Kasprowy Wierch** (p. 206), al sur de Zakopane, aunque la altitud (1967 m) propicia vientos fuertes. Las oficinas de turismo y operadores de **Zakopane** (p. 204) facilitan más información.

Escalada y espeleología

Tanto los escaladores principiantes como los más expertos pueden contar con los Tatras. La Asociación Polaca de Guías de Montaña (www.pspw.pl, solo en polaco, aunque se puede enviar un correo electrónico en inglés) facilita más información y una relación de guías cualificados.

El país cuenta con más de 1000 cuevas, aunque son pocas las que están habilitadas para la práctica de la espeleología. Una buena es la **cueva del Oso** (www.jaskinia.pl), cerca del pueblo de Kletno, en Silesia, al sureste de la localidad de Kłodzko. Se llega en automóvil y está situada en el alto de Śnieżnik Kłodzki, en la ladera derecha del valle de Kleśnica. Su web tiene los detalles; nótese que se debe reservar el circuito con antelación.

Hay dos cuevas en las tierras altas de Cracovia-Częstochowa. La **cueva del Rey Łokietek** (p. 166) tiene una extensión de 270 m repartidos por varios corredores, y puede visitarse en un circuito de 30 min. Cerca está la **cueva de Wierzchowska Górna** (p. 167), la más larga de la región, con casi 1 km.

'Geocaching'

Esta novedosa actividad, un juego de caza de tesoros mediante GPS, quizá no sea tan popular en Polonia como en otros países, pero cada vez son más los polacos que se apuntan. Para empezar se pueden visitar las páginas www.opencaching.pl y www.geocaching.pl. A los aficionados les puede interesar también consultar el Twitter de geocachingpl (www.twitter.com/geocachingpl), excelente fuente de tendencias y senderos. Los *tweets* suelen estar en polaco pero pueden descifrarse fácilmente con un traductor en línea.

Puesta a punto

Comer y beber como un polaco

La gastronomía polaca, basada en ingredientes locales como la patata, el pepino, la remolacha, las setas, el alforfón y las manzanas, refleja la larga tradición agrícola del país. La necesidad de hacer que los alimentos duren todo el invierno ha fomentado la elaboración de encurtidos, conservas, y carne y pescado ahumados. Productos silvestres como los champiñones y las bayas añaden carácter de temporada a platos inconfundiblemente polacos.

Especialidades polacas

Pan

En la cultura polaca, el *chleb* (pan) adquiere un significado que va más allá de lo que es en sí el propio alimento. Símbolo de buena suerte, mucha gente mayor todavía lo besa cuando se les cae al suelo. El pan tradicional se elabora con harina de centeno, pero hoy en día se comercializa una gran variedad de tipos y sabores, con semillas de girasol, amapola o sésamo, y con pasas y nueces, entre otros.

Sopa

Tradicionalmente, en Polonia la comida empieza con una *zupa* (sopa). El centeno es un ingrediente básico de una de las más populares, la *żurek*. Se elabora a base de caldo de ternera o pollo, panceta, cebolla, setas y crema agria a la que se añade *kwas,* una mezcla de harina de centeno y agua que se deja fermentar durante varios días y que le aporta su característico sabor agrio. Suele acompañarse con huevos duros o *kiełbasa* (salsa polaca) y se sirve dentro de un pan vaciado.

También muy polaca, aunque común asimismo en otros países, es la *barszcz* (o *barszcz czerwony*), parecida a la *borscht* rusa, la famosa sopa roja de remolacha.

Los mejores productos de temporada

Aunque muchos productos básicos de la dieta polaca se sirven todo el año, cada temporada ofrece algo especial.

Primavera

Fresas La temporada arranca a finales de primavera; se sirven con helado, encima de las tartas y como relleno de los *pierogi*.

Verano

Frutas del bosque El verano polaco trae frambuesas, moras y arándanos. Estos tesoros nacionales suelen usarse para decorar pasteles o para rellenar los *pierogi*.

Otoño

Setas A los polacos les encantan las setas, y las mañanas frescas y húmedas de principios de otoño son ideales para salir a buscarlas y recolectarlas. Se usan en sopas, como relleno de pasta y en salsas.

Invierno

Sopa de remolacha La remolacha, básica en la cocina polaca, con el frío invierno vuelve a adquirir protagonismo en forma de sopa, imprescindible en la tradicional cena de Nochebuena.

PARA PALADARES ATREVIDOS

Polonia ofrece muchas opciones para los paladares más aventureros:

➡ *smalec* – tocino de cerdo con piel, frito y untado sobre grandes trozos de pan.

➡ *nóżki w galarecie* – pies de ternera gelatinosos.

➡ *flaki* – callos cocidos con verduras.

➡ *karp w galarecie* – carpa en gelatina.

➡ *czernina staropolska* – caldo de sangre de pato con vinagre.

Puede servirse *barszcz czysty* (clara), acompañada de *barszcz z uszkami* (pequeños raviolis rellenos de carne) o de *barszcz z pasztecikiem* (hojaldres rellenos de carne o repollo).

'Pierogi'

Los *pierogi* (o raviolis polacos) son una pasta rellena, cuadrada o en forma de media luna, que puede contener desde queso fresco, patata y cebolla a carne picada, chucrut y frutas. Suelen hervirse y servirse bañados en mantequilla fundida. Son muy versátiles y se pueden comer como tentempié entre comidas o como plato principal del almuerzo o de la cena. Por muy elegante que sea el restaurante, es fácil que sirva *pierogi* por entre 15 y 25 PLN.

También pueden ser el mejor amigo del vegetariano: muchas de las versiones más populares, especialmente los omnipresentes *pierogi ruskie* (*pierogi* rusos), rellenos de queso fresco, patata y cebolla, no llevan carne. Eso sí, habrá que recordarle al camarero que se guarde los trocitos de beicon. Seguidamente se presentan algunas de sus versiones más populares:

➡ *pierogi z mięsem* – rellenos de carne picada especiada, generalmente cerdo.

➡ *pierogi z serem* – con queso fresco.

➡ *pierogi z kapustą i grzybami* – con col y setas silvestres.

➡ *pierogi z jagodami* – con arándanos.

➡ *pierogi z truskawkami* – con fresas.

'Kiełbasa'

¿Qué sería un viaje a Polonia sin probar sus típicas salchichas? Las *kiełbasa* suelen comerse como tentempié o en algún almuerzo o cena ligeros, acompañadas de pan integral y mostaza. Suelen hacerse de cerdo, aunque se les pueden añadir otras carnes, como buey o ternera, para darles un sabor característico. Las salchichas acostumbran a sazonarse con ajo, alcaravea y otras especias.

La más popular es la *wiejska kiełbasa,* un grueso cilindro de carne de cerdo con ajo y mejorana. Probablemente sea el que más se parece a las *kiełbasa* que se hacen en otros países. Otras variedades populares son:

➡ *kabanosy* – finas salchichas de cerdo curadas y sazonadas con alcaravea.

➡ *krakowska* – tal como indica su nombre, son originarias de Cracovia, aunque se encuentran por todo el país; suelen ser gruesas y están sazonadas con pimienta y ajo.

➡ *biała* – finas salchichas blancas que se venden crudas y que luego se cuecen en sopas como la *żurek staropolski* (sopa agria de cebada con salchicha).

'Bigos'

Si existe algún plato más polaco que el resto, podría tratarse del *bigos*. Se hace con chucrut, col troceada y carne de cerdo, buey, caza, salchichas y/o beicon. Todos los ingredientes se mezclan y se cuecen a fuego lento durante varias horas; luego se apartan y vuelven a calentarse varias veces.

Al igual que ocurre con la *cassoulet* francesa, este proceso potencia el sabor. En total lleva un par de días y el resultado es delicioso. Al precisar una elaboración tan larga, el *bigos* no suele aparecer en la carta de los restaurantes, y la versión que se sirve en los locales baratos y en los cafés no suele estar a la altura. Sí valen la pena las de las ferias y fiestas polacas.

Cerdo

En las cartas suelen encontrarse platos de buey, pollo y cerdo a partes iguales, y también otras carnes, como la de pavo o pato. El gran protagonista es casi siempre el *wieprzowina* (cerdo), que los polacos preparan de deliciosas maneras:

➡ *golonka* – codillo de cerdo cocido que suele acompañarse con rábano picante y chucrut.

➡ *kotlet schabowy* – chuletas empanadas.

➡ *schab wieprzowy* – lomo de cerdo asado.

➡ *dzik* – jabalí; es poco frecuente pero vale la pena probarlo si hay ocasión.

Platos regionales

Todas las regiones tienen sus propias especialidades, como el pescado de agua dulce del norte, el aromático pato de Wielkopolska y las *kluski* (pasta grande) de Silesia, que suelen servirse con panceta *(kluski śląskie ze słoniną)*. Pero ninguna región puede compararse al respecto con Podhale, al pie de los Tatras, donde se puede disfrutar de platos tan característicos como *kwaśnica* (sopa de chucrut), *placki po góralsku* (creps de patata con estofado) o las muchas clases de *oscypek* (quesos de leche de oveja ahumados), que se comercializan en formas alargadas. El trigo sarraceno molido *(kasza gryczana)* es una deliciosa guarnición, y un agradable descanso del arroz o las patatas, más comunes. Suele hallarse en zonas rurales o restaurantes más básicos de todo el país.

Vodka

A los polacos les encanta su *wódka* (vodka) –solo los rusos beben más que ellos per cápita– y los suyos son de los mejores. Aun-que los hábitos de consumo están evolucionando y actualmente la mayoría suelen preferir una copa de vino para relajarse, el vodka sigue siendo su bebida favorita para las celebraciones y las ocasiones especiales.

El tipo de vodka más popular es el *czysta* (claro), pero no es el único que existe. Estas son algunas variedades:

➡ *wyborowa* – vodka claro de trigo.

➡ *żytnia* – vodka de centeno, con todo un espectro de variedades, desde el dulce al extra seco.

➡ *myśliwska* – el "vodka del cazador" tiene un sabor que recuerda al de la ginebra.

➡ *pigwówka* – aromatizado con membrillo, ni muy ácido ni muy dulce, y por ahora el preferido de los autores de esta guía.

➡ *wiśniówka* – aromatizado con cerezas.

➡ *cytrynówka* – aromatizado con limón.

➡ *pieprzówka* – aromatizado con pimienta.

➡ *żubrówka* – ("vodka del bisonte") aromatizado con hierba del bosque de Białowieża, donde pastan los bisontes (o, como dicen algunos, "donde se mean los bisontes").

PUESTA A PUNTO COMER Y BEBER COMO UN POLACO

COMIDAS INOLVIDABLES

En Polonia no faltan buenos restaurantes, y algunos de los mejores platos se sirven en sus pueblos más pequeños.

Restauracja Tejsza (p. 108) La casa talmúdica situada tras la sinagoga de la localidad oriental de Tykocin sirve la mejor comida casera *kosher* del país, y puede que también los mejores *pierogi*.

W Starym Siole (p. 229) Restaurante al aire libre en el pueblo de Wetlina, en los Cárpatos, con pescado a la parrilla y excelentes vinos.

Restauracja Jadka (p. 256) Este tesoro de Wrocław presenta unas versiones impecables de los clásicos polacos en un comedor de lujo rodeado de arquitectura gótica.

Warszawa Wschodnia (p. 77) En una pintoresca antigua fábrica en el mugriento barrio de Praga en Varsovia, este restaurante aporta un toque del s. XXI a clásicos polacos, fusionándolos con influencia francesa.

Carska (p. 113) Restaurante de Białowieża con servicio personalizado en la antigua estación de ferrocarril privada del zar.

Bajeczny (p. 314) En Kalisz, un gran ejemplo de cómo un viejo *bar mleczny* (lechería) de la era comunista puede actualizarse y ser una atractiva opción económica.

Gothic (p. 359) Con una práctica y sorprendente ubicación en el castillo de Malbork, es uno de los mejores restaurantes del norte.

Sąsiedzi (p. 152) Restaurante de precio alto del barrio de Kazimierz (Cracovia), con un encantador y apartado jardín.

Velevetka (p. 335) El mejor lugar de Gdańsk para saborear auténtica cocina casubiana, como pato con salsa de manzana y platos de pescado del Báltico.

Spiżarnia Warmińska (p. 387) Nuevo y excelente restaurante de cultivo ecológico de Olsztyn, con numerosos ingredientes de temporada y cultivados en la región.

CÓMO BEBER VODKA EN POLONIA

El vodka suele beberse en un vaso de chupito de 50 ml llamado *kielisze*, y se toma de un solo trago *do dna* (hasta el fondo). A continuación, para aliviar la garganta, se toma un pequeño tentempié (normalmente un encurtido o arenque en escabeche) o un sorbo de agua mineral. Los vasos se rellenan inmediatamente para la siguiente ronda, hasta acabar la botella. Según los polacos, "lo más triste del mundo es que haya dos personas juntas con una sola botella".

Como es obvio, a menos que el viajero sea un bebedor curtido, no es fácil seguir este ritmo. Conviene tomárselo con calma y saltarse alguna ronda o beberse el chupito en varias veces. Aunque eso pueda resultar incomprensible en un bebedor polaco 'normal', con los extranjeros suelen mostrarse indulgentes. En caso de achisparse, que sirva de consuelo pensar que los polacos también se emborrachan, y a veces estentóreamente. *Na zdrowie!* (¡Salud!)

Normalmente, el vodka claro debería servirse frío. Tradicionalmente, todos los tipos de vodka se bebían en estado puro, nunca en combinados; pero esta costumbre también está cambiando y algunos de los experimentos han resultado ser todo un éxito, como el *tatanka* ("búfalo"), a base de *żubrówka* y zumo de manzana.

Cerveza

Existen varias marcas de *piwo* (cerveza) autóctona de calidad: Żywiec, Tyskie, Okocim o Lech, p. ej. Prácticamente omnipresente en tiendas, cafés, bares, *pubs* y restaurantes, es casi siempre rubia, rara vez negra o de trigo.

Aparte de la polaca, las marcas de la vecina República Checa, como Staropramen, Pilsner Urquell, Bernard, Holba y Primátor, son ya bastante populares. Los autores de esta guía prefieren no pronunciarse, pero hasta los lugareños suelen considerar la cerveza checa algo mejor. En grandes ciudades como Varsovia, Cracovia y Gdańsk existe una pequeña pero creciente comunidad de fábricas artesanas.

Curiosamente, a los polacos (sobre todo a las mujeres) les gusta combinar la cerveza con zumo de fruta, normalmente *sok malinowy* (de frambuesa).

Comer como un polaco

Cuándo comer

Los polacos suelen levantarse pronto, y el *śniadanie* (desayuno) se toma entre las 6.00 y las 8.00. Un desayuno polaco puede incluir *chleb z masłem* (pan con mantequilla), *ser* (queso), *szynka* (jamón), *jajka* (huevos) y

herbata (té) o *kawa* (café). En los hoteles y pensiones suele ofrecerse un *szwedzki bufet* (bufé al estilo sueco), con todas esas cosas y, además, pepino y tomate en rodajas, encurtidos y, en ocasiones, algo caliente, como huevos revueltos, *kiełbasa*, *parowki* (salchichas de Frankfurt) o tortitas. Normalmente el único café disponible es el de sobre, pero en algunos lugares ya cuentan con pequeñas máquinas de café *espresso*.

El *obiad* (almuerzo) suele hacerse entre las 13.00 y las 14.00, y puede durar hasta las 15.00 o las 16.00. Es, tradicionalmente, la comida más importante y consistente del día.

El horario y la composición de la *kolacja* (cena) pueden variar mucho: a veces puede ser casi tan consistente como el *obiad,* pero a menudo se queda en unos embutidos con ensalada o incluso algo menos, quizá un bollo y una infusión.

Dónde comer

Normalmente se comerá en un *restauracja* (restaurante), palabra que define cualquier sitio con servicio de mesas, desde pequeños locales sin pretensiones donde se puede comer por 20 PLN a lujosos restaurantes que pueden causar estragos en la cartera.

Buena parte de los sitios más elegantes suelen ofrecer la carta traducida al inglés o alemán, no así en los más corrientes, en los que los camareros solo hablan polaco.

Una alternativa más barata que el restaurante pero generalmente aceptable es el *bar mleczny* (bar-lechería). Se trata de una cafetería tipo autoservicio sin lujos que ofrece sobre todo platos sin carne a precios muy bajos. La palabra "leche" del nombre indica que no sirven alcohol. El viajero puede saciarse por entre 15 y 20 PLN.

Las lecherías abren sobre las 8.00 y cierran a las 18.00 (15.00-16.00 sa); solo algunas abren los domingos. La secuencia es siempre la misma: se elige la comida de la 'carta' (escrita en la pared), se paga en la caja y luego se entrega el recibo a quien atienda el mostrador para que prepare el pedido. Al terminar, se devuelven los platos. Estos establecimientos son tan populares que suelen formarse colas.

Comer a la carta

Las cartas de los restaurantes polacos pueden ser muy largas y ocupar varias páginas. No obstante, enseguida se verá que siguen una organización que no es frecuente que cambie de un establecimiento a otro. Las cartas se suelen dividir en secciones como *zakąski* (entrantes), *zupy* (sopas), *dania drugie* o *potrawy* (platos principales), *dodatki* (guarniciones), *desery* (postres) y *napoje* (bebidas). A su vez, los platos principales se subdividen en *dania mięsne* (carnes), *dania rybne* (pescados), *dania z drobiu* (aves de corral) y *dania jarskie* (platos vegetarianos).

El nombre del plato va acompañado del precio y, sobre todo en las lecherías, del peso u otra información relevante. El coste del plato principal no suele incluir la guarnición, como patatas, patatas fritas y ensaladas, por lo que, si se desea, habrá que escogerla de la sección *dodatki*. Es necesario sumar todos los montantes (plato y guarnición) para calcular el precio final.

Hay que advertir también que en los platos que no tienen una medida estándar –normalmente el pescado–, el precio que se indica es para 100 g. Al pedirlo hay que asegurarse de cuánto pesa la pieza y evitar así sorpresas a posteriori.

Etiqueta

Salir a cenar en Polonia no supone grandes diferencias con respecto a otros países. Quizá el servicio sea más lento que en otros destinos, en especial si el comedor está muy lleno. Para agilizarlo todo, el cliente toma la carta al entrar en el restaurante; suele haber un montón junto a la puerta.

Muchos lugares, especialmente terrazas, son autoservicio, así que si no viene nadie enseguida a la mesa, puede ser indicativo de que hay que ir a buscarse las bebidas personalmente y pedir la comida en el mostrador.

Los restaurantes polacos no están pensados para los niños. Por supuesto los niños pueden ir, y en algunos sitios hasta tienen menú infantil, pero en muchos lugares no se encontrarán tronas, o quizá no haya sitio para maniobrar bien un carrito de niño.

El servicio suele resultar más funcional que amable. Las cocinas suelen ser muy competentes, pero cabe la posibilidad de que se cometan errores con los platos. No obstante, a menos que se trate de un grave error, es mejor no devolver un plato, ya que eso inevitablemente provocará malas caras y puede hacer que la comida se retrase aún más. Si el servicio es bueno, se recomienda dejar una propina del 10% (o algo más si la experiencia ha sido extraordinaria).

COMER POR POCO

Existen varios tentempiés auténticamente polacos para tomar en la calle. Mientras se pasea por la *ulica*, ojo a estas cosas:

➡ *zapiekanki* – El tentempié callejero por excelencia. La "*pizza* polaca" es una *baguette* abierta con queso fundido, setas troceadas y kétchup por encima, y es ideal tras una noche de copas.

➡ *naleśniki* – Son tortitas rellenas de frutas o queso fresco y cubiertas de mermelada, azúcar en polvo y una cucharada de crema agria, ¡perfectas para cualquier ocasión!

➡ *obwarzanek* – Irresistible cruce entre un *pretzel* y un *bagel* cubierto de semillas de amapola, sésamo o sal. Es típico de Cracovia, pero se puede encontrar en cualquier parte.

➡ *oscypek* – Queso de oveja ahumado, presente en zonas montañosas al sur de Cracovia. Se sirve a la parrilla y con *żurawiny* (mermelada de arándanos).

➡ *lody* – Aunque el helado no es autóctono de aquí, es barato y los polacos no se cansan de comerlo.

De un vistazo

La región elegida para viajar dependerá de si se prefieren vacaciones activas para caminar, remar o ir en bicicleta u otras centradas en escenarios más sedentarios y urbanos, como museos, cafés y clubes.

Para esto último, el trío de grandes ciudades polacas –Cracovia, Varsovia y Gdańsk– ofrece excelentes museos, restaurantes y otras atracciones urbanas. Cracovia, en particular, salió indemne de la II Guerra Mundial y presenta una combinación de lo moderno y lo medieval que no hay que perderse.

Los amantes del deporte deben considerar las regiones de Varmia y Mazuria, y de Mazovia y Podlaquia. Ambas son zonas de lagos, con múltiples ocasiones para practicar kayak, senderismo y ciclismo. Las montañas del sur están llenas de senderos y son ideales para evadirse.

Varsovia

Historia
Vida nocturna
Comida

Atractivos museos

En Varsovia, los conflictos de la II Guerra Mundial no son solo el contenido de polvorientos libros de historia, sino acontecimientos con eco en el presente y revividos en sugerentes museos interactivos.

De antros a coctelerías

Con decenas de miles de estudiantes, Varsovia tiene muchos recursos para llenar las horas entre el ocaso y el alba: locales de larga tradición, modernos cafés, coctelerías de moda y discotecas.

Capital culinaria

Es la capital gastronómica del país. Tiene los mejores restaurantes, un próspero panorama de cocina internacional y una insólita cantidad de establecimientos *veganos* nuevos y modernos.

p. 50

Mazovia y Podlaquia

Naturaleza
Deportes acuáticos
Museos

Bosque primigenio

Podlaquia alberga tres de los mejores parques nacionales del país, como el de Białowieża, que contiene un pequeño trozo del último bosque primigenio de Europa. Los aficionados a la ornitología disfrutarán en el Parque Nacional de Biebrza.

Remando en el río

La región de Suwałki es una versión más serena de los lagos de Mazuria, con canales, ríos y lagos que invitan a horas de piragüismo y kayak.

Historia del cine

Łódź tiene mucho para ver, empezando por dos grandes museos de arte, un impresionante museo de historia y un curioso museo sobre los grandes del cine polaco.

p. 88

Cracovia

Museos
Vida nocturna
Comida

Fábrica de Schindler

La antigua capital real cuenta con muchos y excelentes museos, varios en la colina de Wawel. Entre las instituciones más recientes destacan el Rynek Underground y la fábrica de esmaltados de Oskar Schindler.

De copas en Kazimierz

Desde tranquilos bares a clubes nocturnos, en Cracovia hay de todo. Los mejores son sus *pubs* en sótanos del casco antiguo y los bares y cafés de Kazimierz.

Comida callejera

Cracovia ofrece la mejor comida callejera de Polonia, con puestos nocturnos de salchichas, camionetas de comida, una *baguette* abierta con queso conocida como *zapiekanka* (la "*Pizza* polaca") y el modesto *obwarzanek*, cruce entre *pretzel* y *bagel*.

p. 121

Małopolska

Historia religiosa
Legado
Arquitectura

Lugar de peregrinaje

El monasterio de Jasna Góra, en Częstochowa, es uno de los destinos de peregrinaje más importantes para los católicos, cuya paz resulta evocadora incluso para los no creyentes.

Restos judíos

Antes de la II Guerra Mundial, Lublin era un destacado centro académico judío, y hoy cuenta con una fascinante ruta del legado hebreo. Algo parecido ocurría en Chełm. Pero la región acabó albergando tres de los campos de exterminio nazis más famosos.

Gótico y Renacimiento

Sandomierz es uno de los tesoros góticos de Polonia, con una plaza mayor muy bien conservada; la localidad de Zamość se presenta como la "Perla del Renacimiento".

p. 164

Montes Cárpatos

Senderismo
Arquitectura
'Spas'

Serenas rutas

Los senderistas tienen donde escoger en los Cárpatos. ¿Paisajes? En los Tatras. ¿Rincones remotos? Los Bieszczady. ¿Excursiones que acaban con un descenso por el río? Los Pieninos.

Tesoros de madera

Por los Cárpatos se encuentran numerosas muestras de la arquitectura en madera típica de las montañas. En Zakopane, este estilo adquiere dimensión artística. En el campo hay numerosas iglesias de madera.

Fuentes termales

La región de los Cárpatos cuenta con abundantes fuentes termales, y eso se traduce en balnearios. El de Krynica es uno de los mayores y más populares. Szczawnica, en el río Dunajec, es más pequeño y tranquilo.

p. 202

Silesia

Montañas
Vida nocturna
Arquitectura

Escalada en roca

Silesia y los Sudetes son el paraíso del excursionista. El Parque Nacional de Karkonosze ofrece rutas a pie entre escarpados acantilados y las montañas Góry Stołowe están repletas de curiosas formaciones rocosas ideales para escalar.

'Pubs' estudiantiles

Wrocław, la capital cultural de Silesia, es una ciudad universitaria y sus miles de estudiantes llenan los cientos de bares, *pubs* y discotecas locales.

Del gótico a moderno

La ajetreada historia de Silesia ha dejado huella: la capilla de las Calaveras de Kudowa-Zdrój, las impresionantes fachadas de Wrocław o las líneas modernistas de Katowice.

p. 245

Wielkopolska

Historia
Ciclismo
Comida

Cuna de Polonia

La larga historia de Wielkopolska se refleja por todas partes: desde las catedrales de Poznań y Gniezno a los numerosos museos de la región.

Carreteras rurales

Esta región tan llana es ideal para alquilar una bicicleta y recorrerla, ya sea en Poznań o por las zonas rurales.

Gastronomía vanguardista

Poznań tiene una escena culinaria tan variada y sofisticada como cualquier gran ciudad del país, desde económicas lecherías a cocina informal y vanguardista.

p. 292

Gdańsk y Pomerania

Arquitectura
Playas
Fiestas populares

Iglesias de ladrillo rojo

Cientos de iglesias, castillos, murallas y ayuntamientos medievales abarrotan el norte del país. Ni siquiera el Ejército Rojo pudo alterar este paisaje urbano de ladrillo rojo, y muchos edificios recuperaron su antiguo esplendor con las obras de reconstrucción de la posguerra.

Baño en el Báltico

En la costa báltica hace frío, pero cuando brilla el sol y amaina el viento sus playas son el mejor lugar para divertirse.

Cultura casubiana

Hacia el interior se encontrará la cultura casubiana, con sus fiestas, sus celebraciones y el museo al aire libre de Wdzydze Kiszewskie.

p. 317

Varmia y Mazuria

Lagos
Deportes acuáticos
Arquitectura

Navegación

Polonia es el país europeo con más lagos después de Finlandia, y la mayoría están en Mazuria. En la región de los grandes lagos Mazurianos se encuentra el mayor de todos, el Śniardwy.

Natación y remo

Allá donde hay agua, hay deporte, y los grandes lagos Mazurianos no son una excepción. Es el mejor lugar del país para ponerse las aletas, remar o alquilar un yate.

Arquitectura

La región cuenta con notables obras arquitectónicas, desde la iglesia barroca de Święta Lipka al majestuoso castillo de Lidzbark Warmiński.

p. 383

En ruta

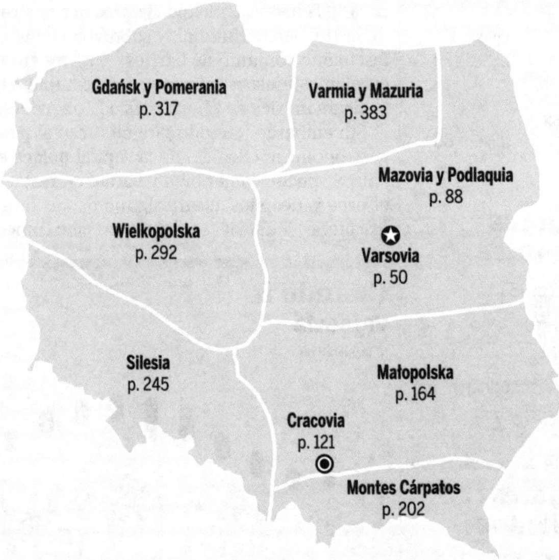

Gdańsk y Pomerania
p. 317

Varmia y Mazuria
p. 383

Mazovia y Podlaquia
p. 88

Wielkopolska
p. 292

✪ Varsovia
p. 50

Silesia
p. 245

Małopolska
p. 164

Cracovia
p. 121

◉

Montes Cárpatos
p. 202

Varsovia

1,74 MILLONES HAB.

Incluye »

Los mejores restaurantes

➡ Charlotte (p. 75)

➡ Mango (p. 74)

➡ Cô Tú (p. 74)

➡ Warszawa Wschodnia (p. 77)

➡ Dwie Trzecie (p. 77)

Los mejores alojamientos

➡ Castle Inn (p. 71)

➡ Hotel Rialto (p. 73)

➡ Hotel Bristol (p. 72)

➡ Oki Doki Hostel (p. 71)

➡ New World Street Hostel (p. 72)

Por qué ir

Una vez se haya recorrido el país, el viajero reparará en algo: Varsovia es diferente. En vez de concentrarse en torno a la plaza del mercado viejo, la capital se esparce por una amplia zona tachonada de arquitectura diversa, que abarca desde estructuras góticas restauradas y bloques comunistas hasta edificios modernos.

Este batiburrillo es signo inequívoco del pasado tumultuoso de la ciudad. Varsovia ha sufrido lo peor que podía depararle la historia, incluida su práctica destrucción a finales de la II Guerra Mundial, y sobrevivió. Hoy, comprende un fascinante conjunto de barrios y lugares emblemáticos. Sus excelentes museos interpretan su compleja historia, desde la alegre música de Chopin hasta la tragedia del gueto judío.

Sin embargo, no todo gira en torno al pasado. La oferta gastronómica y de ocio de la capital polaca es la mejor del país. Se puede comer bien y barato en restaurantes de todo el orbe y, después, elegir alguno de sus animados bares y discotecas. Varsovia, en definitiva, sabe cómo divertirse.

Cuándo ir
Varsovia

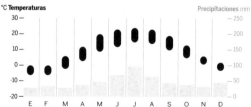

Mar-may Deleitarse con la primavera en un paseo por el bucólico parque Łazienki.

Jun y jul El Festival de Arte Callejero trae una semana cargada de acontecimientos.

Oct Disfrutar de 10 días de cine polaco e internacional en el Festival de Cine de Varsovia.

ŻOLIBORZ

Popiełuszki

Plac Wilsona M

Cytadela

Estación de trenes Warszawa Gdańska M

Dworzec Gdański M

Wybrzeże Gdyńskie

Most Gdański

Modlińska

N 0 —————— 2 km

PRAGA

al Solidarności

Dworzec Wileński M

7 Vida nocturna de Praga

Targowa

Estación de trenes Warszawa Wschodnia M

Museo del Neón **4**

Zamojskiego

Museo de la Historia de los Judíos Polacos **3**

al Jana Pawła II

gen Andersa

Okopowa

Krasiński Gardens

Ciudad Vieja **5**

Castillo Real **6**

Ratusz-Arsenał M

Towarowa

Górczewska

Wolska

Saxon Gardens

Nowy Świat - Uniwersytet

Stadion Narodowy

Centrum Nauki Kopernik

Estación de trenes Warszawa Stadion

Waszyngtona

Wał Miedzeszyński

Francuska

Museo del Levantamiento de Varsovia **2** M

Palacio de la Cultura y la Ciencia **1**

Rondo ONZ M

Świętokrzyska M

Tamka

Most Poniatowskiego

Kasprzaka

Rondo Daszyńskiego M

Estación de trenes Warszawa Centralna

Centrum M

al Jerozolimskie

Estación de trenes Warszawa Powiśle

Estación de trenes Warszawa Zachodnia

Estación de trenes Warszawa Śródmieście

Most Łazienkowski

Estación de trenes Warszawa Ochota

Koszykowa

Universidad Politécnica de Varsovia

Marszałkowska

al Ujazdowskie

Piękna

Wawelska

Politechnika M

al Armii Ludowej

al Szucha

Parque Łazienki **8**

Belwederska

Waryńskiego

Pole Mokotowskie M

OCHOTA

Grójecka

Żwirki i Wigury

Batorego

al Niepodległości

Puławska

Sobieskiego

Czerniakowska

Witosa

Palacio Wilanów **8** (5km)

Imprescindible

1 Ver Varsovia desde las alturas en el **Palacio de la Cultura y la Ciencia** (p. 64).

2 Escuchar relatos bélicos de la II Guerra Mundial en el **Museo del Levantamiento de Varsovia** (p. 64).

3 Ahondar en la comunidad hebrea patria en el **Museo**

de la Historia de los Judíos Polacos (p. 65).

4 Explorar el **Museo del Neón** (p. 69) y los restaurantes del complejo Soho Factory, en Praga.

5 Maravillarse ante la calidad de las restauraciones de la **Ciudad Vieja** (p. 54).

6 Contemplar el **Castillo Real** (p. 54).

7 Salir por los sofisticados clubes y discotecas del centro y los rompedores **bares de Praga** (p. 78).

8 Admirar los palacios del **parque Łazienki** (p. 67) y **Wilanów** (p. 69).

Historia

Varsovia ha sufrido muchos vaivenes a lo largo de los siglos, aunque el país siempre ha sabido escapar del abismo de la destrucción. Su fundación data de s. XIV, cuando los duques de Mazovia construyeron una fortaleza en lo que hoy es el Castillo Real. En 1413, los duques eligieron Varsovia como capital, y las cosas marcharon a la perfección hasta 1526, año en que el último duque murió sin descendencia. La pujante ciudad –y toda Mazovia– quedó bajo soberanía del monarca en Cracovia.

Varsovia

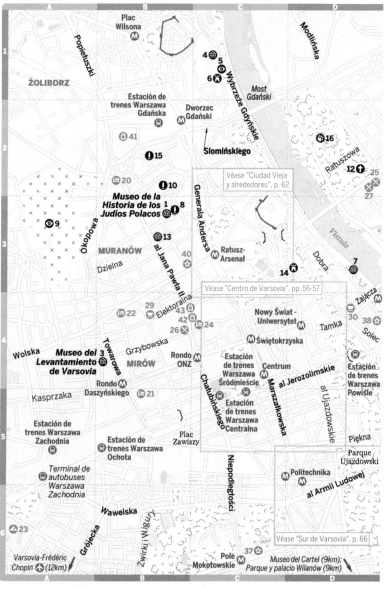

La unificación de Polonia y Lituania en 1569 trajo a la ciudad el Sejm (cámara baja del Parlamento), gracias a su centralidad. El ennoblecimiento final llegó en 1596 cuando Segismundo III Vaza decidió trasladar la capital de Cracovia a Varsovia.

Aunque la invasión sueca de 1655 a 1660 causó importantes daños, la ciudad se recuperó pronto. Paradójicamente, en el s. XVIII, un período catastrófico para toda Polonia, Varsovia experimentó su época de mayor esplendor; se construyeron un sinfín de palacios e iglesias y la vida artística y cultural floreció, sobre todo durante el reinado de Estanislao Augusto Poniatowski.

En 1795, la prosperidad de la ciudad quedó nuevamente hecha añicos. Tras el Reparto de Polonia, Varsovia quedó reducida a una ciudad de provincias del Imperio ruso. La situación empezó a mejorar en 1806 con la llegada de Napoleón de camino a Rusia. Los franceses crearon el ducado de Varsovia y la ciudad recuperó la capitalidad. Pero el júbilo duró poco; en 1815, Varsovia, junto con gran parte del resto del país, quedó de nuevo bajo soberanía rusa.

Tras la I Guerra Mundial se restableció Varsovia como capital de la Polonia independiente y continuó el desarrollo urbano y la industrialización que habían comenzado a finales del s. XIX. En 1939, la población de la ciudad había aumentado hasta los 1,3 millones de habitantes, entre ellos 380 000 judíos, tradicionalmente una parte importante de la población local.

Las bombas alemanas empezaron a caer sobre Varsovia el 1 de septiembre de 1939. Una semana después, la ciudad se hallaba sitiada y cayó en menos de un mes. Los invasores aterrorizaron a la población con detenciones, ejecuciones y deportaciones y construyeron un gueto judío. Los varsovianos se rebelaron en dos ocasiones contra los alemanes; primero en el gueto judío en abril de 1943 y, luego, en toda la ciudad durante el Levantamiento de Varsovia, en agosto de 1944. Ambas revueltas fueron brutalmente aplastadas.

Al final de la guerra, Varsovia se encontraba en ruinas y 800 000 personas –más de la mitad de su población anterior a la contienda– habían perdido la vida. (Comparativamente, el número total de bajas de soldados estadounidenses durante la II Guerra Mundial fue de 400 000 y de 326 000 en el caso de las tropas británicas.) Al poco tiempo se acometió un colosal proyecto de reconstrucción, que incluía la meticulosa recuperación de la histórica Ciudad Vieja. Pese a los más de 40 años de gobierno comunista, la ciudad se adaptó bien a la caída del régimen. Varsovia, motor económico del país, se convirtió en el centro del crecimiento económico y hoy va-

Varsovia

rios rascacielos conforman el perfil urbano de la ciudad junto al Palacio de la Cultura y la Ciencia de Stalin.

⊙ Puntos de interés

○ Ciudad Vieja

Pese a su reconstrucción relativamente reciente, la Ciudad Vieja de Varsovia (Stare Miasto) parece como si hubiera estado ahí durante siglos. Es la primera zona de la ciudad (y a veces la única) que los turistas visitan, y con razón: este pequeño barrio comprende numerosos monumentos, entre ellos el Castillo Real y la catedral de San Juan. Es, además, un lugar genial para callejear y la fotogénica plaza de la Ciudad Vieja siempre está animada.

Columna
de Segismundo III Vaza   MONUMENTO
(Kolumna Zygmunta III Wazy; plano p. 62; Plac Zamkowy) Un buen punto de partida para explorar la Ciudad Vieja es la triangular plaza del Castillo (Plac Zamkowy), cuya construcción

central, la columna de Segismundo III Vaza, recibe la visita diaria de cientos de turistas. De 22 m de alto, este noble monumento al rey que trasladó la capital de Cracovia a Varsovia fue erigido por el hijo del monarca en 1644 y se trata del segundo monumento secular más antiguo del país, después de la fuente de Neptuno de Gdańsk.

Aunque fue derribada durante la II Guerra Mundial, la estatua sobrevivió y fue instalada sobre una nueva columna cuatro años después de la contienda. La maltrecha columna primigenia de granito hoy puede verse junto a la muralla sur del Castillo Real.

★ Castillo Real   CASTILLO
(Zamek Królewski; plano p. 62; www.zamekkrolewski.pl; Plac Zamkowy 4; adultos/reducida 23/15 PLN; ⊙10.00-18.00 lu-sa, 11.00-18.00 do) Este abrumador edificio de ladrillo, copia del original destruido por los alemanes en la II Guerra Mundial, empezó siendo una fortaleza de madera de los duques de Mazovia en el s. XIV. Vivió su época de mayor esplendor a mediados del s. XVII, cuando se convirtió en una de las residencias reales más opulentas de Europa.

Más tarde acogió a los zares, y en 1918, tras recuperar Polonia la independencia, pasó a ser la residencia del presidente. Hoy rebosa de muebles de época y obras de arte.

Lo más destacado del "circuito del castillo" incluye el Gran Apartamento y su majestuoso salón de baile, que ha sido restaurado recuperando su decoración del s. xviii, con un deslumbrante estuco y columnas doradas. El enorme fresco del techo, *La disolución del caos,* es una recreación de Marcello Bacciarelli posterior a la guerra que muestra al rey Estanislao poniendo orden en el mundo. Su rostro también aparece en un medallón de mármol que hay sobre la puerta principal, flanqueada por las alegorías de la Paz y la Justicia.

El vecino Salón Nacional fue concebido por el rey como panteón; los seis lienzos (originales) representan escenas de la historia de Polonia. Hay una puerta que comunica con el salón de Mármol, más pequeño y decorado al estilo del s. xvi con mármol y pinturas murales (técnica del trampantojo). La sala acoge 22 retratos de los reyes polacos, desde Boleslao el Valiente hasta Estanislao Augusto Poniatowski.

Pasado el Salón Nacional está el salón del Trono. Un corto pasillo lo comunica con las estancias del rey, cuya pieza maestra es el salón de Canaletto, que se abre tras la pared trasera. Una impresionante colección de 23 cuadros de Bernardo Bellotto (1721-1780), más conocido en Polonia como Canaletto, captura con sumo detallismo el apogeo de Varsovia a mediados del s. xviii. Estas obras fueron de gran ayuda para la reconstrucción de las fachadas históricas de la ciudad.

★ **Plaza de la Ciudad Vieja**   PLAZA
(Rynek Starego Miasta; plano p. 62) En el centro de la parcialmente amurallada Ciudad Vieja (Stare Miasto), esta plaza, bordeada de altas viviendas que lucen una distinguida mezcla de elementos renacentistas, barrocos, góticos y neoclásicos, es para muchos la más bella de Varsovia. Salvo las fachadas de los nº 34 y 36, todas fueron reconstruidas tras la II Guerra Mundial.

Museo de Varsovia   MUSEO
(Muzeum Warszawy; plano p. 62; www.muzeumwarszawy.pl; Rynek Starego Miasta 28-42) En el flanco norte de la plaza de la Ciudad Vieja se encuentra este museo que relata la trágica historia de la capital polaca. Una fascinante proyección (12.00 en inglés) detalla cómo fue reconstruida la ciudad.

Cerrado por reformas en el momento de redactar esta guía, estaba previsto que reabra sus puertas en el 2016. Para actualizaciones de horarios y tarifas, consúltese la oficina de turismo.

Catedral de San Juan   CATEDRAL
(Archikatedra Św Jana; plano p. 62; ul Świętojańska 8; cripta 2 PLN; ☉10.00-13.00 y 15.00-17.30 lu-sa) Considerada la iglesia más antigua de Varsovia, fue construida a principios del s. xv y luego remodelada en varias ocasiones. Arrasada durante la II Guerra Mundial, se restauró en

VARSOVIA EN...

Un día
Se empieza con una visita al Castillo Real (p. 54). El resto de la mañana se dedica a explorar las pintorescas callejuelas de la Ciudad Vieja (p. 54), antes de enfilar hacia la Ciudad Nueva para almorzar. Después, se admiran las atractivas fachadas de ul Krakowskie Przedmieście y ul Nowy Świat y, más tarde, se cruza la ciudad hasta el **Museo del Levantamiento de Varsovia** (p. 64). Merece la pena esperar al atardecer para contemplar la vista desde lo alto del **Palacio de la Cultura y la Ciencia** (p. 64) y acabar el día cenando en algún restaurante al sur de al Jerozolimskie.

Dos días
El segundo día se visita alguno de los grandes museos, que, según las preferencias del viajero, podría ser el **Museo de la Historia de los Judíos Polacos** (p. 65), el **Museo Chopin** (p. 61) o el peculiar **Museo del Neón** (p. 69). Luego, se regresa a ul Nowy Świat para almorzar antes de poner rumbo al sur de al Jerozolimskie para disfrutar de unas horas en el hermoso **parque Łazienki** (p. 67). A última hora de la tarde se peinan los mercados y las tiendas de artesanía. Se cena y se toma un trago y después, dependiendo de lo que apetezca, se disfruta de un concierto de música clásica en la **Filharmonia Narodowa** (p. 80) o se recorren los bares de Praga.

Centro de Varsovia

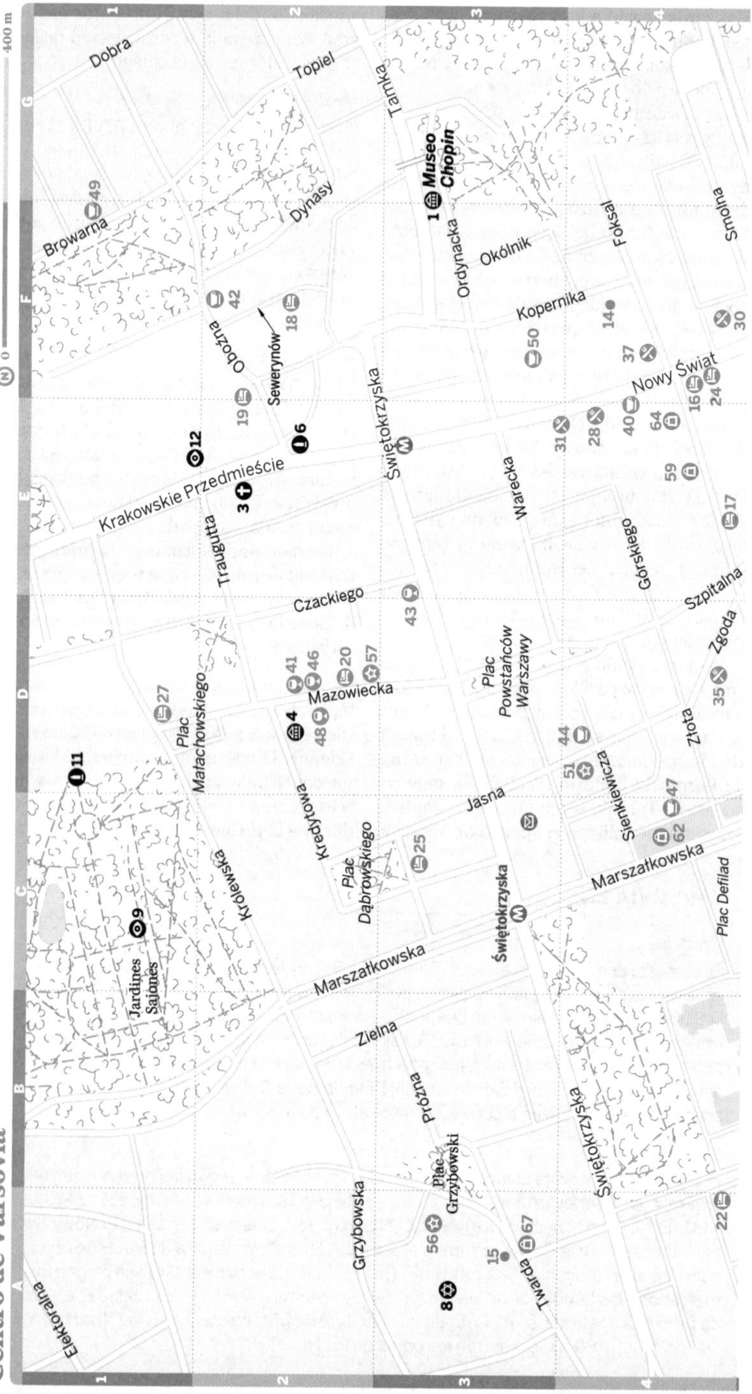

N 0 — 400 m

Mapa:

Dobra
Topiel
Tamka
Browarna
49
Dynasy

1 🏛 *Museo Chopin*
Ordynacka
Okólnik
Foksal
Smolna

42
Opoczna
18
Sewerynów
Kopernika
50
14
37
30
Nowy Świat

19
6
31
28
40
64
16
24
59

12
Krakowskie Przedmieście
Świętokrzyska
Warecka
Górskiego
17
Szpitalna

3
Traugutta
Czackiego
43
Zgoda

27
41 46 20 57
Mazowiecka
Plac
Powstańców
Warszawy
44
35
Złota

11
Małachowskiego
4
48
Kredytowa
51
Jasna
47
Sienkiewicza
62
Marszałkowska

Królewska
Plac
Dąbrowskiego
25
Świętokrzyska
Plac Defilad

9
Jardines
Sajones
Marszałkowska

Zielna
Próżna
Świętokrzyska

Grzybowska
Plac
Grzybowski
56
15 67
Twarda
22

8

Elektoralna

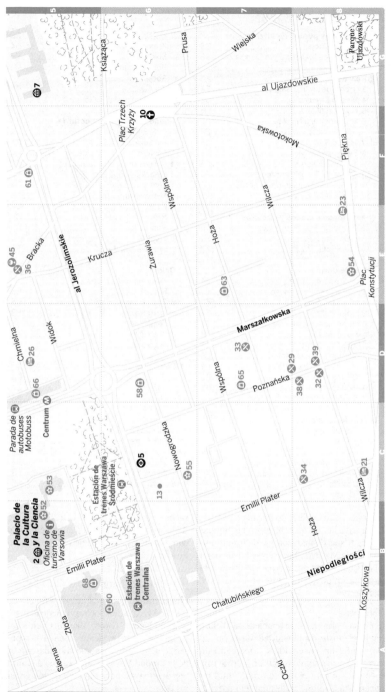

Parque Ujazdowski

al Ujazdowskie

Plac Trzech Krzyży

10

Książęca

Prusa

Wiejska

7

Piękna

Mokotowska

Wilcza

Hoża

Wspólna

61

45
36 Bracka

al Jerozolimskie

Krucza

Żurawia

Żurawia

63

Plac Konstytucji

54

23

Marszałkowska

Chmielna

26

Widok

33

Wspólna

65

Poznańska

29
38
32 39

66

Centrum M

Parada de autobuses Motobuss

58

Nowogrodzka

5

13

55

34

Estación de trenes Warszawa Śródmieście

Emilii Plater

Wilcza 21

Palacio de la Cultura y la Ciencia
2

Oficina de turismo de Varsovia

52
53

68

Emilii Plater

Estación de trenes Warszawa Centralna

60

Hoża

Niepodległości

Koszykowa

Złota

Sienna

Chałubińskiego

Oczki

Centro de Varsovia

la posguerra, recuperando su carácter gótico. En la nave lateral derecha están las tumbas renacentistas de mármol rojo de los últimos duques de Mazovia. También se puede bajar a la cripta, donde, entre otros sepulcros, está el del premio Nobel de Literatura, Henryk Sienkiewicz.

Barbican   FORTALEZA
(Barbakan; plano p. 62; ul Nowomiejska) Yendo hacia el norte de la Ciudad Vieja por ul Nowomiejska, enseguida se topa con esta torre defensiva semicircular de ladrillo rojo coronada por un parapeto ornamental renacentista. Aunque se desmanteló parcial-mente en el s. XIX, fue reconstruida después de la II Guerra Mundial y en la actualidad congrega a músicos callejeros y vendedores de arte.

◌ Ciudad Nueva

Considerando que fue fundada a finales del s. XIV, tal vez resulte poco apropiado llamarla "Ciudad Nueva" (Nowe Miasto). Cuenta con su propia administración desde 1408 y presenta estilos arquitectónicos similares a los de la Ciudad Vieja, aunque carece de mura-llas defensivas, pues aquí era donde vivían los pobres.

Hermanas del Santísimo Sacramento IGLESIA
(Kościół Sakramentek; plano p. 62; Rynek Nowego Miasta 2) Esta iglesia es obra del arquitecto Tylman van Gameren y presume de un elegante exterior barroco y un inmaculado interior blanco.

Catedral castrense del Ejército Polaco IGLESIA
(Katedra Polowa Wojska Polskiego; plano p. 62; www. katedrapolowa.pl; ul Długa 13/15) El interior de las puertas principales, con bajorrelieves de las grandes batallas libradas por las fuerzas polacas, muestra un crucifijo rodeado por planchas de metal de las que asoman cabezas. Dentro del templo, numerosas placas recuerdan a los caídos por la patria.

Monumento al Levantamiento de Varsovia MONUMENTO
(Pomnik Powstania Warszawskiego; plano p. 62; Plac Krasińskich) Uno de los símbolos más importantes de la ciudad, este impresionante conjunto escultórico en bronce representa a los combatientes del Armia Krajowa (AK; Ejército Nacional) que emergen como espectros de entre los escombros de su ciudad, mientras que otros descienden por una alcantarilla. El monumento fue inaugurado el 1 de agosto de 1989, coincidiendo con el 45° aniversario de la revuelta fallida contra el ejército de ocupación alemán.

Museo Marie Skłodowska-Curie MUSEO
(Muzeum Marii Skłodowskiej-Curie; plano p. 62; www. muzeum-msc.pl; ul Freta 5; adultos/reducida 11/ 6 PLN; ☉10.00-19.00 ma-do) Marie Curie nació en 1867 en ul Freta, la calle principal de la Ciudad Nueva, y este museo consagrado a la célebre científica se encuentra en la misma casa de pisos donde vino al mundo.

⊙ Ciudadela

Ciudadela FORTALEZA
(Cytadela; plano pp. 52-53; ul Skazańców) Al norte de la Ciudad Nueva se alza esta descomunal fortaleza del s. XIX encarada al Vístula y mandada construir por el zar para intimidar al pueblo de Varsovia tras la Insurrección de Noviembre de 1830. Durante años funcionó como prisión política. La enorme puerta que da al río se conoce como Brama Straceń (Puerta de las Ejecuciones; plano pp. 52-53; ul Skazańców), pues era donde solía ajusticiarse a los prisioneros políticos tras el alzamiento de 1863.

UN FÉNIX RESURGIDO ENTRE LAS LLAMAS

Las tropas de ocupación alemanas en Varsovia cumplieron al pie de la letra la consigna de Hitler y arrasaron la ciudad tras el Levantamiento de 1944. (Al final de la II Guerra Mundial había quedado en pie aproximadamente un 15% de la ciudad.) Había sido tal la destrucción, que había incluso quienes sugerían que la capital debería trasladarse a otro lugar; sin embargo, en vez de optar por eso, se decidió reconstruir parte del tejido urbano anterior a la contienda.

Siguiendo el plan, se restauraron los monumentos de mayor valor histórico, a los que se devolvió su aspecto anterior basándose en dibujos y fotografías originales. Entre 1949 y 1963, las obras se concentraron en la Ciudad Vieja para intentar que recuperara su esplendor de los ss. XVII y XVIII. Hoy, nadie le echaría menos de dos siglos a ningún edificio de la zona. La minuciosidad de la restauración la convirtió en Patrimonio Mundial en 1980.

En el caso del Castillo Real, las obras de reconstrucción no comenzaron hasta 1971, pero hacia 1984 la espléndida edificación barroca volvió a alzarse como si nunca hubiera sido destruida. Aunque la estructura de ladrillo no es original, se han incorporado a los muros muchos fragmentos que sí lo son.

Los responsables también tuvieron que levantar, partiendo de cero, una ciudad nueva capaz de proporcionar alojamiento y servicios a sus habitantes. El centro urbano fue hasta hace poco una mezcla de construcciones estalinistas y edificios posteriores, mientras que los barrios periféricos, donde residía la mayoría de los habitantes, se componían casi exclusivamente de edificios de hormigón.

El perfil urbano de Varsovia ha mejorado mucho desde 1989. Los rascacielos de acero y cristal han empezado a romper la monotonía, y las afueras de la ciudad poco a poco van llenándose de atractivas villas y casas familiares. Puede que Varsovia nunca recupere una belleza arquitectónica verdaderamente deslumbrante, pero es innegable que contiene una interesante variedad de estilos.

Museo del Pabellón 10   MUSEO
(Muzeum Pawilon-X; plano pp. 52-53; www.muzeum niepodleglosci.art.pl; ul Skazańców 25; adultos/reducida 8/5 PLN, ju gratis; ⊘10.00-17.00 mi-do) Sito en la ciudadela, este museo conserva un ala de la antigua cárcel política en cuyas celdas se indican los nombres de los reos más famosos que pasaron por aquí, incluido Józef Piłsudski, que estuvo en la nº 25. También pueden verse pinturas de Alexander Sochaczewski (1843-1923), un penado que, junto con otros 20 000 insurgentes antirrusos, fue trasladado a los campos de trabajo de Siberia en 1866. Las pinturas, como la enorme *Pożegnanie Europy (Adiós a Europa)*, plasman el sufrimiento de sus compañeros de cautiverio.

◎ Al sur de la Ciudad Vieja

La zona que se extiende hacia el sur desde la plaza del Castillo y la ajetreada al Jerozolimskie es el territorio predilecto de los estudiantes, fanáticos de las compras y gente bien de Varsovia; durante buena parte del s. XIX fue el centro comercial y cultural de la capital.

UL KRAKOWSKIE PRZEDMIEŚCIE
Este amplio bulevar, que discurre de la plaza del Castillo a ul Nowy Świat, marca el inicio del pintoresco Camino Real, un trazado muy propicio para dar un paseo, flanqueado por evocadoras iglesias y dos importantes monumentos: uno al escritor Adam Mickiewicz, autor de *Pan Tadeusz*, y el otro al astrónomo Nicolás Copérnico, conocido por su teoría heliocéntrica. También aquí se halla la Universidad de Varsovia (Uniwersytet Warszawski; plano pp. 56-57; www.uw.edu.pl; ul Krakowskie Przedmieście 26/28), cuya entrada está marcada por una puerta decorativa rematada con el águila polaca.

Iglesia de la Cruz Sagrada   IGLESIA
(Kościół św Krzyża; plano pp. 56-57; ul Krakowskie Przedmieście 3; ⊘10.00-16.00) GRATIS Varsovia tiene muchas iglesias impresionantes, pero esta es una de las que atrae a más visitantes, quizá no tanto por sus exquisitos altares barrocos, que sobrevivieron de casualidad a las represalias por el Levantamiento, como por la pequeña urna junto a la segunda columna a la izquierda de la nave; adornada con un epitafio a Frédéric Chopin, en ella se halla el corazón del compositor, que fue trasladado hasta aquí desde París.

VARSOVIA PARA NIÑOS

La capital polaca no es precisamente el mejor destino para viajar con niños. Las distancias son grandes y medios de transporte como tranvías y autobuses suelen ir atestados y no son especialmente indicados para ir con cochecito. En el transporte público, además, hay que extremar la precaución ante posibles frenazos o giros bruscos. En la calle, el tráfico puede ser intenso y muchas esquinas no cuentan con bordillos adaptados a los peatones. En el centro hay algunos pasos subterráneos y las estaciones de metro disponen de escaleras mecánicas y ascensores; fuera del centro, en cambio, habrá que remontar montones de escaleras.

Pese a todo, en Varsovia se ven muchos padres con cochecito y los niños parecen encantados. En cuanto a lugares de interés, hay un puñado de sitios para mantener a los peques entretenidos. Se lleva la palma el Centro de Ciencias Copérnico (p. 61), seguido por el zoológico (p. 69). A los niños grandes y pequeños les encantarán los letreros luminosos del Museo del Neón (p. 69) en Praga. A los niños de mayor edad también les gustarán los efectos visuales y de sonido del sumamente interactivo Museo del Levantamiento de Varsovia (p. 64), aunque es aconsejable explicarles antes su historia atroz. Los parques abundan. El parque Łazienki (p. 67) ofrece mucho espacio para corretear, pavos reales y hambrientos patos a los que dar de comer y un paseo en barco; mientras que los jardines Sajones (p. 61) poseen una buena zona infantil y el parque Wilanów (p. 69), más paseos en barco. Las vistas desde el Palacio de la Cultura y la Ciencia (p. 64) fascina a visitantes de todas las edades.

Los centros de información, donde pueden proponer ideas, facilitan el vistoso plano plegable *Free Map for Young Travellers*, que aunque va dirigido principalmente a adolescentes y estudiantes, también incluye recomendaciones para viajeros más pequeños.

Iglesia de Santa Ana
IGLESIA

(Kościół Św Anny; plano p. 62; ul Krakowskie Przedmieście 68) Marcando el inicio del Camino Real, esta iglesia no sufrió grandes daños durante la II Guerra Mundial, lo que explica que conserve un trampantojo original en el techo, un altar mayor rococó y un órgano precioso. La fachada también es barroca, aunque luce algún que otro toque neoclásico.

Iglesia carmelita
IGLESIA

(Kościół Karmelitów; plano p. 62; ul Krakowskie Przedmieście 52/54) Esta iglesia, que por suerte escapó a los estragos de la guerra, contiene elementos del s. XVIII, como un altar mayor diseñado por Tylman van Gameren.

Museo de la Caricatura
MUSEO

(Muzeum Karykatury; plano p. 62; www.muzeu mkarykatury.pl; ul Kozia 11; adultos/reducida 7/4 PLN, ma gratis; ⏰10.00-18.00 ma-do) Para descansar de la historia, cabe visitar este singular museo donde se exhibe la obra de caricaturistas patrios y extranjeros del s. XVIII en adelante, además de libros y revistas satíricas y de humor. Las exposiciones se renuevan con frecuencia.

Monumento a Adam Mickiewicz
MONUMENTO

(Pomnik Adama Mickiewicza; plano p. 62; ul Krakowskie Przedmieście) Dedicado al mayor poeta romántico del país, fue alzado en 1898 para conmemorar el 100º aniversario de su nacimiento.

Palacio Radziwiłł
PALACIO

(Pałac Radziwiłłów; plano pp. 52-53; www.president. pl; ul Krakowskie Przedmieście 48/50) Neoclásico, está custodiado por leones de piedra y una estatua ecuestre del príncipe Józef Poniatowski, sobrino de Estanislao Augusto Poniatowski, y comandante en jefe del Ejército polaco del ducado de Varsovia, creado por Napoleón. Aquí se firmó en 1955 el Pacto de Varsovia, a partir del cual se creaba la alianza militar para hacer frente a la OTAN durante la Guerra Fría. Hoy, el palacio es la residencia oficial del presidente polaco y no está abierto al público.

Monumento a Nicolás Copérnico
MONUMENTO

(Pomnik Mikołaja Kopernika; plano pp. 56-57; ul Krakowskie Przedmieście) Homenaje al famoso astrónomo Mikołaj Kopernik (1473-1543), más conocido como Nicolás Copérnico, quien demostró de manera concluyente que la Tierra gira alrededor del Sol. La inscrip-

ción latina a un costado reza: "Una nación agradecida honra a Mikołaj Kopernik"; y la otra, en polaco: "Para Mikołaj Kopernik de sus compatriotas".

UL NOWY ŚWIAT

Discurriendo hacia el sur desde la esquina de ul Świętokrzyska con ul Krakowskie Przedmieście hasta al Jerozolimskie, la calle del Nuevo Mundo es la vía peatonal más concurrida de Varsovia fuera de la Ciudad Vieja y, desde antiguo, una moderna zona comercial alineada por restaurantes, tiendas y cafés. La mayoría de los edificios son posteriores a la II Guerra Mundial, pero su restauración fue tan completa que el estilo arquitectónico predominante es el neoclásico del s. XIX. Aparte de ir de compras, comer y beber, lo mejor que se puede hacer aquí (y en las bocacalles Foksal y Chmielna) es encontrar un buen lugar para ver el trasiego.

★ Museo Chopin
MUSEO

(plano pp. 56-57; ☎22 441 6251; www.chopin. museum;ul Okólnik 1; adultos/reducida 22/13 PLN, do gratis; ⏰11.00-20.00 ma-do) Moderno museo multimedia alojado en el barroco palacio Ostrogski, que repasa la obra del compositor más famoso del país. El visitante podrá recorrer a su ritmo cuatro plantas de exposiciones, parando en las cabinas de audio del sótano para disfrutar a su gusto de las sinfonías completas de Chopin. Las visitas, en grupos limitados, se realizan a razón de una por hora; conviene reservar con antelación por teléfono o por correo electrónico.

Centro de Ciencias Copérnico
MUSEO

(Centrum Nauki Kopernik; plano pp. 52-53; www. kopernik.org.pl; ul Wybrzeże Kościuszkowskie 20; adultos/reducida 25/16 PLN; ⏰9.00-19.00 ma-do; Ⓜ Centrum Nauki Kopernik) Una buena opción para ir con niños es este sorprendente museo interactivo repleto de atracciones que cubren todas las ramas de la ciencia. Casi todas las muestras están pensadas para visitantes de 12 a 18 años, aunque no faltan alicientes para niños pequeños y adultos. Está un poco a trasmano (unas cuantas manzanas al este de ul Nowy Świat), pero se llega fácilmente con el metro.

JARDINES SAJONES Y ALREDEDORES

Jardines Sajones
JARDINES

(Ogród Saski; plano pp. 56-57) Un par de manzanas al oeste de Krakowskie Przedmieście, estos jardines datan de principios del s. XVIII

VARSOVIA PUNTOS DE INTERÉS

y fueron el primer parque público de la ciudad. Inspirados en los de Versalles, están llenos de nogales y estatuas (alegorías de las Virtudes, las Ciencias y los Elementos) barrocas, con un lago presidido por una torre del agua del s. XIX con forma de templo circular griego.

El dieciochesco Pałac Saski (palacio Sajón), que antaño ocupó Plac Piłsudskiego (plaza Piłsudski), fue, como muchos otros edificios, destruido durante la II Guerra Mundial. Todo cuanto se conserva son tres arcos de una columnata, que alberga la tumba del Soldado

Desconocido desde 1925. Hay planes para reconstruir por completo el palacio Sajón, pero aún no se han concretado.

Tumba del Soldado
Desconocido   MONUMENTO

(Grób Nieznanego Żołnierza; plano pp. 56-57; Ogród Saski) En este monumento conmemorativo militar, sito en los jardines Sajones, se puede ver el cambio de guardia protagonizado por soldados que marchan entre la tumba y el palacio Radziwiłł. El plato fuerte es el que se realiza los domingos a mediodía.

Ciudad Vieja y alrededores

Museo Etnográfico MUSEO
(Muzeum Etnograficzne; plano pp. 56-57; www.ethnomuseum.pl; ul Kredytowa 1; adultos/reducida 12/6 PLN, sa gratis; ☺9.00-17.00 ma-sa, 12.00-17.00 do) Ofrece una buena introducción al corazón rural del país mediante un pequeño pero acertado despliegue de arte popular y artesanía, aunque lo que se lleva la palma son los retratos de indígenas de todo el mundo.

PLAC BANKOWY
Plac Bankowy (plaza del Banco), al oeste de la Ciudad Vieja, es demasiado grande y alborotada como para resultar atractiva. No obstante, el **ayuntamiento** (Ratusz; plano p. 62; Plac Bankowy 3/5), la antigua Bolsa y el Banco de Polonia, alojados en sendos edificios neoclásicos diseñados por Antonio Corazzi en la década de 1820, aportan cierto peso arquitectónico.

Museo Colección de Juan Pablo II MUSEO
(Muzeum Kolekcji im Jana Pawła II; plano p. 62; www.mkjp2.pl; Plac Bankowy 1; adultos/reducida 10/5 PLN; ☺9.00-16.00 ma-do) Esta asombrosa colección de arte, ubicada en el edificio del Banco de Polonia, fue donada a la Iglesia por la familia Carrol-Porczyński. Cuenta con

obras de Dalí, Van Gogh, Constable, Rubens, Goya o Renoir. Se entra por ul Elektoralna.

Instituto Histórico Judío MUSEO
(Żydowski Instytut Historyczny; plano p. 62; www.jhi.pl; ul Tłomackie 3/5; adultos/reducida 10/5 PLN, do gratis; ☺10.00-18.00 do-vi) Posee una biblioteca y cuadros, esculturas y viejos objetos religiosos relacionados con la cultura judía. No obstante, lo que quedará en la memoria del viajero es la exposición sobre el gueto de Varsovia (p. 64). De ilustrar esta espantosa historia se encargan una serie de fotografías en blanco y negro y una grabación de vídeo original, de 40 min.

Museo de la Independencia MUSEO
(Muzeum Niepodległości; plano p. 62; www.muzeumniepodleglosci.art.pl; al Solidarności 62; adultos/reducida 6/4 PLN, ju gratis; ☺10.00-17.00 mi-do) Instalado en una isleta en plena al Solidarności, cuenta con una pequeña sala consagrada al movimiento solidario y alberga exposiciones temporales sobre la lucha por la independencia. Antaño era el Museo de Lenin de Varsovia y, de hecho, aún conserva algunas obras de arte muy interesantes sobre el realismo socialista.

Distrito financiero

Los espacios abiertos y edificios altos que lindan con ul Marszałkowska, al Jerozolimskie, ul Jana Pawła II y al Solidarności componen en conjunto el distrito financiero de Varsovia.

★ Palacio de la Cultura y la Ciencia
EDIFICIO HISTÓRICO

(Pałac Kultury i Nauki; plano pp. 56-57; www.pkin. pl; Plac Defilad 1; terraza mirador adultos/reducida 20/14 PLN; ☺9.00-20.30) Construido en estilo realista socialista, el emblemático PKiN (en su abreviatura en polaco) es un lugar imprescindible en cualquier visita a Varsovia. Esta "muestra de amistad" de la Unión Soviética fue erigida a principios de la década de 1950, y con sus 231 m de altura, sigue siendo el edificio más alto de Polonia. Alberga un enorme centro de convenciones, teatros, un multicine y museos. Para disfrutar de las panorámicas, hay que tomar el ultrarrápido ascensor hasta la terraza mirador del 30° piso (a 115 m).

El edificio nunca ha sido del gusto de los varsovianos, quienes le han dedicado incontables apodos; el "Elefante con lencería de encaje", uno de los preferidos, hace referencia a su tamaño y a las recargadas esculturas que adornan sus parapetos. Pese a todo, y aunque cada tanto hay quienes piden su demolición, poco a poco va gozando de mayor aceptación como símbolo de la ciudad.

Fotoplastikon
FOTOGRAFÍA

(plano pp. 56-57; www.fotoplastikonwarszawski.pl; al Jerozolimskie 51; adultos/reducida 4/2 PLN, do gratis; ☺10.00-18.00 ma-do) Los amantes de la fotografía y de la cinematografía quedarán fascinados ante este precursor del cine de finales del s. XIX. Pasa por ser el último que queda en Europa y consiste en un gran tambor rotatorio, provisto de visores individuales, en el que se proyectan fotografías estereoscópicas en 3D, algunas en color. Cada sesión consta de 48 imágenes y dura unos 20 min.

Antiguo gueto judío

Antes de la II Guerra Mundial, Varsovia contaba con una próspera población hebrea, que en buena medida se concentraba en Mirów y Muranów, dos barrios al oeste de al Jana Pawła II. Aquí fue donde los alemanes crearon el gueto de Varsovia en 1940, que fue arrasado tras el Levantamiento de 1943. Hoy quedan pocos vestigios y lo que domina son los edificios de apartamentos baratos de la era comunista.

★ Museo del Levantamiento de Varsovia
MUSEO

(Muzeum Powstania Warszawskiego; plano pp. 56-57; www.1944.pl; ul Grzybowska 79; adultos/reducida 18/14 PLN, do gratis; ☺8.00-18.00 lu, mi y vi, hasta 20.00 ju, 10.00-18.00 sa y do; Ⓜ Rondo

EL GUETO DE VARSOVIA

Al comienzo de la II Guerra Mundial, vivían en la ciudad unos 380 000 judíos (casi el 30 % de su población), comunidad solo superada por la de Nueva York.

En octubre de 1940, los alemanes crearon un gueto en Muranów y Mirów, cerrado con un muro de ladrillo de 3 m de altura. Durante los meses siguientes, 450 000 judíos fueron apiñados intramuros. A mediados de 1942, antes de que empezara su deportación, 100 000 ya habían fallecido de inanición o enfermedad.

Desde el verano de 1942, 300 000 judíos fueron enviados desde el gueto al campo de exterminio de Treblinka. En abril de 1943, cuando solo quedaban 50 000, los nazis empezaron su aniquilación total. En un acto desesperado, los supervivientes se alzaron en armas, algo sin precedentes en los guetos europeos.

Desde el inicio del Levantamiento, el 19 de abril, quedó claro quién tenía las de perder. Los aviones alemanes lanzaban bombas incendiarias, lo que redujo el gueto a ruinas. Los combates prosiguieron casi tres semanas hasta que el 8 de mayo las fuerzas nazis rodearon el búnker donde los judíos habían instalado el puesto de mando y lanzaron una bomba de gas venenoso.

Unos 7000 judíos murieron en la revuelta y otros 6000 a causa de los incendios y bombardeos. Los alemanes perdieron 300 hombres y otros 1000 resultaron heridos. Salvo algunos restos del muro que aún perduran, el gueto desapareció.

Para saber más, léase alguna de las siguientes obras: *Un pedazo del cielo. Memorias de una niñez*, de Janina David; *Más allá de estos muros: huyendo del gueto de Varsovia*, de la fallecida Janina Bauman; o *El ghetto de Varsovia: diario de Mary Berg*, de Mary Berg.

Daszyńskiego, 🚌9, 22 o 24 por al Jerozolimskie) Este museo, considerado uno de los mejores de Varsovia, esboza la historia del heroico pero frustrado Levantamiento de 1944 contra la ocupación alemana mediante tres plantas de exposiciones interactivas, fotografías, archivos cinematográficos y relatos personales. Aunque el volumen del material puede abrumar, transmite a la perfección la sensación de desesperación que llevó a los lugareños a enfrentarse a la ocupación por la fuerza e ilustra sus devastadoras consecuencias.

La planta baja empieza con la división de Polonia entre la Alemania nazi y la Unión Soviética en 1939 e incluye los principales acontecimientos de la II Guerra Mundial. Un ascensor lleva hasta la 2ª planta, donde se relata el inicio del Levantamiento. En la 1ª planta puede verse un enorme bombardero Liberator, similar a los aviones empleados para lanzar provisiones a los insurgentes.

⭐ Museo de la Historia de los Judíos Polacos   MUSEO
(Polin; plano pp. 52-53; www.polin.pl; ul Anielewicza 6; adultos/reducida 25/15 PLN, exposiciones temporales incl. 30/20 PLN; ⊘10.00-18.00 lu, mi-vi y do, hasta 20.00 sa; 🚌4, 15, 18 o 35 por ul Marszałkowska) Inaugurada a finales del 2014, la excepcional exposición permanente de este museo está integrada por impresionantes muestras multimedia que documentan los 1000 años de historia judía en Polonia, desde relatos de los primeros comerciantes judíos en la región, pasando por las masivas oleadas migratorias, el progreso y los pogromos, hasta la II Guerra Mundial y la destrucción de la mayor comunidad hebrea de Europa. Conviene reservar a través de su web y se puede alquilar una audioguía (10 PLN) para aprovechar más la visita.

Monumento a los Héroes del Gueto   MONUMENTO
(Pomnik Bohaterów Getta; plano pp. 52-53; ul Anielewicza esq. ul Zamenhofa) GRATIS Enclavado en un sombreado parque detrás del Museo de la Historia de los Judíos Polacos, este severo monumento rinde tributo a las miles de personas que perdieron la vida en el trágico Levantamiento del gueto de 1943. En el rincón noroccidental del parque se halla Skwer Willy Brandta (plaza de Willy Brandt) con otro monumento conmemorativo que marca la visita del canciller alemán Willy Brandt a este lugar el 7 de diciembre de 1970. Como es sabido, Brandt se arrodilló aquí en penitencia por los crímenes perpetrados por Alemania contra los judíos polacos.

Monumento a Mordechaj Anielewicz   MONUMENTO
(Pomnik Mordechaja Anielewicza; plano pp. 52-53; ul Miła) Este montículo coronado por un sencillo bloque de caliza conmemora a Mordechaj Anielewicz, líder del Levantamiento del gueto, que murió en 1943 en un búnker situado aquí.

Umschlagplatz   MONUMENTO
(plano pp. 52-53; ul Stawki near ul Dzika) Un conmovedor monumento indica el emplazamiento de la *umschlagplatz*, la terminal de ferrocarril desde donde los judíos de Varsovia eran trasladados a Treblinka por soldados alemanes. Sobre las paredes de mármol figuran inscritos más de 3000 nombres de pila judíos, desde Aba hasta Zygmunt, y la siguiente leyenda: "Por este camino de sufrimiento y muerte fueron conducidos más de trescientos mil judíos en 1942-1943 desde el gueto de Varsovia hasta las cámaras de gas de los campos de exterminio nazis". Su forma pretende simbolizar los vagones para transporte de ganado en los que se hacinaban los prisioneros.

Cementerio judío   CEMENTERIO
(Cmentarz Żydowski; plano pp. 52-53; ul Okopowa 49/51; adultos/reducida 10/5 PLN; ⊘10.00-17.00 lu-ju, 9.00-13.00 vi, 11.00-16.00 do) Creado en 1806, el principal camposanto hebreo de Varsovia sobrevivió casi incólume a la II Guerra Mundial y contiene más de 150 000 tumbas, lo que lo convierte en el más grande de su clase de toda Europa. Cerca de la entrada hay un rótulo con un listado de los muchos judíos polacos eminentes que reposan en él, incluido Ludwik Zamenhof, creador del idioma esperanto. No hay que perderse el mausoleo de Ber Sonnenberg (1764-1822); para llegar, hay que tomar el primer camino asfaltado a la izquierda, pasada la taquilla, y al llegar a un cruce a la derecha, mirar a la izquierda; es la estructura techada contigua al muro.

Sinagoga Nożyk   SINAGOGA
(Synagoga Nożyków; plano pp. 56-57; www.warszawa. jewish.org.pl; ul Twarda 6; entrada 10 PLN; ⊘9.00-19.00 lu-vi, 11.00-19.00 do) Es la única sinagoga de la ciudad que sobrevivió a la II Guerra Mundial. Construida entre 1898 y 1902, es de estilo neorrománico.

Sur de Varsovia

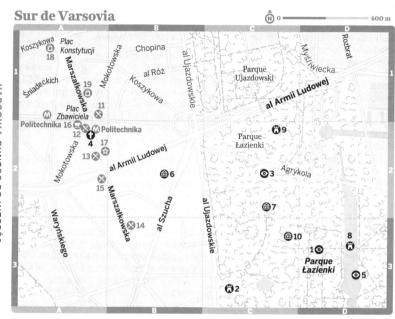

Museo de la Prisión de Pawiak MUSEO
(Muzeum Więzienia Pawiak; plano pp. 52-53; www.
muzeum-niepodleglosci.pl; ul Dzielna 24/26; adultos/reducida 6/4 PLN; ☺10.00-17.00 mi-do) Datada en el s. xix, fue construida para encarcelar a los enemigos del zar. Durante la II Guerra Mundial, la Gestapo la utilizó como prisión y centro de tortura, en su mayoría de presos políticos polacos. Se calcula que unos 100 000 prisioneros traspasaron sus puertas entre 1939 y 1944, de los cuales en torno a 37 000 fueron ejecutados. El complejo fue volado por los alemanes en 1944, y solo quedan parte de la entrada (donde no falta el alambre de espino original) y tres celdas (que se pueden visitar).

☺ Al sur de al Jerozolimskie

Al Jerozolimskie es una arteria urbana grande y atestada que traza una frontera física este-oeste a través de la ciudad. En la reconstrucción que siguió a la guerra, los comunistas se apropiaron de la zona situada al sur de esta línea divisoria, y por eso se encuentran en ella algunas de las muestras más atrevidas del realismo socialista. Ul Marszałkowska, la ancha avenida que discurre hacia el sur desde el distrito financiero, agrupa los ejemplos

más claros; el tramo comprendido entre Plac Konstytucji (plaza de la Constitución) y Plac Zbawiciela se halla jalonado de arcadas con inmensos bajorrelieves de trabajadores. Al Ujazdowskie, la continuación del Camino Real pasado ul Nowy Świat, es un bulevar flanqueado por árboles, con numerosas mansiones antiguas, hoy en parte ocupadas por embajadas extranjeras. Cerca de su sección norte, la carretera atraviesa Plac Trzech Krzyży (plaza de las Tres Cruces), una plaza dispuesta en torno a la **iglesia de San Alejandro** (Kościół Św Aleksandra; plano pp. 56-57; Plac Trzech Krzyży), del s. xix e inspirada en el Panteón Romano.

Museo Nacional MUSEO
(Muzeum Narodowe; plano pp. 56-57; www.mnw.art.
pl; al Jerozolimskie 3; adultos/reducida 15/10 PLN, ma gratis; ☺10.00-18.00) Con una colección de casi 800 000 piezas repartidas en sus salas permanentes, se trata del museo más grande del país. Destacan la Colección Faras (una muestra de arte paleocristiano rescatada de una población a orillas del Nilo por arqueólogos polacos de la crecida de las aguas tras la construcción de la presa de Asuán), la enorme sala de arte medieval y, en las plantas superiores, lo mejor del arte polaco.

Sur de Varsovia

★ Parque Łazienki   JARDINES
(Park Łazienkowski; plano p. 66; www.lazienki-kro-lewskie.pl; ul Agrykola 1; ☉amanecer-anochecer) Antiguo coto de caza del castillo de Ujazdów, Łazienki fue comprado por Estanislao Augusto Poniatowski en 1764 y transformado en un espléndido parque con palacio, anfiteatro y otros edificios. Se dan conciertos de Chopin al aire libre los domingos a las 12.00 y a las 16.00, de mediados de mayo a septiembre.

➡ Palacio sobre el agua
El principal reclamo del parque es este **palacio** (Pałac Na Wyspie; adultos/reducida 25/18 PLN; ☉11.00-18.00 lu, 9.00-18.00 ma-do) neoclásico que en su día fue la residencia del monarca. Reposa sobre un lago y, al igual que la mayoría de los edificios de Łazienki, fue diseñado por el arquitecto real Domenico Merlini. Reformado y reamueblado, el lugar puede ser visitado mediante visitas guiadas. Entre sus maravillas se incluyen los relieves de mármol del s. XVII con escenas de la *Metamorfosis* de Ovidio que decoraban los baños originales (*łazienki* en polaco, de ahí el nombre) y el salón de baile.

➡ Anfiteatro de la isla
Construido en 1790, el Amfiteatr na Wyspie toma como modelo arquitectónico el teatro romano de Herculano, en Italia. Se encuentra en un islote del lago del parque, lo que permite que las funciones, en parte, se representen en el agua.

➡ Casa Blanca
Sin otra conexión con Washington que el nombre, este **pabellón** (Biały Dom; adultos/reducida 6/4 PLN; ☉11.00-18.00 lu, 9.00-18.00 ma-do) fue erigido en 1774 como una residencia temporal hasta que el palacio del parque fuera finalizado. Pese a ser bastante pequeña para tratarse de una casa real, ha conservado la mayor parte de su interior original.

➡ Antiguo invernadero
Al oeste del palacio sobre el agua se alza esta elegante construcción finalizada en 1788 y que en invierno cobijaba exóticas especies arbóreas. Hoy alberga una **galería** (Stara Pomaranczarnia; adultos/estudiantes 20/10 PLN, ju gratis; ☉11.00-18.00 lu, 9.00-18.00 ma-do), con una impresionante colección real de esculturas procedentes de toda Europa; y el Teatro Real, un auditorio del s. XVIII adornado con un hermoso artesonado.

Palacio Belvedere   PALACIO
(Pałac Belweder; plano p. 66; ul Belwederska 52) Ubicada en el extremo sur de al Ujazdowskie, esta casa señorial del s. XVIII sirvió de residencia oficial de Marshal Józef Piłsudski (de 1926 a 1935) y de los presidentes polacos de 1945 a 1952 y de 1989 a 1994. No está abierta al público, pero se puede contemplar desde lejos; las mejores vistas se obtienen desde al Ujazdowskie.

Castillo de Ujazdów   CASTILLO
(plano p. 66; ul Jazdów 2) Mandado construir en la década de 1620 por el rey Segismundo III Vaza como su residencia estival, este castillo fue incendiado por los alemanes en 1944, volado por los comunistas en 1954 y, finalmente, reconstruido en la década de 1970. En la actualidad acoge exposiciones temporales del **Centro de Arte Contemporáneo** (plano

EL ARCOÍRIS DE LA DISCORDIA

Nadie se imaginaría que una colorista obra de arte callejero pudiera levantar tanta pasión, pero *Tęczy*, un enorme arcoíris instalado en los últimos años en la moderna Plac Zbawiciela de Varsovia, consiguió precisamente eso. Levantado en un costado de la zona de césped central de esta plaza circular, el arcoíris parecía a primera vista una alegre instalación multicolor, algo agradable a lo que mirar mientras se toma un café en la terraza de alguno de sus populares bares y cafés.

La obra también se vio atrapada en la ola de cambio social que poco a poco fue cubriendo la capital polaca desde la caída del comunismo. Y a raíz de su semejanza al símbolo del arcoíris adoptado por los gais de todo el mundo, muchos polacos interpretaron que *Tęczy* promovía la igualdad de derechos para la comunidad LGBT. Sin embargo, Julita Wójcik, quien diseñó la obra con motivo de la presidencia polaca de la UE en el 2011, ha explicado que en realidad representa la apertura y la diversidad. Compuesto por un armazón de acero de 26 m de largo y 9 m de alto, y cubierto por 16 000 flores artificiales, su montaje supuso todo un reto. En Sopot se colocaron a mano las flores sobre segmentos prefabricados de la estructura, que después serían enviados a Bruselas para su posterior ensamblaje.

Causó tal furor en la capital de la UE, que en el 2012 hubo que enviarlo de vuelta a Polonia para ser instalado en Plac Zbawiciela, adornado con nuevas flores que reemplazaran las que habían sido arrancadas a modo de recuerdo por los transeúntes belgas.

No obstante, en Varsovia fue protagonista de una nueva polémica por encontrarse enfrente de la **iglesia del Santísimo Redentor**. Para algunos, su instalación representaba una provocadora respuesta a la postura extremadamente conservadora de la Iglesia católica en lo relativo a los temas sociales; otros consideraron que simplemente alegraba una plaza que se había convertido en un concurrido centro gastronómico, nocturno y religioso.

Tęczy pasó a ser objetivo de los radicales de extrema derecha, quienes le prendieron fuego en varias ocasiones (aunque, para ser francos, seguramente alguno de estos incendios fue provocado por juerguistas descontrolados). Sin embargo, tras una marcha el Día de la Independencia del 2013, fue destruido por un nuevo incendio.

Para entonces, el famoso arcoíris había logrado convertirse en un lugar de encuentro en pos de la aceptación y la diversidad. Hanna Gronkiewicz-Waltz, alcaldesa de la ciudad durante muchos años, se había comprometido a reconstruir el arcoíris ante posibles actos vandálicos. En junio del 2015, el recorrido del **Desfile por la Igualdad** (p. 70), celebrado anualmente en Varsovia, fue alterado a petición popular para que pasara por debajo del arco.

Por desgracia, la atrevida estancia del arcoíris en el centro de Plac Zbawiciela llegó a su fin, pues el contrato entre las autoridades locales y el Instituto Adam Mickiewicz, que originalmente encargó la obra, venció a fines del 2015. A finales de agosto de ese año, fue desmontado y guardado en el almacén del Centro de Arte Contemporáneo. Pese a todo, *Tęczy* sobrevivirá, aunque en el momento de redactar esta guía no estaba claro exactamente cómo. Contáctese con la oficina de turismo para información sobre su ubicación actual.

p. 66; www.csw.art.pl; ul Jazdów 2; adultos/reducida 12/6 PLN, ju gratis; ⊙10.00-18.00 mi-lu).

Jardín botánico JARDINES
(Ogród Botaniczny; plano p. 66; www.ogrod.uw.edu. pl; al Ujazdowskie 4; adultos/reducida 8/4 PLN; ⊙9.00-20.00 lu-vi, 10.00-20.00 sa y do) Fundado en 1818, su diversa colección de especies abarca desde árboles europeos como la haya hasta especímenes exóticos como el gingko biloba (o árbol de los cuarenta escudos), de China.

Mausoleo de la Lucha y el Martirio MUSEO
(Mauzoleum Walki i Męczeństwa; plano p. 66; www. muzeum-niepodleglosci.art.pl; al Szucha 25; ⊙10.00-16.00 mi-do) GRATIS En tiempos utilizado por la Gestapo para interrogar, torturar y asesinar, este edificio hoy recuerda a los miles de polacos que cruzaron sus puertas. Junto a las lóbregas celdas del sótano, la sala de interrogatorios (con látigos, cachiporras, etc.) impresiona de veras.

Iglesia del Santísimo Redentor · IGLESIA

(Kościół Najświętszego Zbawiciela; plano p. 66; www.parafiazbawiciela.org; ul Marszałkowska 37) Este elegante lugar de culto construido entre 1901 y 1911 toma prestados tanto elementos renacentistas como barrocos. Demolida por los alemanes durante la II Guerra Mundial, fue reconstruida tras la contienda pese a la reticencia de las autoridades comunistas, que llegaron a atrasar la reconstrucción de sus torres hasta 1955. Cabe destacar las estatuas de san Pedro y san Pablo en la fachada y la capilla de Nuestra Señora de Częstochowa en el interior.

◉ Praga

Cruzar el Vístula desde la Ciudad Vieja hasta Praga, al este, es como entrar en otra ciudad, donde las calles limpias y llanas y los edificios rehabilitados se transforman en vías destrozadas y fachadas a punto de derrumbarse. Pese a todo, Praga es el barrio en boga y está ganando caché poco a poco con la llegada de artistas, músicos y emprendedores atraídos por los edificios anteriores a la II Guerra Mundial (apenas dañados durante la contienda de 1944) y sus alquileres bajos.

★ Museo del Neón · MUSEO

(Muzeum Neonów; plano pp. 52-53; www.neonmuzeum.org; ul Mińska 25; adultos/reducida 10/8 PLN; ☺12.00-17.00 mi-do; ☒22 desde al Jerozolimskie) Instalado en el moderno Soho Factory, un complejo de antiguos edificios industriales ocupados por diseñadores y artistas, este museo está dedicado a la conservación de los inconfundibles letreros de neón de la época comunista. Muchos de los más grandes permanecen encendidos; otros se iluminan al caer la tarde. Se llega con el tranvía hasta la parada de Bliska.

Estadio Nacional · ESTADIO

(Stadion Narodowy; plano pp. 52-53; www.stadionnarodowy.org.pl; al Poniatowskiego 1; mirador adultos/reducida 10/5 PLN, circuito guiado adultos/reducida 20/12 PLN; ☺9.00-21.00; Ⓜ Stadion Narodowy, ☒7, 22 o 25 desde al Jerozolimskie) Situado en la margen derecha del Vístula, este símbolo nacional se erigió en el solar de un estadio de la época comunista con motivo de la Eurocopa de Fútbol del 2012. Su diseño, en rojo y blanco, hace alusión a los colores de la bandera polaca, y tiene un aforo de 58 000 espectadores. Se puede visitar un mirador que asoma al interior del estadio o apuntarse a un circuito

diario (en inglés); los horarios varían, así que interesa consultar su web antes de ir.

Zoológico · ZOO

(Ogród Zoologiczny; plano pp. 52-53; www.zoo.waw.pl; ul Ratuszowa 1/3; adultos/reducida 20/15 PLN; ☺9.00-18.00) Creado en 1928, es el hogar de unos 5000 animales de 500 especies de todo el mundo, incluidos simios, osos, lobos y elefantes.

Iglesia Ortodoxa · IGLESIA

(Cerkiew Prawosławna; plano pp. 52-53; al Solidarności 52) A poca distancia del zoológico, junto a al Solidarności, aparecen las cinco cúpulas de esta iglesia. Construida en la década de 1860 siguiendo un estilo bizantino ruso, su pequeña nave aún conserva retratos bizantinos originales y piezas de oro.

◉ Fuera del centro

★ Palacio Wilanów · PALACIO

(Pałac w Wilanowie; ☎22 544 2850; www.wilanow-palac.pl; ul Potockiego 10/16; adultos/reducida 20/15 PLN; ☺10.00-19.00 ma-do; ☒116 o 180) El palacio más importante de Varsovia se halla 6 km al sur del parque Łazienki y data de 1677, cuando el rey Juan III Sobieski compró los terrenos y convirtió una casa señorial existente en una villa barroca de estilo italiano, perfecta como residencia real de verano (su nombre viene del italiano *Vila Nuova*). Wilanów ha cambiado de propietarios varias veces, a la par que se ha ido enriqueciendo con un toque barroco por aquí y otro neoclásico por allá.

Apenas sufrió daños durante la II Guerra Mundial y el grueso de los muebles y obras de arte se recuperó tras la contienda.

Cabe destacar el gran vestíbulo (de dos plantas), el gran comedor y la galería de los Retratos Polacos, con una colección de lienzos de los ss. XVI-XIX. El exterior del palacio está adornado con impresionantes murales, entre ellos el de un reloj de sol del s. XVII con un bajorrelieve de Cronos, dios del Tiempo. El palacio se aprecia mejor con una audioguía (12 PLN). Se pueden reservar las entradas por teléfono o a través de su web.

Parque Wilanów · JARDINES

(Park Wilanowski; www.wilanow-palac.pl; ul Potockiego 10/16; adultos/reducida 5/3 PLN, ju gratis; ☺9.00-anochecer abr-sep; ☒116 o 180) Contiguo al palacio homónimo, sus espléndidas 45 Ha ofrecen una gran variedad de paisajes. La zona central está integrada por un inmaculado jardín italiano de estilo barroco, en dos niveles, que se extiende desde el palacio hasta el lago; la sección sur luce un diseño anglochino, mientras que la parte norte es de estilo inglés. Hay, además, una rosaleda de inspiración renacentista. Las últimas entradas se venden 30 min antes del cierre.

El parque también cuenta con un **invernadero** (entrada variable; ☺9.00-anochecer abr-sep; 🚌116 o 180) con una galería de arte que acoge exposiciones temporales.

Museo del Cartel   MUSEO

(Muzeum Plakatu; www.postermuseum.pl; adultos/reducida 10/7 PLN, lu gratis; ☺12.00-16.00 lu, 10.00-16.00 ma-do; 🚌116 o 180) Cerca del palacio Wilanów se encuentra este museo que atesora miles de carteles polacos (se trata de una de las mayores colecciones del mundo), aunque solo se exhibe una fracción. Las exposiciones cambian con regularidad.

🎓 Cursos

Polish Your Cooking   COCINA

(☎501 598 681; www.polishyourcooking.com) Los asistentes prepararán dos platos típicos polacos y degustarán unos cuantos más. Cobra 199 PLN por persona e incluye desayuno y almuerzo. Las clases se imparten en varios puntos de la ciudad.

Academia Polonica   IDIOMAS

(plano pp. 56-57; ☎22 629 9311; www.academiapolonica.com; al Jerozolimskie 55/14) Ofrece excelentes cursos de polaco para estudiantes, gente de negocios y expatriados, y cursos intensivos para viajeros.

IKO   IDIOMAS

(plano pp. 56-57; ☎22 826 2259; www.iko.com.pl; ul Kopernika 3) Cursos intensivos de polaco de cuatro días (490 PLN/persona) en diferentes fechas estivales.

👉 Circuitos

Adventure Warsaw   EN AUTOBÚS

(Wycieczki po Warszawie; plano pp. 52-53; ☎606 225 525; www.adventurewarsaw.pl; ul Mińska 25; desde 149 PLN) Extravagante compañía de Praga, que ofrece originales circuitos por Varsovia en furgonetas y autobuses de la época comunista. Entre los temas se incluyen la época comunista, locales nocturnos de la capital, y barrios poco frecuentados.

Warsaw City Tours   EN AUTOBÚS

(☎22 826 7100; www.warsawcitytours.info; 35 €/persona) Organiza circuitos de 3 h en auto-

bús, con traslados incluidos. Resérvese por teléfono, en línea o en la recepción del hotel.

Our Roots   CULTURAL

(plano pp. 56-57; ☎22 620 0556; www.our-roots.jewish.org.pl; ul Twarda 6) Su circuito de la Varsovia judía dura 5 h y cuesta unos 500 PLN. También se organizan visitas a Auschwitz-Birkenau y Treblinka.

🎆 Fiestas y celebraciones

Varsovia goza de una agenda cultural muy animada, salpicada de festivales y conciertos casi todo el año. En otoño se alcanza el culmen en clave musical y cinematográfica. Se puede consultar toda la programación en la web del centro de información turística de Varsovia (www.warsawtour.pl).

Festival de Pascua de Beethoven   MÚSICA

(Wielkanocny Festiwal Ludwiga van Beethovena; www.beethoven.org.pl; ☺mar-abr) Una serie de conciertos para celebrar la obra del magnífico compositor.

Desfile por la Igualdad   DESFILE

(Parada Równości; www.paradarownosci.eu; ☺jun) Marcha anual que recorre las calles de la ciudad a mediados de junio en apoyo de la igualdad social y la diversidad.

Festival Mozart   MÚSICA

(Festiwal Mozartowski; www.operakameralna.pl; ☺jun-jul) Se celebra todos los años desde mediados de junio hasta finales de julio y lo organiza la Warsaw Opera Kameralna. Se programan 26 obras completas de Mozart y una selección de otras obras suyas.

Festival de Arte Callejero   TEATRO

(Festiwal Sztuka Ulicy; www.sztukaulicy.pl; ☺jun-jul) El teatro callejero, las instalaciones artísticas y los espectáculos improvisados invaden lugares como la plaza de la Ciudad Vieja, el Camino Real, parques o incluso paradas de autobús durante una semana de finales de junio a principios de julio.

Warsaw Summer Jazz Days   JAZZ

(www.adamiakjazz.pl; ☺jul) Cada verano, la ciudad recibe a intérpretes internacionales de primera fila, que se mezclan con los talentos locales. El Salón de Congresos del complejo Soho Factory, en Praga, acoge los principales conciertos.

Chopin y su Europa   MÚSICA

(Chopin i Jego Europa; en.chopin.nifc.pl/festival; ☺ago) Dos semanas de música orquestal y de cámara para deleitarse con las obras de Chopin y otros grandes compositores europeos; en agosto.

Festival Internacional de Música Contemporánea Otoño de Varsovia   MÚSICA

(Warszawska Jesień Międzynarodowy Festiwal Muzyki Współczesnej; www.warsaw-autumn.art.pl; ☉sep) Tras 50 ediciones, este festival, que se prolonga durante nueve días de septiembre, ofrece la oportunidad de oír la mejor música de vanguardia del mundo, que incluye las nuevas obras de los compositores patrios más prominentes.

Festival de Cine de Varsovia   CINE

(Warszawski Festiwal Filmowy; www.wff.pl; ☉oct) Se prolonga durante más de 10 días de octubre en los que se proyectan las mejores películas internacionales del año, lo más destacado del cine polaco y numerosas retrospectivas.

🛏 Dónde dormir

En la capital buena parte de los alojamientos están orientados a gente de negocios y los precios se fijan en consonancia. Con todo, hay un número creciente de albergues independientes y alojamientos tipo *boutique* que se encargan de salvar la distancia entre los albergues y los hoteles con mejores tarifas.

Sin embargo, esto no quiere decir que las cosas no hayan mejorado. El número de albergues que apuntan a turistas extranjeros ha crecido incesantemente y las tarifas se han estabilizado en los últimos años. Se aconseja acudir en fin de semana, ya que muchos hoteles ofrecen descuentos.

No hay que obviar internet; a menudo es posible conseguir gangas que solo están disponibles reservando en línea. Los centros de información turística de Varsovia también pueden ayudar a reservar alojamientos.

Ciudad Vieja y alrededores

Hostel Kanonia   ALBERGUE €
(plano p. 62; ☎22 635 0676; www.kanonia.pl; ul Jezuicka 2; dc 50-60 PLN, i 100-180 PLN, d 180-200 PLN; 🛜) Muy bien gestionado, tiene una oferta de alojamientos que va desde dormitorios colectivos a individuales y dobles privadas a precios razonables para esta zona. Sus estancias son funcionales y sencillas, y la recepción y el bar saben cómo satisfacer las necesidades de los mochileros.

Dom Przy Rynku Hostel   ALBERGUE €
(plano p. 62; ☎22 831 5033; www.cityhostel.net; Rynek Nowego Miasta 4; dc 50 PLN, h 110 PLN; 🛜) En un tranquilo rincón de la ajetreada Ciudad Nueva, se trata de un albergue ordenado, limpio y agradable alojado en una casa del s. XIX. Los dormitorios pueden acomodar de dos a cinco personas. Hay una enorme cocina y lavadoras a disposición del viajero.

★ Castle Inn   HOTEL €€
(plano p. 62; ☎22 425 0100; www.castleinn.pl; ul Świętojańska 2; i/d desde 280/300 PLN; ❄🛜) Vistoso "hotel artístico" instalado en una casa del s. XVII. Todas las habitaciones dan a la plaza del Castillo o a la catedral de San Juan. Se recomienda la nº 121, con una estupenda vista al castillo. El desayuno cuesta 35 PLN adicionales.

Mamaison Hotel Le Regina   HOTEL €€€
(plano p. 62; ☎22 531 6000; www.leregina.com; ul Kościelna 12; h desde 400 PLN; 🅿🛜) En un edificio con soportales reformado al estilo de un palacio del s. XVIII y a pocos minutos de la Ciudad Vieja, este hotel combina la arquitectura tradicional y el diseño contemporáneo. Luminosas y bien ventiladas, las habitaciones están decoradas en tonos chocolate y vainilla, con abundante madera de nogal, brillantes cromados y, en las más caras, mármol.

Dom Literatury   HOTEL €€€
(plano p. 62; ☎22 635 0404; www.fundacjadl.com; ul Krakowskie Przedmieście 87/89; i/d 255/405 PLN; 🛜) Fastuoso hotel a la antigua con una ubicación estupenda y más escaleras de la cuenta. Es, además, la sede de la asociación de escritores PEN Club de Polonia. Quienes no tengan reparo en cargar con el equipaje hasta la 3ª planta, disfrutarán de vistas de la Ciudad Vieja y habitaciones con decoración formal, sofás holgados y techos con vigas de madera.

Al sur de la Ciudad Vieja

★ Oki Doki Hostel   ALBERGUE €
(plano pp. 56-57; ☎22 828 0122; www.okidoki.pl; Plac Dąbrowskiego 3; dc 29-90 PLN, h 128-260 PLN; 🛜) Posiblemente sea el albergue más popular de Varsovia y sin duda uno de los mejores, con habitaciones luminosas y amplias, decoradas individualmente. Ofrece dormitorios con entre tres y ocho camas, y uno con tres camas, pensado para mujeres. Los dueños, muy viajados, saben cómo atender las necesi-

VARSOVIA DÓNDE DORMIR

APARTAMENTOS EN ALQUILER

El precio de una estancia corta en un apartamento puede resultar más económico que reservar una habitación de hotel; y si se tiene previsto quedarse durante más de dos días, se traducirá en una opción excelente. Estos apartamentos por lo general tienen uno o dos dormitorios (para hasta 4 personas), además de una cocinita equipada con tostadora, cafetera y lavadora. Hay que telefonear con antelación para concretar un punto de encuentro y recoger la llave. Por lo general se reserva en línea con tarjeta de crédito o se paga en mano.

Apartments Apart (plano pp. 56-57; ☎22 351 2260; www.apartmentsapart.com; ul Nowy Świat 29/3; apt desde 200 PLN; ☎❀) Ofrece atractivos apartamentos en la Ciudad Antigua y en el centro, a precios que van desde unos 200 PLN por un pequeño estudio hasta 300-500 PLN/noche por un apartamento más grande.

Warsaw Apartments (☎22 550 4550; www.warsawapartments.com.pl; ul Augustówka 9; apt desde 150 PLN; ℗) Esta agencia dispone de tres modernos bloques de apartamentos a las afueras de Varsovia, todos ellos en magnífico estado y con extras como teléfono, TV, cocina y nevera. Se pueden alquilar por días, aunque en estancias de más de un mes, el precio se reduce a más de la mitad.

Residence St Andrew's Palace (plano pp. 56-57; ☎22 826 4640; www.residencestandrews.pl; ul Chmielna 30; apt desde 300 PLN; ℗@☎) Un concepto algo diferente: apartamentos de lujo en un edificio renovado en la céntrica ul Chmielna. Merece la pena el desembolso para una ocasión especial.

dades de los mochileros. Hay cocina y lavadoras comunitarias. El desayuno cuesta 15 PLN.

New World Street Hostel ALBERGUE €
(plano pp. 56-57; ☎22 828 1282; www.nws-hostel.pl; ul Nowy Świat 27; dc 42-67 PLN, h 178 PLN; ☎) Oportunamente ubicado entre el meollo gastronómico y comercial de ul Nowy Świat, sus limpios y luminosos dormitorios llevan nombres de ciudades de todo el mundo, desde Ámsterdam hasta Sídney. Todas las camas disponen de lamparita individual y hay un salón y cocina comunitaria. Cuenta, además, con una pequeña sección de comestibles a la venta.

Hostel Helvetia ALBERGUE €
(plano pp. 56-57; ☎22 826 7108; www.hostel-helvetia.pl; ul Sewerynów 7; dc 35-49 PLN, h 129-237 PLN; ☎) Albergue que ofrece impecables y espaciosas habitaciones con suelos de madera. Se puede elegir entre sus dormitorios (3-8 camas) o sus individuales y dobles, que salen muy a cuenta. Las lavadoras y la cocina son de lo mejor. Su número limitado de camas hace que convenga reservar en verano.

Hotel Harenda HOTEL €€
(plano pp. 56-57; ☎22 826 0071; www.hotelharenda.com.pl; ul Krakowskie Przedmieście 4/6; i/d desde 310/340 PLN; ☎) Alojado en un elegante edificio neoclásico, este alojamiento presume de

una ubicación tranquila, cerca de la Ciudad Vieja, y un tentador ambiente pretérito. Las habitaciones individuales son pequeñas, pero los baños están impolutos.

Chmielna Guest House PENSIÓN €€
(plano pp. 56-57; ☎22 828 1282; www.chmielnabb.pl; ul Chmielna 13; h 190-210 PLN; ☎) En pleno meollo de tiendas y restaurantes, esta propiedad hermana del New World Hostel ofrece habitaciones económicas y confortables, de estética contemporánea, algunas con baño compartido. Dispone de una cocina comunitaria básica. A tener en cuenta: las habitaciones están en la 3ª planta y la recepción, en el New World Street Hostel (véase izda.).

Hotel Mazowiecki HOTEL €€
(plano pp. 56-57; ☎22 827 2365; www.hotelewam.pl; ul Mazowiecka 10; i/d desde 150/190 PLN; ☎) Otrora privativo de militares, hoy recibe a huéspedes de todo el mundo. Es una opción sencilla pero acogedora, con el aliciente añadido (o inconveniente, según se mire) de encontrarse en una de las zonas de marcha del centro. Antes de decidirse a reservar conviene saber que una tercera parte de las habitaciones no tienen baño.

Hotel Bristol HOTEL €€€
(plano p. 62; ☎22 551 1000; www.hotelbristolwarsaw.pl; ul Krakowskie Przedmieście 42/44; h desde 560

PLN; ❀❄❇) Inaugurado en 1899 y de nuevo radiante tras una exhaustiva reforma, es uno de los hoteles de más postín de Polonia. Su fachada neoclásica oculta una antología de elementos *art nouveau* originales, y sus enormes habitaciones son tradicionales y confortables por igual. El personal hace lo imposible por complacer y el casco antiguo queda a un corto paseo.

Sofitel Victoria   HOTEL €€€
(plano pp. 56-57; ✆22 657 8011; www.sofitel.com; ul Królewska 11; h desde 450 PLN; ❄❇) En un emplazamiento fantástico entre la Ciudad Vieja y el Palacio de la Cultura y la Ciencia, ofrece confort auténtico y los extras habituales de un hotel de gama alta a precios algo más bajos que sus competidores de cinco estrellas. A veces se encuentran descuentos en su web.

Distrito financiero

Aquí se concentran algunos de los hoteles de cinco estrellas más selectos de la ciudad, incluidas cadenas de lujo como **InterContinental** (plano pp. 56-57; ✆22 328 8888; www.warsaw.intercontinental.com; ul Emilii Plater 49) y **Radisson Blu** (plano pp. 52-53; ✆22 321 8888; www.radissonblu.com/hotel-warsaw; ul Grzybowska 24). Pese a que suelen estar dirigidos a hombres de negocios, a veces ofrecen descuentos al reservar en línea o bajan las tarifas los fines de semana.

Hotel Premiere Classe   HOTEL €
(plano pp. 52-53; ✆22 624 0800; www.premiere-classe-warszawa.pl; ul Towarowa 2; h desde 145 PLN; ❄) Si bien las habitaciones –y en particular los baños– de esta moderna cadena de precio económico son microscópicas, lo cierto es que salen a cuenta. Está apartado del centro, pero queda a unos minutos a pie de los tranvías que circulan por al Jerozolimskie.

Ibis Warszawa Centrum   HOTEL €€
(plano pp. 52-53; ✆22 520 3000; www.ibis.com; al Solidarności 165; h desde 160 PLN; ❄❀@❄) Cadenas de precio económico, limpias y compactas, como Ibis, son una buena apuesta en Varsovia, donde no abundan los hoteles atractivos a precios razonables. Este, que pese a encontrarse lejos de la acción está bien comunicado en tranvía, ofrece habitaciones diminutas pero bien equipadas y baños modernos. Las mejores tarifas se consiguen reservando en línea.

Hotel Maria   HOTEL €€
(plano pp. 52-53; ✆22 838 4062; www.hotelmaria.pl; al Jana Pawła II 71; i/d 323/384 PLN; ❀❀❄) Alojamiento situado en una antigua casa de tres plantas sin ascensor llena de recovecos, un personal afable, un sensacional restaurante, un rincón para desayunar y espaciosas habitaciones. Está fuera del centro, pero queda a mano de los puntos de interés judíos y a unas cuantas paradas de tranvía del casco antiguo. Las habitaciones de la parte trasera son más tranquilas. Los fines de semana las reservas tienen un descuento de unos 100 PLN.

Al sur de al Jerozolimskie

Nathan's Villa Hostel   ALBERGUE €
(plano pp. 56-57; ✆22 622 2946; www.nathansvillahostel.com; ul Piękna 24/26; dc desde 47 PLN; h 175 PLN; ❄; ☐131 o 522 desde la estación de trenes Warszawa Centralna) Arraigada propuesta en un sereno patio al sur del centro. Tiene todo lo que un buen albergue debería tener (cocina, zona común, sala de lectura) y, por si fuera poco, servicio de lavandería, DVD y juegos. Para llegar, hay que tomar el autobús hasta Plac Konstytucji.

Majawa Camping 123   CAMPING, HOTEL €
(plano pp. 52-53; ✆22 822 9121; www.majawa.pl; ul Bitwy Warszawskiej 1920r 15-17; parcela por persona/automóvil/tienda 25/20/20 PLN, hotel i/d 100/150 PLN; ❀❄❇) Situado cerca de la terminal de autobuses Warszawa Zachodnia, tiene un amplio y cuidado recinto cubierto de césped, zonas sombreadas y buenas instalaciones, incluidas pista de tenis y lavandería. También dispone de sencillas habitaciones de hotel y bungalós para dos personas (con paredes finísimas, ¡ojo!). Las tarifas, si hay baño incluido, son más elevadas.

★Hotel Rialto   HOTEL €€€
(plano pp. 56-57; ✆22 584 8700; www.rialto.pl; ul Wilcza 73; h desde 500 PLN; ❀❄❄) Esta casa reconvertida es una verdadera oda al diseño de principios del s. xx. Todas las habitaciones están decoradas individualmente en estilo *art nouveau* o *art déco,* con muebles de anticuario y reproducciones, instalaciones de época y baños alicatados o revestidos de mármol. No faltan toques modernos, como duchas de presión o sauna y sala de vapor. Los precios se reducen los fines de semana.

⌷ Praga

Krokodyl ALBERGUE €
(☎22 810 1118; www.hostelkrokodyl.com; ul Cza-
pelska 24; dc 45-60 PLN, i/d 150/160 PLN; ▣🛜)
Justo lo que necesitaba el marchoso barrio de
Praga: un albergue privado con recepción las
24 h, ideal para descansar tras una noche de
trastadas. Cuenta con habitaciones alegres,
una cocina comunitaria limpia y servicio de
lavandería gratuito. Se encuentra a un breve
trayecto en tranvía del centro.

Hotel Hetman HOTEL €€
(plano pp. 52-53; ☎22 511 9800; www.hotelhetman.
pl; ul Kłopotowskiego 36; i/d 290/340 PLN; ▣🛜;
Ⓜ Dworzec Wileński, Estadio Nacional, 🚊25) En una
plácida ubicación al otro lado del río, a solo
1 km de la Ciudad Vieja, lo atiende un personal amable y ofrece habitaciones aireadas en
relajantes tonos neutros y baños relucientes.
Está bien conectado en trasporte público.

Hotel Hit HOTEL €€
(plano pp. 52-53; ☎22 618 9470; www.hithotel.pl; ul
Kłopotowskiego 33; i/d 175/209 PLN, ste desde 300
PLN; ▣🛜; Ⓜ Dworzec Wileński, 🚊25) Agradable
opción económica a corta distancia de los mejores bares de Praga, del tranvía y del metro.
Sus pulcras habitaciones salen muy a cuenta.
Aparte de habitaciones individuales y dobles,
también dispone de varios apartamentos.

✖ Dónde comer

Varsovia es la ciudad donde mejor se come
de toda Polonia, tanto cocina nacional como de
todo el mundo, gracias a la cada vez más
abundante oferta de restaurantes internacionales. Todavía pueden encontrarse casas de
comidas buenas y baratas en el centro; p. ej.,
las clásicas lecherías.

La mayor concentración de restaurantes
se da en Nowy Świat y alrededores y al sur
de al Jerozolimskie. En la Ciudad Vieja, por
lo general, predominan los establecimientos
para turistas.

✖ Ciudad Vieja y alrededores

Fret Á Porter POLACA €€
(plano p. 62; ul Freta 37; principales 23-57 PLN;
⊙12.00-23.00; 🛜) Ubicado en la plaza de la
Ciudad Nueva, su carta ofrece clásicos polacos e internacionales. Se puede empezar
con unos *pierogi* (raviolis) y elegir salmón o
un bistec como plato principal. Su terraza es
ideal para cenar cuando hace bueno; suele
haber música en directo.

Restauracja Pod Samsonem JUDÍA €€
(plano p. 62; ul Freta 3/5; principales 12-40 PLN;
⊙11.00-23.00) Situado en la Ciudad Nueva,
es frecuentado igualmente por lugareños
y turistas que buscan comida económica y
sabrosa aderezada con un toque judío, como
arenque marinado, pescado *gefilte* (fileteado)
y *kawior po żydowsku* ("caviar judío": hígado de pollo al ajillo).

Podwale Piwna Kompania POLACA €€
(plano p. 62; Podwale 25; principales 24-60 PLN;
⊙11.00-23.00) Su lema es: "Mucha comida a
precios razonables", y eso es exactamente lo
que cabe esperar de esta animada cervecería
a las afueras del casco antiguo.

★ Restauracja Polka POLACA €€€
(plano p. 62; ul Świętojańska 2; principales 24-68
PLN; ⊙12.00-23.00) A la chef estrella Magda
Gessler le encanta decorar sus restaurantes
con papel pintado de flores y mesas rústicas
de madera, y este local de la Ciudad Vieja
no es una excepción. La singular estética
acentúa la gran calidad de los platos polacos
de siempre que salen de sus fogones, como
morcilla, codillo de cerdo con repollo, o pato
crujiente a la miel. Algunas mesas tienen vistas a la plaza del Castillo.

✖ Al sur de la Ciudad Vieja

★ Mango VEGANA €
(plano pp. 56-57; ul Bracka 20; principales 13-20 PLN;
⊙11.00-23.00; 🛜✍) Estiloso establecimiento
cien por cien *vegano* con un interior sencillo
y moderno y una agradable zona de asientos al fresco. La excelente carta recoge desde
hamburguesas vegetarianas hasta mango con
arroz glutinoso. El "Talerz Mango" (*hummus*,
mango, *falafel*, berenjena, aceitunas, pimiento dulce y pasta de *harissa* servido con pan
de pita), a 22 PLN, es una bicoca.

Cô Tú ASIÁTICA €
(plano pp. 56-57; Hadlowo-Usługowe 21; principales
15-23 PLN; ⊙10.00-21.00 lu-vi, 11.00-19.00 sa y do)
Su extensa carta recoge todos los productos
básicos (de pescado, marisco, verduras, ternera, pollo, cerdo, etc.), y por muchas colas
que se formen, nunca hay que esperar más
de 10 min. La entrada se realiza por el pasaje
abovedado en el nᵒ 26 de ul Nowy Świat.

Krokiecik CAFETERÍA €
(plano pp. 56-57; ul Zgoda 1; principales 10-14 PLN;
⊙11.00-23.00) Versión moderna de la clásica
lechería, que sirve sabrosas y económicas so-

MÁS QUE LECHE

El capitalismo ha causado estragos entre las lecherías *(bar mleczny)* de Varsovia, las baratísimas casas de comidas de la época comunista donde se servían reconfortantes platos polacos (a base de verduras y productos lácteos) a comensales hambrientos. Aunque ya no hay tantas como antaño, todavía se conservan unas cuantas que atraen a lugareños y turistas.

Bar Mleczny Pod Barbakanem (plano p. 62; ul Mostowa 27; principales 7-10 PLN; ☺8.00-16.00 lu-vi, 9.00-16.00 sa; ✐) Situada en la Ciudad Vieja, junto al Barbican, es todo un clásico con décadas de historia. Pese a su exterior desvaído, sigue siendo un lugar muy popular para almorzar.

Bar Mleczny Familijny (plano pp. 52-53; ul Nowy Świat 39; principales 4-10 PLN; ☺7.00-20.00 lu-vi, 9.00-17.00 sa y do; ✐) Esta institución ubicada en una exclusiva zona de Varsovia, al sur de la Ciudad Vieja, es célebre por su *zupa szczawiowa* (sopa de acedera) y sus *pierogi z truskawkami* (empanadillas rellenas de fresa).

Prasowy (plano p. 66; ul Marszałkowska 10/16; principales 6-19 PLN; ☺9.00-20.00 lu-vi, 11.00-19.00 sa y do; ✐) Ubicada en la extensa zona al sur de al Jerozolimskie, tiene un elegante interior de estilo retro digno de una revista de decoración.

Rusałka (plano pp. 52-53; ul Floriańska 14; principales 6-10 PLN; ☺7.00-18.00 lu-vi, 9.00-17.00 sa; ✐) La lechería favorita de Praga triunfa entre una clientela de clase obrera y el personal de un hospital cercano.

pas, ensaladas y platos calientes como *fasolka po bretońsku* (alubias estofadas con chorizo), *strogonow z wołowiny* (ternera *stroganoff*) o *ragout z kurczaka* (ragú de pollo).

Petit Appetit   FRANCESA €€
(plano pp. 56-57; ul Nowy Świat 27; principales 14-39 PLN; ☺11.00-23.00; 🛜) Atractivo bistró francés con mesas de madera y suelos embaldosados en blanco y negro donde saborear un rico bocado ligero, como los recomendables *"hedgehogs"* ("erizos" en inglés; patatas asadas con distintos rellenos). Se sirven desayunos todo el día, además.

Socjal   MEDITERRÁNEA €€
(plano pp. 56-57; ul Foksal 18; principales 18-39 PLN; ☺12.00-24.00) Ultramoderno restaurante y bar con un interior espartano y cocina abierta. La carta, de influencia mediterránea, incluye *piadinas,* pasta y *pizzas* más atrevidas que la media (p. ej., de espárragos). La terraza regala vistas privilegiadas de la animación del barrio.

Giovanni Rubino   ITALIANA €€
(plano p. 62; ul Krakowskie Przedmieście 37; principales 24-69 PLN; ☺10.00-24.00) Elegante restaurante italiano con un buen surtido de pasta y *pizzas* y una amplia carta de vinos. De 10.00 a 12.00 sirve desayunos (17 PLN) y tiene una terraza que da a la plaza de Herbert Hoover.

Dawne Smaki   POLACA €€€
(plano pp. 56-57; ul Nowy Świat 49; principales 39-95 PLN; ☺12.00-23.00; 🛜) Excelente y bien comunicado, agrada con especialidades patrias como arenque a la crema de leche, rollitos de repollo rellenos, *pierogi* (raviolis) y demás clásicos de rigor. La decoración es tradicional pero sin pecar de sentimentaloide. El recomendable menú del día sale muy a cuenta.

Restauracja 99   POLACA €€€
(plano pp. 52-53; al Jana Pawła II 23; principales 35-95 PLN; ☺8.00-23.00; 🛜) Sofisticado restaurante que atrae, sobre todo, a una clientela de negocios por sus versiones modernas de platos polacos como empanada de conejo y patatas, o *pierogi* rellenos de cordero y trigo sarraceno. No abundan las opciones para vegetarianos. Hay una carta de desayunos y música en directo los viernes por la noche. El bar tiene pantallas gigantes para ver deportes.

✕ Al sur de al Jerozolimskie

★**Charlotte Chleb i Wino**   FRANCESA €
(plano p. 66; al Wyzwolenia 18; principales 9-25 PLN; ☺7.00-24.00 lu-vi, 9.00-1.00 sa, 9.00-22.00 do; 🛜) Celestial panadería y bistró francés que despacha deliciosos cruasanes y repostería al amanecer, generosas ensaladas y crujientes

CAFÉ Y BUENA LECTURA

Tradicionalmente enamorados de la literatura, los polacos viven desde hace unos años un idilio con el café y solo era cuestión de tiempo que se consolidara el café-librería, una forma estupenda de cultivar ambas pasiones. Estos establecimientos de aire intelectual han surgido por toda la ciudad y ofrecen estanterías de libros, además de café y tentempiés. Son lugares geniales para pasar unas horas entregado a la lectura o disfrutando de un evento literario o un concierto ocasional.

Kafka (plano pp. 56-57; ul Oboźna 3; ⊘9.00-22.00; 🛜) Al autor de esta guía le agradó particularmente este plácido café que sirve tartas, quiches y tortitas agridulces. Cuenta con sofás bajos y una zona al aire libre.

Chłodna 25 (plano pp. 52-53; www.klubchlodna25.pl; ul Chłodna 25; ⊘9.00-23.00 lu-vi, 10.00-23.00 sa y do; 🛜) Bohemio, programa con regularidad conciertos, películas, debates y conferencias. Ofrecen vino, cerveza y repostería casera.

Wrzenie Świata (plano pp. 56-57; ul Gałczyńskiego 7; ⊘9.00-22.00; 🛜) Coqueto café-librería en una apacible calle secundaria detrás de ul Nowy Świat.

Czuły Barbarzyńca (plano pp. 52-53; www.czuly.pl; ul Dobra 31; ⊘8.30-20.30 lu-ju, 10.00-22.00 vi y sa, hasta 20.30 do; 🛜) Aquí priman los libros, las discusiones y las lecturas. Fue el primer café-librería de la ciudad.

Tarabuk (plano pp. 56-57; www.tarabuk.pl; ul Browarna 6; ⊘10.00-22.00 lu-vi, 11.00-22.00 sa y do; 🛜) Acogedora propuesta donde no solo tienen cabida los libros y el café, sino también los conciertos, las lecturas, las conferencias y el vodka.

sándwiches para almorzar y cenar, y al atardecer, copas de vino, todo a muy buen precio.

Krowarzywa VEGANA €
(plano p. 66; ul Marszałkowska 27; principales 10-16 PLN; ⊘12.00-23.00; 🍴) A quienes piensen que todos los establecimientos *veganos* son asépticos y poco estimulantes les sorprenderá esta hamburguesería *vegana* con un moderno interior aderezado con estrambóticas lámparas, mobiliario minimalista y clientes con barba y tatuajes. Redondean la oferta sus zumos caseros.

Beirut DE ORIENTE MEDIO €
(plano pp. 56-57; ul Poznańska 12; principales 10-25 PLN; ⊘12.00-1.00; 🛜🍴) Informal lugar de moda que triunfa con sus *shashlik* de pollo, *kofta* de ternera y hamburguesas de cordero, apuntalados por opciones vegetarianas como varios tipos de *hummus* y otros platos de Oriente Próximo. Basta con elegir algo de la carta sobre el mostrador y tomar asiento. De noche, un tocadiscos ameniza el ambiente.

Tel Aviv VEGETARIANA €
(plano pp. 56-57; ul Poznańska 11; principales 10-34 PLN; ⊘9.00-24.00; 🛜🍴) Cálido y acogedor, ofrece platos principales vegetarianos, *veganos* y sin gluten como ensaladas y hamburguesas; sin embargo, su principal baza es el

agradable interior, que invita a relajarse con un libro o frente al portátil.

Flambéeria FRANCESA €€
(plano pp. 56-57; ul Hoża 61; principales 14-27 PLN; ⊘12.00-24.00) Sofisticado restaurante con una gran variedad de tartas saladas alsacianas (a base de crema) y un vistoso interior que ostenta un suelo tipo mosaico y lámparas de diseño. Se accede por ul Emilii Plater.

Dżonka ASIÁTICA €€
(plano pp. 56-57; ul Hoża 54; principales 17-27 PLN; ⊘11.00-20.00 lu-vi, 12.00-18.00 sa y do; 🛜🍴) Aunque apenas tiene ocho mesas, encandila con una batería de platos orientales que incluye bullentes sopas tailandesas, pollo mandarín y ternera picante al estilo de Sichuan, amén de una buena selección *vegana* y vegetariana.

Tandoor Palace INDIA €€
(plano p. 66; ul Marszałkowska 21/25; principales 22-48 PLN; ⊘11.00-23.00; 🍴) Es uno de los mejores restaurantes indios de Varsovia. Sus expertos cocineros utilizan un auténtico *tandoor*. Su amplia carta abarca clásicos como pollo con mantequilla, *shahi korma* (pollo o cordero con una salsa cremosa y suave con almendras picadas), *biryani* o platos de *Kashmiri balti*.

Warsaw Tortilla Factory   MEXICANA €€
(plano pp. 56-57; ul Wilcza 46; principales 22-79 PLN; ⊘12.00-1.00) Efervescente establecimiento al sur de al Jerozolimskie donde degustar favoritos de la cocina mexicana y *tex-mex* como quesadillas, tacos, fajitas y costillas. Más que un destino culinario, es un sitio de fiesta.

Izumi Sushi   JAPONESA €€
(plano p. 66; ul Mokotowska 17; principales 18-55 PLN; ⊘11.00-23.00) Este restaurante, frente a la moderna Plac Zbawiciela, sirve una selección de *sushi* y platos más abundantes como pollo *teriyaki*. La apacible terraza, ideal para ver deambular a la gente, complementa el elegante interior en blanco y negro.

Dwie Trzecie   MEDITERRÁNEA €€€
(plano pp. 56-57; ul Wilcza 50/52; principales 28-70 PLN; ⊘12.00-23.00; 🐾) Vale la pena el desembolso por disfrutar de exquisiteces presentadas con maestría como sopa especiada de calabaza aderezada con remolacha y gambas, seguida de carrillera de ternera asada con polenta. El interior es agradablemente formal, y las cálidas paredes de ladrillo y los suelos de madera le confieren un aire de serenidad. La carta de vinos es excelente e incluye una buena selección de caldos por copa.

🍴 Praga

Le Cedre 61   LIBANESA €€
(plano pp. 52-53; al Solidarności 61; principales 15-59 PLN; ⊘11.00-23.00; 🖊; Ⓜ Dworzec Wileński, 🚋 4) Situado frente al parque Praski, en la orilla derecha del Vístula, este vistoso restaurante libanés ofrece auténtica cocina de Oriente Próximo, a elegir entre una variedad de platos fríos y calientes, además de unas cuantas opciones vegetarianas. Los viernes por la noche hay un espectáculo de danza del vientre. Queda a un corto paseo de los tranvías y de la estación del metro.

⭐ Warszawa

Wschodnia   EUROPEA CONTEMPORÁNEA €€€
(plano pp. 52-53; ul Mińska 25; principales 25-80 PLN; ⊘24 h; 🐾) Situado en el enorme complejo Soho Factory, este fabuloso restaurante debe su nombre al letrero de neón rescatado de la cercana estación de trenes homónima. Sirve una interpretación moderna de la cocina polaca, con influencias francesas. Los platos principales cuestan entre 60 y 80 PLN. Nada supera, eso sí, el menú de almuerzo de tres platos (25 PLN), que se sirve de 12.00 a 16.00 de lunes a viernes.

🍷 Dónde beber y vida nocturna

Como ocurre con muchos locales de España, en Varsovia no suele distinguirse mucho entre cafeterías y bares. Casi todos los locales empiezan el día sirviendo buenas dosis de café y terminan la jornada vendiendo cerveza y cócteles. Casi todos los locales de copas abren a las 11.00-12.00 y cierran cuando se marcha el *ostatni gość* (el último cliente), entre las 24.00 y las 4.00 h. La cultura de los cafés ha causado furor en los últimos años entre los varsovianos, y hoy se encuentran locales por toda la ciudad, a los que van sumándose nuevas propuestas.

Para salir de copas, lo mejor es dirigirse a ul Mazowiecka en el centro o a ul Ząbkowska en Praga.

🍷 Casco antiguo y alrededores

Polyester   CAFÉ, BAR
(plano p. 62; ul Freta 49/51; ⊘12.00-24.00; 🐾) Posiblemente se trate de la coctelería más en onda del casco antiguo: un local con muebles retro y un ambiente relajado, que sirve magníficos cócteles, gran variedad de cafés y tentempiés. A menudo se programan conciertos de *jazz* y otros géneros musicales.

Pożegnanie z Afryką   CAFÉ
(plano p. 62; ul Freta 4/6; ⊘10.00-19.00 lu-vi, hasta 17.00 sa y do) El "Memorias de África" es un diminuto café donde solo se sirve esta bebida (eso sí, ¡qué café!). Se puede elegir entre 50 variedades y un surtido de tartas de rechupete. Este local es el primero de una pequeña cadena presente en las principales ciudades del país.

Same Fusy   SALÓN DE TÉ
(plano p. 62; ul Nowomiejska 10; ⊘13.00-23.00) Escaleras abajo se llega al elegante salón de té de este bistró-café repartido en varios niveles, que ofrece más de un centenar de tés diferentes, desde los clásicos hasta variedades exóticas.

🍷 Al sur de la Ciudad Vieja

Relax   CAFÉ
(plano pp. 56-57; ul Złota 8; ⊘8.00-23.00 lu-vi, 10.00-23.00 sa y do; 🐾) Situado en la parte trasera de un antiguo cine, este compacto local desprende encanto entre retro y desastrado, y sirve un abanico de cervezas artesanas polacas, además de café, tartas y sándwiches.

ZONAS DE BARES

Los locales nocturnos de Varsovia son muy diversos, pero tienden a estar bastante dispersos entre sí. Aun así, existen unos cuantos lugares céntricos donde salir de copas no exige tomar transporte público.

La que quizá sea la mejor zona de bares de la ciudad se encuentra en ul Mazowiecka, un par de manzanas al oeste de ul Krakowskie Przedmieście.

➡ **Paparazzi** (véase abajo)

➡ **Room 13** (véase abajo)

➡ **Tygmont** (p. 79)

Quienes sientan predilección por los antros y los pequeños locales escondidos, deberán poner la directa a Praga, el barrio de moda al otro lado del Vístula, con varios bares y discotecas a poca distancia unos de otras y suficiente animación para pasar la noche –y parte de la madrugada– en esta orilla del río.

➡ **Po Drugiej Stronie Lustra** (p. 79)

➡ **W Oparach Absurdu** (p. 79)

➡ **Łysy Pingwin** (p. 79)

➡ **Sen Pszczoły** (p. 79)

Cafe Blikle
CAFÉ

(plano pp. 56-57; ul Nowy Świat 35; ⊙9.00-20.00 lu-sa, 10.00-20.00 do; 🛜) El mero hecho de que haya sobrevivido a dos guerras mundiales y al comunismo lo convierte en un referente local. Pero lo que le ha dado verdadera fama son sus berlinas, codiciadas desde hace generaciones. Para descubrir por qué, solo hay que entrar a su pastelería por la puerta separada, a la derecha.

Między Nami
BAR

(plano pp. 56-57; ul Bracka 20; ⊙10.00-23.00; 🛜) Híbrido de bar, restaurante y café que atrae a una clientela a la última con su mobiliario de diseño, paredes encaladas y excelente carta de bebidas.

Paparazzi
BAR

(plano pp. 56-57; ul Mazowiecka 12; ⊙18.00-hasta tarde lu-sa; 🛜) Todo un clásico de ul Mazowiecka, su especialidad son los cócteles.

Lemon
CAFÉ, BAR

(plano pp. 56-57; ul Sienkiewicza 6; ⊙24 h; 🛜) Situado en una tranquila bocacalle, es un lugar de lo más *cool,* con un atrevido interior verde lima y sofás marrones donde poder disfrutar de un trago. También sirven café y comidas ligeras, y como nunca cierra, es ideal para hacer la previa o despedir la noche.

Enklawa
DISCOTECA

(plano pp. 56-57; ul Mazowiecka 12; ⊙22.00-4.00 ma-sa) Luces azules y púrpura iluminan esta espaciosa sala con vistosos asientos, techos de espejo y dos bares. Tras estudiar la extensa carta de bebidas, lo indicado es sumarse a la fiesta o ver la acción desde la galería superior. Los miércoles suenan éxitos de los setenta a los noventa.

Klubokawiarnia
DISCOTECA

(plano pp. 56-57; ul Czackiego 3/5; ⊙18.00-hasta tarde) A este local en un sótano se viene a bailar hasta las tantas a ritmo de buena música y entre parafernalia comunista. Suelen organizar fiestas de disfraces para animar aún más el cotarro.

Capitol
DISCOTECA

(plano p. 62; ul Marszałkowska 115; ⊙22.00-hasta tarde vi y sa) Quienes busquen algo único no deberían perderse esta fantástica discoteca que abre exclusivamente los viernes y sábados. Su baja iluminación hace que todo resplandezca, desde las columnas y la decoración retro a los rostros de la gente guapa de Varsovia, entregada en la abarrotada pista de baile.

Room 13
DISCOTECA

(plano pp. 56-57; ul Mazowiecka 13; ⊙22.00-hasta tarde ju-do) Animada discoteca en una popular zona de fiesta.

🍷 Al sur de al Jerozolimskie

Plan B
BAR

(plano p. 66; al Wyzwolenia 18; ⊙11.00-hasta tarde) Exitoso bar en plena Plac Zbawiciela, donde se cita una mezcla de estudiantes y jóvenes oficinistas. Solo hay que hacerse un hueco en los sofás y relajarse con los suaves ritmos cortesía del DJ. En las cálidas noches estivales, la acción se desparrama a la calle, transformando la plaza en una suerte de fiesta de barrio.

Coffee Karma CAFÉ
(plano p. 66; Plac Zbawiciela 3/5; ☺7.30-22.00 lu-vi, 10.00-22.00 sa y do; 🕾) Este relajado establecimiento tiene una envidiable ubicación en Plac Zbawiciela, cómodos sofás y una carta de tentempiés, unidos a un cavernoso y tenue interior muy indicado para sacudirse la resaca café en mano.

Praga

★ Kofi CAFÉ
(plano pp. 52-53; ul Mińska 25; ☺9.00-17.00; 🕾) Quienes recelen del aburrido café filtrado que prolifera en Europa central no podrán contener la emoción cuando entren en este moderno café dentro del extenso complejo Soho Factory de Praga. El café, de primera, se sirve en un atractivo interior industrial reforzado por el aroma de los granos tostados in situ.

Po Drugiej Stronie Lustra PUB
(plano pp. 52-53; ul Ząbkowska 5; ☺18.00-hasta tarde) Es ideal para calentar motores, con un tentador jardín y gran variedad de cervezas, incluidas variedades artesanales difíciles de encontrar.

W Oparach Absurdu BAR
(plano pp. 52-53; ul Ząbkowska 6; ☺12.00-hasta tarde) Decorado con toda clase de cachivaches, cada tanto acoge actuaciones de bandas de países como Belarús o Ucrania.

Łysy Pingwin PUB
(plano pp. 52-53; ul Ząbkowska 11; ☺12.00-hasta tarde) El "Pingüino calvo" es un arraigado bar de Praga cutre pero divertido.

Sen Pszczoły CLUB
(plano pp. 52-53; ul Grochowska 301/305; ☺21.00-hasta tarde) Su nombre significa "el sueño de las abejas", por el cuadro de Dalí; la realidad, algo surrealista, es que se trata de un relajado club de *dance* y bar.

Ocio

La oferta de ocio de Varsovia, en lo clásico y lo moderno, es la mejor del país. La ciudad dispone de muchos escenarios de música clásica, ópera y teatro, y la lista de locales

de *jazz* crece cada año. El cine también está bien representado.

Se pueden consultar programaciones completas de museos, galerías de arte, cines, teatros, salas de conciertos y festivales (solo en polaco) en la edición de los viernes de la *Gazeta Wyborcza*. La guía de ocio mensual y gratuita *Aktivist* (www.aktivist.pl) se distribuye en restaurantes, bares y discotecas, aunque la programación solo viene en polaco. Otra fuente muy útil, también en clave de ocio y en polaco, es la web www.kulturalnie.waw.pl.

La revista *Warsaw Insider* (mensual; (www.warsawinsider.pl) y las columnas de espectáculos del semanario *Warsaw Voice* (www.warsawvoice.pl) proporcionan información en inglés sobre acontecimientos culturales, bares, *pubs* y otros locales nocturnos.

Las entradas para el teatro, la ópera, los conciertos y otros espectáculos se pueden comprar a través de **Eventim** (☏22 590 6915; www.eventim.pl; al Jerozolimskie 25; ☺9.00-19.00 lu-vi) y en las tiendas de Empik (www.empik.com).

Música en directo

Fabryka Trzciny MÚSICA EN DIRECTO
(plano pp. 52-53; ☏22 619 0513; www.fabrykatrzciny.pl; ul Otwocka 14; ☺taquilla 9.30-17.00) Situado en una antigua fábrica rehabilitada en el corazón de Praga, este centro de arte ofrece una programación de acontecimientos que incluye actuaciones musicales. Se aconseja llamar o visitar su web antes de ir, ya que solo abre cuando hay algo programado.

Stodoła MÚSICA EN DIRECTO
(plano pp. 52-53; ☏22 825 6031; www.stodola.pl; ul Batorego 10; ☺9.00-21.00 lu-vi, hasta 2.00 sa) Otrora el comedor de los obreros del Palacio de la Cultura y la Ciencia, hoy constituye una de las salas de conciertos más grandes y veteranas de la capital, ideal para ver grupos de gira.

Tygmont MÚSICA EN DIRECTO
(plano pp. 56-57; ☏22 828 3409; www.tygmont.com.pl; ul Mazowiecka 6/8; ☺19.00-hasta tarde) Tiene una abundante y variada oferta de música en directo (en ocasiones también *jazz*) a cargo de bandas locales e internacionales. Los conciertos empiezan sobre las 21.00 y se llena enseguida, por lo que conviene reservar mesa o acudir cuando abren las puertas. Sirven cenas.

LA VARSOVIA DE AMBIENTE

La actitud hacia los gais y lesbianas va evolucionando poco a poco, y prueba de ello es que Varsovia acogió con éxito el festival internacional del Orgullo Gay en el 2010. Sin embargo, muchos polacos siguen sin aceptar la cultura gay, y a raíz de esta actitud imperante, Varsovia no disfruta de la escena que cabría esperar de una ciudad de su tamaño. Para un listado actualizado de bares y clubes, visítese www.warsaw.gayguide.net, www.gay.pl o www.innastrona.pl (una web en polaco de citas para gais y lesbianas).

Fantom (plano pp. 56-57; www.facebook.com/fantomwarsaw; ul Bracka 20b; ⊙14.00-3.00) En la brecha desde 1994, se trata del club gay más veterano del país, con sauna, *sex-shop* y sala de proyecciones. Su entrada se halla en el patio tras Między Nami.

Galeria (plano pp. 52-53; www.clubgaleria.pl; Plac Mirowski 1; ⊙20.00-5.00 ma-do) Popular discoteca abierta hasta tarde, con karaoke entre semana y DJ los fines de semana. Para entrar, hay que pulsar el timbre junto a su entrada con espejos.

Música clásica y ópera

Varsovia es un magnífico destino musical con sus festivales y sus conciertos en iglesias. Las entradas, que oscilan entre 20 y 130 PLN, se adquieren en las taquillas de las salas de conciertos, que suelen cerrar en julio y agosto.

La Chopin Society trae a pianistas de todo el mundo para sus recitales gratuitos de Chopin, que tienen lugar en el parque Łazienki de mediados de mayo a finales de septiembre a las 12.00 y las 16.00.

Filharmonia Narodowa MÚSICA CLÁSICA
(Filarmónica Nacional; plano pp. 56-57; ☑22 551 7128; www.filharmonia.pl; ul Jasna 5; ⊙taquilla 10.00-14.00 y 15.00-19.00 lu-sa) Sede de la Orquesta Filarmónica Nacional, fundada en 1901, este auditorio dispone de una sala de conciertos (acceso por ul Sienkiewicza 10) y otra para música de cámara (por ul Moniuszki 5). La taquilla está por ul Sienkiewicza.

Warszawa Opera Kameralna ÓPERA
(Ópera de Cámara de Varsovia; plano pp. 52-53; ☑22 831 2240; www.operakameralna.pl; al Solidarności 76b; ⊙taquilla 11.00-19.00 lu-vi, 3 h antes actuación sa y do) Su repertorio comprende desde obras medievales hasta piezas contemporáneas, pero sobre todo destaca por sus óperas de Mozart. Cada año, además, acoge el Festival Mozart (p. 70).

Teatr Wielki ÓPERA
(Ópera Nacional; plano p. 62; ☑22 826 5019; www.teatrwielki.pl; Plac Teatralny 1; ⊙taquilla 9.00-19.00 lu-vi, 11.00-19.00 sa y do) Este majestuoso teatro neoclásico, erigido en 1833 y reconstruido tras la II Guerra Mundial, es el principal escenario de ópera y *ballet* de la ciudad. El repertorio incluye clásicos internacionales y obras de compositores patrios.

Cine

Casi todas las películas (las infantiles se doblan al polaco) se proyectan en versión original con subtítulos. Las entradas cuestan entre 15 y 35 PLN.

Kinoteka CINE
(plano pp. 56-57; www.kinoteka.pl; Plac Defilad 1) Merece la pena ver una película en estos minicines del Palacio de la Cultura y la Ciencia, aunque solo sea por la espléndida decoración. Se entra por al Jerozolimskie.

Kino.Lab CINE
(plano p. 66; www.kinolab.art.pl; castillo de Ujazdów, ul Jazdów 2) Aquí se puede ver vanguardista cine de autor polaco e internacional cortesía del Centro de Arte Contemporáneo (p. 67).

Kino Luna CINE
(plano p. 66; www.kinoluna.pl; ul Marszałkowska 28) Se suele proyectar cine de autor.

Muranów Cinema CINE
(plano p. 62; www.muranow.gutekfilm.pl; ul Generala Andersa 1) También está dedicado a los filmes de autor.

Teatro

El teatro polaco ha ocupado tradicionalmente un lugar destacado en la capital, donde se concentran algunos de los principales escenarios del país. Casi todos cierran en julio y agosto.

Teatr Ateneum TEATRO
(plano pp. 52-53; ☑22 625 2421; www.teatrateneum.pl; ul Jaracza 2) Fundado en 1928, tiene incli-

VARSOVIA DE COMPRAS

nación por las producciones contemporáneas en polaco.

Teatr Dramatyczny
TEATRO
(plano pp. 56-57; ✐22 656 6844; www.teatrdrama tyczny.pl; Plac Defilad 1) Está en el imponente Palacio de la Cultura y la Ciencia.

Teatr Polonia
TEATRO
(plano pp. 56-57; ✐22 622 2132; www.teatrpolonia. pl; ul Marszałkowska 56) Dirigido por Krystyna Janda (ganadora de la Palma de Oro a la mejor actriz en Cannes en 1990), suele presentar obras de temática social.

Teatr Powszechny
TEATRO
(plano pp. 52-53; ✐22 818 2516; www.powszechny. com; ul Zamojskiego 20) Compañía con sede en Praga que representa funciones de directores de todo el mundo. Cuenta con tres auditorios de tamaño dispar.

Teatr Roma
TEATRO
(plano pp. 56-57; ✐22 628 0360; www.teatrroma. pl; ul Nowogrodzka 49; ⊙taquilla 10.00-19.00 lu-sa, 13.00-18.00 do) Offece grandes musicales al estilo de Broadway, como *Mamma Mía* o el incombustible *Deszczowa Piosenka (Cantando bajo la lluvia)*.

Teatr Żydowski
TEATRO
(Teatro Judío; plano pp. 56-57; ✐22 850 5656; www. teatr-zydowski.art.pl; Plac Grzybowski 12/16; ⊙taquilla 11.00-14.00 y 15.00-18.00 lu-vi, 12.30-19.00 sa, 14.30-18.00 do) Inspirado en la cultura y tradiciones judías, ofrece representaciones interpretadas en *yiddish* (con traducción simultánea al polaco y al inglés).

🔒 De compras

Como en cualquier otra ciudad europea, en Varsovia proliferan los locales de grandes marcas y los centros comerciales, aunque a precios algo más económicos.

La principal zona comercial corresponde a la maraña de calles entre el Palacio de la Cultura y la Ciencia y ul Nowy Świat, y a lo largo de la sección este del Jerozolimskie y el tramo sur de ul Marszałkowska.

Lapidarium
ARTE
(plano p. 62; www.lapidarium.pl; ul Nowomiejska 15/17; ⊙10.00-21.00 lu-sa, 13.00-19.00 do) Una de las tiendas más interesantes de la Ciudad Vieja, con joyería, arte popular y religioso, y reliquias de la época comunista, como medallas e insignias.

Cepelia
ARTESANÍA
(plano pp. 56-57; www.cepelia.pl; ul Chmielna 8) En las tiendas de esta veterana asociación dedicada a promover el arte y la artesanía del país se pueden comprar trabajos en madera, cerámica, escultura, tejidos, bordados, encajes y trajes típicos. Tiene otras sucursales en **Plac Konstytucji** (plano p. 66; www.cepelia.pl; Plac Konstytucji 5), **ul Krakowskie Przedmieście** (plano p. 62; www.cepelia.pl; ul Krakowskie Przedmieście 39) y **ul Marszałkowska** (plano pp. 56-57; www.cepelia.pl; ul Marszałkowska 99/101).

Neptunea
JOYERÍA, ARTESANÍA
(plano p. 62; www.neptunea.pl; ul Krakowskie Przedmieście 47/51; ⊙11.00-19.00 lu-vi, hasta 17.00 sa) Vende de todo, desde joyería polaca, cerámica grabada y artesanías hasta muebles, conchas e incluso instrumentos musicales de todo el mundo.

Galeria Grafiki i Plakatu
ARTE
(plano pp. 56-57; www.galeriagrafikiiplakatu.pl; ul Hoża 40; ⊙11.00-18.00 lu-vi, 10.00-15.00 sa) Pequeña galería con la mejor selección de grabados originales y arte gráfico del país, además de un buen surtido de pósteres.

Galeria Art
ARTE
(plano p. 62; www.galeriaart.pl; ul Krakowskie Przedmieście 17; ⊙11.30-19.00 lu-vi, hasta 17.00 sa) Propiedad de la Asociación de Artistas y Diseñadores Polacos, esta galería cuenta con gran variedad de obras de arte contemporáneo polaco.

Desa Unicum
ANTIGÜEDADES
(plano p. 66; www.desa.pl; ul Marszałkowska 34/50; ⊙11.00-19.00 lu-vi, hasta 16.00 sa) Marchante de arte y antigüedades que vende una amplia gama de muebles antiguos, cuberterías de plata, relojes, cuadros, iconos y joyería.

Atlas
LIBROS
(plano pp. 52-53; www.ksiegarniaatlas.pl; al Jana Pawła II 26; ⊙10.00-19.00 lu-vi, 11.00-15.00 sa) Se especializa en planos y mapas (sobre todo con rutas de senderismo y de parques nacionales), atlas y guías de viaje.

Empik
LIBROS
(plano pp. 56-57; www.empik.com; ul Nowy Świat 15/17; ⊙9.00-22.00 lu-sa, 11.00-19.00 do) Dispone de una buena selección de libros y revistas en varios idiomas, además de mapas y planos muy útiles. Otros locales céntricos son los de los centros comerciales **Wars Sawa Junior** (plano pp. 56-57; www.empik.com; ul Marszałkowska 116/122; ⊙9.00-22.00 lu-sa, 11.00-20.00 do) y

ARTESANÍA SELECTA

Nada de centros comerciales ni anodinas tiendas de cadenas. Los amantes de las compras y la artesanía están llamados a explorar las calles secundarias de Varsovia, donde aún perdura el arte de los productos hechos a mano y la calidad prima por encima de la cantidad.

Jan Kielman (plano pp. 56-57; www.kielman.pl; ul Chmielna 6; ⊗11.00-19.00 lu-vi, hasta 14.00 sa) Establecimiento abierto en 1883. Unos zapatos de piel cuestan desde 1900 PLN el par.

Wyrobów Oświetleniowych (plano pp. 56-57; www.oswietlenie.strefa.pl; ul Emilii Plater 36; ⊗9.00-17.00 lu-vi) Aquí se venden lámparas de araña. Casi todas terminan en museos y palacios, pero también hay modelos más sencillos (las de pared cuestan desde 700 PLN).

Pracownia Sztuki Dekoracyjnej (plano pp. 56-57; www.lopienscy.pl; ul Poznańska 24; ⊗8.00-17.00 lu-vi) La fundición de bronce más antigua de Varsovia, boyante desde 1862, ofrece excelentes palmatorias, marcos para espejos, pinturas y lámparas de pared.

Złote Tarasy (plano pp. 56-57; www.empik.com; ul Złota 59; ⊗9.00-22.00 lu-sa, hasta 21.00 do).

Koło Bazaar MERCADO
(Bazar na Kole; ul Obozowa; ⊗6.00-14.00 do; 🚋12, 23 o 24) Cada domingo se celebra en el barrio periférico de Koło, al oeste, un mercadillo que vende de todo, desde aperos de labranza y muebles hasta parafernalia de la II Guerra Mundial, como cascos alemanes oxidados, cajas de munición y casquillos de bala. Para dar con una ganga hay que rebuscar a conciencia, pero eso es parte de la diversión.

Hala Mirowska MERCADO
(plano pp. 52-53; Plac Mirowski 1; ⊗amanecer-anochecer) Merece la pena visitarlo, aunque solo sea por su arquitectura. El pabellón de ladrillo rojo de este mercado del s. XIX se conserva perfectamente. Todavía quedan unos cuantos puestos de flores, frutas y verduras en los flancos sur y oeste.

Złote Tarasy CENTRO COMERCIAL
(plano pp. 56-57; www.zlotetarasy.pl; ul Złota 59; ⊗10.00-22.00 lu-sa, hasta 20.00 do) Con casi cualquier cadena imaginable, se encuentra detrás de la estación Warszawa Centralna; puede verse su inconfundible tejado acristalado cerca del Palacio de la Cultura y la Ciencia.

Wars Sawa Junior CENTRO COMERCIAL
(plano pp. 56-57; www.warssawajunior.pl; ul Marszałkowska 104/122; ⊗10.00-21.00) Extenso, moderno y céntrico, abarca desde cadenas polacas como Empik hasta establecimientos internacionales como Marks & Spencer.

Arkadia CENTRO COMERCIAL
(plano pp. 52-53; www.arkadia.com.pl; al Jana Pawła II 82; ⊗10.00-22.00 lu-sa, hasta 21.00 do; Ⓜ Dworzec Gdański) Es, con unas 200 tiendas, el centro comercial más grande de Polonia. Está muy bien comunicado en metro.

Sadyba Best Mall CENTRO COMERCIAL
(www.sadyba.pl; ul Powsińska 31; ⊗10.00-21.00 lu-sa, 20.00 do) Moderno espacio con una amplia selección de tiendas de moda, zapaterías, joyerías y perfumerías, además de unos multicines y cantidad de sitios para comer.

ⓘ Información

PELIGROS Y ADVERTENCIAS

➡ Varsovia no es más peligrosa que cualquier otra capital europea, aunque es conveniente estar alerta al caminar de noche y vigilar los objetos personales en lugares concurridos.

➡ Las bicicletas son, en particular, objetivo habitual de los ladrones; no se deben perder de vista durante períodos prolongados y siempre han de asegurarse con un buen candado. También hay que recelar de los taxis piratas.

➡ Aunque ha mejorado, Praga sigue teniendo fama de lugar peligroso por la noche. Hay que hacer como los lugareños y entrar y salir del barrio en taxi.

ACCESO A INTERNET

A tener en cuenta: la vida de los cibercafés de Varsovia es muy efímera.

Arena Cafe (Plac Konstytucji 5; 6 PLN/h; ⊗24 h) Permanece abierto ininterrumpidamente.

Verso Internet (ul Freta 17; 6 PLN/h; ⊗8.00-20.00 lu-vi, 9.00-17.00 sa, 10.00-16.00 do) Situado en la Ciudad Nueva; se accede por ul Świętojerska.

ASISTENCIA MÉDICA

➡ Para pedir una ambulancia hay que llamar al ☏999, o al ☏112 desde teléfonos móviles.

Los teleoperadores no suelen hablar inglés, por lo que se aconseja llamar a un centro médico atendido por personal multilingüe.

→ Salvo en casos de urgencia, es preferible dirigirse a alguna de las muchas *przychodnia* (centros de salud) de la ciudad. El hotel o la embajada del viajero puede ofrecer recomendaciones.

→ Hay multitud de farmacias donde se puede pedir consejo médico; basta con buscar o preguntar por una *apteka*.

Apteka 21 (al Jerozolimskie 54; ☻24 h) Sita en la estación de trenes Warszawa Centralna, abre durante todo el día.

Damian Medical Centre (☏22 566 2222; www.damian.pl; ul Wałbrzyska 46; ☻7.00-21.00 lu-vi, 8.00-20.00 sa, 10.00-15.00 do) Reputado ambulatorio privado con instalaciones hospitalarias.

EuroDental (☏22 380 7000; www.eurodental.com.pl; ul Śniadeckich 12/16; ☻8.00-20.00 lu-vi) Clínica dental privada con personal polígloto.

Lux Med (☏22 332 2888; www.luxmed.pl; edificio del Marriott Hotel, al Jerozolimskie 65/79; ☻7.00-20.00 lu-vi, 8.00-16.00 sa) Clínica privada con médicos especialistas y servicio de ambulancias propio; realizan pruebas de laboratorio y visitan a domicilio.

DINERO

Hay muchas *kantors* (oficinas de cambio) y cajeros automáticos por el centro. Algunas abren las 24 h, como las de la estación de trenes Warszawa Centralna o las de los mostradores de inmigración del aeropuerto, pero en estos sitios los tipos aplicados se acercan al 10%. La Ciudad Vieja tampoco es el mejor lugar para cambiar dinero.

Bank Pekao (ul Krakowskie Przedmieście 1) Canjea cheques de viaje y tiene varias sucursales por el centro, así como en el Marriott Hotel (al Jerozolimskie 65/79) y en Plac Bankowy (Plac Bankowy 2).

Western Union (Bank Pekao; www.westernunion.pl; al Jerozolimskie 44; ☻8.00-19.00 lu-vi, 10.00-14.00 sa) Gestiona giros postales desde cualquier sucursal del Bank Pekao de Varsovia; esta es la más céntrica.

CORREOS Y TELÉFONO

Oficina principal de correos (plano pp. 56-57; ul Świętokrzyska 31/33; ☻24 h) Permanece abierta las 24 h.

INFORMACIÓN TURÍSTICA

Varsovia presume de una práctica red de oficinas de información turística, atendidas por un simpático personal que habla idiomas y dispensa un sinfín de folletos gratuitos de lo más completo. Pueden ayudar con consultas sobre transporte y alojamientos.

Hay varias revistas turísticas gratuitas. Entre las mejores se cuentan *Poland: What, Where, When*; *What's Up in Warsaw*; y *Welcome to Warsaw*. Se encuentran en los vestíbulos de la mayoría de los hoteles de precio alto. Las publicaciones mensuales *Warsaw Insider* (10 PLN) y *Warsaw in Your Pocket* (5 PLN) también son muy útiles y a veces se consiguen gratis en la recepción de los hoteles.

Oficina de turismo de Varsovia (plano pp. 56-57; www.warsawtour.pl; Plac Defilad 1, entrada desde ul Emilii Plater; ☻8.00-20.00 may-sep, hasta 18.00 oct-abr; ☎) Sita en el Palacio de la Cultura y la Ciencia, se trata del principal recurso para conseguir planos y asesoramiento. El personal también puede ayudar a reservar alojamientos. No dispone de número de teléfono, por lo que habrá que ir directamente en persona o contactar por correo electrónico.

También son útiles las sucursales del aeropuerto (www.warsawtour.pl; terminal A, aeropuerto de Varsovia-Frédéric Chopin, ul Żwirki i Wigury 1,; ☻8.00-20.00 may-sep, hasta 18.00 oct-abr) y la Ciudad Vieja (plano p. 62; www.warsawtour.pl; Rynek Starego Miasta 19/21; ☻9.00-20.00 may-sep, hasta 18.00 oct-abr; ☎).

AGENCIAS DE VIAJES

Almatur (☏22 826 3512; www.almatur.com.pl; ul Kopernika 23; ☻9.00-19.00 lu-vi, 10.00-15.00 sa) Organiza viajes para estudiantes.

Kampio (☏601 775 369; www.kampio.com.pl) Especializada en ecoturismo, organiza salidas en kayak y en bicicleta, además de paseos y excursiones de observación de aves.

WEBS

www.um.warsaw.pl Web oficial de la ciudad de Varsovia.

www.inyourpocket.com/warsaw Multitud de reseñas, a menudo en clave de humor.

www.local-life.com/warsaw Recomendaciones sobre restaurantes, alojamientos, bares y tiendas.

www.warsawtour.pl Web oficial del centro de información turística de Varsovia.

www.warsawvoice.pl Versión en línea de la revista en inglés.

Cómo llegar y salir

AVIÓN

Aeropuerto de Varsovia-Frédéric Chopin (Lotnisko Chopina Warszawa; ☏22 650 4220; www.lotnisko-chopina.pl; ul Żwirki i Wigury 1) El aeropuerto principal de la capital, situado en el barrio periférico de Okęcie, 10 km al sur del centro, acoge la gran mayoría de los vuelos nacionales e internacionales.

El aeropuerto cuenta con un puesto de información turística que vende planos de la ciudad y puede ayudar a encontrar alojamientos. También hay oficinas de cambio de moneda, cajeros automáticos y compañías de alquiler de automóviles. Los billetes para el transporte público se pueden comprar en la oficina de turismo o en cualquier quiosco de prensa.

Aeropuerto de Varsovia-Modlin (☎801 80 1880; www.modlinairport.pl; ul Generała Wiktora Thommée 1a) Situado 35 km al norte de Varsovia, recibe el servicio de las aerolíneas de bajo coste, incluida Ryanair.

AUTOBÚS

➡ La mayoría de las rutas internacionales y nacionales, operadas por varias compañías, llegan y salen de la **terminal de autobuses Warszawa Zachodnia** (plano pp. 52-53; ☎708 208 888; www.dworzeconline.pl; al Jerozolimskie 144; ⊙ información y billetes 6.00-21.00), al oeste del centro. Los billetes se venden en la terminal.

➡ La compañía privada Polski Bus (www.pols kibus.com) cubre destinos en todo el país y en el extranjero desde la **estación de autobuses Młociny** (Dworzec Autobusowy Młociny; ul Kasprowicza 145), al norte del centro, y desde la **estación de autobuses Wilanowska** (Dworzec Autobusowy Wilanowska; ul Puławska 145), al sur del centro. Ambas disponen de sendas estaciones de metro homónimas. Reservando en línea se consiguen las tarifas más económicas.

AUTOMÓVIL

Las principales compañías internacionales de alquiler tienen oficina en Varsovia, muchas de ellas en el aeropuerto. Las empresas polacas ofrecen tarifas mejores, pero quizá su oferta de vehículos sea más limitada. **Local Rent-a-Car** (☎22 826 7100; www.lrc.com.pl; ul Marszałkowska 140) es una compañía local de confianza que ofrece vehículos de tamaño medio por 43 € por día, o 273 € por semana, con impuestos, seguro en caso de robo y daños a terceros y kilometraje ilimitado incluidos.

TREN

Varsovia cuenta con varias estaciones, pero una de las más utilizadas es **Warszawa Centralna** (centro de Varsovia; ☎22 391 9757; www.pkp.pl; al Jerozolimskie 54; ⊙24 h). Desde Varsovia se puede viajar en tren a cualquier población importante del país y a muchas localidades intermedias; un recurso útil para informarse sobre horarios y tarifas es la web www.rozklad pkp.pl (en inglés).

Centralna fue construida en la década de 1970 como un megaproyecto comunista, aunque entrado el nuevo siglo se había vuelto bastante sórdida. Ante la coorganización de la Eurocopa de Fútbol del 2012 en Polonia, las autoridades se embarcaron en la enorme empresa de devolverle el lustre. Con ello se devolvió al vestíbulo principal su antiguo esplendor y se consiguió que los andenes subterráneos se sacudieran su aire siniestro.

En el todavía confuso laberinto de pasajes entre el vestíbulo al nivel de la calle y los andenes bajo tierra, el viajero encontrará otro vestíbulo con taquillas, cajeros y bares de tentempiés, además de varios quioscos donde poder adquirir billetes. También hay *kantors* (una de ellas abierta las 24 h), una consigna, taquillas autoservicio para el equipaje, cafés y varios economatos.

El proceso de compra de billetes (tanto para destinos internacionales como nacionales), se ha facilitado sobremanera en los últimos años. La opción más sencilla es utilizar una de las máquinas expendedoras pegadas a la pared, con instrucciones en inglés.

Como alternativa, se puede hacer cola en cualquiera de las muchas ventanillas de venta de billetes de los dos vestíbulos. Aunque la mayoría de los vendedores, en teoría, deberían ser capaces de chapurrear algo de inglés, no siempre es así. Lo mejor es anotar el destino, las fechas de viaje y el horario en que uno desea viajar y mostrárselo al vendedor.

Algunos trenes nacionales también efectúan parada en la **estación Warszawa Zachodnia** (al Jerozolimskie), junto a la terminal de autobuses Warszawa Zachodnia, y en **Warszawa Wschodnia** (ul Kijowska), en Praga, en la margen izquierda del Vístula.

🛈 Cómo desplazarse

A/DESDE EL AEROPUERTO

Aeropuerto de Varsovia-Frédéric Chopin

Tren La forma más fácil de viajar de este aeropuerto al centro (y viceversa) es en tren. Hay servicios regulares que cubren el trayecto entre las estaciones **Warszawa Lotnisko Chopina** (ul Żwirki i Wigury) y Warszawa Centralna cada 30 min de 5.00 a 22.30 (4,40 PLN, 20 min). Algunos trenes también conectan el aeropuerto con la **estación Warszawa Śródmieście** (al Jerozolimskie), junto al Palacio de la Cultura, aproximadamente cada hora.

Autobús Del aeropuerto también sale el frecuente autobús n.º 175 (4,40 PLN, cada 15 min, 5.00-23.00), que pasa por ul Jerozolimskie y ul Nowy Świat y termina en Plac Piłsudskiego, a corta distancia a pie del casco antiguo. No hay que olvidar comprar el billete en un quiosco del vestíbulo de llegadas y validarlo en alguna de las máquinas a bordo del autobús.

Taxi La parada de taxis está delante del vestíbulo de llegadas y de ella salen vehículos de varias compañías. Todas cuentan con mostradores en la terminal. La carrera debería rondar los 40 PLN hasta la estación Centralna, y 60 PLN hasta la Ciudad Vieja.

Aeropuerto de Varsovia-Modlin

Tren Desde la cercana **estación Modlin** (ul Mieszka I) sale un tren que enlaza con las estaciones Warszawa Centralna y Warszawa Zachodnia como mínimo cada hora durante todo el día (13,80 PLN, 41 min); hay autobuses de enlace entre el aeropuerto y la estación Modlin.

Autobús Otra opción para viajar al centro es el **Modlin Bus** (☎22 535 3381; www.modlinbus. com), que circula entre el aeropuerto de Varsovia-Modlin y monumentos destacados como el Palacio de la Cultura por tres rutas distintas (33 PLN, 40 min, 2 cada hora). El billete se puede comprar en línea por solo 9 PLN.

Taxi Un taxi del aeropuerto al centro sale por 159 PLN entre las 6.00 y las 24.00, y por 199 PLN de madrugada.

BICICLETA

➡ Moverse en bicicleta por Varsovia tiene ventajas e inconvenientes. La ciudad es llana, las distancias no son grandes y el número de carriles-bici va en aumento. Sin embargo, como los conductores no respetan a los ciclistas, el forastero no tardará en imitar a los lugareños y subirse a las aceras.

➡ De marzo a noviembre, la ciudad ofrece un sistema de alquiler de bicicletas público, similar al de otras urbes europeas, conocido como Veturilo (www.veturilo.waw.pl). Se puede usar gratis durante un máximo de 20 min y en adelante la tarifa aumenta cada hora hasta un máximo de 12 h. Visítese su web para registrarse e informarse sobre los puntos de recogida y entrega.

AUTOMÓVIL Y MOTOCICLETA

➡ El mantenimiento de las calles de Varsovia deja algo que desear, así que conducir exige estar alerta en todo momento.

➡ El Ayuntamiento controla las zonas de aparcamiento de pago de las calles del centro. Se paga con monedas en el parquímetro (*parkomat*) más cercano y se obtiene un recibo que habrá que colocar en el salpicadero.

➡ Para mayor seguridad, conviene dejar el automóvil en un aparcamiento vigilado (*parking strzeżony*). Hay varios en el centro urbano, incluido uno en ul Parkingowa, una calle paralela a ul Marszałkowska.

➡ La Asociación Automovilística Polaca, **PZM** (Polski Związek Motorowy; ☎196 37; www.pzm. pl), ofrece un servicio de asistencia en carretera las 24 h (*pomoc drogowa*).

TRANSPORTE PÚBLICO

La red integrada de transporte público de Varsovia está gestionada por **Zarząd Transportu Miejskiego** (Autoridad del Transporte Urbano; ☎19 115; www.ztm.waw.pl) y consta de líneas de tranvía, autobús y metro, que pueden utilizarse con un billete único.

Horario

Las principales líneas funcionan de 5.00 a 23.00, y los vehículos pasan con frecuencia y son bastante fiables, aunque suelen ir repletos durante las horas punta (7.00-9.00 y 15.30-18.30, lu-vi). Después de las 23.00 hay autobuses nocturnos que comunican las zonas residenciales más importantes con el centro. El 'punto clave' de los servicios nocturnos se halla en ul Emilii Plater, al lado del Palacio de la Cultura y la Ciencia, desde donde salen autobuses cada media hora.

Billetes

➡ Los billetes se compran antes de subir a los autobuses, tranvías o metros en los quioscos de Ruch o Relay, algunos hoteles, oficinas de correos, estaciones de metro o en comercios (búsquese la señal "Sprzedaży Biletów ZTM").

➡ Los mostradores de la ZTM, que disponen de billetes y horarios y dispensan información, se encuentran en el aeropuerto de Varsovia-Frédéric Chopin, la estación de trenes Warszawa Wschodnia de Praga y algunas estaciones de metro como, p. ej., **Ratusz-Arsenał** (Punkt Informacji ZTM; estación de metro Ratusz-Arsenał, al Solidarności; ⊙7.00-20.00 lu-vi, 9.00-16.00 sa), **Centrum** (Punkt Informacji ZTM; estación de metro Centrum, ul Marszałkowska; ⊙7.00-20.00 lu-sa) y **Świętokrzyska** (Punkt Informacji ZTM; estación de metro Świętokrzyska, ul Świętokrzyska; ⊙12.00-19.00 lu-vi).

➡ Hay varios precios de billetes y bonos según las necesidades del viajero. Para casi todos los trayectos basta con un *jednorazowy bilet* (billete sencillo), que cuesta 3,40 PLN y solo es válido durante 20 min, aunque puede utilizarse en más de un medio de transporte.

➡ Para trayectos de mayor duración normalmente merece la pena comprar un billete de 40/90 min por 4,40/7 PLN. Estos billetes también permiten trasbordos ilimitados.

➡ Si se prevé viajar mucho, lo mejor es adquirir un billete de 24 h (15 PLN) con trasbordos ilimitados. También salen a cuenta los billetes de fin de semana (26 PLN), válidos desde las 19.00 del viernes hasta las 8.00 del lunes.

➡ Estos billetes también son válidos para los autobuses nocturnos. Los estudiantes extranjeros menores de 26 años que dispongan del Carné Internacional de Estudiante (ISIC) obtienen un descuento de en torno al 50%.

➡ No hay cobradores en los vehículos. Para validar el billete, hay que introducirlo (con la banda magnética hacia abajo) en las canceladoras amarillas a bordo del autobús o tranvía, o al entrar en el vestíbulo de la estación de metro la primera vez que uno vaya a viajar. Las inspecciones son habituales y las multas, elevadas (¡hasta 266 PLN!).

➡ Ojo con los carteristas en autobuses y tranvías.

Metro de Varsovia

➡ Las obras del metro de Varsovia empezaron en 1983 y, hoy por hoy, consta de dos líneas. La más antigua y larga (M1) enlaza el barrio periférico de Ursynów (estación Kabaty) con Młociny, en el norte, previo paso por el centro. La más nueva línea este-oeste (M2) circula de Rondo Daszyńskiego, al oeste, a Dworzec Wileński, en Praga, aunque está prevista su ampliación en un futuro. Ambas líneas convergen en la estación Świętokrzyska.

➡ Los letreros amarillos con una gran "M" roja indican las bocas de metro. Es difícil pasar por alto las entradas a las estaciones de la línea este-oeste, pues parecen una "M" gigante hecha con cristales de colores.

➡ Todas las estaciones disponen de aseos públicos.

➡ Hay ascensores para viajeros con discapacidades.

➡ Los billetes de autobús y tranvía también son válidos para el metro, aunque estos deberán validarse al acceder al andén, no a bordo del vehículo. Los trenes circulan aproximadamente cada 8 min (cada 4 min en hora punta).

TAXI

➡ En Varsovia, los taxis abundan y no son excesivamente caros: la bajada de bandera cuesta 8 PLN, más 3/4,50 PLN por kilómetro de día/noche para carreras por el centro.

➡ Algunas compañías de confianza son: **MPT Radio Taxi** (☎22 191 91), con servicio de atención en inglés, **Super Taxi** (☎22 196 22; www.supertaxi.pl) y **Halo Taxi** (☎22 196 23). Todos los vehículos llevan un letrero en lo alto con el nombre de la compañía y el número de teléfono.

➡ Evítense los taxis piratas o clandestinos, que no lucen un número de teléfono ni logo alguno. Cada vez son menos habituales, aunque en ocasiones frecuentan los lugares turísticos en busca de víctimas.

➡ Los taxis oficiales llevan taxímetro, y hay que pagar lo que marque. Cuando se para un taxi, hay que asegurarse de que el conductor lo pone en marcha cuando se sube o se corre el riesgo de cargar también con la cuenta de la última carrera. Es más fácil llamar a un taxi que pararlo en la calle.

ALREDEDORES DE VARSOVIA

Parque Nacional de Kampinos

Conocido popularmente como **Puszcza Kampinoska**, el **Parque Nacional de Kampinos** (Kampinoski Park Narodowy; www.kampinoski-pn.gov.pl; ul Tetmajera 38, Izabelin) empieza en el límite noroeste del término municipal de Varsovia y se extiende unos 40 km hacia el oeste; es uno de los parques nacionales más grandes de Polonia, con unas tres cuartas partes de su superficie cubiertas de bosque, sobre todo pinares y robledos.

Excursionistas y ciclistas de la capital convergen en Kampinos para recorrer sus 300 km de caminos señalizados. Si se prevé explorar el parque, conviene hacerse con el mapa *Compass Kampinoski Park Narodowy* (escala 1:30 000), disponible en las librerías de Varsovia.

Alberga la mayor extensión de dunas interiores de Europa, casi todas cubiertas de árboles de hasta 30 m de altura. Otras zonas del parque son turberas de difícil acceso, ricas en fauna.

La parte oriental es fácilmente accesible en transporte público. Además de los paseos de medio día o día entero, hay dos recorridos que atraviesan el parque en su totalidad; ambos empiezan en Dziekanów Leśny, en su extremo este: el sendero rojo (54 km) termina en Brochów, y el verde (51 km), en Żelazowa Wola.

Las parcelas para vivaquear (dormir al raso) constituyen la única modalidad de alojamiento dentro del parque, aunque existen hoteles cerca en Czosnów, Laski, Leszno, Tułowice y Zaborów. Los centros de información turística de Varsovia disponen de una lista de los alojamientos más próximos.

ℹ Cómo llegar y salir

El punto de partida más habitual hacia el parque es el pueblo de Truskaw. Se puede llegar allí desde el centro de Varsovia tomando el metro hasta la estación Młociny, en el extremo norte de la red, y luego, el autobús n° 708 (2-3 cada hora entre semana, 1 cada hora sa).

Motobuss (www.motobuss.eu) opera autobuses regulares a Kampinos desde una **parada** (plano pp. 56-57; ul Marszałkowska) junto al centro comercial Wars Sawa Junior, cerca de la intersección con ul Złota (9 PLN, 1 h, 10 diarios).

Żelazowa Wola

Si no fuera por el músico más célebre de Polonia, Żelazowa Wola estaría fuera del radar turístico. Este diminuto pueblo, enclavado 53 km al oeste de Varsovia, es la cuna de Frédéric Chopin (Dom Urodzenia Fryderyka Chopina; www.chopin.museum; Żelazowa Wola 15; adultos/reducida museo y parque 23/14 PLN, solo parque 7/4 PLN; ☺9.00-19.00 ma-do). Engalana-da con preciosos jardines, la casa donde vino al mundo el compositor el 22 de febrero de 1810 ha sido renovada y amueblada al estilo de entonces, convirtiéndose así en un museo con exposiciones sobre la historia de la familia Chopin. La tranquilidad y el encanto del lugar lo convierten en un sitio agradable.

Los recitales de piano suelen celebrarse cada domingo entre mayo y septiembre, ambos inclusive. Se ofrecen dos conciertos de 1 h de duración (a las 12.00 y 15.00) a los que se accede con la misma entrada del parque. El programa puede consultarse en www.en.chopin.nifc.pl.

ℹ Cómo llegar y salir

La compañía privada de autobuses Motobuss (www.motobuss.eu) viaja entre el centro de Varsovia y Sochaczew vía Żelazowa Wola (19 PLN, 2 h, 10 diarios). Los autobuses salen de una parada (véase izda.) junto al centro comercial Wars Sawa Junior, cerca de la intersección con ul Złota.

Mazovia y Podlaquia

5,3 MILLONES HAB.

Incluye »

Los mejores restaurantes

➡ Restauracja Art Deco (p. 101)
➡ Restauracja Tejsza (p. 108)
➡ Ato Sushi (p. 95)
➡ Ogródek Pod Jabłoniami (p. 117)
➡ Carska (p. 113)

Los mejores alojamientos

➡ Hotel Tumski (p. 101)
➡ Andel's Hotel (p. 95)
➡ Hotel Żubrówka (p. 113)
➡ Hotel Branicki (p. 105)
➡ Velvet Hotel (p. 118)

Por qué ir

El ondulado paisaje de Mazovia (Mazowsze en polaco) puede parecer idílico, pero esta región central ha vivido una agitada historia. Este antiguo ducado está jalonado de castillos, catedrales y palacios, los mayores junto a las localidades ribereñas de Płock y Pułtusk. Łódź, capital de la provincia, tiene más interés del que aparenta a primera vista. Tercera metrópolis del país en extensión, refleja las vicisitudes de su pasado industrial en su mezcla de arquitectura descarnada y restaurada. Si dedica tiempo a descubrir sus encantos, el viajero se verá recompensado.

Al este, la región de Podlaquia es el pulmón verde de Polonia. Al margen de algunos centros urbanos, esta provincia colindante con las fronteras lituana y bielorrusa es un paraíso de tierras de cultivo, bosques y lagos. Sus cuatro parques nacionales son espléndidos: Narew y Biebrza por sus marismas, Wigry por sus lagos, y Białowieża por su bosque primigenio y el bisonte salvaje europeo, rey de la fauna polaca.

Cuándo ir
Łódź

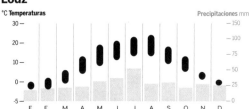

May-jun Celebrar la primavera entre exuberante vegetación primigenia en el Parque Nacional de Białowieża.

Jun Visitar Łódź durante el festival de las "cuatro culturas" (polaca, rusa, judía y alemana).

Sep Disfrutar del buen tiempo practicando kayak en el canal Augustów y alrededores.

Golfo de Gdańsk

Kaliningrado
Marijampolė
RUSIA
LITUANIA
Ozersk
Gdańsk
Węgorzewo
Parque Paisajístico
de Suwałki
Lago Mamry
8 **Suwałki** Sejny
Elblag
Malbork
Lidzbark **Kętrzyn** Giżycko
Warmiński
Región de 7 **Parque**
Augustów- **Nacional**
Suwałki **de Wigry**
MAZURIA
Mrągowo
VARMIA
Orzysz ● Ełk Augustów
Olsztyn
Lago *Lago*
Ostróda *Bełdany* *Śniardwy*
Osowiec-
Szczuczyn Twierdza
Grudziądz Iława **Szczytno**
Kruszyniany
Parque **y Bohoniki** 5
Nacional
Brodnica Kadzidło **de Biebrza** Tykocin
Łomza 4 **Białystok**
Ostrołęka Stare
Jeżewo **Parque Nacional**
Parque **de Białowieża**
Ciechanów Ostrów **Nacional**
Mazowiecka **de Narew** **Hajnówka** 6
Włocławek
Puttusk **PODLAQUIA** Bielsk
MAZOVIA Podlaski
Bug
Płock 3 Treblinka
Legionowo **BELARÚS**
Kutno
VARSOVIA
Sochaczew
Łowicz **Mińsk** Siedlce
Pruszkow **Mazowiecki** Biala
Arkadia y Nieborów 2 Terespol
Podlaska
Skierniewice
Zgierz
Łódź 1 **Rawa** Grójec
Mazowiecka
Pabianice
Piotrków **Tomaszow**
Trybunalski **Mazowiecki** Sobibór
Belchatow Puławy
Radom Kazimierz
Radomsko **LLANURA** Dolny **Lublin**
DE RADOM
Chełm
Skarzysko-
MESETA DE LUBLIN
Kamienna
Częstochowa **Starachowice** Kraśnik
Parque Nacional Ostrowiec
de Swietokrzyski **Swietokrzyski**
MESETA DE CRACOVIA **Kielce** (N) 0 50 km
Y CZĘSTOCHOWA **MESETA DE MAŁOPOLSKA**

Imprescindible

1 Asombrarse ante el legado industrial y magia cinematográfica de **Łódź** (p.90).

2 Evocar una época romántica en **Arkadia** y **Nieborów** (p.98).

3 Preguntarse cómo **Płock** (p.99) pudo reunir tantos tesoros *art nouveau*.

4 Pasear por los bellos jardines del palacio Branicki (p.104), en **Białystok**.

5 Explorar los últimos vestigios de los tártaros en Polonia en **Kruszyniany** y **Bohoniki** (p.110).

6 Adentrarse en el bosque primigenio del **Parque Nacional de Białowieża** (p.108) para admirar el bisonte europeo.

7 Relajarse navegando en kayak por el Rospuda y el Czarna Hańcza en la **región de Augustów-Suwałki** (p.115).

8 Descubrir el deslumbrante paisaje del **Parque Paisajístico de Suwałki** (p.119).

OESTE DE MAZOVIA

Łódź

706 000 HAB.

La tercera ciudad del país se hizo muy rica en el s. xix gracias a sus inmensas fábricas textiles y los miles de obreros que en ellas trabajaban. Pero esa riqueza fue desapareciendo en varias oleadas: con la Gran Depresión de la década de 1930, con la ocupación alemana durante la II Guerra Mundial y con el régimen comunista que vino después. Hacia 1990 la industria de la ciudad era un desastre, en ciertos aspectos comparable con la Detroit actual o con los antiguos centros industriales de los Midlands británicos. El futuro pintaba negro.

Pero en la historia de Łódź (que en polaco significa "bote") no solo hay que hablar de decadencia, sino también de renacimiento. En los últimos años se han invertido millones de euros en la ciudad en uno de los mayores esfuerzos de recuperación del país –y del continente–. Estas inversiones han propiciado el rejuvenecimiento de ul Piotrkowska, principal vía peatonal, y la creación de centros comerciales y de negocios en las desvencijadas estructuras de los viejos complejos industriales.

Aun así, los restos del pasado no resultan tan fáciles de ocultar, y a pocas calles de la céntrica vía surgen fachadas bastante maltrechas. La ciudad ha recorrido un largo camino, pero aún le queda un trecho, y esta combinación de renovación y deterioro es algo que la convierte en un lugar fascinante para el viajero.

Además de los tejidos, su otra industria célebre es el cine. Conocida como Hollywoodge, Łódź es desde hace tiempo el centro de la industria cinematográfica nacional, y grandes directores como Andrzej Wajda, Roman Polanski y Krzysztof Kieślowski afinaron aquí su talento.

Los viajeros interesados en la historia judía también tienen un motivo para visitar la ciudad. Antes de la II Guerra Mundial, Łódź era la segunda ciudad polaca en población judía, después de Varsovia, con una comunidad de más de 230 000 personas. Durante la guerra, los alemanes crearon el segundo mayor gueto judío de Polonia en un sector deprimido al norte del centro, y sus monumentos y cementerio son un lúgubre recordatorio de aquellos días oscuros.

Historia

Aunque se tiene constancia de su existencia desde 1332, Łódź solo fue un sombrío asentamiento hasta principios del s. xix. En la década de 1820 el gobierno del zarato de Polonia, pensando en la posición de ventaja que le daba estar junto a Rusia y Prusia, escogió Łódź como nuevo centro textil.

Los industriales más emprendedores –sobre todo judíos, pero también polacos, alemanes y rusos– se apresuraron a construir fábricas textiles que atrajeron a miles de obreros. Los ricos propietarios se construyeron opulentos palacios (el Museo Histórico de Łódź y el Museo de la Cinematografía ocupan actualmente dos de ellos), mientras que los obreros ocupaban las casas construidas alrededor de las fábricas. Cuando estalló la I Guerra Mundial, Łódź ya tenía más de un millar de fábricas y medio millón de habitantes.

Tras la I Guerra Mundial, el crecimiento de Łódź empezó a ralentizarse. Con la creación de la Polonia independiente, la ciudad perdió acceso al mercado ruso, y luego llegó la Gran Depresión. La II Guerra Mundial cambió la ciudad para siempre, ya que los nazis primero recluyeron a la enorme comunidad judía de Łódź y luego fueron enviándola poco a poco a los campos de exterminio. Más de 200 000 personas pasaron por el gueto de Łódź durante la guerra, y solo sobrevivieron unos miles.

Los comunistas mantuvieron la producción textil, pero no invirtieron en el sector y la ciudad perdió competitividad. La caída del régimen en 1989 dejó una urbe en decadencia, con una población empobrecida y dependiente de una industria que iba desapareciendo con rapidez.

Hacia el año 2000 los líderes de la ciudad apostaron por la renovación, apoyándose en el legado industrial local y dando forma al que hoy es un destino pintoresco, complejo y con mucha historia.

◉ Puntos de interés

◎ Centro

Museo de Arte MS1 MUSEO
(MS1 Muzeum Sztuki; www.msl.org.pl; ul Więckowskiego 36; adultos/reducida 10/5 PLN, ju gratis; ☉11.00-19.00 ma-do) Es la primera sucursal del Museo de Arte, unas manzanas al oeste de ul Piotrkowska. Cuenta con una amplia colección de pintura, dibujo, escultura y fotografía del s. xx de Polonia y el extranjero. También

hay obras de Picasso, Chagall y Ernst (aunque no siempre se exponen).

⭐**Museo de la Cinematografía** MUSEO
(Muzeum Kinematografii; www.kinomuzeum.pl; Plac Zwycięstwa 1; adultos/reducida 10/7 PLN, ma gratis; ⊘10.00-16.00 ma-vi, hasta 18.00 sa y do) Situado en la palaciega residencia del "rey del algodón" Karol Scheibler, alberga dos museos en uno. El sótano y la 1ª planta están dedicados al cine polaco y contienen curiosidades, carteles y antiguo equipo que recuerda el pasado de la ciudad como capital del cine. Todo cambia al llegar a la planta baja, donde se hace evidente la opulencia de la ciudad en el s. XIX. En esta planta baja, todas las salas están repletas de extravagante *boiserie* (paneles de madera profusamente tallados), frescos de ensueño en el techo y elaboradas estufas de cerámica. El "salón de los Espejos" resulta muy bello, con tres espejos con ángeles bañados en oro de 24 quilates.

Museo Central del Textil MUSEO
(Centralne Muzeum Włókiennictwa; www.muzeu mwlokiennictwa.pl; ul Piotrkowska 282; adultos/ reducida 10/6 PLN; ⊘9.00-17.00 ma, mi y vi, 11.00-19.00 ju, hasta 16.00 sa y do) Quien desee indagar en el pasado industrial de Łódź no debería perderse este museo, alojado en la espléndida Fábrica Blanca de Ludwig Geyer, de 1839, la explotación textil más antigua de la ciudad. La colección se compone de maquinaria, antiguos telares y tejidos, prendas y otros objetos relacionados con el sector.

Palacio Herbst MUSEO
(Pałac Herbsta; www.msl.org.pl; ul Przędzalniana 72; adultos/reducida 10/5 PLN; ⊘10.00-17.00 ma-do) La actual sucursal del Museo de Arte nació en 1875 como majestuosa villa de la familia Herbst. Aunque los dueños huyeron antes de la II Guerra Mundial, llevándose consigo todos los muebles y obras de arte, el interior ha sido restaurado y amueblado acorde con la época en que habitaban allí sus dueños, lo que da una idea de cómo vivían los magnates textiles. La zona circundante, conocida como Molino del Cura (Księży Młyn), albergaba una modélica ciudad industrial del s. XIX creada por Karol Scheibler, suegro de Herbst.

◉ **Manufaktura**

El extenso complejo de tiendas, ocio y oficinas **Manufaktura** (www.manufaktura.com; ul Karskiego 5; ⊘9.00-22.00) es una atracción turística por méritos propios. Aunque bue-

na parte de su colosal estructura (más de 100 000 m²) es la de un centro comercial al uso, su gran tamaño y entorno –una fábrica textil abandonada del s. XIX– resultan extraordinarios. Además de las innumerables tiendas, hay bolera, multicines, un salón de máquinas de videojuegos y un puñado de museos. Para llegar, se pueden tomar los tranvías nº 3 y 11 cerca de ul Piotrkowska.

⭐**Museo de la Ciudad de Łódź** MUSEO
(Muzeum Miasta Łodzi; www.muzeum-lodz.pl; ul Ogrodowa 15; adultos/reducida 9/5 PLN, do gratis; ⊘10.00-14.00 lu, 14.00-18.00 mi, 11.00-16.00 ma, ju, sa y do) Junto al centro comercial Manufaktura, este museo de gran relevancia histórica ocupa el impresionante palacio del magnate textil del s. XIX Izrael Kalmanowicz Poznański. El opulento interior refleja la riqueza de los Poznański, con elaborados paneles de maderas oscuras en las paredes, delicados vitrales y una gran pista de baile. A pesar de que las exposiciones se mantienen en segundo plano con respecto al edificio, son interesantes, cubren la historia y el gueto de la ciudad, y rinden homenaje a varios de sus ciudadanos más ilustres, como el pianista Artur Rubinstein, el escritor Jerzy Kosiński y el poeta Julian Tuwim.

Museo de Arte MS2 MUSEO
(MS2 Muzeum Sztuki; www.msl.org.pl; ul Ogrodowa 19; adultos/reducida 10/5 PLN; ⊘11.00-19.00 ma-do) Digno complemento del principal museo de arte de la ciudad (MS1), sus instalaciones se centran en obras experimentales y vanguardistas de los ss. XX y XXI. El recinto, una fábrica de tejidos abandonada al filo del complejo Manufaktura, es muy sugerente y cuenta, además, con una buena cafetería.

Experymentarium MUSEO
(www.experymentarium.pl; ul Drewnoska 58; adultos/reducida 12/8 PLN; ⊘10.00-21.00) Moderno museo de ciencias de carácter interactivo, en principio pensado para chavales y adolescentes amantes de la ciencia, pero que triunfa entre el público de todas las edades. Las exposiciones tratan de asuntos como la química o la astronomía, pero incitan a tocar y jugar, y de paso se aprende. Hay un túnel cósmico, juegos con láser e ilusiones ópticas.

Museo de la Fábrica MUSEO
(Muzeum Fabryki; www.muzeumfabryki.pl; ul Drewnowska 58; adultos/reducida 4/3 PLN; ⊘9.00-19.00 ma-vi, 11.00-19.00 sa y do) Pese a no resultar tan impresionante como otros de la ciudad, este

Łódź

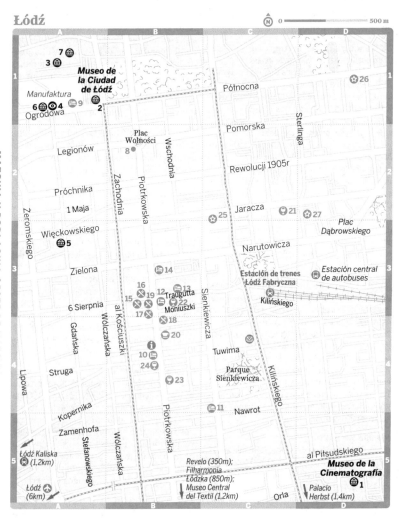

museo industrial ubicado en el interior del complejo Manufaktura es una buena opción para un día de lluvia. Cuenta con viejas máquinas textiles, fascinantes mapas y un breve vídeo del rey del sector textil, Izrael Kalmanowicz Poznański.

Gueto judío

La rápida expansión industrial de Łódź en el s. XIX atrajo a muchos judíos a partir de 1830, y una década después este colectivo ya sumaba el 20% de la población. Muchos se instalaron en la mitad norte de la ciudad, en torno a la actual Stary Rynek (plaza de la Ciudad Vieja); cuando Alemania invadió Polonia en 1939, ya sumaban 230 000. En mayo de 1940 los alemanes precintaron el norte de Łódź, creando el segundo gueto judío más grande del país, tras el de Varsovia.

El centro de información turística facilita el práctico folleto gratuito *Jewish Landmarks in Łódź,* que propone un circuito a pie de 10 km por el gueto e identifica los enclaves principales, desde la Bałucki Rynek, su centro administrativo, hasta la estación de Radegast y el cementerio judío.

Łódź

MAZOVIA Y PODLAQUIA ŁÓDŹ

Para llegar hasta allí hay que tomar el tranvía nº 6 en dirección norte desde al Kościuszki hasta el final en Strykowska.

Cementerio judío CEMENTERIO
(Cmentarz Żydowski; www.jewishlodzcemetery.org; ul Bracka 40; entrada 6 PLN, 1ᵉʳ do de mes gratis; ⊘9.00-17.00 do-vi) Creado en 1892, el mayor cementerio judío de Europa conserva unas 68 000 lápidas, algunas de gran belleza. Ha sido parcialmente adecentado, en especial la zona conocida como "campo del gueto" (Polem Gettowym), última morada de 43 000 víctimas de la guerra. Se accede por ul Zmienna.

Estación de Radegast MONUMENTO
(Stacja Radegast; al Pamięci Ofiar; ⊘10.00-17.00) GRATIS Al norte del cementerio judío se hallaba el principal centro de deportación para judíos enviados a los campamentos de la muerte de Chełmno y Auschwitz-Birkenau. La estación, unos 3 km al noreste de la Bałucki Rynek, se ha conservado bien y actualmente alberga un conmovedor monumento en recuerdo a las víctimas del Holocausto. Tres vagones de ganado originales del Deutsche Reichsbahn utilizados para su deportación permanecen en silencio junto a la estación, hoy en desuso, y las listas de deportados –algunas encabezadas con *"Zur Arbeit"* ("Para trabajar")– flanquean un largo túnel de cemento próximo.

Circuitos

Circuito por el canal Dętka CIRCUITO
(www.muzeum-lodz.pl; Plac Wolności 2; adultos/reducida 5/3 PLN; ⊘12.00-19.00 ju-do abr-sep, 10.00-14.00 vi, 14.00-18.00 sa y do oct) Cada 30 min el Museo de la Ciudad organiza circuitos guiados por la antigua red de alcantarillado de ladrillo bajo las calles de la ciudad, con piezas expuestas a lo largo del recorrido.

Fiestas y celebraciones

Encuentros de 'Ballet' de Łódź DANZA
(www.operalodz.com; ⊘may) Festival de danza y *ballet* en el que participan compañías nacionales y extranjeras durante dos semanas de mayo los años impares. Los espectáculos tienen lugar en el Gran Teatro.

Fotofestiwal FOTOGRAFÍA
(www.fotofestiwal.com; ⊘may-jun) Celebrado anualmente de mayo a junio, es uno de los festivales de fotografía y artes visuales más destacados del país.

Cuatro Culturas ARTES ESCÉNICAS
(www.4kultury.pl; Plac Wolności 5; ⊘jun) Festival de teatro, música, cine y artes visuales celebrado cada año en junio, que recuerda el histórico papel de la ciudad como lugar de encuentro de cuatro culturas: la polaca, la judía, la rusa y la alemana.

Dónde dormir

Music Hostel ALBERGUE €
(☎53 353 3263; www.music-hostel.pl; ul Piotrkowska 60; dc 39-45 PLN, i/d 85/118 PLN; ℗🖉) Moderno y limpio albergue situado al final del pasaje en ul Piotrkowska 60, a la derecha. Su motivo central es la música, y de sus paredes cuelgan álbumes y pósteres de Hendrix, los

UN BULEVAR EN ŁÓDŹ

Ul Piotrkowska nació en el s. xix como carretera a Piotrków Trybunalski (de ahí su nombre), entonces la mayor localidad de la región. A principios del s. xx, la calle se convirtió en un elegante bulevar flanqueado de edificios *art nouveau* y sofisticados restaurantes, pero tras la II Guerra Mundial el hollín y las tiendas medio vacías ocuparon el lugar.

Su resurgimiento se inició en la década de 1990, cuando un grupo de artistas y arquitectos locales crearon la Fundación Calle Piotrkowska con el propósito de convertir esa ruinosa vía en una animada avenida de aire europeo. También se ha convertido en una especie de homenaje a vecinos ilustres, con estatuas y estrellas dedicadas a ellos.

Delante del Grand Hotel está la Avenida de las Estrellas (Aleja Gwiazd), con una serie de estrellas de bronce colocadas en la acera a imitación del Hollywood Boulevard de Los Ángeles, todas dedicadas a conocidas figuras del cine polaco.

Más al sur, delante de la casa donde vivió el eminente pianista polaco Artur Rubinstein (nº 78), está el *Piano de Rubinstein,* monumento de bronce muy fotografiado por los turistas. A pocos pasos de allí está el *Banco de Tuwim* (nº 104), monumento creado en memoria de poeta local Julian Tuwim. Según dicen, tocarle la nariz trae buena suerte. La última estatua es el *Baúl de Reymont* (nº 135), que muestra al ganador del Premio Nóbel de Literatura Władysław Reymont sentado sobre un gran baúl.

Aunque gran parte de ul Piotrkowska es peatonal, una flota de *riksza (*bicicletas tipo *rickshaw*) recorre la totalidad de la avenida por unos 10 PLN.

Beatles y otras grandes estrellas. Las amplias y luminosas habitaciones disponen de literas de madera y ventanales. Hay también una cocina comunitaria.

Flamingo Hostel
ALBERGUE €
(☑42 661 1888; www.lodz.flamingo-hostel.com; ul Sienkiewicza 67; dc 29-42 PLN; h 99-119 PLN; 🛜) Céntrico y elegante, ofrece una moderna y glamurosa cocina compartida, bella decoración con un toque de *boutique* minimalista, y gratos detalles como bebidas calientes gratuitas, taquillas seguras y planos de la ciudad. Lo malo es que hay que subir escaleras: las habitaciones están en la 5ª planta.

City Center Rooms
HOTEL €€
(☑42 208 0808; www.citycenterrooms.pl; ul Piotrkowska 91; i/d 130/190 PLN; 🅿🛜) Alojamiento de precio razonable junto a la calle principal, al que se accede por un bonito patio. Las habitaciones son limpias y diáfanas, con mobiliario moderno, y tienen detalles como hervidor eléctrico. Algunas disponen de cocina americana; se aconseja solicitarlas en el momento de la reserva. Es muy recomendable por su calidad, precio y ubicación.

Revelo
HOTEL €€
(☑42 636 8686; www.revelo.pl; ul Wigury 4/6; h 250 PLN; 🅿🛜) Alojamiento que mezcla lo antiguo y lo moderno en una villa de 1925 conservada con gusto. El personal viste uniformes de la década de 1920 y conduce al visitante

por escaleras de madera oscura hasta impecables habitaciones con muebles de época, bastidores de cama de latón y baños ultramodernos. En la planta baja hay un restaurante de calidad y un jardín anexo. Tiene solo seis habitaciones, así que conviene reservar con antelación.

Hotel Savoy
HOTEL €€
(☑42 632 9360; www.centrumhotele.pl; ul Traugutta 6; i/d 115/170 PLN; 🛜) Presenta un buen equilibrio entre precio y ubicación, a solo una manzana del tramo más selecto de ul Piotrkowska. Su deslucido exterior y amplio vestíbulo apuntan a un pasado glorioso, pero las habitaciones, aunque grandes y limpias, están pintadas de beis. El autor austriaco Joseph Roth usó este hotel como escenario para la historia de su novela homónima de 1924.

Grand Hotel
HOTEL €€
(☑42 633 9920; www.grandlodz.pl; ul Piotrkowska 72; i/d/ste 220/260/400 PLN; 🅿🛜) Si al viajero le gustó *El Gran Hotel Budapest* en el cine, este es su hotel ideal. Aunque este majestuoso edificio del s. xix fue adquirido por la cadena hotelera de lujo Likus en el 2009, las esperadas mejoras aún no se han materializado. Vestíbulo y pasillos irradian un apagado esplendor, pero el ornamentado comedor es una delicia para la vista. Aunque cómodas, las habitaciones son modernas y anodinas.

★ Andel's Hotel HOTEL €€€

(☎42 279 1000; www.andelslodz.pl; ul Ogrodowa 17; i/d 330/410 PLN; 🅿❄🛜🏊) Sus propietarios podrían escribir un libro sobre cómo convertir una insulsa fábrica de ladrillo rojo en un palacio posmoderno. Al entrar, el elegante vestíbulo acapara las miradas, al igual que los pufs para recostarse un rato. Las habitaciones son discretamente actuales, con baños elegantes y grandes bañeras. Cuenta con varios restaurantes y una piscina, y el complejo Manufaktura está a la vuelta de la esquina.

✖ Dónde comer

Greenway VEGETARIANA €

(ul Piotrkowska 80; principales 12-20 PLN; ☺9.00-21.00; 🖉) Forma parte de una cadena vegetariana polaca y sirve una gama de atractivos platos como *goulash* mexicano (con frijoles y maíz dulce), *kofta* indios de verduras y empanadillas de espinacas. También hay un práctico menú de desayuno, con *muesli* con yogur y frutas.

Ato Sushi JAPONESA €€

(ul 6 Sierpnia 1; principales 30-46 PLN; ☺12.00-23.00) Ofrece el mejor *sushi* en esta parte de Polonia en un acogedor entorno. La carta combina tradicionales *nigiri sushi* y rollitos con creaciones más modernas y originales, como el *"maki* de fusión" con albahaca.

Anatewka JUDÍA €€

(ul 6 Sierpnia 2; principales 29-58 PLN; ☺11.00-23.00) Restaurante judío junto a ul Piotrkowska, lleno de expatriados y jóvenes polacos deseosos de saborear excelentes platos de pato y oca. El ambiente es acogedor y alegre, con actuaciones musicales algunas noches.

Ganesh INDIA €€

(ul Piotrkowska 69; principales 26-39 PLN; ☺12.00-23.00; 🖉) Resulta que uno de los mejores restaurantes indios del país está en este pasaje, en ul Piotrkowska 69. La cocina está abierta, lo que permite ver a los chefs indios manipulando sus *tikka masalas* y otros curris.

Presto PIZZERÍA €€

(ul Piotrkowska 67; *pizzas* 15-39 PLN; ☺12.00-23.00) Sencillo restaurante con una carta de *pizzas* casi tan larga como ul Piotrkowska, y varios platos de pasta. Se diferencia del resto por su horno de leña.

EL GUETO DE LITZMANNSTADT

Películas galardonadas como *La lista de Schindler* y *El pianista* han contribuido a dar a conocer el suplicio vivido por los judíos polacos durante la II Guerra Mundial en Cracovia y Varsovia, pero la historia del gueto de Łódź –o Litzmannstadt– es aún relativamente poco conocida.

El de Litzmannstadt fue el primero de los grandes guetos urbanos judíos que crearon los alemanes, en 1940, y el último que se liquidó, en 1944. En su momento álgido, vivían en él unas 200 000 personas, la mayoría judíos del lugar, pero también procedentes de Praga, Viena, Berlín, Hamburgo y Luxemburgo, así como 5000 gitanos austriacos.

El gueto de Litzmannstadt no era un gueto típico. No era básicamente un lugar de reclusión, como en Varsovia, sino más bien un campo de trabajos forzados de la industria militar alemana. En Łódź, los judíos eran obligados a trabajar con la mínima esperanza de poder sobrevivir así a la guerra. Al final, solo un puñado lo consiguieron.

Durante cuatro largos años, el gueto sobrevivió bajo la dirección del controvertido líder de los ancianos judíos Mordechai Chaim Rumkowski. Este siguió una política de colaboración con los alemanes como medida para prolongar la vida de los habitantes del gueto. Cuando en 1942 los alemanes buscaban más víctimas para liberar espacio en el gueto, Rumkowski les pidió a las madres que entregaran a sus hijos. Las madres se negaron, pero al final se reunieron 7000 niños, que fueron enviados al campo de exterminio de Chełmno.

El gueto de Łódź fue suprimido en agosto de 1944, coincidiendo con el alzamiento de Varsovia y el acercamiento del Ejército Rojo soviético desde el este. Aquel año, entre el 9 y el 29 de agosto, los nazis enviaron a 73 000 judíos a Auschwitz-Birkenau en solo 20 días. El propio Rumkowski fue uno de los últimos en ir. Murió en Birkenau el 28 de agosto. Cuando el Ejército Rojo liberó Łódź en 1945, solo quedaban 880 supervivientes judíos.

Tras la guerra, pocos supervivientes decidieron volver a Łódź, y la trágica historia del gueto quedó enterrada bajo una montaña de propaganda comunista.

🍷 Dónde beber y vida nocturna

Łódź es un conocido centro de música electrónica en Polonia, pero los *disc jockeys* de bares y discotecas suelen combinarla con *hip-hop, house* y *drum 'n' bass*.

★ Łódź Kaliska
DISCOTECA

(ul Piotrkowska 102; ⊙13.00-hasta tarde lu-sa, 16.00-hasta tarde do; 🛜) Gracias a su política de puertas abiertas, este célebre club-discoteca atrae a una amplia muestra de la sociedad de Łódź. La curiosa decoración –austeras paredes llenas de fotos semieróticas realizadas por el grupo artístico homónimo– combina bien con su tenue iluminación en rojo y ambiente algo sórdido. En verano la gente ocupa la terraza situada sobre el callejón.

Affogato
CAFÉ

(ul Piotrkowska 90; ⊙12.00-22.00 lu-sa, hasta 18.00 do; 🛜) Café con clase oculto en un patio tras la fachada más bonita de ul Piotrkowska. Sirve café de calidad en un local elegante y moderno, así como una gran variedad de tés y bebidas alcohólicas.

Bagdad Café
BAR

(ul Jaracza 45; ⊙9.30-22.00 lu-ju, hasta 3.00 vi, 18.00-3.00 sa) Situado en el sótano de una destartalada mansión, este local es ideal para pasar una noche loca y relativamente económica. Pinchan los mejores DJ de la ciudad y atrae a todo tipo de estudiantes.

Bedroom
DISCOTECA

(ul Moniuszki 4a; ⊙22.00-5.00 vi y sa) Glamurosa discoteca de fin de semana, cuyo suntuoso interior exhibe influencias del Extremo Oriente: grandes bustos de Buda y abundante decoración en rojo. Se trata de un espacio moderno al que muchos van a presumir.

Piotrkowska Klub
BAR

(ul Piotrkowska 97; ⊙11.00-22.00 do-ju, hasta 2.00 vi y sa) Fácilmente reconocible por el bar de dos plantas de hierro forjado y cristal junto a la puerta principal, este local brinda soberbias vistas de la calle homónima. Dentro, el ambiente es más relajado, con revestimientos de madera y cómodos reservados.

☆ Ocio

Se puede consultar la oferta en el centro de información turística.

Teatr Wielki
ÓPERA

(Gran Teatro; 🗷42 633 7777; www.operalodz.com; Plac Dąbrowskiego; ⊙taquillas 12.00-19.00 lu-sa) El principal escenario de ópera y *ballet* también programa festivales y espectáculos itinerantes.

Filharmonia Łódzka
MÚSICA CLÁSICA

(Filarmónica de Łódź; 🗷42 664 7979; www.filharmonia.lodz.pl; ul Narutowicza 20/22; ⊙taquillas 10.00-18.00 lu-vi) Organiza conciertos regulares de música clásica, tanto de música de cámara como con orquesta completa.

Teatr Muzyczny
MUSICALES

(Teatro de la Música; 🗷42 678 1968; ul Północna 47/51; ⊙taquillas 11.00-18.30 lu-vi, 12.00-18.30 sa, 15.00-18.30 do) Al este del extremo norte de ul Piotrkowska, ofrece sobre todo operetas y musicales.

Teatr Jaracza
TEATRO

(🗷42 662 3333; www.teatr-jaracza.lodz.pl; ul Jaracza 27; ⊙taquillas 12.00-19.00 lu-vi) Es uno de los teatros clásicos mejor considerados del país.

ℹ️ Información

CORREOS

Oficina principal de correos (ul Tuwima 38; ⊙8.00-20.00 lu-vi, hasta 14.00 sa)

INFORMACIÓN TURÍSTICA

Centro de información turística (Centrum Informacji Turystycznej; 🗷42 638 5955; www.cit.lodz.pl; ul Piotrkowska 87; ⊙9.00-19.00 lu-vi, 10.00-16.00 sa y do; 🛜) Proporciona información general e interesantes folletos gratis en diferentes idiomas, como *Jewish Landmarks in Łódź, Industrial Architecture* y *Villas and Palaces*. Los visitantes disponen de wifi gratis en el local. Cuenta con oficinas en la estación de trenes Łódź Kaliska (ul Karolewska 55; ⊙9.00-17.00 lu-vi, 10.00-16.00 sa y do) y el aeropuerto (ul Maczka 35; ⊙9.00-17.00 lu-vi).

AGENCIAS DE VIAJES

Airport Travel Centre (🗷42 638 5256; ul Maczka 35; ⊙10.00-18.00 lu-vi) Especializada en vuelos de bajo coste dentro y fuera de Polonia, está en el aeropuerto de Łódź.

Eurotravel (🗷42 630 4488; al Kościuszki 28; ⊙9.30-17.30 lu-vi, 10.00-13.00 sa) Ofrece viajes para jóvenes, billetes de autobús nacionales e internacionales.

Fabricum (🗷42 636 2825; www.fabricum.pl; ul Drewnowska 58; ⊙9.00-17.00 lu-vi) Ofrece circuitos guiados por Łódź y la región circundante.

➊ Cómo llegar y salir

AVIÓN

El **aeropuerto de Łódź** (www.airport.lodz.pl; ul Maczka 35) es una pequeña pero potencialmente útil alternativa a Varsovia. En él operan varias aerolíneas de bajo coste, como Ryanair, y hay servicio regular a varios destinos de Europa.

AUTOBÚS

La **estación central de autobuses** (Dworzec Centralny PKS; Plac Sałacińskiego 1) se hallaba junto a la estación central de trenes Łódź Fabryczna; sin embargo, durante la visita de los autores de esta guía, esta última estaba experimentando una exhaustiva reforma, y la mayoría de los autobuses salían de la estación Łódź Kaliska, al oeste del centro. Esta situación podría cambiar con la reapertura de Łódź Fabryczna. Hay servicios a Płock (30 PLN, 2½ h, 9 diarios) y muchos otros destinos dentro y fuera del país.

La empresa privada **Polski Bus** (www.pols kibus.com) viaja a Varsovia (2¼ h, cada hora), Poznań (3 h, 3 diarios) y Berlín (7 h, 2 diarios); las tarifas varían, y es mejor reservar en línea antes del viaje.

TREN

Durante la visita de los autores de esta guía, la estación de trenes más céntrica, **Łódź Fabryczna** (Plac Sałacińskiego 1), estaba cerrada debido a un gran proyecto de reconstrucción, que se esperaba concluir en unos meses. Entretanto, **Łódź Kaliska** (al Unii Lubelskiej 3/5) es la estación más práctica; el tranvía nº 12 la conecta con el final de ul Piotrkowska. Salen trenes a Łowicz (20 PLN, 2 h, 6 diarios), Varsovia (25 PLN, 2 h, al menos cada hora), Cracovia (45 PLN, 3 a 5 h, 5 diarios), Częstochowa (30 PLN, 2 h, 9 diarios), Wrocław (35 PLN, 4 h, 6 diarios), Kalisz (22 PLN, 2 h, 10 diarios) y Poznań (54 PLN, 3½ h, 4 diarios). En todo caso, vale la pena informarse en el centro de información turística sobre la situación actual, pues posiblemente entonces la estación Łódź Fabryczna esté ya en funcionamiento.

➊ Cómo desplazarse

Los autobuses nº 55 y 65 circulan desde el aeropuerto al centro, y el nº 65 enlaza con la estación de trenes Łódź Kaliska. Por su parte, un taxi al centro cuesta unos 40 PLN.

La red de transporte público de Łódź cuenta con tranvías y autobuses, ambos con el mismo sistema de billetes. El billete es válido para un período de tiempo predeterminado desde el momento en que se valida a bordo del vehículo, permitiendo realizar un número ilimitado de trasbordos durante dicho período. Los billetes válidos para 40/60 min cuestan 2,60/3,40 PLN; uno de 24 h cuesta 12 PLN.

Se puede pedir un taxi a través de **MPT** (☎42 19191) o **Merc Radio** (☎42 650 5050). *Riksza* (bicicletas *rickshaw*) recorren ul Piotrkowska y cuestan unos 10 PLN por trayecto (2 pasajeros máximo).

Se pueden alquilar bicicletas en **Dynamo** (☎42 630 6957; www.dynamo.com.pl; ul Kilińskiego 3; ◷11.00-20.00 lu-vi, 10.00-15.00 sa, 11.00-14.00 do).

Łowicz

29 000 HAB.

Durante gran parte del año, Łowicz es una localidad sumida en un profundo letargo, pero, cada año, para Corpus Christi (Boże Ciało) se convierte en el centro del país, todo un reflejo de su larga e importante relación con la Iglesia católica, pues por algo fue durante más de 600 años la sede del arzobispado de Gniezno, la autoridad suprema eclesiástica de Polonia. También es un importante centro regional de arte folclórico y artesanía, aunque haya poco que ver fuera del Museo de Łowicz.

◉ Puntos de interés

Catedral de Łowicz   IGLESIA
(Katedra w Łowiczu; Stary Rynek 24/30) Este enorme edificio del s. xv, originalmente gótico, sufrió varias renovaciones y actualmente presenta un batiburrillo de estilos, con elementos renacentistas, barrocos y rococó. En la iglesia yacen los restos de 12 arzobispos de Gniezno y primados de Polonia.

Iglesia de los Escolapios   IGLESIA
(Kościół Ojców Pijarów; ul Pijarska) Este imponente templo se alza cerca de la majestuosa catedral. Es una maravilla barroca que puede visitarse durante las misas, por lo general a las 7.00 y 17.30 los días laborables y varias veces el domingo.

Museo de Łowicz   MUSEO
(Muzeum w Łowiczu; www.muzeumlowicz.pl; Stary Rynek 5/7; adultos/reducida 10/6 PLN; ◷10.00-16.00 ma-do) Alojado en una universidad misionera del s. xvii, diseño del arquitecto holandés Tylman van Gameren, destaca ante todo la antigua capilla de los sacerdotes, con descoloridos frescos barrocos (1695) del artista italiano Michelangelo Palloni y colmillos de marfil bellamente tallados. La 1ª planta cuenta con hallazgos arqueológicos

MERECE LA PENA

EL ROMANTICISMO DE ARKADIA Y NIEBORÓW

Cuesta imaginar algo de interés en los diminutos pueblos rurales de Arkadia y Nieborów, al sureste de Łowicz. Pero entre los árboles se ocultan dos escenarios perfectos para una novela de Jane Austen.

Con sus ruinas invadidas por la maleza, pabellones descascarillados, templos y caprichos, el cuidado jardín del **parque Arkadia** (www.nieborow.art.pl; adultos/reducida 10/6 PLN; ☉10.00-anochecer) es un romántico enclave pagano en un entorno profundamente católico. El parque fue diseñado por la princesa Helena Radziwiłł en la década de 1770 como "idílico terreno de paz y felicidad", pero tras la muerte de esta quedó abandonado. Gran parte de las obras de arte se trasladaron al palacio Nieborów, donde se pueden ver aún, y los edificios abandonados fueron quedando en ruinas. Hoy en día, ese aire de decadencia le da aún más encanto al lugar. Por el parque se encuentran ruinas rodeadas de árboles, como la casa gótica (Domek Gotycki) sobre la gruta de la Sibila, un acueducto y el impresionante santuario del Arcipreste (Przybytek Arcykapłana), curiosa ruina falsa en la que destaca un bajorrelieve clásico que muestra a la Esperanza alimentando a una quimera. Lo más destacado de Arkadia es el templo de Diana (Świątynia Diany), que da al lago y alberga una exposición de escultura romana y monumentos funerarios.

Siguiendo unos 4 km por la carretera principal del Łowicz a Skierniewice (nº 70) se llega a Nieborów y a su deslumbrante palacio de finales del s. xvii, ejemplo clásico de arquitectura barroca. El palacio fue diseñado por Tylman van Gameren para el cardenal Radziejowski, arzobispo de Gniezno y primado de Polonia. En 1774 el príncipe Michał Hieronim Radziwiłł compró el palacio y, junto a su esposa Helena, se dedicó a llenarlo de muebles y obras de arte.

Más de la mitad de sus estancias están ocupadas por el **Museo de Nieborów** (www.nieborow.art.pl; adultos/reducida 20/10 PLN, solo acceso al parque 10/6 PLN; ☉10.00-16.00 mar-abr y jul-oct, hasta 18.00 may-jun). Parte de la planta baja alberga la colección de escultura y bajorrelieves romanos del s. i de Helena, y unos paneles de roble negro muy curiosos del s. xix. La escalera que lleva a la 1ª planta, con sus azulejos holandeses de la década de 1700, ya justifican por sí solos el pago de la entrada.

Arkadia está en la carretera de Łowicz a Skierniewice, unos 4 km al sureste de Łowicz; Nieborów está en la misma carretera, 4 km más allá. A ambos se puede llegar en autobús desde Łowicz.

También se puede ir en una excursión a pie o en bicicleta por la pista ciclista señalizada, conocida como "Ruta Ciclista del Príncipe" (Szlak Książęcy). El camino, marcado en azul, tiene unos 14 km y empieza en la Stary Rynek de Łowicz, cerca de la entrada al museo.

de la zona, como herramientas de la Edad de Piedra y más colmillos, esta vez de mamuts.

En el jardín posterior hay dos antiguas granjas típicas de la región, con mobiliario, utensilios y objetos decorativos originales.

⚜ Fiestas y celebraciones

Corpus Christi   RELIGIOSA
(Boże Ciało; ☉may/jun) Festividad de la Eucaristía, celebrada un jueves de mayo o junio, según las fechas de la Semana Santa, que en Łowicz se vive con entusiasmo. El evento central es la procesión que rodea la plaza principal y la catedral. En ella, la mayoría de los participantes visten trajes típicos con bordados de vivos colores y enarbolan elaborados estandartes.

Los próximos años, el Corpus Christi cae en las siguientes fechas: 15 de junio del 2017, 31 de mayo del 2018 y 20 de junio del 2019.

🛏 Dónde dormir y comer

Dom Wycieczkowy   PENSIÓN €
(☎46 837 3433; www.lowickie.eu; Stary Rynek 17; i 40-49 PLN, d 80-98 PLN; 🅿🛜) La oficina de turismo ofrece habitaciones distribuidas en dos plantas, sobre la oficina principal. Las hay individuales y dobles, con y sin baño, todas limpísimas y alegres, con sencillas camas y escritorios de madera de pino. Si se va a lle-

gar para el Corpus Christi, más vale reservar. No se sirven desayunos.

Hotel Eco
HOTEL €€

(☎46 830 0005; www.hotel-eco.pl; ul Podrzeczna 22; i/d 150/200 PLN; 🅿🛜) Situado 150 m al oeste de la Stary Rynek en una de las calles principales, es sin duda el hotel más bonito de la localidad. Las sencillas habitaciones están impolutas, con grandes y cómodos colchones, y modernos baños. El restaurante es aceptable.

Café Bordo
CAFÉ €

(Stary Rynek 8; tentempiés 10-12 PLN; ⏱10.00-19.00) Esta cafetería familiar de la plaza principal sirve buen café y pasteles, con una pequeña pero agradable zona de mesas al aire libre.

Polonia
POLACA €€

(Stary Rynek 4; principales 20-40 PLN; ⏱10.00-23.00; 🛜) El restaurante más atractivo de la localidad prepara una gran variedad de platos nacionales en un edificio restaurado del s. XVIII. El visitante puede probar también alguno de los internacionales, como el pollo a la provenzal, en recuerdo de la visita de Napoleón a Łowicz en 1806.

ℹ Información

Oficina de turismo (Biuro Informacji Turystycznej; ☎46 837 3433; www.lowicz.eu; Stary Rynek 17; ⏱9.00-18.00) Ofrece muchos folletos y buenos consejos, e incluso dispone de alojamiento limpio a precio razonable en las plantas superiores.

ℹ Cómo llegar y salir

La **estación de autobuses** (ul 3 Maja 1) y la **estación de trenes** (ul Dworcowa) están una junto a la otra, a unos 5 min a pie de la Stary Rynek. Hay trenes a Łódź (20 PLN, 2 h, 6 diarios) y Varsovia (23 PLN, 1 h, cada hora) y servicio regular de autobuses a muchas localidades más alejadas, incluidos siete de lunes a viernes a Skierniewice vía Nieborów (4 PLN, 20 min). Para llegar a Arkadia hay que tomar un autobús con destino Nieborów y pedir al conductor que pare cerca del Arkadia Park (3 PLN, 15 min).

Płock

122 000 HAB.

Espectacularmente encaramado en lo alto de un barranco sobre el Vístula, Płock posee una dilatada historia y un agradable casco antiguo. Además, atesora los restos de un castillo gótico, una espléndida catedral y la mejor colección de arte y arquitectura *art nouveau* del país.

Płock fue residencia real entre el 1079 y 1138, así como la primera localidad de Mazovia en recibir el fuero municipal (en 1237). Las murallas se levantaron en el s. XIV, y la localidad se convirtió en un rico centro comercial regional hasta el s. XVI. El desbordamiento del Vístula en 1532, que se llevó por delante la mitad del castillo y parte de las murallas, fue tan solo un preludio de los desastres que iban a llegar –guerras, incendios y plagas– y que provocaron su declive definitivo.

Hoy es ante todo una ciudad de ambiente obrero gracias a su refinería, aunque con suficientes puntos de interés para retener al viajero durante un día.

⊙ Puntos de interés

Casi todos los lugares de interés se concentran al sureste de la Stary Rynek, bordeando el pintoresco barranco con vistas al Vístula. Los elementos más característicos de Płock son dos torres de ladrillo rojo: la **torre del reloj** (Wieża Zegarowa) y la **torre de los Nobles** (Wieża Szlachecka), últimos vestigios del castillo gótico original que en su día protegió la ciudad. Se pueden mirar desde el exterior, pero no están abiertas al público.

El casco antiguo se extiende al noroeste del castillo. En el extremo norte de ul Grodzka está la Stary Rynek, antiguo centro de Płock en el s. XIV.

Ayuntamiento
EDIFICIO HISTÓRICO

(Ratusz; Stary Rynek 1) La antigua plaza del mercado está dominada por este bello edificio en su extremo noroeste. Desde lo alto suena cada día una trompeta a las 12.00 y a las 18.00, y los curiosos asisten al espectáculo de autómatas en el que el rey Ladislao Herman nombra caballero a su hijo Bolestao Krzywousty.

Museo Mazoviano
MUSEO

(Muzeum Mazowieckie; www.muzeumplock.art.pl; ul Tumska 8; adultos/reducida 10/5 PLN; ⏱10.00-17.00 ma-do) Acoge una meritoria colección de muebles, objetos decorativos, pintura y cristalería *art nouveau*. Las piezas muestran la influencia del recargado *art nouveau* parisino y del estilo secesión vienés, más austero y geométrico. En la sala *art déco* se presentan piezas más nuevas.

Płock

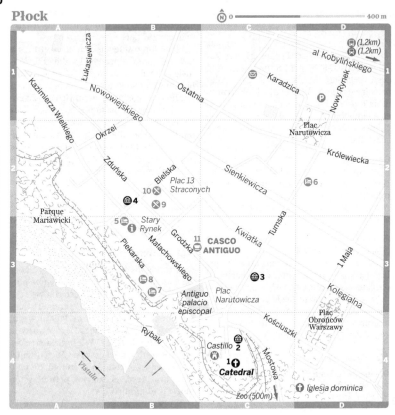

Płock

★ **Catedral** IGLESIA

(Katedra w Płocku; ul Tumska; ⏱10.00-17.00 lu-sa, 14.00-17.30 do) GRATIS Esta catedral del s. XII está coronada por una cúpula renacentista del s. XVI. Su interior contiene lápidas y retablos, así como exquisitos frescos *art nouveau*. La capilla real guarda los sarcófagos en perfecto estado de dos reyes polacos, Ladislao Herman y su hijo Bolesłao Krzywousty, que residieron en Płock durante sus reinados. Conviene observar las puertas de bronce del extremo sur de la catedral, que son reproducciones de las originales del s. XII encargadas por los obispos locales, las cuales desaparecieron en misteriosas circunstancias y reaparecieron en Novgorod (Rusia), su actual emplazamiento.

Museo Diocesano MUSEO

(Muzeum Diecezjalne; ul Tumska 3a; adultos/reducida 10/5 PLN; ⏱10.00-15.00 ma-sa, 11.00-16.00 do) Exhibe una amplia colección de manuscritos, pinturas, esculturas, vestidos y tapices. Muchas de las piezas tienen relación con lo religioso, pero también hay algunas seculares, como los Fueros de Płock, de 1237, hallazgos arqueológicos de la Edad de Piedra, cerámica y monedas de todo el mundo, y armas medievales.

Destacan varias piezas selectas, como el delicado ciborio (copa tallada en metal) dorado del s. XII procedente de Czerwińsk, y una primera edición del poema épico *Pan Tadeusz* de Adam Mickiewicz.

Zoológico ZOO

(Ogród Zoologiczny; www.zoo.plock.pl; ul Norbertańska 2; adultos/reducida 10/8 PLN; ☺9.00-18.00) Al este de la catedral, cruzado el puente de la carretera, está el zoo, en un pintoresco entorno poblado de árboles, sobre el río. Se dice que contiene la mayor colección de reptiles del país.

🛏 Dónde dormir

Hostel Kamienica ALBERGUE €

(📞24 268 8977; www.hostel-kamienica.pl; ul Tumska 16; dc 80 PLN, i/d 150/250 PLN; P🛜) Aceptable alojamiento económico en un edificio del s. XIX, a un cómodo paseo desde la Stary Rynek, con vistosos dormitorios colectivos y habitaciones privadas con detalles de categoría. Cuenta con una cocina totalmente equipada para uso de los clientes, y hay una tienda de comestibles al otro lado de la calle.

Dom Darmstadt PENSIÓN €

(📞24 367 1922; darmstadt@pokis.pl; Stary Rynek 8; h 150 PLN; P🛜) Muy céntrico, se sitúa sobre el centro de información turística en un edificio de interés histórico. Es un lugar tranquilo y acogedor, con tres habitaciones que comparten baño y cocina. Se recomienda reservar con antelación.

⭐ Hotel Tumski HOTEL €€

(📞24 262 9060; www.hoteltumski.pl; ul Piekarska 9; i/d 299/349 PLN; P❄🛜) Las habitaciones del hotel más bonito de la ciudad tienen precios acordes con las soberbias vistas del río. Ofrecen mucha atención al detalle, desde el nítido estilo de época de las habitaciones al elegante comedor. Los fines de semana hay grandes descuentos.

Hotel Starzyński HOTEL €€

(📞24 366 0200; www.starzynski.com.pl; ul Piekarska 1; i/d desde 190/235 PLN; P❄🛜) Este alojamiento ocupa dos alas y cuenta con gimnasio y *spa*. Las habitaciones son confortables y están bien equipadas; se aconseja pedir una

que conecte con la amplia terraza ribereña, con espectaculares vistas. Los fines de semana se pueden obtener descuentos.

🍴 Dónde comer y beber

Sempre CAFÉ €

(ul Grodzka 9; tentempiés 10-15 PLN; ☺10.00-20.00) Elegante café en una animada zona de restaurantes, con una gran oferta de bebidas y tartas de primera en un local con cómodos sofás.

Restauracja Art Deco POLACA €€

(Stary Rynek 17; principales 15-45 PLN; ☺10.00-23.00) En el lado soleado de la Stary Rynek, con la terraza más acogedora de la plaza, ofrece una carta llena de especialidades polacas, desde *czernina staropolska* (sopa de sangre de pato) y un amplio surtido de *pierogi* (raviolis polacos) hasta pato asado, cerdo asado o pelotas de patata con piel de cerdo crujiente.

Browar Tumski POLACA €€

(www.browartumski.pl; Stary Rynek 13; principales 15-46 PLN; ☺11.00-20.00 lu-sa; 📶📄) Ofrece sabrosa comida en la plaza principal, a lo que hay que sumar la cerveza artesana casera. La carta no ofrece grandes sorpresas –p. ej., costillas de cerdo, pato y pescado–, pero la oferta de platos vegetarianos es más amplia de lo habitual.

ℹ Información

Oficina principal de correos (ul Bielska 14b; ☺8.00-20.00 lu-vi, hasta 14.00 sa)
Centro de información turística (Centrum Informacji Turystycznej; 📞24 367 1944; www. turystykaplock.eu; Stary Rynek 8; ☺9.00-18.00 lu-vi, 10.00-16.00 sa y do may-sep, 8.00-16.00 lu-vi oct-abr; 📶) Dispone de mucha información sobre la ciudad y la región, y ofrece acceso gratuito a internet.

ℹ Cómo llegar y salir

La **estación combinada de trenes y autobuses** (ul Chopina) está casi 2 km al noreste del casco antiguo, en un vistoso edificio nuevo que parece construido con piezas de Lego. Aunque los autobuses son la opción más directa, hay seis trenes diarios hasta al transitado nudo ferroviario de Kutno (13 PLN, 1¼ h), de donde parten servicios a casi todo el país.

Hay frecuentes autobuses PKS a Varsovia (25 PLN, 2 h, al menos cada hora) y Toruń (32 PLN, 2½ h, cada hora). También hay autobuses a Łódź (30 PLN, 2½ h, 9 diarios), Gdańsk (60 PLN, 6 h, 4 diarios) y Poznań (51 PLN, 6 h, 1 diario).

MERECE LA PENA

UN RECUERDO PARA LOS 800 000 DE TREBLINKA

En un tranquilo claro oculto entre los espesos pinares de Mazovia, se alza un monolito de granito rodeado por un campo con 17 000 piedras melladas, muchas de ellas con el nombre de un pueblo o ciudad grabado. Bajo el césped, mezcladas con la arena, reposan las cenizas de unas 800 000 personas.

Treblinka, que acogió el segundo campo de exterminio nazi más grande tras el de Auschwitz-Birkenau, es otro nombre que siempre se asociará con el horror del Holocausto. Entre julio de 1942 y agosto de 1943, en sus enormes cámaras murieron gaseadas más de 2000 personas cada día, en su mayoría judíos. Tras su fallecimiento, sus cuerpos eran incinerados en gigantescas piras al aire libre.

Después de la insurrección de los internos en agosto de 1943, el campo fue demolido y el recinto, saqueado y abandonado. El lugar que ocupaba es hoy el **Museo de la Lucha y el Martirio** (Muzeum Walki i Męczeństwa; www.treblinka-muzeum.eu; entrada 6 PLN; ☉9.00-18.30).

Se accede por un camino que sale de la carretera que va de Małkinia a Sokołów Podlaski y que conduce hasta un aparcamiento y un quiosco donde facilitan información y venden guías. Enfrente, la planta baja de un edificio blanco acoge una pequeña exposición con explicaciones objetivas y aterradoras sobre el campo (p. ej. que las cámaras de gas podían acoger hasta 5000 prisioneros a la vez), así como varias pertenencias de los prisioneros halladas allí.

El campo de exterminio Treblinka II se encuentra a 10 min a pie del aparcamiento por un camino que discurre paralelo a una simbólica vía férrea, muestra representativa del antiguo ferrocarril que llegaba lleno de prisioneros judíos procedentes del gueto de Varsovia. El enorme monolito de granito, 200 m al este del campo, ocupa el antiguo emplazamiento de las cámaras de gas. A diferencia de Auschwitz-Birkenau, en Treblinka no se conserva ningún vestigio de los edificios, pero el plano que muestra el diseño original habla por sí solo.

Un paseo de 20 min lleva a otro claro, el antiguo emplazamiento de Treblinka I, un campo de trabajos forzados anterior a Treblinka II que todavía conserva los cimientos de hormigón de los barracones.

Treblinka está unos 100 km al noreste de Varsovia, a 2 h por carretera. En tren, la estación más cercana es la de Małkinia, unos 15 km al sureste de Ostrów Mazowiecka, y a 8 km de Treblinka. Hay trenes desde la estación Warszawa Centralna cada 2 h (24 PLN, 1¾ h). Desde Małkinia no hay autobuses a Treblinka, y la única opción (aparte de caminar) es tomar un taxi desde la estación; el trayecto de ida y vuelta cuesta unos 200 PLN, según el tiempo de espera.

NORTE Y ESTE DE MAZOVIA

Pułtusk

19 000 HAB.

Esta tranquila localidad, con un espléndido castillo y la plaza con mercado más grande del país, es un buen lugar para hacer un alto en el camino hacia otros destinos de la región.

Actualmente, Pułtusk solo es un punto en el mapa, pero su historia es larga y está llena de acontecimientos. Sus orígenes se remontan al s. x, lo que la convierte en una de las localidades más antiguas de Mazovia. Alcanzó su máximo esplendor en los ss. xv y xvi, cuando fue la residencia episcopal de Płock y un importante centro del comercio y la cultura. En 1806 el ejército de Napoleón libró aquí una de las batallas más duras de la campaña contra Rusia. En 1944 Pułtusk estuvo varios meses en primera línea de la II Guerra Mundial, con la consiguiente destrucción del 80% de sus edificios.

⊙ Puntos de interés y actividades

El núcleo histórico, situado en una isla, rodea una Rynek empedrada de 400 m de longitud. El norte de la plaza sigue acogiendo un gran mercado cada martes y viernes en el que se venden productos frescos de las granjas locales y montones de baratijas.

Museo Regional   MUSEO

(Muzeum Regionalne; www.muzeum.pultusk.pl; Rynek 43; adultos/reducida 6/4 PLN; ⊙10.00-16.00 ma-do) Este museo se aloja en la torre de ladrillo del ayuntamiento del s. xv, en el centro de la plaza del mercado. Presenta hallazgos arqueológicos (muchos provenientes del recinto del castillo) y exposiciones etnográficas, así como fragmentos de un meteorito caído en 1868. En la cercana casa nº 29, fue donde Napoleón se recuperó de sus heridas tras la Batalla de Pułtusk.

Colegiata   IGLESIA

(Kościol Kolegiata; ul Marii Konopnickiej 1) Esta iglesia de la década de 1440 se alza en el extremo norte de la plaza del mercado. Sufrió la consabida transformación arquitectónica cada pocos siglos, y hoy contiene una docena de altares barrocos, estuco renacentista en la bóveda de la nave y elementos góticos en los laterales. Conviene destacar las pinturas murales del s. xvi de la capilla al final de la nave lateral derecha.

Castillo de Pułtusk   CASTILLO

(Zamek w Pułtusku; ul Szkolna 11) Se sitúa en el extremo sur de la plaza del mercado, y hoy parece más bien un palacio. Construido a finales del s. xiv como residencia del obispo, fue reconstruido varias veces en épocas posteriores. Hoy alberga el Hotel Zamek, lujoso hotel y centro de congresos.

Río Narew   NAVEGACIÓN FLUVIAL

(botes de remos 12 PLN/h, kayaks 1 h/1 día 7/ 65 PLN, cruceros 30 min/1 h 90/150 PLN) Una calle adoquinada rodea el este del castillo hasta un pequeño embarcadero del río, donde alquilan botes de remos y kayaks, y organizan travesías en barco.

🛏 Dónde dormir y comer

Los mejores restaurantes están dentro del castillo. Para almorzar, se puede acudir al Kasztelanka, junto al río.

Hotel Baltazar   HOTEL €

(☑23 692 0475; www.hotel-baltazar.com.pl; ul Baltazara 41; i 100 PLN, d 120-160 PLN; P🛇) Oculto al final de una carretera secundaria, 1 km al norte de la Rynek, este hotel familiar es una opción atractiva y moderna con habitaciones amplias y luminosas y un cordial servicio; además, cuenta con un restaurante.

Hotel Zamek Pułtusk   HOTEL €€

(☑23 692 9000; www.zamekpultusk.pl; ul Szkolna 11; i 145-180 PLN, d 180-230 PLN, ste 320 PLN; P🛇) Alojado en el restaurado y reconvertido castillo, este hotel ofrece alojamiento en habitaciones color sepia que recuerdan la elegancia del pasado. Por un poco más se puede reservar una con chimenea. Cuenta con numerosos restaurantes, bares y cafés, y se pueden concertar tratamientos de *spa*.

ⓘ Cómo llegar y salir

Pułtusk se encuentra en la carretera entre Varsovia y los grandes lagos Mazurianos. No tiene servicio ferroviario, pero sí autobuses regulares a/desde Varsovia (10 PLN, 1¼ h, cada 30 min). La **estación de autobuses** (Nowy Rynek 2) está junto a la calle principal que atraviesa la localidad, unos 750 m al suroeste de la Rynek.

SUR DE PODLAQUIA

Abarca una amplia extensión del noreste de Polonia, además de gran parte de la frontera con Belarús (Bielorrusia). Aquí, la influencia cultural foránea es más evidente que en cualquier otra región de Polonia. Cuanto más cerca se está del último régimen dictatorial que queda en Europa, más cúpulas ortodoxas y lugareños hablando bielorruso se encuentran. También se pueden visitar los restos de un asentamiento tártaro del s. xvii. Los judíos que ocuparon antaño estas tierras también dejaron rastros de su presencia.

A pesar de su rica herencia cultural, la principal atracción de esta región es su naturaleza. De hecho, Podlaquia significa, literalmente, "tierra cercana a los bosques". En su día, esta zona estuvo cubierta de bosques primigenios, de los que se ha conseguido conservar un buen pedazo en el Parque Nacional de Białowieża. El sur de Podlaquia también alberga otros ecosistemas únicos, como las ciénagas de las tierras bajas, protegidas por los parques nacionales del Biebrza y del Narew.

Białystok
295 000 HAB.

Białystok es la metrópolis de Podlaquia, un núcleo urbano grande y bullicioso teniendo en cuenta su emplazamiento. De interés limitado, su proximidad a los parques nacionales de la región la convierten en una buena base para visitarlos, y la histórica mezcla de culturas polaca y bielorrusa le imprime un ambiente especial único en el país.

Aunque se cree que la ciudad data del s. XVI, no empezó a desarrollarse hasta mediados del s. XVIII, cuando Jan Klemens Branicki, comandante del Ejército polaco y terrateniente local (el entonces todavía pueblo formaba parte de sus propiedades) fijó en ella su residencia construyendo un palacio. Un siglo más tarde, la localidad recibió un nuevo espaldarazo gracias a su actividad textil, solo superada por Łódź. El apogeo industrial atrajo a numerosos emprendedores de diversa procedencia, entre ellos polacos, judíos, rusos, bielorrusos y alemanes. Al estallar la I Guerra Mundial, Białystok sumaba 80 000 habitantes y contaba con más de 250 fábricas textiles. Crecer en medio de esta mezcla multilingüe fue lo que inspiró a Ludwik Zamenhof a concebir el esperanto, y el viajero verá su nombre y el del idioma en muchos rincones.

Durante la II Guerra Mundial, los nazis arrasaron casi toda la ciudad y asesinaron a la mitad de la población (incluidos casi todos los judíos), además de destrozar gran parte de las fábricas y el casco antiguo. La reconstrucción durante la posguerra priorizó la recuperación de la industria, las infraestructuras y la administración del Estado. Como resulta evidente aún hoy, los valores históricos y estéticos pasaron a un segundo plano. Aun así, se trata de un lugar acogedor, sorprendentemente tranquilo para su tamaño y perfecto para relajarse.

◉ Puntos de interés

El centro de la ciudad y de la marcha nocturna es la Rynek Kościuszki, antigua plaza del mercado, con su ayuntamiento del s. XVIII en el centro.

Museo de Podlaquia   MUSEO

(Muzeum Podlaskie; www.muzeum.bialystok.pl; Rynek Kościuszki 10; adultos/reducida 6/3 PLN; ◷10.00-17.00 ma-do) Reconstruido en su totalidad tras la guerra, el edificio del ayuntamiento acoge hoy este museo. Cuenta con una modesta colección de pintura polaca en la planta baja, con importantes figuras como Jacek Malczewski y Stanisław Ignacy Witkiewicz (Witkacy), y restos arqueológicos procedentes de un poblado vikingo descubierto cerca de Elbląg.

★ Palacio Branicki   EDIFICIO HISTÓRICO

(Pałac Branickich; www.umb.edu.pl; ul Kilińskiego 1) En el parque Pałacowy se alza esta majestuosa residencia de Jan Klemens Branicki. Pese a perder las elecciones reales de 1764 ante su cuñado Stanisław August Poniatowski, hizo construir un lujoso palacio que competía en tamaño con el del rey. Incendiado en 1944 por los nazis durante su retirada, una posterior restauración le devolvió su estructura original del s. XVIII, aunque el interior fue ampliamente modernizado. Hoy alberga una facultad de medicina y el Museo de Historia de la Medicina y la Farmacia (Muzeum Historii Medycyny i Farmacji; www.umb.edu.pl; ul Kilińskiego 1; adultos/reducida incl. circuito por el palacio 10/5 PLN; ◷10.00-17.00 ma-vi, hasta 18.00 sa y do), que organiza circuitos por su majestuoso interior. Los cuidados jardines se pueden visitar de forma gratuita.

Centro Ludwik Zamenhof   CENTRO CULTURAL

(Centrum Ludwika Zamenhofa; www.centrumzamen hofa.pl; ul Warszawska 19; adultos/reducida 8/4 PLN; ◷10.00-17.00 ma-do) Al otro lado del estrecho río Biała, frente al palacio Branicki, este centro cultural dedicado al creador del esperanto acoge una gran variedad de exposiciones artísticas, conciertos, conferencias, y eventos escénicos. Su interesante exposición permanente *La Bialystok del joven Zamenhof* hace que esta multicultural ciudad del s. XIX cobre vida mediante efectos de luz y sonido, y con fotografías de la época.

Iglesia ortodoxa del Espíritu Santo   IGLESIA

(Cerkiew Św Ducha; ul Antoniuk Fabryczny 13) Merece la pena desviarse 3 km al noroeste del centro para visitar esta moderna iglesia. Este monumental edificio, comenzado a principios de la década de 1980, es la iglesia ortodoxa más grande de Polonia. La enorme cúpula central, en forma de cebolla, está coronada por una gran cruz (1500 kg) central y 12 más pequeñas a su alrededor. Dentro hay un espectacular iconostasio flanqueado por dos de menor tamaño, además de una fantástica y gigantesca araña de cristal. El autobús nº 5 desde la céntrica ul Sienkiewicza para en las inmediaciones.

🛏 Dónde dormir

Podlasie Hostel   ALBERGUE €

(☏85 652 4250; www.hostelpodlasie.pl; al Piłsudskiego 7b; dc 28-33 PLN; P⊛) Este moderno albergue ocupa una antigua mansión entre enormes bloques de apartamentos (está en una calle situada detrás del bloque nº 7). Ofrece dormitorios colectivos con literas de pino y

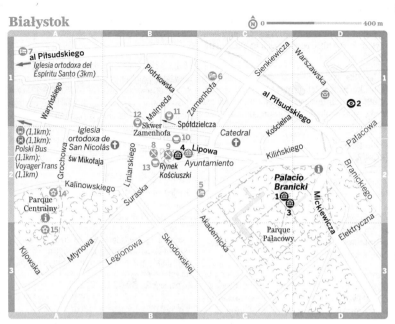

Białystok

capacidad para entre 6 y 16 personas, además de cocina y recepción abiertas las 24 h.

★ Hotel Branicki
HOTEL €€
(☏ 85 665 2500; www.hotelbranicki.com; ul Zamenhofa 25; i/d/ste 325/375/800 PLN; P❄🛜) Elegante y romántico, resulta lo bastante asequible como para permitirse un lujo. Todas sus habitaciones han sido diseñadas y decoradas individualmente, y ofrecen camas grandes y confortables, recias sábanas de algodón y modernas comodidades; casi todas tienen aire acondicionado. Está a un par de minutos de la Rynek. Los precios caen una tercera parte los fines de semana.

Esperanto Hotel
HOTEL €€
(☏ 85 740 9900; www.hotelesperanto.net; ul Legionowa 10; i/d desde 300/340 PLN; P❄🛜) Hotel cómodo y moderno con bar y restaurante, muy cerca de la Rynek, junto a los límites del palacio Branicki. Merece la pena pagar más por las habitaciones de mayor calidad, amplias y con un sofá. Los precios se reducen de forma considerable los fines de semana.

🍴 Dónde comer

Pijalnia Czekolady
CAFÉ €
(Rynek Kościuszki 17; tentempiés 10-15 PLN; ⏱9.00-22.00; 🛜) Sirve fabuloso chocolate en forma

de bebidas, tartas y dulces, un sueño hecho realidad para los más golosos. Cuenta con mesas al aire libre con vistas a la plaza principal.

Bella Vita
CAFÉ €
(Rynek Kościuszki 22; tentempiés 10-15 PLN; ⊙9.00-22.00) Los grandes asientos de esta heladería tradicional estilo *diner* son un cómodo marco para tomar café y helado.

Chilli Pizza
PIZZERÍA €€
(Rynek Kościuszki 17; principales 11-54 PLN; ⊙8.00-23.00 lu-sa, 10.00-23.00 do; ☏) Sirve las mejores *pizzas* de Białystok, y posiblemente también las mejores pastas y ensaladas. Si apetece algo diferente, se aconsejan los platos de carne a la parrilla, servidos en una losa caliente. La terraza, muy frecuentada en verano, brinda fantásticas vistas de la bonita plaza. También sirven desayunos.

Esperanto Café
INTERNACIONAL €€
(Rynek Kościuszki 10; principales 21-55 PLN; ⊙9.00-22.00 lu-vi, 10.00-22.00 sa y do; ☏) Céntrico café-restaurante que debe su nombre a L. L. Zamenhof, inventor del idioma esperanto y nacido en Białystok en 1859. El menú es ecléctico, con platos típicos polacos y otros internacionales más creativos, como la pechuga de pavo al horno servida con salsa de arándanos.

Dónde beber y vida nocturna

Castel
BAR
(ul Spółdzielcza 10; ⊙12.00-hasta tarde) Excelente bar con dos zonas bien diferenciadas: un interior romántico con iluminación tenue y una exuberante cervecería con terraza, con mesas apartadas, fuentecitas y ambiente agradable para beber y charlar.

M7 Club
DISCOTECA
(ul Malmeda 7; ⊙21.00-hasta tarde ju-sa) Si al visitante le apetece lanzarse a la pista, este céntrico local nocturno decorado con cristales negros y rojos sofás resulta ideal. Está enfrente de Skwer Zamenhofa.

☆ Ocio

Opera
i Filharmonia Podlaska
ÓPERA, MÚSICA CLÁSICA
(Ópera y Filarmónica de Podlaquia; www.oifp.eu; ul Odeska 1; ⊙taquillas 9.00-19.00 ma-ju, 11.00-19.00 vi) Es la sede de la Orquesta Sinfónica de Białystok, con un animado programa de música clásica y ópera. Se ubica en una atractiva zona verde unos 500 m al suroeste de la Rynek.

Białostocki Teatr Lalek
TEATRO
(Teatro de Marionetas de Bialystok; ☏85 742 5033; www.btl.bialystok.pl; ul Kalinowskiego 1; ⊙taquillas 8.00-12.00 ma y mi, hasta 12.00 y 15.30-19.00 ju y vi, 15.30-19.00 sa) Este teatro de marionetas, uno de los mejores del país, programa espectáculos infantiles como *Pinocho* o *Punch y Judy*, y relatos tradicionales polacos al menos tres o cuatro veces por semana.

ℹ Información

Oficina principal de correos (ul Warszawska 10; ⊙24 h)
Punto de información turística (Punkt Informacji Turystycznej; ☏85 732 6831; www.podlaskieit.pl; ul Odeska 1; ⊙9.00-17.00 lu-vi) Está en el teatro de la ópera. Hay otro a la entrada al palacio Branicki (Punkt Informacji Turystycznej; www.odkryj.bialystok.pl; ul Kilińskiego 1; ⊙9.00-17.00 lu-vi).

ℹ Cómo llegar y salir

La antiestética **estación de autobuses** (www.pks.bialystok.pl; ul Bohaterów Monte Cassino 10) y la atractiva **estación de trenes** (ul Dworcowa 1), construida en la década de 1860 en la línea entre Varsovia y San Petersburgo, están juntas y conectadas por una pasarela peatonal 1,5 km al oeste del centro. Hasta allí hay 25 min a pie, aunque también se puede tomar el autobús n° 2 hasta la Rynek Kościuszki.

AUTOBÚS

La estación de autobuses está relativamente organizada, comparada con muchas otras del país, y cuenta con un servicial mostrador de información y los horarios bien visibles. Hay ocho autobuses diarios a Varsovia (25 PLN, 3½ h), nueve a Augustów (20 PLN, 2 h), de los que siete continúan hasta Suwałki (30 PLN, 2½ h). Otros destinos de larga distancia son Lublin (52 PLN, 5½ h, 2 diarios), Rzeszów (72 PLN, 9 h, 1 diario), Cracovia (70-88 PLN, 9 a 12 h, 2 diarios) y Gdańsk (69 PLN, 8 h, 2 diarios). Además, hay cinco autobuses diarios a Grodno, en Belarús (40 PLN, 2 h).

Polski Bus (www.polskibus.com) sale de una parada entre la estación de autobuses y ul Bohaterów Monte Cassino, y viaja a Varsovia (3 h, 8 diarios) y Vilnius (9 h, 2 diarios). Conviene reservar estos billetes en línea con antelación, pues las tarifas varían considerablemente según el día.

Para llegar a Białowieża hay que tomar el microbús de VoyagerTrans (p. 114; 15 PLN, 2 h, 6 diarios), que sale de la parada situada en un lateral de la estación de autobuses. Otra opción es tomar un servicio regular a la parada de Kościoł en Hajnówka (9 PLN, 1½ h, cada hora), donde muchos autobuses tienen su término, y luego uno de los frecuentes microbuses a Białowieża (6 PLN, 30 min, cada 30 min).

TREN

Los principales servicios *intercity* van a Varsovia, parando primero en la estación Warszawa Wschodnia y después en Warszawa Centralna (30 PLN, 2½ h, 5 diarios). Hay tres servicios diarios a Suwałki (24 PLN, 2½ h), con parada en Augustów (22 PLN, 2 h). Los trenes también cruzan la frontera hasta Grodno, en Belarús (28 PLN, 2½ h, 2 diarios). Este trayecto se puede reservar en línea en la web de los ferrocarriles bielorrusos (www.poezd.rw.by).

Tykocin

2000 HAB.

Como en el caso de tantas otras somnolientas localidades de la región, la importancia de Tykocin radica en su pasado. Nació como bastión de los duques de Mazovia, empezó crecer en el s. xv, y cobró un nuevo impulso tras convertirse en propiedad del rey Segismundo II Augusto en 1543. Fue por entonces cuando empezó a recibir importantes comunidades de judíos, que contribuyeron decisivamente a forjar su carácter durante los cuatro siglos siguientes. Sorprendentemente, el monumento más imponente del pueblo, una sinagoga del s. xvii, sobrevivió a la II Guerra Mundial.

La trágica historia de la matanza de los judíos en el verano de 1941 convierte la visita en una experiencia especialmente sobrecogedora. El 25 de agosto, poco después de que la Alemania nazi declarara la guerra a la Unión Soviética, los alemanes reunieron a los 2000 judíos residentes en la Rynek, para marchar desde allí (en camión en el caso de mujeres y niños) hasta el bosque de Łopuchowo, unos 8 km al oeste de Tykocin, donde fueron fusilados. Fueron enterrados en fosas comunes.

Aunque hoy parece un pueblo relativamente próspero, la verdad es que nunca se ha recuperado la masacre. En 1950, tras perder la mitad de su población, perdió su fuero como ciudad y se convirtió en pueblo. Lo recuperó en 1994, pero sigue siendo un lugar aislado y somnoliento.

⊙ Puntos de interés

Tykocin es una localidad relativamente compacta. La zona este, entrando desde Białystok, era desde siempre el barrio católico, con Plac Czarnieckiego en el centro. La zona judía queda 500 m al oeste, más allá de la Rynek. Aquí se encontrará la antigua sinagoga. Unos 500 m más al oeste está el antiguo cementerio judío (Cmentarz Żydowski), aunque actualmente no es más que un campo abandonado con un par de lápidas asomando entre las hierbas.

Museo de Tykocin — MUSEO
(Muzeum w Tykocinie; www.muzeum.bialystok.pl; ul Kozia 2; adultos/reducida 12/6 PLN; ⊙10.00-18.00 ma-do) Erigida en 1642, esta antigua sinagoga es para muchos la mejor conservada del país y actualmente alberga este interesante museo. Gran parte del interior original se conserva. Junto a la antigua sala de oraciones hay una pequeña exposición con fotografías y documentos de la comunidad judía local y objetos religiosos, como algunos elaborados *hanukiahs* (candelabros) de latón y plata, libros talmúdicos y material litúrgico.

Casa Talmúdica — MUSEO
(ul Kozia 2; adultos/reducida 12/6 PLN; ⊙10.00-18.00 ma-do) Situada enfrente de la sinagoga, acoge un ala del Museo de Tykocin (la entrada es válida para ambos edificios). La exposición permanente es una antigua farmacia reconstruida, pero lo que más llama la atención son las exposiciones de fotografías rotatorias y de arte.

🛏 Dónde dormir y comer

Villa Regent — HOTEL €
(☎85 718 7476; www.villaregent.eu; ul Sokołowksa 3; i 115 PLN, d 120-150 PLN; 🅿🛜) Al noreste de la sinagoga, este hotel elegante y relativamente reciente es el mejor de la localidad. Sus limpias habitaciones están bien equipadas y ofrecen una magnífica relación calidad-precio. Además, cuenta con un buen restaurante que sirve una mezcla de gastronomía tradicional judía y polaca.

Kiermusy Dworek Nad Łąkami — CENTRO VACACIONAL €€
(☎85 718 7444; www.kiermusy.com.pl; Kiermusy 12, Kiermusy; i/d 180/290 PLN, casitas 320-680 PLN; 🅿🛟) Es difícil describir este centro turístico relativamente aislado, unos 4 km al oeste de Tykocin en el pueblo de Kiermusy. Es en parte pensión tradicional y en parte complejo de

bungalós, aunque estos casi rayan el lujo. La pensión está decorada al estilo tradicional, y las casitas tienen un inconfundible aspecto rústico. Su taberna, Karczma Rzym (véase abajo), merece una visita aunque el viajero no se aloje aquí.

Para encontrarlo, desde la sinagoga hay que seguir un par de travesías hacia el sur por ul Kozia, girar a la derecha (oeste) en ul Holendry y desde allí seguir recto 4 km.

★ **Restauracja Tejsza** JUDÍA €

(ul Kozia 2; principales 9-18 PLN; ⊙10.00-19.00 lu-vi, hasta 21.00 sa y do) Este sencillo local, en el sótano de la Casa Talmúdica (se entra por detrás), sirve excelentes platos *kosher*, caseros y nada caros, entre ellos unos deliciosos *pierogi* o un sabroso *goulash* de buey con salsa de zanahorias y ciruelas. Hay una terraza.

Karczma Rzym POLACA €€

(✆85 718 7444; www.kiermusy.com.pl; Kiermusy 12, Kiermusy; principales 16-30 PLN; ⊙12.00-22.00) Pintoresca taberna con un interior muy rústico de vigas de madera y cornamentas de ciervos, donde sirven platos polacos tradicionales. Está situada en el centro vacacional Kiermusy Dworek Nad Łąkami, unos 4 km al oeste de Tykocin, en el pueblo de Kiermusy.

ℹ️ Cómo llegar y salir

A Tykocin llegan autobuses cada hora desde Białystok (4 PLN, 40 min); paran en la Rynek, a 100 m de la sinagoga.

Parque Nacional de Biebrza

El **Parque Nacional de Biebrza** (Biebrzański Park Narodowy; www.biebrza.org.pl; Osowiec-Twierdza 8, Goniądz; adultos/reducida 6/3 PLN) es el más extenso y largo de Polonia, con más de 100 km desde cerca de la frontera bielorrusa hasta el río Narew, no lejos de Tykocin. Creado en 1993, desempeña un papel muy importante en la protección del valle del río Biebrza, la mayor zona pantanosa natural de Europa central.

Su variado paisaje se compone de ríos, turberas, ciénagas y bosques húmedos. Entre la flora local destacan varias especies de musgo, carrizo y hierbas medicinales. La fauna es rica y diversa, con mamíferos como el lobo, el jabalí, el corzo, la nutria y el castor. El rey del parque, sin embargo, es el alce, que ronda los 600 ejemplares, casi la mitad de todos los que viven en el país.

Los aficionados a la ornitología acuden al Biebrza para avistar algunas de las cerca de 270 especies que lo habitan (más de la mitad de las identificadas en toda Polonia).

◉ Puntos de interés y actividades

A grandes rasgos, el parque puede dividirse en tres zonas: la **cuenca septentrional** (Basen Północny), que es la zona más pequeña y menos visitada; la **cuenca central** (Basen Środkowy), que se extiende a lo largo del caudaloso curso central del río y alberga una mezcla de bosques húmedos y pantanales; y la igualmente vasta **cuenca meridional** (Basen Południowy), ocupada en gran parte por ciénagas y turberas. El elemento más destacado del parque es el Pantanal Rojo (Czerwone Bagno) en la cuenca media, una reserva natural protegida que alberga un bosque húmedo de alisos habitado por unos 400 alces.

Con más de 200 km de vías fluviales cruzando la totalidad del valle, el mejor medio de transporte para explorar el parque es el barco. La ruta principal discurre río abajo desde la localidad de Lipsk por el Biebrza hasta Wizna. Para recorrer este tramo de 140 km a un ritmo pausado son necesarios entre siete y nueve días. A orillas del río hay zonas para acampar durante la noche, y se puede comprar comida en los pueblos que se van encontrando.

El centro de información de visitantes de Osowiec-Twierdza ofrece mapas y detalles sobre la ruta. También se puede alquilar un kayak por algunas horas o durante todo el día; una de las excursiones más sencillas (2 h) une Goniądz y Osowiec-Twierdza (los kayaks se pueden conseguir en el *camping* de Goniądz). El acceso a las rutas de kayak cuesta 6 PLN diarios a los adultos y 3 PLN a estudiantes y niños, a lo que hay que sumar el alquiler (kayaks 1 h/1 día 6/30 PLN).

A pesar de que gran parte de la reserva está cubierta de tierras pantanosas, grandes extensiones se pueden explorar fácilmente a pie o en bicicleta. Las zonas de mayor interés son accesibles mediante unos 250 km de senderos señalizados, incluido uno de 50 km por el Pantanal Rojo. Varios diques, rocas y dunas situados entre las zonas pantanosas permiten acceder a magníficos puntos para el avistamiento de aves.

🛏️ Dónde dormir

Los *campings* y hoteles más cercanos al parque están en Goniądz, Mońki y Rajgród.

LOS TÁRTAROS DE POLONIA

En el s. XIII, muchas zonas del este y el centro de Europa fueron asoladas por hordas de agresivos jinetes mongoles procedentes de Asia central. Estos salvajes guerreros nómadas (conocidos como tártaros) procedían del gran Imperio mongol de Gengis Kan, que en su época de mayor gloria se extendía desde el mar Negro hasta el océano Pacífico. Invadieron Polonia por primera vez en 1241 y arrasaron repetidamente gran parte de Silesia y Małopolska, incluida la ciudad real de Cracovia. Abandonaron Europa tan rápidamente como habían llegado y dejaron un escaso rastro de su presencia, aparte de algunos cuentos populares. Poco después, el Imperio mongol se dividió en varios kanatos (estados) independientes.

A finales del s. XIV, Polonia y Lituania se enfrentaron a una nueva amenaza, la de los Caballeros Teutones, que se estaban expandiendo hacia el sur y el este. Como medida de protección, Lituania (que enseguida firmaría una alianza política con Polonia) empezó a fomentar el asentamiento de inmigrantes en sus terrenos fronterizos poco poblados. Para ello, acogió a refugiados y prisioneros de guerra de los kanatos de Crimea y del Volga, sucesores del antes poderoso estado de la Horda de Oro, gobernado por los herederos de Gengis Kan. Los nuevos pobladores eran tártaros musulmanes.

La implicación militar de los tártaros en Polonia empezó con la batalla de Grunwald de 1410, en la que el rey Władysław II Jagellón derrotó a los Caballeros Teutones; en esta batalla, un pequeño destacamento de jinetes tártaros luchó junto a las fuerzas polaco-lituanas. A partir de entonces, el número de tártaros fue en aumento, al igual que su participación en las luchas de su país de adopción. En el s. XVII, ya disponían de varios cuerpos de caballería que reforzarían las tropas polacas en las numerosas guerras de la época.

En 1683, tras la victoria sobre los turcos en la batalla de Viena, Juan III Sobieski concedió tierras en la zona oriental de Polonia a todos aquellos tártaros que habían luchado bajo la bandera polaca. Los tártaros crearon nuevos asentamientos en esta zona, levantando numerosas mezquitas. De todos aquellos pueblos, solo Kruszyniany y Bohoniki han conservado parte de su herencia tártara, principalmente mezquitas y cementerios.

También hay albergues juveniles en Goniądz, Grajewo, Osowiec-Twierdza y Wizna, aunque solo abren en julio y agosto. En la región hay también unas 70 granjas de agroturismo (habitaciones 40 a 50 PLN); el centro de información del parque facilita detalles, al igual que su web, aunque casi toda la oferta está en polaco.

'Campings' del Parque
Nacional de Biebrza　　　CAMPING €
(☑85 738 3035; www.biebrza.org.pl; por persona 12 PLN) Hay varios *campings* en el parque, y más fuera de sus límites. Los tres mejor ubicados están en Osowiec-Twierdza (a 2 km del centro de información), Grzędy (perfecto para visitar el Pantanal Rojo) y Barwik (cerca del hábitat de la agachadiza real). Los tres son accesibles por carretera y disponen de aparcamiento.

Refugio de caza del Parque
Nacional de Biebrza　　　REFUGIO €
(☑85 738 3035; www.biebrza.org.pl; por persona 35 PLN) El parque tiene este refugio de caza con cinco habitaciones para hasta 16 personas en Grzędy.

❶ Información

La entrada al parque puede abonarse en el **centro de información para visitantes** (☑85 738 3035; www.biebrza.org.pl; Osowiec-Twierdza 8, Goniądz; ⏱8.00-17.00 may-ago, 7.30-15.30 lu-vi sep-abr), en la calle de la estación de trenes Osowiec-Twierdza. El personal habla inglés y estará encantado de informar sobre el parque y sus instalaciones. En el centro facilitan la búsqueda de guías (grupos 35-40 PLN/h), kayaks (1 h/1 día 6/30 PLN) y canoas (1 h/1 día 7/35 PLN). Disponen de mapas y folletos sobre el parque. El mapa a escala 1:100 000 *Biebrzański Park Narodowy* (10 PLN) es de los mejores, con descripciones en varios idiomas de excursiones de medio día o un día entero o descensos en kayak.

❶ Cómo llegar y desplazarse

Osowiec-Twierdza está 50 km al noroeste de Białystok, en la línea ferroviaria entre Białystok (15 PLN, 1 h, 4 diarios) y Ełk (12 PLN, 40 min, 4 diarios). La oficina del parque está a solo 200 m de la **estación de Osowiec** (Osowiec-Twierdza), y en un radio de varios kilómetros hay rutas de senderismo y torres de observación.

Disponer de automóvil es una gran ventaja, pues permite acceder con facilidad a gran parte de las atracciones del parque.

Parque Nacional de Narew

El **Parque Nacional de Narew** (Narwiański Park Narodowy; www.npn.pl; Kurowo 10, Kurowo; adultos/reducida 4/2 PLN) es tan interesante como el de Biebrza, pero no está tan orientado al visitante. Protege un curioso tramo del río Narew, conocido como la "Amazonia polaca", donde el río se subdivide en decenas de canales por un valle de 2 km de ancho, formando una constelación de islotes pantanosos. La mayoría de los 73 km² del parque se compone de ríos, arroyos y marismas, y en gran parte queda fuera del alcance de los visitantes, aunque se puede navegar en kayak por algunos tramos del Narew y sus afluentes. También hay una red de senderos y pistas de tierra y grava que rodean el parque y que se pueden recorrer a pie o en bici.

Las **oficinas del parque** (✆85 718 1417; www.npn.pl; Kurowo 10, Kurowo; kayak 1 h/1 día 5/30 PLN, tienda por persona 6 PLN; ⊙7.30-15.30 lu-vi, 9.00-17.00 sa y do) están situadas en el pueblecito de Kurowo, en el sector noroeste, donde el laberinto de canales es más amplio. Aquí se encontrarán mapas y asesoramiento sobre excursiones. Además, alquilan kayaks y sitio para instalar la tienda. No hay restaurante, así que habrá que llevarse la comida.

Kurowo queda 5 km al sur de Stare Jeżewo, que está 30 km al oeste de Białystok por la transitada ctra. 8 a Varsovia. A Stare Jeżewo llegan muchos autobuses desde Białystok (12 PLN, 30 min, cada hora), pero desde allí hay que caminar 5 km por una pista de tierra hasta Kurowo.

Al parque también se puede acceder por su extremo sur, desde la localidad de Suraż. Aquí se encuentra **Kaylon** (✆502 508 060; www.kaylon.pl; ul Piłsudskiego 3, Suraż; ⊙may-sep), agencia que organiza expediciones de varios días en canoa entre mayo y septiembre. El precio mínimo es de 200 PLN diarios por un guía, de 30 a 40 PLN diarios por el alquiler del kayak, y unos 2 PLN por kilómetro por el transporte.

Kruszyniany y Bohoniki

Estas dos pequeñas localidades, cercanas a la frontera bielorrusa al noreste de Białystok, son famosas por sus antiguas mezquitas de madera, construidas por los tártaros musulmanes a finales del s. XVII y las únicas de esa época que se conservan en Polonia.

Kruszyniany es la mayor de las dos y tiene la mezquita más grande. Su **mezquita** (Meczet w Kruszynianach; ✆502 543 871; www.kruszyniany.com.pl; Kruszyniany; adultos/reducida 5/3 PLN; ⊙9.00-19.00 may-sep, con cita previa oct-abr) verde es una construcción rústica de madera del s. XVIII, con muchos aspectos en común con las antiguas iglesias cristianas. Está en el centro del pueblo, oculta entre una arboleda apartada de la calle principal. Su austero interior, totalmente de madera de pino, incluye dos salas: la más pequeña es para las mujeres, que no pueden entrar en la sala de oraciones principal (a menos que sean turistas); esta última, con el suelo cubierto de alfombras, cuenta con el preceptivo mihrab orientado hacia La Meca. Junto a este está el *minbar,* el púlpito desde el que el imán dice las oraciones. Los textos pintados de las paredes, los *muhirs,* son versos coránicos.

El **'mizar'** (cementerio musulmán) de Kruszyniany se localiza en un bosque a 100 m de la mezquita. Las lápidas más recientes son de tipo cristiano, una clara muestra de la asimilación cultural, y se encuentran en los extremos del cementerio. Adentrándose en el bosque, se pueden observar antiguas lápidas ocultas entre la espesura, algunas con inscripciones en ruso, herencia de la época zarista.

La **mezquita** (Meczet w Bohonikach; www.bohoniki.eu; Bohoniki) de Bohoniki se parece a la de Kruszyniany en lo relativo a decoración y ambiente. El *mizar* Bohoniki está aproximadamente 1 km al norte de la mezquita, al borde de una arboleda; para llegar, hay que caminar hasta el extremo del pueblo y luego girar a la izquierda por un camino de tierra flanqueado de árboles.

🛏 Dónde dormir y comer

Kruszyniany ofrece lugares correctos donde dormir y comer.

Dworek Pod Lipami HOTEL **€**
(✆85 722 7554; www.dworekpodlipami.pl; Kruszyniany 51, Kruszyniany; i/d 65/130 PLN; P🐾🛜) Encantadora casa solariega con cómodas habitaciones y amable personal. Su restaurante sirve platos y bebidas tradicionales tártaras de la región, como *babka ziemniaczana* (pasteles de patata) y *barszcz* (sopa caliente de remolacha).

Tatarska Jurta TÁRTARA €€
(Kruszyniany 58, Kruszyniany; principales 15-
25 PLN; ⏰11.00-18.00) Restaurante que prepara
especialidades tradicionales tártaras y sabrosas tartas caseras. Véase la yurta del patio
trasero.

ℹ Cómo llegar y salir

Kruszyniany y Bohoniki distan 7 km entre sí y
ambos se hallan a unos 50 km de Białystok. La
mejor forma de ir es en automóvil, aunque a
Kruszyniany se llega en autobús desde Białystok
(17 PLN, 1¾ h, 3 diarios).

Parque Nacional de Białowieża

El **Parque Nacional de Białowieża** (Biało-
wieski Park Narodowy; 📞85 681 2295, 85 681 2624;
www.pttk.bialowieza.pl; 20 km al este de Hajnówka;
entrada 12 PLN, guías oficiales 195 PLN, coches de
caballos 162 PLN, bicicletas 25 PLN; 🚌desde Hajnówka o Białystok) fue fundado en 1921 y es el
más antiguo del país. Tiene una superficie
de unos 105 km² y forma parte de un bosque más grande conocido como bosque de
Białowieża (Puszcza Białowieska), que se
extiende entre Polonia y Belarús.

El parque nacional es famoso por dos motivos. El primero es que es la cuna del bisonte europeo, el mayor mamífero terrestre
de Europa. Aunque el bisonte en libertad se
extinguió en 1919, aquí ha sido reintroducido
con éxito. El parque contiene varias reservas
para la cría del bisonte, donde se lo puede
ver en un entorno más o menos natural. En
segundo lugar, gran parte del parque protege
la que se considera mayor extensión de bosque bajo primigenio de Europa, conocido en
polaco como *puszcza*. El uso de la palabra
"primigenio" es motivo de debate, ya que la
interacción del ser humano ha sido inevitable
a lo largo de los milenios, pero gran parte del
parque ha permanecido inalterado durante
siglos, con lo que se ha creado una fascinante mezcla de bosque antiguo y nuevo, con la
consiguiente variedad de fauna y flora.

El parque se divide en tres zonas: una Zona
Estrictamente Protegida *(Obręb Ochronny
Orłówka)* de plantas primigenias a la que
solo se puede acceder bajo la supervisión de
un guía; una zona de protección secundaria
(Obręb Ochronny Hwoźna) que no requiere
guía para su visita y que cuenta con abundantes pistas para hacer excursiones a pie y en

bicicleta; y una serie de pequeñas reservas de
bisontes *(Ośrodek Hodowli Żubrów)*.

El parque debe en gran parte su existencia
a la realeza. Era un coto privado de caza de
los monarcas polacos, y posteriormente de
los zares rusos y, como tal, fue protegido
durante siglos.

Hoy en día Białowieża es un popular destino para los fines de semana de verano. La
gente acude sobre todo para hacer excursiones a pie y en bici y, con un poco de suerte,
ver un bisonte (aparte del de la etiqueta de
las cervezas Żubr).

El punto de partida de las excursiones por
el parque nacional es el pueblo de Białowieża,
85 km al sureste de Białystok. Cuenta con
puntos de información, alojamiento, comida
y agencias de viaje que organizan visitas a
la zona estrictamente protegida. El pueblo
ocupa de forma algo desordenada unos 3 km
del límite sur del parque, en torno al parque del Palacio (Park Pałacowy), de forma
rectangular. La servicial oficina de la PTTK,
donde se pueden concertar guías, y el Hotel
Żubrówka se encuentran en la entrada sur
del parque del Palacio; el centro de información turística del parque nacional está cerca
de la entrada este.

Si se llega en autobús, hay tres paradas en
Białowieża: una a la entrada del pueblo, otra
pasado el Hotel Żubrówka (la más próxima
a la oficina de la PTTK), y otra después de la
oficina de correos (cerca de la puerta este del
parque del Palacio).

🔘 Puntos de interés

Zona Estrictamente Protegida BOSQUE
(Obręb Ochronny Orłówka; www.bpn.com.pl; adul-
tos/niños 6/3 PLN) El sector más antiguo del
Parque Nacional de Białowieża abarca una
superficie de unos 47,5 km², y limita al norte
y al oeste con los pantanosos ríos Hwoźna y
Narewka, y al este con el Parque Nacional de
Belovezhskaya Pushcha, en Belarús.

A esta zona del parque solo está permitido
acceder en compañía de un guía oficial, que
puede contratarse a través de la oficina de
la PTTK (p. 113) o de las diversas agencias
turísticas privadas.

Los guías suelen ofrecer dos tipos de
circuitos. El circuito "estándar", más corto,
dura unas 3 h y cubre unos 8 km. Los precios, aunque varían, rondan los 225 PLN, al
margen del tamaño del grupo (es buena idea
compartir guías con otros viajeros y dividir
los gastos). Un circuito más largo dura unas

6 h, cubre unos 20 km y cuesta alrededor de 450 PLN.

El terreno es principalmente llano, con algunas zonas de humedales y bosques de robles, hojarazos, píceas y pinos. Los árboles más antiguos alcanzan medidas espectaculares, inéditas en otras zonas, p. ej., píceas de 50 m de altura y robles con troncos de 2 m de diámetro, algunos de más de 500 años. La Zona Estrictamente Protegida cobija varios mamíferos también de gran tamaño, como alces, corzos, jabalíes, linces, lobos, castores, y al rey indiscutible del *puszcza*, el bisonte. Entre las más de 120 especies de aves hay búhos, grullas, cigüeñas y nueve tipos de pájaro carpintero.

La reserva se encharca bastante en primavera (mar-abr) y en ocasiones se cierra. Los mosquitos pueden ser un problema en verano, así que conviene cubrirse brazos y piernas y tener a mano el repelente de mosquitos.

Parque del Palacio PARQUE
(Park Pałacowy; www.bpn.com.pl; ⊙24 h) GRATIS
Fue diseñado en el s. XIX en torno a una espléndida residencia construida para el zar ruso, ocupando el lugar de un antiguo pabellón real de caza utilizado por los reyes polacos. La entrada sur, contigua a la oficina de la PTTK, está junto a un estanque y un obelisco de piedra que conmemora una cacería de bisontes liderada por el rey Augusto III de Sajonia en 1752 (el cómputo total de capturas fue de 42 bisontes, 13 alces y 2 corzos).

Desde la entrada este, nada más pasar el centro de información turística del parque, el camino principal sube hasta una puerta de ladrillo rojo que es todo lo que queda del palacio del zar –arrasado por los alemanes en retirada en 1944–. Actualmente el Museo de Historia Natural ocupa el lugar del palacio.

Museo de Historia Natural MUSEO
(Muzeum Przyrodniczo-Leśne; www.bpn.com.pl; Park Pałacowy; adultos/reducida 13/9 PLN; ⊙9.00-16.00 ma-do) Situado en el emplazamiento del antiguo palacio, cuenta con exposiciones relacionadas con la flora y fauna del parque (sobre todo escenas de bosque con animales disecados y una colección de plantas), la historia del parque, y la arqueología y etnografía de la región. La torre de observación ofrece magníficas vistas del pueblo y, al norte, de un robledal de 250 años de antigüedad.

Reserva del Bisonte Europeo RESERVA NATURAL
(Rezerwat Pokazowy Żubra; www.bpn.com.pl; adultos/reducida 9/5 PLN; ⊙9.00-17.00 diario may-sep,

8.00-16.00 ma-do oct-abr) Esta reserva cercada, situada unos 4 km al oeste del parque del Palacio, es el mejor lugar para avistar bisontes. Asimismo alberga otras especies típicas del *puszcza*, como alces, jabalíes, lobos y corzos. También se puede ver al *żubroń*, un cruce de bisonte y vaca que ha conseguido alcanzar un tamaño superior al del propio bisonte, con ejemplares de hasta 1200 kg.

Otra especie endémica de la zona es el *Equus caballus gomelini*, un caballo pequeño y rechoncho con una franja oscura que recorre su lomo desde la cabeza hasta la cola; es el primo polaco del caballo salvaje *(E ferus silvestris)* que antaño habitaba las estepas ucranianas y que se extinguió en el s. XIX.

Para llegar a la reserva en coche, sígase unos 3 km la carretera principal, la nº 689, en dirección a Hajnówka y búsquese el desvío al aparcamiento. A pie, hay que seguir las pistas marcadas en verde o amarillo que nacen en la oficina de la PTTK, o la llamada Żebra Żubra ("Costillas de Bisonte"). También se puede optar por un carro de caballos; más detalles en la oficina de la PTTK (p. 113).

🏃 Actividades

La zona de protección secundaria del parque, que se encuentra en su mayor parte al norte de la Zona Estrictamente Protegida, y el vasto *puszcza*, al oeste y al norte del parque propiamente dicho, no requieren guía y están atravesados por cientos de kilómetros de magníficas pistas señalizadas para senderistas y ciclistas.

Se pueden comprar mapas en la oficina de la PTTK y en el centro de información del Parque Nacional de Białowieża, así como en hoteles y tiendas de Białowieża. El mapa a escala 1:50 000 *Puszcza Białowieska* (16 PLN), de Compass, incluye un plano del pueblo de Białowieża, así como pistas ciclistas y senderistas señalizadas en todo el bosque.

Casi todos los hoteles y pensiones de Białowieża tienen bicicletas para sus clientes. También se puede acudir a **Rent a Bike** (☏660 451 540; ul Olgi Gabiec 11; alquiler de bicicleta 1 h/1 día 5/30 PLN), enfrente del Hotel Żubrówka.

🛏 Dónde dormir

Aparte de los lugares indicados a continuación, la carretera a Białowieża está flanqueada por docenas de carteles que anuncian *pokoje gościnne* (habitaciones) en casas privadas (30 a 40 PLN por persona).

Gawra
PENSIÓN €

(☎85 681 2804; www.gawra.bialowieza.com; ul Polecha 2; i 90-100 PLN, d 90-180 PLN; 🅿🛜) Establecimiento tranquilo y hogareño situado detrás del Hotel Żubrówka, con espaciosas habitaciones de madera que recuerdan a un refugio de caza y ofrecen vistas a un bello jardín. Los dormitorios se reparten en tres secciones distintas, por lo que tamaño y prestaciones varían; algunos hasta tienen chimenea. El desayuno cuesta 18 PLN.

Wejmutka
PENSIÓN €€

(☎85 681 2117; www.wejmutka.pl; ul Kolejowa 1a; i 140 PLN, d 170-300 PLN; 🅿🛜) Laberíntico refugio de caza con un bonito salón comedor y habitaciones limpias y acogedoras. La ubicación es ideal, a un paseo de la oficina de la PTTK y del centro de información del parque nacional. El recibimiento es cálido y el desayuno está por encima de la media.

Pensjonat Unikat
PENSIÓN €€

(☎85 681 2109; www.unikat.bialowieza.pl; ul Waszkiewicza 39; i 120 PLN, d 145-190 PLN; 🅿🛜) Esta pensión construida en madera ofrece habitaciones amplias, limpias y funcionales, y un buen restaurante donde sirven *pierogi* y venado. Es una cómoda opción, unos 400 m al este del centro de información del parque nacional.

★ Hotel Żubrówka
HOTEL €€€

(☎85 682 9400; www.hotel-zubrowka.pl; ul Olgi Gabiec 6; i/d 420/460 PLN, ste 600-1100 PLN; 🅿❄🛜🏊) Es el hotel más lujoso de Białowieża, con un amplio y singular vestíbulo que conduce hasta un bar y un magnífico restaurante donde preparan especialidades regionales. Las habitaciones son cómodas y modernas, y las suites tienen chimenea abierta. Cuenta además con *spa* y sauna, así como con una espectacular piscina.

🍴 Dónde comer

Aparte de los reseñados a continuación, hay buenos restaurantes en los hoteles Unikat y Żubrówka, y en el Museo de Historia Natural.

Pokusa
POLACA €€

(ul Olgi Gabiec 15; principales 22-38 PLN; ⊙11.00-22.00) Este establecimiento, una de las mejores opciones del pueblo, ofrece aceptable cocina polaca, incluido un buen pescado frito. Ocupa un confortable local frente al hotel Żubrówka. Detrás hay un pequeño jardín.

Carska
POLACA €€€

(ul Stacja Towarowa 4; principales 30-90 PLN; ⊙10.00-23.00) Restaurante de exquisito servicio en la que fuera estación ferroviaria privada del zar, 2 km al sureste del centro. Su especialidad son los platos de caza, como el *polędwiczka z dzika* (lomo de jabalí).

ℹ Información

DINERO
Cajero automático (ul Olgi Gabiec 6) Está a la derecha de la entrada del Hotel Żubrówka.

CORREOS
Oficina de correos (ul Parkowa 2; ⊙8.00-17.00 lu-vi) Se encuentra junto a la entrada este del parque del Palacio.

INFORMACIÓN TURÍSTICA
Centro de información del Parque Nacional (Punkt Informacji Turystycznej BPN; ☎85 681 2901; www.bpn.com.pl; Park Pałacowy; ⊙8.30-16.30) Está en una pequeña cabaña de madera junto a la entrada este del parque del Palacio.
Oficina de turismo de la PTTK (☎85 681 2295; www.pttk.bialowieza.pl; ul Kolejowa 17; ⊙8.00-18.00) Está situada en la entrada sur del parque del Palacio; ayuda a conseguir guías y alojamiento.

AGENCIAS DE VIAJES
En las siguientes se pueden contratar guías para visitar la Zona Estrictamente Protegida del parque nacional. El principal operador es la PTTK, que ofrece guías (225 PLN hasta 3 h) y excursiones en *britzka* (coche de caballos) o trineo en invierno (desde 230 PLN/4 personas). Los fines de semana son el mejor momento para apuntarse a circuitos en inglés.
Otras agencias con guías angloparlantes:
Biuro Turystyki Ryś (☎85 681 2249; www.turystyka-rys.pl; ul Krzyże 22)
Puszcza Białowieska (☎601 931 787; bup@tlen.pl)
Pygmy Owl Nature Tours (☎669 774 777; www.bialowiezaforest.net; Park Dyrekcyjny 11)

ℹ Cómo llegar y salir

Llegar y salir en transporte público de este lugar, que es Patrimonio Mundial de la Unesco, es bastante más difícil de lo estrictamente razonable, pero aun así resulta factible. Frecuentes autobuses y microbuses (6 PLN, 30 min, cada 30 min) comunican Białowieża con la localidad de Hajnówka, más grande y dotada de más conexiones. Cada hora salen autobuses desde Hajnówka a Białystok (9 PLN, 1½ h). Para viajar en tren de Hajnówka a Varsovia, hay que tomar uno a Siedlce (22 PLN, 2 h, 2 diarios) y allí otro hasta la capital (26 PLN, 1 h, 4 diarios).

Un autobús diario circula entre Białowieża y Varsovia (44 PLN, 4½ h); sale de Białowieża a las 4.59 (una hora algo intempestiva), y regresa a las 14.50 desde una parada situada junto a la estación de trenes Warszawa Wschodnia. Para viajar directamente de Białowieża a Białystok, hay que tomar un microbús de **VoyagerTrans** (www.voyagertrans.pl; ul Bohaterów Monte Cassino 6) (15 PLN, 2 h, 6 diarios).

En junio del 2015, Belarús comenzó a ofrecer una entrada limitada sin visado al Parque Nacional de Belovezhskaya Pushcha, cruzando desde su lado de la frontera a pie o en bicicleta el paso fronterizo 4 km al sur de Białowieża. Los viajeros independientes deben solicitarla con antelación siguiendo el vínculo "Visa-Free" en la web del parque www.npbp.brest.by.

Este permiso especial posee una validez de tres días y no sustituye al visado que permite seguir viajando por el país. Durante la visita de los autores de esta guía no estaban claros los detalles de cómo poner esto en práctica; se aconseja preguntar en la oficina de la PTTK al llegar a Białowieża. Es posible que las agencias de circuitos o el propio hotel puedan ayudar con los trámites.

REGIÓN DE AUGUSTÓW-SUWAŁKI

El norte de Podlaquia, conocido como Suwalszczyzna, atesora una gran belleza natural, con grandes extensiones de bosques vírgenes y, en su extremo norte, escarpadas colinas y profundos valles. El elemento predominante, sin embargo, es el agua: la región alberga unos 200 lagos, además de los ríos y canales más transitados de todo el país.

Como en el resto de Polonia, la población actual de la región es predominantemente

polaca, aunque durante siglos fue un mosaico de etnias y religiones que también incluía a lituanos, bielorrusos, tártaros, alemanes, judíos y rusos. Todavía pueden encontrarse algunos vestigios de esta mezcolanza cultural, especialmente en los cementerios locales.

Con todo, la región atrae a pocos extranjeros, lo que significa que es el lugar perfecto para evitar las hordas de turistas que en verano llenan los grandes lagos Mazurianos, al oeste.

Augustów

30 000 HAB.

Augustów es una localidad pequeña pero atractiva, a caballo sobre el río Netta, en el punto en que desemboca en el lago Necko. Es la puerta de entrada a la región de Suwałki y, gracias a su proximidad a varias maravillas naturales, se ha convertido en un centro turístico.

La II Guerra Mundial impidió a Augustów conservar su herencia arquitectónica. En 1944, dos meses de batalla provocaron que la localidad cambiara de manos varias veces y acabaron con el 70% de sus edificios. Su historia, sin embargo, se remonta a la época del rey Segismundo II Augusto, que en 1557 la fundó con dicho nombre. A pesar de su estratégica ubicación, no empezó a crecer hasta el s. xix, tras la construcción del canal epónimo. El espaldarazo definitivo llegó con la finalización de la línea ferroviaria Varsovia-San Petersburgo en 1862.

Actualmente, Augustów vive en gran parte de la industria turística, muy dinámica en verano pero casi inexistente en invierno. Téngase en cuenta que en verano es un destino muy popular para los domingueros de Varsovia, así que si se quiere encontrar alojamiento para un fin de semana, conviene reservar con antelación.

◉ Puntos de interés

Museo Regional MUSEO
(Muzeum Ziemi Augustowskiej; ul 29 Listopada 5a; adultos/reducida 3/2 PLN; ☻9.00-16.00 ma-do) Museo que ocupa dos ubicaciones. La colección más interesante, dedicada a la historia del canal de Augustów, se aloja en una sugestiva cabaña de madera del s. xix, a un paseo del muelle de las embarcaciones de recreo. La otra sección, a varias manzanas de la Rynek, cuenta con una pequeña exposición etnográfica (Muzeum Ziemi Augustowskiej, Dział Etnograficzny; ul Hoża 7; adultos/reducida 3/2 PLN; ☻9.00-16.00 ma-do), situada en la planta superior de la biblioteca pública.

EL CANAL DE AUGUSTÓW

Construido en la década de 1820, el canal de Augustów (Kanał Augustowski) es una vía fluvial de 102 km de largo que conecta los ríos Biebrza y Niemen. Uniendo lagos y tramos de ríos con canales artificiales, este pintoresco canal avanza salpicado de antiguas esclusas y compuertas. Aunque ya no se utiliza para el transporte de mercancías, está viviendo una nueva época de esplendor como atracción turística y ruta de kayak.

El canal fue construido por el efímero zarato de Polonia. Su objetivo era dotar al país de una desembocadura alternativa al mar Báltico, ya que el tramo inferior del Vístula estaba en manos de la hostil Prusia. El proyecto tenía el propósito de conectar los afluentes del Vístula con el Niemen y alcanzar el Báltico por el puerto de Ventspils, en Letonia.

El tramo polaco fue diseñado por un ingeniero militar, el general Ignacy Prądzyński, y construido en tan solo siete años (1824-1830), aunque las obras no finalizaron totalmente hasta 1839. Según el proyecto inicial, los rusos se encargarían del tramo entre la ciudad de Kaunas y el río Ventspils en ese mismo período, pero las obras nunca se realizaron.

El canal de Augustów acabó siendo tan solo una vía fluvial regional, aunque contribuyó al desarrollo local. Su recorrido suma 28 km de lagos, 34 km de ríos canalizados y 40 km de canal propiamente dicho. Las 18 esclusas (14 en Polonia) equilibran el desnivel de 55 m de su curso. La historia de la esclusa situada en la propia Augustów fue ajetreada: quedó muy dañada en la II Guerra Mundial, y en 1947 fue reconstruida en un lugar diferente.

Todo el tramo polaco del canal es navegable, aunque los barcos turísticos que parten de Augustów solo llegan al lago Studzieniczne, ya que a partir de allí las esclusas no funcionan. En kayak se puede continuar hasta la frontera bielorrusa.

MAZOVIA Y PODLAQUIA AUGUSTÓW

🏃 Actividades

Augustów es un destino popular. Su situación, con el lago Necko a sus pies, y su terreno llano la convierten en un lugar ideal para pasear en bicicleta. Una de las rutas más familiares y placenteras es la pista de varios kilómetros que sigue el contorno del lago. Casi todos los hoteles ofrecen bicicletas a sus clientes, aunque el viajero también puede dirigirse a **Jan Wojtuszko** (☑604 958 673; www.kajaki.augustow.pl; ul Nadrzeczna 62; por día 25 PLN), empresa familiar que alquila bicicletas y kayaks.

También se puede nadar –aunque la temperatura del agua en verano raramente supera los 20°C– en la playa municipal (Plaża Miejska), al norte del centro, por la orilla sur del lago Necko.

Kayak

El kayak es una de las actividades más populares de Augustów: se pueden pasar un par de horas remando por el lago Necko o apuntarse a una expedición por los lagos y ríos de la región. Muchos operadores locales –entre ellos numerosos hoteles y albergues– ofrecen paquetes de entre un día y dos semanas, dependiendo del estado del río y del operador. Una tercera opción es alquilar un kayak (25-30 PLN/día), y lanzarse por libre.

El río Czarna Hańcza es el principal destino para la práctica del kayak. La ruta más habitual suele partir del lago Wigry y desciende por el río a través del bosque de Augustów hasta el canal de Augustów. El descenso lleva de seis a ocho días, dependiendo de lo rápido que se reme. También hay opciones más cortas.

También se realizan descensos en kayak por el Rospuda (4-6 días) y el Biebrza (7-10 días); algunas empresas ofrecen asimismo excursiones por ríos en la vecina Lituania (7 días).

El centro de información turística dispone de información y folletos sobre diversos operadores. El horario de los reseñados a continuación varía, por lo que se aconseja llamar antes.

PTTK de Augustów   KAYAK
(☑87 643 3455; www.pttk.augustow.pl; ul Nadrzeczna 70a) Es de fácil acceso desde el centro, aunque se ocupa sobre todo de grupos de escolares y sus guías no son tan expertos a la hora de tratar con viajeros independientes.

Szot   KAYAK
(☑87 643 4399; www.szot.pl; ul Konwaliowa 2) Ofrece una excelente variedad de salidas, cortas y largas, y guías que hablan inglés, pero sus oficinas están a 30 min a pie desde el centro.

Travesías en barcos de recreo

Quien no esté interesado en viajar en grandes barcos comerciales puede darse un paseo por ul Rybacka, en la orilla sur del río Netta (que comunica el lago con el canal de Augustów), donde encontrará varias agencias que ofrecen salidas para entre dos y ocho personas a partir de unos 20 PLN por persona.

Żegluga Augustowska   TRAVESÍA EN BARCO
(☑87 643 2881; www.zeglugaaugustowska.pl; ul 29 Listopada 7) De mayo a septiembre, sus embarcaciones de recreo navegan por los lagos cercanos y una sección del canal de Augustów. Los barcos salen más o menos cada hora, entre las 10.00 y las 16.00 en julio y agosto y entre las 10.00 y las 15.00 el resto del verano. Las travesías más cortas (30 PLN, 1 h) recorren el lago Necko y el Białe.

Más interesantes resultan los cruceros más hacia al este, por el sistema de canales; actualmente el más largo llega hasta el lago Studzieniczne (40 PLN, 3 h).

🎇 Fiestas y celebraciones

Verano teatral de Augustów   TEATRO
(🕑jul-ago) Ofrece cine y espectáculos al aire libre.

Campeonato nacional de navegación en todo tipo de embarcaciones   REGATA
(Mistrzostwa Polski w Pływaniu na Byle Czym; 🕑ago) Singular y entretenido evento abierto a embarcaciones caseras, que se disputa en el río Netta.

🛏 Dónde dormir

Hotel Szuflada   HOTEL €€
(☑87 644 6315; www.szuflada.augustow.pl; ul Skorupki 2c; i 140 PLN, d 170-220 PLN; 🛜) Opción de calidad muy próxima a la Rynek, y a poca distancia del lago. Las habitaciones están limpias y son cómodas. En la planta baja, una pequeña pero excelente cafetería sirve el mejor café de la localidad.

Hotel Logos   HOTEL €€
(☑87 643 2021; www.augustow-logos.pl; ul 29 Listopada 9; i/d 140/200 PLN; 🅿🛜) Junto al muelle de las embarcaciones de recreo, es un establecimiento de alto nivel, cuidado y razonable. Destaca sobre todo por los pequeños detalles,

EL PROFUNDO Y OSCURO BOSQUE DE AUGUSTÓW

El bosque de Augustów (Puszcza Augustowska) se extiende al este de Augustów y hasta la frontera lituano-bielorrusa. Con sus 1100 km², es el bosque continuo más grande del país tras el de Bory Dolnośląskie, en la Baja Silesia. Se trata de un vestigio del extenso bosque primigenio que en su día cubrió gran parte del este de Polonia y el sur de Lituania.

El bosque se compone principalmente de pinos y píceas, con especies de hoja caduca como abedules, robles, olmos, limeros y álamos temblones. Alberga una gran variedad de fauna y flora, con castores, jabalíes, ciervos e incluso alces. También hay una buena representación de aves y abundantes peces en sus 55 lagos. Permaneció prácticamente inexplorado hasta el s. XVII, pero actualmente está surcado por carreteras asfaltadas, caminos de tierra y senderos. A pesar de todo, aún se conservan tramos prácticamente vírgenes; si el visitante quiere alejarse de las rutas más turísticas de Polonia, esta gran extensión de naturaleza es el lugar perfecto para hacerlo.

Se puede explorar en parte en transporte privado; hay carreteras que acompañan el curso del canal de Augustów hasta la frontera con Belarús. Muchos de los caminos son aptos para bicicleta o caballo, mientras que a pie se puede llegar a prácticamente cualquier rincón a excepción de los pantanales.

como las cómodas camas y el bajo nivel de ruido, lejos de la transitada calle principal de Augustów. Cuenta con su propio restaurante y una agencia de viajes que ofrece todas las actividades típicas de la región.

Hotel Warszawa HOTEL €€€
(☑87 643 8500; www.hotelwarszawa.pl; ul Zdrojowa 1; i 270-315 PLN, d 385-430 PLN, ste 520-890 PLN; P🅿🛜🏊) Hotel de lujo con las prestaciones de rigor: restaurante, bar, sauna, bicicletas y botes. Las habitaciones son muy confortables y todo el complejo queda discretamente oculto entre los árboles, junto al lago. Obsérvese que el centro queda a unos 2 km, a pie por un camino muy transitado o dando un rodeo por el perímetro del lago, más pintoresco.

🍴 Dónde comer y beber

⭐ **Ogródek Pod Jabłoniami** POLACA €€
(ul Rybacka 3; principales 9-49 PLN; ⏱11.00-23.00) En una localidad donde escasean los buenos restaurantes, este local sirve la mejor comida del lugar. Su principal baza son las carnes a la parrilla, como el filete a la pimienta, el cerdo y el pollo, pero también ofrecen buenas *pizzas* y toda una gama de platos polacos baratos y consistentes. Desde la terraza hay excelentes vistas del lago Necko.

Greek Zorbas GRIEGA €€
(ul Kościelna 4; principales 15-49 PLN; ⏱11.00-23.00; 🛜) En este popular restaurante, que en ocasiones se convierte en club musical, los platos griegos como la *moussaka* comparten espacio con platos polacos y *pizzas*. Es un animado lugar para tomar un tentempié.

Cervecerías al aire libre CERVECERÍAS
(ul Mostowa; ⏱10.00-24.00) En verano es buena idea acudir a estas terrazas semipermanentes, junto al puente del Netta y repartidas a lo largo del río; sirven bebidas y platos económicos en un ambiente festivo.

ℹ Información

Oficina principal de correos (Rynek Zygmunta Augusta 3; ⏱7.00-19.00 lu-vi, 8.00-14.00 sa)
Centro de información turística (Centrum Informacji Turystycznej; ☑87 643 2883; www.augustow.eu; Rynek Zygmunta Augusta 44; ⏱8.00-20.00 lu-vi, 10.00-18.00 sa y do; 🛜) Su personal, amable y servicial, facilita gran cantidad de información sobre la localidad y sus alrededores.

ℹ Cómo llegar y salir

AUTOBÚS

La **estación de autobuses** (Rynek Zygmunta Augusta 19), situada en el lado sur de la Rynek, ofrece servicios casi cada hora a Białystok (20 PLN, 2 h) y Suwałki (9 PLN, 30 min). Hay cinco autobuses directos a Varsovia (38 PLN, 5 h), aunque todos vienen de Suwałki y pueden ir llenos. Otros dos diarios viajan hasta Sejny (12 PLN, 1 h).

TREN

La **estación de trenes** (ul Kolejowa) queda muy alejada del centro; un taxi hasta la Rynek cuesta unos 25 PLN. Cada día parte un tren a Varsovia (60 PLN, 4½ h) vía Białystok, y hay otros dos directos a Białystok (22 PLN, 1½ h), y tres a Suwałki, al norte (10 PLN, 30 min).

Suwałki

69 000 HAB.

Suwałki es la mayor ciudad de la región, pero carece del encanto de Augustów y no está en contacto directo con lagos y ríos. Tampoco tiene una gran infraestructura turística, así que es más un punto de partida para visitar la región, en particular el cercano Parque Nacional de Wigry, que un destino en sí mismo.

Suwałki fue fundada a finales del s. XVII como uno de los pueblos creados por los monjes camaldulenses de Wigry. La pequeña comunidad plurinacional creció poco a poco, y en algunos momentos llegó a contar con judíos, lituanos, tártaros, rusos, alemanes y Antiguos Creyentes, una secta que se escindió de la Iglesia ortodoxa rusa en el s. XVII. Actualmente, en la ciudad se encuentran muy pocos miembros de estos grupos.

◉ Puntos de interés

Cementerio   CEMENTERIO

(ul Zarzecze) Un modo de saborear la antigua mezcla cultural de la ciudad es visitar el gran cementerio, 1 km al oeste de la oficina de turismo. Comprende zonas separadas para fieles de diferentes credos, como católicos, ortodoxos, Antiguos Creyentes y musulmanes.

Se puede iniciar la visita por el minúsculo cementerio musulmán, último vestigio de los tártaros. La puerta, situada a la derecha de ul Zarzecze 12, está cerrada, y las tumbas apenas son reconocibles. La única señal de que es un cementerio musulmán es la media luna grabada en el muro de la entrada.

Unos 30 m más allá, frente a ul Zarzecze 29, está la entrada al cementerio judío, relativamente grande, lo que da idea de la dimensión de esta comunidad en otro tiempo. Fue destruido en la II Guerra Mundial y solo queda un monumento conmemorativo en el centro, hecho con fragmentos de viejas lápidas. La puerta suele estar cerrada, pero se puede pedir la llave en el Ayuntamiento, en ul Mickiewicza 1.

Frente a ul Zarzecze 19 está el cementerio ortodoxo, con una iglesia de madera tras la que se encuentra el cementerio de los Antiguos Creyentes; todo está descuidado. Allí mismo empieza el extenso cementerio católico.

⚡ Actividades

Oficina de la PTTK   KAYAK

(☎87 566 5961; www.suwalki.pttk.pl; ul Kościuszki 37; ⊙8.30-11.00 lu-ma y ju-vi) Gestiona descensos en kayak por el Czarna Hańcza y el Rospuda, y alquila kayaks (35 PLN/día aprox.).

🛏 Dónde dormir y comer

Hotel Logos   HOTEL €

(☎87 566 6900; www.logos-hotel.pl; ul Kościuszki 120; h 150 PLN; P🅿🛜) Céntrico hotel de dos estrellas que ofrece alojamiento básico aunque confortable. Cuenta con un bar-restaurante.

★ Velvet Hotel   HOTEL €€

(☎87 563 5252; www.hotelvelvet.pl; ul Kościuszki 128; i/d 300/350 PLN; P❄🛜) Tan grato como sugiere su nombre, este impresionante hotel de reciente construcción, situado en el extremo norte de ul Kościuszki, ofrece habitaciones elegantes y bien equipadas con decoración actual. Cuenta con *spa,* gimnasio y un buen restaurante.

Klubokawiarnia Poduszka   CAFÉ €

(ul Kościuszki 82; tentempiés 12-15 PLN; ⊙12.00-22.00) Selecta cafetería con una selección de pasteles para tomar con té o café, en un interior con elegante mobiliario de madera. Es un lugar perfecto para merendar.

Restauracja Rozmarino   INTERNACIONAL €€

(ul Kościuszki 75; principales 14-38 PLN; ⊙11.00-23.00) Nunca un local tan pequeño y aprovechado ha resultado tan efectivo. Esta fascinante mezcla de pizzería, piano-bar, galería de arte y restaurante incorpora un jardín de verano de dos niveles con los colores del arcoíris y música en directo. La carta parece un periódico, y la oferta abarca algo más que los típicos platos italianos.

ℹ Información

Oficina de correos (ul Sejneńska 13; ⊙8.00-19.00 lu-vi, hasta 14.00 sa)

Oficina de turismo (☎87 566 2079; www.um.suwalki.pl; ul Hamerszmita 16; ⊙8.00-18.00 lu-vi, 9.00-15.00 sa y do) Con un personal muy servicial, queda una manzana al oeste de ul Kościuszki, en el extremo occidental de Park Konstytucji 3 Maja.

ℹ Cómo llegar y salir

La **estación de trenes** (ul Kolejowa) está 1,5 km al noreste del centro; la **estación de autobuses** (ul Utrata) es más céntrica. Los trenes son prácticos sobre todo en el caso de trayectos largos, y ofrecen tres salidas diarias a Białystok (24 PLN, 2 h) vía Augustów (10 PLN, 30 min), y una a Varsovia (70 PLN, 5 h) que pasa por Białystok.

MERECE LA PENA

EL PRECIOSO PARQUE PAISAJÍSTICO DE SUWAŁKI

A medio camino entre Suwałki y la frontera lituana, el **Parque Paisajístico de Suwałki** (Suwalski Park Krajobrazowy; ☎oficina del parque 87 569 1801; www.spk.org.pl; oficina del parque, Malesowizna-Turtul; ⌚oficina del parque 8.00-19.00 lu-vi, 10.00-17.00 sa jul y ago, 8.00-16.00 lu-vi sep-jun) es un conjunto de lagos inmaculados y escarpadas colinas que bien merece una visita, pese a que el viajero deberá dar un rodeo. Con una extensión de 63 km², gran parte se compone de lagos (26 en total, el 10% de su superficie) y bellos bosques (otro 24%). Es un lugar perfecto para hacer excursiones a pie o en bicicleta.

El pueblo de Smolniki, 20 km al norte de Suwałki, es el mejor punto de partida para visitarlo. En la localidad hay tres miradores estupendos para disfrutar del paisaje. Una de las muchas excursiones posibles consiste en caminar 1 h hacia el oeste hasta el lago Hańcza, el más profundo del país. Es un lugar de gran belleza, con una orilla poco profunda, fondo pedregoso y aguas cristalinas.

Tres autobuses diarios (10 PLN) cubren el trayecto de 35 min entre Suwałki y Smolniki. Para conseguir alojamiento, lo mejor es preguntar en la **oficina de turismo** de Suwałki o contactar con la oficina del parque, en su límite sur.

Una opción de alojamiento algo especial, pero solo factible si se dispone de vehículo propio, dada su remota ubicación, es el **refugio de Jaczno** (☎87 568 3590; www.jaczno.com; Jaczne 3, Jeleniewo; i 235 PLN, d 285-350 PLN, ste 420-510 PLN; P📶), cerca del pueblecito de Udziejek, unos 6 km al sur de Smolniki. Se compone de varios chalés de madera en torno a una granja de piedra restaurada con gusto.

El mapa *Suwalski Park Krajobrazowy* (10 PLN) es perfecto para explorar la región. Incluye todos los senderos marcados, y práctica información turística en inglés al dorso.

Cada hora salen autobuses a Augustów (9 PLN, 45 min), Sejny (12 PLN, 45 min) y Białystok (30 PLN, 2½ h).

Alrededores de Suwałki

Parque Nacional de Wigry

En los límites septentrionales del bosque de Augustów se encuentra el que podría ser el lago más bello de Podlaquia. Con sus 21 km², el **lago Wigry** también es el más grande de la región y uno de los más profundos, de hasta 73 m. Toda la orilla es muy accidentada, con numerosas bahías y penínsulas; también alberga 15 islas. El lago es el elemento más destacado del **Parque Nacional de Wigry** (Wigierski Park Narodowy; www.wigry.win.pl), de reducido tamaño y situado al este de Suwałki, cuyos tupidos bosques y multitud de pequeños lagos atraen a numerosos ciclistas, excursionistas y aficionados al kayak. Está atravesado por el río Czarna Hańcza, que conecta con el canal de Augustów (p. 117) corriente abajo.

Para llegar al parque se recomienda tomar la carretera Suwałki-Sejny, que atraviesa su lado norte. La **oficina central** (☎87 563 2540; www.wigry.win.pl; Krzywe 82, Krzywe; ⌚7.00-16.00 lu-vi, 9.00-16.00 sa y do) se sitúa en esta carretera, en Krzywe, a 5 km de Suwałki.

En todo el parque hay senderos señalizados que conducen a rincones muy remotos. El mapa *Wigierski Park Narodowy* (disponible en las oficinas del parque por 10 PLN) recoge todos los detalles.

Pero el parque no solo ofrece atracciones naturales. En el pueblo de Wigry hay un antiguo **monasterio camaldulense** (Pokamedulski Klasztor; www.wigry.pro; Wigry 11, Wigry), espectacularmente ubicado en una península del lago, y construido por monjes de esta orden obsesionados con la muerte, poco después de ser trasladados a Wigry por el rey Juan II Casimiro Vasa en 1667. El complejo, que también incluye una iglesia y 17 ermitas, se encontraba originalmente en una isla, pero más tarde se unió a la orilla. Actualmente es un hotel y restaurante, perfecto como base para explorar el parque.

Los amantes del tren pueden disfrutar a bordo del **tren de vía estrecha** (Wigierska Kolej Wąskotorowa; www.augustowska.pl; Płociczno Tartak 40, Płociczno; adultos/reducida 25/18 PLN; ⌚13.00 may y sep, 10.00 y 13.00 jun, 10.00, 13.00 y 16.00 jul y ago) que recorre el límite sur del parque desde Płociczno-Tartak hasta Krusznik.

En el recorrido, de unas 2½ h, se atraviesa un denso bosque y se pueden admirar bellas estampas del lago Wigry.

Por su parte, el **Museo de Wigry** (Muzeum Wigier; Stary Folwark 48, Stary Folwark; adultos/reducida 10/5 PLN; ☉10.00-15.00), en el pueblo de Stary Folwark, ofrece exposiciones sobre la fauna y flora del parque y el lago.

El pueblecito de Wigry es quizá el lugar más pintoresco para pasar la noche, y la primera opción debe ser el antiguo monasterio **Pokamedulski Klasztor w Wigrach** (☑87 566 2499; www.wigry.pro; Wigry 11, Wigry; i 100 PLN, d 110-180 PLN, apt 300-400 PLN; ℗🛈). Junto al monasterio hay pensiones más pequeñas. **U Haliny** (☑87 563 7042; Wigry 12, Wigry; h 60 PLN; ℗) es una acogedora casa particular con habitaciones y zona para acampar.

Un servicio regular de autobuses recorre la carretera entre Suwałki y Sejny. Si se desea ir directamente al monasterio, hay que tomar el autobús diario a Wigry, que sale de Suwałki a las 15.45 (1¾ h, 21 PLN).

Sejny

5600 HAB.

Situado 30 km al este de Suwałki, es el último pueblo polaco antes de Ogrodniki (12 km), en la frontera con Lituania. Creció alrededor de un monasterio dominico, fundado en 1602 por unos monjes provenientes de Vilnius. La orden fue expulsada por las autoridades prusianas en 1804 y nunca regresó, pero la altiva silueta de las dos torres de su **iglesia de Santa María** (Bazylika Mniejsza Nawiedzenia NMP; www.sejny.diecezja.elk.pl; Plac Św Agaty 1) aún domina la localidad desde su extremo norte. Data de la década de 1610, pero la fachada fue totalmente restaurada 150 años más tarde en un estilo conocido como barroco de Vilnius. Dentro, los tonos pastel envuelven una armoniosa decoración rococó.

En el extremo sur del pueblo hay una gran sinagoga, construida por la nutrida comunidad judía local en la década de 1880. Durante la ocupación alemana se utilizó como parque de bomberos, y después de la guerra como almacén. Hoy es una galería de arte gestionada por el **Centro de la Frontera** (Ośrodek Pogranicze; ☑87 516 2765; www.pogranicze.sejny. pl; ul Piłsudskiego 37), una fundación dedicada a las artes y la cultura de diversas tradiciones étnicas y religiosas de la región. En verano organiza veladas de música klezmer; el calendario de conciertos suele anunciarse en la puerta de la sinagoga y en su sitio web.

Cada hora parten autobuses de Sejny a Suwałki (12 PLN, 45 min).

Cracovia

761 000 HAB.

Los mejores restaurantes

➡ Ed Red (p. 150)

➡ Glonojad (p. 148)

➡ Sąsiedzi (p. 152)

➡ Marchewka z Groszkiem (p. 151)

➡ ZaKładka Food & Wine (p. 152)

Los mejores sitios para beber

➡ Forum Przestrzenie (p. 155)

➡ Ambasada Śledzia (p. 153)

➡ Café Bunkier (p. 153)

➡ Café Camelot (p. 152)

➡ Cheder (p. 154)

Por qué ir

Cuenta la leyenda que Cracovia se fundó tras la derrota de un dragón, de ahí que sus bonitas calles y plazas exuden esa atmósfera mítica.

El castillo de Wawel es un importante reclamo turístico, pero el casco antiguo reúne iglesias, museos y la vasta Rynek Główny, la mayor plaza de mercado de Europa. En Kazimierz, el antiguo barrio judío, las sinagogas que sobrevivieron reflejan la tragedia del s. xx, del mismo modo que sus animadas plazas y calles secundarias simbolizan la renovación del s. xxi. Aquí y en todo el casco antiguo hay centenares de restaurantes, bares y locales nocturnos.

Sin embargo, queda más de la antigua capital que de historia y vida nocturna. Cuando se pasea por el casco antiguo se percibirá la armonía de sus calles tranquilas y su juego natural de arquitectura y luz. Cracovia es una mezcla de pasado y presente que no puede faltar en cualquier visita a Polonia.

Cuándo ir

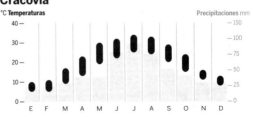

May o jun Al terminar la primavera, la fiesta del Lajkonik hace desfilar un cortejo.

Jul El Festival de la Cultura Judía es lo más destacado del calendario de Kazimierz.

Dic Navidad presencia la competición de los *szopki* (belenes).

Imprescindible

1 Sumergirse en la historia polaca mediante la visita a los diversos museos del señorial **castillo de Wawel** (p. 123).

2 Descubrir las entrañas de la enorme Rynek Główny

con la exposición multimedia **Rynek Underground** (p. 128).

3 Conocer un poco más la historia de la II Guerra Mundial en el magnífico museo de la **fábrica de Schindler** (p. 138).

4 Maravillarse con las asombrosas esculturas de sal de las **minas de Wieliczka** (p. 140).

5 Contemplar la ciudad

desde lo alto del **montículo de Kościuszko** (p. 139).

6 Fascinarse ante los contrastes de la arquitectura de la época comunista de **Nowa Huta** (p. 139).

7 Salir de parranda por los locales nocturnos del palpitante **Kazimierz** (p. 154).

8 Recorrer los monumentos del **casco antiguo** en un circuito en bicicleta (p. 143).

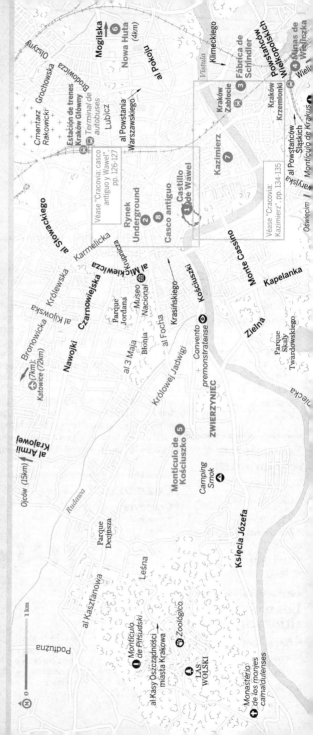

Historia

La antigua capital real de Polonia tiene historia a carretadas. Cracovia se convirtió en la capital del país en el año 1038, pero los tártaros la saquearon y la redujeron a cenizas en 1241. Bajo el liderazgo de Casimiro III el Grande (Kazimierz III Wielki; [1333-1370]), la ciudad volvió a prosperar; símbolo de ello es la fundación de la Universidad Jaguellónica en 1364. El estatus de la ciudad se tambaleó de manera estentórea en 1596, cuando Segismundo III Waza trasladó la capital de Polonia a Varsovia, aunque Cracovia siguió acogiendo las coronaciones y los funerales. En el s. XIX, el Imperio austriaco, que por entonces ocupaba parte de Polonia, integró la ciudad en la provincia de Galitzia.

Tras la I Guerra Mundial, una vez Polonia recuperó su independencia, Cracovia floreció hasta la II Guerra Mundial. La ocupación alemana durante la contienda se tradujo en el asesinato de la élite académica de la ciudad y el exterminio de cientos de miles de ciudadanos judíos durante el Holocausto. El gobierno comunista que siguió a la guerra construyó una enorme planta siderúrgica en Nowa Huta, apenas 10 km al este del casco antiguo, lo que trajo consigo aún más miseria.

Cracovia y en concreto su vecino más célebre, Karol Wojtyła (quien terminaría convirtiéndose en el papa Juan Pablo II y sigue siendo motivo de orgullo para los residentes de la ciudad), desempeñaron un papel muy importante en el movimiento anticomunista de las décadas de 1970 y 1980. Hoy, Cracovia vive de nuevo una época de bonanza: es el principal destino turístico del país y su segunda ciudad más grande.

Puntos de interés

Colina de Wawel

Su cima tiene más historia que cualquier otro lugar del país. Su majestuoso castillo fue trono de reyes durante más de cinco siglos (desde los primeros días del Estado polaco) e, incluso después que el centro del poder se trasladara a Varsovia a finales del s. XVI, conservó buena parte de su poder simbólico. Hoy, la colina de Wawel es guardián de un milenio de historia polaca y uno de los reclamos turísticos más populares del país.

Si se quiere hacer algo más que dar un simple paseo, hay que reservarse un mínimo de 4 h. En verano, lo mejor es llegar pronto para no sufrir las excesivas colas. Las entradas se compran en el centro de visitantes de Wawel (plano pp. 126-127; guías 12 422 1697, información 12 422 5155; www.wawel.krakow.pl; colina de Wawel; 9.00-18.00; 6, 8, 10, 13, 18), que también alberga una tienda de regalos, una oficina de correos y un café. Si se prefiere, las entradas pueden reservarse en línea o por teléfono, como mínimo con un día de antelación. Siempre que sea posible, hay que evitar los fines de semana.

Castillo Real de Wawel CASTILLO

(Zamek Królewski na Wawelu; plano pp. 126-127; centro de visitantes de Wawel 12 422 5155; www.wawel.krakow.pl; colina de Wawel; jardines los puntos de interés se pagan por separado; jardines 6.00-anochecer; 6, 8, 10, 13, 18) Como corazón político y cultural de Polonia hasta el s. XVI, este castillo representa un destacado símbolo de la identidad nacional. Convertido en museo, se compone de cinco secciones independientes (el tesoro de la Corona y la armería; los aposentos reales; los aposentos reales privados; Wawel perdida; y la exposición de arte oriental) a las que se accede con una entrada distinta. De las cinco, los aposentos reales y los aposentos reales privados son las más fascinantes. Aquí también se exhibe la pintura más valiosa de la ciudad, *La dama del armiño*, de Leonardo da Vinci.

El palacio renacentista que se ve hoy data del s. XVI. También se conserva una residencia original, más pequeña, mandada construir por el rey Boleslao I a principios del s. XI. Casimiro III el Grande la convirtió en un formidable castillo gótico, pero cuando se incendió en 1499, Segismundo I el Viejo [1506-1548] encargó la nueva residencia, un palacio de inspiración italiana cuyas obras terminaron al cabo de 30 años. Pese a las ampliaciones y reformas posteriores, la estructura de tres pisos, con su patio porticado a tres bandas, se ha conservado hasta la actualidad.

Saqueado en numerosas ocasiones por los ejércitos sueco y prusiano, los austriacos lo ocuparon en el s. XIX y trataron de convertirlo en un cuartel, para lo cual trasladaron los sepulcros reales a otro lugar. Los planes no llegaron a materializarse del todo, pero sí que transformaron la cocina real y las cocheras reales en un hospital militar y arrasaron dos iglesias. También levantaron un nuevo cinturón de inmensas murallas de ladrillo, que dañó en buena medida las fortificaciones góticas primigenias.

Tras la reincorporación de Cracovia a la restablecida Polonia y después de la I Guerra Mundial, empezaron los trabajos de restauración que el estallido de la II Guerra Mundial interrumpió. Al acabar esta última, se retomaron los trabajos, con lo que se consiguió recuperar buena parte de su aspecto exterior y decoración interior anterior a los austriacos.

➡ *Aposentos reales*

(plano pp. 126-127; adultos/reducida 18/11 PLN; ⊗9.30-13.00 lu, hasta 17.00 ma y vi, hasta 16.00 mi y ju, 11.00-18.00 sa y do) Constituyen la muestra más grande y espectacular del castillo; su entrada se encuentra en el rincón sureste del patio, desde donde se sube a la 2ª planta. A continuación, se atraviesa una retahíla de salas y aposentos restaurados en su estilo original renacentista y barroco temprano, repletos de muebles de época, cuadros, tapices y obras de arte.

Los dos interiores más memorables son los de la 2ª planta. El **salón de los Senadores**, donde se celebraban las sesiones del Senado y los bailes, representaciones teatrales y ceremonias de la corte, posee una magnífica serie de seis tapices de Arrás del s. XVI con la historia de Adán y Eva, la de Caín y Abel y la de Noé (se rotan periódicamente). El **salón de los Diputados** tiene un fabuloso techo artesonado con 30 tallas policromadas de testas humanas que contemplan desde lo alto a los visitantes. Son las que quedan de las 194 cabezas que ilustraban el ciclo de la vida, desde el nacimiento hasta la muerte, cinceladas hacia 1535 por Sebastián Tauerbach. También hay un tapiz con el emblema polaco que data de 1560.

➡ *Aposentos reales privados*

(plano pp. 126-127; adultos/reducida 25/19 PLN; ⊗9.30-17.00 ma-do abr-oct, hasta 16.00 ma-sa nov-mar) Este recorrido ofrece una imagen de cómo vivían antaño los monarcas y sus familias. De las paredes cuelgan multitud de espectaculares tapices antiguos, en su mayoría procedentes del norte de Francia y Flandes. La colección fue recopilada en gran parte por Segismundo II Augusto [1548-1572]. También cabe destacar otras maravillas como la llamada **Pie de Gallina**, la valiosa capilla de Jadwiga en la torre nororiental y los suntuosos muebles de la **sala de la Alquimia** y anexos.

Se visitan con guía, incluido en el precio de la entrada. Cada hora hay como mínimo una visita en inglés.

➡ *Tesoro de la Corona y armería*

(plano pp. 126-127; adultos/reducida 18/11 PLN; ⊗9.30-13.00 lu, hasta 17.00 ma-do abr-oct, hasta 16.00 ma-do nov-mar) Se encuentran en salas abovedadas góticas que se conservan del castillo del s. XIV. La pieza más famosa del tesoro es la Szczerbiec ("espada dentada"), de mediados del s. XIII, que se utilizó en todas las ceremonias de coronación polacas de 1320 en adelante. La armería comprende una colección de antiguas armas de distintas épocas, desde arcos, espadas, lanzas y alabardas de los ss. XV-XVII hasta mosquetes, rifles, pistolas y cañones fabricados con posterioridad.

➡ *Wawel perdida*

(plano pp. 126-127; adultos/reducida 10/7 PLN; ⊗9.30-13.00 lu, hasta 17.00 ma-do abr-oct, hasta 16.00 ma-do nov-mar) Alojada en la antigua cocina real, esta exposición contiene vestigios de la rotonda de San Félix y San Adaucto, de finales del s. X, conocida por ser la primera iglesia del país. Muestra piezas halladas en las excavaciones arqueológicas, entre ellas vistosos azulejos de los fogones del castillo, y maquetas de las anteriores iglesias de Wawel.

➡ *Exposición de arte oriental*

(plano pp. 126-127; adultos/reducida 8/5 PLN; ⊗9.30-17.00 ma-vi, 10.00-17.00 sa y do) Se trata de una colección de banderas y armas turcas del s. XVII, requisadas tras la batalla de Viena y expuestas junto a diversas alfombras persas antiguas, cerámicas chinas y japonesas y otras antigüedades asiáticas.

★**Catedral de Wawel** IGLESIA

(plano pp. 126-127; ☎12 429 9515; www.katedra-wawelska.pl; Wawel 3, colina de Wawel; catedral gratis, entrada combinada criptas, torre del campanario y museo adultos/reducida 12/7 PLN; ⊗9.00-17.00 lu-sa, desde 12.30 do; 🚌6, 8, 10, 13, 18) La catedral real ha sido testigo de numerosas coronaciones y funerales de los monarcas y dictadores de Polonia. Consagrada en 1364, se trata de la tercera iglesia erigida en este emplazamiento. La estructura primigenia, fundada por Boleslao I en el s. XI, fue reemplazada por una construcción románica hacia 1140. Tras un incendio en 1305, solo sobrevivió la cripta de San Leonardo. Entre los puntos más destacados se cuentan la capilla de la Santa Cruz, la capilla de Segismundo, la campana de Segismundo, la cripta de San Leonardo y las criptas reales.

La estructura actual es fundamentalmente gótica, aunque más tarde se le añadieron capillas de diferentes estilos. Antes de entrar hay que fijarse en la maciza puerta de hierro y en los enormes huesos de un animal prehistórico que cuelgan de una cadena a la izquierda. Se dice que tienen poderes mágicos: mientras estén aquí, la catedral seguirá en pie. Los huesos se encontraron in situ a principios del s. xx.

Dentro se abre todo un laberinto de sarcófagos, lápidas y retablos diseminados por las naves, el presbiterio y el deambulatorio.

Entre las numerosas capillas destaca la **capilla de la Santa Cruz** (Kaplica Świętokrzyska), en el ángulo suroeste del templo (a la derecha según se entra). Se distingue por los frescos bizantinos del s. xv y los sarcófagos de mármol rojo (1492) de la esquina, obra de Veit Stoss, el escultor de Nuremberg conocido por los polacos como Wit Stwosz.

Desde la sacristía, 70 escalones suben a la torre donde está la **campana de Segismundo** (Dzwon Zygmunta). Fundida en 1520, mide 2 m de alto por 2,5 m de ancho y pesa 11 toneladas. Es la campana antigua más grande de Polonia; solo el badajo pesa 350 kg. Se necesitan ocho personas fuertes para tañerla, cosa que solo ocurre en las festividades religiosas y eventos estatales más importantes. Merece la pena subir por las vistas.

Desde la nave lateral izquierda, hay que descender hacia la **cripta de San Leonardo,** lo único que queda de la catedral románica del s. xii. Se continúa hacia las **criptas reales** (Groby Królewskie), donde, junto a monarcas como Juan III Sobieski, descansan los restos de numerosos héroes y líderes nacionales, como Tadeusz Kościuszko, Józef Piłsudski y el general de la II Guerra Mundial Władysław Sikorski.

Aún más impresionante es la **capilla de Segismundo** (Kaplica Zygmuntowska), en la nave lateral del muro sur. Se la suele considerar la capilla renacentista más bonita del norte de los Alpes.

Frente a la capilla de Segismundo pero en diagonal está la **tumba** (Sarkofag Św Królowej Jadwigi), de una queridísima y humilde reina del s. xiv cuya modesta indumentaria para su coronación con joyas de madera se expone cerca.

En el centro del templo se alza el **mausoleo de San Estanislao** (Konfesja Św Stanisława), obispo de Cracovia canonizado en 1253 y hoy santo patrón de Polonia. De estilo gótico flamígero, el sarcófago, de plata y con 12 relieves de escenas de su vida, se hizo en Gdańsk entre 1663 y 1691; nótense los grabados que tiene en su interior el ornado baldaquín, 40 años posterior.

Museo de la catedral de Wawel   MUSEO
(plano pp. 126-127; ☑12 429 9515; www.katedra-wawelska.pl; Wawel 3, colina de Wawel; entrada combinada con criptas y torre del campanario adultos/reducida 12/7 PLN; ☉9.00-17.00 lu-sa; 🚌6, 8, 10, 13, 18) En diagonal frente a la catedral se encuentra este tesoro de piezas históricas y religiosas que incluye cantidad de objetos, como platos de iglesia e insignias funerarias reales, pero ni una sola corona, pues los prusianos las robaron en 1795 con la intención de fundirlas.

Cueva del Dragón   CUEVA
(Smocza Jama; plano pp. 126-127; www.wawel.krakow.pl; colina de Wawel; entrada 3 PLN; ☉10.00-18.00 abr-oct; 🚌6, 8, 10, 13, 18) Esta cueva es la antigua madriguera del legendario dragón de Wawel. La entrada está junto a la **torre de los Ladrones** (Baszta Złodziejska), en el borde suroeste del complejo. Desde aquí hay una vista panorámica sobre el río Vístula y los barrios periféricos del oeste.

Primero hay que comprar el billete en una máquina que funciona con monedas, situada a la entrada. Se accede a la cueva bajando 130 escalones, se atraviesan a trompicones los 70 m de su húmedo interior y se sale a orillas del Vístula junto al inconfundible dragón de bronce que escupe fuego, obra del contemporáneo Bronisław Chromy.

◉ Casco antiguo

Curiosamente, las funestas invasiones tártaras del s. xiii fueron un regalo para Cracovia, pues permitieron a la ciudad crear un armónico trazado de calles tras la devastación. Se tardaron casi dos siglos en cercar la ciudad con una muralla defensiva doble de 3 km de longitud, con 47 torres, ocho entradas principales y un amplio foso.

La mayor alteración de esta muralla se produjo a principios del s. xix, cuando se demolieron sus muros y solo se dejó una pequeña sección del norte. El foso se cegó y se trazó el parque Planty, una zona verde en forma de anillo que rodea el casco antiguo y que es uno de los atractivos de la ciudad.

En el casco antiguo hay muchos edificios y monumentos históricos, entre ellos algunos museos y muchas iglesias. Es Patrimonio Mundial de la Unesco desde 1978 y casi todo su recinto es peatonal.

RYNEK GŁÓWNY

Con unas dimensiones de 200 m × 200 m, Rynek Główny es la mayor plaza medieval de Europa y uno de los mejores ejemplos de

Cracovia: casco antiguo y Wawel

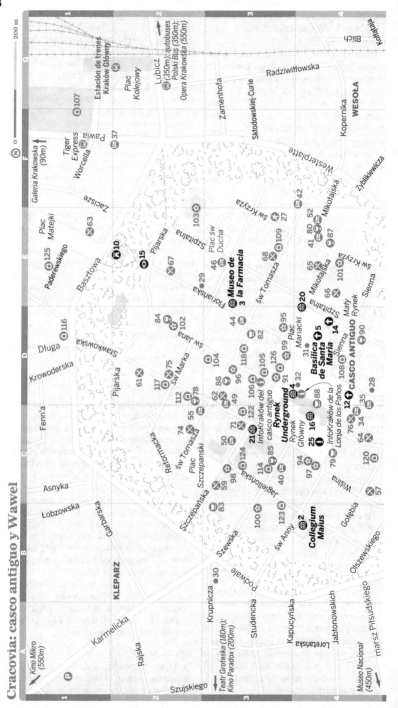

CRACOVIA

KLEPARZ

WESOŁA

CASCO ANTIGUO

Museo de la Farmacia 3

Basílica de Santa María 5

Collegium Maius 2

Estación de trenes Kraków Główny

Galería Krakowska (90m)

Tiger Express

Teatr Groteska (180m); Kino Paradox (200m)

Kino Mikro (550m)

Lubicz (350m); autobuses (350m); Polski Bus (350m); Opera Krakowska (550m)

Museo Nacional (450m)

InfoKraków del casco antiguo

InfoKraków de la Lonja de los Paños

Rynek Underground

Rynek Główny

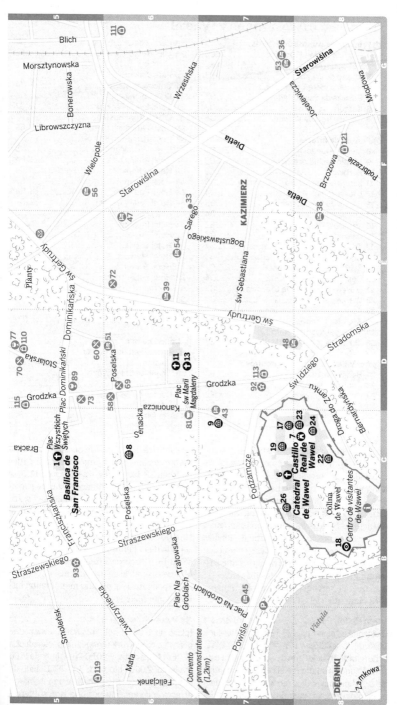

Blich

Morsztynowska

Bonerowska

Librowszczyzna

Wielopole

Starowiślna

Starowiślna

Wrzesińska

Dietla

Dietla

Starowiślna

KAZIMIERZ

Josefińscza

Miodowa

Brzozowa

Podbrzezie

53 36

121

38

56

47

Sarego

33

54

Bogusławskiego

św Sebastiana

św Gertrudy

72

39

św Gertrudy

Planty

św Gertrudy

Dominikańska

Plac Dominikański

Stolarska

77
110
70

60
51

89

Poselska

69

58
73

Senacka

Kanonicza

81

Plac
św Marii
Magdaleny

11
13

9
43

Grodzka

92 113

48

Stradomska

Droga do Zamku

św Idziego

Bernardyńska

115 Grodzka

Bracka

Plac
Wszystkich
Świętych

1

Basilica de
San Francisco

Franciszkańska

8

Poselska

Senacka

Podzamcze

6

19

17

7

23

24

22

Catedral
de Wawel

Castillo
Real de
Wawel

26

Colina
de Wawel

Centro de visitantes
de Wawel

Straszewskiego

Straszewskiego

Zwierzyniecka

Smoleńsk

Mała

Felicjanek

93

Plac Na
Groblach

Trałowska

Plac Na Groblach

45

Powiśle

119

Convento
premonstratense
(1,2km)

18

Wisła

DĘBNIKI

Zamkowa

128

Cracovia: casco antiguo y Wawel

planificación urbana de su estilo. Su trazado de castro romano se diseñó en 1257 y ha sobrevivido hasta hoy, si bien los edificios que la flanquean han cambiado bastante a lo largo de los siglos. Aunque ahora casi todos parezcan neoclásicos, sus fachadas engañan. Las estructuras básicas son mucho más antiguas, tal como se aprecia en las entradas, detalles arquitectónicos e interiores. Merecen especial atención los ladeados contrafuertes que sustentan muchos de los edificios más viejos de la plaza, que servían para añadir un refuerzo a los cimientos del edificio.

Lonja de los Paños   EDIFICIO HISTÓRICO
(Sukiennice; plano pp. 126-127; www.museum. krakow.pl; Rynek Główny 1/3; 🚌1, 6, 8, 13, 18) GRATIS
Señoreando Rynek Główny se encuentra este edificio que en su día fue el centro del comercio textil medieval de Cracovia. Construida a principios del s. XIV, cuando se instaló un teja-

do sobre las dos hileras de puestos, posteriormente se convirtió en una estructura gótica de 108 m de longitud y, tras arder en 1555, se reconstruyó en estilo renacentista; los soportales son una añadidura de finales del s. XIX. La planta baja es hoy un ajetreado centro de comercio de artesanía y recuerdos; la planta superior alberga la recientemente renovada Galería de la Pintura Polaca del s. XIX, donde se exhiben obras de Józef Chełmoński, Jacek Malczewski, Aleksander Gierymski y el máximo exponente de la pintura monumental histórica, Jan Matejko.

★ **Rynek Underground**   MUSEO
(plano pp. 126-127; 📞12 426 5060; www.podzie miarynku.com; Rynek Główny 1; adultos/reducida 19/16 PLN, ma gratis; ⏰10.00-20.00 lu, hasta 20.00 ma, hasta 22.00 mi-do; 🚌1, 6, 8, 13, 18) Debajo de la plaza del mercado se halla esta fascinante atracción compuesta por una ruta subterrá-

nea que discurre por puestos de mercado medievales y otras cámaras olvidadas desde antiguo. Redondea la experiencia un despliegue de hologramas y demás efectos audiovisuales. Las entradas se compran en una oficina situada en la parte oeste de la Lonja de los Paños (Sukiennice 21), donde un panel electrónico muestra los horarios de los circuitos y las entradas disponibles. La entrada a los túneles está en el extremo noreste de la lonja.

⭐ **Basílica de Santa María**　　IGLESIA
(Basílica de la Asunción de la Virgen; plano pp. 126-127; ☏12 422 0737; www.mariacki.com; Plac Mariacki 5, Rynek Główny; adultos/reducida iglesia 10/5 PLN, torre 15/10 PLN; ◷11.30-17.30 lu-sa, 14.00-17.30 do; ☐1, 6, 8, 13, 18) Llamativa iglesia de ladrillo levantada en Rynek Główny y rematada por dos torres de altura dispar. La estructura primigenia se construyó en la década de 1220, y tras su destrucción durante una incursión

tártara, empezaron las obras de la basílica. Su exquisito interior depara un magnífico retablo tallado en madera, y en verano se puede ascender a la torre para disfrutar de excelentes vistas. No hay que perderse el *hejnał,* el toque de corneta que se da cada hora desde la torre más alta.

La entrada principal, bajo un pórtico barroco añadido a la fachada suroeste en la década de 1750, es para uso exclusivo de los fieles, mientras que los turistas deben acceder por una puerta lateral situada al sureste.

El presbiterio está iluminado por soberbias vidrieras datadas de finales del s. XIV; la bóveda de estrella azul de la nave central es formidable. En el lado opuesto de la iglesia, sobre la galería del órgano, hay un precioso vitral *art nouveau* de Stanisław Wyspiański y Józef Mehoffer. Los coloridos murales de Jan Matejko armonizan maravillosamente con la arquitectura medieval y sirven de telón de fondo para el altar mayor, considerado la obra maestra del gótico polaco y, según se dice, la octava maravilla del mundo para Pablo Picasso.

El retablo del altar mayor es un políptico, con un panel central y un par más a cada lado, intrincadamente tallado en madera de tilo, policromado y dorado. Cuando está abierto se ve la escena principal, la Asunción de la Virgen rodeada de los apóstoles. Por fuera exhibe una docena de secciones que describen escenas de la vida de Cristo y la Virgen. El retablo está rematado por la Coronación de la Virgen en el Cielo y flanqueado por las estatuas de san Estanislao y san Adalberto, patronos de Polonia.

Con unos 13 m de alto por 11 m de ancho, el políptico constituye la obra de arte medieval más grande e importante de Polonia. Veit Stoss, su creador, tardó una década en terminar la monumental obra antes de que fuera consagrada en 1489.

El políptico se abre cada día a las 11.50 y se cierra a las 17.30, salvo los sábados, que permanece abierto hasta la primera misa del domingo. Aparte del retablo, no hay que perderse el delicado crucifijo del altar barroco en la cabecera de la nave derecha, también de Veit Stoss; ni el crucifijo, aún más grande, colocado en la mampara que separa el coro de la nave, atribuido a discípulos del maestro.

Iglesia de Santa Bárbara   IGLESIA

(Kościół Św Barbary; plano pp. 126-127; ☑12 428 1500; www.swietabarbara.jezuici.pl; Plac Mariacki; ☉8.00-18.00; 🚌1, 6, 8, 13, 18) Al sur de la Mariacki aguarda esta sombría iglesia del s. XIV sita en la pequeña Plac Mariacki, que fue un cementerio hasta principios del s. XIX. Esta iglesia era la capilla del camposanto donde se enterraba a los fieles polacos durante la Edad Media (la Mariacki era para alemanes). Vale la pena fijarse en la calavera y las tibias cruzadas en la fachada exterior. Al entrar hay una capilla abierta con esculturas en piedra de Cristo y tres apóstoles, atribuida también a la escuela de Stoss.

Museo de Historia de Cracovia   MUSEO

(plano pp. 126-127; ☑12 619 2335; www.mhk.pl; Rynek Główny 35; adultos/reducida 12/8 PLN, sa gratis; ☉10.00-17.30 ma-do; 🚌2, 4, 14, 19, 20, 24) En el rincón norte de la plaza, el palacio Krzysztofory (s. XVII) contiene una colección que incluye *Cyberteka,* una exposición interactiva que esboza la historia de la ciudad desde sus orígenes hasta la I Guerra Mundial. Destacan los relojes antiguos, las armaduras, las pinturas, los célebres *szopki* (belenes) de Cracovia y la indumentaria del Lajkonik.

Iglesia de San Adalberto   IGLESIA

(Kościół Św Wojciecha; plano pp. 126-127; ☑12 422 8352; Plac Mariacki; 🚌1, 6, 8, 13, 18) Esta pequeña iglesia con cúpula está en la esquina sur de la plaza. Es una de las primeras del casco antiguo y data del s. XI. Los cimientos originales se encuentran 2 m bajo tierra. La iglesia estaba cerrada al público en el momento de redactar esta guía y no se había concretado una fecha de reapertura.

Casa de Hipólito   MUSEO

(Kamienica Hipolitów; plano pp. 126-127; ☑12 422 4219; www.mhk.pl; Plac Mariacki 3; adultos/reducida 9/7 PLN, mi gratis; ☉10.00-17.30 mi-do; 🚌3, 10, 19, 24, 52) Junto a la basílica de Santa María, esta dependencia del Museo de Historia de Cracovia atesora recreaciones fidedignas de interiores de casas señoriales del s. XVII a principios del s. XIX.

GUIARSE POR EL OLFATO

Cracovia es una ciudad fantástica para explorar por cuenta propia. Las calles están bien señalizadas, los autobuses y tranvías no ofrecen ninguna dificultad y los lugareños son amables. Es cierto, además, que hay infinidad de lugares interesantes para ver, pero no hay que olvidarse de dedicar algo de tiempo a caminar sin rumbo y hacer descubrimientos independientemente. Si la meteorología acompaña durante la estancia del viajero, una idea fantástica es dar un paseo por el Planty, un tupido cinturón de árboles y bancos que circunda el casco antiguo. Otra opción es caminar junto a la ribera y gozar de las espectaculares vistas del Castillo Real de Wawel. Y si apetece ver la versión más desaliñada de Kazimierz con sus residentes inmersos en su rutina diaria, basta con dirigirse al sur y cruzar el puente hasta la obrera Podgórze. O adentrarse a ciegas en ese fabuloso laberinto de calles y vías de tren que hay más allá del casco antiguo, curiosear en las tiendecitas, sumarse a un partido de *piłka nożna* (fútbol) en un parque o tomar una cerveza en un *piwnica (pub)* local.

LA CORNETA DE CRACOVIA

Cada hora y a la hora del *hejnał* (toque de corneta) se oye el sonido de una trompeta cuatro veces desde la torre más alta de la basílica de Santa María. Convertido en todo un símbolo musical de Cracovia, este toque simple, de tan solo cinco notas, tenía la función de alertar a la población durante la Edad Media. Curiosamente se interrumpe en mitad de una nota. Según la leyenda, este hecho guarda relación con las invasiones tártaras, cuando el guardia de turno, al ver aproximarse a los enemigos, se puso a tocar la corneta y casi al mismo tiempo una flecha le atravesó la garganta. Murió pero logró despertar a la ciudad, que consiguió defenderse, por lo que el toque se mantuvo así en su honor. Ahora lo tocan un puñado de bomberos disfrazados, al menos de la cintura para arriba, y se trasmite a diario a las 12.00 por Radio Polaca.

Torre del Ayuntamiento TORRE
(Wieża Ratuszowa; plano pp. 126-127; Rynek Główny 1; adultos/reducida 7/5 PLN; ☉10.30-18.00 abr-oct; 🚌1, 6, 8, 13, 18) Al suroeste de la Lonja de los Paños, esta alta torre es todo lo que queda del ayuntamiento del s. xv, que fue derribado en la década de 1820. Durante los meses más cálidos se puede subir a la torre de 70 m.

AL NORTE DE LA RYNEK

★**Collegium Maius** EDIFICIO HISTÓRICO
(plano pp. 126-127; 📞12 663 1521; www.maius.uj.edu.pl; ul Jagiellońska 15; adultos/reducida 16/12 PLN; ☉10.00-14.20 lu-vi, hasta 13.20 sa; 🚌2, 13, 18, 20) Construido como parte de la Academia de Cracovia (ahora la Universidad Jaguellónica), es el edificio universitario más antiguo que queda en Polonia y uno de los mejores ejemplos de arquitectura gótica del s. xv de la ciudad. Luce un magnífico **patio** porticado (☉7.00-anochecer) y una fascinante colección universitaria. Solo puede verse en una visita guiada.

Se muestra al visitante media docena de interiores históricos, con curiosos instrumentos astronómicos del s. xvi utilizados por su pupilo más conocido, Copérnico, y algunos de sus manuscritos; también una fascinante sala de alquimia, los antiguos cetros de los rectores y, la joya de la exposición, un globo terráqueo de 1510, el más antiguo que existe, donde figura el continente americano. La impresionante Aula es una sala de original techo renacentista abarrotada de retratos de reyes, benefactores y rectores de la universidad, cinco de los cuales fueron deportados al campo de concentración de Sachsenhausen en 1939. El tesoro tiene un poco de todo, desde copias de los documentos fundacionales de la universidad de 1364 y la mesa de plata martillada de Juan III Sobieski hasta premios cinematográficos concedidos al director Andrzej Wajda, incluido un Oscar.

Las visitas son guiadas. Los circuitos empiezan cada 30 min y todos los días suele haber un par en inglés a las 11.00 y 13.00. En verano se recomienda reservar con antelación, en persona o por teléfono. Al patio se accede gratuitamente. Interesa acercarse a las 9.00, 11.00, 13.00 o 15.00, cuando la réplica del reloj del s. xiv (en el lado sur) da la hora y las figuras de su carrillón se dejan ver.

★**Museo de la Farmacia** MUSEO
(Muzeum Farmacj; plano pp. 126-127; 📞12 421 9279; www.muzeumfarmacji.pl; ul Floriańska 25; adultos/reducida 9/6 PLN; ☉12.00-18.30 ma, 10.00-14.30 mi-do; 🚌2, 4, 14, 19, 20, 24) Este museo de la Escuela Médica de la Universidad Jaguellónica es uno de los más grandes de su especialidad y podría decirse que el mejor. Ubicado en una hermosa casa antigua, que por sí misma justifica la visita, sus 22 000 piezas incluyen material de laboratorio, raros instrumentos farmacéuticos y muchos recipientes de cristal y gres, morteros, tarros, barriles, libros de medicina y documentos. Se han recreado minuciosamente varias farmacias del s. xix y principios del s. xx, incluida una de Lesko. La buhardilla está abarrotada de elixires y panaceas, como ampollas misteriosas o polvo de momia. Recibe gran atención el "gentil justo" Tadeusz Pankiewicz y su Farmacia Bajo el Águila del gueto judío (p. 138), que mantuvo en funcionamiento durante la ocupación alemana.

Muralla de la ciudad LUGAR HISTÓRICO
(Mury Obronne; plano pp. 126-127; 📞12 421 13 61; www.mhk.pl; ul Pijarska; adultos/reducida 8/6 PLN; ☉10.30-18.00 may-oct; 🚌2, 4, 14, 19, 20, 24) Este pequeño museo brinda acceso tanto a la **Puerta de Florián** (Brama Floriańska) como a la **barbacana** (Barbakan), entre los contados vestigios de las fortificaciones medievales de la ciudad. La Puerta de Florián, datada en

el s. xiv, fue en tiempos el principal punto de acceso a la ciudad. La barbicana, un bastión circular adornado con siete torrecillas, se construyó en los albores del s. xvi para ofrecer protección adicional. Antiguamente estaba comunicada con la puerta mediante un estrecho pasaje que discurría por encima de un foso.

AL SUR DE LA RYNEK

⭐ **Basílica de San Francisco**   IGLESIA

(Bazylika Św Franciszka; plano pp. 126-127; ☑12 422 5376; www.franciszkanska.pl; Plac Wszystkich Świętych 5; ⊙10.00-16.00 lu-sa, cerrado do durante la misa; 🚌1, 6, 8, 13, 18) Con sol, una buena idea es acercarse a esta oscura iglesia y admirar el arte de Stanisław Wyspiański en forma de espectaculares vitrales *art nouveau*. La deidad multicolor situada en el presbiterio, sobre la galería del órgano, es una obra maestra. Desde el transepto también se puede entrar al claustro gótico del monasterio franciscano y deleitarse con los fragmentos de frescos del s. xv.

Iglesia de San Pedro y San Pablo   IGLESIA

(plano pp. 126-127; ☑12 350 6365; www.apostolowie. pl; ul Grodzka 52a; ⊙9.00-17.00 ma-sa, 13.30-17.30 do; 🚌6, 8, 10, 13, 18) Los jesuitas levantaron esta iglesia, el primer edificio barroco de Cracovia, después de desembarcar en la ciudad con su doctrina en 1583 para combatir la Reforma. La iglesia tiene planta de cruz latina y está coronada por una gran cúpula con lucernario. El interior es muy sobrio, aparte de la bella decoración de estuco de la bóveda.

Iglesia de San Andrés   IGLESIA

(plano pp. 126-127; ☑12 422 1612; ul Grodzka 54; ⊙8.00-18.00 lu-vi; 🚌6, 8, 10, 13, 18) Esta iglesia es casi milenaria. Construida hacia finales del s. xi, ha conservado buena parte de su austero exterior románico de piedra. Al traspasar sus umbrales todo cambia por completo, pues en el s. xviii su pequeño interior fue sometido a una radical reforma barroca.

Museo Archidiocesano   MUSEO

(Muzeum Archidiecezjalne; plano pp. 126-127; ☑12 421 8963; www.muzeumkra.diecezja.pl; ul Kanonicza 21; adultos/reducida 5/3 PLN; ⊙10.00-16.00 ma-vi, hasta 15.00 sa y do; 🚌6, 8, 10, 13, 18) Colección de esculturas y pinturas religiosas que datan de los ss. xiii-xvi y ocupan una casa señorial del s. xiv. También puede verse la habitación donde Karol Wojtyła (el difunto papa Juan Pablo II) vivió entre 1958 y 1967, en la que no faltan ni sus muebles ni sus pertenencias

(incluidos sus esquíes). Además, hay una colección de los obsequios que recibió.

Museo Arqueológico   MUSEO

(plano pp. 126-127; ☑12 422 7100; www.ma.krakow. pl; ul Poselska 3; adultos/reducida 9/6 PLN, do gratis; ⊙9.00-15.00 lu, mi y vi, 9.00-18.00 ma y ju, 11.00-16.00 do, cerrado sa; 🚌1, 6, 8, 13, 18) Aunque es un buen sitio para culturizarse más acerca de la historia de Małopolska desde el Paleolítico hasta la Edad Media, lo que verdaderamente cautiva de este museo es su colección de piezas del Antiguo Egipto, que incluye tanto momias humanas como de animales. Hay más de 4000 monedas de hierro del s. ix. Los jardines son muy propicios para dar un paseo después de la visita.

AL OESTE DEL CASCO ANTIGUO

Al oeste del casco antiguo, a poca distancia a pie, hay un par de lugares interesantes.

**Centro Manggha de Arte
y Tecnología Japoneses**   MUSEO

(plano pp. 134-135; ☑12 267 2703; www.manggha.pl; ul Konopnickiej 26; adultos/reducida 20/15 PLN, ma gratis; ⊙10.00-18.00 ma-do; 🚌11, 18, 22, 52) Este museo es la creación del director de cine polaco Andrzej Wajda, quien donó la cuantía del premio Kioto, con el que fue galardonado en 1987, con el propósito de financiar un hogar permanente para la amplia colección de arte japonés del Museo Nacional. El grueso de la colección consta de varios miles de piezas reunidas por Feliks Jasieński (1861-1929), un ávido viajero y ensayista conocido como Manggha. El centro queda al otro lado del río desde el casco antiguo.

Museo Nacional   MUSEO

(Muzeum Narodowe w Krakowie; plano p. 122; ☑12 433 5540; www.muzeum.krakow.pl; Al 3 Maja 1; adultos/reducida 28/19 PLN, do gratis; ⊙10.00-18.00 ma-sa, hasta 16.00 do; 🚌20) Tres colecciones permanentes –la Galería de Pintura Polaca del s. xx, la Galería de las Artes Decorativas, y la Galería de Blasones y Colores Nacionales Polacos– ocupan las dependencias principales del Museo Nacional de Cracovia, 500 m al oeste del casco antiguo, por ul Piłsudskiego. Lo más destacado es la galería de pintura, con una extensa colección de artistas patrios que abarca desde 1890 hasta la actualidad; incluye algunas esculturas.

Hay varios vitrales (incluidos los de la catedral de Wawel) de Stanisław Wyspiański, y una impresionante selección de pinturas de Witkacy (Stanisław Ignacy Witkiewicz). Jacek Malczewski y Olga Boznańska también tienen obra expuesta. Entre los artistas de la posguerra representados están Tadeusz Kantor, Jerzy Nowosielski y Władysław Hasior.

Kazimierz

Durante buena parte de su historia temprana, Kazimierz fue una localidad independiente con sus propios fueros y leyes municipales, en la que judíos y cristianos convivían puerta con puerta (véase abajo). Aunque su estructura étnica ahora sea totalmente diferente, la arquitectura da fe de su pasado, con elementos que definen claramente dónde vivía cada comunidad. Ubicado a un corto paseo a pie de la colina de Wawel y del casco antiguo, este barrio periférico en la actualidad desempeña una doble función: aglutina numerosos lugares de interés importantes (p. ej., iglesias, sinagogas y museos) y alberga algunos de los mejores y más animados cafés, locales de ocio y restaurantes de la ciudad.

KAZIMIERZ OCCIDENTAL

Iglesia del Corpus Christi IGLESIA
(Parafia Bożego Ciała w Krakowie; plano pp. 134-135; 12 430 5995; www.bozecialo.net; ul Bożego Ciała 26; 7.00-19.00; 6, 8, 10, 13) En la esquina noreste de Plac Wolnica, fue la primera iglesia de Kazimierz (fundada en 1340) y durante mucho tiempo la iglesia parroquial de la localidad. La decoración interior es casi totalmente barroca, como el enorme altar mayor, la descomunal sillería tallada del coro y un púlpito en forma de barco. Hay que fijarse en la vidriera de comienzos del s. xv del presbiterio y en el crucifijo sobre el coro.

EL AUGE Y CAÍDA (Y AUGE) DE KAZIMIERZ

En 1335, Casimiro III el Grande fundó Kazimierz en la periferia sur de Cracovia. Gracias a los privilegios que le otorgó, la villa creció con rapidez y pronto tuvo su propio ayuntamiento, una plaza del mercado casi tan grande como la de Cracovia y dos enormes iglesias. Se rodeó de una muralla y a finales del s. xiv se convirtió en la ciudad más rica e importante de Małopolska después de Cracovia.

Los primeros judíos se instalaron en Kazimierz poco después de su fundación, pero no fue hasta 1494, momento en que fueron expulsados de intramuros de Cracovia por el rey Jan Olbracht, cuando su población se disparó. Reasentados en la zona prescrita de Kazimierz, al noreste del barrio cristiano, un muro separaba a ambas comunidades.

A partir de entonces, la historia de Kazimierz estuvo salpicada de incendios, inundaciones y plagas, con judíos y cristianos viviendo juntos pero separados. Huyendo de las persecuciones, los judíos procedentes de todos los rincones de Europa llegaron al barrio, que creció con mucha rapidez y poco a poco fue marcando el carácter de la ciudad entera, que acabaría convirtiéndose en el centro judío más importante de Polonia.

A finales del s. xviii, Kazimierz se incorporó administrativamente a Cracovia, y en la década de 1820 se demolieron sus murallas. Cuando estalló la II Guerra Mundial, Kazimierz era un barrio periférico de mayoría judía, con una cultura y un ambiente únicos. Durante la contienda, los alemanes trasladaron a la fuerza a sus residentes judíos a un gueto de acceso restringido en Podgórze, al otro lado del río. Desde allí, los judíos terminaron siendo enviados a campos de trabajos forzados y de concentración donde, posteriormente, serían exterminados por el régimen nazi. En 1939, en la ciudad vivían 65 000 judíos, en su mayoría vecinos de Kazimierz. Solo unos 6000 sobrevivieron a la guerra.

Durante el gobierno comunista, Kazimierz se convirtió en un barrio olvidado de Cracovia. Todo cambió a principios de la década de 1990, cuando Steven Spielberg rodó aquí la película *La lista de Schindler*, lo que sirvió para mostrar al mundo la durísima historia judía.

De hecho, Kazimierz no era el lugar donde se desarrollaba la trama, pues casi todo pasaba en el gueto o cerca del gueto de Podgórze, la fábrica de Oskar Schindler y el campo de exterminio de Płaszów, tres localizaciones que están más al sureste, al otro lado del Vístula. Aunque Kazimierz sea un lugar fascinante, vale la pena cruzar el río hasta el descarnado Podgórze para apreciar mejor toda la historia.

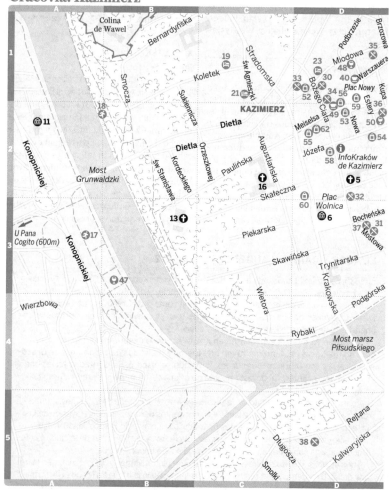

Mapa de Cracovia: Kazimierz

Museo Etnográfico

MUSEO

(Muzeum Etnograficzne; plano pp. 134-135; ☑12 430 5575; www.etnomuzeum.eu; Plac Wolnica 1; adultos/reducida 13/7 PLN, do gratis; ⊙11.00-19.00 ma, mi, vi y sa, hasta 21.00 ju, hasta 15.00 do; ☒6, 8, 10, 13) Este interesante museo ocupa el antiguo ayuntamiento de Kazimierz. Se construyó a finales del s. XIV y después, en el s. XVI, se amplió a conciencia adquiriendo su aspecto renacentista. La exposición permanente presenta los interiores reconstruidos de típicas casas de campo y talleres, trajes folclóricos, muestras artesanales y gremia-

les, extraordinarios belenes, y pinturas y tallas folclóricas y religiosas.

Iglesia Paulina de San Miguel y San Estanislao

IGLESIA

(Skałka Kościół Paulinów Św Michała i Stanisława; plano pp. 134-135; ☑12 619 0900; www.skalka.paulini.pl; ul Skałeczna 15; adultos/reducida 3/2 PLN; ⊙9.00-17.00; ☒6, 8, 10, 13) Esta iglesia de mediados del s. XVIII está asociada al obispo Estanislao (Stanisław) Szczepanowski, santo patrón de Polonia, decapitado en el año 1079 por el rey Boleslao II el Temerario (Bolesław

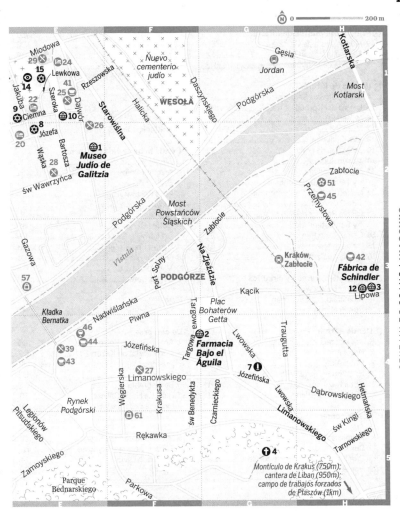

Śmiały). El tronco del árbol donde se llevó a cabo la ejecución se encuentra junto al altar. La cripta contiene las tumbas de una docena de prominentes figuras del mundo de la cultura, como el escritor y poeta ganador del premio Nobel Czesław Miłosz.

Iglesia de Santa Catalina IGLESIA
(Kościół św. Katarzyny; plano pp. 134-135; www.parafia-kazimierz.augustianie.pl; ul Augustiańska 7; ⊙10.00-16.00 lu-vi, 11.00-14.00 sa; 🚌6, 8, 10, 13) Fundada en 1363 y finalizada 35 años más tarde, es una de las iglesias más monumentales de la ciudad y posiblemente la que mejor ha conservado su aspecto gótico original, aunque las torres planificadas nunca llegaron a erigirse. En su amplio y elevado interior encalado destaca el imponente y ricamente dorado altar mayor barroco (1634) y la elaborada sillería del coro.

BARRIO JUDÍO

La parte oriental de Kazimierz se convirtió, con los siglos, en un enclave cultural judío sin parangón en todo el país. Sin embargo, con la II Guerra Mundial y la deportación y el exterminio masivos de los judíos de Cracovia a manos de los ocupantes alemanes,

Cracovia: Kazimierz

el folclore, la vida y el ambiente del barrio resultaron destrozados. Tras la contienda, Kazimierz quedó abandonado, pero en los últimos años ha recuperado algo de su idiosincrasia judía gracias a la inauguración de restaurantes *kosher* con música *klezmer* en directo, junto con museos dedicados a la cultura judía. Milagrosamente siete sinagogas sobrevivieron a la guerra, buena parte de las cuales se pueden visitar.

El centro de la judería es ul Szeroka. Corta y ancha, parece más una plaza alargada que una calle y suele estar llena de autocares y turistas.

★ **Museo Judío de Galitzia**   MUSEO
(plano pp. 134-135; ☏12 421 6842; www.galicia jewishmuseum.org; ul Dajwór 18; adultos/reducida 15/10 PLN; ☺10.00-18.00; 🚌3, 9, 19, 24, 50) Rinde tributo a las víctimas judías del Holocausto y a la antigua región austrohúngara de Galitzia. Presenta una impresionante exposición fotográfica que muestra los vestigios contemporáneos de la otrora próspera comunidad judía del sureste de Polonia llamada *Señales de la memoria,* junto al vídeo testimonial de los supervivientes; además, programa exposiciones temporales con regularidad. El museo también organiza cir-

cuitos guiados por enclaves judíos de Kazimierz. Para más información, contáctese con el museo.

Museo Judío
MUSEO

(antigua sinagoga; plano pp. 134-135; ☎12 422 0962; www.mhk.pl; ul Szeroka 24; adultos/reducida 9/7 PLN, lu gratis; ⊙10.00-14.00 lu, 9.00-17.00 ma-do; 🚌3, 9, 19, 24, 50) Museo que ocupa la antigua sinagoga, del s. xv. La sala de oraciones, dotada de un *bimah* (estrado en el centro donde se lee la Torá) reconstruido y un *aron kodesh* (nicho en el muro oriental donde se guardan los rollos de la Torá) original, acoge una exposición de objetos litúrgicos. En el piso superior hay una exposición de fotografía.

La antigua sinagoga es el primer lugar de culto judío del país. Dañada por un incendio en 1557, fue reconstruida según los cánones renacentistas por el italiano Matteo Gucci. Los nazis la saquearon y destruyeron en parte, pero luego fue restaurada.

Sinagoga Remuh
SINAGOGA

(plano pp. 134-135; ☎12 430 5411; www.remuh. jewish.org.pl; ul Szeroka 40; adultos/reducida 5/2 PLN; ⊙9.00-18.00 do-ju; 🚌3, 9, 19, 24, 50) Cerca del extremo norte de ul Szeroka se halla la sinagoga más pequeña del barrio y una de las dos únicas de la zona donde se oficían

servicios religiosos. Erigida en 1558 por el rico comerciante Israel Isserles, se la relaciona más con su hijo el rabino Moses Isserles, filósofo y erudito.

Cementerio Remuh
CEMENTERIO

(plano pp. 134-135; ☎12 430 5411; ul Szeroka 40; ⊙9.00-18.00 lu-ju; 🚌3, 9, 19, 24, 50) GRATIS Justo detrás de la sinagoga Remuh, este cementerio de mediados del s. xvi cerró a finales del s. xviii cuando se construyó otro más grande. Durante la ocupación, los nazis destrozaron las lápidas, pero en la posguerra las obras de restauración sacaron a la luz unas 700, muchas de ellas notables piezas renacentistas. Tras su meticulosa restauración, este es uno de los cementerios judíos renacentistas mejor conservados de Europa.

Sinagoga de Isaac
SINAGOGA

(Synagoga Izaaka; plano pp. 134-135; ☎12 430 2222; ul Jakuba 25, entrada por Kupa 18; adultos/reducida 10/7 PLN; ⊙9.00-19.00 do-ju, hasta 14.30 vi; 🚌3, 9, 19, 24, 50) Cerca de los límites suroccidentales del cementerio de Remuh se alza la sinagoga más grande de Cracovia. Terminada en 1644, fue devuelta finalmente a la comunidad hebrea en 1989. En el interior se ven los restos de la decoración original, con estucos y pinturas murales. Tras haber sido restaurada

CRACOVIA PUNTOS DE INTERÉS

OSCURIDAD Y LUZ EN EL GUETO

En el Yad Vashem, el Museo de la Memoria del Holocausto de Jerusalén, hay una hilera de árboles llamada Avenida de los Justos entre las Naciones. Los árboles representan a los más de 21 000 gentiles (no judíos) que o salvaron a judíos durante el Holocausto o acudieron en su defensa poniendo en juego su propia vida. Entre los que reciben tal honor está el empresario alemán Oskar Schindler, seguramente el más conocido de los llamados "gentiles justos" gracias al libro *El arca de Schindler* (1982) del escritor Thomas Keneally, que inspiró el guion de la premiada película *La lista de Schindler* (1993) de Steven Spielberg.

Sin embargo, junto al nombre de Schindler también está el de 6000 polacos –casi un tercio del total mundial– igualmente reconocidos. Schindler fue una especie de antihéroe, un usurero entregado a la bebida que al principio solo salvó las vidas de los judíos porque necesitaba mano de obra barata para su fábrica de esmaltes en Podgórze (hoy un museo).

Mucho más altruista fue el farmacéutico Tadeusz Pankiewicz, que engatusando a las autoridades consiguió mantener abierta en el gueto su Farmacia Bajo el Águila (p. 138) hasta la deportación final; dispensó medicinas, a menudo sin cobrar; hizo de correo con el "mundo exterior"; e incluso alguna vez dejó que su establecimiento se utilizara como piso franco.

Sus desgarradoras memorias, *The Cracow Ghetto Pharmacy* (La farmacia del gueto de Cracovia), describen con sumo detalle muchos de estos actos, sin fanfarronadas ni jactándose de ello, y constituyen un relato de primera mano de la efímera y trágica historia del gueto de Cracovia, desde el principio hasta su destrucción. Es el relato sobresaliente de un cracoviano que actuó según los principios más nobles de humanidad durante los días más oscuros de la ciudad.

recientemente, en la actualidad acoge la exposición permanente titulada *En recuerdo de los judíos polacos.*

Alta sinagoga
SINAGOGA

(Synagoga Wysoka; plano pp. 134-135; ☑12 430 6889; www.austeria.eu; ul Józefa 38; adultos/reducida 9/6 PLN; ☺9.30-19.00; ☐3, 9, 19, 24, 50) Construida hacia 1560, es, después de la antigua sinagoga y Remuh, la tercera sinagoga más antigua del país y debe su nombre al hecho de que la sala de oraciones se encuentre en el 1er piso. La planta baja, ocupada a lo largo de los siglos por diferentes comercios, acoge ahora la que quizá sea la mejor librería hebrea de la ciudad, Austeria (p. 159).

◎ Podgórze

Este barrio periférico, algo aburguesado pero todavía obrero en esencia, apenas suscitaría interés entre los viajeros si no fuera por lo que aquí ocurrió durante la II Guerra Mundial. En este preciso lugar fue donde los nazis hacinaron a unos 16 000 judíos en un gueto alrededor de la actual Plac Bohaterów Getta y poco a poco los fueron deportando a campos de concentración, como el de Płaszów, a un corto trayecto en dirección suroeste. La película *La lista de Schindler* recreó de forma escalofriante el gueto y el campo.

Más allá del antiguo gueto, Podgórze es un lugar sorprendentemente verde y con colinas, entre ellas uno de los montículos más misteriosos de Cracovia y una diminuta iglesia cuyos orígenes todavía se desconocen.

★ Fábrica de Schindler
MUSEO

(Fabryka Schindlera; plano pp. 134-135; ☑12 257 0096; www.mhk.pl; ul Lipowa 4; adultos/reducida 21/16 PLN, lu gratis; ☺10.00-16.00 lu, 9.00-20.00 ma-do; ☐3, 9, 19, 24, 50) Este impresionante museo interactivo narra la ocupación nazi de Cracovia durante la II Guerra Mundial. Se encuentra en la antigua fábrica de esmaltes de Oskar Schindler, el famoso empresario nazi que salvó la vida de muchos de los parientes de sus empleados judíos en pleno Holocausto. Las organizadas e innovadoras exposiciones ilustran la historia de la ciudad de 1939 a 1945.

En la oficina principal de correos del casco antiguo hay que tomar cualquier tranvía que baje por ul Starowiślna y apearse en la primera parada después del río, en Plac Bohaterów Getta. Desde allí hay que seguir las señales hacia el este por ul Kącik, por debajo de la línea ferroviaria hasta el museo.

★ Farmacia Bajo el Águila
MUSEO

(Apteka Pod Orłem; plano pp. 134-135; ☑12 656 5625; www.mhk.pl; Plac Bohaterów Getta 18; adultos/reducida 10/8 PLN, lu gratis; ☺9.00-17.00 ma-do, 10.00-14.00 lu; ☐3, 9, 19, 24, 50) En el lado sur de Plac Bohaterów Getta, este museo ocupa una antigua farmacia, que llevaba Tadeusz Pankiewicz (que no era judío) durante la ocupación nazi. Se ha restaurado el interior para recuperar su aspecto original y repasa la historia del gueto y el papel que la propia farmacia desempeñó en el día a día.

Muro del gueto
MONUMENTO

(plano pp. 134-135; ul Lwowska 25-29; ☐3, 9, 19, 24, 50) Al sur de Plac Bohaterów Getta se conservan los restos del muro del gueto judío levantado durante la II Guerra Mundial; una placa indica el emplazamiento exacto.

Museo de Arte Contemporáneo de Cracovia
MUSEO

(MOCAK; plano pp. 134-135; ☑12 263 4000; www.mocak.pl; ul Lipowa 4; adultos/reducida 10/5 PLN, ma gratis; ☺11.00-19.00 ma-do; ☐3, 9, 19, 24, 50) Inaugurado en el 2011, el MOCAK es un moderno edificio de dos plantas que muestra pintura, escultura instalaciones y fotografías de artistas contemporáneos polacos e internacionales. Al estar justo al lado de la fábrica de Schindler, se podrían visitar los dos en un día.

Campo de trabajos forzados de Płaszów
LUGAR HISTÓRICO

(ul Jerozolimska; ☺amanecer-anochecer; ☐3, 6, 13, 23, 24, 50, 69) Más tarde convertido en campo de concentración, los alemanes lo construyeron en la II Guerra Mundial para facilitar el exterminio de la población judía del cercano gueto de Podgórze. En su momento álgido, entre 1943 y 1944, había 25 000 personas encerradas. Hoy en día no queda casi nada, salvo unas cuantas placas. No es fácil de encontrar. Para llegar hay que acceder por ul Jerozolimska (junto a ul Wielicka) o seguir un sendero que discurre hacia el sur desde el montículo de Krakus, pasando junto al borde de la cantera de Liban.

Montículo de Krakus
MONUMENTO

(Kopiec Krakusa; ul Maryewskiego; plano p. 122; ☺amanecer-anochecer; ☐3, 6, 9, 13, 23, 24, 50) Nadie sabe a ciencia cierta los orígenes de este montículo de 16 m de altura que se eleva sobre Podgórze, aunque se dice que fue el lugar de enterramiento del príncipe Krak, fundador de la ciudad. Las excavaciones realizadas en la década de 1930 no lograron confirmar la historia, pero sí hallaron objetos del s. VIII. El misterioso enclave ofrece panorámicas de 360º que alcanzan hasta el casco antiguo, Kazimierz, Nowa Huta y Płaszów.

Iglesia de San Benedicto
IGLESIA

(Kościółek Św Benedykta; plano pp. 134-135; ul Rękawka, Lasota Hill; 🚌3, 6, 9, 13, 23, 24, 50) Ubicada en una boscosa ladera por encima de Podgórze, esta misteriosa pequeña iglesia es una de las más antiguas de Cracovia. Los historiadores no han sabido determinar exactamente su origen, pero según los arqueólogos debió de construirse en el s. XII. Aunque se ha restaurado el interior, la iglesia abre únicamente una vez al año, el primer martes después de Pascua, cuando se celebra el festival de Rękawka.

Cantera de Liban
RUINAS

(ul Za Torem; plano p. 122; ⊘amanecer-anochecer; 🚌3, 6, 9, 13, 23, 24, 50) Esta antigua cantera de caliza fue utilizada por los alemanes como campo de trabajos forzados durante la II Guerra Mundial y luego como recreación del campo de concentración de Płaszów en la película *La lista de Schindler*. Hoy se encuentra abandonada, tomada por la maleza y desprende un aire siniestro, pero es un lugar fascinante para dar un paseo que mueve a reflexión. Se llega siguiendo el camino al sur del montículo de Krakus, o sencillamente adentrándose en el bosque por ul Za.

◎ Afueras de Cracovia

Estos lugares de interés de fuera del centro de Cracovia bien merecen una excursión de medio día o un día entero.

ZWIERZYNIEC

★Montículo de Kościuszko
MONUMENTO

(Kopiec Kościuszki; plano p. 122; ☎12 425 1116; www.kopieckosciuszki.pl; Al Waszyngtona 1; adultos/reducida 12/10 PLN; ⊘9.00-anochecer; 🚌1, 2, 6) Dedicado al héroe militar Tadeusz Kościuszko, fue erigido entre 1820 y 1823, poco después de la muerte de este. En el montículo, de 34 m de altura, se echó tierra de los campos de batalla polacos y estadounidenses en los que combatió Kościuszko. Las vistas de la ciudad son espectaculares. Está en el barrio periférico de Zwierzyniec, casi 3 km al oeste del casco antiguo.

Para entrar, hay que atravesar una capillita neogótica que alberga una exposición de objetos personales relacionados con Kościuszko; además, hay un museo de cera independiente con héroes de todos los tiempos. El gran baluarte de ladrillo al pie del montículo es una fortaleza construida por los austriacos en la década de 1840.

LAS WOLSKI

Al oeste de Zwierzyniec, las 485 Ha del Las Wolski (bosque de Wolski) son la mayor zona boscosa dentro de los límites de la ciudad y punto de encuentro de muchos cracovianos los fines de semana. Se puede pasear entre las tres atracciones principales por caminos forestales.

Montículo de Piłsudski
MONUMENTO

(Kopiec Piłsudskiego w Krakowie; plano p. 122; ⊘24 h; 🚌134) GRATIS Este montículo conmemorativo fue erigido en honor al mariscal Józef Piłsudski tras su muerte en 1935; se formó con tierra procedente de los campos de batalla polacos de la I Guerra Mundial. Las vistas de la ciudad son de órdago. El autobús nº 134, que termina en el zoo, es el medio de transporte público que deja más cerca. También se puede llegar a pie desde el montículo de Kościuszko por un sendero bien señalizado (unas 2½ h.).

Zoológico
ZOO

(Ogród Zoologiczny; plano p. 122; ☎12 425 3551; www.zoo-krakow.pl; Al Kasy Oszczędności Miasta Krakowa 14; adultos/reducida 18/10 PLN; ⊘9.00-18.00; 🚌134) Sus cuidadas 20 Ha dan cobijo a 1500 animales, a destacar un par de elefantes indios, varios hipopótamos pigmeo y un grupo de caballos de Przewalski, una exótica especie equina que antaño erraba por las estepas de Mongolia. En la terminal próxima al Museo Nacional se puede tomar el autobús nº 134 hasta este parque zoológico.

NOWA HUTA

El barrio más nuevo y grande de Cracovia dista unos 10 km al este del centro urbano. Nowa Huta (Nueva Siderurgia) es el resultado del desarrollismo industrial de la posguerra. A principios de la década de 1950 se construyó una acerería gigantesca unos 10 km al este del centro de Cracovia y al lado, una ciudad dormitorio de nuevo cuño para acoger a la mano de obra. La planta siderúrgica aportaba casi la mitad de la producción nacional de hierro y acero, y el barrio se convirtió en una urbanización en la que vivían 200 000 trabajadores. Tras la caída del comunismo, la producción de la fundición disminuyó mucho y ahora es propiedad de la gigantesca industria siderúrgica ArcelorMittal.

La acerería no se puede visitar pero sí el barrio, con sus austeras líneas, propias del socialismo realista (muy chocantes si se viene del casco antiguo). En su día, Nowa Huta estaba considerada como un modelo de trazado urbano de la época comunista, y su simetría arquitectónica desprende un extravagante aire retro que se conserva hasta la actualidad. El tranvía nº 4, que sale de la estación de trenes Kraków Główny, deja en Plac Centralny, la plaza principal del barrio. Desde aquí, lo mejor es caminar entre los grisáceos bloques de viviendas, que siguen en un estado sorprendentemente bueno y aún albergan a miles de familias.

Al margen de este proyecto urbano, la historia de la zona de Nowa Huta se remonta a siglos. Aproximadamente 1 km al este de Nowa Huta se encuentran el extenso monasterio cisterciense y una notable iglesia de madera, del s. xv, aún en pie.

Museo PRL-u   MUSEO
(☎12 446 7821; www.mprl.pl; os Centrum E1; adultos reducida 6/4 PLN; ☺9.00-17.00 lu-vi; ☐4, 10, 16, 21) Abierto en el 2015, repasa la historia y los diferentes aspectos de la vida durante el comunismo en Nowa Huta y en Polonia en general mediante muestras temporales compuestas por objetos de la época. Su marco, el cine Światowid (en estilo socialista realista), es perfecto e incluso hay un búnker en el sótano.

Museo de Nowa Huta   MUSEO
(☎12 425 9775; www.mhk.pl; os Słoneczne 16; adultos/reducida 6/4 PLN, mi gratis; ☺9.30-17.00 ma-do; ☐4, 10, 16, 21) Si bien recuerda más a una entrañable oficina de turismo, posee un pequeño y logrado espacio de exposiciones donde se exhiben muestras rotativas multimedia que exploran la historia y evolución del barrio. Queda dos manzanas al norte de Plac Centralny.

Arka Pana   IGLESIA
(Lord'i Ark; ☎12 644 0624; www.arkapana.pl; ul Obrońców Krzyża 1; ☺9.00-18.00; ☐1, 5) Construida en 1977 tras mucha polémica, la iglesia en estilo retro-contemporáneo de Arka Pana fue la primera en erigirse en Nowa Huta. Las autoridades pretendían que el barrio estuviera libre de iglesias, pero cedieron ante las protestas populares y la mediación del obispo local (Karol Wojtyła, que más tarde se convertiría en papa).

Iglesia de San Bartolomé   IGLESIA
(Kościół Św Bartłomieja; ☎12 644 2331; www.mogila.cystersi.pl; ul Klasztorna 11; ☺10.00-18.00 ju-sa, 12.00-17.00 do; ☐10, 16) La pequeña iglesia de San Bartolomé, con su tejado cubierto de guijarros, data de mediados del s. xv; es el templo de madera con tres naves más antiguo de Polonia. Era una de las escasas dos iglesias a las que podían ir los vecinos de Nowa Huta hasta que se construyó Arka Pana en 1977.

Abadía cisterciense   MONASTERIO
(Opactwo Cystersów; ☎12 644 2331; www.mogila.cystersi.pl; ul Klasztorna 11; ☺9.00-17.00; ☐10, 16) Se compone de una iglesia y un monasterio respaldados por un gran parque ajardinado. Los cistercienses llegaron a Polonia en 1140 y fundaron abadías por todo el país; esta data de 1222. La iglesia tiene un amplio interior de tres naves con una equilibrada mezcla de estilos gótico, renacentista y barroco en su decoración. Destacan la capilla del Cristo Crucificado (en el crucero izquierdo), el políptico del altar mayor y las hermosas vidrieras que hay detrás de este.

WIELICZKA

★Minas de sal
de Wieliczka   MUSEO SUBTERRÁNEO
(☎12 278 7302; www.kopalnia.pl; ul Daniłowicza 10; adultos/reducida 79/64 PLN; ☺7.30-19.30 abr-oct, 8.00-17.00 nov-mar) Unos 14 km al sureste de Cracovia se encuentran estas famosas minas de sal, un fantasmal mundo de pozos y cámaras esculpido íntegramente a mano a partir de bloques de sal. Sus 300 km de túneles están distribuidos en nueve niveles, el más profundo de los cuales desciende hasta los 327 m bajo tierra. Para disfrutar de una experiencia fascinante hay que dirigirse a la sección de la mina abierta al público, compuesta por 22 cámaras comunicadas por galerías a una profundidad de 64-135 m.

Estas minas son famosas por las propiedades conservantes y curativas de su microclima. A 135 m de profundidad hay un sanatorio donde se tratan afecciones alérgicas crónicas en estancias que incluyen tratamientos como pasar una noche allí abajo.

Algunas formaciones de sal se han transformado en capillas con retablos y figuras, mientras que otras lucen estatuas y monumentos. Hay incluso lagos subterráneos. La joya del lugar es la capilla de Santa Kinga (Kaplica Św Kingi), más bien una iglesia (54 m × 18 m de planta y 12 m de altura).

EL MONASTERIO DEL MONTE DE PLATA

Posado en lo alto del monte de Plata y premiado con vistas del Vístula, el **monasterio de los monjes camaldulenses** (Klasztor Kamedułów; plano p. 122; www.kameduli.info; Srebrna Góra, oeste de Cracovia; ☺8.00-11.00 y 15.00-16.30; 🚌1, 2, 6) es un lugar digno de verse, situado en un barrio periférico al oeste del casco antiguo. Los hombres pueden visitar la iglesia y la cripta cualquier día de la semana de 8.00 a 11.00 y de 15.00 a 16.30; las mujeres, en cambio, solo pueden acceder coincidiendo con festividades puntuales, como Semana Santa, el Lunes de Pascua, el segundo y cuarto domingo de julio, el día de la Asunción de la Virgen (15 de agosto) o el día de Navidad.

Perteneciente a la familia benedictina, la orden se caracteriza por sus normas sumamente estrictas y su famoso lema "Memento Mori" ("recuerda que puedes morir") y, además, suscita mucha curiosidad a raíz del ascético estilo de vida de sus miembros. Llegó a Polonia desde Italia en 1603 y con el tiempo fundó una docena de monasterios por todo el país, de los que solo se conservan dos en la actualidad, uno de ellos en Mazuria. Los monjes viven en reclusión y solo tienen contacto unos con otros durante las plegarias; algunos, además, no tienen contacto alguno con el mundo exterior.

Son vegetarianos y comen en soledad en sus eremitorios; al año solo disfrutan de cinco comidas con el resto. Es falso el rumor de que duermen en ataúdes, pero es verdad que conservan las calaveras de sus predecesores ermitaños.

Un largo camino entre muros lleva a la puerta principal, cuyo techo está cubierto de frescos naíf. Una vez dentro del complejo, hay que dirigirse hacia la enorme fachada de piedra caliza de la iglesia del monasterio (50 m de altura y 40 m de ancho). El espacioso interior de su única nave está cubierto por una bóveda de cañón y flanqueado a ambos lados por capillas barrocas. El altar mayor, también barroco, es impresionante.

Bajo el presbiterio se halla una capilla grande dedicada a la oración y, a su derecha, la cripta de los ermitaños. Los cuerpos de los difuntos se meten sin ataúd en nichos que después se sellan. Unas inscripciones en latín indican la edad del difunto y el tiempo que pasó en el eremitorio. Los nichos se abren a los 80 años, para trasladar todos los restos a su lugar de reposo definitivo; es entonces cuando los monjes recuperan las calaveras.

Algunos monjes viven en el edificio aledaño a la iglesia. En el jardín de detrás quedan 14 ermitas todavía habitadas, pero los turistas tienen prohibido el acceso a esa zona. A veces se ve a los ermitaños en la iglesia, con sus túnicas blancas y sus largas y pobladas barbas.

El eremitorio queda 7 km al oeste del centro urbano. Para llegar, hay que tomar los tranvías nº 1, 2 o 6 hasta el final de línea en Salvator y luego continuar a bordo de cualquier autobús que vaya al oeste. Hay que apearse a los pies del Srebrna Góra (monte de Plata) y después caminar 200 m colina arriba hasta la iglesia.

Todo en ella es de sal, desde los candelabros hasta los retablos. Para completar este templo subterráneo (en 1895) se necesitaron 30 años de trabajo de un hombre y luego de su hermano, que extrajeron unas 20 000 toneladas de sal gema. De vez en cuando se celebran misas y conciertos. También destacan el lago salado de la cámara de Eram Barącz, cuyas aguas contienen 320 g de sal por litro, y la cámara de Stanisław Staszic, de 36 m de altura.

Para terminar, la entrada incluye una visita al Museo de la Sal de Cracovia, que se extiende por 14 cámaras del tercer nivel. Desde aquí, un rapidísimo ascensor devuelve a los visitantes a la superficie.

Las visitas, en grupos guiados, duran unas 2 h y se andan aproximadamente 2 km, por lo que se recomienda llevar calzado cómodo. En el interior la temperatura es de 14°C. En julio y agosto los recorridos salen entre las 8.30 y las 18.00 cada 30 min (6-8 diarios el resto del año).

Desde Cracovia salen frecuentes microbuses hacia Wieliczka (3 PLN) de 6.00 a 20.00; las paradas se encuentran a lo largo de ul Pawia, al otro lado de la calle desde el centro comercial Galeria Krakowska, contiguo a la estación de trenes Kraków Główny. Varios operadores, como Cracow City Tours (p. 143), organizan circuitos en autobús a las minas por unos 130 PLN, con entrada incluida.

NOWA HUTA: EL SUEÑO SOCIALISTA CONVERTIDO EN PESADILLA

El régimen comunista de posguerra construyó adrede la acerería de Nowa Huta en Cracovia para administrar una 'sana' inyección obrera como antídoto a las arraigadas tradiciones aristocráticas, culturales y religiosas de la ciudad. Poco importó que en la localidad no hubiera ni metales ni carbón para tratarlos, ni que hubiera que traer desde muy lejos casi todas las materias primas. Tampoco se tuvo en cuenta que la tierra sobre la que se asentaba fuera una de las más fértiles de la región o que la construcción del complejo destruiría pueblos cuya historia se remontaba a la Alta Edad Media.

Quizá no sorprenda que el sueño comunista no se materializara como estaba previsto. En lugar de ser una amenaza para las raíces tradicionales de Cracovia, de hecho se convirtió en una maldición para sus creadores. Las huelgas se sucedieron igual que en cualquier otra parte, lo que sirvió para allanar el camino a la caída final del comunismo. La fundición también causó una catastrófica contaminación medioambiental que amenazó la salud de sus ciudadanos, de su entorno natural y de los monumentos de la ciudad.

Hoy en día Nowa Huta está totalmente anexionada a Cracovia y la acerería funciona con mayores garantías medioambientales. Sin embargo, lo que mejor indica el cambio son los rótulos de las calles de Nowa Huta que ahora se han despojado de los nombres de distinguidos comunistas para pasarse a llamar, entre otros, Papa Juan Pablo II y Ronald Reagan.

🏃 Actividades

Hiflyer Balon Widokowy GLOBO AEROSTÁTICO
(plano pp. 134-135; 📞511 802 202; www.hiflyer. pl; Bulwar Wołyński; adultos/reducida 42/34 PLN; ⏰10.00-20.00 abr-sep; 🚌18, 19, 22) Para disfrutar de unas vistas fabulosas del castillo de Wawel y el casco antiguo, no hay nada como montar en el globo aerostático de Hiflyer, una enorme estructura amarrada junto al río Vístula (cerca del puente Grunwald, al otro lado del río desde Kazimierz), que permite sobrevolar la ciudad a 150 m de altura durante 15 min. En días despejados la vista alcanza hasta los Tatras.

Park Wodny NATACIÓN
(📞12 616 3190; www.parkwodny.pl; ul Dobrego Pasterza 126; por h adultos/reducida lu-vi 23/19 PLN, sa y do 25/22 PLN, todo el día incl. sauna laborables 52/40 PLN, sa-do y festivos 58/45 PLN; ⏰8.00-22.00; 🚌129, 152) La piel del viajero estará arrugada como una pasa para cuando finalmente quiera marcharse de este divertido parque acuático con una enorme oferta de piscinas y deportes acuáticos, 800 m de toboganes, *jacuzzis* de agua salada, saunas y mucho más. Está 2,5 km al noreste del casco antiguo.

Statek Nimfa CRUCERO FLUVIAL
(plano pp. 134-135; 📞505 102 677; www.state kkrakow.com; muelle de Wawel; crucero de 1 h adultos/reducida 25/20 PLN, crucero de 3 h 60/50 PLN; ⏰10.00-18.00; 🚌11, 18, 22, 52) Del muelle a los pies del castillo de Wawel zarpa el *Nimfa,* un barco que surca las aguas del Vístula pasando bajo los seis puentes de la ciudad y junto a lugares de interés como el montículo de Kościuszko, la iglesia Paulina (Skałka) o Plac Bohaterów Getta. La travesía dura 3 h y se llega hasta Tyniec. Resérvese por teléfono o en línea.

👉 Circuitos

Free Walking Tour A PIE
(plano pp. 126-127; 📞513 875 815; www.freewalkingtour. com; 🚌1, 6, 8, 13, 18) Estos circuitos a pie gratuitos por el casco antiguo y Kazimierz están encabezados por guías acreditados que trabajan a cambio de propinas. Salen a diario (may-oct) a las 10.00 y 13.30 desde delante de la basílica de Santa María, en Rynek Główny. Búsquese al guía con el letrero "Free Walking Tour".

Cracow Tours CIRCUITOS
(plano pp. 126-127; 📞reservas 12 430 0726; www. cracowtours.pl; ul Krupnicza 3; circuito por la ciudad 145 PLN; ⏰8.00-16.00 lu-vi; 🚌2, 4, 8, 13, 14, 18, 20, 24) Ofrece un circuito en autobús de 4 h y circuitos a pie por la ciudad. Los circuitos en inglés arrancan a las 9.00 de ul Powiśle 11, que corre en paralelo al río, al noroeste del castillo de Wawel. El precio incluye las entradas a los sitios de interés.

Crazy Guides HISTÓRICOS
(📞500 091 200; www.crazyguides.com) Entretenidos circuitos por los barrios periféricos de

la época comunista, entre ellos uno de 2½ h hasta Nowa Huta (139 PLN) en un Trabant (automóvil que se fabricaba en Alemania del Este) restaurado. Resérvese en línea o por teléfono.

Cool Tour Company
EN BICICLETA

(plano pp. 126-127; ☑12 430 2034; www.krakow biketour.com; ul Grodzka 2; 🚌1, 6, 8, 13, 18) Propone una ruta sobre dos ruedas de 4 h por la ciudad (90 PLN), con dos salidas diarias de mayo a septiembre a las 10.00 y 15.00. Se recorre todo, desde las murallas del casco antiguo y la colina de Wawel hasta la fábrica de Oskar Schindler en Podgórze.

Krak Tour
CIRCUITOS

(☑886 664 999; www.kraktour.pl) No hay mejor manera de recorrer las angostas callejuelas y patios escondidos del casco antiguo y Kazimierz que en estos carritos de golf para cinco pasajeros. El precio de un circuito de 1 h con comentarios pregrabados ronda los 160 PLN por persona. Resérvese por teléfono.

Cracow City Tours
CIRCUITOS

(plano pp. 126-127; ☑12 421 2864; www.cracowci tytours.pl; ul Floriańska 44; circuito por la ciudad adultos/reducida 120/100 PLN; ◷9.30-21.30 may-sep, 10.00-20.00 oct-abr; 🚌2, 4, 14, 19, 20, 24) Ofrece un buen abanico de circuitos por la ciudad a pie o en autobús –incluida una popular salida en autobús de 4 h– y excursiones de mayor duración a las minas de sal de Wieliczka (130 PLN) y al Monumento y Museo Conmemorativo de Auschwitz-Birkenau (130 PLN). Téngase presente que los circuitos en autobús parten de la oficina de la empresa en Plac Matejki 2, al norte de la Puerta de Florián.

Carruajes de caballos
EN CARRUAJE

(plano pp. 126-127; Rynek Główny; 30 min/1 h 150/250 PLN; 🚌1, 6, 8, 13, 18) La manera más romántica de ver Cracovia es en alguno de los carruajes tirados por caballos que aguardan en el flanco norte de Rynek Główny. Se puede elegir la ruta o dejar que el cochero escoja sus rincones favoritos del casco antiguo e incluso de Kazimierz. Hay que acordar el precio antes.

Marco der Pole
CIRCUITO

(plano pp. 126-127; ☑12 430 2117; www.krakow-travel. com; ul Sarego 22; 🚌6, 8, 10, 13, 18) Ofrece una variedad de circuitos a pie y en carritos de golf por el casco antiguo y Kazimierz, además de excursiones de mayor duración por la ciudad y el resto del país. Hay que reservar con antelación a través de su web.

Agencia turística Jarden
PATRIMONIO JUDÍO

(plano pp. 134-135; ☑12 421 7166; www.jarden.pl; ul Szeroka 2; 🚌3, 9, 19, 24, 50) Destaca por sus circuitos de temática judía, entre ellos los de 2 y 3 h a pie por Kazimierz y Podgórze, así como su popular circuito de 2 h en automóvil por localizaciones famosas de *La lista de Schindler*. El precio (40-90 PLN) es por persona y depende del número de participantes.

Cracow Sightseeing Tours
EN AUTOBÚS

(☑795 003 231; www.cracow-redbus.com; 48 h billete adultos/reducida 90/70 PLN) Autobús de dos pisos rojo con paradas libres y salida desde varios puntos de la ciudad. Se puede consultar un plano detallado en su web. El primer servicio sale de ul Grodzka (cerca del castillo de Wawel) a las 9.30.

Bird Service
ECOLÓGICO

(plano pp. 126-127; ☑12 292 1460; www.bird.pl; ul Św Krzyża 17; 🚌3, 10, 19, 24, 52) Esta empresa especializada en circuitos de observación de aves organiza excursiones por el este del país, que incluyen los parques nacionales de Białowieża y Biebrza. También ofrece circuitos de una semana en bicicleta por la ribera del Dunajec, en los Cárpatos, y otros lugares del país. Visítese su web para un listado completo de los circuitos y sus precios.

✨ Fiestas y celebraciones

Cracovia tiene uno de los calendarios festivos más ricos de Polonia. Se puede recabar información en las oficinas de turismo de InfoKraków. Asimismo, la web del Festival de Cracovia (www.krakowfestival.com) publica un práctico listado en inglés.

Festival Internacional de la Canción Marinera
MÚSICA FOLCLÓRICA

(www.shanties.pl; ◷feb) Desde 1981 es un festival que se va consolidando pese a su ubicación interior en Cracovia. Se celebra en febrero.

Días de Bach
MÚSICA CLÁSICA

(www.bach-cantatas.com; ◷mar) A mediados de marzo se presentan fugas barrocas en la Academia de la Música.

Maratón de Cracovia
CARRERAS

(www.zis.krakow.pl; ◷abr) Evento internacional de carreras cada vez más popular (en abr).

Juvenalia
JUVENTUD

(www.juvenalia.krakow.pl; ◷may) En el carnaval estudiantil, los estudiantes reciben las llaves simbólicas de la ciudad y la toman durante

EL EMBLEMÁTICO LAJKONIK: EL PECULIAR JINETE DE CRACOVIA

Entre los curiosos símbolos de la ciudad figura el Lajkonik, un barbudo personaje ataviado con un traje bordado y un gorro de punta, a lomos de un caballito de juguete. Cobra vida el jueves posterior al Corpus Christi (finales de mayo o principios de junio) y encabeza un alegre desfile que arranca en el **convento premonstratense** (plano p. 122; ☑12 427 1318; www.norbertanki.w.krakow.pl; ul Kościuszki 88), en Zwierzyniec, y termina en Rynek Główny, en el casco antiguo.

Aunque no es fácil precisar los orígenes del Lajkonik, una de las versiones lo relaciona con un asedio tártaro de Cracovia en 1287. Unos balseros que habían hecho una incursión fuera de las murallas descubrieron la tienda del kan tártaro y lo mataron junto a sus generales en un ataque por sorpresa. De esta manera, el jefe de los balseros regresó a la ciudad luciendo los ricos ropajes del kan.

El desfile, acompañado de una banda de música, dura unas 6 h, durante las cuales el Lajkonik se arranca a bailar, salta, saluda a los transeúntes, se deja caer en los cafés de camino, recoge donativos y golpea a la gente con su maza, algo que, al parecer, trae buena suerte. Al llegar a la plaza del mercado principal, el alcalde lo recibe y le ofrece un simbólico rescate y una copa de vino.

El traje del Lajkonik y su caballo fueron diseñados por Stanisław Wyspiański; el original está en el Museo de Historia de la Ciudad de Cracovia. En total pesa unos 40 kg, incluido su armazón de madera cubierto de cuero y engarzado con casi un millar de perlas y cuentas de coral.

cuatro días y tres noches. Hay música en directo, baile en la calle, desfiles de disfraces, mascaradas y mucha fiesta. Se celebra en mayo.

Festival de Cine de Cracovia CINE
(www.kff.com.pl; ☺may-jun) Con más de medio siglo de historia, proyecta centenares de películas de varios países a finales de mayo y principios de junio.

Cortejo de Lajkonik FESTIVIDAD HISTÓRICA
(www.mhk.pl; ☺may-jun) Se celebra durante siete días después del Corpus Christi (normalmente en junio pero, a veces, a finales de mayo). Este colorista cortejo está encabezado por el Lajkonik, una figura cómica disfrazada como un tártaro barbudo. Lo organiza el Museo de Historia de la Ciudad de Cracovia.

Festival de la Cultura Judía JUDÍA
(www.jewishfestival.pl) Presenta toda suerte de eventos culturales (teatro, cine, música y exposiciones de arte, entre otros) y concluye con un concierto de música *klezmer* al aire libre en ul Szeroka. Tiene lugar a finales de junio y principios de julio.

Festival Internacional de Teatro Callejero TEATRO
(www.teatrkto.pl; ☺jul) Se celebra en la Rynek, en julio.

Festival de Música en la Antigua Cracovia MÚSICA
(www.capellacracoviensis.pl; ☺jul-ago) El principal acontecimiento musical de la ciudad abarca dos semanas de duración y cinco siglos de tradición, desde la música medieval a la contemporánea. Se celebra en salas, iglesias y otros lugares destacados, por lo general en julio y agosto.

Festival de Verano de Jazz JAZZ
(www.cracjazz.com; ☺jul-ago) Deleita con lo mejor del *jazz* contemporáneo polaco, en julio y agosto.

Festival Internacional de Música de Órgano MÚSICA
(www.dworek.krakow.pl; ☺jul-ago) Recitales de órgano en varias iglesias de la ciudad de julio a agosto.

Feria de los 'Pierogi' COMIDA
(www.biurofestiwalowe.pl; ☺ago) Tres días de fiestas dedicadas a esta contundente empanadilla, que se celebran en Mały Rynek (plaza del Mercado Pequeño) al este de la iglesia de Santa María en agosto.

Sacrum Profanum MÚSICA CLÁSICA
(www.biurofestiwalowe.pl; ☺sep) Festival de música clásica dedicado a los compositores de un país (cada año es un país distinto). Se celebra en septiembre.

Zaduszki Jazz Festival JAZZ
(☻oct-nov) Popular cita musical que tiene lugar en varios escenarios repartidos por la ciudad, a finales de octubre y principios de noviembre.

Concurso de belenes de Cracovia NAVIDAD
(www.szopki.eu; ☻dic) Se celebra el primer jueves de diciembre en la plaza principal, junto a la estatua de Adam Mickiewicz. Los belenes (o *szopki*) son escenas navideñas algo distintas de lo que acostumbra a verse en el resto del mundo: se trata de elaboradas y detalladas composiciones, generalmente en forma de iglesia, construidas a partir de cartón, madera, papel de aluminio y otros materiales.

🛌 Dónde dormir

Cracovia es el principal destino turístico de Polonia y, como tal, cuenta con todo tipo de alojamientos, pero en temporada alta (verano) se recomienda hacer la reserva en los establecimientos más céntricos.

En el casco antiguo los hay para todos los bolsillos. Kazimierz también tiene algunos albergues y hoteles bastante tranquilos. Conviene tener en cuenta que los hoteles más caros tarifan en euros.

Los albergues modernos, equipados para atender las necesidades y expectativas de los mochileros occidentales, están por todas partes. Aunque atiendan a una clientela económica, casi todos tienen también habitaciones privadas de precio medio.

Las habitaciones en casas particulares y los apartamentos son ideales para estancias más largas. Servicios internacionales de alquiler de habitaciones/pisos, como Airbnb (www.airbnb.com), ofrecen multitud de opciones asequibles en Cracovia y sus alrededores. **Hamilton Suites** (☎12 426 5126; www.krakow-apartments.biz; apt 300-600 PLN; 🖥) es una empresa local que gestiona apartamentos para estancias cortas con una buena relación calidad-precio.

Casco antiguo y alrededores

El casco antiguo cuenta con muchas opciones económicas, normalmente albergues luminosos, limpios y modernos con un personal políglota y extras como lavadoras y secadoras. También ofrecen habitaciones privadas de precio medio. Hay algunos hoteles de precio medio a un paso de Rynek Główny y de otros lugares de interés, y no escasean las opciones a precio alto para darse un capricho.

⭐**Mundo Hostel** ALBERGUE €
(plano pp.126-127; ☎12 422 6113; www.mundohostel.eu; ul Sarego 10; dc 60-65 PLN, d 170-190 PLN; @🖥; 🚇6, 8, 10, 13, 18) Atractivo y cuidado albergue, con una tranquila y práctica ubicación entre el casco antiguo y Kazimierz. Cada habitación rinde homenaje a un país distinto; p. ej., la habitación del Tíbet está adornada con vistosas banderas de plegarias. Las barbacoas son la norma en verano. Hay una luminosa y equipadísima cocina a disposición de los viajeros.

Hostel Flamingo ALBERGUE €
(plano pp.126-127; ☎12 422 0000; www.flamingohostel.com; ul Szewska 4; dc 47-65 PLN, d 158 PLN; 🖥; 🚇2, 4, 14, 18, 20, 24) Albergue muy valorado, en una fantástica localización céntrica, a un tiro de piedra de la Rynek. Aparte de los alicientes habituales, incluye desayuno gratuito, un café propio y carácter a carretadas. El alojamiento es en dormitorios de 6 a 12 camas, más varias dobles privadas.

Cracow Hostel ALBERGUE €
(plano pp.126-127; ☎12 429 1106; www.cracowhostel.com; Rynek Główny 18; dc 40-70 PLN, ste 260 PLN; 🖥; 🚇1, 6, 8, 13, 18) La ubicación es la principal baza de este albergue que, por lo demás, quizá no sea el mejor de la ciudad. Está repartido en tres plantas y las habitaciones, con entre 4 y 18 camas, se antojan algo estrechas. Al estar situado por encima de Rynek Główny, su cómodo salón disfruta de unas vistas de primera. También alquila un bonito apartamento a muy buen precio para estar en la zona.

Pink Panther's Hostel ALBERGUE €
(plano pp.126-127; ☎12 422 0935; www.pinkpanthershostel.com; ul Św Tomasza 8/10; dc 50-60 PLN, d 190 PLN; 🖥; 🚇2, 4, 14, 18, 20, 24) Este autodenominado albergue "de fiesta" es una buena apuesta para quienes busquen un lugar a precio moderado y deseen salir de marcha. El alojamiento consiste en sencillos dormitorios con entre 4 y 14 camas, además de unas cuantas dobles privadas. El personal organiza rutas de bares y noches temáticas en la zona común y en la terracita. Está en un 2º piso sin ascensor.

Greg & Tom Hostel ALBERGUE €
(plano pp.126-127; ☎12 422 4100; www.gregtomhostel.com; ul Pawia 12/7; dc 57 PLN, d desde 150 PLN; 🖥) Albergue muy bien gestionado repartido en tres localizaciones separadas, aunque el registro se realiza en la sucursal principal, en

ul Pawia. El personal es simpático, las habitaciones están limpias y el servicio de lavandería está incluido. Los martes y sábados por la noche se sirven platos polacos calientes.

Hostel Centrum Kraków
ALBERGUE €

(plano pp. 126-127; ☑12 429 1157; www.centrum krakow.pl; ul Św Gertrudy 10; dc 50-70 PLN, i/d 100/170 PLN; @⚡; 🚌6, 8, 10, 13, 18) Grande y adusto, está muy bien situado junto al Planty y a unos minutos a pie de la Rynek. Las habitaciones, algo anticuadas y escasamente amuebladas, están limpias y son tranquilas. El desayuno se reduce prácticamente a pan y cereales. Las individuales y dobles privadas salen muy a cuenta.

Hostel Atlantis
ALBERGUE €

(plano pp. 126-127; ☑12 421 0861; www.atlantishos tel.pl; ul Dietla 58; dc desde 35-50 PLN, d/tr 150/ 195 PLN; ⚡; 🚌3, 9, 11, 19, 22, 24, 50, 52) Albergue alegre y cuidado, situado en el límite sur del casco antiguo, a un cómodo paseo tanto de Kazimierz como de la colina de Wawel. Sus dormitorios –de cuatro, seis u ocho camas– se cuentan entre los más económicos de Cracovia.

★ Wielopole
HOTEL €€

(plano pp. 126-127; ☑12 422 1475; www.wielopole.pl; ul Wielopole 3; i/d 260/360 PLN; ✳⚡; 🚌3, 10, 19, 24, 52) Ofrece una selección de luminosos y modernas habitaciones (todas ellas con baños impolutos) en un edificio renovado con un providencial patio en el límite oriental del casco antiguo, a corta distancia a pie de Kazimierz. Sus desayunos impresionan.

U Pana Cogito
HOTEL €€

(☑12 269 7200; www.pcogito.pl; ul Bałuckiego 6; i/d/c 240/290/390 PLN; P✳@⚡; 🚌11, 18, 22, 52) Decorado en tonos blanco y crema, este agradable hotel de 14 habitaciones (todas con grandes baños y nevera) ocupa una encantadora mansión al otro lado del río, al suroeste del centro. Para mayor intimidad, se puede alquilar su apartamento con entrada separada. El hotel tiene su propio restaurante, y al igual que el resto, está decorado en blanco minimalista.

Dom Polonii
HABITACIONES €€

(plano pp. 126-127; ☑12 422 4355; www.wspolnota polska.krakow.pl; Rynek Główny 14; i/d 180/250 PLN, ste 250-350 PLN; 🚌1, 6, 8, 13, 18) Céntrico a más no poder, ofrece dos habitaciones dobles con techos altos y vistas a la Rynek y una suite doble, todas en el 3er piso (sin ascensor). Flaquea en cuanto a mobiliario, pero ofrece una muy

buena relación calidad-precio por estar en la zona, de ahí que convenga reservar con mucha antelación. Sirven un pequeño desayuno de cortesía. Para más detalles, consúltese por teléfono o en línea.

Hotel Pollera
HOTEL €€

(plano pp. 126-127; ☑12 422 1044; www.pollera. com.pl; ul Szpitalna 30; i/d/tr 299/399/480 PLN; P@⚡; 🚌2, 3, 4, 10, 14, 19, 20, 24, 52) Elegante hotel de 1834 con 42 habitaciones grandes repletas de muebles señoriales. Las dobles son mucho más bonitas que las individuales; es céntrico y tranquilo.

Hotel Royal
HOTEL €€

(plano pp. 126-127; ☑12 421 3500; www.hotelewam. pl; ul Św Gertrudy 26-29; i/d desde 249/360 PLN; P@⚡; 🚌6, 8, 10, 13, 18) Aunque valdría la pena modernizarlo un tanto, este enorme e impresionante edificio *art nouveau* sin duda atraerá a los viajeros con gusto por los detalles de época como techos altos, molduras de techo y escaleras de caracol. La localización es excelente, a solo unos minutos a pie de la colina de Wawel. El restaurante del hotel (especializado en cocina tradicional polaca) y el jardín reciben muchas alabanzas.

Hotel Pod Wawelem
HOTEL €€

(plano pp. 126-127; ☑12 426 2626; www.hotelpod wawelem.pl; Plac Na Groblach 22; i 280 PLN, d 380-410 PLN, ste 460 PLN; ✳@⚡; 🚌1, 2, 6) Situado a los pies de Wawel y con vistas al río, este hotel recibe estupendas críticas por su fresco diseño actual y su sensacional bufé de desayuno. Las habitaciones son de dimensiones generosas y asoman al río o al castillo. Las vistas desde el café de la azotea son impresionantes. Eso sí, al resultar difícil aparcar en la zona, no es indicado para quienes viajen con vehículo propio.

Hotel Campanile
HOTEL €€

(plano pp. 126-127; ☑12 424 2600; www.campanile. com.pl; ul Św Tomasza 34; h 369 PLN; ⚡; 🚌3, 10, 19, 24, 52) Este moderno hotel de una cadena francesa ha triunfado al instalarse en el casco antiguo, a escasas manzanas de la Rynek. Las habitaciones, atractivas y luminosas, presentan una decoración empresarial poco memorable, pero aun así salen muy a cuenta gracias a su calidad y ubicación. El desayuno cuesta 35 PLN adicionales.

Hotel Saski
HOTEL €€

(plano pp. 126-127; ☑12 421 4222; www.hotelsaski. com.pl; ul Sławkowska 3; i/d 295/395 PLN; @⚡; 🚌2, 4, 14, 19, 20, 24) Si apetece un toque *belle époque* al estilo centroeuropeo pero sin que cause estragos en la cartera, este majestuoso y vetusto establecimiento ocupa una mansión histórica a un paso de Rynek Główny. El portero uniformado, el centenario ascensor y los muebles ornamentados le confieren un cierto *glamour* y, aunque las habitaciones resulten en comparación sencillas, casi todas tienen cuartos de baño modernos.

★**Hotel Pugetów** HOTEL-BOUTIQUE €€€
(plano pp. 126-127; ☑12 432 4950; www.donimirski. com; ul Starowiślna 15a; i/d 290/500 PLN; P❄🖭; ☐1, 3, 19, 24, 52) Con apenas siete habitaciones con nombres e identidades distintos, este encantador hotel-*boutique* se yergue orgulloso junto a un palacio epónimo neorrenacentista. Redondean la oferta albornoces bordados, baños de mármol negro y una fabulosa sala de desayunos en el sótano.

Hotel Pod Różą HOTEL €€€
(plano pp. 126-127; ☑12 424 3300; www.podroza. hotel.com.pl; ul Floriańska 14; i 650 PLN, d 650-720 PLN; ❄@🖭) Con sus antigüedades, alfombras orientales y un precioso restaurante en el patio acristalado, este hotel ha visto nacer y morir el comunismo. Hay instalaciones y servicios a la última. El desayuno sale por 50 PLN adicionales.

Hotel Wit Stwosz HOTEL €€€
(plano pp. 126-127; ☑12 429 6026; www.wit-stwosz. com.pl; ul Mikołajska 28; i/d 330/420 PLN; @🖭; ☐3, 10, 19, 24, 52) Alojado en una casa señorial renovada del s. XIV, en una serena ubicación al este de la Rynek, sus orígenes medievales quedan atestiguados por sus techos altos y grandes ventanales, aunque las habitaciones en sí se han sometido a una reforma moderna, más aséptica. El solícito personal puede organizar excursiones de un día. El variado bufé de desayuno se elabora a partir de productos frescos.

Hotel Amadeus HOTEL €€€
(plano pp. 126-127; ☑12 429 6070; www.hotel-ama deus.pl; ul Mikołajska 20; i/d 540/620 PLN; @🖭; ☐3, 10, 19, 24, 52) Con un toque *mozartiano*, es uno de los hoteles más refinados de la ciudad. Si bien sus 22 habitaciones no son grandes, están dispuestas con gusto y el servicio es de categoría. Tiene sauna, un pequeño gimnasio y un restaurante-*gourmet* de nivel. Hay que fijarse en las fotos de los huéspedes ilustres del vestíbulo.

Hotel Stary HOTEL €€€
(plano pp. 126-127; ☑12 384 0808; www.stary.hotel. com.pl; ul Szczepańska 5; i/d 800/900 PLN; ❄🖭🏊; ☐2, 4, 14, 18, 20, 24) Hotel de categoría alberga-do en una residencia aristocrática del s. XVIII que irradia encanto. Salvo el edificio que ocupa (y el nombre), esta elegante propuesta no tiene nada de "viejo". Las telas son todas naturales, los cuartos de baño son de mármol italiano y el servicio de internet es rápido.

Hotel Copernicus HOTEL €€€
(plano pp. 126-127; ☑12 424 3400; www.hotel.com. pl/copernicus/; ul Kanonicza 16; i 800 PLN, d 900-980 PLN; ❄🖭🏊; ☐6, 8, 10, 13, 18) Acomodado en dos edificios exquisitamente restaurados en una de las calles más pintorescas de la ciudad, es uno de los hoteles más bonitos y lujosos de Cracovia. La terraza de la azotea, con vistas espectaculares de Wawel, y la piscina, ubicada en un abovedado sótano medieval de ladrillo, le añaden, si cabe, más encanto.

Hotel Wawel HOTEL €€€
(plano pp. 126-127; ☑12 424 1300; www.hotelwawel. pl; ul Poselska 22; i/d 340/480 PLN; ❄🖭; ☐1, 2, 6) Magníficamente ubicado junto a la céntrica ul Grodzka, ofrece habitaciones grandes, cómodas y atractivas, lo bastante apartadas de la calle principal del casco antiguo como para no estar expuestas al ruido. En definitiva, es una opción romántica ideal para darse un capricho.

Kazimierz

Además de algunos albergues de las inmediaciones de la transitada ul Dietla, Kazimierz cuenta con una selecta oferta de interesantes hoteles de precio medio, algunos de tradición judía. Es una zona agradable y tranquila para alojarse.

Good Bye Lenin Hostel ALBERGUE €
(plano pp. 126-127; ☑12 421 2030; www.goodbyele nin.pl; ul Joselewicza 23; dc 40-55 PLN, d 140 PLN; P🖭; ☐3, 9, 19, 24, 50) Es alegre, con una descarada estética comunista dominada por cuadros y estatuas que se mofan de la imaginería de la época. Casi todos los dormitorios tienen entre cuatro y seis camas, y en la parte delantera hay un jardincito muy propicio para relajarse o disfrutar de una barbacoa. Puede ser difícil de encontrar; está en una callejuela a la derecha, según se llega a ul Starowiślna.

Ars Hostel ALBERGUE €
(plano pp. 134-135; ☑533 966 522; www.arshostel.pl; ul Kolełek 7; dc 45-55 PLN, d/tr 160/255 PLN; P@)

Aunque su nombre es blanco de bromas, este albergue es conocido tanto por su apodo (que significa "arte" en latín) como por su práctica localización debajo de Wawel. Ofrece desde cuidados dormitorios de 4 a 10 camas hasta un puñado de dobles y triples privadas a buen precio.

Hotel Kazimierz HOTEL €€
(plano pp. 134-135; ☎12 421 6629; www.hk.com.pl; ul Miodowa 16; i/d 320/380 PLN; P@☎; ☐6, 8, 10, 13) Agradable hotel con unas cuantas habitaciones cómodas y modernas encima de un popular restaurante.

Hotel Eden HOTEL €€
(plano pp. 134-135; ☎12 430 6565; www.hoteleden. pl; ul Ciemna 15; i/d 240/320 PLN; ☎; ☐3, 9, 19, 24, 50) Alojado en tres casas señoriales del s. xv restauradas con esmero, presume de tener habitaciones confortables, una sauna y el único *mikvah* (baño tradicional judío) de Cracovia. Preparan comida *kosher* por encargo.

Hotel Klezmer-Hois HOTEL €€
(plano pp. 134-135; ☎12 411 1245; www.klezmer.pl; ul Szeroka 6; i 52-60 €, d 65-74 €, ste 123 €; ☐3, 9, 19, 24, 50) Este hotelito de elegancia singular se ha remodelado para recuperar su carisma prebélico. Cada habitación luce una decoración distinta, pero las más económicas no tienen cuarto de baño privado. Hay un restaurante de buena calidad en el recinto y una galería de arte, y ofrece música en directo cada noche a las 20.00.

Hotel Abel HOTEL €€
(plano pp. 134-135; ☎12 411 8736; www.abelkrakow. pl; ul Józefa 30; i/d 150/190 PLN; ☎; ☐3, 9, 19, 24, 50) Modesto hotel con un inconfundible carácter al estilo de Kazimierz, que se muestra en sus escaleras de madera pulida, sus arcos enladrillados y sus azulejos desvaídos. Las habitaciones, aunque limpias, están amuebladas con sencillez. Es, además, una base genial para explorar la judería.

Hotel Alef HOTEL €€
(plano pp. 134-135; ☎12 424 3131; www.alef.pl; ul Św Agnieszki 5; h 195 PLN; P☎; ☐6, 8, 10, 13) Este asequible hotel queda a la sombra de la colina de Wawel y ofrece habitaciones grandes, decoradas con antigüedades y cuadros.

★**Metropolitan Boutique Hotel** HOTEL-BOUTIQUE €€€
(plano pp. 126-127; ☎12 442 7500; www.hotelme tropolitan.pl; ul Joselewicza 19; i/d 575/650 PLN; P✳@☎; ☐3, 9, 19, 24, 50) Diseño moderno y

elegancia se conjugan en esta casa señorial del s. xix, ideal para quienes prefieren hospedarse en Kazimierz pero desean un nivel de confort que supere lo habitual por estos lares. Las habitaciones, decoradas en tonos chocolate, están realzadas por atrevidas rayas y diseños. El servicio es estelar, lo mismo que el Fusion, el restaurante del hotel.

Alrededores de Cracovia

Camping Smok CAMPING €
(☎12 429 8300; plano p. 122; www.smok.krakow.pl; ul Kamedulska 18; parcela por persona/tienda 26/20 PLN, d/tr 180/240 PLN; ☐1, 2, 6) Apacible *camping* unos 4 km al oeste del casco antiguo, en la frondosa localidad de Zwierzyniec. También dispone de habitaciones dobles y triples con buena relación calidad-precio. Para llegar desde la estación de trenes hay que tomar los tranvías nº 1, 2 o 6 hasta el final de línea, en Salwator, y luego, cualquier autobús que vaya al oeste; pídase al conductor que pare en el *camping*.

Dónde comer

Para los polacos, Cracovia es un paraíso gastronómico. El casco antiguo está abarrotado de sitios donde comer, con una amplia gama de cocinas internacionales y precios para todos los bolsillos. En Kazimierz también pueden encontrarse algunos restaurantes; los hay con cocina al estilo judío que merecen una visita.

Quien quiera comprar provisiones puede hacerlo en el supermercado del centro comercial Galeria Krakowska, al lado de la principal estación de trenes.

Casco antiguo y alrededores

★**Glonojad** VEGETARIANA €
(plano pp. 126-127; ☎12 346 1677; www.glonojad. com; Plac Matejki 2; principales 16-20 PLN; ☺8.00-22.00; ☎✐; ☐2, 4, 14, 19, 20, 24) Bonito y moderno restaurante vegetariano con unas vistas fabulosas de Plac Matejki, al norte de la barbacana. La variada carta presenta exquisiteces como *samosas,* curris, tortitas de patata, burritos, ñoquis y sopas. Además, sirve desayunos durante todo el día.

U Babci Maliny POLACA €
(plano pp. 126-127; ☎12 422 7601; www.kuchniaubab cimaliny.pl; ul Sławkowska 17; principales 12-25 PLN; ☺11.00-21.00 lu-vi, 12.00-21.00 sa y do; ☐2, 4, 14, 19, 20, 24) Rústico restaurante en un sótano, en

parte escondido en un patio. Solo hay que bajar las escaleras con decisión y guiarse por el olfato hacia sus empanadillas, platos de carne y ensaladas. Una de sus recomendables especialidades es el *żurek*, una sopa agria a base de centeno y salchicha, que se sirve en un pan vaciado.

Milkbar Tomasza   POLACA €
(plano pp. 126-127; ☎12 422 1706; ul Św Tomasza 24; principales 10-18 PLN; ⏰8.00-22.00 lu-sa, 9.00-22.00 do; 🛜; 🚌3, 10, 19, 24, 52) Los *panini* comparten espacio con los *pierogi* (raviolis polacos) en esta versión contemporánea de la clásica lechería polaca: un lugar limpio e informal, con mucha luz, colores vivos y paredes de ladrillo visto.

Green Day   VEGETARIANA €
(plano pp. 126-127; ☎12 431 1027; www.greenday.pl; ul Mikołajska 14; principales 9-22 PLN; ⏰11.00-22.00 lu-sa, hasta 21.00 do; 🛜; 🚌3, 10, 19, 24, 52) Esta sucursal de una cadena especializada sirve algunos de los bocados vegetarianos y *veganos* a mejor precio de Cracovia, que incluyen hamburguesas sin carne, *wraps* y ensaladas.

Antler Poutine & Burger   HAMBURGUESERÍA €
(plano pp. 126-127; ☎12 349 0757; Gołębia 10; hamburguesas 10-15 PLN; ⏰11.00-22.00; 🛜; 🚌2, 13, 18, 20) Convincente local de inspiración canadiense especializado en hamburguesas (la "Edmonton" lleva arándanos y mayonesa) acompañadas de auténtico *poutine* (patatas fritas con salsa de carne y queso derretido por encima). Se puede pedir para comer sentado en un taburete o, si se prefiere, para llevar.

★Charlotte Chleb i Wino   PANADERÍA €€
(plano pp. 126-127; ☎600 807 880; www.bistrochar lotte.pl; Plac Szczepański 2; ensaladas y sándwiches 10-20 PLN; ⏰7.00-24.00 lu-ju, hasta 1.00 vi y sa, 9.00-22.00 do; 🛜; 🚌2, 4, 14, 18, 20, 24) En plena Plac Szczepański se encuentra la vistosa sucursal local de un popular establecimiento varsoviano que despacha cruasanes, panes de estilo francés, ensaladas y sándwiches. Es ideal para desayunar o saborear un *croque monsieur* regado de un rico pero asequible vino francés.

Trufla   ITALIANA €€
(plano pp. 126-127; ☎12 422 1641; www.truflakrakow. pl; ul Św Tomasza 2; principales 22-35 PLN; ⏰9.00-23.00 lu-vi, 10.00-23.00 sa y do; 🛜; 🚌2, 4, 14, 18, 20, 24) Nada de *pizzas* en este económico restaurante italiano que sirve bistecs, marisco, pasta y *risotto* en un espacio ordenado y

sencillo de ambiente relajado. En verano se abre un bonito jardín en la parte de atrás al que se accede por un pasillo a la izquierda de la entrada principal.

Restauracja Pod Gruszką   POLACA €€
(plano pp. 126-127; ☎12 346 5704; www.podgruszka. pl; ul Szczepańska 1; principales 12-29 PLN; ⏰12.00-24.00; 🚌2, 4, 14, 18, 20, 24) Antaño frecuentado por escritores y artistas, se trata de un restaurante olvidado en el tiempo con una elaborada decoración a la antigua donde no faltan arañas de luces, manteles de encaje, alfombras desgastadas y retratos en color sepia. Su repertorio de clásicos patrios incluye una sabrosa *żurek staropolski* (sopa agria de cebada con salchicha blanca y requesón).

Gospoda CK Dezerter   POLACA €€
(plano pp. 126-127; ☎12 422 7931; www.ckdezerter. pl; ul Bracka 6; principales 35-40 PLN; ⏰9.00-24.00; 🚌2, 13, 18, 20) Decorado con gusto y muy a mano de la Rynek, pone énfasis en los platos de carne típicos de Galitzia, que se complementan con unas cuantas recetas austriacas y húngaras.

Il Forno   ITALIANA €€
(plano pp. 126-127; ☎12 421 6498; www.ilforno.pl; Mały Rynek 2; principales 20-35 PLN; ⏰12.00-hasta tarde; 🚌3, 10, 19, 24, 52) Local sin pretensiones que queda apartado del bullicio turístico. Tiene una larguísima carta de *pizzas* y platos de pasta, junto a otros de carne y pescado más pesados. Se puede comer al fresco en la bonita terraza con vistas a Mały Rynek. El bar de la planta baja es el Shisha Club, que sirve comida de Oriente Medio.

Jama Michalika   POLACA €€
(plano pp. 126-127; ☎12 422 1561; www.jamami chalika.pl; ul Floriańska 45; principales 18-35 PLN; ⏰9.00-23.00; 🚌2, 4, 14, 19, 24) Boyante desde 1895, este cavernoso escondrijo fue el punto de encuentro de toda clase de artistas y el germen del movimiento artístico Młoda Polska. Hoy es un lustroso restaurante *art nouveau* con un verde interior y grabados teatrales colgados de las paredes. Sirve cocina polaca de siempre con una relación calidad-precio razonable.

Balaton   HÚNGARA €€
(plano pp. 126-127; ☎12 422 0469; www.balaton. krakow.pl; ul Grodzka 37; principales 19-40 PLN; ⏰12.00-22.00; 🚌1, 6, 8, 13, 18) La elegante reforma recientemente acometida ha dejado en el olvido el vetusto y desastrado restaurante que a tanta gente encandiló. Hoy, los cama-

reros reparten platos de pollo al pimentón y cuencos de *goulash* en un prolijo espacio desprovisto del antiguo toque *kitsch*. Su popularidad para la cena hace que convenga reservar.

Smak Ukraiński UCRANIANA €€
(plano pp. 126-127; ☑12 421 9294; www.ukrainska.pl; ul Grodzka 21; principales 18-30 PLN; ☺12.00-22.00; 🛗1, 6, 8, 13, 18) En una de las calles peatonales más concurridas de la ciudad, este oasis rústico augura auténtica cocina ucraniana (empanadillas, *borscht*) servida por camareros con chaleco en un acogedor comedor de predecible decoración folclórica.

★**Miód Malina** POLACA €€€
(plano pp. 126-127; ☑12 430 0411; www.miodmalina. pl; ul Grodzka 40; principales 30-70 PLN; ☺12.00-23.00; 🕾; 🛗1, 6, 8, 13, 18) De evocador nombre, el "miel de frambuesa" sirve platos polacos en un colorido marco. Basta con sentarse junto a la ventana y pedir las setas silvestres a la crema y cualquier plato de pato o ternera. (También preparan una buena selección de bistecs.) El queso de oveja a la parrilla servido con mermelada de arándanos es un entrante muy típico de la región. Es imprescindible reservar.

★**Ed Red** BISTECS €€€
(plano pp. 126-127; ☑690 900 555; www.edred.pl; ul Sławkowska 3; principales 35-60 PLN; ☺7.00-23.00; 🕾; 🛗2, 4, 14, 19, 20, 24) Es el lugar ideal para darse un capricho a base de suculentos bistecs (entrecot, chuletón, chuleta, entre otros cortes) de carne de res criada en la región y madurada en seco. También sirve otros principales como carrillada de ternera guarnecida con trigo sarraceno, jabalí y pollo de campo. El interior, con paredes pintadas en tenues tonos azules y marrones, es de revista de decoración.

Cyrano de Bergerac FRANCESA €€€
(plano pp. 126-127; ☑12 411 7288; www.cyranodeber gerac.pl; ul Sławkowska 26; principales 50-90 PLN; ☺12.00-23.00; 🛗2, 4, 14, 19, 20, 24) Está en lo más alto del escalafón culinario local gracias a su refinada y auténtica cocina francesa, servida en uno de los sótanos más bellos de la ciudad. Sus obras de arte y tapices aportan aún mayor romanticismo, y en los meses de verano se instala una terraza en un patio cubierto.

Corse CORSA €€€
(plano pp. 126-127; ☑12 421 6273; www.corseres taurant.pl; ul Poselska 24; principales 40-70 PLN;

☺13.00-23.00; 🕾; 🛗1, 6, 8, 13, 18) Conocido por preparar una de las cocinas menos habituales del lugar, luce una decoración náutica refinada y agradable, y deleita con platos bien ejecutados como besugo al horno, carne de vacuno con uvas, o *fondue* de ternera.

Wentzl FRANCESA, POLACA €€€
(plano pp. 126-127; ☑12 429 5299; www.restaurac jawentzl.com.pl; Rynek Główny 21; principales 60-80 PLN; ☺13.00-23.00; 🛗1, 6, 8, 13, 18) Fundada en 1792, esta veterana propuesta se eleva por encima de la Rynek con techos de madera, alfombras orientales y exquisitos óleos por doquier. La comida es sublime (fuagrás al coñac, filete de pato confitado con miel, bacalao del Báltico con lentejas y espinacas) y el servicio, intachable.

Pimiento ARGENTINA €€€
(plano pp. 126-127; ☑12 422 6672; www.pimiento. pl; ul Stolarska 13; principales 50-80 PLN; 🕾; 🛗1, 6, 8, 13, 18) Este asador de primera sirve un enorme despliegue de filetes para contentar al estómago y al bolsillo, así como algunas alternativas vegetarianas para los que no quieran tomar carne. Su carta de vinos de Sudamérica es muy extensa.

Sakana Sushi Bar JAPONESA €€€
(plano pp. 126-127; ☑12 429 3086; www.sakana.pl; ul Św Gertrudy 7; principales 30-50 PLN; ☺12.00-23.00 lu-sa, 13.00-22.00 do; 🕾; 🛗6, 8, 10, 13, 18) Con barquitas de *sushi* y *sashimi* flotando en un 'canal' que cerca una curva mesa comunitaria, su oferta gastronómica es diferente a la tónica de Cracovia. También hay *tempura* y algunas sopas atípicas.

🍴 Kazimierz

Momo VEGETARIANA €
(plano pp. 134-135; ☑609 685 775; ul Dietla 49; principales 12-19 PLN; ☺11.00-20.00; 🍴; 🛗11, 12, 22, 52) Aquí la mayor parte de la carta no tiene nada animal. Decorado con artesanía india, ofrece sopas, tortitas rellenas y arroces al estilo del subcontinente, amén de un buen surtido de tartas (algunas sin gluten). Vale la pena probar los *momo* (especie de ñoquis tibetanos; 15 PLN).

Bagelmama BAGELS €
(plano pp. 134-135; ☑12 346 1646; www.bagelmama. com; Dajwór 10; sándwiches 15 PLN; ☺9.00-19.00; 🕾; 🛗3, 9, 19, 24, 50) Sorprende que a nadie se le hubiera ocurrido antes vender *bagels* en plena judería, pero tanto si se busca algo clásico (salmón con queso untable) o apetece

EL REY DE LOS 'PRETZELS'

Uno de los signos inconfundibles de que se ha llegado a Cracovia son los puestos al parecer, omnipresentes, que venden *obwarzanek*, un consistente *pretzel*. Este tentempié callejero se parece a sus hermanos alemanes, aunque es algo más grande y más denso que el tentempié de pan alemán y está hecho con dos tiras de masa que se entrelazan entre sí antes de meterse en el horno.

Este popular anillo de pan tostado, normalmente con semillas de amapola, sésamo o sal, da trabajo cada día a muchos hombres y mujeres a quienes, de paso, les garantiza un poco de aire fresco (aunque seguro que no es tan divertido en invierno).

Además, es una curiosidad histórica que ha sobrevivido a numerosos reyes, republicanos e invasores militares. Hay pruebas que demuestran que los *obwarzanki* (el plural) ya se hacían en el s. XIV, y los cracovianos siguen comprándolos en cantidad como tentempié rápido que se toma de camino al trabajo o al colegio –de hecho se hornean 150 000 cada día–. Que cada uno decida si quiere o no sumarse a la fiesta del *pretzel*, aunque conviene tener en cuenta que están infinitamente más ricos por la mañana que por la tarde, señal inequívoca de que llevan pocos conservantes artificiales.

Al degustarlos, el viajero estará disfrutando de una experiencia que, oficialmente, se dice que es exclusiva de Cracovia, ya que la Unión Europea acordó registrar el modesto *obwarzanek* en su lista de productos regionales protegidos, prohibiendo a cualquiera menos a los panaderos de la ciudad que elaboran *pretzels*, llamarlo con ese nombre.

innovar (*brie* caliente con tomate), aquí hay algo para todos los gustos. También despacha sopas, ensaladas y *wraps*.

Pierogi Mr Vincent POLACA €
(plano pp. 134-135; ☑506 806 304; Bożego Ciała 12; principales 10-15 PLN; ☺11.00-21.00; 🚃6, 8, 10, 13) Aunque solo tiene un puñado de mesas, la carta comprende unas 40 clases de empanadillas: dulces y saladas, clásicas y creativas. Quienes vayan pensando que están hastiados de los *pierogi* se llevarán un gran chasco, pues Vincent les convencerá para pedir otra ración.

Młynek Café VEGETARIANA €
(plano pp. 134-135; ☑12 430 6202; www.cafemlynek.com; Plac Wolnica 7; principales 15-20 PLN; ☺8.00-23.00; 📶📷; 🚃6, 8, 10, 13) Ricas sopas y sándwiches sin carne; conciertos, lecturas de poesía y exposiciones de arte ocasionales; una admirable colección de máquinas y molinillos de café; una zona de asientos al fresco con vistas a la plaza: he aquí el café ideal al 'otro' lado de Kazimierz.

★**Marchewka z Groszkiem** POLACA €€
(plano pp. 134-135; ☑12 430 0795; www.marchewkazgroszkiem.pl; ul Mostowa 2; principales 20-30 PLN; ☺9.00-22.00; 📶; 🚃6, 8, 10, 13) La influencia de países vecinos como Ucrania (cerveza), Hungría (vino) y Lituania se refleja en su recetario polaco, a destacar las excelentes tortitas de patata y la deliciosa ternera hervida con salsa

de rábano picante. Hay unas cuantas mesas a pie de calle para contemplar la animación.

Hamsa JUDÍA €€
(plano pp. 134-135; ☑515 150 145; www.hamsa.pl; ul Szeroka 2; principales 30-50 PLN; ☺10.00-23.00; 📶📷; 🚃3, 9, 19, 24, 50) Su desenfadado y despejado interior supone un agradable contraste frente a los restaurantes judíos decididamente *kitsch* de la zona. La carta incluye un amplio abanico de ensaladas de Oriente Medio, además de especiados platos de pollo y pescado a la parrilla. Además, tiene una buena selección de opciones vegetarianas y sin gluten.

Well Done PARRILLA €€
(plano pp. 134-135; ☑607 132 001; ul Mostowa 2; principales 15-30 PLN; ☺10.00-23.00; 📶; 🚃6, 8, 10, 13) Atractiva parrilla y hamburguesería en plena ul Mostowa, calle con una hilera de restaurantes y cafés que para muchos representa el epicentro de la sofisticación emergente que invade Kazimierz. Los maestros parrilleros saben cómo imprimir a la carne un sabor ahumado único y el interior recuerda a un *diner* retro. Fuera hay unas cuantas mesitas.

Warsztat ITALIANA €€
(plano pp. 134-135; ☑12 430 1451; www.restauracjawarsztat.pl; ul Izaaka 3; principales 22-43 PLN; ☺10.00-22.00; 📶; 🚃3, 9, 19, 24, 50) Warsztat reinventa completamente el concepto de piano-bar con una decoración a base de

trompas, arpas y acordeones, y en el centro, un piano hundido en el suelo. *Pizzas,* pasta y ensaladas dominan la carta.

Ariel
JUDÍA €€

(plano pp. 134-135; ☑12 421 7920; www.ariel-krakow.pl; ul Szeroka 18; principales 20-60 PLN; ☉10.00-24.00; ☎; ☐3, 9, 19, 24, 50) Este evocador garito es uno de los diferentes restaurantes judíos de ul Szeroka y alrededores; está a reventar de muebles de madera anticuados y retratos, y ofrece un alarde de platos *kosher*. Como entrante, la sopa Berdytchov (ternera, miel y canela), es de lo mejor. Por las noches suele haber música *klezmer* en directo.

Manzana
MEXICANA €€

(plano pp. 134-135; ☑12 422 2277; www.manzanarestaurant.com; ul Miodowa 11; principales 25-40 PLN; ☉16.00-23.00 sa, 10.00-22.00 do; ☎; ☐6, 8, 10, 13) Tiene más categoría que el restaurante mexicano habitual por estos pagos, con un elegante interior y un enorme bar. La carta ofrece los tacos, burritos y quesadillas de rigor, pero a precios razonables para su calidad, más alguna propuesta creativa a base de tequila. Conviene reservar.

Sąsiedzi
POLACA €€€

(plano pp. 134-135; ☑12 654 8353; www.sasiedzi.oberza.pl; ul Miodowa 25; principales restaurante 30-50 PLN, principales lechería 10-20 PLN; ☉10.00-22.00; ☎; ☐3, 9, 19, 24, 50) La combinación perfecta: a la izquierda, un restaurante polaco de categoría con un encantador y recoleto jardín; a la derecha, una tentadora y cálida lechería donde degustar económicos platos de siempre que superan con mucho la media. Al autor de esta guía le agradó particularmente el pato asado con manzana y cebada perlada (47 PLN). Un pianista ameniza el ambiente cada noche. Se recomienda reservar (para la opción más sofisticada).

Podgórze

Delecta
PIZZERÍA €

(plano pp. 134-135; ☑12 423 5001; www.restauracjadelecta.pl; ul Limanowskiego 11; principales 17-24 PLN; ☉11.00-22.00 do-ju, hasta 23.00 vi y sa; ☐3, 9, 19, 24, 50) En Podgórze no abundan los restaurantes, pero sí las pizzerías. Las sabrosas versiones que aquí sirven tienen toda clase de ingredientes: algunas son auténticas y otras, más arriesgadas. La *pizza* de la casa lleva jamón, beicon y maíz, y su decoración de inspiración toscana es un claro guiño a Italia.

★ZaKładka Food & Wine
BISTRÓ €€€

(plano pp. 134-135; ☑12 442 7442; www.zakladkabistro.pl; ul Józefińska 2; principales 35-50 PLN; ☉12.00-23.00; ☎; ☐6, 13, 19, 23) Uno de los mejores lugares para comer en esta parte de la ciudad, este bistró de estilo parisino se especializa en cocina francesa sin artificios con predominio de ternera, conejo, pescado fresco y mejillones. El servicio es atento y formal, y en su excelente carta de vinos hay caldos de toda Europa. La sencillez también se extiende a la decoración: paredes beis, mesas negras y suelos de madera.

Ogniem i Mieczem
POLACA €€€

(plano pp. 134-135; ☑12 656 2328; www.ogniemimieczem.pl; Plac Serkowskiego 7; principales 40 PLN; ☉12.00-24.00 lu-sa, hasta 22.00 do; ☐8, 10, 11, 23) Atractivo restaurante que recrea la Polonia de antaño con un tenue interior de madera al que confieren mayor rusticidad aún las pieles de animales y un crepitante fuego. La carta consta de viejas recetas bien documentadas, como el suculento cerdo asado relleno de fruta.

🍷 Dónde beber y vida nocturna

Cracovia y su oferta de copeo agasaja al viajero. Rynek Główny está literalmente rodeada de cafés, a lo que hay que sumar los bares y *pubs* que surgen en cada rincón de los contornos. Kazimierz también tiene una animada oferta de bares que se agrupan en torno a Plac Nowy y aledaños. En los últimos años, además, los cafés y bares han proliferado en la zona de Plac Wolnica, en la parte occidental de Kazimierz.

Téngase presente que, como a menudo ocurre en España, la diferencia entre una cafetería y un bar suele ser mínima. Muchos cafés sirven alcohol y es raro el bar que no está preparado por si alguien pide un café. Los dos suelen vender tentempiés o comidas, pero también los hay que son exclusivamente bares de copas. Si se tiene pensado cenar fuera, lo indicado es consultar antes la web del local o llamar por teléfono.

Casco antiguo

★Café Camelot
CAFÉ

(plano pp. 126-127; ☑12 421 0123; www.camelot.pl; ul Św Tomasza 17; ☉9.00-24.00; ☐2, 4, 14, 19, 20, 24) Para un café con un trozo de tarta, nada como este refinado escondite a la vuelta de una oscura calle del casco antiguo. Sus aco-

COMIDA CALLEJERA: 'PIZZA' POLACA Y PATATAS FRITAS BELGAS

Puede que no falten restaurantes en Cracovia, pero lo cierto es que casi todos los mejores establecimientos cierran hacia las 23.00. Sin embargo, gracias a los vendedores de comida callejera, ese horario ahora se ha ampliado, lo que permite aplacar el apetito a altas horas. Kazimierz, y más concretamente Plac Nowy (p. 159), es el epicentro de la "*pizza* polaca", o *zapiekanka* (media *baguette* con queso, jamón y champiñones por encima). Hay otras variedades, como la hawaiana, con jamón y piña, pero nada supera a la clásica. Es un tentempié barato y reparador que sabe particularmente bien pasada la medianoche. Ahora bien, si apetece otra cosa, siempre se puede recurrir a las camionetas de venta de comida (plano pp. 134-135; ul Św Wawrzyńca 16 – Skwer Judah); tentempiés 5-15 PLN; ⏱12.00-22.00 ma-ju, hasta 1.00 vi-do; 🚊3, 9, 19, 24, 50) aparcadas en una aislada plaza un par de manzanas al sureste de Plac Nowy. Aquí la oferta abarca desde hamburguesas y helados hasta patatas asadas rellenas, pasando por la última moda: las patatas fritas belgas. Para una opción más tradicional hay que dirigirse a Hala Targowa (p. 158), un vendedor a pie de calle que sirve salchichas a la plancha todas las noches (excepto domingos) hasta las 3.00.

gedoras salas, iluminadas con velas, están repletas de mesas con tapetes de encaje y puede verse una singular colección de figuritas de madera que representan escenas espirituales o folclóricas. Además, sirve una gran variedad de desayunos y *brunches*.

★**Café Bunkier** CAFÉ
(plano pp. 126-127; ☎12 431 0585; http://en.bunkiercafe.pl; Plac Szczepański 3a; ⏱9.00-hasta tarde; 🚻; 🚊2, 4, 14, 18, 20, 24) El "Búnker" es un maravilloso café con una enorme terraza acristalada sobre el Bunkier Sztuki (Búnker del Arte), una innovadora galería al noroeste de la Rynek. El jardín, con calefacción en invierno, siempre es un hervidero. Ofrece excelente café, cervezas sin filtrar y limonadas caseras, además de bocados ligeros como hamburguesas y ensaladas. Se accede por el parque Planty.

Noworolski CAFÉ
(plano pp. 126-127; ☎515 100 998, 12 422 4771; www.noworolski.com.pl; Rynek Główny 1, Sukiennice; ⏱8.30-24.00; 🚊1, 6, 8, 13, 18) Aunque no apetezca tomar un café ni picar nada, se impone detenerse aquí para admirar los espectaculares interiores *art nouveau* obra del artista polaco Józef Mehoffer. Tal como reza el letrero de entrada, los Noworolski lo regentan desde 1910, primero atendiendo a personajes históricos como Lenin y más tarde convertido en el garito preferido de las tropas de ocupación nazis.

Arlekin CAFÉ
(plano pp. 126-127; ☎12 430 2457; www.arlekin-krakow.pl; Rynek Główny 24; 🚊2, 13, 18, 20) Puede

que en la Rynek haya cafés más grandes y atractivos, pero para los lugareños (en concreto los de más edad) los mejores pasteles y tartas de la ciudad se sirven aquí.

Bona CAFÉ
(plano pp. 126-127; ☎12 430 5222; www.bonamedia.pl; ul Kanonicza 11; ⏱11.00-20.00; 🚻; 🚊1, 6, 8, 13, 18) Agradable híbrido de café y librería, con estanterías encajonadas entre el interior y la zona de asientos al fresco. Es una magnífica parada en el camino entre Wawel y el casco antiguo. Lo mejor es comprar un libro y saborear un café con vistas a la iglesia de San Pedro y San Pablo.

Ambasada Śledzia BAR
(plano pp. 126-127; ☎662 569 460; ul Stolarska 8-10; ⏱12.00-24.00; 🚊1, 6, 8, 13, 18) Situada en una calle jalonada de consulados, la "embajada del arenque" triunfa con un concepto singular pero exitoso: tapas de arenque con chupitos de vodka. Basta con sentarse a la barra y pedir una deliciosa ración de *śledź* (arenque) o *kiełbasa* (salchichas) para acompañar el vodka. Tiene otra sucursal enfrente (ul Stolarska 5), que abre hasta las 5.00.

Tram Bar BAR
(plano pp. 126-127; ☎12 423 2255; Stolarska 5; ⏱11.00-2.00; 🚊1, 6, 8, 13, 18) Extravagante bar en pleno meollo de bares del casco antiguo. Fiel a su nombre, está dedicado a los tranvías, con planos antiguos y objetos de interés colgados de las paredes y hasta asientos hechos con restos de viejos tranvías. De noche suele haber asientos libres, pues no está tan abarrotado como los *pubs* vecinos.

Movida Cocktail Bar   BAR

(plano pp. 126-127; ☑12 429 4597; www.movida-bar.
pl; ul Mikołajska 9; ◷16.00-hasta tarde; ☎; 🚌3, 10,
19, 24, 52) Esta alegre y moderna coctelería
acierta con una creativa carta de tragos
como el "Bull Ride", una embriagadora combinación a base de "vodka de los bisontes"
(aromatizado con hierbas), canela y clara de
huevo. También hay un bar de comida económica.

Antycafe   BAR

(plano pp. 126-127; ☑506 481 888; www.antycafe.pl;
ul Sławkowska 12; ◷12.00-hasta tarde; ☎; 🚌2, 4,
14, 18, 20, 24) Popular bar estudiantil del casco antiguo, que sirve toda clase de bebidas y
abre hasta tarde, muy propicio para calentar
motores o despedirse de la noche.

Black Gallery   PUB

(plano pp. 126-127; ☑724 630 154; ul Mikołajska 24;
◷12.00-hasta tarde lu-sa, 14.00-hasta tarde do; ☎;
🚌3, 10, 19, 24, 52) Bar y club nocturno subterráneo de moderno aspecto: diferentes niveles,
iluminación en la estructura de acero a la
vista y barra metálica. Empieza a animarse
pasada la medianoche. De día, no hay nada
como relajarse en su patio cerveza en mano.

Prozak 2.0   DISCOTECA

(plano pp. 126-127; ☑733 704 650; Plac Dominikański
6; ◷20.00-hasta tarde; ☎; 🚌1, 6, 8, 13, 18) Legendario referente de la noche que seduce a los
juerguistas con su laberinto de pasadizos, recovecos y rincones, y sus sesiones regulares
de DJ extranjeros.

Hush Live   DISCOTECA

(plano pp. 126-127; ☑604 943 400; www.hushlive.pl;
ul Św Tomasza 11; ◷20.00-3.00 do-ju, hasta 5.00 vi y
sa; 🚌2, 4, 14, 19, 20, 24) Mítico club subterráneo
del casco antiguo, que recibe DJ y grupos en-
tregados al "Disco Polo", una adaptación polaca de horteradas *dance pop* de la década de
1990. Es muy popular y mejor de lo que suena.

Frantic   DISCOTECA

(plano pp. 126-127; ☑12 423 0483; www.frantic.pl; ul
Szewska 5; ◷22.00-4.00 mi-sa; ☎; 🚌2, 13, 18, 20)
Con dos pistas de baile, tres bares, una sala
chill-out y DJ locales y extranjeros de relum-
brón, se llena a reventar de jóvenes lugareños
estilosos. Ojo, suelen ser bastante estrictos
con la etiqueta.

Cień   DISCOTECA

(plano pp. 126-127; ☑12 422 2177; www.cienklub.
com; ul Św Jana 15; ◷22.30-hasta tarde ju-sa; ☎;
🚌2, 4, 14, 19, 20, 24) El enorme "Sombra" atrae a

una bronceada clientela con su *house* recién
traído de Ibiza por los DJ y con su fantástica
decoración.

🍸 Kazimierz

★Cheder   CAFÉ

(plano pp. 134-135; ☑515 732 226; www.cheder.pl;
ul Józefa 36; ◷10.00-22.00; 🚌3, 9, 19, 24, 50) A
diferencia de la mayoría de los lugares de
temática judía de Kazimierz, este aspira a
entretener *y* a educar. Llamado así en honor
a una escuela tradicional judía, cuenta con
una biblioteca decente con títulos en polaco
y otros idiomas, programa lecturas y proyecciones regulares, y sirve auténtico café israelí
(preparado en una típica cafetera turca de
cobre, con canela y cardamomo) y tentempiés
como *hummus* casero.

Alchemia   CAFÉ

(plano pp. 134-135; ☑12 421 2200; www.alchemia.
com.pl; ul Estery 5; ◷9.00-hasta tarde; 🚌3, 9, 19,
24, 50) Este local presume de toscos bancos
de madera, mesas con velas y una cálida
penumbra. En ocasiones acoge actuaciones
musicales y representaciones teatrales.

Mleczarnia   CAFÉ

(plano pp. 134-135; ☑12 421 8532; www.mle.pl; ul
Meiselsa 20; ◷10.00-24.00; 🚌6, 8, 10, 13) Ganador
del premio al mejor café en un patio (justo
enfrente), con frondosos árboles y rosales en
flor que lo convierten en un lugar estupendo
para tomar algo cuando hace buen tiempo,
aunque si llueve no hay nada que temer, pues
por dentro es cálido y acogedor, con estanterías repletas de libros y paredes adornadas
con retratos. No sirven en las mesas.

Artefakt Cafe   CAFÉ

(plano pp. 134-135; ☑535 799 666; www.artefakt-
cafe.pl; ul Dajwór 3; ◷16.00-2.00; 🚌3, 9, 19, 24, 50)
Café muy querido por los estudiantes, con
un jardincito en la parte de atrás y dos salas
delanteras: una, bordeada por estanterías; la
otra, engalanada con las grandes fotos de una
exposición rotativa. Además de café, sirven
un amplio surtido de cervezas artesanales
en botella y buenas rubias checas de presión,
como Holba.

Singer Café   BAR

(plano pp. 134-135; ☑12 292 0622; ul Estery 20;
◷9.00-hasta tarde; ☎; 🚌3, 9, 19, 24, 50) Tranquilo café-bar para enterados en Kazimierz, con
un interior a la luz de las velas que rezuma
carácter. Si se prefiere, uno puede sentarse

al fresco en una mesa hecha con las patas de una máquina de coser.

Miejsce Bar BAR
(plano pp. 134-135; ☑600 960 876; www.miejsce. com.pl; ul Estery 1; ⊘10.00-2.00; ☎; ᛝ11, 12, 22, 52) Este bar de moda congrega a una ecléctica mezcla de intelectuales, urbanitas a la última, estudiantes y en general cualquiera que aprecie los buenos cócteles y un ambiente relajado. De día es tranquilo, pero de noche cobra vida.

🍷 Podgórze

★**Forum Przestrzenie** BAR
(plano pp. 134-135; ☑514 342 939; www.forumprzes trzenie.com; ul Konopnickiej 28; ⊘10.00-2.00; ☎; ᛝ11, 18, 22, 52) Otrora un adefesio de la época comunista, el Forum ha sabido reinventarse y ahora es un café-cocktelería retro de moda y, en ocasiones, una sala que acoge conciertos, sesiones de DJ y otros espectáculos. En los meses cálidos colocan sillones en un patio con vistas al río.

Coffee Cargo CAFÉ
(plano pp. 134-135; ☑604 576 339; www.coffeeprofi ciency.com; Przemysłowa 3; ⊘8.00-18.00 ma-sa; ☎; ᛝ3, 9, 19, 24, 50) Insólito café con tostadero propio, instalado en un almacén de una zona industrial de Podgórze. Además de café de Guatemala, sirve tarta de queso y helado. Aunque el café es excelente, no justifica la caminata desde Kazimierz. Ahora bien, como queda cerca de la fábrica de Schindler y del MOCAK, puede ser una buena idea acercarse después de la visita.

Drukarnia CLUB
(plano pp. 134-135; ☑12 656 6560; www.drukar niaclub.pl; ul Nadwiślańska 1; ⊘10.00-hasta tarde; ☎; ᛝ6, 13, 19, 23) Situado a la vera del río, las viejas máquinas de escribir y el papel de periódico evocan su nombre ("imprenta" en polaco) creando un ambiente artístico. En el piso superior hay dos espaciosos bares y una zona de asientos, mientras que en la planta baja es donde fluye la música (*jam sessions* los martes por la noche y fiestas *dance* los viernes y sábados).

Cawa CAFÉ, BAR DE VINOS
(plano pp. 134-135; ☑12 656 7456; www.cawacafe. pl; ul Nadwiślańska 1; ⊘8.30-21.30 do-ju, has ta 24.00 vi y sa; ☎; ᛝ6, 13, 19, 23) Sorprende topar con un elegante pequeño local como este en la emergente zona de Podgórze, pero

ahí está, atendido por un personal a la última y con una estética posindustrial. Se puede pedir un capuchino o cava *(duh)* y, para aplacar el apetito, sofisticadas tapas de estilo mediterráneo.

BAL CAFÉ
(plano pp. 134-135; ☑734 411 733; Ślusarska 9, entra da por Przemysłowa; ⊘8.30-21.00; ☎; ᛝ3, 9, 19, 24, 50) Moderno café y bar de desayunos de estilo industrial en un almacén reconvertido en el prometedor barrio de Zabłocie, en Podgórze. Su excelente café y sus bocados ligeros, servidos todo el día, atraen a muchos empleados de las *start-ups* y estudios de diseño cercanos. Queda a 5 min a pie desde la fábrica de Schindler.

Cafe Rękawka CAFÉ
(plano pp. 134-135; ☑12 296 2002; ul Brodzinskiego 4b; ⊘8.00-19.00; ☎; ᛝ6, 13, 19, 23) El aroma a café y el *jazz* invaden los sentidos cuando se entra en este templo del dulce. Está adornado con un curioso batiburrillo de sacos de café, cortinas de encaje y plantas, el ambiente perfecto para repantigarse en un mullido sillón y entrar en calor con una taza de café.

☆ Ocio

Cracovia cuenta con una animada vida cultural, sobre todo en lo que a teatro, música y artes plásticas se refiere, con numerosos festivales anuales. La ciudad no anda escasa de clubes de *jazz* y cines especializados en cine de autor. *Karnet* (www.karnet.krakow. pl), una completa revista mensual que publica casi todos los eventos de Cracovia, está disponible en inglés y se consigue en las oficinas de turismo.

Las entradas para espectáculos culturales se compran en la oficina de InfoKraków en el casco antiguo (p. 161), en el nº 2 de ul Św Jana; también pueden ayudar a hacer reservas.

La bimensual *Kraków In Your Pocket* (www.inyourpocket.com), que cuesta 5 PLN pero suele ser gratuita en grandes hoteles y oficinas de turismo, también es un magnífico recurso en clave de ocio e incluye bares, *pubs* y locales nocturnos. Otras fuentes de información en línea son las webs de *Cracow Life* (www.cracow-life.com) y del *Krakow Post* (www.krakowpost.com). Para estar al tanto de la oferta nocturna, hay que consultar www.krakownightlife.com y www. where2b.org.

'Jazz' y música en directo

Cracovia presenta una dinámica oferta jazzística y algunos clubes programan conciertos durante todo el año.

★**Harris Piano Jazz Bar** JAZZ
(plano pp. 126-127; ✆12 421 5741; www.harris.krakow.pl; Rynek Główny 28; ⊙13.00-hasta tarde; 🚋1, 6, 8, 13, 18) Situado en un íntimo sótano con personalidad propia, acoge actuaciones de *jazz* y *blues* casi todas las noches a partir de las 21.30, pero conviene llegar temprano para conseguir sitio (o bien reservar por teléfono). Los miércoles por la noche hay *jam sessions* gratis.

Piec' Art JAZZ
(plano pp. 126-127; ✆12 429 1602; www.piecart.pl; ul Szewska 12; actuaciones 15-20 PLN; ⊙12.00-hasta tarde; ☎; 🚋2, 13, 18, 20) Oscuro y seductor bar en un sótano, ideal para un trago incluso cuando reina un ambiente sosegado. Varias veces por semana programa *jazz* acústico, lo que lo convierte en un lugar más tentador si cabe.

Piano Rouge JAZZ
(plano pp. 126-127; ✆12 431 0333; www.thepianorouge.com.pl; Rynek Główny 46; ⊙10.00-hasta tarde; 🚋1, 6, 8, 13, 18) Suntuoso club de *jazz* y restaurante en un sótano decorado con lámparas y sofás clásicos, terciopelo rojo y ondulada seda de colores. Hay *jazz* en directo cada noche a las 22.00.

Fabryka Klub MÚSICA EN DIRECTO
(plano pp. 134-135; ✆530 053 551; Zabłocie 23; 🚋3, 9, 19, 24, 50) Esta antigua fábrica de Podgórze se ha convertido en la principal sala de conciertos de música *indie* y experimental de la ciudad. Los espectáculos, que abarcan desde *metal* a electrónica, tienen lugar en la enorme sala principal de la planta o en el jardín cubierto de césped. Para información sobre próximos conciertos y entradas, consúltese TicketPro (www.ticketpro.pl). Con buen tiempo se llena de mesas y es un buen sitio para tomar algo.

Jazz Club U Muniaka JAZZ
(plano pp. 126-127; ✆12 423 1205; www.umuniaka.pl; ul Floriańska 3; ⊙19.00-hasta tarde; 🚋2, 4, 14, 19, 20, 24) Ubicado en una bonita bodega, este es uno de los locales de *jazz* más conocidos de Polonia, invento del saxofonista Janusz Muniak. Hay conciertos casi todas las noches a partir de las 20.30.

Re MÚSICA EN DIRECTO
(plano pp. 126-127; ✆12 431 0881; www.klubre.pl; ul Św Krzyża 4; ⊙12.00-2.00; 🚋3, 10, 19, 24, 52) Ofrece la mejor programación de música en directo de Cracovia, con bandas de *indie rock* de todo el orbe que tocan a escasos metros del público. Además cuenta con un providencial patio.

Stalowe Magnolie MÚSICA EN DIRECTO
(plano pp. 126-127; ✆12 422 8472; www.stalowemagnolie.pl; ul Św Jana 15; ⊙19.00-hasta tarde; ☎; 🚋2, 4, 14, 18, 19, 24) "Magnolias de acero" es una sala decorada en vivos colores que ofrece conciertos de pop, *rock* y *jazz*. Todas las noches hay fiesta; la música arranca a partir de las 21.00. Los jueves por la noche se reserva para las chicas.

Música clásica y ópera

Filharmonia Krakowska MÚSICA CLÁSICA
(Filharmonia im. Karola Szymanowskiego w Krakowie; plano p. 126-127; ✆reservas 12 619 8722, entradas 12 619 8733; www.filharmonia.krakow.pl; ul Zwierzy-

---

MÚSICA DE CÁMARA EN IGLESIAS

El interior barroco de una iglesia puede ser un inspirador escenario para un concierto de música clásica. Desde mayo hasta septiembre se interpretan conciertos en iglesias de toda la ciudad. Las entradas se pueden comprar in situ o en cualquier oficina de InfoKraków (p. 161). Algunos de los mejores lugares son la **iglesia de San Pedro y San Pablo** (plano pp. 126-127; ✆695 574 526; ul Grodzka 52a; entradas adultos/reducida 60/40 PLN; ⊙20.00 mi, vi, sa, do; 🚋1, 6, 8, 13, 18), al sur de la Rynek, que acoge recitales vespertinos de Vivaldi, Bach, Chopin y Strauss, cortesía de la Orquesta de Cámara de Cracovia. Para escuchar la obra de Chopin, el compositor polaco más célebre, hay que ir al salón renacentista del **palacio Bonerowski** (plano pp. 126-127; ✆604 093 570; www.cracowconcerts.com; ul Św Jana 1; entradas 60 PLN; ⊙19.00 ma-do; 🚋1, 6, 8, 13, 18). Otra opción acertada es la **iglesia de San Gil** (Kościół św Idziego; plano pp. 126-127; ✆695 574 526; ul Grodzka 67; entradas adultos/reducida 60/40 PLN; ⊙17.00 ma-vi; 🚋6, 8, 10, 13, 18), con un íntimo repertorio de conciertos de órgano a última hora de la tarde.

niecka 1; ⊘taquilla 10.00-14.00 y 15.00-19.00 ma-vi; ⊠1, 2, 6) Es la sede de una de las mejores orquestas del país.

Opera Krakowska · ÓPERA
(☑12 296 6260; www.opera.krakow.pl; ul Lubicz 48; entradas 20-200 PLN; ⊘10.00-19.00 lu-vi, o 2 h antes del espectáculo en taquilla; ⊠4, 10, 14, 20, 52) La Ópera de Cracovia tiene su sede en un espectacular edificio rojo junto a la rotonda de Mogilskie. El marco es decididamente moderno, pero el repertorio abarca diferentes épocas, incorporando desde Verdi a Bernstein.

Cine
Cracovia es una ciudad con predilección por el cine, como acreditan sus varias salas consagradas a las producciones independientes y a los filmes de autor. La cartelera se puede consultar en línea; téngase presente que las películas extranjeras casi siempre se proyectan en versión original con subtítulos en polaco.

Kino Pod Baranami · CINE
(plano pp. 126-127; ☑12 423 0768; www.kinopodbaranami.pl; Rynek Główny 27; entradas 12-20 PLN; ☎; ⊠1, 6, 8, 13, 18) Escondido en un palacio histórico en un rincón de Rynek Główny, posee tres salas dedicadas al mejor cine independiente polaco e internacional. Lo suelen frecuentar expatriados y las películas polacas a veces se proyectan con subtítulos en inglés.

Kino Ars · CINE
(plano pp. 126-127; ☑12 421 4199; www.ars.pl; ul Św Tomasza 11, esq. ul Św Jana; entradas 18-20 PLN; ⊠3, 10, 19, 24, 52) Sito en el casco antiguo, ofrece las mejores películas independientes e internacionales, por lo general en versión original subtitulada en polaco.

Kino Mikro · CINE
(☑12 341 4332; www.kinomikro.pl; ul Lea 5; entradas 10-16 PLN; ⊠4, 13, 14, 24) Pequeño cine que apunta a estudiantes con una cartelera de cine en versión original con subtítulos en polaco. Las entradas se pueden comprar a través de su web o en la misma taquilla, aunque hay que llegar temprano para evitar quedarse en la calle.

Kino Paradox · CINE
(☑12 430 0015; www.kinoparadox.pl; Centrum Młodzieży im H Jordana, ul Krupnicza 38; entradas 10-12 PLN; ⊠2, 4, 8, 13, 14, 18, 20, 24) Popular cine especializado en filmes de autor de todo el mundo que rara vez llegan al circuito comercial.

Teatro

Narodowy Stary Teatr · TEATRO
(plano pp. 126-127; ☑12 422 8020; www.stary.pl; ul Jagiellońska 5; entradas adultos/reducida 55/35 PLN; ⊘taquilla 10.00-13.00, 17.00-19.00 ma-sa; ⊠2, 4, 14, 18, 20, 24) Es la compañía teatral más conocida de la ciudad, por la que ha pasado la flor y nata de sus actores. Para vencer la barrera idiomática (y se sabe ingés), se recomienda escoger una obra de Shakespeare de las que están programadas, que se conozca bien, y fijarse en su particular interpretación polaca. La taquilla está en una bocacalle de Plac Szczepański.

Teatr im Słowackiego · ÓPERA, TEATRO
(plano pp. 126-127; ☑información 12 424 4528, entradas 12 424 4526; www.slowacki.krakow.pl; Plac Św Ducha 1; entradas 20-80 PLN; ⊘taquilla 10.00-14.00 y 14.30-18.00 lu, 9.00-14.00 y 14.30-19.00 ma-sa, 15.00-19.00 do; ⊠2, 3, 4, 10, 14, 19, 24, 52) Este importante teatro se dedica a los clásicos polacos y las grandes producciones. Está en un edificio grande y opulento (1893) que imita a la Ópera de París y queda al noreste de Rynek Główny.

Teatr Groteska · TEATRO
(☑12 633 4822; www.groteska.pl; ul Skarbowa 2; ⊘taquilla 8.00-12.00 y 15.00-17.00 lu-vi; ⊠2, 4, 8, 13, 14, 18, 20, 24) El "Teatro Grotesco" programa principalmente espectáculos de marionetas más que recomendables. Está 450 m al oeste del Planty por ul Krupnicza. Cada año, la compañía descansa los meses de julio y agosto.

🛍 De compras
El casco antiguo cuenta con un amplio abanico de tiendas que venden de todo, desde camisetas a exquisita cristalería, y todo a escasa distancia de Rynek Główny. El lógico punto de partida (o quizá de llegada) para salir de compras por la ciudad es el mercadillo que se encuentra en el interior de la Lonja de los Paños, en el centro de Rynek Główny, donde se vende desde bonita joyería de ámbar a dragones de peluche. Si apetece ir a un centro comercial, Galeria Krakowska (☑12 422 9900; ul Pawia 5; ⊘9.00-22.00 lu-sa, 10.00-21.00 do; ⊠2, 3, 4, 10, 14, 19, 24, 52), junto a la estación de trenes, tiene un sinfín de tiendas.

Casco antiguo y alrededores

★ Galeria Plakatu · ARTE
(plano pp. 126-127; ☑12 421 2640; www.cracowpostergallery.com; ul Stolarska 8-10; ⊘11.00-18.00 lu-vi,

hasta 14.00 sa; 📵1, 6, 8, 13, 18) Polonia siempre ha destacado en el infravalorado arte de los carteles de cine, y esta fascinante tienda cuenta con la mayor y mejor selección de la ciudad, cortesía de los artistas gráficos más prominentes del país.

★ Galeria Dyląg · GALERÍA

(plano pp. 126-127; ☑12 431 2521; www.dylag.pl; ul Św Tomasza 22; ☺12.00-18.00 lu-vi, 11.00-14.00 sa; 📵3, 10, 19, 24, 52) Pequeña galería de arte privada con obras de artistas patrios desde la década de 1940 a la de 1970. Búsquense las pinturas polacas realizadas mediante la técnica de goteo (similares a los cuadros de Jackson Pollock) a finales de los años cincuenta. Muchas de las piezas a la venta pertenecen a artistas cuya obra hoy se exhibe en museos.

Krakowska Manufaktura Czekolady · COMIDA

(plano pp. 126-127; ☑502 090 765; www.chocolate. krakow.pl; ul Szewska 7; ☺10.00-22.00; 📵2, 4, 14, 18, 24) Vende preciosas figuritas hechas con chocolate blanco y negro, además de un surtido de chocolates y caramelos envueltos, a destacar un inacabable perro labrador de tamaño natural en chocolate. Arriba hay un pequeño café que despacha un chocolate a la taza divino.

Boruni Amber Museum · JOYERÍA

(plano pp. 126-127; ☑513 511 512; www.ambermu seum.eu; ul Św Jana 4; ☺10.00-21.00; 📵1, 6, 8, 13, 18) Anillos, collares, broches, pendientes, etc.; los amantes del ámbar estarán en su elemento en esta tienda especializada con un "museo" (gratis) en la parte trasera donde puede verse cómo cortan, pulen y trabajan el preciado material. Boruni entrega un certificado de calidad con cada compra.

Stary Kleparz · MERCADO

(plano pp. 126-127; ☑12 634 1532; www.starykleparz. com; ul Paderewskiego, Rynek Kleparski; ☺6.00-18.00 lu-vi, hasta 16.00 sa, 8.00-15.00 do; 📶; 📵2, 4, 14, 19, 20, 24) El lugar con más encanto y solera de la ciudad para comprar frutas, verduras y flores es este extenso mercado techado que se remonta al s. xii. También venden carne, quesos, especias, ropa y demás artículos.

Antykwariat Stefan Kamiński · LIBROS

(plano pp. 126-127; ☑12 422 3965; www.krakow-an tykwariat.pl; ul Św Jana 3; ☺9.00-17.00 lu-vi, 10.00-13.30 sa; 📵1, 6, 8, 13, 18) Evocadora y polvorienta librería antigua con cantidad de postales, grabados, libros y pósteres viejos; para encontrar joyas hay que rebuscar.

Jan Fejkiel Gallery · GALERÍA

(plano pp. 126-127; ☑12 429 1553; www.fejkielga llery.com; ul Sławkowska 14; ☺11.00-18.00 lu-vi, hasta 15.00 sa; 📵2, 4, 14, 19, 20, 24) Jan Fejkiel se formó como historiador de arte, pero su galería se especializa en grabados y dibujos contemporáneos, con énfasis en los artistas emergentes. Además, asegura tener la mayor colección de arte gráfico del país.

Wedel Pijalnia Czekolady · COMIDA Y BEBIDA

(plano pp. 126-127; ☑12 429 4085; www.wedelpijal nie.pl; Rynek Główny 46; ☺9.00-22.00; 📵1, 6, 8, 13, 18) El nombre de E. Wedel es sinónimo de chocolate y aquí se podrá comprar una caja de pralinés artesanos para regalar a alguien especial.

My Gallery · JOYERÍA

(plano pp. 126-127; ☑12 431 1344; www.mygallery.pl; ul Gołębia 1a; ☺9.00-19.00 lu-vi, 10.00-16.00 sa; 📵2, 13, 18, 20) Este pequeño local vende todo tipo de recuerdos, desde deslumbrante joyería inspirada en la naturaleza y vistosos caireles hasta bufandas y suéteres hechos a mano y algún que otro par de pantuflas.

La Mama · ROPA

(plano pp. 126-127; ☑602 396 230; www.lamama. sklep.pl; ul Sławkówska 24; ☺10.00-19.00 lu-vi, 11.00-16.00 sa; 📵2, 4, 14, 19, 20, 24) La diseñadora local Monika presenta aquí su original colección de moda infantil, confeccionada íntegramente con tejidos naturales y de estilo sencillo y definido.

Hala Targowa · MERCADO

(plano pp. 126-127; Ul Grzegórzecka 3; ☺7.00-15.00; 📵1, 9, 11, 22, 50) En este mercadillo el viajero encontrará de todo, desde libros viejos con las páginas amarillentas, postales antiguas de Cracovia, cuadros e iconos hasta una cantidad ingente de cachivaches y tesoros. Los vendedores instalan sus tenderetes a diario pero el domingo a mediodía es el mejor momento para venir. También hay un popular puesto de salchichas para picar algo a altas horas (20.00-3.00 lu-vi).

Salon Antyków Pasja · ANTIGÜEDADES

(plano pp. 126-127; ☑12 429 1096; www.antykwariat-pasja.pl; ul Jagiellońska 9; ☺11.00-19.00 lu-vi, 10.00-15.00 sa; 📵2, 13, 18, 20) Cual pequeño museo, este célebre anticuario cuenta con tres salas repletas de relojes, mapas, cuadros, lámparas, esculturas y muebles. Y puestos a pensar, es mejor que un museo, ya que todo está a la venta.

Kobalt — CERÁMICA
(plano pp. 126-127; 798 380 431; www.kobalt.com. pl; Grodzka 62; 10.00-20.00; 6, 8, 10, 13, 18) Es el lugar ideal para surtirse de hermosas piezas de cerámica típicas de Bolesławiec, una localidad al oeste del país. Cada uno de sus platos, fuentes y cuencos está pintado a mano y luce diseños únicos. Es todo un clásico en las cocinas polacas.

Krakowski Kredens — COMIDA Y BEBIDA
(plano pp. 126-127; 12 423 8159; www.krakows kikredens.pl; ul Grodzka 7; 10.00-20.00 lu-sa, 11.00-18.00 do; 1, 6, 8, 13, 18) De parada obligada para los entusiastas del *żurek*, la "Alacena de Cracovia" no solo vende tarros de esta ácida sopa típica, sino también numerosos recuerdos comestibles como setas marinadas, distintos tipos de miel, mostaza especiada y mermelada de grosella.

Andrzej Mleczko Gallery — ARTE
(plano pp. 126-127; 12 421 7104; www.mleczko. pl; ul Św Jana 14; 10.00-18.00; 2, 4, 14, 19, 20, 24) En esta galería se pueden ver y comprar dibujos de cómic y otros artículos como tazas y camisetas creadas por el conocido artista satírico Andrzej Mleczko.

Rubin — ANTIGÜEDADES
(plano pp. 126-127; 12 422 9140; www.rubin.com. pl; ul Sławkowska 1; 11.00-17.00 lu-vi; 2, 4, 14, 18, 20, 24) Ofrece una selección de joyería antigua que incluye artículos de ámbar, cucharas de plata, anillos y relojes.

Lulu Living — ARTÍCULOS DEL HOGAR
(plano pp. 126-127; 12 421 0472; www.lululiving.pl; ul Św Tomasza 17; 10.00-19.00; 2, 4, 14, 19, 20, 24) Subiendo unas escaleras dentro del Camelot Cafe se llega a esta luminosa y atractiva tienda de artículos para el hogar. Modernos diseños de cristal, lámparas, tejidos y cerámica comparten espacio con pósteres y letreros retro, creando un efecto sorprendentemente armonioso.

Galeria Bukowski — REGALOS
(plano pp. 126-127; 12 433 8855; www.galeria bukowski.pl; ul Sienna 1; 10.00-19.00 ma-sa, hasta 18.00 do-lu; 1, 6, 8, 13, 18) Una monada de tienda especializada en *miś pluszowy* (osos de peluche) de todas las formas, tamaños, colores y diseños.

Kazimierz
Cada sábado por la mañana se celebra un mercadillo en **Plac Nowy** (mercado judío; plano pp. 134-135; desde 6.00; 6, 8, 10, 13), en Kazimierz, donde venden de todo, desde oxidadas reliquias bélicas hasta preciosos artículos coleccionables. Para ver galerías hay que enfilar hacia ul Josefa.

★ Błażko — JOYERÍA
(plano pp. 134-135; 508 646 298; www.blazko. pl; ul Józefa 11; 11.00-19.00 lu-vi, hasta 15.00 sa; 6, 8, 10, 13) En esta pequeña galería y taller se exhiben las espectaculares creaciones del diseñador Grzegorz Błażko, que incluye una inconfundible gama de anillos esmaltados a cuadros, colgantes, brazaletes, pendientes y gemelos, casi todo hecho en plata.

Austeria — LIBROS
(plano pp. 134-135; www.austeria.pl; ul Józefa 38; 9.00-19.00; 3, 9, 19, 24, 50) Tiene la mejor colección de libros de temática judía de Cracovia.

Antykwariat na Kazimierzu — ANTIGÜEDADES
(plano pp. 134-135; 12 292 6153; www.judaica.pl; ul Meiselsa 17; 10.00-17.00 lu-vi, hasta 14.00 sa y do; 6, 8, 10, 13) En el sótano de la Fundación Judaica de Kazimierz, esta cueva de Aladino vende todo tipo de antigüedades: porcelana, cristal, cuadros, libros y objetos de lo más variado.

Vanilla — ROPA
(plano pp. 134-135; 500 542 114; ul Meiselsa 7; 11.00-19.00 lu-vi, hasta 16.00 sa, 10.00-15.00 do; 6, 8, 10, 13) Excelente tienda de ropa de segunda mano de mujer, con una acertada selección de blusas, faldas, vestidos y zapatos de grandes marcas, pero a una fracción del precio original. Su moda de estilo retro imprime un aire muy particular.

Produkty Benedyktyńskie — COMIDA Y BEBIDA
(Productos Benedictinos; plano pp. 134-135; 12 422 0216; www.produktybenedyktynskie.com; ul Krakowska 29; 9.00-18.00 lu-vi, hasta 15.00 sa; 6, 8, 10, 13) Los monjes benedictinos son conocidos por su laboriosidad, y aquí se pueden comprar los quesos, vinos, galletas, miel, etc. que preparan río arriba en Tyniec y en otros monasterios.

Raven Gallery — ARTE
(plano pp. 134-135; 12 431 1129; www.raven.krakow. pl; ul Brzozowa 7; 11.00-18.00 lu-vi, hasta 15.00 sa; 11, 12, 22, 52) Esta pequeña galería privada exhibe la obra de conocidos pintores patrios desde la década de 1930 hasta la actualidad, con predominio de pinturas cubistas de las décadas de 1920 y 1930, así como obras abs-

CRACOVIA DE COMPRAS

159

CRACOVIA DE COMPRAS

tractas y del socialismo realista creadas entre 1950 y 1960.

Antyki Galeria Retro ANTIGÜEDADES
(plano pp. 134-135; ☑691 803 863; www.antykire tro.pl; ul Miodowa 4; ☺11.00-18.00 lu-vi, 10.30-15.00 sa; ◪6, 8, 10, 13) Ajetreada tienda de objetos usados con montañas de platos de porcelana antiguos, artículos de plata y candelabros, además de una hilera de grandes relojes de madera. También hay una escueta pero interesante selección de cuadros de las décadas de 1960 y 1970.

By Insomnia ROPA
(plano pp. 134-135; ☑881 228 122; www.byinsomnia. com; ul Meiselsa 7; ☺10.00-18.00 lu-vi, hasta 15.00 sa; ◪6, 8, 10, 13) El uso de materiales naturales y un estilo sutilmente sexi caracteriza los diseños de ropa de mujer de esta diminuta *boutique*. By Insomnia es una marca local cuyas prendas están hechas en Polonia.

Marka ARTÍCULOS DEL HOGAR
(plano pp. 134-135; ☑12 422 2965; ul Józefa 5; ☺12.00-18.00; ◪6, 8, 10, 13) Esta tienda autodenominada "conceptual" abrió a principios del 2015 con el propósito de comercializar arte, muebles, accesorios, lámparas y artículos de cristal hechos exclusivamente por diseñadores polacos. Se llevan la palma sus lámparas de estilo retro, sus bonitos jarrones esculpidos y sus decantadores y cuencos.

Danutta Hand Gallery RECUERDOS
(plano pp. 134-135; ☑733 466 277; www.danutta handgallery.pl; ul Meiselsa 22; ☺10.00-19.00 lu-sa; ◪6, 8, 10, 13) Aunque parece una tienda de recuerdos como cualquier otra, se trata de una *boutique* con personalidad propia que vende gran variedad de artesanía obra de artistas locales. Absolutamente todo, desde los imanes para la nevera y los gemelos hechos con piezas de reloj hasta los pendientes hechos con objetos reciclados, procede de alguna galería o diseñador de Cracovia.

Klubczyk COMIDA Y BEBIDA
(plano pp. 134-135; ☑692 428 510; Mostowa 14; ☺10.00-17.00 lu-vi, 11.00-18.00 sa y do; ◪6, 8, 10, 13) Situado en el Mostowa, en el floreciente barrio de Kazimierz, este diminuto delicatesen y tienda de alimentación se especializa en productos ecológicos como carnes, quesos, cereales y alubias de origen nacional. Ideal para preparar un pícnic, también tiene un microscópico café de estilo retro con un puñado de mesas donde poder degustar sus productos in situ.

Librería judía Jarden LIBROS
(plano pp. 134-135; ☑12 421 7166; www.jarden.pl; ul Szeroka 2; ☺9.00-18.00 lu-vi, 10.00-18.00 sa y do; ◪3, 9, 19, 24, 50) Pequeña librería dedicada al legado judío, con una buena selección de títulos sobre historia local y conocimiento tradicional, además de literatura sobre el Holocausto. También venden CD de música hebrea y organizan circuitos que muestran el patrimonio judío.

Fuera del centro

⭐**Massolit Books & Cafe** LIBROS
(plano pp. 126-127; ☑12 432 4150; www.massolit. com; ul Felicjanek 4; ☺10.00-20.00 do-ju, hasta 21.00 vi y sa; ☎; ◪1, 2, 6) Este evocador emporio del libro vende ficción y no ficción en varios idiomas, libros nuevos y de segunda mano. La zona del café desprende carisma, empezando por las estanterías y acabando por la sombría sala trasera. Predominan los autores polacos y centroeuropeos.

Cepelix ARTESANÍA
(☑12 644 1571; os Centrum B1, Nowa Huta; ☺10.00-18.00 lu-vi, hasta 13.00 sa; ◪4, 10, 16) Cadena nacional de artesanía y recuerdos polacos especializada en accesorios de piel, encajes y demás. Lo mejor de todo es su interior: las arañas de luces de metal, las vitrinas, el techo y el mobiliario trasladarán al viajero a la Nowa Huta de los años sesenta y setenta, cuando el realismo socialista estaba en pleno auge.

Empik LIBROS
(plano pp. 126-127; ☑22 451 0385; www.empik.com; ul Pawia 5; ☺9.30-21.00; ◪2, 3, 4, 10, 14, 19, 24, 52) Importante cadena de librerías también indicada para comprar mapas, periódicos, revistas y películas polacas en DVD difíciles de encontrar. Esta sucursal, en la 1ª planta del centro comercial Galeria Krakowska, es la mejor surtida.

Starmach Gallery GALERÍA
(plano pp. 134-135; ☑12 656 4317; www.starmach. com.pl; ul Węgierska 5, Podgórze; ☺11.00-18.00 lu-vi; ◪3, 6, 11, 23) Una de las galerías de pintura y escultura contemporáneas más prestigiosas de Cracovia, con obras tanto de artistas patrios emergentes como consolidados. Espectacular y moderna, ocupa el antiguo templo de culto judío de Zucher, una belleza neogótica del s. XIX.

ⓘ Información

PELIGROS Y ADVERTENCIAS

Aunque en general Cracovia es una ciudad segura para los viajeros, hay carteristas como en todo destino turístico, por lo que se recomienda estar alerta en las zonas públicas más concurridas.

Los alojamientos del casco antiguo pueden resultar ruidosos a altas horas de la noche debido a los muchos bares y restaurantes que hay en la zona, sobre todo cerca de la plaza principal; si esto supusiera un problema, hay que pedir una habitación que dé a la parte de atrás. En verano, la gran cantidad de turistas que llegan a la ciudad resulta un poco agobiante, los principales puntos de interés, como el castillo de Wawel, experimentan largas colas y es difícil encontrar sitio en los restaurantes más populares. Al pasear, hay que tener cuidado con los numerosos coches de caballos que recorren el casco antiguo, incluso en las calles peatonales.

ACCESO A INTERNET

Internet Café Hetmańska (✆12 430 0108; www.hetmanska24.com; ul Bracka 4; 4 PLN/h; ☺24 h; ➌1, 6, 8, 13, 18) Cibercafé oportunamente ubicado en el casco antiguo, abierto las 24 h.

Klub Internetowy Planet (✆12 432 7631; Rynek Główny 24, 1ª planta; 4 PLN/h; ☺10.00-22.00; ➌1, 6, 8, 13, 18) Muy práctico, está en una bocacalle junto a Rynek Główny. Se lo encuentra escaleras arriba tras acceder por el pasadizo.

Blich Internet (✆12 391 6111; ul Blich 5; 4 PLN/h; ☺10.00-21.00 lu-sa, 12.00-21.00 do; ➌1, 9, 11, 12, 22, 50) Está unos 600 m al sur de la estación principal de trenes.

PLANOS

El plano gratuito que facilitan en las oficinas de turismo debería bastar para una visita corta. Si se desea algo más detallado, una de las mejores opciones es el práctico *Kraków Plan Miasta* (a escala 1:10 000; 9 PLN), publicado por Demart, que incluye todas las rutas de tranvía y autobús y sus respectivas paradas. También hay una amplia oferta de mapas/planos en grandes librerías como Empik (p. 160) y **Księgarnia Pod Globusem** (plano pp. 126-127; ✆12 422 1739; www.liberglob.pl; ul Długa 1; ☺10.00-19.00 lu-vi, hasta 14.00 sa; ➌2, 4, 14, 19, 20, 24). Otro sitio recomendable es **Sklep Podróżnika** (plano pp. 126-127; ✆12 429 1485; www.sp.com.pl; ul Jagiellońska 6; ☺11.00-19.00 lu-vi, 10.00-14.00 sa; ➌2, 13, 18, 20), especializado en viajes.

ASISTENCIA MÉDICA

Apteka Pod Opatrznością (✆12 631 1980; ul Karmelicka 23; ☺24 h; ➌4, 13, 14, 24) Farmacia abierta las 24 h, situada al oeste del casco antiguo.

AstraDent Kraków (✆12 421-8948; www.astradent.pl; Plac Szczepański 3; ☺8.30-19.00 lu-vi; ➌2, 4, 14, 18, 20, 24) Clínica dental de confianza, ubicada en el casco antiguo.

Medicina (✆12 266 9665; www.medicina.pl; ul Barska 12; ☺7.30-20.00 lu-vi, 8.00-14.00 sa; ➌11, 18, 22, 52) Cuenta con profesionales sanitarios privados.

Medicover (✆500 900 500; www.medicover.pl; ul Podgórska 36; ☺7.30-20.00 lu-vi, 8.00-14.00 sa; ➌3, 9, 19, 24, 50) Clínica privada con médicos especialistas que hablan inglés y servicio de urgencias las 24 h.

LAVANDERÍAS

Casi todos los albergues tienen lavadora (y a veces secadora) que se puede usar, aunque a menudo toca pagar un suplemento.

Betty Clean (✆12 430 1563; www.bettyclean.pl; ul Zwierzyniecka 6; ☺7.30-19.30 lu-vi, 8.00-15.30 sa; ➌1, 2, 6) Esta tintorería, perteneciente a una cadena, queda cerca de los límites suroccidentales del casco antiguo. También ofrece servicio de lavandería normal.

DINERO

Por el centro urbano hay *kantors* (oficinas privadas de cambio de moneda), bancos y cajeros automáticos. Ojo porque muchos *kantors* cierran los domingos y las zonas próximas a Rynek Główny y la estación principal de trenes ofrecen un cambio muy malo. Conviene comparar precios y comprobar si cargan comisión.

CORREOS

Oficina principal de correos (Poczta Polska; plano pp. 126-127; ✆12 421 0348; www.poczta-polska.pl; Westerplatte 20; ☺7.30-20.30 lu-vi, 8.00-14.00 sa; ➌3, 10, 19, 24, 52) Está al este del casco antiguo.

TELÉFONO

El centro comercial Galeria Krakowska (p. 157), al lado de la estación de trenes, es el mejor sitio para comprar una tarjeta SIM polaca para el teléfono. Allí se encuentran representadas todas las compañías de telecomunicaciones, unas junto a otras, por lo que resulta fácil comparar precios y ofertas.

INFORMACIÓN TURÍSTICA

InfoKraków (www.infokrakow.pl), la red local de oficinas de información turística, cuenta con sucursales por toda la ciudad, entre ellas una en la **Lonja de los Paños** (plano pp. 126-127; ✆12 433 7310; Lonja de los Paños, Rynek Główny 1/3; ☺9.00-19.00 may-sep, hasta 17.00 oct-abr; ☎; ➌1, 6, 8, 13, 18), en **Kazimierz** (plano pp. 134-135; 12 422 0471; ul Józefa 7; ⊘9.00-17.00; 🚌6, 8, 10, 13), en el **casco antiguo** (plano pp. 126-127; 🖉12 421 7787; ul Św Jana 2; ⊘9.00-19.00; 🚌1, 6, 8, 13, 18) y en el **aeropuerto** (🖉12 285 5341; www.en.infokrakow.pl; aeropuerto internacional Juan Pablo II, Balice; ⊘9.00-19.00). Cabe esperar un servicio afable, montones de planos/mapas gratis y material promocional, ayuda para reservar alojamientos y billetes de transporte, y un ordenador (en algunas oficinas) para acceder gratis a internet sin dilatarse demasiado.

La **Kraków Card** (www.krakowcard.com; 2/3 días 100/120 PLN) puede salir a cuenta si se prevé visitar muchos museos en poco tiempo. Se puede comprar en oficinas de turismo, agencias de viajes y hoteles, y permite entrar en decenas de museos (no incluye los de la colina de Wawel), hacer trayectos ilimitados en transporte público (incluido el autobús Wieliczka) y disfrutar de descuentos en circuitos organizados y en algunos restaurantes.

AGENCIAS DE VIAJES

Bocho Travel (🖉12 421 8500; www.krakow. travel; ul Stolarska 8-10; 🚌1, 6, 8, 13, 18) Vende billetes de avión y trenes interurbanos.

WEBS

In Your Pocket (www.inyourpocket.com/poland/krakow) Reseñas irreverentes sobre alojamientos, lugares de interés y ocio.

Kraków Info (www.krakow-info.com) Una excelente fuente de noticias y eventos.

Kraków Post (www.krakowpost.com) Fuente de información en inglés sobre noticias locales, entrevistas, particularidades y cartelera.

Local Life (www.local-life.com/krakow) Restaurantes, bares y ocio.

Magical Kraków (Magiczny Kraków; www. krakow.pl) Buena fuente de información general, a cargo del Ayuntamiento.

🛈 Cómo llegar y salir

AVIÓN

El **aeropuerto internacional Juan Pablo II** (KRK; 🖉información 12 295 5800; www. krakowairport.pl; Kapitana Mieczysława Medweckiego 1, Balice; 🛜) de Cracovia, recientemente remodelado, se encuentra en la localidad de Balice, unos 15 km al oeste del centro urbano. La terminal cuenta con varios mostradores de compañías de alquiler de automóviles, cajeros automáticos, una sucursal de InfoKraków y oficinas de cambio de moneda (a tipos nada ventajosos).

La principal aerolínea polaca, **LOT** (🖉12 285 5128, información de vuelos 22 577 9952; www. lot.com; ul Basztowa 15; ⊘9.00-17.00 lu-vi; 🚌2, 4, 14, 19, 20, 24), vuela a Varsovia y a las principales ciudades europeas.

Varias compañías, incluidas unas cuantas de bajo coste, como EasyJet y Ryanair, conectan Cracovia con otras ciudades del continente.

AUTOBÚS

La moderna **estación de autobuses** (plano p. 122; 🖉703 403 340; www.mda.malopolska. pl; ul Bosacka 18; ⊘información 7.00-20.00; 🚌2, 3, 4, 10, 14, 19, 24, 52) de Cracovia goza de una práctica ubicación junto a la estación principal de trenes, en los límites del casco antiguo. La mejor forma de viajar a Zakopane (16 PLN, 2 h, cada hora) es en autobús. Los modernos autobuses de **Polski Bus** (🖉emergencias 703 502 504; www.polskibus.com) salen desde aquí hacia Varsovia (5 h, varios diarios) y Wrocław (3 h, varios diarios); se pueden consultar las tarifas y reservar los billetes en línea.

Polski Bus cubre unas cuantas rutas internacionales a destinos como Berlín (99 PLN, 8 h, 4 diarios). Otras compañías consolidadas que viajan al extranjero son **Eurolines** (🖉14 657 1777; www.eurolines.pl) y **Jordan** (plano pp. 134-135; 🖉12 422 4278; http://autobusy.jordan.pl; ul Gęsia 8; ⊘8.00-17.00 lu-vi). Casi todas estas llegan y salen de la estación principal de autobuses. Los billetes se compran en la terminal o, en algunos casos, directamente al conductor. **Tiger Express** (plano pp. 126-127; 🖉608 921 919; www. tigerexpress.eu; ul Worcella 12; ⊘8.00-19.00; 🚌3) opera microbuses a/desde los principales destinos de la República Checa, incluida Praga (99 PLN, 6 h). Los autobuses parten de una pequeña estación al otro lado la calle desde el centro comercial Galeria Krakowska (p. 157). Los billetes se pueden comprar en línea.

TREN

Tras una reciente renovación, la **estación de trenes Kraków Główny** (Dworzec Główny; plano p. 122; 🖉información 22 391 9757; www.pkp. pl; Plac Dworcowy; 🚌2, 3, 4, 10, 14, 19, 24, 52), en las afueras del casco antiguo, al noreste, concentra todos los trenes internacionales y casi todos los servicios nacionales. La estación luce una atractiva disposición, con amplios mostradores y máquinas expendedoras, consigna, taquillas, cajeros automáticos y muchos restaurantes y tiendas. Se accede por el centro comercial Galeria Krakowska (p. 157).

El tren es muy indicado para ir a Gdańsk (80 PLN, 8 h, 3 diarios), Lublin (62 PLN, 4 h, 2 diarios), Poznań (80 PLN, 8 h, 3 diarios), Toruń (73 PLN, 7 h, 3 diarios), Varsovia (60-130 PLN, 3 h, como mínimo cada hora) y Wrocław (50 PLN, 5½ h, cada hora). Algunos de los destinos internacionales más populares son Bratislava (7 h, 1 diario), Budapest (10½ h, 1 diario), Lviv (7½-9½ h, 2 diarios) y Praga (10 h, 1 diario).

 **Cómo desplazarse**

A/DESDE EL AEROPUERTO

Hay un servicio regular de trenes (1-2 cada hora, 4.00-23.30) que comunica con la estación Kraków Główny. Al salir de la terminal, hay que tomar el autobús de enlace gratuito del aeropuerto a la cercana estación de trenes. Los billetes (10 PLN) para los 18 min de trayecto se compran a bordo, ya sea en una máquina expendedora o al conductor.

Los autobuses nº 292 y 208 circulan entre el aeropuerto y la estación principal de autobuses de Cracovia (p. 162); el billete cuesta 4 PLN.

Un taxi desde el centro de Cracovia al aeropuerto cuesta 80 PLN aprox.

Para traslados desde Cracovia al aeropuerto de Katowice (y viceversa), **Matuszek** (☑32 236 1111; www.matuszek.com.pl; ida/ida y vuelta 44/88 PLN) opera autobuses de enlace a/desde la terminal de Cracovia (2 h). Cómprense los billetes a través de su web.

BICICLETA

Cada año, Cracovia está más adaptada a las bicicletas. Se han construido carriles-bici a ambos lados del río, por casi toda la zona centro. Además, se están trazando otras rutas más ambiciosas a fin de enlazar el casco antiguo con Nowa Huta. Las oficinas de InfoKraków facilitan planos gratuitos con carriles-bici. Para alquilarlas se recomiendan:

Krk Bike Rental (☑509 267 733; www.krk-bikerental.pl; ul Św Anny 4; 1 h/1 día 9/50 PLN; ☑2, 13, 18, 20) Sita en el casco antiguo, alquila bicicletas de paseo para explorar la ciudad y bicis de montaña, mejor equipadas, para recorridos más largos y atrevidos. También propone un circuito de 3-4 h por la ciudad (90 PLN/persona, mínimo 3 participantes), aunque han de reservarse con antelación.

Dwa Koła (☑12 421 5785; ul Józefa 5; 3 h/1 día 20/40 PLN; ☑10.00-18.00; ☑6, 8, 10, 13) Además de las bicis de rigor, alquila modelos con asientos infantiles, por horas o días.

AUTOMÓVIL Y MOTOCICLETA

Como medios para desplazarse por la ciudad, son más un estorbo que una ayuda, pues el aparcamiento en la calle está limitado y gran parte del casco antiguo es peatonal. Con automóvil, la mejor ruta para acceder a la ciudad es la A4; hay que abonar 9 PLN de peaje al entrar y salir de la autopista. Para estacionar en los alrededores

del casco antiguo se exige comprar una tarjeta especial *(karta postojowa)*, que se consigue en los parquímetros y ha de colocarse a la vista. Dichas tarjetas cuestan 3 PLN la primera hora (en adelante, la tarifa va en aumento) y deben mostrarse de 10.00 a 18.00 de lunes a viernes.

Muchas de las grandes compañías de alquiler de automóviles tienen oficina en Cracovia y/o en el aeropuerto de Cracovia. Las compañías locales suelen ofrecer mejores precios:

Joka Rent a Car (☑12 429 6630; www.joka.com.pl; ul Zacisze 7; ☑2, 3, 4, 14, 19, 20, 24)

TRANSPORTE PÚBLICO

Cracovia posee una eficiente red de autobuses y tranvías que prestan servicio de 5.00 a 23.00. Hay dos tipos de billetes sencillos: los de corta duración (2,80 PLN), que son válidos durante 20 min y sirven para cubrir trayectos cortos; y los estándar, que duran 40 min (3,80 PLN). También se pueden adquirir bonos (1/2/3 días 15/24/36 PLN). Los billetes se compran en las máquinas a bordo de los vehículos (habrá que tener monedas a mano), o en los quioscos de las principales paradas, y deben validarse en las canceladoras, al subir; suelen pasar inspectores.

Casi todas las atracciones turísticas se concentran en el casco antiguo o a un cómodo paseo de este, por lo que seguramente no se recurra demasiado al transporte público, a menos que el alojamiento del viajero quede en las afueras del centro. Téngase presente que las rutas de tranvías son proclives a sufrir modificaciones en verano.

Autoridad del Transporte Público de Cracovia (Miejskie Przedsiębiorstwo Komunikacyjne/MPK; ☑19150; www.mpk.krakow.pl) Gestiona todos los tranvías y autobuses de la ciudad. Consúltense los horarios en su web.

TAXI

Pese a que en los últimos años ha menguado el número de taxistas clandestinos, sigue siendo preferible pedir un taxi por teléfono en lugar de parar uno en la calle. Las compañías indicadas a continuación tienen conductores de confianza y personal que atiende el teléfono en inglés. La bajada de bandera cuesta 7 PLN, más 2,30 PLN/km. Recuérdese que los domingos de 22.00 a 6.00 la tarifa es de 3,50 PLN/km.

iTaxi (☑737 737 737; www.itaxi.pl) Se puede descargar la aplicación para *smartphones* a través de su web.

Radio Taxi Barbakan (☑12 357 2003, 12 19661; www.barbakan.krakow.pl)

Euro Taxi (☑12 266 6111, 12 19664)

Lajkonik Taxi (☑12 19628)

Małopolska

5,1 MILLONES HAB.

Incluye »

Los mejores restaurantes

➡ Lapidarium pod Ratuszem (p. 178)

➡ U Braci (p. 170)

➡ Calimero Cafe (p. 174)

➡ Pivovaria (p. 180)

➡ Kardamon (p. 186)

Los mejores alojamientos

➡ Hotel Korunny (p. 199)

➡ Hostel-Art (p. 174)

➡ Eger Pensjonat (p. 191)

➡ Vanilla Hotel (p. 186)

➡ Hostel Zamość (p. 199)

Por qué ir

Conocida como la Pequeña Polonia, Małopolska es la región que envuelve Cracovia, extendiéndose desde Częstochowa, al oeste, hasta Lublin, al este. Tradicionalmente ha desempeñado un papel clave en la historia del país, conformando la esencia del antiguo Reino de Polonia. Hoy, en cambio, es un destino que atraviesan sin detenerse los viajeros que acuden en masa a Cracovia y luego continúan con su itinerario.

Que sea así no deja de ser una lástima, pues aunque Małopolska carezca de puntos de interés de renombre, se trata de una región de gran belleza natural, con colinas ondulantes y varios parques nacionales. Sandomierz, antigua localidad gótica enclavada en un promontorio con vistas al Vístula, es uno de los lugares más hermosos del país.

También es un destino rico en diversidad cultural. El monasterio de Jasna Góra, en Częstochowa, es un importante centro de peregrinación. Al este se encuentran ciudades como Lublin o Chełm, antaño hogar de grandes comunidades judías.

Cuándo ir
Lublin

May y jun El fin de semana del Corpus Christi hay un sinfín de festividades.

Ago Miles de peregrinos se congregan en el monasterio de Jasna Góra.

Ago y sep El Encuentro Internacional de Vocalistas de Jazz llega a Zamość.

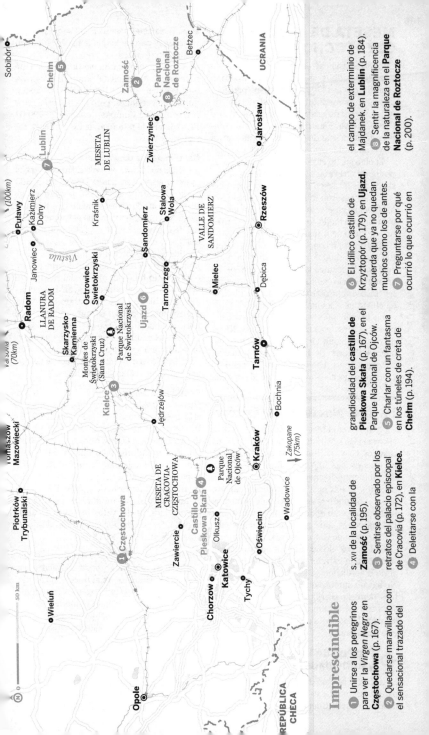

Imprescindible

1. Unirse a los peregrinos para ver la *Virgen Negra* en **Częstochowa** (p. 167).

2. Quedarse maravillado con el sensacional trazado del

   grandiosidad del **castillo de Pieskowa Skała** (p. 167), en el Parque Nacional de Ojców.

5. Charlar con un fantasma en los túneles de creta de **Chełm** (p. 194).

   s. XVI de la localidad de **Zamość** (p. 195).

3. Sentirse observado por los retratos del palacio episcopal de Cracovia (p. 172), en **Kielce.**

4. Deleitarse con la

6. El idílico castillo de Krzyżtopór (p. 179), en **Ujazd**, recuerda que ya no quedan muchos como los de antes.

7. Preguntarse por qué ocurrió lo que ocurrió en

   el campo de exterminio de Majdanek, en **Lublin** (p. 184).

8. Sentir la magnificencia de la naturaleza en el **Parque Nacional de Roztocze** (p. 200).

MESETA DE CRACOVIA-CZĘSTOCHOWA

Cuando Silesia cayó en manos de Bohemia a mediados del s. XIV, el rey Casimiro III el Grande [1333-1370] se propuso fortificar la frontera mediante la construcción de una cadena de castillos entre Cracovia y Częstochowa. Este tramo de 100 km comprende la meseta de Cracovia-Częstochowa (Wyżyna Krakowsko-Częstochowska).

El plan surtió efecto y los bohemios nunca pudieron atravesar la muralla. Sin embargo, siglos más tarde, en 1655, los suecos invadieron y destruyeron muchos de estos castillos. Más luchas en el s. XVIII completaron el proceso; de este modo, lo que hoy ve el viajero es un conjunto de ruinas monumental.

Esta meseta, conocida como Jura, se formó a partir de piedra caliza en el período Jurásico, hace unos 150 millones de años. La erosión cinceló cientos de cuevas y formaciones rocosas curiosas que se pueden admirar en el Parque Nacional de Ojców.

La opción más recomendable para explorar la meseta es el sendero de los Nidos de Águila (Szlak Orlich Gniazd), que discurre a lo largo de 164 km entre Cracovia y Częstochowa. Las oficinas de turismo de Cracovia y Częstochowa informan al respecto.

Parque Nacional de Ojców

A pesar de ser el más pequeño de Polonia, el Ojcowski Park Narodowy alberga numerosos castillos, cuevas e innumerables formaciones rocosas en sus 21,5 km². También cuenta con una gran diversidad de flora, incluidos bosques de hayas, abetos, robles y carpes, además de numerosas especies de pequeños mamíferos como tejones, armiños y castores. Este parque es uno de los rincones más bellos de la meseta de Cracovia-Częstochowa.

Gran parte de las atracciones turísticas flanquean la carretera que discurre paralela al río Prądnik entre Ojców y Pieskowa Skała. No hay un autobús directo entre ambos pueblos, pero el recorrido de 7 km que los separa se puede cubrir a pie, pues es todo llano. El sendero de los Nidos de Águila también sigue esta carretera.

⊙ Puntos de interés y actividades

El estrecho pueblo de Ojców se halla en el parque nacional, y es una popular excursión desde Cracovia. Cuenta con un par de museos, pero es el acceso a los senderos que recorren el parque lo que lo hace verdaderamente interesante.

Antes de iniciar una caminata conviene hacerse con un mapa del parque en Cracovia o en la oficina de la PTTK de Ojców. Existen un par de versiones, pero el *Ojcowski Park Narodowy,* de Compass (escala 1:20 000, 11 PLN) detalla la totalidad de los senderos, carreteras y rocas.

Castillo de Pieskowa Skała   CASTILLO
(☎12 389 6004; www.ojcowskiparknarodowy.pl; ul Ojcowska; adultos/reducida 10/7 PLN; ⊙10.00-16.00 ma-ju, 9.00-13.00 vi, 10.00-18.00 sa y do may-sep, hasta 15.30 ma-do oct-abr, cerrado lu) Si hay que elegir una única actividad en el Parque Nacional de Ojców, lo mejor es visitar este castillo del s. XIV, uno de los mejor conservados de las tierras altas. Reconstruido en el s. XVI a imitación de la residencia real de Wawel, hoy opera como filial del museo del castillo de Wawel y cuenta con una gran colección de arte y objetos de los ss. XV al XIX. Está cerca del extremo norte del parque, unos 8 km al norte del pueblo de Ojców.

Desde el castillo, el sendero rojo que sigue la carretera hacia Ojców conduce a un pilar de caliza, de 25 m de altura, llamado el Garrote de Hércules (Maczuga Herkulesa).

Castillo de Ojców   RUINAS
(Zamek w Ojcowie; www.ojcowskiparknarodowy.pl; ul Ojcowska; adultos/reducida 3/2 PLN; ⊙10.00-16.45 abr-may y ago-sep, hasta 17.45 jun y jul, hasta 15.45 oct, hasta 15.00 nov, cerrado lu) Este castillo fue abandonado en 1826, y desde entonces no ha dejado de deteriorarse. Hoy, poco queda aparte del portal del s. XIV de la entrada y una torre octogonal, si bien las vistas de las casas de madera esparcidas por las laderas del valle de Prądnik valen la pena. Se accede por un camino desde el aparcamiento de la PTTK.

Capilla Sobre el Agua   IGLESIA
(Kaplica na Wodzie; www.ojcowskiparknarodowy.pl; ul Ojcowska) Unos 100 m al norte del castillo de Ojców se alza esta fotogénica capilla diseñada en 1901 siguiendo el modelo de los baños públicos que ocupaban antaño su emplazamiento. Para prolongar la sencillez del exterior, los tres altares interiores tienen forma de casas de campesinos. Solo abre para los servicios religiosos.

Cueva del rey Łokietek   CUEVA
(Grota Łokietka; ☎12 419 0801; www.grotalokietka.pl; Czajowice; adultos/reducida 8/6 PLN; ⊙9.00-

15.30 abr, hasta 18.30 may-sep, hasta 17.30 oct, hasta 16.30 sa y do nov-mar) Esta cueva se extiende a lo largo de más de 270 m por varios pasajes. Para acceder a ella hay que seguir el sendero negro que discurre hacia el sur desde el castillo de Ojców, que se tarda unos 30 min en recorrer. Según una leyenda, antes de ser coronado en el s. xiv, Władysław Łokietek se ocultó aquí del rey bohemio Václav II. El nombre de las cámaras proviene de los distintos usos que les dio Łokietek. La temperatura de la cueva se mantiene entre 7 y 8°C durante todo el año.

Cueva de Wierzchowska Górna　　CUEVA
(☏12 411 0721; www.gacek.pl; ul Wł Bandurskiego 16/11, Wierzchowie; adultos/reducida 15/13 PLN; ⊙9.00-16.00 abr, sep y oct, hasta 17.00 may-ago, hasta 15.00 nov) Cueva situada junto a la linde del parque, en el pueblo de Wierzchowie, 5 km al suroeste de Ojców. Con 950 m de largo, es la cueva más grande de la meseta Cracovia-Częstochowa. En las excavaciones realizadas tras la II Guerra Mundial se encontraron objetos de la Edad de Piedra y cerámica del Neolítico Medio.

🛏 Dónde dormir y comer

Hay varios alojamientos y restaurantes cerca de los castillos de Pieskowa Skała y Ojców, y más aún en el tramo de carretera entre ambos.

El viajero puede preguntar por habitaciones privadas (40 a 60 PLN por persona) en la oficina de la PTTK, o pasear por el pueblo de Ojców y buscar carteles de *noclegi* (alojamiento).

Dom Wycieczkowy PTTK Zosia　　ALBERGUE €
(☏12 389 2008; www.dwzosia.pl; Ojców-Złota Góra 4; por persona sin/con baño 30/40 PLN) De ambiente informal, este albergue, 1 km al oeste colina arriba desde el castillo de Ojców, ofrece habitaciones bien cuidadas, buenas instalaciones, agradables zonas comunes y tarifas imbatibles.

Camping Złota Góra　　CAMPING €
(Złota Góra; ☏12 389 2014; Ojców 8; por persona/ tienda/automóvil/autocaravana 7/7/10/12 PLN; ⊙19 abr-15 oct) A unos cientos de metros de la PTTK, cerca del centro del parque, este *camping* cuenta con una zona de barbacoas en el centro y árboles alrededor. Tiene un restaurante con cómodos asientos donde se sirve cerveza a raudales. No alquilan tiendas de campaña.

Agroturystyka Glanowski　　PENSIÓN €
(☏12 389 6212; agroglanowski.tur.pl; Pieskowa Skała, Podzamcze 2; por persona 40-50 PLN) Situada a 500 m del castillo de Pieskowa Skała, ofrece habitaciones limpias, un restaurante sencillo y zona de acampada.

Zajazd Zazamcze　　PENSIÓN €€
(☏12 389 2083; www.zajazdzazamcze.ojcow.pl; Ojców 1b; i/d/tr 100/160/200 PLN; @🛜) A poca distancia del desvío de Ojców, esta pensión ofrece habitaciones bien ventiladas y un restaurante, acogedor y con un precioso jardín, del que nadie saldrá con hambre.

Castillo de Pieskowa Skała　　POLACA €€
(☏12 389 6004; www.ojcowskiparknarodowy.pl; Ojcowska; principales 20-30 PLN; ⊙10.00-20.00) Se puede acceder al restaurante-cafetería del castillo de Pieskowa Skała sin necesidad de comprar la entrada; su terraza brinda magníficas vistas.

ℹ Información

La pequeña **oficina de la PTTK** (☏12 389 2010; www.ojcow.pttk.pl; Ojców 15; ⊙9.00-17.00) está en el aparcamiento, al pie del castillo de Ojców.

ℹ Cómo llegar y salir

Un esporádico servicio de microbús enlaza Cracovia y Ojców (6 PLN, 45 min). Los autobuses salen de una pequeña parada en el nº 4 de Ogrodowa (junto al centro comercial Galeria Krakowska) y llegan hasta la oficina de la PTTK, junto a la base del castillo de Ojców. En el momento de redactar esta guía, había cinco microbuses con salida de Cracovia cada día laborable, entre 6.00 y 19.05, y cuatro con salida de Ojców, entre 9.35 y 18.20. Los horarios de fin de semana son casi idénticos, aunque el primer autobús que sale de Cracovia lo hace a las 8.00 h.

Częstochowa
246 225 HAB.

Cada año, la *Virgen Negra* de Częstochowa atrae entre 4 y 5 millones de visitantes de todo el mundo. Algunos caminan durante 20 días, recorriendo cientos de kilómetros, para postrarse ante la imagen y entregar sus ofrendas. Otros simplemente toman un autobús en Cracovia.

Pero el centro espiritual de Polonia no es un destino únicamente para los devotos. El monasterio de Jasna Góra es también una de las principales atracciones de la región.

LA 'VIRGEN NEGRA' DE CZĘSTOCHOWA

A diferencia de otros lugares de peregrinación, Jasna Góra nunca ha vivido apariciones divinas. Debe su fama a la presencia de la *Virgen Negra,* coronada "Reina de Polonia" en 1717. Es un icono de 122 × 82 cm de la Virgen con el Niño pintado sobre un panel de madera de ciprés.

No se sabe a ciencia cierta cuándo o dónde se creó la *Virgen Negra,* aunque hay quienes sostienen que la pintó san Lucas el Evangelista en una mesa de la casa de la Sagrada Familia y más tarde fue trasladada a Częstochowa desde Jerusalén, previo paso por Constantinopla. Llegó a Częstochowa en 1382.

En 1430, la cara de la Virgen fue acuchillada por guerreros husitas en represalia ante lo que entendían como abusos papales en Roma. El cuadro todavía conserva aquellas marcas, ya sea porque se dejaron a propósito como recuerdo del ataque sacrílego, o, según cuentan, porque reaparecen una y otra vez pese a los intentos por repararlas.

Actualmente todavía se cuentan historias sobre la intervención de la imagen en la salvación de Jasna Góra de la invasión sueca de 1655 y para mantener a los rusos a raya en 1920. La creencia generalizada en las leyendas es más que palpable a tenor de las ofrendas votivas que los peregrinos le siguen entregando a la *Virgen Negra* en la actualidad: desde muletas y bastones hasta joyas de todo tipo.

Gracias a la entrada de recursos procedentes de la UE, se han llevado a cabo reformas en la vía principal de subida al monasterio, añadiendo un nuevo motivo de orgullo a la ancestral veneración.

En época de peregrinación, particularmente el Día de la Asunción (15 ago), una multitud de fieles lo invade todo.

Historia

La primera referencia conocida de Częstochowa data de 1220, y el monasterio aparece unos 150 años más tarde. Jasna Góra significa "colina luminosa", y el hecho de que fuera uno de los escasos enclaves del país en sobrevivir al ataque de los suecos en el s. XVII lo convirtió en lugar sagrado para muchos.

El rey Casimiro III el Grande concedió a la ciudad su fuero fundacional en el s. XIV, bajo la legislación alemana, situando a Częstochowa en una importante ruta comercial procedente de Rusia. El desarrollo agrícola e industrial, impulsado por la línea ferroviaria Varsovia-Viena, propició la consolidación del lugar como destacado centro industrial a finales del s. XIX. Cuando estalló la II Guerra Mundial, la ciudad contaba con unos 140 000 habitantes.

Al igual que ocurrió con muchas urbes polacas de tamaño similar, Częstochowa tenía una considerable comunidad judía hasta la II Guerra Mundial. El grueso de los judíos fueron hacinados en el barrio que rodea Stary Rynek (la vieja plaza del mercado), en el extremo oriental de al Najświętszej Marii Panny (NMP), donde los nazis construyeron un gueto durante la guerra. En él llegaron a hacinarse casi 50 000 personas. El gueto fue clausurado entre septiembre y octubre de 1942, tras la deportación de 40 000 judíos al campo de exterminio de Treblinka (p. 102).

◉ Puntos de interés

★ Monasterio Paulino
de Jasna Góra   MONASTERIO

(☑34 365 3888; www.jci.jasnagora.pl; ul Kordeckiego 2; ⊙8.00-17.00 mar-oct, hasta 16.00 nov-feb) GRATIS La capital espiritual de Polonia nació con la llegada de la orden paulina desde Hungría en 1382; sus miembros llamaron Jasna Góra a la colina de 293 m situada en la parte occidental de la ciudad y levantaron este monasterio. Hoy los creyentes llegan atraídos por los milagros atribuidos a la pintura de la *Virgen Negra* de la capilla de Nuestra Señora, pero el monasterio cuenta con muchos otros puntos de interés que vale la pena ver. El centro de información organiza circuitos guiados de 1 h.

En la sección más antigua del complejo, la capilla de Nuestra Señora (Kaplica Cudownego Obrazu) contiene la venerada *Virgen Negra.* La pintura se muestra ceremoniosamente a las 6.00 y 13.30 (14.00 sa y do) y se cubre con un velo a las 12.00 y 21.20 (13.00 y 21.20 sa y do). Conviene destacar las paredes donde se exhiben las ofrendas votivas. Junto a la capilla se encuentra la impresionante basílica *(bazylika),* cuya estructura actual data del s. XVII; el interior está decorado con lujoso mobiliario barroco.

En el lado norte de la capilla se pueden admirar las pinturas de la sala de los Caballeros (sala Rycerska), donde se ilustran acontecimientos clave de la historia del monasterio; también alberga una reproducción exacta de la *Virgen Negra*. En la planta superior está la Galería Golghota, que acoge un conjunto de pinturas del célebre pintor y dibujante local Jerzy Duda Gracz (1941-2004) en un claro ejemplo de la capacidad del monasterio para conservar su herencia histórica sin olvidarse del presente.

El campanario, de 106 m, la torre de iglesia histórica más elevada de Polonia, ofrece vistas del conjunto y de la zona de al NMP. Tras haber sufrido varios derrumbes, la torre actual data de 1906.

El Museo del 600° Aniversario presenta piezas fascinantes, como los documentos relativos a la fundación de Jasna Góra, en 1382, y una cruz forjada con acero procedente del World Trade Center, destruido en Nueva York el 11 de septiembre del 2001. Resultan especialmente conmovedores los rosarios elaborados con migas de pan por los prisioneros de los campos de concentración. Más allá de la sala de conferencias Padre Kordecki se expone el premio Nobel de la Paz otorgado a Lech Wałęsa en 1983.

El arsenal muestra parafernalia militar, como restos de batallas, piezas donadas por los soldados y una fascinante colección de armas turcas procedentes de la batalla de Viena (1683).

El tesoro, del s. XVII, incluye ofrendas votivas que se remontan al s. XV. En el s. XVII se empezaron a registrar.

Museo de Częstochowa MUSEO

(Muzeum Częstochowskie; ☎34 360 5631; www.muzeumczestochowa.pl; al NMP 45; adultos/reducida 12/6 PLN, mi gratis; ⊘11.00-17.00 ma-vi, hasta 18.00 sa y do) Instalado en el ayuntamiento neoclásico, este museo contiene cuadros de artistas polacos, así como un importante volumen de documentos relacionados con la historia de Częstochowa y el resto de la región. Parte de la colección se aloja en la filial del Museo de Częstochowa (☎34 360 5631; www.muzeumczestochowa.pl; Park Staszica; adultos/reducida 12/6 PLN, mi gratis; ⊘11.00-17.00 ma-vi, hasta 18.00 sa y do), próxima al monasterio.

Monumento a los Judíos MONUMENTO CONMEMORATIVO

(Umschlagplatz; ul Strażacka) Un pequeño monumento cerca de Stary Rynek marca la zona de deportación, la *Umschlagplatz,* desde donde

miles de judíos fueron trasladados al campo de exterminio de Treblinka en 1942. El monumento cuenta con un horario de trenes muy preciso en el que se detalla la salida del tren de Częstochowa a las 12.29, y la llegada a Treblinka a las 5.25 de la mañana siguiente.

★✩ Fiestas y celebraciones

Festival de Música Religiosa Gaude Mater MÚSICA

(☎34 324 3638; www.gaudemater.pl; ⊘ppios may) Centrado en la música religiosa de tradición cristiana, judía e islámica, se celebra anualmente la primera semana de mayo.

Fiestas marianas RELIGIOSAS

(www.jasnagora.pl; ⊘3 may, 16 jul, 15 ago, 26 ago, 12 sep y 8 dic) Congregan a decenas de miles de fieles, que acampan, entonan cánticos y asisten a multitudinarias misas al aire libre.

Día de la Asunción PEREGRINAJE

(www.jasnagora.pl; ⊘15 ago) Desde 1711, los peregrinos recorren a pie el camino hasta Jasna Góra para celebrar el Día de la Asunción.

🛏 Dónde dormir

Durante los períodos de peregrinación (como las fiestas marianas) conviene reservar con mucha antelación o alojarse en las localidades cercanas.

Pokoje Gościnne Pod Klasztorem PENSIÓN €

(☎34 324 7991; www.podklasztorem.pl; ul Św Barbary 13; i/d/tr 80/150/180 PLN; @) A falta de un albergue en la ciudad, estas básicas y cuidadas habitaciones a unos 100 m del monasterio presentan la mejor relación calidad-precio. Ofrecen poco más que una cama de madera de pino y muebles básicos, pero todas tienen baño separado y las instalaciones están bien atendidas. Además, varias disponen de cocina y hay un jardín en la parte de atrás.

Camping Oleńka CAMPING €

(☎34 360 6066; www.mosir.pl; ul Oleńki 22; automóvil/tienda 15/20 PLN, bungaló para 4 personas con baño 140 PLN) Este *camping* detrás del monasterio tiene capacidad para unas 400 personas. Quienes no lleven tienda pueden optar por los bungalós con cocina y baño, con una magnífica relación calidad-precio. Está unos 100 m al suroeste del monasterio.

Hotel Wenecki HOTEL €€

(☎34 324 3303; www.hotelwenecki.pl; ul Joselewicza 12; i/d/tr 140/170/190 PLN; P@🛜) Es el más atractivo de su categoría, y su única desventa-

MAŁOPOLSKA CZĘSTOCHOWA

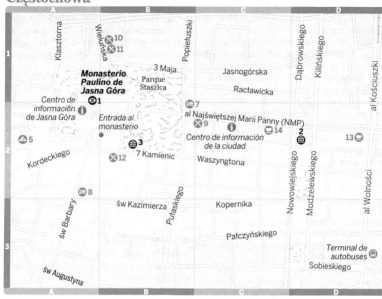

ja es la ubicación, a 20 min a pie del monasterio, aunque cerca de las estaciones de trenes y autobuses. Las habitaciones, aunque algo ajadas, están limpias, las camas son firmes, y los baños tienen detalles prácticos, como secador de pelo. El desayuno cuesta 20 PLN.

Mercure
HOTEL €€

(☎34 360 3100; www.accorhotels.com; ul Popiełuszki 2; i/d/apt 320/380/580 PLN; P❋@🖥) Perteneciente a la cadena hotelera Mercure, este hotel ofrece habitaciones limpias y elegantes con todas las comodidades. Su ubicación es excelente, a medio camino entre el monasterio y el centro. Desayunar cuesta 44 PLN y aparcar, otros 40 PLN por noche.

🍴 Dónde comer y beber

U Braci
ITALIANA €€

(☎515 314 190; 7 Kamienic 17; principales 25-35 PLN; ⏱12.00-22.00; 🖥) Si se desea *pizza* y pasta cerca del monasterio, este genuino restaurante italiano, a pocos minutos de la entrada principal del monasterio, no tiene rival. Sirve *pizzas* hechas en horno de leña, pasta creativa y deliciosos platos principales como pechuga de pollo, cocinada al vacío y acompañada de *risotto*. Un café de intenso aroma pone el broche a un almuerzo perfecto.

Dobry Rok
POLACA €€

(☎533 950 533; www.dobry-rok.pl; al NMP 79; principales 25-45 PLN; ⏱8.00-22.00 lu-vi, 9.00-24.00 sa, 10.00-22.00 do; 🖥) Quizá sea el mejor de una serie de restaurantes que flanquean el extremo superior de al NMP en dirección al monasterio. Combina platos polacos e internacionales, siendo el salmón glaseado al horno con gambas el que goza de mayor aceptación. El personal es correcto, y aunque la carta y la web no están en inglés, los camareros la traducen con gusto.

Pireus
GRIEGA €€

(☎34 368 0680; www.restauracja-pireus.com.pl; ul Wieluńska 12; principales 25-50 PLN; ⏱12.00-22.00; 🖥) Un verdadero oasis de comida griega excelente y sencilla, como su *tzatziki* o sus calamares fritos, en un entorno refinado a la par que relajado. Está a un paseo del monasterio de Jasna Góra. Resérvese con antelación.

Twierdza
POLACA €€

(☎34 361 2828; www.twierdza.czest.pl; ul Wieluńska 10; principales 30-50 PLN; ⏱11.00-23.00) Está bastante cerca del monasterio, algo perfecto para la pausa del almuerzo. La carta incluye una aceptable mezcla de platos internacionales estándar como bistecs, y otros más difíciles de encontrar, como venado e hígado

(N) 0 — 400 m

Wilsona
Garibaldiego
6
al Najświętszej Marii Panny (NMP)
Plac Daszyńskiego
Piłsudskiego
Katedralna
Estación de trenes
Ogrodowa
Krakowska
Orzechowskiego
Piłsudskiego
4

F 1
2
3

MAŁOPOLSKA CZĘSTOCHOWA

de pato. A los autores de esta guía les gustó la pechuga de pollo con queso ahumado de oveja de las tierras altas *(oscypek)*.

Caffe del Corso CAFÉ
(☎723 191 974; al NMP 53; cafés 8 PLN, helados 20 PLN; ⊙8.00-22.00 lu-sa, 10.00-22.00 do; 🛜) *Es el* lugar por excelencia de al NMP para tomar café de calidad y postres a base de helado y tartas. Cuenta con una atractiva terraza y sirve una buena variedad de ensaladas, sándwiches tostados y tortitas, ideales para una comida ligera.

Café 29 CAFÉ
(☎34 361 2355; www.cafe29.pl; al NMP 29; principales 10-25 PLN; ⊙10.00-22.00 lu-ju, hasta 23.00 vi y sa, 12.00-22.00 do; 🛜) Para llegar hasta este popular café estudiantil se atraviesa el pasaje situado en al NMP 29. Sirve ensaladas y tentempiés, además de los habituales café y cerveza. Comparte jardín con el Flash Pub, y con el Galeria Café y el club Carpe Diem al otro lado del patio, es un buen sitio para tomar unas copas al caer la tarde.

ℹ️ Información

Hay varias *kantors* (oficinas privadas de cambio de moneda) y cajeros automáticos repartidos por al NMP.

Centro de información de la ciudad (Miejskie Centrum Informacji; ☎34 368 2250; www.czestochowa.pl; al NMP 65; ⊙9.00-17.00 lu-sa) Ofrece buenos planos e información turística. Dispone de un ordenador para consultar el correo.

Centro de información de Jasna Góra (Jasnagórskie Centrum Informacji; ☎34 365 3888; www.jasnagora.pl; ul Kordeckiego 2; ⊙9.00-17.00 mar-oct, hasta 16.00 nov-feb) Situado en el interior del monasterio, organiza circuitos guiados de las estancias principales (100 PLN, 5 personas mínimo).

ℹ️ Cómo llegar y salir

AUTOBÚS

La **terminal de autobuses** (☎información 34 379 1149; www.pks-czestochowa.pl; al Wolności 45; ⊙mostrador de información 9.00-17.00) está cerca de la estación principal de trenes (ambas unos 2 km al este del monasterio) y ofrece destinos principalmente regionales como Jędrzejów (14 PLN, 2 h) y Opole (15 PLN, 2 h).

Polski Bus (www.polskibus.com) ofrece servicios a varias ciudades polacas; se pueden comprar billetes en línea.

Katowice 20 PLN, 1 h, 5 diarios
Cracovia 27 PLN, 3 h, 2 diarios
Łódź 20 PLN, 2 h, 2 diarios
Varsovia 33 PLN, 3 h, 4 diarios

TREN

La **estación de trenes** (🖉información 19 757; www.pkp.pl; al Wolności) opera seis trenes rápidos diarios a Varsovia (40 PLN, 3½ h) y cuatro a Cracovia (34 PLN, 3 h).

Suele haber ocho trenes a Kielce (28 PLN, 2 h 20 min) durante el día. Otros salen hacia Katowice (20 PLN, 1½ h) entre las 3.00 y 21.00, desde donde hay conexiones a Cracovia. Solo algunos van A Zakopane; suelen partir de madrugada (35 PLN, 7 h).

MESETA DE MAŁOPOLSKA

Bordeada por los ríos Vístula y Pilica, su principal atracción son las montañas de la Santa Cruz (Góry Świętokrzyskie), una cordillera de gran belleza natural, escenario de terribles episodios de la historia del país y objeto de veneración religiosa. La localidad de mayor tamaño es Kielce, postrada a los pies de las montañas.

Kielce

203 800 HAB.

Esta es una ciudad rodeada de bloques de viviendas de la posguerra poco atractivos; sin embargo, al adentrarse en ella, el viajero descubre una animada localidad con un centro sorprendentemente elegante, dispuesta en torno a la catedral y al palacio episcopal de Cracovia, ambos rodeados por una amplia zona verde.

Kielce no se duerme sobre sus laureles, y sigue inmersa en un proyecto de remodelación de bastantes años que ha limpiado el centro y devuelto a la Rynek el esplendor perdido. La vía principal, ul Sienkiewicza, ha sido adecentada y hoy está repleta de cafés, tiendas y bares.

🔘 Puntos de interés

⭐ **Palacio episcopal de Cracovia**   MUSEO
(Pałac Biskupów Krakówskich; 🖉41 344 4015; www.mnki.pl; Plac Zamkowy 1; adultos/reducida 10/5 PLN; ⊙10.00-18.00 ma-do) La ciudad estuvo en manos de estos ministros de la Iglesia entre el s. XII y 1789, y este palacio, claro ejemplo de la riqueza de la época, fue una de sus sedes a partir de 1637. Destacan sobre todo sus interiores restaurados de los ss. XVII y XVIII, que le aportan un ambiente muy acogedor. En el mostrador de la entrada facilitan un

excelente folleto gratuito (en inglés) sobre los puntos de interés.

La joya de la exposición permanente es el antiguo comedor, donde la hermandad de obispos al pleno 'observa' al visitante desde sus 56 retratos. El resto de este cavernoso museo de varias plantas exhibe colecciones de porcelana y armaduras históricas, así como varios siglos y géneros de pintura polaca.

Catedral de Kielce   BASÍLICA
(🖉41 344 6307; www.wrota-swietokrzyskie.pl; Plac NMP 3; ⊙8.00-19.00) No se parece en nada a la iglesia románica construida aquí en 1171; de hecho, fue reconstruida en el s. XVII, revistiéndose de elementos barrocos. En sus criptas subterráneas se hallan enterrados muchos obispos. El papa Juan Pablo II ofició una misa en ella en 1999. En el 2012 una minuciosa restauración le aportó un nuevo esplendor.

Museo del Juguete y de los Juegos   MUSEO
(Muzeum Zabawek i Zabawy; 🖉41 344 4078; www.muzeumzabawek.eu; Plac Wolności 2; adultos/reducida 10/5 PLN; ⊙9.00-17.00 ma-do; 👶) Es un lugar que recuerda al visitante todos los juguetes que los Reyes Magos nunca le trajeron. De algún modo, la sala llena de ranas adquiere sentido al entrar en ella.

Monumento Conmemorativo del Pogromo contra los Judíos   MONUMENTO
(🖉41 344 7636; Planty 7/9; ⊙9.00-17.00 lu-vi) Una pequeña placa firmada por el expresidente Lech Wałęsa señala el lugar donde en 1946 unos polacos perpetraron un trágico pogromo contra los judíos que habían sobrevivido al Holocausto. Sus orígenes son inciertos (hay quienes sostienen que fue instigado por las autoridades comunistas para desacreditar a los nacionalistas polacos), pero la violencia acabó con la muerte de unos 40 judíos. En el interior, una pequeña pero conmovedora exposición ilustra la vida de los judíos en la Polonia anterior a la II Guerra Mundial.

Nueve polacos fueron ejecutados por tomar parte en los asesinatos. A menudo se alude al pogromo como la causa de que solo un pequeño número de judíos decidiera quedarse en Polonia tras la guerra.

Museo del Diálogo entre Culturas   MUSEO
(Muzeum Dialogu Kultur; 🖉41 344 4014; www.mnki.pl; Rynek 3/5; ⊙9.00-17.00 ma-do) Este minúsculo y reconfortante museo está dedicado a los esfuerzos globales en pro de la paz y el diálogo entre etnias y culturas. Alberga in-

Kielce

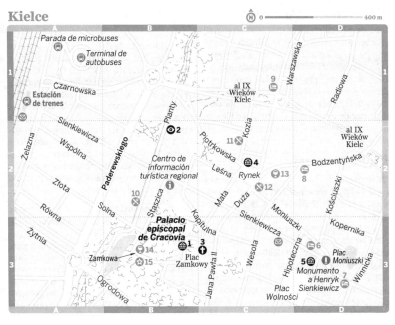

Kielce

◉ Principales puntos de interés
1 Palacio episcopal de Cracovia..............B3

◉ Puntos de interés
2 Monumento Conmemorativo del
   Pogromo contra los Judíos................B2
3 Catedral de Kielce...................................C3
4 Museo del Diálogo entre Culturas C2
5 Museo del Juguete y de los Juegos D3

🛏 Dónde dormir
6 Hostel-Art..D3
7 Hotel Pod Złotą Różą.............................D3
8 Hotel Śródmiejski...................................D2

9 Ibis Hotel..C1

🍴 Dónde comer
10 Calimero Cafe...B2
11 Si Señor...C2
12 Siesta Ristorante e Bar C2

🍷 Dónde beber y vida nocturna
13 CKM C2
14 Galery Café B3

🎭 Ocio
15 Dom Środowisk Twórczych B3

teresantes exposiciones temporales, como una muestra de carteles políticos centroeuropeos desde la II Guerra Mundial hasta la actualidad.

Museo al Aire Libre de Kielce   MUSEO
(Muzeum Wsi Kieleckiej; ☏41 315 4171; www.mwk. com.pl; Tokarnia 303, Chęciny; adultos/reducida 12/ 6 PLN; ⊙10.00-18.00 ma-do abr-oct, 9.00-16.00 lu-vi nov-mar; ⏏) Este *skansen* de 80 Ha se halla en el pueblo de Tokarnia, a unos 20 km de Kielce. Es una agradable excursión de medio día, sobre todo para los niños. Varios microbuses con origen en Kielce cruzan Tokarnia

de camino a otros destinos, al igual que cinco autobuses (4 PLN, 30 min) que circulan entre las 10.40 y 20.40 de camino a destinos como, p. ej., Jędrzejów. Hay que apearse en Tokarnia y continuar a pie, en la misma dirección, a lo largo de 1 km más o menos hasta la entrada al *skansen*.

Los domingos, un autobús especial, señalizado con una "T", va a Tokarnia cuatro veces (3 PLN), desde varias paradas del centro. El centro de información turística regional (p. 175) facilita información precisa sobre horarios y paradas.

✨ Fiestas y celebraciones

Días de Kielce FERIA

(☺may/jun) Kielce presume durante todo el año de un animado calendario de festejos, pero la mejor fiesta con diferencia son los Días de Kielce, que tiene lugar cada año a finales de mayo o junio durante el fin de semana del Corpus. Toda la ciudad cierra para disfrutar de cuatro días de comida callejera, música en directo y divertimento generalizado.

🛏️ Dónde dormir

★Hostel-Art ALBERGUE €

(☎41 344 6617; www.hostel-art-kielce.pl; ul Sienkiewicza 4c; i/d/tr 79/118/147 PLN; @ 🛜) Este albergue con inquietud por el diseño, se parece más a un hotel-*boutique* que a un antro de estudiantes, aunque a un precio mucho más bajo de lo que cuesta una habitación de hotel del mismo tipo. No hay dormitorios con camas múltiples, sino varias individuales, dobles y triples con los baños compartidos. La cocina comunitaria puede resultar práctica, y todo está impoluto.

Hotel Śródmiejski HOTEL €

(☎41 344 1507; www.hotelsrodmiejski.pl; ul Wesoła 5; i/d/tr 130/150/170 PLN; 🅿@🛜) Pequeño, familiar, céntrico y a precios razonables, su calle venida a menos no debería asustar, pues se trata de un hotel limpio y seguro. Las habitaciones son espaciosas y están amuebladas con gusto; algunas tienen balcón que da a la calle. El precio incluye desayuno y aparcamiento.

Hotel Pod Złotą Różą HOTEL €€

(☎41 341 5002; www.zlotaroza.pl; Plac Moniuszki 7; i/d 200/280 PLN, ste 400-600 PLN; 🅿@🛜) Sus habitaciones, pequeñas pero bien reformadas, salen muy a cuenta. Destaca por ser un lugar compacto, con estilo, y cuenta con un elegante restaurante.

Ibis Hotel HOTEL €€

(☎41 340 6900; www.ibis.com; ul Warszawska 19; i/d 139/169 PLN; 🅿@🛜) Kielce tiene el privilegio de contar con el hotel Ibis más económico de Polonia. Las habitaciones son pequeñas y cuadradas, pero están limpias y bien equipadas. El desayuno cuesta 30 PLN y el aparcamiento 15 PLN.

🍴 Dónde comer

Dar con un buen restaurante en Kielce es difícil para una ciudad de su tamaño. La avenida principal, ul Sienkiewicza, está franqueada por locales de kebab y *pizza*. La reformada Rynek merece una visita.

★Calimero Cafe CAFÉ €€

(☎519 820 320; www.calimerocafe.pl; ul Solna 4a; principales 20-25 PLN; ☺10.00-22.00; 🛜) El viajero puede almorzar en esta informal panadería-cafetería especializada en sopas saludables y deliciosas, sándwiches y ensaladas, como la de la casa, con jamón seco, queso de cabra y semillas de granada, la preferida de los autores de esta guía. Además, sirven limonada casera, batidos ecológicos y panes y tartas recién horneados. Es un lugar único y de los mejores para tomar platos sencillos y ligeros en esta zona del país.

Siesta Ristorante e Bar ITALIANA €€

(☎41 341 5426; Rynek 12; principales 25 PLN; ☺10.00-23.00 do-ju, hasta 2.00 vi y sa) Esta pequeña pizzería-heladería es una buena elección en una ciudad con pocos restaurantes aceptables. Sirven sabrosas *pizzas* hechas en horno de leña, como la "clásica", que contiene únicamente salsa de tomate, *mozzarella* y albahaca fresca, aunque también preparan buena pasta, ensaladas y platos de carne y pescado. Si hace buen tiempo se puede comer en la Rynek.

Si Señor ESPAÑOLA €€€

(☎41 341 1151; www.si-senor.pl; ul Kozia 3; principales 35-50 PLN; ☺12.00-22.00 lu-sa, hasta 19.00 do; 🛜) Posiblemente sea el mejor restaurante de Kielce, con un íntimo y exclusivo comedor, sillas de cuero marrón, tenue iluminación y paredes oscuras. En su carta de influencia española destacan sobre todo el pescado y el marisco, aunque también tienen buenos bistecs. La carta de vinos, con muchos caldos españoles, es la mejor de Kielce. Delante hay una pequeña terraza.

🍷 Dónde beber y ocio

CKM BAR

(☎41 344 7959; www.ckm.kielce.com; ul Bodzentyńska 2; ☺14.00-1.00 do-ju, hasta 3.00 vi y sa; 🛜) Este híbrido entre un club, un *pub*, un *lounge* y un café congrega una clientela en su mayoría universitaria atraída por sus futbolines, mesas de billar, bebidas, etc.

Galery Café CERVECERÍA

(☎41 341 5223; ul Zamkowa 2; ☺10.00-hasta tarde) Popular cervecería con terraza en el extremo de Zamkowa, del lado del parque. No hay como pedir una Fetch en la barra y salir en busca de una de las mesas de pícnic de afuera.

Dom Środowisk Twórczych MÚSICA EN DIRECTO
(☑41 368 2054; www.palacykzielinskiego.pl; ul Zamkowa 5; ⊙11.00-23.00) Este local musical, uno de los mejores de la ciudad, ofrece exposiciones temporales y música en directo (desde clásica a *rock* y *jazz,* según la noche) en un espléndido y relajado recinto al aire libre, en un jardín con patio. Cuenta además con un aceptable café-restaurante.

❶ Información

En ul Sienkiewicza hay numerosas *kantors.*
La oficina principal de correos está junto a la estación de trenes; hay una sucursal en Sienkiewicza.

Bank Pekao (ul Sienkiewicza 18; ⊙8.00-18.00 lu-vi, 10.00-14.00 do) Facilita anticipos de efectivo con tarjetas Visa y MasterCard y cuenta con cajero automático las 24 h.

Centro de información turística regional (ROT Świętokrzyskie; ☑41 348 0060; www.swietokrzyskie.travel; ul Sienkiewicza 29; ⊙9.00-18.00 lu-vi, hasta 17.00 sa y do) Oficina con personal muy atento, situada en un céntrico espacio remodelado.

❶ Cómo llegar y salir

AUTOBÚS

Kielce alberga la que posiblemente sea la **estación de autobuses** (ul Czarnowska 12) más atractiva del país: un edificio retro-futurista, en forma de platillo volante de la década de 1970. Sin embargo, hoy está parcialmente cerrada y a la espera de un destino incierto. Entretanto, algunos servicios *intercity* operan desde paradas temporales en la zona; lo mejor es pasar por el centro de información turística regional (véase arriba), que asesora sobre transporte.

Los autobuses a Święty Krzyż (5 PLN, 1 h, 4 diarios) salen entre 6.45 y 15.40; a Łódź (30 PLN, 3½ h, unos 10 diarios) entre 6.00 y 20.20; a Sandomierz (20 PLN, 2 h, 10 diarios) entre 7.00 y 19.40; y a Cracovia (25 PLN, 2½ h, 13 diarios) entre 2.00 y 17.35.

Polski Bus (www.polskibus.com) viaja a Cracovia (20 PLN, 2 h, 10 diarios), Radom (14 PLN, 1 h, 6 diarios) y Varsovia (20 PLN, 3 h, 8 diarios), entre otras ciudades. Para billetes y puntos de salida en Kielce se puede consultar la web.

TREN

De la estación de trenes (el lugar más destacado del extremo oeste de ul Sienkiewicza) parten servicios a numerosos destinos. Hay unos 15 trenes diarios a Radom (26 PLN, 2 h), que llegan hasta Varsovia (40 PLN, 3½ h), varios a Cracovia (35 PLN, 3 h), cuatro a Lublin (45 PLN, 3 h), y cinco a Częstochowa (30 PLN, 1½ h).

Parque Nacional de Świętokrzyski

Con 60 km², el **Parque Nacional de Świętokrzyski** (Świętokrzyski Park Narodowy; ☑41 311 5106; www.swietokrzyskipn.org.pl) ocupa una zona de colinas bajas conocidas como montes de Świętokrzyski. Puede hacerse una salida de un día completo, perfecta para desconectar de Kielce. Se trata de la formación geológica montañosa más antigua de Polonia (y la de menor altura debido a un proceso de erosión iniciado hace más de 300 millones de años). La antigüedad de esta cordillera se hace patente en los curiosos montones de *gołoborza* (cuarcita) de sus laderas septentrionales.

La actividad más popular en la zona es el senderismo, y los visitantes más ambiciosos suelen optar por seguir la antigua ruta de peregrinación desde la localidad de Nowa Słupia hasta el monasterio benedictino en lo alto de las montañas de la Santa Cruz (Święty Krzyż), para luego continuar hasta la aldea de Święta Katarzyna. Esta caminata, de dificultad moderada, discurre a lo largo de unos 18 km y se tarda en completarla entre 6 y 7 h.

◎ Puntos de interés

Monasterio benedictino de la Santa Cruz
MONASTERIO
(Święty Krzyż; ☑41 317 7021; www.swietykrzyz.pl; Święty Krzyż 1) Este monasterio debe su nombre a la reliquia de la Santa Cruz (Święty Krzyż) que aquí se conserva. Encaramada en lo alto del Łysa Góra (595 m), segunda cima de la cordillera de Świętokrzyski tras Łysica (612 m), la abadía posee una fascinante historia que se remonta un milenio atrás. La mayoría de las fuentes coinciden en que fue construido en el s. XI sobre un lugar de culto pagano de los ss. VIII-IX.

Con posterioridad, tras la abolición de la orden benedictina por parte de los rusos en 1819, se convirtió en prisión. Durante el dominio nazi, la Gestapo torturó aquí a muchos monjes antes de trasladarlos a Auschwitz-Birkenau, y muchos prisioneros de guerra soviéticos fueron ejecutados y enterrados en fosas comunes cerca de la cima. Al llegar los comunistas, el lugar pasó a pertenecer al parque y se inició su remodelación.

MAŁOPOLSKA PARQUE NACIONAL DE ŚWIĘTOKRZYSKI

Iglesia de la Santa Cruz   IGLESIA

(Bazylika na Świętym Krzyżu; 🖉41 317 7021; www.
swietykrzy.pl; Święty Krzyż 1; criptas adultos/redu-
cida 3/2 PLN; ⊙9.00-17.00 lu-sa, 12.00-17.00 do y
festivos) Este templo del monasterio benedictino de la Santa Cruz ha sido reconstruido en
varias ocasiones con el paso de los años. El
templo actual, interior incluido, en su mayor
parte neoclásico, es de finales del s. XVIII. Además de la iglesia, también se pueden ver las
criptas, que contienen los restos momificados
del noble Jeremi Michal Korybut, fallecido en
1651 a los 39 años.

Museo de la Antigua Metalurgia
de la Santa Cruz   MUSEO

(Muzeum Starożytnego Hutnictwa Świętokrzyskiego;
🖉690 900 871; www.mtip.pl; ul Świętokrzyska 59,
Nowa Słupia; adultos/reducida 6/3 PLN; ⊙9.00-
17.00) Aunque no lo parezca, la zona en
torno al Parque Nacional de Świętokrzyski
alberga el mayor centro metalúrgico antiguo
descubierto en Europa hasta la fecha. Este
museo se erigió en el antiguo emplazamiento
de unos hornos de fundición *(dymarki)* del
s. II descubiertos en 1955. La entrada al museo se encuentra a unos 300 m de la puerta
del parque, en las afueras de Nowa Słupia.

🛏 Dónde dormir

El centro de información turística de Nowa
Słupia es útil para encontrar alojamiento
agroturista.

Albergue Juvenil   ALBERGUE €

(Szkolne Schronisko Młodzieżowe w Nowej Słupi;
🖉41 317 7016; ul Świętokrzyska 61, Nowa Słupia; dc
25 PLN, d 40-50 PLN) Bien atendido, ofrece 60
camas en habitaciones dobles y dormitorios
compartidos. Queda muy a mano para visitar
el parque nacional.

Jodłowy Dwór   HOTEL €€

(🖉41 302 5028; www.jodlowydwor.com.pl; Huta
Szklana 34; d/tr 160/210 PLN; 🅿🗻) Pese a que
desde fuera parece más una moderna urbanización, este alojamiento de falso estilo rústico junto a la carretera entre Święty Krzyż y
Święta Katarzyna quizá sea el mejor hotel de
la zona. Tiene un jardín con una zona infantil
y un restaurante propio.

❶ Información

A unos 500 m de la entrada al parque nacional,
un pequeño **centro de información turística**
(Informacja Turystyczna; 🖉41 317 7626; www.
nowaslupia.pl; ul Świętokrzyska 18, Nowa Słupia;
⊙9.00-16.00 ma-ju, hasta 17.00 vi, 10.00-16.00

sa, hasta 14.00 do) facilita mapas de rutas
senderistas y ofrece folletos y recomendaciones
sobre alojamiento.

❶ Cómo llegar y salir

El parque se encuentra 25 km al este de Kielce.
Los autobuses de Kielce a Święta Katarzyna
(7 PLN, 30 min) salen más o menos cada hora,
aprox. entre 5.00 y 19.00; algunos paran en
Święty Krzyż. Para llegar a Nowa Słupia (7 PLN,
1 h), hay que tomar el autobús con destino a
Jeziórko o a Rudki (unos 10 diarios hasta las
18.00 aprox.).

Hay autobuses frecuentes de Nowa Słupia
(7 PLN, 1 h) y Święta Katarzyna (7 PLN, 30 min)
a Kielce, si bien la frecuencia es menor desde
Krzyż.

VALLE DE SANDOMIERZ

Este valle (Kotlina Sandomierska) cubre un
extenso territorio en la bifurcación de los ríos
Vístula y San. En el corazón del valle se halla la localidad de Sandomierz, rebosante de
esplendor gótico, en lo alto de una colina. A
poca distancia se encuentran las ruinas del
castillo de Ujazd.

Sandomierz

24 330 HAB.

Los viajeros deberían bajar la empinada
Rynek de Sandomierz y agolparse ante su
ayuntamiento gótico para visitarlo. Con todo,
la majestuosidad del casco antiguo sigue estando todavía por descubrir. Las callejuelas
están flanqueadas por inmaculados edificios
pintados en tonos marrón, naranja y amarillo, muchos de ellos con balcones de hierro
forjado.

Historia

No se sabe con certeza cuándo se fundó Sandomierz, pero en el s. XI el pueblo fue cata-
logado por el cronista Gall Anonim como un
asentamiento importante del reino polaco,
junto con Cracovia y Wrocław.

En el s. XIII, los continuos ataques de los
tártaros obligaron a reconstruir la ciudad varias veces, particularmente en 1260, cuando
se desplazó el asentamiento a lo alto de una
colina, su ubicación actual. Durante el reinado de Casimiro III el Grande [1333-1370],
Sandomierz se convirtió en un importante
centro del comercio, lo que propició la cons-

365 RAZONES PARA NO SER MARTIRIZADO

La primera impresión al acceder a la catedral de Sandomierz es satisfactoria. Pero una mirada más detenida, ignorando la ostentación decorativa, descubre su lado más macabro.

Las pinturas murales de la catedral fueron realizadas por el artista Karol de Prevot (1708-1737), un personaje que no destacó precisamente por su optimismo. Los cuatro murales de la pared de detrás del órgano muestran escenas históricas como la destrucción del castillo de Sandomierz a manos de los suecos en 1656. Pero la parte más oscura de su obra la conforman los 12 murales de las paredes laterales.

Esta serie de pinturas, llamada *Martyrologium Romanum*, representa el martirio que los tártaros infligieron a los padres dominicos y otros habitantes de Sandomierz entre 1259 y 1260. En ellas se aprecia con todo detalle a los invasores tártaros serrando, quemando, colgando, azotando y descuartizando a los invadidos.

Supuestamente, los 12 murales simbolizan los 12 meses del año, y junto a cada imagen de tortura hay un número que representa el día del mes. Cuenta la leyenda que si uno encuentra el día y el mes en que nació, sabrá cómo va a morir. Por si acaso, mejor no encontrarlos.

trucción del Castillo Real, la Puerta de Opatów y el ayuntamiento. El pueblo prosperó hasta mediados del s. XVII, un período marcado por la llegada de los jesuitas y la invasión de los suecos, un ataque del que jamás se recuperaría del todo.

Tras superar la II Guerra Mundial con su patrimonio arquitectónico prácticamente intacto, la siguiente amenaza se presentó en la década de 1960, cuando sus edificios más emblemáticos empezaron a deslizarse hacia el río. El inestable terreno sobre el que se asienta Sandomierz (y en el que se excavaron las bodegas) empezó a ceder, lo que hizo necesaria una operación para salvaguardarlo. La inyección de hormigón y acero en el resbaladizo suelo cumplió con su propósito.

⊙ Puntos de interés y actividades

Inconfundible por sus tonos tierra y su pendiente, la Rynek está rodeada de casas de distintas épocas y estilos. En la actualidad, solo las nº 10 y 27 muestran las típicas arcadas del s. XVI. El ayuntamiento, un edificio rectangular del s. XIV, es la construcción más antigua de la plaza; la torre del reloj, blanca, se añadió en el s. XVII, mientras que el reloj de sol del muro sur (obra de Tadeusz Przypkowski) data de 1958. Ambos están cerrados al público.

Armería de los Caballeros   MUSEO
(Zbrojownia; ☑728 382 531; www.rycerstwo.san-domierskie.pl; Rynek 5; adultos/reducida 7/5 PLN;

⊙10.00-16.00) Esta pequeña exposición de armaduras medievales, armas e instrumentos de tortura es mucho más entretenida de lo que parece. A diferencia de muchos museos similares, aquí no solo dejan tocar y fotografiar las piezas, sino también probarlas. Su director, Lukas, es un gran conocedor del tema y le encanta mostrar cómo se utilizaban las armas.

Puerta de Opatów   PUERTA
(Brama Opatowska; www.sandomierz.travel; ul Opatowska; adultos/reducida 4/3 PLN; ⊙9.00-19.00) La entrada principal al casco antiguo, y la única puerta que se conserva de las cuatro construidas originalmente, es la Puerta de Opatów, del s. XIV. Se puede ascender a su mirador para obtener una interesante vista de los alrededores.

Catedral   IGLESIA
(☑15 832 7343; www.katedra.sandomierz.org; ul Mariacka; ⊙9.00-18.00 ma-do, cerrado lu) Desde la Rynek, por ul Mariacka se llega a la catedral. Construida entre 1360 y 1382, esta inmensa iglesia ha conservado gran parte de su exterior gótico, descontando la fachada barroca del s. XVII. Los frescos ruso-bizantinos del coro y presbiterio son de la década de 1420. Posteriormente fueron encalados y así permanecieron hasta principios del s. XX, cuando afloraron de nuevo. Destacan también la impresionante galería barroca del órgano, de finales del s. XVII, el altar de mármol del s. XVIII, y las macabras pinturas de los muros interiores.

Museo Diocesano
MUSEO

(Muzeum Diecezjalne; ☑15 832 2304; www.domdlu
gosza.sandomierz.org; ul Długosza 9; adultos/redu
cida 6/3 PLN; ☺9.00-16.30 ma-sa y 13.30-16.30 do
abr-oct, 9.00-15.30 ma-sa y 13.30-15.30 do nov-mar)
La medieval **Casa Długosz** (Dom Długosza)
fue erigida en 1476 por Jan Długosz, el primer
historiador polaco del que se tiene constancia. Hoy alberga el Museo Diocesano, con una
rica colección de arte medieval, esculturas,
tapices, vestimentas, monedas y cerámica.

Castillo Real y Museo Regional
CASTILLO

(Muzeum Okręgowe - Zamek; ☑15 832 2265; www.
zamek-sandomierz.pl; ul Zamkowa 12; adultos/redu
cida 10/6 PLN, lu gratis; ☺13.30-15.00 lu, 10.00-17.00
ma-do) El Castillo Real fue levantado en el
s. XIV, en el antiguo emplazamiento de un
baluarte de madera, y fue ampliado gradualmente en los tres siglos posteriores. En la actualidad alberga el Museo Regional, donde se
exponen modestas colecciones etnográficas,
arqueológicas y de arte.

Ruta Turística Subterránea
CIRCUITO

(Podziemna Trasa Turystyczna; ☑15 832 3088; ul
Oleśnickich; adultos/reducida 10/6 PLN; ☺10.00-
18.00) Circuito guiado de 40 min (en polaco)
por una cadena de unas 30 bodegas interconectadas a lo largo de 500 m, bajo el casco
antiguo. Utilizadas en un principio como
almacén, y a veces como refugio en tiempos
de conflicto, se construyeron entre los ss. XIII
y XVII. Tienen una profundidad máxima de
unos 12 m, pero parecen más hondas debido
a sus numerosos recodos y escaleras.

🛏 Dónde dormir

Además de los hoteles, varias casas en callejones en torno a la Rynek ofrecen habitaciones
privadas. Algunas de las mejores están en la
bonita ul Forteczna, callejuela adoquinada
situada justo detrás de la Rynek. Se recomienda probar **Zielone Wzgórze** (☑519 182
376; ul Forteczna 6; por persona 50-60 PLN; ℗) o
Willa na Skarpie (☑665 445 180; www.naskar
pie.nocowanie.pl; ul Forteczna 8; por persona 50-
60 PLN; ℗🛜)

Jutrzenka
PENSIÓN €

(☑15 832 2219; ul Zamkowa 1; i/d/tr 60/100/120
PLN; ℗) Las habitaciones más baratas de la
localidad se encuentran a la vuelta de esta
pequeña casa particular calle arriba desde el
castillo, a unos 5 min a pie de la Rynek por
ul Zamkowa. Hay contados servicios, pero las
habitaciones están limpias y recién pintadas.

Hotel Basztowy
HOTEL €€

(☑15 833 3450; www.hotelbasztowy.pl; pl Ks J Poniatowskiego 2; i/d/ste 200/240/450 PLN; ℗@🛜)
Refinado hotel con *spa* y sala de billar, ideal
para darse un lujo, y que cuenta con gente
de negocios y turistas entre sus clientes. El
vestíbulo es pulcro y acogedor; las habitaciones, aunque sencillas, están repletas de detalles elegantes, como algunas de las primeras
lámparas de techo modernistas. El bufé de
desayuno ofrece inusuales extras, como *mozzarella* con rodajas de tomate. Está a 2 min
a pie al suroeste de la Rynek, siguiendo ul
Zamkowa.

Hotel Pod Ciżemką
HOTEL €€

(☑15 832 0550; www.hotelcizemka.pl; Rynek 27;
i/d/ste 250/270/350 PLN; ℗🛜) Remodelado en
buena parte, este hotel es el más sofisticado
del casco antiguo. En una casa de 400 años
con una ubicación privilegiada sobre la plaza principal, sus habitaciones son meritorios
ejemplos de elegancia añeja, al igual que el
restaurante. No hay ascensor, un claro impe-
dimento para viajeros discapacitados o que
lleven mucho equipaje.

🍴 Dónde comer y beber

La Rynek está salpicada de lugares donde
comer o tomar algo; basta con dar un paseo
y mirar.

Café Mała
CREPERÍA €

(☑602 102 225; ul Sokolnickiego 3; principales 15-25
PLN; ☺8.30-21.00 lu-ju, hasta 22.00 vi-do; 🛜🖊) Al
doblar una esquina de la Rynek está este acogedor café de estilo provinciano francés, ideal
para tomar café o un plato ligero como una
ensalada o crep salada. En cualquier caso, es
un buen sitio para saborear quizá el único
café auténtico de la localidad y un delicioso
postre, como la tartaleta de fresa.

⭐ Lapidarium pod Ratuszem
HAMBURGUESERÍA €€

(☑787 646 484; Rynek 1; principales 15-30 PLN;
☺11.30-22.00; 🛜) Las bazas de este animado
café-restaurante situado en la torre del ayuntamiento son sus carnes a la parrilla, generosas ensaladas, cervezas artesanas y sabrosas
hamburguesas. En verano se puede cenar en
plena Rynek, aunque conviene no llegar a las
horas de comer habituales (o reservar con
antelación), pues suele llenarse.

Restauracja Trzydziestka '30'
POLACA €€

(☑15 644 5312; Rynek 30; principales 20-30 PLN;
☺10.00-23.00) Este popular local de la Rynek

EL DISPARATADO CASTILLO DE KRZYŻTOPÓR

El pequeño pueblo de Ujazd, unos 30 km al oeste de Sandomierz, alberga las ruinas posiblemente más singulares del país: el **castillo de Krzyżtopór** (☑15 860 1133; www. krzyztopor.org.pl; Ujazd 73; adultos/reducida 10/6 PLN; ☺8.00-20.00 abr-oct, hasta 16.00 nov-mar), un encargo del excéntrico gobernador Krzysztof Ossoliński, que se construyó de acuerdo con su fantástica imaginación, incorporando su pasión por la magia y la astrología, entre otras cosas. Hoy el visitante puede pasear por el recinto, subir a las torrecillas, y maravillarse ante lo que debió ser una monumental casa solariega.

Ossoliński eligió al arquitecto italiano Lorenzo Muretto (conocido en Polonia como Wawrzyniec Senes) para hacer realidad sus sueños, lo que le mantuvo ocupado desde 1631 hasta 1644.

No es extraño que existan disparatadas historias y leyendas sobre el lugar. El castillo fue diseñado en forma de calendario, con cuatro torres que representan las cuatro estaciones; 12 salones para los 12 meses; 52 estancias para las 52 semanas; 365 ventanas para los 365 días del año; y una estancia adicional que solo podía usarse en los años bisiestos. Algunas de las bodegas, utilizadas como establos para los 370 sementales blancos que poseía Ossoliński, están decoradas con espejos y ornamentos de mármol negro. Se cree que el techo de cristal del majestuoso comedor era la base de un enorme acuario.

Puede que la historia más cautivadora sea la que hace referencia al túnel que conectaba la propiedad con el castillo de su hermano. Cuentan que el túnel de Ossolin, con una longitud de 15 km, fue cubierto de azúcar para que ambos hermanos pudieran visitarse en trineos tirados por caballos, como si de nieve se tratara.

Por desgracia, Ossoliński apenas pudo disfrutar de su capricho durante un año entero, pues murió en 1645, solo un año después de que terminaran las obras del castillo.

Tras los destrozos provocados por los suecos en la década de 1650 y la negligencia de los propietarios a partir de 1770, el lugar empezó a desmoronarse. Después de la II Guerra Mundial, se planteó la posibilidad de reconvertirlo en una academia militar o en un hotel, pero el castillo continúa abandonado a la imaginación de los visitantes.

MAŁOPOLSKA SANDOMIERZ

ofrece una carta sencilla pero agradable, con platos de carne de pollo, cerdo y ternera, acompañados de arroz, patatas o trigo sarraceno.

Café Bar Kordegarda CAFÉ
(☑602 102 225; Rynek 12; ☺9.30-23.30; 🛜) Este café-restaurante a la última sirve bebidas en su terraza con vistas a la Rynek, además de un abanico de ensaladas y comidas ligeras. El servicio no es fiable y quizá haya que pedir en la barra. La terraza es ideal en las noches de verano para tomar copas y observar a la gente.

Iluzjon Art Cafe CAFÉ
(☑883 121 416; www.iluzjoncafe.pl; Rynek 25/26; ☺8.00-23.00 lu-ju, 10.00-24.00 sa y do; 🛜) Este café de la Rynek sirve cafés, tés, excelente limonada casera y una tentadora selección de tartas y *sundaes* de helado. Su interior retro es de lo más moderno en esta somnolienta localidad.

🛈 Información

➡ El **centro de información turística** (Centrum Informacja Turystyczne; ☑15 644 6105; www. sandomierz.travel; Rynek 20; ☺9.00-18.00 lu-vi, 10.00-16.00 sa y do may-sep, 9.00-16.00 lu-vi oct-abr) es un filón de información útil y ofrece un básico plano gratuito del casco antiguo.

➡ Hay una *kantor* en la **oficina de correos** (Rynek 10). A un par de puertas, el PKO Bank Polski tiene cajero automático. También hay *kantors* en ul Mickiewicza, cerca de la esquina de ul 11 Listopada, 1 km al noroeste del casco antiguo.

🛈 Cómo llegar y salir

AUTOBÚS

➡ La **terminal de autobuses de PKS** (☑15 833 2614; www.pks.tarnobrzeg.pl; ul Listopada 22) esta 1,5 km al noroeste del casco antiguo.

➡ Una docena de autobuses rápidos diarios van a Varsovia (40 PLN, 4 h), y hay servicios regulares a Kielce (18 PLN, 2 h) y Lublin (20 PLN, 2 h).

→ También hay autobuses regionales a Tarno-brzeg (4 PLN, 30 min, cada 30 min), un buen nudo para destinos más lejanos en autocar. Para ir a Ujazd, se hace transbordo en Opatów (7 PLN, 45 min, cada hora, 30 km) o Klimontów.

LLANURA DE RADOM

La llanura de Radom (Równina Radomska) se extiende entre Małopolska, al sur, y Mazovia, al norte. Esta zona recibe muy pocos turistas, pero la ciudad homónima es bastante agradable para pasar la noche, y en las afueras se localiza uno de los más mayores *skansens* de Małopolska.

Radom

217 200 HAB.

Radom es un enorme centro industrial con contadas atracciones para los visitantes. Dicho esto, su principal vía peatonal, ul Żeromskiego, resulta encantadora, además de un bonito lugar para comer o dar un paseo. Radom es uno de los nudos ferroviarios más importantes del país, y dado que enlaza Cracovia y Varsovia, se erige en el enclave perfecto para hacer un alto en el camino.

⊙ Puntos de interés

Iglesia de San Juan Bautista IGLESIA
(Kościół Świętego Jana Chrzciciela; ☑48 362 3806; www.fara.radom.pl; Rwańska 6; ⊗8.00-18.00) Cerca de la Rynek, la principal iglesia parroquial fue fundada por Casimiro III el Grande en 1360 y transformada por numerosos pueblos a lo largo de la historia.

Iglesia de San Venceslao IGLESIA
(Kościół Świętego Wacława; ☑48 362 6851; www.waclaw.radom.pl; Plac Stare Miasto 13; ⊗8.00-18.00) El vestigio más importante de los primeros años de Radom se halla en la plaza del casco antiguo. Originalmente construida de madera en el s. XIII, fue la primera iglesia parroquial de la zona. Ha tenido diversos usos (p. ej. hospital militar y pabellón psiquiátrico), y una exhaustiva restauración en la década de 1970 la despojó de sus elementos históricos. Se halla al suroeste de la Rynek.

Museo de Radom MUSEO
(Muzeum Wsi Radomskiej; ☑48 332 9281; www.muzeum-radom.pl; ul Szydłowiecka 30; adultos/reducida 10/6 PLN; ⊗9.00-17.00 ma-vi, 10.00-20.00 sa y

do) Una de las excursiones más habituales en la zona es el breve trayecto hasta este museo popular al aire libre, situado a unos 8 km del centro. Sus interiores amueblados muestran estilos de toda la región. Los autobuses nº 14 o 17 dejan al viajero a unos cientos de metros de la entrada. La parada de autobús queda en un pequeño tramo secundario a unos 20 m del desvío.

🛌 Dónde dormir

Radom no dispone de muchos alojamientos económicos, si bien hay un amplio abanico de hoteles de precio moderado a poca distancia de la estación de trenes y la de autobuses.

Rynek 6 Hostel & Retro Pub PENSIÓN €
(☑693 602 482; www.rynek6.radom.pl; Rynek 6; i/d/tr 100/120/160 PLN; P🔊) No es un albergue tradicional (aunque una habitación dispone de literas) sino más bien una pensión o incluso un hotel-*boutique*, dada la atención a la limpieza, la elegante decoración tradicional de las habitaciones y la ropa de algodón de alta calidad en las camas. Está en uno de los pocos edificios reformados de la descarnada (aunque en proceso de aburguesamiento) Rynek de Radom.

Hotel Iskra HOTEL €
(☑48 363 8745; www.hoteliskra.radom.pl; ul Planty 4; i/d 100/150 PLN; P🔊) Situado a unos minutos a pie de la estación de trenes, se trata de una estructura de la antigua época comunista. Reformado, ofrece habitaciones luminosas y cuidadas, de buen tamaño.

Hotel Gromada HOTEL €€
(☑48 368 9100; www.gromada.pl; ul Narutowicza 9; i/d 160/200 PLN, apt 260-300 PLN; P@🔊) Este hotel de negocios ofrece habitaciones espaciosas y un bar-restaurante. Los apartamentos, con terraza y cocina, son una buena opción. Esta cadena tiene otro establecimiento a 2,5 km al oeste del centro.

🍴 Dónde comer

Ul Żeromskiego está flanqueada por agradables restaurantes. Cerca se halla uno de los mejores puestos de 'zapiekanka' (☑48 366 9517; ul Moniuszki 16; sándwiches 6 PLN; ⊗10.00-20.00) del país, una receta polaca consistente en media *baguette* cubierta principalmente con jamón, champiñones, queso y vegetales.

★**Pivovaria** COMIDA DE PUB €€
(☑48 384 8878; www.pivovaria.pl; ul Moniuszki 26; principales 20-40 PLN; ⊗11.00-24.00; 🔊) Pese a

su etiqueta de "comida de *pub*", se trata del mejor restaurante de Radom, y hasta elabora una cerveza de gran calidad. La sencilla carta ofrece carnes a la parrilla, pasta, ensaladas y delicias polacas como *pierogi*, y los platos suelen estar preparados con un mimo poco habitual. El comedor del sótano es limpio y luminoso.

Teatralna ITALIANA €€

(📞48 363 7763; www.teatralna.radom.pl; ul Żeromskiego 55; principales 20-40 PLN; ⊙12.00-22.00 do-ju, hasta 23.00 vi y sa) Esta atractiva propuesta tiene algo para cada comensal. Su carta se inclina hacia los sabores mediterráneos, pero, además de las clásicas *pizzas* y pasta, hay pescados, pato y su exquisito lomo de cerdo estofado, servido en salsa de setas y con guarnición de espinacas y piñones.

Olivio ITALIANA €€

(📞48 363 6300; www.restauracjaolivio.pl; ul Żeromskiego 17; principales 20-35 PLN; ⊙12.00-22.00 do-ju, hasta 23.00 vi y sa) Este ambicioso café-restaurante de la vía principal ofrece creativas versiones de platos tradicionales en un entorno exclusivo pero informal. Para empezar, nada mejor que unos hígados de pollo fritos con salsa de frambuesa, seguidos de un plato de pasta o bistec. En verano hay una terraza en la calle.

ℹ️ Información

Pueden encontrarse numerosas *kantors* y cajeros automáticos por ul Żeromskiego.

Oficina de correos (📞48 362 7347; www.radom.poczta-online.com/ul-jacka-malczewskiego-5; ul Jacka Malczewskiego 5; ⊙8.00-20.00 lu-vi, hasta 14.00 sa)

Oficina de turismo (📞48 360 0610; www.cit.radom.pl; ul Traugutta 3; ⊙10.00-17.00 lu-vi, 11.00-13.00 sa) Está situada en un quiosco 3 min a pie de la estación de trenes. Se recomienda hacerse con el folleto en inglés titulado *A Walk Around Radom*.

ℹ️ Cómo llegar y salir

La estación de trenes y la de autobuses están adyacentes una a la otra, 2 km al sur de ul Żeromskiego.

AUTOBÚS

Hay una pequeña parada de microbuses frente a la estación de trenes, con servicios frecuentes a Varsovia (20 PLN, 2½ h). Casi todos los autobuses grandes con destino Varsovia y Cracovia (25-30 PLN, 3 h, 175 km) salen por la tarde. Hay cinco servicios a Łódź (20 PLN, 3½ h, 135 km)

EL RADOM JUDÍO

Importante asentamiento judío, la comunidad de Radom rondaba los 30 000 integrantes antes de la II Guerra Mundial (más de una cuarta parte de su población). Por desgracia, pocos sobrevivieron a la guerra y hoy solo se conserva una pequeña parte de ese legado. La mayoría de ellos vivían en los alrededores de la Rynek, actualmente muy maltrecha. Cerca, cuatro piedras y un pequeño monumento conmemorativo señalan el lugar que ocupó la principal sinagoga (uls Bóżnicza esq. Podwalna).

Unos 4 km al este del centro de la ciudad puede verse lo que queda del antiguo cementerio judío (ul Towarowa). Los alemanes destruyeron el camposanto y utilizaron las lápidas como baldosas, aunque en el último decenio se han podido recuperar algunas. La puerta suele estar cerrada y no hay demasiado que ver, si bien la oficina de turismo puede organizar una visita.

entre las 6.00 y 18.30, y un par de autobuses diarios a Lublin (15 PLN, 2½ h) y Puławy (10 PLN 1½ h).

TREN

Radom se halla en la línea ferroviaria principal de norte a sur. Unos 12 trenes diarios viajan a Varsovia (25 PLN, 2½ h, 100 km), y unos seis a Cracovia (35 PLN, 3½ h, 175 km), con parada en Kielce (25 PLN, 1½ h, 85 km). Hay dos trenes diarios a Lublin (1½ h), y al menos uno a Wrocław (4 h). El mostrador de información (6.00 a 22.00) en la estación de trenes facilita más detalles.

MESETA DE LUBLIN

La Wyżyna Lubelska se extiende al este de los ríos Vístula y San hasta la frontera con Ucrania.

En Lublin, la ciudad más importante, aún son visibles las secuelas de la II Guerra Mundial. En la región destaca Kazimierz Dolny, una pintoresca localidad a orillas del Vístula que atrae a visitantes de fin de semana deseosos de huir del ajetreo de la ciudad. También merece la pena visitar Zamość y Zwierzyniec, ambas fruto de los sueños renacentistas del noble Jan Zamoyski.

Lublin

341 700 HAB.

Lublin es la mayor localidad del sureste del país, con un próspero panorama cultural y académico. Dispone de la oferta habitual para una ciudad de su tamaño, incluidos hoteles y restaurantes, así como una activa vida nocturna. También es un importante nudo de comunicaciones, con excelentes conexiones por carretera y ferrocarril con el resto del país.

Ahora bien, Lublin no es lo que se dice una ciudad atractiva. Durante la II Guerra Mundial fue arrasada y la industrialización forzada de la época comunista no hizo sino empeorar las cosas. Con todo, su núcleo histórico, la Rynek, se está aburguesando poco a poco y van brotando clubes y restaurantes a la última que están dotando de un lustre renovado al impresionante conjunto renacentista y barroco del centro.

Lublin es un lugar de especial interés para quienes quieran conocer el pasado judío de Polonia. Durante siglos, la ciudad fue un centro que estuvo a la cabeza del mundo intelectual, lo que dio pie a que se la conociera como la "Oxford judía". Ese patrimonio se perdió al estallar la II Guerra Mundial, aunque aún quedan algunos vestigios.

Historia

Aunque su ubicación en el extremo oriental del país hoy le confiere un aire marginal, Lublin jugó un papel clave en la historia de Polonia durante siglos, siendo en tres momentos distintos capital de facto del país, al menos temporalmente.

Aquí se firmó en 1569 la unión entre los reinos de Polonia y Lituania, convirtiéndose en el mayor Estado europeo de la época. En 1918, al final de la I Guerra Mundial, Lublin acogió el primer Gobierno de una Polonia al fin independiente. En 1944, poco antes del final de la II Guerra Mundial, la ciudad fue la sede del primer Gobierno comunista provisional instaurado por los soviéticos.

Como nota más sombría, en 1941, durante la II Guerra Mundial, Lublin fue elegida por los alemanes como cuartel general de la Operación Reinhard, nombre del plan secreto para exterminar a la población judía de la Polonia ocupada. Dos de los más infaustos campos de exterminio, Sobibór y Bełżec (p. 188), están a 1 h de Lublin por carretera.

◉ Puntos de interés

Castillo de Lublin   MUSEO

(☑81 532 5001; www.zamek-lublin.pl; ul Zamkowa 9; adultos/reducida museo 6,50/4,50 PLN, capilla 6,50/4,50 PLN; ⊙10.00-17.00 ma-do) El Castillo Real, escenario de la firma en 1569 de la unión con Lituania, se remonta a los ss. XII y XIII, aunque ha sido reconstruido en muchas ocasiones. Alberga el **Museo de Lublin** y la **capilla gótica de la Santísima Trinidad,** del s. XIV, aún en pie. A cada lugar se accede con una entrada distinta.

La colección permanente del museo incluye principalmente obras de arte, arte popular y armamento. Considerada una obra maestra de la Edad Media, la capilla tiene frescos de inspiración ruso-bizantina. Pintados en 1418 y encalados años después, los frescos fueron redescubiertos en 1897 y restaurados laboriosamente durante un siglo. Hoy podrían considerarse el mejor ejemplo de pintura mural medieval del país.

Durante la II Guerra Mundial, el Ejército de ocupación alemán utilizó el castillo como prisión para 40 000 reclusos. El día más oscuro de la contienda se vivió en julio de

Lublin

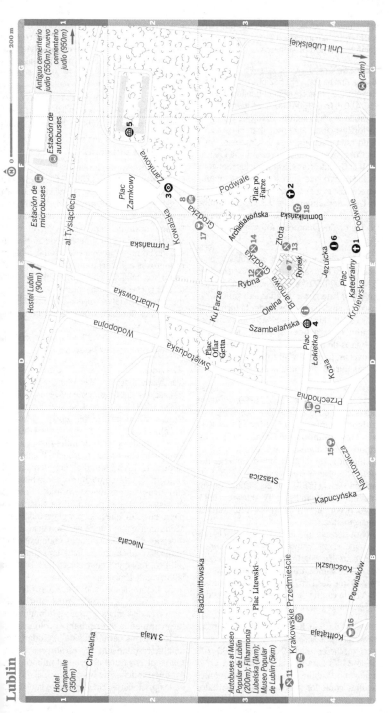

Map labels:

- 0 — 200 m
- Antiguo cementerio judío (550m); nuevo cementerio judío (950m)
- Estación de autobuses
- Estación de microbuses
- Hostel Lublin (90m)
- Hotel Campanile (350m)
- Autobuses al Museo Popular de Lublin (200m); Filharmonia Lubelska (1km); Museo Popular de Lublin (5km)
- (2km)
- Unii Lubelskiej

Streets:
- Chmielna
- 3 Maja
- Radziwiłłowska
- Niecała
- Wodopojna
- al Tysiąclecia
- Lubartowska
- Furmańska
- Kowalska
- Zamkowa
- Grodzka
- Plac Zamkowy
- Podwale
- Plac po Farze
- Archidiakońska
- Dominikańska
- Złota
- Jezuicka
- Królewska
- Plac Katedralny
- Rynek
- Bramowa
- Rybna
- Ku Farze
- Świętoduska
- Plac Ofiar Getta
- Olejna
- Szambelańska
- Plac Łokietka
- Kozia
- Przechodnia
- Staszica
- Kapucyńska
- Naruowicza
- Kościuszki
- Peowiaków
- Krakowskie Przedmieście
- Plac Litewski
- Kołłątaja

1944, justo antes de su liberación por parte del Ejército soviético, cuando los alemanes ejecutaron a 300 prisioneros.

Puerta de Cracovia · MUSEO
(Brama Krakowska; ☎81 532 6001; www.muzeu mlubelskie.pl; Plac Łokietka 3; adultos/reducida 5,50/4,50 PLN; ◎9.00-16.00 mi-sa, hasta 17.00 do) El único vestigio significativo que queda de las fortificaciones que rodeaban el casco antiguo es la puerta gótica de Cracovia, del s. XIV. Concebida durante el reinado de Casimiro III el Grande, tras el asalto de los mongoles en 1341, tuvo su superestructura octagonal renacentista en el s. XVI, y su corona barroca en 1782. Actualmente es la sede del Museo de Historia de Lublin, con una pequeña colección de documentos y fotografías.

Torre trinitaria · TORRE
(☎81 444 7450; www.archidiecezjalubelska.pl; ul Królewska 10, Plac Katedralny; adultos/reducida 7/5 PLN; ◎10.00-17.00 diario mar-nov, hasta 17.00 sa y do dic-feb) Para gozar de una vista general del casco antiguo, hay que ascender la torre trinitaria (1819), que alberga el Museo Archidiocesano, cuya caótica disposición de las obras y objetos de arte, ocultos en innumerables recovecos, invita al visitante a descubrirlos al más puro estilo Indiana Jones.

Priorato dominico · IGLESIA
(Kościół Dominikanów; ☎81 532 8990; www.domi kikanie.lub.pl; ul Złota 9; ◎9.00-16.00) GRATIS Este antiguo complejo gótico, fundado en 1342 por el rey Casimiro III el Grande, fue reconstruido en estilo renacentista tras sucumbir a un incendio en 1575. La iglesia alberga dos piezas de interés histórico: la capilla de la familia Firlej (1615), con las lápidas de sus miembros, y la capilla de Tyszkiewicz (1645-1659), decorada con impresionantes estucos renacentistas.

Para hacerse una idea de cómo era la ciudad en el s. XVIII, conviene fijarse en *El incendio de Lublin,* cuadro de grandes dimensiones donde se muestra un devastador incendio de 1719 que destruyó gran parte de la ciudad. Está en la capilla de la familia Szaniawski, a la derecha según se entra en la iglesia.

Catedral de San Juan Bautista · IGLESIA
(www.diecezja.lublin.pl; Plac Katedralny; ◎amanecer-anochecer, tesoro 10.00-14.00 y 15.00-17.00 ma-do) GRATIS Esta iglesia jesuita del s. XVI es la mayor de Lublin. Contiene impresionantes detalles, como los frescos barrocos pintados por el artista moravo Józef Majer mediante la técnica del trampantojo, y el altar del s. XVII, hecho de madera de peral negro libanés. También llaman la atención la sacristía acústica (por su capacidad para propagar los susurros) y el tesoro *(skarbiec),* situado detrás de la capilla.

Dicen que la pintura de la *Virgen Negra* derramó lágrimas en 1945, convirtiéndose así en objeto de veneración entre los devotos del lugar.

Fuera del centro

Museo Popular de Lublin · MUSEO
(Muzeum Wsi Lubelskiej; ☎81 533 8513; www.skan sen.lublin.pl; ul Warszawska 96; adultos/reducida 10/5 PLN; ◎9.00-18.00 may-sep, hasta 17.00 abr y oct, hasta 15.00 nov-mar) Este *skansen,* situado 5 km al oeste del centro en la carretera de Varsovia, ocupa una superficie de 25 Ha. Diseñado como un pueblo tradicional, alberga numerosos edificios totalmente equipados, como una bella hacienda, un molino de viento, una iglesia ortodoxa y hasta una puerta de madera tallada (1903) diseñada por Stanisław Witkiewicz. También acoge exposiciones temporales y eventos culturales.

Desde el centro, en al Racławickie, se llega con los autobuses nº 18, 20 o 5.

Majdanek · ENCLAVE HISTÓRICO
(Państwowe Muzeum na Majdanku; ☎81 710 2833; www.majdanek.pl; Droga Męczenników Majdanka 67; gratis; ◎9.00-18.00 abr-oct, hasta 16.00 nov-mar) Unos 4 km al sureste del centro de Lublin se halla el campo de exterminio nazi de Majdanek, donde decenas de miles de personas, principalmente judíos, fueron asesinados durante la II Guerra Mundial. Los alemanes ni siquiera intentaron ocultarlo, como hicieron con otros campos de exterminio. El centro de visitantes es el punto de partida de un paseo de 5 km, que pasa por el premonitorio Monumento a la Lucha y el Martirio, cruza diversas zonas del cuartel, y concluye en el mausoleo. Al campo se llega en transporte público: hay que tomar el autobús nº 23 en la Puerta de Cracovia.

Al llegar desde la carretera principal, pueden verse las inquietantes siluetas de las torres de vigilancia y las alambradas que interrumpen la interminable prolongación de los barrios periféricos de la ciudad. Los detalles resultan aún más escabrosos: las cámaras de gas están abiertas al público, y se exponen muchos de los objetos personales de los prisioneros. No se permite la entrada a menores de 14 años.

🏃 Actividades

Una de las actividades más populares es un paseo subterráneo bajo la Rynek. Si el visitante prefiere moverse sobre el suelo, los folletos gratuitos disponibles en oficina de turismo detallan cinco **rutas autoguiadas a pie.**

Ruta subterránea CIRCUITOS A PIE
(📞reserva de circuitos 81 534 6570; Rynek 1; adultos/reducida 9/7 PLN; ⊙10.00-16.00 ma-vi, 12.00-17.00 sa y do) Esta ruta de 280 m serpentea por bodegas interconectadas bajo el casco antiguo, y cuenta con exposiciones de valor histórico. Salen más o menos cada 2 h del viejo ayuntamiento neoclásico, en el centro de la bonita Rynek; la oficina de turismo facilita los horarios exactos.

🎉 Fiestas y celebraciones

Como mayor ciudad del este de Polonia, Lublin posee un activo calendario cultural, con destacadas citas (en general vinculadas a la música o teatro) casi cada mes. No hay que dejar de consultar en la oficina de turismo.

Festival de Música Tradicional y Vanguardista Codes MÚSICA
(www.codes-festival.com; ⊙may) Fusiona tendencias musicales antiguas y nuevas.

Festival de los Vecinos Europeos TEATRO
(Festiwal Teatrów Europy Środkowej Sąsiedzi; www.festiwal-sasiedzi.pl; ⊙jun) Cuenta con la participación de compañías teatrales de países vecinos.

LA JERUSALÉN DE POLONIA

Durante siglos, Lublin fue el centro de la cultura judía europea, ganándose el sobrenombre de la "Jerusalén" del reino polaco. La primera referencia a su población judía data del s. XIV; en ese mismo período el rey les otorgó el derecho de asentamiento en la zona situada bajo el castillo. Los historiadores judíos consideran los ss. XVI y XVII como los momentos álgidos de la comunidad. El primer censo de 1550 demuestra que en Lublin residían 840 judíos; 200 años más tarde, la ciudad ya contaba con la tercera comunidad del país. Al estallar la II Guerra Mundial, un tercio de sus 120 000 habitantes eran judíos.

Durante siglos, los judíos vivieron en torno al castillo. Hoy el área, compuesta sobre todo de aparcamientos y zonas verdes, se extiende hasta la estación de autobuses. Cuesta imaginar que antes de la ocupación alemana fuera una comunidad densamente poblada llena de calles, tiendas y viviendas. La **Puerta de Grodzka** (Brama Grodzka; ul Grodzka 21), que une el casco antiguo y la zona del castillo, era tradicionalmente conocida como "puerta de los judíos", pues marcaba el final de la Lublin cristiana y el comienzo del barrio judío.

Esta división secular llegó a su fin con la ocupación nazi el 18 de septiembre de 1939. En un principio, los alemanes trasladaron a los judíos a un gueto compuesto por parte del barrio judío y un territorio relativamente pequeño hoy delimitado por ul Kowalska y ul Lubartowska. El gueto se clausuró en 1942, y la mayoría de sus habitantes fueron enviados a los campos de exterminio de **Bełżec y Sobibór** (p. 188), y al campo de trabajos forzados de **Majdanek** (p. 184). De los 40 000 judíos que vivían en Lublin, solo unos cientos sobrevivieron al Holocausto.

El recuerdo del Holocausto languideció en la época comunista, pero desde 1989 la ciudad ha dado pasos hacia el reconocimiento de la contribución de esta comunidad a Lublin. La oficina de turismo ha confeccionado la ruta turística "The Heritage Trail of the Lublin Jews" (ruta del legado de los judíos de Lublin). Para apreciar el tamaño de la comunidad judía perdida, basta dar un paseo hasta la zona situada al noreste de la estación de autobuses y visitar el **antiguo cementerio judío** (Cmentarz żydowski; uls Kalinowszczyzna esq. Sienna; ⊙con cita previa) y el **nuevo cementerio judío** (ul Walecznych). El antiguo está rodeado por un alto muro de ladrillo y la puerta suele estar cerrada. En la **oficina de turismo** (p. 187) se puede concertar una visita.

En el nuevo, fundado en 1829, yacen 52 000 judíos, enterrados aquí hasta 1942. Durante la guerra fue destruido por los nazis, que utilizaron lápidas en la construcción de varias secciones del campo de exterminio de Majdanek. Aún se halla en pleno proceso de restauración.

**Festival Internacional
de Teatros de Danza** DANZA
(Międzynarodowe Spotkania Teatrów Tańca; www.
dancefestival.lublin.pl; ⊙nov) Atrae a compañías
de danza contemporánea de toda Europa.

**Festival Internacional
de Música Folk** MÚSICA
(Mikołajki Folkowe; www.mikolajki.folk.pl; ⊙dic)
Cuenta con la participación de músicos de
todo el mundo.

🛏 Dónde dormir

Hostel Lublin ALBERGUE €
(☎792 888 632; www.hostellublin.pl; ul Lubartowska
60; dc/h 40/100 PLN; 🛜) En un antiguo edificio
de apartamentos, el primer albergue moderno de la ciudad ofrece pulcros dormitorios
colectivos, una pequeña cocina básica y un
acogedor salón. Para llegar se toma el trolebús nº 156 o el 160, al norte desde el casco antiguo; tras cruzar la transitada al Tysiąclecia,
hay que bajar en la segunda parada.

Vanilla Hotel HOTEL €€
(☎81 536 6720; www.vanilla-hotel.pl; ul Krakowskie
Przedmieście 12; i 265-330 PLN, d 315-390 PLN;
P@🛜) Este precioso hotel-*boutique,* junto
a la principal calle peatonal, ofrece habitaciones que desbordan un estilo atrevido con
tonos vibrantes, grandes cabeceros, estilosas
lámparas y mobiliario retro. Su minuciosa
atención al detalle continúa en el elegante
café-restaurante. Los fines de semana bajan
los precios.

Hotel Campanile HOTEL €€
(☎81 531 8400; www.campanile.com; ul Lubomelska
14/16; i/d 189/249 PLN; P✳@🛜) Las habitaciones limpias y apacibles de esta cadena orientada a gente de negocios salen muy a cuenta
y ofrecen extras como aire acondicionado y
una buena conexión wifi incluida en el precio. Su emplazamiento, 1,5 km al oeste del
casco antiguo (más de 15 min a pie) es uno
de sus principales inconvenientes. Desayunar
cuesta 35 PLN. Las tarifas se reducen los fines
de semana, y se pueden encontrar descuentos
en su web.

Hotel Waksman HOTEL €€
(☎81 532 5454; www.waksman.pl; ul Grodzka 19; i/d
210/230 PLN, apt desde 290 PLN; P@🛜) Merece la mayor distinción por muchos motivos,
entre los que destaca su pintoresca ubicación
en el casco antiguo. Además, cada habitación estándar (la "amarilla", "azul", "verde" o
"roja", según la decoración) tiene su propia

personalidad. Los dos apartamentos de la
planta superior son especiales, y ofrecen un
amplio espacio para relajarse o trabajar, así
como vistas del casco antiguo y el castillo.

IBB Grand Hotel HOTEL €€€
(☎81 446 6100; www.lublinianka.com; ul Krakowskie Przedmieście 56; d/ste desde 420/600 PLN;
P✳@🛜🏊) La antigua Cámara de Comercio
de Lublin incorpora el hotel más sofisticado de
la ciudad. El vestíbulo es sobriamente elegante, un estilo que también predomina en las
habitaciones, en tonos pastel. Las suites tienen baños de mármol con grandes bañeras y
todos los huéspedes tienen acceso a los baños
turcos y la sauna.

🍴 Dónde comer

Los mejores restaurantes del casco antiguo
se concentran en los alrededores de la Rynek.
En ul Krakowskie Przedmieście hay sitios de
corte más moderno.

⭐Kardamon INTERNACIONAL €€
(☎81 448 0257; www.kardamon.eu; ul Krakowskie
Przedmiescie 41; principales 30-55 PLN; ⊙11.00-
22.00; 🛜) Por muchas razones, este exuberante restaurante alojado en un sótano de
la calle principal es el mejor de Lublin. La
carta combina platos internacionales típicos,
como lomo de cerdo a la parrilla, con clásicos
polacos, como pato en salsa de arándanos,
y especialidades regionales menos comunes.
Los autores de esta guía se extasiaron con
el cuello de ganso relleno de hígado y trigo
sarraceno.

Złoty Osioł POLACA €€
(☎81 532 9042; ul Grodzka 5a; principales 20-
35 PLN; ⊙15.00-24.00; 🛜) Establecimiento de
ambiente y cocina tradicionales, que ofrece
una inmejorable relación calidad-precio. Sirven deliciosos platos de pescado, singulares
brebajes (como vino seco caliente con gelatina), y menús diarios para los más indecisos.
El marco elegido es un sótano a la luz de las
velas con un acogedor y frondoso patio anexo. De vez en cuando programan conciertos
de música folk.

Mandragora JUDÍA €€
(☎81 536 2020; www.mandragora.lublin.pl; Rynek
9; principales 20-40 PLN; ⊙12.00-22.00; 🛜) Aquí
predomina el *kitsch.* No cabe duda de que se
persigue un efecto al estilo de *El violinista
en el tejado* con mantelerías de encaje, curiosidades y fotos antiguas de Lublin. Sin
embargo, este romántico local en la Rynek

funciona a las mil maravillas. La comida es una apetitosa combinación de cocina polaca y judía, con platos principales como ganso y pato.

Magia INTERNACIONAL €€

(☏502 598 418; www.magia.lublin.pl; ul Grodzka 2; principales 20-45 PLN; ⏱12.00-24.00; 🛜) Ofrece un ambiente de lo más ecléctico; entre la maraña de comedores y su amplio patio hay diversas zonas para elegir, y todas están decoradas con un toque de magia. El chef emplea únicamente ingredientes frescos a la hora de crear platos que abarcan desde langostinos y caracoles a ciervo y pato, así como todo tipo de *pizzas,* pasta y crepes.

🍺 Dónde beber y vida nocturna

Szklarnia CAFÉ

(Centrum Kultury w Lublinie; ☏81 466 6140; www.ck.lublin.pl; ul Peowiaków 12; ⏱10.00-23.00 lu-vi, 12.00-24.00 sa y do; 🛜) No resulta fácil encontrar buen café en Lublin. Este elegante local del recién reformado Centro Cultural de Lublin lo tiene de gran calidad, a la par que una selección diaria de tartas. Algunas noches hay diversión en directo, y una bella terraza en la parte de atrás para cuando llega el buen tiempo.

Czarna Owca PUB

(☏81 532 4130; www.czarnaowca.lublin.pl; ul Narutowicza 9; ⏱12.00-24.00 do-ma, hasta 5.00 mi-sa) La "oveja negra" es un bar mítico, en plena forma hasta la madrugada, de miércoles a sábado. Además de cerveza y chupitos de vodka, ofrece aceptable comida de *pub, pizzas* y tostadas.

U Szewca PUB IRLANDÉS

(☏81 532 8284; www.uszewca.pl; ul Grodzka 18; principales 19-42 PLN; ⏱9.30-1.00; 🛜) Divertido *pub* de estilo irlandés en plena Rynek frecuentado por lugareños y turistas. Casi todos vienen atraídos por su gran oferta cervecera, aunque también sirven aceptable comida de *pub: pizzas,* ensaladas, tentempiés, y cosas que suenan irlandesas, como estofado de ternera, bistec Angus, y hamburguesas de ternera.

Klub Czekolada CLUB

(☏727 507 905; www.klubczekolada.pl; ul Narutowicza 9; ⏱12.00-hasta tarde; 🛜) Este *lounge* y club de baile congrega a la gente guapa de la noche.

☆ Ocio

Filharmonia Lubelska MÚSICA CLÁSICA

(Filharmonia im H Wieniawskiego w Lublinie; ☏81 531 5112; www.filharmonialubelska.pl; ul Obrońców Pokoju 2; ⏱taquilla 9.00-16.00 lu, 12.00-17.00 ma-vi, 18.00-19.00 sa y do) Este imponente auditorio programa conciertos de música clásica y contemporánea. Está unos 2 km al suroeste del casco antiguo. Las entradas se adquieren en la taquilla durante el día o 2 h antes el día del espectáculo.

Teatr Im H Ch Andersena TEATRO DE MARIONETAS

(☏81 532 3225; www.teatrandersena.pl; ul Dominikańska 1; entradas 20 PLN aprox.; ⏱taquilla 9.00-16.00 ma-vi) Las funciones son en polaco, pero las marionetas de Hans Christian Andersen se pueden disfrutar en cualquier idioma. Para información sobre horarios, visítese su web. Las entradas se adquieren en la taquilla durante el día o 2 h antes el día del espectáculo.

ℹ Información

Hay multitud de *kantors* y cajeros automáticos a lo largo de ul Krakowskie Przedmieście y en las calles adyacentes.

Bank Pekao (ul Krakowskie Przedmieście 64; ⏱8.00-18.00 lu-vi, 10.00-14.00 sa) Práctico banco y cajero automático en la principal vía peatonal.

Oficina de correos (ul Krakowskie Przedmieście 50; ⏱9.00-17.00)

Centro de información turística (LOITiK; ☏81 532 4412; www.lublin.eu; ul Jezuicka 1/3; ⏱9.00-19.00 lu-vi, 10.00-19.00 sa y do may-oct, 9.00-17.00 lu-vi, 10.00-17.00 sa y do nov-abr) Cuenta con un personal muy atento. Venden recuerdos y muchos folletos, incluidos prácticos planos de los circuitos a pie más populares de Lublin. Además, hay un ordenador para navegar durante un rato.

ℹ Cómo llegar y salir

AUTOBÚS

Los autobuses de PKS van de la estación de autobuses a las principales ciudades del país, con salida enfrente del castillo. Desde aquí, Polski Bus (www.polskibus.com) también viaja a Varsovia (25 PLN, 3 h, 5 diarios). Hay microbuses privados a varios destinos, como Zamość (15 PLN, 2 h, cada hora), desde una estación propia situada al norte de la terminal de autobuses.

Para ir a Kazimierz Dolny, los microbuses (8 PLN, 1 h, cada 30 min, 60 km) son más recomendables que los autobuses normales

MAŁOPOLSKA LUBLIN

SOBIBÓR Y BEŁŻEC: EL HOLOCAUSTO OLVIDADO

Cuando se alude al Holocausto, buena parte de la atención la centran las atrocidades del campo de exterminio de Auschwitz-Birkenau. En el extremo oriental de Polonia hay otros dos, Sobibór y Bełżec, menos conocidos, pero que merecen ser visitados para comprender mejor el alcance y el horror de la política de exterminio llevada a cabo por los alemanes. En estos campos no había "proceso de selección", escasas posibilidades para trabajar, y nulas opciones de sobrevivir. En la mayoría de los casos, las víctimas eran simplemente trasladadas al campo, descargadas, desvestidas y gaseadas.

Ambos campos formaron parte de la Operación Reinhard, plan secreto de los alemanes para acabar con la población judía de la Polonia ocupada, y ambos estuvieron operativos desde principios de 1942 a 1943. Fue en estos campos donde los alemanes perfeccionaron sus técnicas de exterminio en masa, como, p. ej., utilizando gas. Dichas técnicas fueron luego aplicadas en otros centros como Auschwitz-Birkenau. Aunque es imposible verificar el número exacto de víctimas, se cree que unas 170 000 personas fueron asesinadas en Sobibór y entre 400 000 y 600 000 en Bełżec. Solo se tiene constancia de tres supervivientes en Bełżec.

Pese a que estos campos atraen un número de visitas ínfimo si se los compara con las que recibe Auschwitz-Birkenau, tanto Sobibór como Bełżec cuentan con pequeños monumentos conmemorativos donde se puede indagar sobre estos campos de exterminio menos conocidos. Sobibór, situado unos 80 km al este de Lublin, 50 km al norte de Chełm y 10 km al sur del moderno pueblo polaco de Sobibór, es el de más difícil acceso, ya que solo hay un tren diario desde Chełm; se aconseja concertar un circuito con guía en las oficinas del centro de información turística. Durante la visita de los autores de esta guía, el pequeño museo de Sobibór estaba cerrado, a diferencia del recinto del campo, abierto al público y señalizado en inglés.

Bełżec, ubicado unos 100 km al sur de Lublin, está comunicado por microbuses regulares desde Zamość, aunque también se puede solicitar información sobre visitas guiadas en las oficinas del centro de información turística de Lublin. En Bełżec hay un pequeño museo (☑84 665 2510; www.belzec.eu; ul Ofiar obozu 4, Bełżec; aparcamiento 5 PLN; gratis; ☺9.00-17.00 may-oct, hasta 16.00 nov-abr) con fotos y textos.

(20 PLN, 2½ h, cada 30 min). Los autobuses a Puławy pasan por Kazimierz Dolny.

Estación de autobuses (☑703 402 622; lublin.pks.busportal.pl; ul Hutnicza 1, cruce de al Tysiąclecia) La extensa y maltrecha terminal principal queda al norte del casco antiguo, en una transitada calle frente al castillo, y cuenta con un puesto de información. También de aquí salen y llegan los autocares de largo recorrido de Polski Bus (www.polskibus.com).

Estación de microbuses (ul Nadstawna)

TREN

La estación de trenes está 2 km al sur del casco antiguo. Algunas de las conexiones directas más prácticas son Cracovia (62 PLN, 4 h, 2 diarios), Varsovia (37 PLN, 2¾ h, 5 diarios) y Zamość (22 PLN, 2 h, 4 diarios).

Kazimierz Dolny

2600 HAB.

El antiguo puerto fluvial de Kazimierz Dolny lleva más de un siglo ejerciendo de colonia de artistas y refugio de librepensadores. Recientemente se ha convertido en una popular escapada de fin de semana para los vecinos de Varsovia y Lublin.

El motivo salta a la vista nada más llegar. Esta pintoresca localidad está encaramada a orillas del Vístula y su destartalada Rynek, flanqueada por edificios históricos, resulta encantadora. Los pequeños callejones que salen de la plaza están repletos de galerías, comercios y, como es natural, un sinnúmero de lugares donde tomar una cerveza o un helado.

Ahora bien, es tal la popularidad de Kazimierz Dolny que es preferible planificar una serie de cuestiones antes de visitarlo. Se recomienda evitar llegar el viernes por la tarde, ya que los atascos son desesperantes y los autobuses van llenos. La situación es aún más desalentadora los fines de semana largos. Lo mejor es llegar antes del fin de semana. Los museos cierran los lunes, pero en cambio uno puede disfrutar a sus anchas de este encantador paraje.

Historia

El primer rastro de un asentamiento del que se tiene constancia en la zona es el de un claustro de madera junto al Vístula en 1181. El pueblo fue fundado oficialmente en el s. XIV por el rey Casimiro III el Grande, que construyó un castillo y le concedió su fuero municipal. Fue llamado Kazimierz Dolny (de abajo) para diferenciarlo de Kazimierz, más arriba del río y hoy absorbido por Cracovia.

Kazimierz Dolny se posicionó como un importante centro del comercio gracias al grano, la sal, la madera y los bueyes, que se enviaban a Gdańsk y más lejos para su posterior exportación. Durante los ss. XVI y principios del XVII, especialmente prósperos, se construyeron espléndidas mansiones y graneros. Hacia 1630 su población superaba los 2500 habitantes, más o menos como en la actualidad.

La bonanza concluyó tras las guerras suecas de mediados del s. XVII, diversas epidemias, y el lento desplazamiento del cauce del Vístula hacia el oeste, que permitió a Puławy hacerle sombra en el s. XIX como centro comercial y cultural de la región.

A finales del s. XIX se intentó reconvertir la localidad en un importante centro turístico, pero las dos guerras mundiales se interpusieron en el proyecto. La II Guerra Mundial fue particularmente trágica. Antes de estallar la contienda, los judíos constituían casi la mitad de la población; a finales de 1942, la Alemania nazi había reunido y deportado sistemáticamente a toda la comunidad al campo de exterminio de Bełżec.

Desde el final de la guerra se han hecho grandes esfuerzos por devolver a Kazimierz Dolny su carácter histórico.

◉ Puntos de interés

La mayoría de los principales puntos de interés, galerías y atractivos turísticos se localizan en la bonita Rynek o en sus alrededores. En el centro de la plaza hay un pozo de madera, aún operativo, y en sus flancos se concentran bellos edificios, reflejo de su antigua prosperidad. Desde el punto de vista arquitectónico, los mejores tal vez sean las **casas de los hermanos Przybyła** (Kamienice Przybyłów; Rynek 12), intercomunicadas y construidas en 1615 por los hermanos Mikołaj y Krzysztof, con ricas fachadas manieristas renacentistas. Entre la ornamentación de las mismas destacan sus santos patrones, san Nicolás y san Cristóbal (custodios de los comerciantes y de los viaje-

ros, respectivamente). En la Rynek también está la **Casa Gdańsk** (Kamienica Gdańska; Rynek 16), de estilo barroco y construida en 1795, así como varias residencias con arcadas y tejados decorados con madera de los ss. XVIII y XIX.

Casa de la familia Celej   MUSEO
(Kamienica Celejowska; ☑81 881 0288; www.mnkd.pl; ul Senatorska 11/13; adultos/reducida 10/5 PLN; ⊙10.00-17.00 do-ju, hasta 18.00 vi y sa) El principal museo de la ciudad ocupa una vivienda del s. XVII, construida en torno a 1635 para la familia Celej. Pese a publicitarse como museo genérico, es de hecho un museo de arte, con varias salas de la planta superior dedicadas a la nutrida producción de artistas residentes en la localidad. Algunas piezas son fantásticas, otras sencillamente interesantes, pero la colección logra transmitir el papel del pueblo en la historia artística de Polonia.

Iglesia parroquial   IGLESIA
(Kościół Farny p w św Jana Chrzciciela i św Bartłomieja Apostoła; ☑81 881 0870; www.kazimierz-fara.pl; ul Zamkowa 6; ⊙8.00-18.00) El templo gótico que preside la Rynek data de mediados del s. XIV, y fue remodelado cuando los estilos de influencia renacentista recorrieron Polonia en el s. XVI. El órgano de madera, de 1620, resulta tan bello como afinado, como se puede comprobar en los muchos conciertos que la iglesia acoge. Cabe destacar también la sillería renacentista del coro, así como el estuco que decora la bóveda de la nave, un clásico ejemplo del característico estilo renacentista de Lublin. También cabe mencionar la impresionante lámpara de araña, elaborada con astas de ciervo.

Colina de las Tres Cruces   MIRADOR
(Góra Trzech Krzyży; ul Zamkowa) Subiendo desde la iglesia parroquial, un camino a la derecha conduce a esta colina, donde tres grandes cruces recuerdan a las víctimas de las epidemias de peste que asolaron la localidad en el s. XVIII. Actualmente, el debate sobre la vinculación entre las cruces y las epidemias sigue vivo; varios historiadores creen que este enclave ya recibía dicho nombre mucho antes. En cualquier caso, las vistas son sensacionales.

Castillo   RUINAS
(Zamek; ul Zamkowa; entrada 5 PLN; ⊙10.00-18.00 may-oct) Sobre la iglesia parroquial continuando por ul Zamkowa aparecen las ruinas del castillo de Kazimierz Dolny. Construido en 1341 como baluarte para frenar las incur-

Kazimierz Dolny

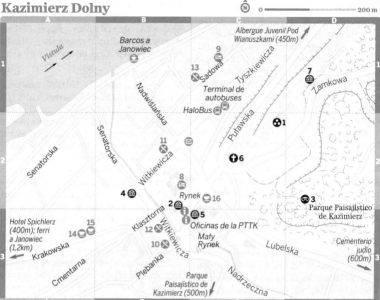

Map legend/labels:
Vistula
Barcos a Janowiec
Albergue Juvenil Pod Wianuszkami (450m)
9 Sadowa
13
Terminal de autobuses
HaloBus
Nadwiślańska
Senatorska
Senatorska
Tyszkiewicza
Zamkowa
7
1
11
6
Witkiewicza
8
4
Rynek 16
2 5
Klasztorna
Oficinas de la PTTK
Parque Paisajístico de Kazimierz
Hotel Spichlerz (400m); ferri a Janowiec (1.2km)
15
14
12
10
Witkiewicza
Mały Rynek
Lubelska
Cementerio judío (600m)
Krakowska
Cmentarna
Plebanka
Nadrzeczna
Parque Paisajístico de Kazimierz (500m)

siones tártaras, fue ampliado en el s. XVI y embellecido durante el Renacimiento. Tras ser destruido parcialmente por los suecos, fue abandonado a su suerte; los restos que se conservan ofrecen bellas vistas del pueblo y el Vístula.

Torre de vigilancia EDIFICIO HISTÓRICO
(ul Zamkowa; entrada 5 PLN; ☺10.00-18.00 may-oct)
A 100 m cuesta arriba desde el castillo, esta estructura defensiva de finales del s. XIII es una de las más antiguas de su clase en todo el país. Su principal objetivo era proteger un importante paso fluvial. Hoy se puede subir hasta lo alto y disfrutar de amplias vistas del río y el valle.

Cementerio judío CEMENTERIO
(Cmentarz Żydowski; ul Czerniawy; ☺24 h) Kazimierz Dolny siempre contó con una importante población judía, que en las décadas previas a la II Guerra Mundial constituía casi la mitad del total. Pese a que actualmente apenas se conservan vestigios de esta comunidad, el cementerio judío, en los alrededores del centro, es un lugar conmovedor y muy recomendable. En la parte frontal se alza un monumento realizado en 1984 a partir de cientos de fragmentos de lápidas. Se halla a 2 km de la Rynek, en la carretera a Opole Lubelskie.

🏃 Actividades

En 1979 la zona en torno a Kazimierz fue declarada **Parque Paisajístico de Kazimierz** (Kazimierski Park Krajobrazowy). En sus 150 km² se han trazado múltiples **senderos,** que serpentean por las características gargantas de la región.

Existen tres *szlaki spacerowe* (rutas de senderismo) cortas, señalizadas en amarillo, verde y rojo, así como tres *szlaki turystyczne* (rutas turísticas), mucho más largas e indicadas en azul, verde y rojo. Casi todas parten de la Rynek. En el centro de información turística venden mapas del parque y sus senderos.

Muchas de estas rutas se pueden hacer **en bicicleta.** En la mayoría de los mapas de la zona también aparecen las rutas de ciclismo. Muchas pensiones y establecimientos del pueblo alquilan bicicletas, como Kawiarnia Rynkowa (p. 192) a 10 PLN/h.

🎊 Fiestas y celebraciones

Festival de Grupos y Cantantes Folclóricos MÚSICA ÉTNICA
(Festiwal Kapel i Śpiewaków Ludowych; www.kazimierzdolny.pl; ☺jun) Este prestigioso festival tiene lugar la última semana de junio. Desde hace más de 30 años, intérpretes de toda la región se dan cita en Mały Rynek vistiendo

Kazimierz Dolny

atuendo tradicional para interpretar música folk de tiempos (y gustos) inmemoriales.

Festival de Cine y Arte CINE
(Festiwal Dwa Brzegi; www.dwabrzegi.pl; ⊘ago) Celebrado a principios de agosto, se prolonga durante una semana e incluye conciertos, exposiciones de arte y proyecciones de películas nacionales y extranjeras, tanto en recintos cerrados como al aire libre.

🛏 Dónde dormir

Aunque la oferta de Kazimierz es abundante, los fines de semana de primavera e invierno es imprescindible reservar con antelación. El alojamiento más común son las habitaciones en casas particulares (50-90 PLN), que en algunos casos funcionan como pequeños hoteles.

La oficina de la PTTK (p. 193) junto a la Rynek ayuda a encontrar habitaciones privadas, aunque el viajero también puede pasear buscando letreros de *"pokoje"* (habitaciones) o *"noclegi"* (alojamiento). Dos buenas calles para intentarlo son ul Krakowska y ul Sadowa.

Albergue Juvenil
Pod Wianuszkami ALBERGUE €
(☎81 881 0327; www.schroniskakazimierzdolny.pl; ul Puławska 80; dc/d 40/120 PLN) Alojado en un viejo granero, es amplio y relativamente bonito tratándose de un albergue polaco, pero está 1,5 km al noreste del centro.

★Eger Pensjonat HOTEL-BOUTIQUE €€
(☎601 500 855; www.pensjonateger.pl; ul Czerniawy 53b; i/d 240/300 PLN) Esta elegante pensión/

LOS SINGULARES PANES DE KAZIMIERZ

Al visitar Kazimierz Dolny, cualquiera se preguntará el porqué de esa costumbre local de elaborar el pan en forma de gallo. Tras observar incontables carteles que rezan *koguty* (gallos), el viajero no podrá resistir la tentación de probarlos. Y una vez lo haya hecho, comprobará que el pan efectivamente sabe a pan, y acto seguido volverá a preguntarse por qué tiene esa forma.

De hecho, el gallo posee una interesante fábula en Kazimierz, pues se cuenta que hace muchos años evitó una catástrofe alertando a los lugareños de la llegada de un demonio. Esta leyenda, sumada a la larga tradición panadera del pueblo, dio como resultado la creación del pan en forma de gallo.

Tras una larga época dorada, cuando se elaboraban estos panes en todo el pueblo, surgieron tensiones entre los panaderos. En 1996, la panadería **Piekarnia Sarzyński,** convencida de que sus largos años promocionando este producto y ganando numerosos premios la autorizaban a poseer los derechos exclusivos de su horneo, patentó la forma de gallo como marca registrada de su empresa. Los otros panaderos locales se indignaron y reclamaron ante la justicia que el gallo volviera a ser de propiedad pública (¿o culinaria?) de todo Kazimierz.

Ocho años más tarde, los tribunales dieron la razón a los panaderos y anularon la marca registrada de Piekarnia Sarzyński. Pero con patente o sin ella, nadie elabora estos panes como Sarzyński.

hotel-*boutique* se halla a 2,5 km del centro, en la carretera a Opole Lubelskie; ofrece pulcras y elegantes habitaciones en modernos y suaves tonos chocolate y gris. Muchas tienen balcón y todo está tan fresco y limpio como si llevara abierto solo una semana. Su restaurante sirve especialidades húngaras algo superiores a la media de Kazimierz Dolny.

Dom Architekta HOTEL €€
(☏81 883 5544; www.domarchitektasarp.pl; Rynek 20; d desde 220 PLN; P☎) Esta casa reformada del s. XVII está en plena Rynek, pero a pesar de su historia y ubicación (y su precioso vestíbulo embaldosado, sus suelos de tarima y su jardín trasero de estilo renacentista), sigue siendo un lugar apacible y agradable. Las habitaciones tienden a la sencillez.

Hotel Dwa Księżyce HOTEL €€
(☏81 881 0833; www.dwaksiezyce.com.pl; ul Sadowa 15; i/d/ste 240/280/420 PLN; P@☎) El "dos lunas" es un bonito establecimiento situado en una calle tranquila, donde es fácil sumergirse en el ritmo de Kazimierz Dolny. Algunas habitaciones (con salas de estar independientes) son más grandes que otras, siempre dentro de la misma categoría, mientras que los apartamentos del edificio principal gozan de balcones privados.

✖ Dónde comer

En Kazimierz no escasean los restaurantes; la mayoría de ellos están en el centro, pero no todos en la Rynek.

Bar Galeria POLACA €
(ul Plebanka 7a; principales 10-15 PLN; ☉11.00-19.00) Destaca por sus *pierogi domowe* (raviolis caseros). Sirven siete unidades por ración y hay cinco variedades, incluidos los clásicos de carne y col, todos ellos preparados por la misma señora que los sirve.

Restauracja Kwadrans POLACA €€
(☏81 882 1111; www.kwadrans.kazimierzdolny.pl; ul Sadowa 7a; principales 20-40 PLN; ☉11.00-22.00) Un espacio sorprendentemente elegante, con techos altos, brillante suelo de parqué, y relojes antiguos en las paredes. La carta ofrece platos estándar de la zona, como pato al horno o chuletas de cerdo, y relativas rarezas como venado junto a *pierogi* y pasta. Si hace buen tiempo se puede cenar en la terraza.

Knajpa U Fryzjera JUDÍA €€
(☏81 888 5513; www.restauracja-ufryzjera.pl; ul Witkiewicza 2; principales 18-38 PLN; ☉9.00-24.00) Agradable restaurante, algo *kitsch* que sirve generosos platos tradicionales judíos y centroeuropeos –lengua de ternera, ganso, costilla de ternera, pimientos rellenos– en un local acogedor, frecuentado por turistas. Abren temprano para desayunar.

Piekarnia Sarzyński POLACA €€€
(☏605 330 335; www.restauracja.sarzynski.com.pl; ul Nadrzeczna 6; principales 25-50 PLN; ☉13.00-21.00 lu-vi, 12.00-22.00 sa, 12.00-20.00 do) Esta panadería-restaurante contenta a todos los paladares. El viajero deberá ponerse a la cola para comprar pan recién horneado con forma de gallo (p. 191), o helado, o entrar en el atractivo restaurante y probar un cerdo asado a la perfección, *schnitzels* y pato al horno, entre otros populares platos principales.

🍺 Dónde beber y vida nocturna

Buena parte de la acción se concentra en la zona de la Rynek, en especial en su lado sur, que está ribeteado por cafés convencionales que se transforman en bares cuando llega la hora de tomar una copa. Hay dos lugares en ul Krakowska que merece la pena buscar, a poca distancia de la Rynek.

Kawiarnia Rynkowa CAFÉ
(☏505 544 965; Rynek 7; ☉10.00-24.00) Popular café de la Rynek con las típicas bebidas calientes y frías, incluida una deseada cerveza los días de calor. Dispone de un ordenador para uso de los clientes (5 PLN/h) y alquila bicicletas en temporada turística (unos 10 PLN/h).

Galeria Herbaciarnia U Dziwisza SALÓN DE TÉ
(☏502 628 220; www.herbaciarniaudziwisza.pl; ul Krakowska 6; tés desde 6 PLN; ☉11.00-22.00; ☎) Invita a experimentar el civilizado sabor de una época en que el té era un pasatiempo; presume de más de 100 variedades de té, así como de un buen surtido de tentadores acompañamientos ricos en calorías. No abren hasta las 11.00.

Café Faktoria CAFÉ
(☏81 881 0057; www.cafefaktoria.pl; ul Krakowska 6b; cafés 6 PLN; ☉10.00-20.00; ☎) Auténtico templo dedicado al café y a su leal compañero, el chocolate; en los fogones se preparan apetitosas mezclas de ambos productos.

ℹ Información

Los principales servicios se concentran en la Rynek y sus alrededores. Hay una *kantor* en la **oficina de correos** (☏81 881 0500; ul Tyszkiewicza 2; ⊙9.00-19.00 lu-vi, hasta 15.00 sa) y un cajero automático en la pared trasera del mismo edificio. Hay otro cajero en las casas de los hermanos Przybyła, cerca de la oficina de la PTTK, y uno más en la pared del Piekarnia Sarzyński.

Oficina de la PTTK (☏81 881 0046; Rynek 27; ⊙8.00-17.30 lu-vi y 10.00-17.30 sa may-sep, 8.00-16.00 lu-vi y 10.00-14.30 sa oct-abr) Esta sucursal de la PTTK está junto a la Rynek, detrás del centro de información turística. Al igual que este (con el que no tiene relación), no resulta muy práctica, pero puede ayudar a encontrar habitaciones privadas (50 a 90 PLN), y vende mapas para ciclistas y senderistas.

Centro de información turística (☏81 881 0709; www.kazimierz-dolny.pl; Rynek 15; ⊙9.00-18.00 lu-vi y 10.00-17.00 sa y do abr-oct, 10.00-17.00 diario nov-abr) Aunque bien situado en la plaza principal, está muy orientado al turismo nacional, y aparte de un plano gratuito del pueblo, ofrece poca información. Cuentan con mapas regionales de senderismo y ciclismo a la venta. El uso del inglés entre el personal depende mucho de quién esté tras el mostrador.

❶ Cómo llegar y desplazarse

Kazimierz puede disfrutarse en una parada entre Lublin y Varsovia o durante una excursión de un día desde Lublin. No hay tren, pero el servicio de autobuses es suficiente.

BARCO

En verano, varios barcos turísticos cubren la travesía hasta Janowiec, situado en la otra orilla del Vístula; más información en el **muelle**, al final de ul Nadwiślańska.

Hay también un **ferri de pasajeros y automóviles** (PROM; ☏602 858 898; ul Krakowska; adultos/reducida/automóviles 6/4/9 PLN; ⊙8.00-20.00 lu-vi, hasta 21.00 sa y do may-sep) que tarda 5 min en cruzar a Janowiec y zarpa desde un pequeño embarcadero situado al final de ul Krakowska, 1 km al oeste del Hotel Spichlerz.

AUTOBÚS

La minúscula **terminal de autobuses y microbuses de PKS** (PKS; ul Tyszkiewicza 10) está 100 m al norte de la Rynek y ofrece servicio regular a Puławy (4 PLN, 45 min, cada 30 min).

Hay 12 microbuses diarios a Lublin (10 PLN, 1½ h, cada hora aprox.) entre las 6.20 y 17.00; y varios a Zamość (15 PLN, 1¼ h).

HaloBus (☏602 664 419; www.halobus.com. pl; ul Tyszkiewicza 10) fleta varios autobuses rápidos diarios a Varsovia (30 PLN, 3 h); otra

opción es ir hasta Puławy y tomar el tren allí. Los horarios están expuestos en la terminal de autobuses de PKS.

Chełm

64 850 HAB.

En Chełm no se están llevando a cabo las reformas de otras ciudades de la región. Y aunque cuenta con un par de lugares donde hospedarse, lo mejor es visitarla en una excursión de un día desde Zamość. Su principal atracción son los túneles de creta. El centro es compacto y fácil de recorrer a pie.

La localidad está unos 70 km al este de Lublin y a 25 km de la frontera con Ucrania. Se asienta sobre una capa de creta casi pura de 800 m de espesor, un fenómeno natural que, a la vez que ha provocado estragos en la urbe, ha impulsado su desarrollo económico como atracción turística. También vale la pena visitar la catedral.

Aunque la población judía de Chełm fue exterminada durante la II Guerra Mundial, su legado es todavía apreciable. Curiosamente, hubo un tiempo en que la gente de Chełm era protagonista de la rica tradición humorística de los judíos de Europa del Este. En aquella época, muchos chistes graciosos empezaban con "había un rabino de Chełm..."

Historia

Chełm fue fundada en el s. x y, como casi todas las localidades de la frontera este, cambió de manos varias veces entre la corona Piast polaca y el ducado de Kyivan. Casimiro III el Grande consiguió apoderarse de la región en 1366, y el rey Ladislao Jagellón estableció una diócesis unos 50 años más tarde.

En esta época empezaron a llegar judíos a la localidad, cuya comunidad creció rápidamente hasta conformar el 60% de la población a finales del s. XVIII.

Al igual que en el resto del país, el turbulento s. XVII y sus conflictos bélicos pusieron fin a su época dorada. Más tarde sobrevino el Reparto de Polonia, y la ciudad cayó en manos austriacas, primero, y rusas, después. No fue hasta la I Guerra Mundial cuando Chełm empezó a recuperarse como parte de una Polonia independiente, aunque sucumbió de nuevo ante los horrores de la II Guerra Mundial dos décadas después, incluida la ejecución en masa de los 17 000 judíos de la ciudad a manos de los alemanes.

MAŁOPOLSKA CHEŁM

EL CASTILLO DE JANOWIEC

El pueblo de Janowiec y su castillo representan una excursión de un día muy popular desde Kazimierz Dolny. Se puede viajar en autobús, aunque, si se desea apreciar mejores paisajes, una buena idea es tomar un ferri (p. 193) y combinarlo con un paseo en bicicleta o una breve caminata.

El castillo, de la primera mitad del s. xvi, se debe al arquitecto italiano Santi Gucci Fiorentino, que lo construyó por encargo de Mikołaj Firlej. Tras muchos años y numerosos propietarios (incl. las familias Tarło, Lubomirski y Osławski), el lugar llegó a contar con más de 100 habitaciones, lo que lo convirtió en uno de los más espléndidos del país. Los suecos iniciaron su proceso de destrucción, que se consumó tras las dos guerras mundiales. Durante el período comunista, fue el único castillo privado de Polonia. En 1975, su último propietario, Leon Kozłowski, lo cedió al Estado.

El castillo sigue en ruinas, pero se han restaurado algunas estancias y las pinturas decorativas del exterior han sido recuperadas. Al entrar, destacan las franjas rojas y blancas que decoran las paredes y que, según los expertos, son originales.

El castillo alberga el **Museo de Janowiec** (☎81 881 0288; www.mnkd.pl; ul Lubelska 20; adultos/reducida 12/8 PLN; ☉10.00-17.00 ma-do may-sep, 9.00-16.00 ma-do oct-abr). Una vez dentro del recinto, los visitantes pueden ascender varios pisos hasta sus miradores, desde donde se obtienen buenas vistas del propio castillo y el paisaje que lo rodea. Varias habitaciones contienen exposiciones y arte contemporáneo. En el parque contiguo hay una **hacienda** de la década de 1760 (también parte del museo), donde se puede conocer el estilo de vida de la antigua nobleza polaca.

Vale la pena descender al pueblo de Janowiec, situado a los pies del castillo, y contemplar su **iglesia parroquial** gótica, de mediados del s. xiv, reconstruida en buena parte en estilo renacentista en la década de 1530. La iglesia alberga las tumbas de la familia Firlej, esculpidas en el taller de Santi Gucci entre 1586 y 1587.

Tras desembarcar del ferri, en el lado de Janowiec, el camino más directo a pie hasta el castillo consiste en recorrer los 2,5 km hasta la Rynek. Para regresar, hay que volver por el mismo camino, siguiendo las señales que rezan "Prom".

◉ Puntos de interés

Túneles de creta de Chełm   TÚNELES
(Chełmskie Podziemia Kredowe; ☎82 565 2530; www.podziemiakredowe.pl; ul Lubelska 55a; adultos/reducida 12/9 PLN; ☉9.00-17.00 lu-vi, 10.00-18.00 sa y do) El mayor reclamo de la ciudad es el conjunto de pasadizos excavados a mano a unos 12 m bajo tierra. La mina se remonta a la época medieval, y hacia el s. xvi la creta extraída era conocida en todo el país. Los túneles se visitan únicamente mediante circuitos guiados (solo en polaco) que parten a diario a las 11.00, 13.00 y 16.00 y duran menos de 1 h. La temperatura es de 9°C todo el año, así que es mejor ir abrigado. El simpático fantasma que los habita es otro de los alicientes de la visita.

Con los años, estos pasadizos fueron ganando en tamaño y complejidad, y en 1939 el laberinto de varios niveles alcanzaba ya los 15 km. Durante la II Guerra Mundial algunos de los pozos sirvieron de refugio a los judíos de la ciudad, pero al final fueron descubiertos por los alemanes.

Basílica de Santa María   IGLESIA
(Bazylika Mariacka; ☎82 565 2475; www.bazylika.net; ul Lubelska 2; ☉9.30-16.00 lu-sa, 14.00-16.00 do) La colina del centro de Chełm está coronada por esta basílica blanca y un conjunto de edificios religiosos que habían sido un palacio episcopal y un monasterio. La basílica de estilo barroco tardío se levantó a mediados del s. xviii donde antes había habido una iglesia del s. xiii. El único elemento decorativo de su austero interior es el antipendio de plata que cuelga del altar mayor y representa a caballeros polacos rindiendo tributo a la Virgen de Chełm.

El icono de la Virgen que domina el altar es una reproducción; el original se trasladó a Rusia durante la I Guerra Mundial y actualmente se encuentra en Ucrania. El campanario (40 m), del s. xix y estilo ortodoxo, fue remodelado parcialmente al modo neoclásico.

Museo de Chełm   MUSEO
(Muzeum Chełmskie; ☎82 565 2693; www.mzch.pl; ul Lubelska 55; adultos/reducida 8/4 PLN; ☉10.00-

16.00 ma-vi, 12.00-16.00 sa y do) El antiguo monasterio alberga un museo que contiene cuadros polacos contemporáneos, muestras de historia natural y exposiciones temporales. Todas las sucursales del museo tienen el mismo horario y precio. La sección de Etnografía y Arqueología (ul Lubelska 56a) expone hallazgos arqueológicos desde la Edad de Piedra. La sección del Departamento de Historia (ul Lubelska 57) contiene documentos relativos al pasado de Chełm. Y la sección de la capilla de San Nicolás (ul Św Mikołaja 4) exhibe obras de arte religioso.

🛏 Dónde dormir

El escaso alojamiento disponible en Chełm es un sólido argumento para no quedarse en la ciudad; es mejor venir a pasar el día desde Lublin o Zamość.

Albergue Juvenil PTSM   ALBERGUE €

(☎661 946 249; ul Czarnieckiego 8; dc 40 PLN) Este albergue ha vivido días mejores, pero sigue gozando de una agradable ubicación en una zona verde. Está bien señalizado por un triángulo verde, pero la recepción solo abre de 17.00 a 22.00. Fuera de horario, el centro de información turística puede contactar con alguien que reciba al viajero.

Hotel Kamena   HOTEL €€

(☎82 565 6401; www.hotelkamena.pl; ul Armii Krajowej 50; i 130-150 PLN, d 170-190 PLN, apt 300 PLN; P🖥🛜) Rehabilitado, sus habitaciones se dividen en económicas y de lujo, siendo la única diferencia que las últimas tienen baños nuevos. El desayuno cuesta 15 PLN adicionales.

🍴 Dónde comer

⭐**Restauracja Gęsia Sprawki**   POLACA €€

(☎82 565 2321; ul Lubelska 27; principales 20-30 PLN; ⊗11.00-23.00) Es el único lugar de la ciudad donde se puede degustar deliciosa comida polaca casera. El codillo de cerdo *(golonka)* es una de las especialidades de la casa, y viene acompañado de mostaza, rábano picante y un buen plato de encurtidos. Alojado en un sótano, es cómodo y romántico, sobre todo cuando suena *chanson* francesa en la máquina de discos.

McKenzee Saloon   POLACA €€

(☎82 565 6464; ul Kopernika 8; principales 18-25 PLN; ⊗11.00-24.00; 🛜) Esta popular y divertida cantina de estilo occidental ocupa la antigua sinagoga de la ciudad. Ofrece gran variedad de comida de bar, aceptables platos polacos y abundante cerveza, todo ello servido bajo una lona de carromato. Es un lugar idóneo para acercarse también por la noche: a veces se convierte en un club con música en directo.

ℹ Información

En ul Lwowska y ul Lubelska hay varias *kantors* y cajeros automáticos.

Banco Pekao (ul Lubelska 65) Práctico cajero automático, junto a la oficina de turismo.

Centro de información turística de Chełm (Chełmski Ośrodek Informacji Turystycznej; 🖥82 565 3667; www.itchelm.pl; ul Lubelska 63; ⊗8.00-16.00 lu-vi, 9.00-14.00 sa y do) Es una magnífica fuente de información local, con varios folletos de gran utilidad.

Oficina principal de correos (🖥82 565 2236; ul Sienkiewicza 3; ⊗10.00-17.00 lu-vi, 9.30-14.00 sa) Está al norte de Plac Łuczkowskiego. En la propia plaza hay una sucursal más pequeña.

ℹ Cómo llegar y salir

AUTOBÚS

La terminal de autobuses está en ul Lwowska, 300 m al sur de Plac Łuczkowskiego. Hay autobuses de PKS a Lublin (14 PLN, 1½ h, cada 1½ h), y microbuses privados más frecuentes (13 PLN, 1 h, cada hora) desde la terminal. Unos seis servicios al día viajan desde Zamość (14 PLN, 1½ h), así como varios microbuses privados (12 PLN, 70 min) de las 8.00 en adelante. El último de vuelta a Zamość sale de Chełm hacia las 18.00.

Hay un par de autobuses diarios a Varsovia (35 PLN, 4 h, 229 km).

TREN

La ciudad posee dos estaciones de trenes: Chełm Miasto, 1 km al oeste del casco antiguo, y Chełm Główny, 2 km al noreste. La mayoría de los trenes paran en ambas estaciones, y hasta las dos llegan autobuses municipales. Hay trenes a Lublin (15 PLN, 1½ h, 70 km) cada 1 o 2 h.

Zamość

65 055 HAB.

Zamość es un ejemplo único en Polonia de ciudad cuyo diseño urbano renacentista del s. XVI se ha conservado prácticamente intacto. Declarada Patrimonio Mundial por la Unesco en 1992, desde entonces la entrada de fondos para su reurbanización ha rejuvenecido su fotogénica plaza principal y los impresionantes bastiones fortificados que rodean el centro en todas direcciones.

MAŁOPOLSKA ZAMOŚĆ

La ciudad debe sus orígenes a Jan Zamoyski (1542-1605), un noble polaco a quien se le ocurrió la idea de fundar una localidad aquí, y a Bernardo Morando, el arquitecto de Padua que fue contratado para hacer realidad ese sueño. Zamość luce orgullosa su legado renacentista y es conocida como "la perla del Renacimiento" y "la Padua del norte".

Historia

Zamość empezó su andadura como una especie de urbanización renacentista. Cuando Zamoyski (entonces canciller y comandante en jefe del país) decidió construir su ciudad "perfecta", puso la vista en Italia (y no en la vecina Rusia) en busca de inspiración artística. Morando fue contratado para materializar el sueño de Zamoyski, y al hacerlo creó una ciudad modélica donde se plasmaron las pioneras teorías italianas sobre diseño urbano. El proyecto se puso en marcha en 1580, y a los 11 años ya tenía 217 casas; poco después se comenzó con los edificios públicos.

A finales del s. XVI, la belleza de la localidad (sumada a su ubicación en la encrucijada de las rutas comerciales Lublin-Lviv y Cracovia-Kiev) atrajo a un gran número de residentes extranjeros, entre ellos armenios, judíos, húngaros, griegos, alemanes, escoceses e italianos. Muchos de sus colonos judíos eran descendientes de judíos sefardíes que habían huido de la persecución a la que fueron sometidos en España a finales del s. XV.

Las fortificaciones, hoy totalmente restauradas, tenían la misión de proteger a la localidad y sus habitantes. Pese a ser puestas a prueba en numerosas ocasiones, siempre se mostraron impenetrables. El asalto de los cosacos de 1648 no supuso una gran amenaza para el poderío de Zamość. Su carácter inexpugnable se confirmó de nuevo en 1656, cuando Zamość, Częstochowa y Gdańsk aguantaron estoicamente frente al sitio de los suecos.

Zamość era un objetivo clave del plan de expansión de Hitler hacia el este; las tropas de ocupación alemanas pretendían que se reasentaran aquí unos 60 000 alemanes antes del final de 1943 (el antiguo presidente alemán Horst Köhler nació cerca de Zamość). Debido a la feroz resistencia del Gobierno polaco en el exilio, a la determinación de los habitantes de Zamość y, más tarde, a la llegada del Ejército Rojo, la cifra de ciudadanos alemanes que se instalaron en la ciudad apenas llegó a los 10 000. Sin embargo, la población judía fue brutalmente expulsada de Zamość y las zonas circundantes.

⊙ Puntos de interés

◎ Rynek Wielki

El casco antiguo, de 600 m de largo por 400 de ancho, se extiende alrededor de una plaza principal (Rynek Wielki), de exactamente 100 x 100 m. En los edificios más emblemáticos de los alrededores de Rynek Wielki se pueden ver placas con información sobre los antiguos usos de los inmuebles. La Rynek, de estilo renacentista italiano, está flanqueada de casas burguesas con arcadas (de construcción obligatoria por orden de Jan Zamoyski). A cada lado (excepto en el del norte, dominado por el imponente ayuntamiento de color rosa) hay ocho casas divididas por los dos ejes principales de la ciudad: uno de oeste a este entre el palacio y el baluarte, y el otro, de norte a sur, que une las tres plazas con mercado.

Ayuntamiento   EDIFICIO HISTÓRICO
(Rynek Wielki) Construido entre 1639 y 1651, con el tiempo llegaron diversos añadidos; su escalinata curva data de 1768. Zamoyski no quería que el ayuntamiento eclipsara al palacio u obstaculizara las vistas, por lo que decidió situarlo en el lado norte de la plaza y no en el centro. Todos los días de verano, al mediodía, se toca una corneta desde la torre del reloj, de 52 m de altura. El edificio y la torre no están abiertos al público.

Museo de Zamość   MUSEO
(Muzeum Zamojskie; ☎84 638 6494; www.muzeum-zamojskie.pl; ul Ormiańska 30; adultos/reducida 10/5 PLN; ⊘9.00-17.00 ma-do) Dos casas armenias conforman el Museo de Zamość, con interesantes exposiciones como una maqueta a escala de la ciudad en el s. XVI y una carta del arquitecto Bernardo Morando a Jan Zamoyski, que incluye un plano trazado a pulso de la plaza con los nombres de los nuevos inquilinos de cada edificio. También se exponen hallazgos arqueológicos, como los tesoros góticos encontrados en los cementerios del valle de Hrubieszów.

En un principio, todas las casas de la plaza estaban coronadas por pretiles ornamentales, que fueron retirados en la década de 1820; únicamente los del sector norte han sido restaurados (de hecho, el proceso aún no ha finalizado). Estas viviendas pertenecían a comerciantes armenios, por lo que sus fachadas presentan motivos inconfundibles.

Zamość

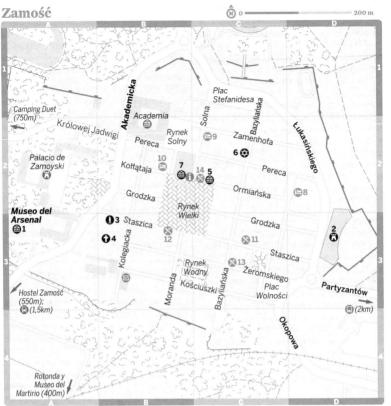

MAŁOPOLSKA ZAMOŚĆ

Zamość

◎ Alrededores de la Rynek

★ Museo del Arsenal — MUSEO

(Muzeum Fortyfikacji i Broni Arsenał; ☎84 638 4076; www.muzeum-zamojskie.pl; ul Zamkowa 2; entrada combinada adultos/reducida 25/15 PLN; ⊗9.00-17.00 may-sep, hasta 16.00 oct-abr) Este museo de armamento y las fortificaciones de la ciudad vivieron una importante remodelación en el 2015. Las colecciones se alojan en tres edificios a lo largo de los bastiones, al oeste de la ciudad. Uno está dedicado al armamento de los ss. XV a XIX, y una estructura separada alberga armas del s. XX. En un tercer edificio se proyecta una entretenida película sobre la historia de la ciudad (se pueden pedir auriculares con comentarios en inglés). Las proyecciones suelen coincidir con la hora en punto durante todo el día.

Bastión nº 7 FORTIFICACIÓN
(☎663 077 677; www.nadszaniec.zamosc.pl; ul
Łukasińskiego 2; adultos/reducida 8,50/5 PLN;
☺9.00-19.00 abr-oct, hasta 16.00 nov-mar) En
el límite del casco antiguo se alza el mejor bastión que queda de las murallas originales. El viajero puede participar en un
circuito a pie para grupos (solo en polaco,
aunque tienen el texto en inglés) por las
renovadas fortificaciones y casamatas, y
contemplar el equipo militar expuesto
y las vistas de la ciudad. Los circuitos salen a las horas en punto de 9.00 a 18.00
entre mayo y octubre, y hasta las 15.00 de
noviembre a marzo. La calle está repleta de
puestos de mercado, y las entradas se venden
en el nº 28.

Catedral IGLESIA
(☎84 639 2614; www.katedra.zamojskolubaczowska.
pl; ul Kolegiacka 1a; gratis; ☺9.30-17.30 lu-sa, 14.00-
17.30 do) Templo construido por Morando (entre 1587 y 1598) como ofrenda votiva y mausoleo para los Zamoyski. El exterior sufrió
un cambio espectacular en el s. XIX, pero el
interior ha preservado numerosos elementos
originales. Destacan la bóveda de estilo renacentista de Lublin, la piedra y el estuco, y la
curiosa galería del órgano. En el altar mayor
hay un tabernáculo rococó de plata de 1745.
Jan Zamoyski yace bajo el mármol negro de
la capilla, en el extremo superior de la nave
lateral derecha.

Campanario TORRE
(☎84 639 2614; www.katedra.zamojskolubaczowska.
pl; ul Kolegiacka 1a; entrada 3 PLN; ☺10.00-21.00
lu-sa, 13.00-22.00 do may-sep) El viajero puede
subir hasta este campanario autónomo, aunque la terraza no es lo bastante alta como
para brindar una buena panorámica del casco antiguo. La construcción actual, de entre
1755 y 1775, sustituyó a la torre de madera
original, destruida por un incendio. Alberga
tres campanas: *Wawrzyniec* (170 kg), *Tomasz*
(1200 kg) y *Jan* (4300 kg).

◎ Barrio judío

La zona de los alrededores de Rynek Solny y
ul Zamenhofa fue en su día el corazón de la
judería. Los judíos fueron autorizados a instalarse en Zamość en 1588, y a mediados del
s. XIX representaban ya el 60% de los 4000
habitantes de la localidad. Antes del estallido de la II Guerra Mundial, esta comunidad
contaba con 12 000 miembros (el 45% de la
población). En 1941 fueron desalojados por

las tropas de ocupación alemanas y trasladados al gueto formado al oeste del casco
antiguo; para el año siguiente, la mayoría
habían sido aniquilados en los campos de
exterminio.

Sinagoga SINAGOGA
(☎84 639 0054; www.zamosc.fodz.pl; ul Pereca
14; entrada 6 PLN; ☺10.00-18.00 ma-do) La fascinante sinagoga de la ciudad fue erigida
en torno a 1620 y ejerció como el principal
templo de culto de la comunidad judía hasta la II Guerra Mundial, cuando fue clau-
surada por los alemanes. Las techumbres y
elementos de diseño de la pequeña sala de
oraciones han sido restaurados para recuperar su antiguo esplendor. El mayor reclamo
de la muestra es una interesante presentación sobre la historia de la comunidad judía
local y su posterior destrucción a manos de
los alemanes.

◎ Fuera del casco antiguo

Rotonda y Museo del Martirio MUSEO
(☎692 162 219; www.muzeum-zamojskie.pl; Droga
Męczenników Rotundy; ☺7.00-20.00 may-oct, hasta
15.00 lu-vi nov-abr) GRATIS Unos 500 m al suroeste
del casco antiguo se encuentra la Rotonda, un
fuerte circular de 54 m de diámetro con un
patio central. Se construyó en la década de
1820 como parte de la infraestructura defensiva de la ciudad, pero durante la II Guerra
Mundial las SS alemanas la convirtieron en
un centro para llevar a cabo interrogatorios. Se calcula que unas 8000 personas de
la región de Zamość fueron asesinadas en
este edificio; los cuerpos se incineraban en
el patio. En el cementerio que rodea la Rotonda descansan los restos de muchas de
esas personas, además de los de los soldados
polacos y miembros del Gobierno polaco en
el exilio. Recorrer las distintas estancias (especialmente en solitario) es una experiencia
perturbadora.

★ Fiestas y celebraciones

Jazz on the Borderlands MÚSICA
(www.kosz.zam.pl; ☺may) Uno de los numerosos
festivales de *jazz* y *blues* de Zamość.

Verano Teatral de Zamość TEATRO
(www.zdk.zamosc.pl; ☺med jun-med ago) Organizado por el **Zamojski Dom Kultury** (☎84 639
2021; www.zdk.zamosc.pl; ul Partyzantów 13), tiene
lugar desde mediados de junio a mediados de
agosto, con grandiosos espectáculos al aire
libre en la Rynek, frente al ayuntamiento.

Festival de Cine de Verano CINE
(www.stylowy.net; ☺ago) Hay proyecciones en la Rynek y en el **Kino 'Stylowy'** (☎84 639 2313; www.stylowy.net; ul Odrodzenia 9), cine de arte y ensayo de la ciudad.

**Encuentro Internacional
de Vocalistas de 'Jazz'** MÚSICA
(www.kosz.zam.pl; ☺ago-sep) Actuaciones y competiciones entre cantantes de *jazz* de esta y otras regiones.

🛏 Dónde dormir

Hostel Zamość ALBERGUE €
(☎724 968 902; www.hostelzamosc.pl; ul Szczebrzeska 9; dc/i/d 60/90/135 PLN; P@🛜) Pensión limpia y frecuentada por familias 1 km al suroeste de la Rynek, junto a la estación de trenes. Tiene dormitorios colectivos, individuales y dobles, y pese a no ofrecer demasiados lujos está bien gestionada y es segura. Al lado hay un tranquilo jardín, ideal para relajarse y donde pueden jugar los niños.

Camping Duet CAMPING €
(☎84 639 2499; www.duet.virgo.com.pl; ul Królowej Jadwigi 14; i/d 80/95 PLN, por tienda/persona 15 PLN/10 PLN; 🛝) Situado muy a mano, unos 1,5 km al oeste del casco antiguo, este *camping* cuenta con bungalós para hasta seis personas, pistas de tenis, restaurante, sauna y *jacuzzi*. En verano suele estar repleto de familias.

★Hotel Koronny HOTEL €€
(☎84 677 7100; www.hotel-koronny.pl; ul Koszary 7; i/d 180/270 PLN; P✳@🛜) Este asequible hotel de cuatro estrellas es perfecto para darse un gusto. Sus diseñadores aspiraban a crear una versión moderna del Zamość renacentista, con alfombras y cortinas afelpadas, luces de araña y amplias habitaciones, es decir, como debe ser un hotel de vacaciones. El bufé de desayuno es generoso y detrás hay una terraza para tomar el café de la mañana.

Hotel Senator HOTEL €€
(☎84 638 9990; www.senatorhotel.pl; ul Rynek Solny 4; i/d/ste 220/250/360 PLN; ✳@🛜) Ofrece una excelente relación calidad-precio y tiene más encanto que los hoteles de cadena de la competencia. Las habitaciones están decoradas con buen gusto, e incluso las normales resultan muy espaciosas. El restaurante es de tipo medieval, chimenea incluida. Los fines de semana ofrecen descuentos.

Mercure Zamojski HOTEL €€
(☎84 639 2516; www.mercure-zamosc-staremiasto.com; ul Kołłątaja 2/4/6; i/d/ste desde 230/290/400 PLN; P✳@🛜) Ocupa tres edificios históricos interconectados, y es una elección de confianza que ofrece profesionalidad convencional. Algunas habitaciones son más grandes, otras ofrecen acceso a internet más fiable, o brindan mejores vistas. La única pega es que el encanto añejo del exterior no siempre se refleja en su moderno interior.

Hotel Renesans HOTEL €€
(☎84 639 2001; www.hotelrenesans.pl; ul Grecka 6; i/d/apt 160/200/230 PLN; P✳@🛜) Tal vez a Jan Zamoyski no le entusiasmaría su desaliñado exterior al estilo de la década de 1960, pero sus habitaciones han sido reformadas con gran cuidado y están equipadas con camas confortables, alfombras mullidas y baños con mucho estilo. Es una opción que sale muy a cuenta y que queda a solo una manzana de la Rynek. Es preferible evitar su restaurante, pues hay sitios mejores.

🍴 Dónde comer y beber

En verano, lo ideal para beber es una mesa en la Rynek, desde primera hora de la tarde hasta bien entrada la noche.

Bar Asia POLACA €
(☎84 639 2304; ul Staszica 6; principales desde 15 PLN; ☺8.00-17.00 lu-vi, hasta 16.00 sa) Esta lechería de autoservicio a la antigua es perfecta para tomar comidas rápidas y saciantes, como sopa, empanadillas o col.

★Restauracja Muzealna ARMENIA €€
(www.muzealna.com.pl; ul Ormiańska 30; principales 20-50 PLN; ☺ 11.00-24.00 lu-vi, 10.00-24.00 sa y do) En cuanto a presentación, se sitúa por encima de la media de los restaurantes de la Rynek, y además da la impresión de tomarse la comida en serio. Cuenta con un elegante restaurante en el sótano, aunque en verano también se puede comer en la plaza. La carta combina especialidades polacas y armenias: kebabs picantes junto a chuletas de cerdo y pato.

Bohema POLACA €€
(☎84 627 1443; www.bohemazamosc.pl; ul Staszica 29; principales 19-50 PLN; ☺10.00-23.00; 🛜) La Rynek rebosa variedad en cuanto a *pizzas,* café y terrazas. El Bohema, en cambio, ofrece suculenta cocina casera polaca (sus *pierogi* variados son muy recomendables, con 12 unidades por ración y aderezos incluidos). Hay

que destacar el delicioso chocolate caliente picante (9 PLN).

Corner Pub POLACA **€€**
(☏84 627 0694; www.cornerpub.pl; ul Żeromskiego 6; principales 22-50 PLN; ☉10.00-22.00; 🛜) Acogedor *pub* irlandés, ideal para cenar a base de buenos platos regionales polacos, así como salchichas irlandesas, *fish and chips* y varios tipos de *pizza*. En verano hay una terraza con algunas mesas.

ℹ️ Información

La mayoría de los bancos y cibercafés se concentran en la Rynek y en las calles aledañas.

Bank Pekao (ul Grodzka 2) Ofrece cambio de moneda y anticipos con tarjetas Visa y Master-Card.

Ksero Internet (Rynek Wielki 10; 3 PLN/h; ☉7.30-17.00 lu-vi, 10.00-14.00 sa) Acceso práctico a internet en plena plaza.

Oficina de turismo (☏84 639 2292; www.travel.zamosc.pl; Rynek Wielki 13; ☉8.00-18.00 lu-vi, 10.00-17.00 sa y do may-sep, 8.00-17.00 lu-vi, 9.00-15.00 sa y do oct-abr) Oficina que resulta de gran ayuda, situada en el ayuntamiento, con planos, folletos y recuerdos. Su personal puede concertar circuitos a pie en varios idiomas. Cuenta con un ordenador gratuito para los visitantes, y un práctico horario de trayectos dentro y fuera de la ciudad. Además alquilan bicicletas (5 PLN/h).

ℹ️ Cómo llegar y salir

AUTOBÚS

➡️ La **terminal de autobuses** (PKS; ☏84 638 5877; www.ppks-zamosc.com.pl; ul Hrubieszowska 9) está 2 km al este del casco antiguo. La oficina de turismo dispone de horarios actualizados de autobuses, microbuses y trenes hacia los destinos más habituales.

➡️ Los microbuses privados a menudo son más rápidos y económicos que los autobuses convencionales. Salen desde una parada que queda frente a la terminal de autobuses; para información sobre salidas, consúltese el horario.

➡️ Hay autobuses a Lublin (14 PLN, 2 h, cada 30 min) entre las 5.00 y 18.00 aprox., y muchos microbuses (15 PLN, 2 h, cada hora). Además, operan esporádicos servicios diarios a Cracovia (35 PLN, 4 a 5 h) y algunos a Varsovia (35 PLN, 5 h).

➡️ También salen autobuses y microbuses frecuentes a Zwierzyniec (5 PLN, 40 min, 32 km), la puerta de entrada al Parque Nacional de Roztocze.

➡️ Varios microbuses diarios viajan a Bełżec

y paran cerca del campo de exterminio y el museo (15 PLN, 1 h). Se aconseja contactar con la oficina de turismo o llamar a la línea de microbuses Tomaszów (☏84 664 1539).

TREN

La **estación de trenes** (PKP; ☏información 19 757; www.pkp.pl; ul Szczebrzeska 11) está 1 km al suroeste del casco antiguo; se puede llegar a pie o tomar el autobús urbano. Aunque el servicio ferroviario a Zamość se ha visto reducido en los últimos años, el tren aún resulta útil para ir a Chełm (15 PLN, 2 h, 50 km) y Lublin (22 PLN, 2 h, 80 km).

Zwierzyniec y Parque Nacional de Roztocze

3800 HAB.

La localidad de Zwierzyniec está 32 km al suroeste de Zamość, y al igual que esta, fue creada por Jan Zamoyski, pero a una escala más modesta. En el s. XVI, este noble polaco mandó construir aquí un palacio de verano y un complejo residencial, y creó un enorme coto de caza para su disfrute. Mientras que el otrora majestuoso palacio fue demolido en el s. XIX (lo único que se conserva es una diminuta capilla), el coto de caza todavía existe y conforma el corazón de lo que hoy en día es el Parque Nacional de Roztocze.

Zwierzyniec no causa furor precisamente. Es poco más que una plaza desolada rodeada de unos cuantos comercios de ropa barata. Sin embargo, es la puerta de acceso al parque nacional, con cientos de kilómetros de rutas de senderismo y ciclismo en estado virgen.

👁️ Puntos de interés y actividades

Parque Nacional de Roztocze PARQUE
(Roztoczański Park Narodowy; ☏84 687 2286; www.roztoczanskipn.pl; ul Plażowa 2, Zwierzyniec) El parque, que comprende una superficie de 79 km² al sur y este de Zwierzyniec, fue reserva natural durante más de 350 años como parte del feudo de la familia Zamoyski. Hoy acoge una fauna y flora muy diversas y es muy frecuentado para practicar senderismo y ciclismo.

Su símbolo es el poni polaco, descendiente de un caballo salvaje conocido como tarpán que se extinguió en el s. XIX. Fue reintroducido en el parque en 1982 y actualmente hay un pequeño refugio de ponis cerca de los estanques del Eco.

El punto de inicio de las caminatas es el **Centro Educativo y Museo**, donde se pueden adquirir folletos y mapas del parque. Se puede seguir el sendero didáctico del monte Bukowa (2,6 km) al sur del museo, hasta la cima de Bukowa Góra (monte del Haya, 306 m)que recorre un antiguo camino del parque del palacio. Hay un camino más corto (1,2 km) para visitar la reserva de ponis desde el museo.

Las caminatas más largas suelen iniciarse en Zwierzyniec y atraviesan zonas de bosque hasta pueblos vecinos, como Florianka, conocido por la cría de ponis polacos. Los senderos que se entrecruzan permiten volver por una ruta diferente o atajar por otro camino.

Centro Educativo y Museo MUSEO
(Ośrodek Edukacyjno-Muzealny; ☑84 687 2286; www.roztoczanskipn.pl; ul Plażowa 3; adultos/reducida 10/6 PLN; ☺9.00-16.00 ma-do abr-oct, hasta 16.00 ma-do nov-mar) Próximo a la entrada al parque, cuenta con exposiciones de fauna y flora locales, pero su principal reclamo es la pequeña librería con mapas e información sobre rutas senderistas. Cuenta con un pequeño aparcamiento y muchas de las mejores caminatas comienzan en los alrededores.

Capilla Sobre el Agua CAPILLA
(Kościółek na wodzie) Cerca del Centro Educativo y el Museo, esta pequeña capilla es la única estructura importante que queda del complejo residencial de Zamoyski. La pequeña iglesia barroca se posa sobre uno de los diminutos islotes del Staw Kościelny (estanque de la Iglesia), al parecer excavado por prisioneros turcos y tártaros en la década de 1740.

Cervecera Zwierzyniec FÁBRICA DE CERVEZA
(☑669 611 981; www.zwierzyniec.pl; Browarna 7; ☺10.00-16.00 vi-do may-sep) La cervecera local vuelve a producir cerveza tras su adquisición por parte de la gigantesca empresa nacional Perła y estar inactiva unos años. De sus instalaciones sale la cerveza rubia Zwierzyniec y se han anunciado circuitos durante el verano; lo mejor es preguntar en la propia fábrica.

Letnisko ALQUILER DE BICICLETAS
(Wypożyczalnia rowerów; ☑601 507 306; www.zwierzyniec-rowery.pl; ul 1-go Maja 22; 1 h/1 día 10/25 PLN) Acreditada empresa de alquiler de bicicletas, no lejos de la entrada al parque nacional, que vende mapas de rutas ciclistas y senderistas.

🛏 Dónde dormir y comer

La oficina de turismo es de gran ayuda a la hora de encontrar alojamiento agroturista, centros vacacionales bien equipados y habitaciones en la localidad y alrededores. Hay descuentos por estancias prolongadas.

Relaks PENSIÓN €
(☑607 938 211; www.noclegizwierzyniec.pl; ul 2 Lutego 12a; i/d 60/100 PLN; ⓟ📶) Casa de campo formal, algo difícil de encontrar. Está oculta en una callejuela que queda detrás de la plaza principal. Sin embargo, vale la pena tomarse la molestia de buscarla. Ofrece ocho habitaciones impecables, remodeladas y decoradas con colores vivos. Algunas tienen baño completo; otras, solo ducha. Una tiene un balcón, y varias dan a un asador en el jardín trasero.

Karczma Młyn PENSIÓN €
(☑84 687 2527; www.karczma-mlyn.pl; ul Wachniewskiej 1a; i/d 80/110 PLN; ⓟ) Esta jovial propuesta con una vista de postal de la capilla barroca Sobre el Agua ofrece estancias pulcras a precios razonables y la mejor cocina del lugar. Se come en su jardín trasero.

Camping Echo CAMPING €
(☑84 687 2314; www.echozwierzyniec.pl; ul Biłgorajska 3; parcelas por persona 12 PLN, bungalós con baño/lavabo por persona 30/25 PLN, vehículos 3 PLN; ☺may-sep; ⓟ) Agradable, orientado a familias, y a poca distancia de la estación de autobuses, cuenta con parcelas y bungalós con capacidad para entre tres y seis personas.

ℹ Información

La pequeña **oficina de turismo** (☑84 687 2660; www.zwierzyniec.info.pl; ul Słowackiego 2; ☺8.00-16.00 diarios abr-sep, hasta 16.00 lu-vi oct-mar), algo alejada del centro, vende mapas de senderismo y asesora sobre alojamiento, aunque el viajero puede dirigirse igualmente a la oficina de turismo de Zamość (p. 200). Para llegar, hay que girar a la derecha al salir de la estación de autobuses hasta alcanzar una transitada rotonda y entonces torcer a la izquierda. La diminuta oficina está detrás de un pequeño centro comercial.

ℹ Cómo llegar y salir

La estación de autobuses está en ul Zamojska, al norte del lago (de espaldas a la estación de autobuses y de cara a la carretera, hay que seguir la de la izquierda en dirección al lago). Los autobuses a Zamość (5 PLN, 40 min, 32 km) pasan cada 30 min.

Montes Cárpatos

3,8 MILLONES HAB.

Los mejores restaurantes

➡ Café Helenka (p. 242)

➡ U Becza (p. 234)

➡ Cuda Wianki (p. 220)

➡ Stary Kredens (p. 224)

➡ Kryjówka (p. 215)

Los mejores alojamientos

➡ Małopolanka (p. 238)

➡ Hotel GAL (p. 212)

➡ Miasteczko Galicyjskie (p. 236)

➡ Grand Hotel (p. 215)

Por qué ir

Cuando uno piensa en Polonia, las montañas no suelen ser lo primero que le viene a la mente. Pero en realidad la frontera sur del país la marcan los bellos y espectaculares Cárpatos (Karpaty), la cordillera más alta de Europa central.

Sus bosques y sus cumbres son una referencia para excursionistas, ciclistas y esquiadores. Y al ser un lugar tan remoto, este 'rincón olvidado' ha conseguido preservar su modo de vida tradicional mejor que otras zonas del país.

El centro es la estación de Zakopane, en el corazón de los montes Tatras (Tatry), el tramo más elevado de los Cárpatos polacos, pero hay quien dice que las cumbres más bonitas están en los montes Peninios o los Bieszczady. Por otra parte, un mosaico de modestas poblaciones proporciona puntos de acceso a media docena de parques naturales. Y ciudades de provincias con historia, como Przemyśl, Tarnów o Sanok, recuerdan el pasado de la región.

Cuándo ir

Zakopane

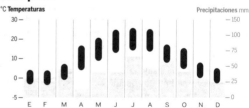

Ene-mar Zakopane es el lugar ideal para practicar esquí o *snowboard*. La temporada dura hasta marzo.

Abr-jun Los Bieszczady son la cordillera más remota del país, un buen lugar para recibir a la primavera.

Jul y ago En una soleada tarde de verano no hay nada como practicar *rafting* en el río Dunajec.

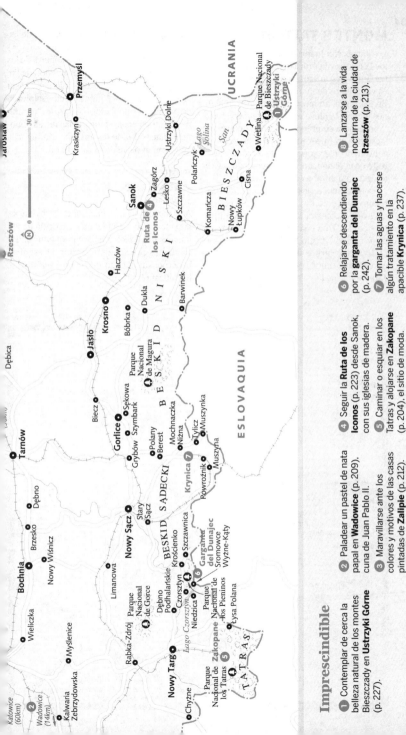

Katowice
(60km)

Wadowice
(14km)

Kalwaria
Zebrzydowska

Myślenice

Wieliczka

Dębica

Tarnów

Brzesko

Bochnia

Nowy Wiśnicz

Dębno

Krasiczyn

Przemyśl

Jarosław

Rzeszów

30 km

Biecz

Gorlice

Sękowa
Szymbark

Jasło

Krosno

Bóbrka

Dukla

Haczów

Sanok

Zagórz

Ruta de los Iconos 4

Lesko

Szczawne

Komańcza

Nowy Łupków

Cisna

Polańczyk

Lago Solina

San

Ustrzyki Dolne

Parque Nacional de Bieszczady

Ustrzyki Górne 1

UCRANIA

Barwinek

B E S K I D   N I S K I

Parque Nacional de Magura 4

Grybów

Polany

Berest

Mochnaczka

Niźna

Muszynka

Tylicz

Muszyna

Krynica 7

Powroźnik

Stary Sącz

Nowy Sącz

B E S K I D   S Á D E C K I

Szczawnica

Krościenko

Czorsztyn

Dębno
Podhalańskie

Niedzica

Lago Czorsztyn

Parque Nacional de los Pieninos

Sromowce
Wyżne-Kąty

Garganta del Dunajec 6 3

Limanowa

Rabka-Zdrój

Parque Nacional de Gorce

Nowy Targ

Chyżne

Parque Nacional de los Tatras

Zakopane 5

Łysa Polana

T A T R A S

E S L O V A Q U I A

Imprescindible

1 Contemplar de cerca la belleza natural de los montes Bieszczady en **Ustrzyki Górne** (p. 227).

2 Paladear un pastel de nata papal en **Wadowice** (p. 209), cuna de Juan Pablo II.

3 Maravillarse ante los colores y motivos de las casas pintadas de **Zalipie** (p. 212).

4 Seguir la **Ruta de los Iconos** (p. 223) desde Sanok, con sus iglesias de madera.

5 Caminar o esquiar en los Tatras y alojarse en **Zakopane** (p. 204), el sitio de moda.

6 Relajarse descendiendo por la **garganta del Dunajec** (p. 242).

7 Tomar las aguas y hacerse algún tratamiento en la apacible **Krynica** (p. 237).

8 Lanzarse a la vida nocturna de la ciudad de **Rzeszów** (p. 213).

MONTES TATRAS

Los Tatras son la formación más elevada de los Cárpatos y la única de tipo alpino, con altas cimas y escarpadas laderas rocosas que se elevan cientos de metros sobre lagos helados. En los Tatras no hay glaciares, pero en algunos lugares la nieve se mantiene todo el año.

Ideal para emprender caminatas en verano y esquiar en invierno, casi toda la acción se concentra en Zakopane, que al igual que el resto de la región, queda a un cómodo trayecto de 2 h en autobús desde Cracovia.

La cordillera de los Tatras abarca 900 km², recorre unos 60 km de la frontera polacoeslovaca y alcanza los 15 km en su punto más ancho. Una cuarta parte de su territorio forma el Parque Nacional de los Tatras (Tatrzański Park Narodowy), de 211 km² y cuya oficina central está en Zakopane. En los Tatras polacos hay dos docenas de cumbres que superan los 2000 m, la más alta de las cuales es el **monte Rysy** (2499 m).

En las estribaciones septentrionales de los Tatras, al norte, se encuentra la región de Podhale, que se extiende desde Zakopane hasta la localidad de Nowy Targ. Podhale, salpicada de pueblecitos poblados por *górale* ("montañeses" en polaco), es una de las pocas regiones polacas donde las antiguas tradiciones aún forman parte de la vida diaria.

Zakopane

27 300 HAB.

Acurrucada en las estribaciones de los Tatras, la estación de montaña más conocida de Polonia es una excelente base para emprender caminatas en verano y disfrutar del esquí en invierno, aunque durante el pico turístico se llena hasta los topes.

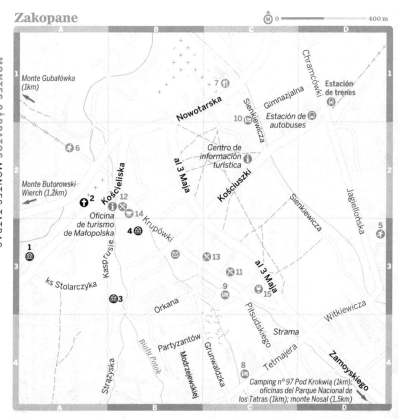

Además de por las actividades al aire libre, Zakopane es famosa por las dimensiones y la belleza de sus casas de montaña de madera, construidas a finales del s. xix y principios del xx. Algunas de ellas albergan actualmente museos, mientras que otras se han convertido en hoteles o pensiones, o permanecen en manos privadas.

El responsable de esta locura por la madera fue el arquitecto Stanisław Witkiewicz (1851-1915), y la primera de las magníficas casas de madera que construyó en la zona, Villa Koliba, alberga en la actualidad el Museo del Estilo Zakopane.

Las creaciones de Witkiewicz en los primeros del s. xx contribuyeron a convertir a Zakopane en destino predilecto de pintores, poetas, escritores y compositores. Entre los grandes nombres que han vivido en la localidad están el hijo de Witkiewicz, el escritor y pintor Stanisław Ignacy Witkiewicz, más conocido como Witkacy, y el compositor Karol Szymanowski.

◉ Puntos de interés

◉ Centro

Casi todos los atractivos culturales de Zakopane giran en torno a su característica arquitectura en madera y su tradición como centro artístico en el s. xix y finales del xx.

Zakopane

Museo del Estilo Zakopane   MUSEO
(Willa Koliba; ☑18 201 3602; www.muzeumtatrzanskie.pl; ul Kościeliska 18; adultos/reducida 7/5,50 PLN; ⊘10.00-18.00 ma-sa, 9.00-15.00 do jul y ago, 9.00-17.00 mi-sa, 9.00-15.00 do sep-jun) Ocupa Willa Koliba, la primera de las casas señoriales de madera diseñadas por el notorio pintor y arquitecto polaco Stanisław Witkiewicz en su clásico "estilo Zakopane" (similar al movimiento *arts and crafts* que proliferó en EE UU y el Reino Unido en los albores del s. xx). El interior, recientemente restaurado, ha recuperado su esplendor original y luce muebles y tejidos montañeses diseñados ex profeso para la villa.

Antigua iglesia y cementerio   IGLESIA
(Stary Kościół, cementerio nacional de Pęksowy Brzyzek; ul Kościeliska; ⊘amanecer-anochecer) GRATIS Esta pequeña iglesia y su atractivo camposanto contiguo datan de mediados del s. xix. El templo presenta unos encantadores motivos decorativos y bancos tallados en madera, además de vidrieras con las estaciones del vía crucis. Detrás se encuentra el viejo cementerio, sin duda uno de los más bellos del país, con un espectacular conjunto de tumbas de madera que recuerdan a gigantescas piezas de ajedrez. En un modesto sepulcro de madera descansan los restos de Witkiewicz.

Museo de los Tatras   MUSEO
(☑18 201 5205; www.muzeumtatrzanskie.pl; ul Krupówki 10; adultos/reducida 7/5,50 PLN, do gratis; ⊘10.00-18.00 ma-sa, 9.00-15.00 do jul y ago, 9.00-17.00 mi-sa, 9.00-15.00 do sep-jun) En la sede principal de este museo, el visitante podrá repasar la historia natural, la etnografía y la geología de la región. Las presentaciones, si bien dejan algo que desear, constituyen una buena introducción a la fauna y flora autóctonas. Aunque la dirección indica ul Krupówki, está separada de la calle principal.

Museo Szymanowski   MUSEO
(☑18 202 0040; www.muzeum.krakow.pl; ul Kasprusie 19; adultos/reducida 9/5 PLN, do gratis; ⊘10.00-17.00 ma-do) Este museo, situado unos 500 m al sur del centro, esboza la vida y obra del compositor polaco Karol Szymanowski (1882-1937). Pese a ser prácticamente desconocido fuera de Polonia, Szymanowski está considerado el segundo compositor polaco en importancia tras Chopin. Instalado en Willa Atma, donde el artista pasó varios de sus últimos

años de vida, el museo acoge, con carácter regular, recitales de piano en los que se interpretan piezas suyas.

Fuera del centro

Morskie Oko   LAGO
(☑18 202 3300; www.tpn.pl; aparcamiento 5 PLN)
La excursión más popular desde Zakopane es a este lago de montaña de aguas color esmeralda, unos 20 km al sureste del centro. Hay autobuses que cubren con regularidad el trayecto entre ul Kościuszki, frente a la estación principal de autobuses, y Polana Palenica (45 min), desde donde una carretera de 9 km continúa colina arriba hasta el lago. Dicha carretera está cerrada al tráfico rodado, por lo que habrá que ir a pie (aprox. 2 h por trayecto). Varias agencias de viajes organizan excursiones de un día.

Actividades

Esquí

Zakopane es la capital nacional de los deportes de invierno. Por los alrededores de la localidad hay muchas zonas esquiables, desde superficies planas para el esquí nórdico a pistas alpinas –tanto para principiantes como para expertos– con 50 telesillas y telearrastres.

El **monte Kasprowy Wierch** (1985 m) presenta algunos de los descensos más difíciles de la zona, y también las mejores instalaciones; la temporada de esquí a veces se alarga hasta principios de mayo. Se puede subir a la cima en 20 min con un **teleférico** (☑18 201 5356; www.pkl.pl; Kuźnice; adultos/reducida ida y vuelta 63/48 PLN; ⊙7.30-16.00 ene-mar, 7.30-18.00 abr-jun, sep y oct, 7.00-21.00 jul y ago, 9.00-16.00 nov-dic) y luego quedarse en las montañas y usar los dos telesillas, en los valles de Goryczkowa y Gąsienicowa, respectivamente, a ambos lados del monte Kasprowy. Las vistas desde la cima son espectaculares (si las nubes lo permiten) y se puede tener a la vez un pie en Polonia y otro en Eslovaquia.

El **monte Gubałówka** también cuenta con pistas muy populares y buenas instalaciones. Está muy bien comunicado desde el centro de Zakopane mediante el **funicular** (☑18 201 5356; www.pkl.pl; adultos/reducida ida y vuelta 20/16 PLN, adultos/reducida ida 14/12 PLN, pases de 1 día 65 PLN; ⊙9.00-20.00 ene-sep, hasta 19.00 oct, hasta 18.00 nov y dic), que cubre los 1298 m de trayecto en 3,5 min, ascendiendo 300 m desde la estación inferior, al norte de ul Krupówki.

Unos 2 km al oeste se alza el **monte Butorowski Wierch,** con su telesilla de 1,6 km. También se puede esquiar por las laderas del **monte Nosal,** al sur de Zakopane. La zona cuenta con un telesilla y una docena de telearrastres.

Varias tiendas de Zakopane alquilan equipo de esquí, entre ellas **Sukces** (☑502 681 170; www.ski-sukces.zakopane.pl; ul Nowotarska 39). El precio por alquilar un equipo completo de esquí/*snowboard* ronda los 45/50 PLN por día.

Otras actividades

Un lugar excelente para refrescarse en verano es el **Aqua Park** (☑18 200 1122; www.aquapark.zakopane.pl; ul Jagiellońska 31; 1 h/1 día adultos 20/60 PLN, niños 3-16 años 13/45 PLN; ⊙9.00-22.00; 🚇), con piscinas cubiertas y al aire libre, toboganes, varias saunas y, por sorprendente que parezca, incluso una bolera.

En verano acude mucha gente al monte Nosal para volar en **ala delta** y **parapente.** Para informarse al respecto, visítese cualquier oficina de turismo local o www.paraglidingmap.com, con una buena selección de lugares donde practicar parapente.

Fiestas y celebraciones

Willa Atma acoge cada verano una serie de **conciertos de música de cámara** (normalmente 35 PLN) dedicado a la música de Karol Szymanowski y otros compositores.

**Festival Internacional
de Folclore de Montaña**   MÚSICA
(Międzynarodowy Festiwal Folkloru Ziem Górskich; www.mffzg.pl; ⊙ago) La cita cultural más señalada de Zakopane atrae a grupos de música y danza folclórica de todo el mundo a finales de verano.

Dónde dormir

La oferta hotelera en Zakopane es amplia y, salvo en raras ocasiones, encontrar alojamiento no supone un problema. Aunque los hoteles y albergues estén llenos, siempre se encuentran habitaciones en casas privadas, cómodas y a precios razonables. Pídase más información en la oficina de turismo (deberían costar 50 PLN por persona), o búsquense carteles que indiquen *"pokoje", "noclegi"* o *"zimmer frei".*

Good Bye Lenin Hostel   ALBERGUE €
(☑18 200 1330; www.zakopane.goodbyelenin.pl; ul Chłabówka 44; dc 35-50 PLN, d/tr 120/150 PLN; P@🛜) Remanso de paz en forma de granja

con 30 camas, repartidas en cinco dormitorios. El único inconveniente (o ventaja, según se mire) es la ubicación, pues está 2,5 km al sureste del centro. No obstante, ofrece servicio de recogida en la estación de trenes o autobuses. También se llega con el microbús n° 73 hasta la parada de Jaszczurowka.

Target Hostel   ALBERGUE €
(☑730 955 730, 18 207 4596; www.targethostel.pl; ul Sienkiewicza 3b; dc 37-52 PLN; @🛜) Albergue muy bien gestionado a un corto paseo desde la estación de autobuses. El alojamiento consiste en los clásicos dormitorios con suelos de madera de entre 4 y 10 camas, siendo algo más caros los pequeños. Hay una zona común y cocina compartida, además de detalles de agradecer como wifi y ordenadores para revisar el correo.

Camping n° 97 Pod Krokwią   CAMPING €
(☑18 201 2256; www.podkrokwia.pl; ul Żeromskiego 34; 15/14 PLN por persona/tienda, camas en bungalós 45 PLN; 🅿) La zona de acampada dispone de grandes bungalós con calefacción, con habitaciones dobles y triples. Suelen llenarse en julio y agosto. Para llegar desde las estaciones de trenes o autobuses, tómese cualquier autobús al sur y bájese en la rotonda.

Czarny Potok   HOTEL €€
(☑18 202 2760; www.czarnypotok.pl; ul Tetmajera 20; i/d desde 200/280 PLN; 🅿@🛜🏊) El "arroyo negro", situado junto a un bonito arroyo y entre preciosos jardines, es una especie de pensión de 44 habitaciones situada en una calle tranquila al sur de la zona peatonal. Cuenta con un espléndido gimnasio y dos saunas.

SENDERISMO POR LOS TATRAS

Con unos 300 km de senderos de lo más variado, los Tatras constituyen un enclave ideal para emprender caminatas. No existe en Polonia otro lugar con tal densidad de rutas de senderismo ni diversidad paisajística.

Aunque toda la región está seccionada por los senderos señalizados, la zona más popular para la práctica de senderismo es la del **Parque Nacional de los Tatras** (Tatrzański Park Narodowy; ☑18 200 0308; www.tpn.pl; ul Chałubińskiego 42; adultos/reducida 5/2,50 PLN; ⊘oficinas 9.00-16.00 lu-vi), cuyo inicio se encuentra al sur de Zakopane. Geográficamente, la cadena se divide en tres partes: los Tatras Occidentales (Tatry Zachodnie), los Altos Tatras (Tatry Wysokie), al este, y los contiguos Tatras Belianske (Tatry Bielskie). Todos ellos son bonitos, si bien muy diferentes. En general, los Tatras Occidentales son más bajos y suaves, más fáciles para caminar y seguros. Bien distintos son los Altos Tatras y los Tatras Belianske, con sus picos desnudos de granito y sus lagos alpinos. Los caminantes se enfrentarán aquí a más retos, pero también disfrutarán de paisajes más espectaculares.

Si solo se desea dar un breve paseo, al sur de Zakopane hay varios valles pintorescos, poblados de densos bosques. Quizá el más bonito sea el **Dolina Strążyska;** recorrerlo constituye una ruta muy frecuentada por los lugareños, que van de caminata o de merienda. Si se está más o menos en forma, no debería tardarse más de 50 min en recorrer la ruta entera siguiendo la senda roja que sube hasta Polana Strążyska. Desde allí se puede volver por el mismo camino o seguir la senda negra que lleva a cualquiera de los dos valles colindantes, aunque lo habitual es continuar al este hasta el **Dolina Białego.** Se tarda 1 h aprox. en llegar a este encantador valle y 1 h más en hacer todo el camino de bajada hasta Zakopane.

La cima de los Tatras más socorrida es la del **monte Giewont** (1894 m), verdadero símbolo de Zakopane. Desde este pueblo se puede coronar en unas 3½ h yendo por el camino rojo. Para esta ascensión se precisa estar en una forma física razonable.

Antes de salir de excursión o de escalada, conviene hacerse con el mapa *Tatrzański Park Narodowy, a escala* 1:25 000 (15 PLN), editado por Sygnatura. Muestra todas las pistas de la zona, con tiempos de recorrido tanto de subida como de bajada. Otra opción es el mapa *Tatry Polskie* (Tatras polacos), a escala 1:20 000 (14 PLN), dividido en dos hojas.

La acampada está prohibida en el parque, pero hay varios albergues de montaña de la PTTK diseminados por laderas y cumbres. La oficina de turismo de Zakopane facilita una lista detallada de todos ellos.

Hotel Litwor
HOTEL €€€

(☑18 202 4200; www.litwor.pl; ul Krupówki 40; i/d 450/600, ste 625-840 PLN; 🅿@🛜❄) Suntuoso hotel de cuatro estrellas con habitaciones grandes y cómodas y el habitual equipamiento de lujo, que incluye gimnasio y sauna. Dispone de un excelente restaurante que sirve platos polacos tradicionales. Queda a corta distancia a pie de la zona peatonal principal.

✖ Dónde comer

Ul Krupówki está llena de falsas tabernas rústicas de montaña que sirven la misma *jadło karpackie* (cocina de los Cárpatos) al son de una música de montaña bastante desagradable, interpretada por un *kapela góralska* (grupo de música popular). Aun así, puede encontrarse algún que otro diamante en bruto.

Pstrąg Górski
PESCADO €€

(☑512 351 746; ul Krupówki 6a; principales 20-40 PLN; ☺10.00-22.00; 🛜) Este restaurante de pescado de estilo tradicional da a un pequeño arroyo y sirve trucha, salmón y pescado de agua salada fresquísimos. La trucha cuesta 5 PLN por 100 g (pieza entera), de modo que una cena a base de pescado ronda los 30 PLN, guarnición aparte.

Karczma Zapiecek
POLACA €€

(☑18 201 5699; www.karczmazapiecek.pl; ul Krupówki 43; principales 15-25 PLN; ☺10.00-23.00) Es una de las mejores opciones de un grupo de restaurantes de estilo montañés muy parecidos, distribuidos por ul Krupówki. La comida es estupenda. Tiene una estufa antigua y terraza.

Stek Chałupa
POLACA €€

(☑18 201 5918; www.stekchalupa.pl; ul Krupówki 33; principales 20-40 PLN; ☺9.00-24.00) Encantador establecimiento de montaña que agrada con sus salchichas a la plancha y su gran variedad de bistecs.

🍺 Dónde beber y vida nocturna

Cafe Piano
BAR

(☑18 201 2108; www.cafepianozakopane.net; ul Krupówki 63; ☺15.00-24.00) Al fondo de un callejón se encuentra este reservado bar para iniciados, cerca de las multitudes que abarrotan ul Krupówki pero a años luz en cuanto a ambiente. Lo frecuenta una clientela artística compuesta por lugareños y tiene un precioso jardín en la parte de atrás.

Appendix
CAFÉ

(☑18 200 0220; ul Krupówki 6; ☺13.00-24.00; 🛜) Local tranquilo para tomarse una copa o un café. Se encuentra sobre una tienda de minerales y el ambiente es entre antiguo y moderno. En ocasiones tocan *jazz* en directo.

❶ Información

Bank Pekao (☑18 202 2850; al 3 Maja 5; ☺9.00-18.00 lu-vi, 9.00-13.00 sa) Céntrico banco con cajero automático.

Oficina de turismo de Małopolska (Małopolski System Informacji Turystycznej; ☑18 201 2004; www.visitmalopolska.pl; ul Kościeliska 7; ☺9.00-17.00 lu-sa) Dispone de abundante información sobre los Tatras y folletos sobre las localidades vecinas, incluida Cracovia.

Oficina de correos (☑18 201 2277; ul Krupówki 20; ☺7.00-19.30 lu-vi)

Centro de información turística (☑18 201 2211; www.zakopane.pl; ul Kościuszki 17; ☺9.00-17.00 mar-ago, 9.00-17.00 lu-vi sep-feb) Pequeña pero práctica oficina municipal al sur de la estación de autobuses, de camino al centro. Facilita planos gratuitos y vende mapas con rutas de senderismo muy detalladas.

❶ Cómo llegar y salir

El autobús es, con diferencia, el medio más indicado para viajar a Zakopane, aunque sigue habiendo unos cuantos trenes que dan servicio a la pequeña **estación de trenes** (PKP; ☑información 19 757; www.pkp.pl; ul Chramcówki 35) de la localidad.

AUTOBÚS

Szwagropol (☑12 271 3550; www.szwagropol.pl) tiene salidas cada hora a Cracovia (16 PLN, 1¾ h) desde la **estación de autobuses** (PKS; ☑666 396 090; www.zdazakopane.pl; ul Kościuszki 23). También parten de aquí, como mínimo, dos autobuses diarios a Nowy Sącz (20 PLN, 3 h), Przemyśl (40 PLN, 4½ h) y Rzeszów (40 PLN, 4½ h). **Strama** (☑602 501 415; www.strama.eu) ofrece servicios regulares entre Zakopane y Poprad, en Eslovaquia (22 PLN, 2 h), con paradas en los principales puntos de los Altos Tatras, ya en el lado eslovaco.

TREN

Cada día salen unos cuantos trenes con destino a Cracovia (25 PLN, 3½ h), pero los autobuses son más rápidos y frecuentes.

PEREGRINAJE A KALWARIA ZEBRZYDOWSKA

Kalwaria Zebrzydowska, el segundo destino de peregrinaje más importante de Polonia, después de Jasna Góra, en Częstochowa, está a 14 km al este de Wadowice (35 km al suroeste de Cracovia).

La localidad debe su existencia y su fama a Mikołaj Zebrzydowski, señor de Cracovia, que mandó construir la iglesia y el monasterio para la orden de los bernardos en 1600. Zebrzydowski se fijó en que la zona tenía un relieve parecido al de Jerusalén y quiso crear un lugar de culto similar a la Vía Dolorosa de la Ciudad Santa; en 1617 se habían construido en las colinas circundantes 24 capillas, algunas vivo reflejo de las jerosolimitanas. Con el aumento de peregrinos se erigieron más capillas, hasta un total de 42. En 1999, la Unesco declaró el lugar Patrimonio Mundial.

La iglesia original, en lo alto de una colina al norte del centro, se fue ampliando hasta convertirse en la actual e imponente **basílica de Nuestra Señora de los Ángeles** (Bazylika Matki Bożej Anielskiej), con el venerado icono de la Virgen en la **capilla Zebrzydowska** (Kaplica Zebrzydowska). Según la tradición, esta imagen lloró sangre en 1641 y a partir de entonces se sucedieron los milagros. Los peregrinos acuden a Kalwaria todo el año, pero sobre todo en las festividades marianas, cuando se realizan procesiones por la **Vía Dolorosa** (Dróżki Kalwaryjskie) que une las capillas. La basílica está flanqueada al norte por el enorme **monasterio bernardo** (Klasztor Bernardynów; ☑33 876 6304; www.kalwaria.eu; ul Bernardyńska 46; ☉7.00-19.00), en cuyo claustro pueden verse impresionantes pinturas de los ss. XVI y XVII.

Kalwaria también es conocida por sus **representaciones de la Pasión,** una mezcla de ceremonia religiosa y manifestación popular que reproduce los últimos días de la vida de Jesucristo y que aquí se celebra desde el s. XVII. Participan los vecinos, incluidos monjes bernardos, durante una procesión de dos días que empieza a primera hora de la tarde del Jueves Santo.

ESTRIBACIONES DE LOS CÁRPATOS

Las estribaciones de los Cárpatos (Przedgórze Karpackie) forman un cinturón verde de colinas que ascendiende desde los valles del Vístula y del San, al norte, hasta las grandes montañas del sur. Salvo por Wadowice y Kalwaria Zebrzydowska, que suelen visitarse desde Cracovia, la mayoría de las atracciones de la región se encuentran en la carretera Cracovia-Tarnów-Rzeszów-Przemyśl.

Wadowice

19 200 HAB.

El lugar de nacimiento de Karol Wojtyła (más conocido como papa Juan Pablo II), Wadowice, se ha ido convirtiendo en un popular centro de peregrinaje. La gente acude a caminar por sus bonitas calles adoquinadas, a presentar sus respetos a la casa familiar de los Wojtyła y, lo que para algunos es más importante, a probar el legendario pastel de nata tradicional, la *kremówka,* que también gustaba mucho al antiguo papa.

La **oficina de turismo** (☑33 873 2365; www.it.wadowice.pl; ul Kościelna 4; ☉9.00-20.00 lu-vi, 10.00-16.00 sa y do may-oct, 8.00-16.00 lu-vi, 10.00-16.00 sa nov-mar) puede proporcionar toda la información necesaria, incluido un folleto gratuito titulado *Karol Wojtyła's Foot Trail* (Camino de Karol Wojtyła), que recoge los principales reclamos relacionados con el fallecido papa.

◉ Puntos de interés

Hogar familiar de Juan Pablo II MUSEO
(Dom Rodzinny Jana Pawła II; ☑33 823 2662, reservas 33 823 3565; www.domjp2.pl; ul Kościelna 7; adultos/reducida incl. guía en polaco 18/10 PLN, incl. guía en inglés 27/25 PLN; ☉9.00-19.00 may-sep, reducido resto del año) La vivienda donde nació Karol Wojtyła el 18 de mayo de 1920 y pasó su niñez es hoy un popular museo que reproduce su antiguo aspecto.

La familia Wojtyła vivió en este pequeño apartamento en un 1er piso, con apenas dos habitaciones y cocina, desde 1919 a 1938. Solo puede verse en una visita guiada, con posibilidad de guías que hablan inglés. Se pueden reservar las entradas por teléfono o en línea, o bien en una taquilla especial, en el nº 5 de Plac Jana Pawła II.

Museo Municipal MUSEO
(Muzeum Miejskie; ☎33 873 8100; www.muzeum. wadowice.pl; ul Kościelna 4; adultos/reducida 5/3 PLN; ⏱9.00-17.00 lu-vi, 10.00-16.00 sa y do may-sep, 9.00-16.00 lu-vi, 10.00-16.00 sa oct-abr) Bajo el mismo techo que la oficina de turismo, propone una interactiva exposición multimedia sobre la vida del pontífice y Wadowice durante su niñez.

Dónde beber

Kawiarna Mieszczańska CAFÉ
(☎500 636 842; ul Kościelna 6; pasteles 5 PLN; ⏱9.00-19.00 abr-oct, hasta 17.00 nov-mar) Wadowice es conocido en Polonia por la *kremówka*, un calórico pastel a base de nata, huevos, azúcar y un chorrito de brandi. Todos los establecimientos aseguran servir el auténtico, pero el que verdaderamente conquistó al autor de esta guía es el que preparan en Kawiarna Mieszczańska, junto a la oficina de turismo.

❶ Cómo llegar y salir

Cada hora salen autobuses hacia Cracovia (11 PLN, 1¼ h), algunos vía Kalwaria Zebrzydowska (6 PLN, 30 min). También hay media docena diarios a Katowice (15 PLN, 2 h).

Tarnów

111 370 HAB.

Aunque nadie lo diría al pasear por su agradable casco antiguo, muy bien restaurado, Tarnów es un importante centro industrial y nudo de transportes regional, ideal para invertir unas horas.

Historia

La poco corriente planta oval de su centro, con una gran plaza en medio, sugiere que se trazó en la Edad Media. Esta antigüedad está confirmada por su fuero municipal, que data de 1330. Se desarrolló como centro comercial en la transitada ruta Cracovia-Kiev y gozó de cierta prosperidad en el Renacimiento, hasta que en el s. xv un incendio la arrasó completamente. Tuvieron que pasar casi 200 años para completar su reconstrucción.

Tarnów había albergado tradicionalmente una considerable comunidad judía, que para el s. xix representaba la mitad de su población. De los 25 000 hebreos que vivían aquí

en 1939, solamente un puñado sobrevivió a la II Guerra Mundial. En su memoria, Tarnów tiene una estilizada estrella de David amarilla en el logotipo de su oficina de turismo.

La ciudad también es uno de los lugares con más presencia de la reducida comunidad gitana del país, y su museo presenta una de las pocas muestras sobre la historia romaní que pueden encontrarse. Incluye una pequeña sección sobre el Holocausto, que recuerda cómo los alemanes agruparon a cientos de gitanos de la región de Tarnów para asesinarlos.

◉ Puntos de interés

Ayuntamiento MUSEO
(Muzeum Okręgowe w Tarnowie/Ratusz; ☎14 621 2149; www.muzeum.tarnow.pl; Rynek 1; adultos/reducida 8/5 PLN, do gratis; ⏱9.00-17.00 ma-vi, 10.00-16.00 sa y do) Espectacular edificio en pleno centro de la Rynek, que fue construido en el s. xv (en estilo gótico) y posteriormente remodelado tanto en el Renacimiento como en el s. xix. Su reloj, datado en el s. xvi, es uno de los más antiguos del país. Alberga, además, una sede del museo regional donde se pueden admirar majestuosos interiores y las colecciones de plata, arte y cristal de la aristocrática familia que antaño controlaba la ciudad.

Museo Etnográfico MUSEO
(Muzeum Etnograficzne; ☎14 622 0625; www.muzeum.tarnow.pl; ul Krakowska 10; adultos/reducida 8/5 PLN, do gratis; ⏱9.00-17.00 ma y ju, 9.00-15.00 mi y vi, 10.00-16.00 sa y do) Esta sede del museo regional local atesora la única colección permanente de Europa dedicada a la cultura romaní. En el patio trasero puede verse una exposición al aire libre de carruajes romaníes originales y, si se solicita, se puede participar en un tradicional círculo de fuego con danza. El museo se encuentra en una emblemática posada del s. xviii cuya fachada presenta motivos florales de Zalipie.

Catedral IGLESIA
(☎14 621 4501; www.katedra.tarnow.opoka.org.pl; Plac Katedralny; ⏱9.00-12.00 y 13.00-17.30 lu-sa) Erigida en el s. xiv aunque totalmente renovada en estilo neogótico a finales del s. xix, alberga varias tumbas renacentistas y barrocas; en el presbiterio se ven dos de las mayores del país. También son interesantes la sillería de roble del coro, un par de púlpitos enfrentados

Tarnów

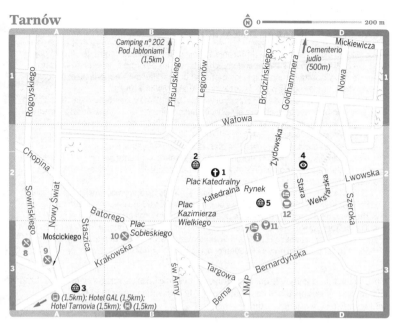

de elaborada talla y dos pórticos de piedra de comienzos del s. XVI en los atrios oeste y sur.

Museo Diocesano MUSEO
(Muzeum Diecezjalne; ✆14 621 9993; www.muzeum.diecezja.tarnow.pl; Plac Katedralny 6; ⊕10.00-12.00 y 13.00-15.00 ma-sa, 9.00-12.00 y 13.00-14.00 do) GRATIS Este museo incluye una buena colección de arte sacro gótico, con algunas vírgenes y retablos de gran belleza, y una amplísima representación de pintura popular y religiosa sobre cristal.

Antigua sinagoga LUGAR HISTÓRICO
(ul Żydowska) La zona al este de la Rynek estaba poblada tradicionalmente por judíos, pero escasos edificios sobrevivieron a la ocupación alemana en la II Guerra Mundial. De la antigua sinagoga del s. XVII situada junto a ul Żydowska, destruida por los alemanes en 1939, solo queda la *bimá* de ladrillo, desde donde se leía la Torá.

Cementerio judío CEMENTERIO
(Cmentarz Żydowski-Kirkut; ul Szpitalna) Situado 1 km al norte del centro, el camposanto judío más grande del sur de Polonia data del s. XVI y contiene unas 4000 lápidas en distintos estados de abandono. Durante la II Guerra Mundial fue arrasado por los alemanes y uti-

lizado para ejecuciones en masa. El portón suele estar abierto; en caso contrario, pídase la llave en la oficina de turismo.

🛏 Dónde dormir

Centro de información turística PENSIÓN €
(✆14 688 9090; www.it.tarnow.pl; Rynek 7; i/d 90/120 PLN; ☎) Alquila varias habitaciones

LAS CASAS PINTADAS DE ZALIPIE

Localizado 36 km al noroeste de Tarnów, Zalipie es un conocido centro de pintura popular desde hace casi un siglo, cuando sus habitantes empezaron a decorar sus casas, por dentro y por fuera, con coloridos motivos florales. Hay una veintena de estas casas y una decena más en los pueblos vecinos de Kuzie, Niwka y Kłyż.

La pintora más célebre fue Felicja Curyłowa (1904-1974) y, desde su muerte su granja de tres habitaciones está abierta al público bajo el nombre de **Granja Museo Felicja Curyłowa** (Muzeum Zagroda Felicji Curyłowej; ☑14 641 1912; www.muzeum.tarnow.pl; Zalipie 135, Olesno; adultos/reducida 6/4 PLN; ⊘10.00-18.00 ma-do). Además de las propias pinturas, que ocupan todas las superficies planas, se exhiben platos, iconos y trajes.

Para mantener la tradición, durante el fin de semana siguiente al Corpus (finales may-jun) se celebra cada año desde 1948 el concurso Cabaña Pintada (Malowana Chata) donde se premia la casa mejor decorada.

En la **Casa de los Pintores** (Dom Malarek; ☑14 641 1938; www.dommalarek.pl; Zalipie 128a; ⊘8.00-18.00 lu-vi, 11.00-18.00 sa y do jun-ago, 8.00-16.00 lu-vi sep-may), que funciona como centro artístico del pueblo, se puede ver a las pintoras en acción.

Desde Tarnów solo hay unos cuantos autobuses diarios que cubran el trayecto hasta aquí, por lo que resulta más práctico disponer de vehículo propio. En el centro de información turística de Tarnów se pueden consultar los horarios.

sobre su oficina en la Rynek, que constituyen una de las mejores opciones de alojamiento del lugar. Eso sí, no tienen nada de ostentoso: apenas consisten en una cama y un baño y no se sirve desayuno, aunque hay varios cafés en los aledaños. Resérvese por teléfono o en línea.

Camping nº 202 Pod Jabłoniami CAMPING €
(☑502 562 005; www.camping.tarnow.pl; ul Piłsudskiego 28a; por persona/tienda/caravana 17/10/20 PLN, d/tr/c 110/130/160 PLN; ⊘abr-oct; P) Situado 1 km al norte del casco antiguo, incluye 18 sencillos bungalós con servicios compartidos.

★**Hotel GAL** HOTEL €€
(☑14 688 9930; www.hotel.tarnovia.pl; ul Dworcowa 5; i/d/tr 180/220/240 PLN; P @ 🛜) Todas las localidades polacas deberían tener la suerte de contar con un hotel como este: bonito y cerca de las estaciones de trenes y de autobuses. Fue construido en 1904 en estilo *art nouveau* y en el 2014, remodelado de arriba abajo. Las habitaciones, amplias y luminosas, lucen un estilo moderno. Hay aparcamiento gratuito y el personal es atento y eficiente.

Hotel U Jana HOTEL €€
(☑14 626 0564; www.hotelujana.pl; Rynek 14; i/d/tr 160/220/280 PLN; 🛜) En el hotel más céntrico y con más clase del casco antiguo, en la misma Rynek, todas las habitaciones son suites. Sus 10 apartamentos, decorados con arte,

tienen camas enormes y baños actualizados. El desayuno cuesta 15 PLN.

🍴 Dónde comer

Bar Mleczny Łasuch POLACA €
(☑14 627 7123; ul Sowińskiego 4; principales 7-12 PLN; ⊘8.00-19.00 lu-vi, 9.00-15.00 sa) Económica lechería con un estupendo surtido de sencillos platos polacos como *bigos* (guiso de chucrut y carne) y rollitos de repollo rellenos; queda 200 m al suroeste de la Rynek.

★**Kawiarnia Tatrzańska** POLACA €€
(☑14 622 4636; www.kudelski.pl; ul Krakowska 1; principales 15-30 PLN; ⊘9.00-22.00; 🛜) Este café-restaurante tiene un buen ambiente y una carta variada con entrantes tan diversos como *żurek* (la tradicional sopa agria de centeno), *carpaccio* o tortitas de espinacas. Los platos principales son bastante comunes (lomo de cerdo, trucha frita). El tradicional café, del s. XIX, es elegante sin ser pretencioso y resulta un buen lugar para tomar café, pasteles y helados.

Bombay Music INDIA €€
(☑14 627 0760; www.bombay.pl; ul Krakowska 11a; principales 15-30 PLN; ⊘10.00-22.00; 🎵) Ofrece cocina india algo adaptada (y algún plato europeo) en un ambiente elegante, a veces con música en directo. No es fácil de encontrar, pues, al contrario de lo que indica la dirección, no está en ul Krakowska sino en un edificio de aspecto moderno al que se accede

por ul Mościckiego (una pequeña bocacalle 200 m al sur de la Rynek).

🍷 Dónde beber y vida nocturna

Kawiarnia Pod Arkadami CAFÉ
(📞14 688 9050; ul Wekslarska 2; ⊙12.00-24.00 lu-vi, desde 15.00 sa y do) En la esquina sureste de la Rynek, triunfa entre una clientela de corte artístico.

Alert Pub BAR
(📞14 676 0614; Rynek 9; ⊙10.00-madrugada; 🛜) Una clientela estudiantil frecuenta este precioso bar instalado en una serie de sótanos, donde se sirven bebidas a tutiplén acompañadas de unos cuantos platos; algunos fines de semana suena música *dance*. En verano colocan mesas en la Rynek.

ℹ️ Información

Bank Pekao (📞14 631 8204; ul Wałowa 10; ⊙8.00-18.00 lu-vi) Céntrico banco con cajero las 24 h.

Oficina de la PTTK (📞14 655 4352; www.tarnow.pttk.pl; ul Żydowska 20; ⊙12.00-19.30 lu y ju, 9.00-15.30 ma, mi y vi) Pese a no destacar por su oferta informativa en lo relativo a Tarnów, la sucursal local de la Sociedad Polaca de Turismo es un buen recurso si se prevé acometer caminatas de montaña o alojarse en alguno de los refugios gestionados por esta. También vende un mapa con rutas de senderismo y ciclismo.

Centro de información turística (📞14 688 9090; www.it.tarnow.pl; Rynek 7; ⊙8.00-20.00 lu-vi, 9.00-17.00 sa y do may-oct, horario reducido resto del año; 🛜) Es una de las mejores oficinas de información turística del país.

Dispone de numerosos folletos y ofrece acceso a internet, alquiler de bicicletas y alojamiento económico sobre la oficina.

ℹ️ Cómo llegar y salir

A diferencia de muchas otras del país, vale la pena tomarse la molestia de buscar la **estación de trenes** (PKP; 📞information 19 757; www.pkp.pl; Plac Dworcowy 1) de Tarnów, una maravilla *art nouveau* terminada en 1910 y muy bien restaurada en el 2010. Está junto a la terminal de autobuses, 1 km al suroeste de la Rynek, y queda a escasos 15 min a pie por ul Krakowska.

Aprox. cada hora salen convoyes a Cracovia (17 PLN, 1½ h) y Rzeszów (17 PLN, 1½ h). También hay salidas cada hora a Nowy Sącz (18 PLN, 2 h), además de dos o tres trenes a Varsovia (90 PLN, 4½ h), normalmente vía Cracovia.

La **estación de autobuses** (PKS; 📞14 688 0755; www.pkstarnow.pl; ul Braci Saków 5; ⊙información 8.00-16.00 lu-vi) queda cerca de la de trenes y ofrece servicios cada hora a Cracovia (16 PLN, 2 h), al oeste, y Rzeszów (17 PLN, 2 h), al este, además de a bases para explorar las montañas, como Nowy Sącz (14 PLN, 1 h) y Sanok (30 PLN, 4 h).

Rzeszów

157 800 HAB.

Principal centro industrial y administrativo del sureste de Polonia, Rzeszów es una ciudad de tamaño medio sorprendentemente elegante, con una bonita plaza rodeada de estupendos clubes, restaurantes y hoteles, y una gran población estudiantil que anima el ambiente. Es una escala muy recomendable

PATRIMONIO JUDÍO DE RZESZÓW

Por tratarse de un importante núcleo regional, Rzeszów contó tradicionalmente con una nutrida comunidad judía. Antes de la II Guerra Mundial, la población hebrea sumaba unas 18 000 personas, es decir, un tercio del número total de habitantes de la ciudad; sin embargo, casi todos sus miembros perecieron en 1942, en el campo de exterminio nazi de Bełżec (p. 188), cerca de Lublin. Hoy en día, poco queda de esta comunidad antaño vibrante, a excepción de dos impresionantes sinagogas al noreste de la Rynek. La sinagoga de la ciudad nueva (Synagoga Nowomiejska; ul Sobieskiego 18) GRATIS data de principios del s. XVIII y fue construida en una fusión de estilos renacentista y barroco. Durante la contienda fue utilizada como almacén por los alemanes, y en la posguerra, abandonada a su suerte. Actualmente alberga una galería de arte contemporáneo. Repárese en la puerta del 1er piso, hecha en hierro forjado y arcilla por el escultor Marian Kruczek. La más pequeña sinagoga de la ciudad vieja (Synagoga Staromiejska; ul Bożnicza 4), del s. XVII, presenta un estilo renacentista y fue parcialmente destruida por los alemanes durante la II Guerra Mundial. Hoy en día contiene el archivo municipal y está cerrada al público.

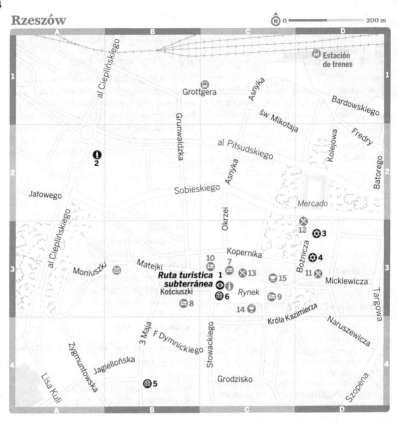

si se busca algo de diversión urbana entre tanta excursión por la montaña. También es un buen centro de transportes, lo que significa que es fácil pasar por aquí. De las ciudades donde se puede hacer escala en la región, es sin duda la más interesante.

Rzeszów empezó siendo un apartado asentamiento ruteno en el s. XIII; creció rápidamente en el s. XVI cuando el señor local, Mikołaj Spytek Ligęza, hizo construir una iglesia y un castillo fortificado; y más tarde pasó a manos de la poderosa familia Lubomirski, que no pudo evitar que la localidad entrara en declive.

◉ Puntos de interés

La plaza principal de Rzeszów es un animado lugar rodeado de preciosas casas *art nouveau*. En el centro de dicha plaza se alza el monumento a Tadeusz Kościuszko,

al que rinden honores tanto polacos como estadounidenses. En la esquina suroeste está el ayuntamiento, del s. XVI, remodelado por completo hace un siglo en estilo neogótico.

★**Ruta turística subterránea** BODEGAS
(Podziemna Trasa Turystyczna; ☑reservas 17 875 4774; www.trasa-podziemna.erzeszow.pl; Rynek 26; adultos/reducida 6,50/4,50 PLN; ☺10.00-19.00 ma-vi, 11.00-18.00 sa y sa) El principal reclamo de Rzeszów es esta ruta de 369 m que une 25 antiguas bodegas y se tardó 17 años en construir. Las bodegas datan de los ss. XV al XX y están a diferentes niveles (la más profunda se halla casi 10 m debajo de la Rynek). La visita se hace en circuitos guiados de unos 45 min. Se organizan tres circuitos diarios en inglés entre semana (11.50, 14.50, 16.50) y dos los fines de semana (12.50 y 14.50). Las entradas se compran en el centro de información turística situado en el mismo edificio.

Rzeszów

Museo Regional de Rzeszów MUSEO
(Muzeum Okręgowe w Rzeszowie; ☑17 853 5278; www.muzeum.rzeszow.pl; ul 3 Maja 19; adultos/reducida 7/5 PLN; ⊙9.00-15.30 lu-ju, 10.00-17.30 vi, 15.00-20.00 do) Ocupa un antiguo monasterio escolapio que conserva una bóveda con frescos del s. XVII y contiene pinturas polacas de los ss. XVIII-XX y arte europeo de los ss. XVI-XIX.

Monumento comunista MONUMENTO
(al Cieplińskiego) Erigido en la década de 1970, el rimbombante (e impresionante) monumento al *Acto Revolucionario* de Rzeszów está dedicado a la lucha contra la Alemania nazi y ha resistido a lo largo de los años pese a las numerosas voces que han pedido su demolición.

🛏 Dónde dormir

Alko Hostel ALBERGUE €
(☑17 853 4430; www.ptsm-alko.pl; Rynek 25; dc 40 PLN, d/tr desde 90/150 PLN) No está claro que sea una buena idea llamar *"alko"* (alcohol) a un albergue, pero este es un lugar bastante tranquilo. No tiene un equipamiento especial, más allá de sus duras camas, pero su ubicación, en plena Rynek, es insuperable, y el precio es muy bueno.

Hotel Pod Ratuszem HOTEL €
(☑17 852 9770; www.hotelpodratuszem.rzeszow.pl; ul Matejki 8; i/d/apt 115/140/170 PLN; 🐾) Moderno y céntrico hotel que, si bien no es el establecimiento más elegante de la ciudad (solo tiene dos estrellas), tal vez ofrece la mejor relación calidad-precio por estos pagos (léase habitaciones limpias y una localización excelente junto a la Rynek). La única pega, si se llega con vehículo propio, es la falta de plazas de aparcamiento a mano.

★Grand Hotel HOTEL €€
(☑17 250 0000; www.grand-hotel.pl; ul Dymnickiego 1a, ul Kościuszki; i 210-230 PLN, d 290-320 PLN; 🅿❄@🐾🏊) Este abrumador hotel a una manzana de la Rynek es uno de los alojamientos de mayor postín de todo el país. Los toques contemporáneos –como los grandes cojines de tonos tierra que se encuentran tirados por el vestíbulo– decoran esta casa típica restaurada con gusto. La decoración moderna de las habitaciones parece sacada directamente una revista. Las tarifas caen un 10 % los fines de semana.

Hotel Ambasadorski Rzeszów HOTEL €€
(☑17 250 2444; www.ambasadorski.com; Rynek 13/14; i/d 300/380 PLN; 🅿❄🐾) Elegante cuatro estrellas situado en una bonita casa del s. XVII detrás de la Rynek. Quizá las habitaciones flaqueen en cuanto a estilo, pero son cómodas y tranquilas por igual. El café del hotel, Cukiernia Wiedeńska, en el nº 14 de la Rynek, despacha muy buenos helados y tartas.

🍴 Dónde comer

★Kryjówka POLACA €
(☑17 853 2717; www.kryjowka.eu; ul Mickiewicza 19; principales 10-15 PLN; ⊙9.00-22.00 lu-vi, 10.00-22.00 sa) Este es uno de los contados locales del centro donde degustar cocina polaca de calidad con buena relación calidad-precio. Dispuesto como una típica lechería, tiene una mesa caliente tipo autoservicio surtida de clásicos mejores que la media, como *bigos*, chuletas de cerdo, tortitas de patata y mucho más.

Restauracja Saigon ASIÁTICA €
(☑17 853 3593; www.saigon.rzeszow.pl; ul Sobieskiego 14; principales 14-20 PLN; ⊙11.00-22.30; ☑) Pese a su vitola de restaurante vietnamita, el recetario recuerda más a un chino de toda la vida con unos cuantos platos indochinos (incluida una deliciosa *pho* –sopa de fideos con

LA FASTUOSA FORTALEZA DE ŁAŃCUT

Situada 24 km al este de Rzeszów, esta localidad posee la residencia aristocrática más grande y fastuosa de Polonia. El edificio se construyó en el s. xv, pero fue Stanisław Lubomirski, 100 años más tarde, quien lo rediseñó en 1641 y lo convirtió en una imponente fortaleza, además de gran residencia.

Con los años, ha sufrido diversas reformas en las que ha adquirido elementos rococó y neoclásicos. Con la última alteración importante, a finales del s. xix, el edificio ganó sus fachadas neobarrocas.

Su último propietario, Alfred Potocki, uno de los hombres más ricos de la Polonia de entreguerras, acumuló una fabulosa colección de arte. Poco antes de la llegada del Ejército Rojo en 1944, cargó 11 vagones con los objetos más valiosos y huyó a Liechtenstein.

Tras la II Guerra Mundial, el castillo, con 300 estancias, pasó a manos del Estado, y lo transformó en el **Museo del Castillo** (Muzeum Zamek; ☏17 225 2008; www.zamek-lancut.pl; ul Zamkowa 1; adultos/reducida incl. castillo, establos y cochera con audioguía 34/26 PLN, solo castillo 27/22 PLN; ⊙11.45-15.00 lu-vi, 9.45-17.00 sa y do). Solo se permite el acceso en visitas guiadas. Entre lo más destacado está el gran salón (Wielka Sień) del s. xvii, el renacentista corredor del Este (Korytarz Wschodni) y la sala de la Esquina (Pokój Narożny), de estilo rococó. Se podrá ver el invernadero (Oranżeria), con palmeras y loros, y la colección de 55 carruajes y trineos de Potocki en la cochera (Wozownia), 300 m al sur del castillo. Los establos (Stajnie), al norte de la cochera, albergan una colección de más de 1000 iconos del s. xv en adelante.

Fuera del enorme parque que rodea el castillo se alza la antigua **sinagoga** (☏22 436 6000; www.fodz.pl; Plac Sobieskiego 16; entrada 6 PLN; ⊙11.00-18.00 lu-mi, vi y sa, hasta 16.00 ju, 14.00-18.00 do), construida en la década de 1760. Conserva gran parte de su decoración rococó original y presenta algunos objetos litúrgicos.

Hay varios alojamientos en el lugar. El más emblemático es el **Hotel Zamkowy** (☏17 225 2671; www.zamkowa-lancut.pl; ul Zamkowa 1; i/d/apt 130/200/320 PLN; 🅿🛜), situado en el recinto del castillo, aunque las habitaciones no aciertan a reflejar la opulencia que anida en el resto del enclave. También hay un **restaurante** (☏17 225 2805; www.zamkowa-lancut.pl; ul Zamkowa 1 ; principales 20-30 PLN) dentro del castillo, pero vale la pena reservar con antelación, máxime en fin de semana, cuando acostumbra a acoger banquetes de bodas.

ternera–) que suponen una agradable tregua a los *pierogi* y las *pizzas*.

Stary Browar Rzeszowski INTERNACIONAL €€
(☏17 250 0015; www.browar-rzeszow.pl; Rynek 20-23; principales 25-40 PLN; 🛜) Vistosa microcervecería en plena Rynek, que sirve contundentes bistecs, costillas y carnes a la parrilla, amén de raciones de *pierogi* caseros y enormes *golonka* (codillo de cerdo al horno) sobre un lecho de chucrut y acompañados de puré de patatas. Con buen tiempo colocan mesas en la plaza.

🍺 Dónde beber y vida nocturna

Para encontrar *pubs* y clubes, o simplemente para sentarse al sol, habrá que ir a la Rynek.

⭐**Graciarnia u Plastików** BAR
(☏17 862 5647; www.graty.itl.pl; Rynek 10; ⊙10.00-2.00 do-ju, hasta 4.00 vi y sa) Popular bar de estudiantes de dos niveles en plena Rynek. No resulta fácil describirlo: si se bajan las escaleras se hallarán muebles antiguos, lámparas viejas, figuras de escayola, caricaturas en las paredes y un ambiente muy distendido.

Życie jest Piękne CAFÉ
(☏17 862 5647; www.zyciejestpiekne.freehost.pl; Rynek 10; ⊙9.00-24.00 do-ju, hasta 2.00 vi y sa; 🛜) En la esquina suroriental de la Rynek se encuentra este encantador y relajado café con un ambiente de tienda de segunda mano, muy visitado por estudiantes.

Hola Lola CAFÉ
(☏730 119 180; ul Mickiewicza 3; ⊙9.00-2.00 lu-vi, 10.00-2.00 sa, 12.00-24.00 do; 🛜) Decoración industrial, grandes mesas compartidas, sofisticadas bebidas a base de café: he aquí el local predilecto de los *hipsters* de Rzeszów para tomarse un respiro. Sirve, además, gran variedad de cervezas y limonadas. Hay buena

conexión wifi y sus mesas son perfectas para echar mano del portátil y actualizar el blog o subir fotos a Instagram.

ℹ Información

Bank PKO (☑17 875 2800; ul 3 Maja 21; ⊗8.00-18.00 lu-vi) Cambio de moneda y cajero automático en un precioso edificio neoclásico.

Hard Drive Café (☑17 852 6147; ul Grunwaldzka 7; 4,50 PLN/h; ⊗8.00-23.00 lu-sa, 10.00-22.00 do) Ofrece fotocopiadora y acceso a internet.

Oficina de correos (☑17 852 0813; ul Moniuszki 1; ⊗7.00-21.00 lu-vi, 8.00-14.00 sa)

Centro de información turística (☑17 875 4774; www.podkarpackie.travel; Rynek 26; ⊗9.00-17.00 lu, 10.00-18.00 ma-vi, 11.00-18.00 sa y do) Oficina de ambiente jovial que comparte espacio con la ruta turística subterránea en el flanco oeste de la Rynek.

ℹ Cómo llegar y desplazarse

AUTOBÚS

La **estación de autobuses** (PKS; ☑información 17 852 3435; ul Grottgera 1) queda unos 500 m al norte de la Rynek. Hay salidas aprox. cada hora a Tarnów (16 PLN, 1½ h), Sanok (14 PLN, 1½ h), Krosno (12 PLN, 1½ h), Przemyśl (15 PLN, 2 h) y Lublin (30 PLN, 3½ h), así como a Ustrzyki Dolne (18 PLN, 2½ h, 5 diarios) y Ustrzyki Górne (26 PLN, 3½ h, 3 diarios). Los autobuses a Łańcut (8 PLN, 30 min) parten más o menos cada 30 min, y son mucho más prácticos que los trenes porque paran cerca del palacio.

TREN

La estación de trenes está al norte del centro, unos 100 m al este de la de autobuses. Los convoyes parten casi cada hora hacia Przemyśl (22-42 PLN, 1½ h) y Tarnów (15 PLN, 1 h), a los que hay que sumar más o menos una docena de trenes diarios a Cracovia (25 PLN, 2½ h) y varios a Varsovia (90 PLN, 5 h).

Przemyśl

66 600 HAB.

Esta aletargada localidad de nombre impronunciable se alza allí donde el río San abandona los montes para adentrarse en la llanura de Sandomierz, junto a la frontera ucraniana, un enclave algo apartado de las rutas turísticas más habituales. Przemyśl tiene una atractiva Rynek y bonitas iglesias, además de interesantes museos para visitar.

Historia

Fundada en el s. x en un territorio largamente disputado por Polonia y Rutenia (hoy en día Ucrania), Przemyśl cambió varias veces de manos antes de anexionarse a la Corona polaca en 1340. Vivió su época dorada en el s. xvi, pero luego entró en declive. Tras el Reparto, a principios del s. xix, Austria se encargó de su administración.

Hacia 1850, los austriacos empezaron a fortificar Przemyśl. Las obras continuaron hasta el estallido de la I Guerra Mundial, cuando ya era una de las fortalezas más gran-

EL PATRIMONIO JUDÍO DE PRZEMYŚL

Przemyśl fue un importante asentamiento judío durante siglos. Cuando estalló la II Guerra Mundial, la comunidad hebrea contaba con unos 22 000 miembros, un tercio del total de la población de la ciudad. La situación inicial para los judíos que la habitaban durante la contienda fue distinta a la de otras localidades polacas, debido a la localización oriental de Przemyśl. Durante los dos primeros años de guerra (cuando Alemania y la Unión Soviética eran aliadas y se habían repartido Polonia entre ellas), la frontera dividió la ciudad en dos. Casi todos los judíos se encontraron en la zona ocupada por los soviéticos y comparativamente estaban mejor que los que vivían en las zonas ocupadas por los nazis. La situación se deterioró en 1941, después de que los alemanes invadieran la Unión Soviética y ocuparan la ciudad entera. La mayoría de los judíos terminaron siendo enviados al campo de exterminio alemán de Bełżec, cerca de Lublin, en 1942.

Los únicos vestigios considerables del legado judío son dos sinagogas (de las cuatro que existían antes de la II Guerra Mundial), ambas de fines del s. xix. La sinagoga (ul Słowackiego 13) más importante que se conserva se encuentra detrás del edificio situado en el nº 13 de ul Słowackiego, al este de la Rynek. Hasta el 2015 fue utilizada como sede de la biblioteca pública, pero en la actualidad se encuentra vacía. También puede visitarse el antiguo cementerio judío (Cmentarz Żydowski; ☑16 678 3194; ul Słowackiego; ⊗8.00-18.00) GRATIS, situado en el extremo sur de ul Słowackiego.

des de Europa. Esta consistía en un doble anillo de bastiones de tierra, con un interior de 15 km de longitud y un exterior tres veces mayor, y más de 60 fuertes situados en puntos estratégicos.

Este formidable sistema desempeñó un papel muy importante en los primeros meses de la I Guerra Mundial y fue testigo de intensos enfrentamientos entre el Imperio austrohúngaro y la Rusia zarista; sin embargo, la escasez de provisiones provocó la rendición de la guarnición austriaca ante los rusos en 1915.

Przemyśl tuvo la mala suerte de estar nuevamente en el punto de mira en la II Guerra Mundial. La ciudad marcó la frontera entre la Alemania nazi y la Rusia de Stalin de 1939 a 1941, cuando ambos países eran aliados. La división seguía el trazado del río San, de modo que la mitad sur de Przemyśl pasó a pertenecer a Rusia y la mitad norte, a Alemania. Después de que los alemanes atacaran a los rusos en 1941, Przemyśl sufrió bombardeos y fuego de artillería durante semanas, hasta que terminó cayendo en manos germanas.

◉ Puntos de interés

El pintoresco casco antiguo de Przemyśl se alza sobre una ladera dominada por varias iglesias imponentes. Su **Rynek**, en pendiente, conserva algunas casas porticadas antiguas, sobre todo en sus flancos norte y sur. Muchas de ellas lucen placas en inglés que narran la historia del enclave. Véanse especialmente las nº **16** y 17. La primera tiene una bonita fachada manierista y la segunda conserva un portal renacentista de 1560.

Catedral de Przemyśl CATEDRAL
(☎16 678 2792; www.katedra-przemysl.pl; Plac Katedralny; entrada iglesia y criptas con donativo, torre gratis; ⊙iglesia 8.00-18.00, criptas 9.00-16.00 ma-do, torre 8.30-16.30 ma-do) Señoreando el extremo superior (sur) de la Rynek –donde ha habido una iglesia, al menos, desde el s. XII– puede verse la estructura independiente del **campanario** (71 m) de esta catedral, con un interior impresionante. No hay que irse sin visitar las **criptas** del sótano, donde se exhibe una fascinante exposición sobre costumbres funerarias y se levanta el muro original de una rotonda del s. XII. Se puede subir al campanario, pero las ventanas superiores están cerradas.

Iglesia franciscana de Santa María Magdalena IGLESIA
(Kościół Franciszkański Św Marii Magdaleny; ☎16 678 2460; www.przemysl.franciszkanie.pl; ul Franciszkańska 2a; ⊙8.00-18.00) Con unos enormes pilares que empequeñecen las tres efigies barrocas de la entrada, esta evocadora iglesia, construida entre 1754 y 1778 en estilo tardobarroco y neoclásico, presenta un precioso interior rococó con una nave abovedada decorada con frescos.

Castillo RUINA
(al 25 Polskiej Drużyny Strzeleckiej 1) Siguiendo ul Zamkowa se llega a lo que queda del castillo, del s. XIV. Encargado por Casimiro III el Grande en la década de 1340 para proteger el entonces flanco oriental del reino, dos siglos más tarde se transformó en una estructura renacentista al incorporar cuatro torres con aspilleras, dos de las cuales han sido restauradas. Un teatro y un centro cultural ocupan ahora sus estancias.

Museo Nacional de Przemyśl MUSEO
(Muzeum Narodowe Ziemi Przemyskiej; ☎16 670 3000; www.muzeum.przemysl.pl; Plac Joselewicza 1; adultos/reducida 10/5 PLN; ⊙10.00-17.30 ma y vi, 10.00-15.00 mi, 9.00-15.00 ju, 9.00-16.00 sa, 11.00-15.00 do) Una vez hayan terminado las obras en los próximos años, se espera que sea el museo de historia más importante de esta parte del país. En la actualidad acoge una espléndida colección de iconos rutenos y otras piezas de arte sacro del s. XV en adelante, además de una muestra sobre el papel de Przemyśl como ciudad fortificada.

Museo de las Campanas y las Pipas MUSEO
(Muzeum Dzwonów i Fajek; www.muzeum.przemysl.pl; ul Władycze 3; adultos/reducida 10/5 PLN, mi gratis; ⊙10.30-17.30 ma, ju y vi, 10.00-14.00 mi, 9.00-15.00 ju, 9.00-16.00 sa, 11.00-15.00 do) Este curioso museo, situado en un campanario barroco del s. XVIII, alberga una destacada colección de campanas antiguas, así como elaboradas pipas de espuma de mar y cortapuros (artículos en cuya producción destaca Przemyśl). Desde la azotea pueden contemplarse buenas vistas de la localidad.

Fortaleza de Przemyśl FORTALEZA
(Twierdza Przemyśl) Los amantes de la historia militar querrán ver los restos de la fortaleza austrohúngara que rodea Przemyśl. Como la mayoría de los bastiones eran de tierra, actualmente están cubiertos de vegetación y

EL CASTILLO DE CUENTO DE HADAS DE KRASICZYN

Enclavado en el pueblo de Krasiczyn, unos 11 km al suroeste de Przemyśl, este **castillo** (☎16 671 8312; www.krasiczyn.com.pl; Krasiczyn ; adultos/reducida incl. circuito guiado 14/7 PLN, solo parque 5/3 PLN; ◷9.00-17.00), de elegante diseño rectilíneo y con torretas almenadas en cada esquina, parece sacado de un cuento. Ahora bien, lo mejor es que se puede pasar la noche aquí, en uno de los alojamientos más tentadores de Polonia.

El castillo fue diseñado en estilo renacentista por el italiano Galeazzo Appiani y construido entre 1592 y 1618 para la rica familia Krasicki. El diseño incluye un amplio patio con arcos.

Las torres cilíndricas debían reflejar el orden social de la época y se les dio el nombre de Dios, el papa, el rey y la nobleza (en el sentido de las agujas del reloj, empezando por la sureste). La **torre de Dios** (Baszta Boska), acabada en una cúpula, alberga una capilla. La **torre del Rey** (Baszta Królewska), con su tejado cónico y sus torretas, sería un lugar ideal para que Rapunzel, protagonista de un cuento de los hermanos Grimm, soltara su larga trenza. En la parte del patio, esgrafiados renacentistas muestran escenas bíblicas y de la nobleza polaca.

Cuenta con un **hotel** (☎16 671 8321; www.krasiczyn.com.pl; Krasiczyn 179; i/d/tr/ste desde 160/220/320/500 PLN; P🖤) que dispone de varios tipos de habitaciones, desde las individuales y dobles de la cochera (relativamente modestas y con buena relación calidad-precio), separada del castillo, hasta las más opulentas dobles y suites (260/500 PLN) en el castillo mismo. Hay incluso un lujoso pabellón de caza (600 PLN) con cinco dormitorios, cocina propia y jardín. El **restaurante** (☎16 671 8321; www.krasiczyn.com.pl; Krasiczyn; principales 20-40 PLN; ◷14.00-22.00 lu, 10.00-22.00 ma-do; P🖤) situado en el recinto del castillo sirve, en buena medida, cocina polaca en un marco tradicional.

Es fácil llegar al castillo desde Przemyśl (4 PLN, 20 min) con uno de los frecuentes autobuses de la PKS. Desde Krasiczyn también se puede llegar a Sanok (14 PLN, 1 h, 4 diarios) en autobús.

parecen obra de la naturaleza. Entre los mejores ejemplos se cuentan el **fuerte I** (Salis Soglio), en Sieliska, el **fuerte VIII** (Łętownia), en Kuńkowce, y el **fuerte XIII** (San Rideau), de Bolestraszyce. La oficina de turismo facilita información acerca de estos lugares y sobre cómo llegar a ellos.

Los aficionados a la literatura quizá quieran saber que el autor checo Jaroslav Hašek situó parte de su novela *El buen soldado Švejk,* ambientada en la I Guerra Mundial, en Przemyśl y, de hecho, el infortunado antihéroe de Hašek, Švejk, incluso pasó un tiempo entre rejas en la fortaleza. Los promotores locales han convertido en virtud esta dudosa conexión con el mundo de la literatura y por la localidad se pueden ver carteles con las famosas ilustraciones que hizo de Švejk el artista checo Josef Lada para la edición original. Incluso hay una pequeña **estatua** de Švejk en la Rynek, donde la gente se fotografía con el buen soldado.

Caponier 8813 BÚNKER
(☎505 077 838; www.projekt8813.pl; ul Piłsudskiego, cerca del hotel Accademia; entrada con

donativo; ◷14.00-18.00 sa, 12.00-18.00 do, otros horarios con cita previa) Construido por los rusos en 1939 a fin de proteger su, por aquellos entonces, frontera con la Alemania nazi, este espeluznante búnker de cemento fue escenario de intensos enfrentamientos armados en 1941, después de que los alemanes atacaran a sus antiguos aliados e invadieran Przemyśl y buena parte del este de Europa.

🛏 Dónde dormir

Schronisko Młodzieżowe
PTSM Matecznik ALBERGUE €
(☎16 670 6145; www.ptsm-matecznik.pl; ul Lelewela 6; dc desde 25 PLN, i/d 50/90 PLN; @🖤) Las habitaciones (con grandes literas de hierro, mesas y armarios) son básicas pero todo está limpio y el personal es eficiente. Hay cocina y biblioteca compartidas. Está al norte del río, unos 20 min a pie desde la estación de trenes. La recepción cierra de 10.00 a 17.00.

Hotel Europejski HOTEL €
(☎16 675 7100; www.hotel-europejski.pl; ul Sowińskiego 4; i/d/tr 110/140/170 PLN; 🖤) Aloja-

do en un edificio renovado frente a la atractiva estación neoclásica de trenes (1895), se trata de un lugar antiguo pero en buen estado, con 29 habitaciones luminosas con techos altos y baños modernizados.

Hotel Accademia
HOTEL €€

(🖉16 676 1111; www.hotelaccademia.pl; ul Piłsudskiego 4; i/d/ste 140/180/290 PLN; 🛜) Es uno de esos hoteles modernos impersonales en los que se aprecia cierto grado de abandono, pero aun así tiene bazas a su favor como su bufé de desayuno y su ubicación, unidos a una buena relación calidad-precio. Muchas de sus habitaciones tienen plácidas vistas del río, pero se encuentran en diferente estado de conservación. Está situado 10 min a pie al oeste de la Rynek

✖ Dónde comer

Bar Rubin
POLACA €

(🖉16 678 2578; www.barrubin.pl; ul Kazimierza Wielkiego 19; principales 12-22 PLN; ⊙9.00-20.00) Popular establecimiento de estilo años setenta donde se puede paladear deliciosa cocina tradicional polaca a precios razonables. Su interior, con paredes laminadas rojas y sillas cromadas, recuerda a una lechería. El aire acondicionado es una bendición en los calurosos días de verano. La dirección es algo confusa; desde la Rynek hay que ir hacia el este por ul Kazimierza Wielkiego hasta topar con el bar.

Fiore Cafe
HELADERÍA €

(🖉16 675 1222; www.cukierniafiore.pl; ul Kazimierza Wielkiego 17b; ⊙10.00-20.00) Si apetece un helado u otra dulce tentación, este café de estilo retro, situado en una calle peatonal al este de la Rynek, sin duda es el lugar.

★ Cuda Wianki
INTERNACIONAL €€

(🖉533 090 999; Rynek 5; principales 25-40 PLN; ⊙10.00-22.00; 🛜) Se ha hecho esperar, pero por fin hay un restaurante de nivel en la Rynek de Przemyśl. Su cálido interior, con paredes de ladrillo encaladas, madera en tonos suaves y flores en cada mesa, es la antesala de una carta de calidad que augura innovadoras sopas y ensaladas, marisco a la plancha, creativos platos de carne y albahaca fresca a tutiplén. El menú del día sale muy a cuenta.

Dominikańska
POLACA €€

(🖉16 678 2075; www.dominikanska.com.pl; Plac Dominikańska 3; principales 20-30 PLN; ⊙11.00-22.00) Excelente cocina polaca en un restaurante elegante situado en una pequeña plaza, en el extremo oeste de la Rynek. A los autores de esta guía les encantó la *żurek* casera y la *roulade* de ternera con trigo sarraceno a medio moler.

🍷 Dónde beber y vida nocturna

Absynt
CAFÉ

(🖉16 675 1755; Plac Dominikańska 4; ⊙11.00-23.00; 🛜) Dispone del mejor café –y derivados– de la localidad, pero, a pesar de su nombre, de absenta, poco. Está escondido en el extremo oeste de la Rynek.

Kawiarnia Libera
CAFÉ

(🖉16 676 0520; Rynek 26; ⊙10.00-23.00; 🛜) Singular café, unido a una librería del mismo nombre, en la parte noroeste de la Rynek. Lo que se encuentra al traspasar su pequeña puerta de metal parece más bien un lugar de reunión secreto de estudiantes.

❶ Información

La principal vía comercial, ul Jagiellońska, que discurre al norte y al este de la Rynek, es un buen sitio para encontrar cajeros automáticos.

Bank Pekao (🖉16 678 3459; ul Jagiellońska 7; ⊙9.00-17.00 lu-vi) Ofrece cambio de moneda y cajero automático.

Oficina principal de correos (🖉16 678 3270; ul Mickiewicza 13; ⊙7.30-20.00 lu-vi, 8.00-14.00 sa) Está cerca de la estación de trenes.

Oficina de turismo (🖉16 675 2163; www.visit. przemysl.pl; ul Grodzka 1; ⊙9.00-17.00 lu-vi, 10.00-18.00 sa y do abr-oct, 9.00-17.00 lu-vi, 10.00-14.00 sa nov-mar; 🛜) En el flanco sur de la plaza se encuentra esta pequeña pero muy útil oficina que dispensa planos gratis y varios folletos informativos; además, dispone de un ordenador para revisar el correo.

❶ Cómo llegar y salir

Las estaciones de trenes y autobuses están una junto a la otra en el extremo noreste del centro urbano, a unos 600 m de la Rynek.

Hay autobuses diarios a Sanok (12 PLN, 1½ h), Ustrzyki Dolne (14 PLN, 2 h, 3-4 diarios) y Rzeszów (10 PLN, 2 h, 10 diarios). Krasiczyn (4 PLN, 20 min) está conectada por un par de vehículos cada hora.

Los trenes hacia Rzeszów (24 PLN, 1½ h) salen con regularidad durante todo el día. Hay media docena de convoyes rápidos y de trenes diarios a Cracovia (50 PLN, 4½ h). Un tren expreso y varios rápidos comunican diariamente con

Varsovia (120 PLN, 7 h), y un tren relativamente rápido cubre el trayecto a Lublin (30 PLN, 4 h).

BIESZCZADY

Encajada entre Ucrania y Eslovaquia, en el extremo sureste de Polonia, la región montañosa y poco poblada de Bieszczady conserva gran parte de su encanto natural. Con densos bosques y praderas de alta montaña, es una de las zonas más bonitas de Polonia y un destino especialmente atractivo para los amantes de la naturaleza y el senderismo. Además, la escasez de instalaciones turísticas, carreteras y transporte público la ha mantenido en un relativo aislamiento.

El extremo este de los montes Bieszczady, su parte más elevada y espectacular, es el Parque Nacional de Bieszczady (Bieszczadzki Park Narodowy), cuya oficina central se halla en Ustrzyki Górne. Con sus 292 km², es el tercer parque nacional de Polonia, después de los del Biebrza y Kampinos. Su pico más alto es el Tarnica (1346 m).

Sanok

38 818 HAB.

Situada en un pintoresco valle en las estribaciones de los montes Bieszczady, es la localidad más grande de la región y un punto de partida lógico para explorar las montañas. En su ajetreada historia ha estado bajo dominio

BOYKOS Y LEMKOS: HISTORIA DE DOS PUEBLOS

Desde el s. XIII, los montes Bieszczady, junto con los Altos y los Bajos Beskides, fueron colonizados por diversos grupos nómadas eslavos que emigraron desde el sur y el este hacia el norte. Entre ellos destacan los valacos de los Balcanes y los rusinos de Rutenia. Aunque vivían en las mismas regiones e incluso se mezclaron entre sí, mantuvieron identidades étnicas diferenciadas, que se dieron a conocer como Bojkowie y Łemkowie (boykos y lemkos).

Los boykos habitaron la parte oriental de los montes Bieszczady, al este de Cisna. Los lemkos poblaron las regiones montañosas que se extendían desde los Bieszczady occidentales hasta los Altos Beskides. Los dos grupos tenían mucho en común y compartían, entre otras cosas, una fe ortodoxa similar a la de sus vecinos ucranianos.

Tras la Unión de Brest, en 1596, en la que algunos grupos ortodoxos rompieron con el patriarca de Constantinopla, una mayoría de Lemkos y Boykos se unieron a la Iglesia uniata, que aceptaba la supremacía de Roma pero conservaba la antigua liturgia oriental. Eso duró hasta finales del s. XIX, cuando la Iglesia católica empezó a imponer el rito latino. En respuesta, muchos lemkos y boykos decidieron volver a las tradiciones de la Iglesia ortodoxa. Cuando estalló la II Guerra Mundial, la población de lemkos y boykos era de entre 200 000 y 300 000 almas. La etnia polaca era minoría.

La situación cambió completamente tras la II Guerra Mundial, cuando se redibujaron las fronteras de Polonia y la Unión Soviética. No todo el mundo se sentía satisfecho con la nueva situación, en particular un grupo de nacionalistas ucranianos conocidos como Ejército de Resistencia Ucraniana, que no estaban de acuerdo con encontrarse en el interior de la nueva Polonia. La guerra civil se prolongó en la región durante casi dos años después de la rendición alemana.

En un intento por librar a la región de los rebeldes, en 1947 el Gobierno polaco de posguerra lanzó la Operación Vístula (Akcja Wisła) para expulsar a los habitantes de la zona. La mayoría fueron deportados a la Unión Soviética o reubicados en las regiones del oeste de Polonia recién recuperadas de Alemania. Curiosamente, los grupos que más deportaciones registraron fueron los boykos y los lemkos, que poco tenían que ver con el conflicto. En la región solo quedaron 20 000 lemkos y algunos boykos.

Hoy en día, los vestigios más visibles de su legado son las iglesias de madera ortodoxas o uniatas que salpican la región, muchas en estado ruinoso, pero otras aún bien conservadas. Los senderistas que recorran rutas apartadas, sobre todo a lo largo de la frontera ucraniana por los montes Bieszczady, hallarán los restos de los pueblos destruidos, con casas, huertos, iglesias y cementerios.

Sanok

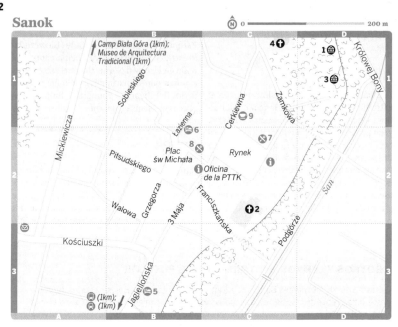

ruteno, húngaro, austriaco, ruso, alemán y polaco. Aunque alberga una importante zona industrial (donde se fabrican los autobuses Autosn, usados en el transporte urbano e interurbano de todo el país), es una localidad pintoresca, con una bonita Rynek y unas cuantas atracciones. También es una buena base desde la que acometer varias caminatas temáticas fascinantes, como la Ruta de los Iconos, que permite descubrir las numerosas iglesias de madera que salpican la campiña circundante.

⊙ Puntos de interés

Castillo
EDIFICIO HISTÓRICO

(Zamek; ul Zamkowa 2) La estructura renacentista que se observa actualmente es el resultado de la remodelación gótica de un castillo que ha ocupado este emplazamiento ya desde el s. XIII. Su posición en altura, cerniéndose sobre el río San, ha gozado tradicionalmente de gran valor estratégico. Hoy alberga el Museo de Historia.

Museo de Historia
MUSEO

(Muzeum Historyczne; ☑13 463 0609; www.muzeum.sanok.pl; ul Zamkowa 2; adultos/reducida 11/7 PLN; ⊗8.00-12.00 lu, 9.00-17.00 ma-do) Instalado en el castillo de estilo renacentista, es conoci-

do sobre todo por su colección de 700 iconos rutenos, compuesta de unas 260 piezas de gran tamaño, fechadas entre los ss. XV y XVIII y en su mayoría adquiridas después de acabar la II Guerra Mundial en iglesias uniatas abandonadas. El otro tesoro del museo, que puede verse en el piso superior, son los más de 200 cuadros de Zdzisław Beksiński (1929-2005), pintor local famoso en todo el país por su estilo marcadamente fantástico.

Museo de Arquitectura Tradicional
MUSEO

(☑13 493 0177; www.skansen.mblsanok.pl; ul Rybickiego 3; adultos/reducida 14/8 PLN; ⊗8.00-18.00 may-sep, 9.00-14.00 oct-abr) En el *skansen* (museo etnográfico al aire libre) más grande de Polonia, el viajero encontrará unos 120 edificios históricos y podrá empaparse de la cultura de los boykos y los lemkos. Destacan cuatro iglesias de madera, una posada, una escuela y hasta un cuartel de bomberos. Desde el centro, hay que caminar casi 1 km hacia el norte por ul Mickiewicza y ul Białogórska, cruzar el puente del río San y girar a la derecha.

El museo está ordenado según la geografía y presenta la identidad y el estilo étnicos de cada región. El interior de muchas casas está amueblado y decorado como antaño, mien-

Sanok

tras que otras construcciones acogen exposiciones, como una de 200 iconos.

Iglesia franciscana de la Santa Cruz
IGLESIA

(Kościół Franciszkanów Św Krzyża; ☎13 463 2352; www.franciszkanie.esanok.pl; ul Franciszkanska 7; ⊙8.00-18.00) En el esquinazo sureste de la Rynek se alza la que hasta hace poco se consideraba la iglesia más antigua de la localidad, con un interior y un exterior en estilo barroco; sin embargo, unas excavaciones recientes han revelado vestigios de un templo anterior. Su bello interior de aire rústico contiene la obra de arte más conocida de Sanok: *La pintura milagrosa de Nuestra Señora de la Consolación*.

Catedral ortodoxa de la Santísima Trinidad
CATEDRAL

(Cerkiew Św Trójcy; ☎13 463 0681; ul Zamkowa 16; ⊙8.00-18.00) Construida en estilo neoclásico, en 1784, en un principio fue utilizada por la congregación uniata. La puerta principal se deja abierta para poder admirar el moderno iconostasio.

🏃 Actividades

Sanok es una magnífica base para practicar **senderismo** y el punto de partida (o cuando menos en ruta) de varias caminatas de largo recorrido, a destacar la **Ruta de los Iconos** (Szlak Ikon), que explora varios pueblitos y sus antiguas iglesias ortodoxas o uniatas. El tramo más popular es un trayecto en bucle de 70 km con inicio y final en Sanok y que

discurre junto al valle del río San, al norte de la localidad. En total supone caminar 15 h.

Otra caminata fascinante, de largo recorrido, que también pasa por Sanok y seguramente atraerá a los amantes de la literatura, es la **Ruta de Švejk.** Normalmente indicada en amarillo en los mapas, atraviesa la localidad emulando el rocambolesco viaje por varios países que narra *El buen soldado Švejk,* una novela satírica del escritor checo Jaroslav Hašek ambientada en la I Guerra Mundial.

Ambas rutas, al igual que varias otras, aparecen en los mapas de los montes Bieszczady, a la venta en el centro de información turística y en las oficinas de la PTTK. El centro de información turística también dispensa un mapa gratuito (aunque no lo bastante detallado como para acometer caminatas) que muestra los principales pueblos e iglesias.

Sanok también es un lugar muy propicio para disfrutar del **ciclismo,** tanto si se trata de rutas de montaña como de gratificantes paseos por la ribera del San. Los mejores mapas de senderismo suelen incluir rutas para recorrer en bicicleta. El solícito personal del centro de información turística de Sanok puede ayudar a planificar una excursión sobre ruedas; para empezar, una buena idea es hacerse con un ejemplar del *Atlas Szlaków Rowerowych Podkarpackie* en el mismo centro de información turística (50 PLN), que indica todas las rutas ciclistas.

Se pueden alquilar bicicletas en Camp Biała Góra, por 8/35 PLN 1 h/1 día.

🛏 Dónde dormir

Camp Biała Góra
CAMPING €

(☎13 463 2818; www.campsanok.pl; ul Rybickiego 1, Biała Góra; *camping* por persona/tienda 15/15 PLN, camas en bungalós por persona 35 PLN; 🅿) Con apenas espacio para caravanas y tiendas de campaña, este *camping* dispone principalmente de bungalós para dos y cuatro personas, además de instalaciones comunitarias para cocinar y baños limpios, aunque el recinto en sí da señales de envejecimiento. Queda 1 km al norte de la Rynek, al otro lado del río.

Hotel Pod Trzema Różami
HOTEL €

(☎13 464 1243; www.podtrzemarozami.pl; ul Jagiellońska 13; estándar i/d/tr 90/120/140 PLN, h de lujo 150 PLN; 🅿🛜) Unos 200 m al sur de la Rynek, el "Bajo tres rosas" ofrece habitaciones estándar y 'de lujo', las segundas con baños bien equipados y decoración contemporánea. Todas están limpias y son muy adecuadas para una estancia corta.

★ Hotel Sanvit — HOTEL €€

(☑13 465 5088; www.sanvit.sanok.pl; ul Łazienna 1; i/d/tr 140/190/240 PLN; [P]📶) Limpio, céntrico y a un precio razonable, al oeste de la Rynek, es la mejor opción en Sanok. Sus 31 habitaciones son diáfanas y modernas, con baños relucientes. Dispone de restaurante y café, así como centro de belleza y salud con sauna, gimnasio y una cueva de sal.

🍴 Dónde comer y beber

Karczma Jadło Karpackie — POLACA €€

(☑13 464 6700; www.karczmasanok.pl; Rynek 12; principales 15-30 PLN; ⊙10.00-23.30) Este típico bar-restaurante de la Rynek no está mal. Sirve platos de los Cárpatos poco corrientes como *hreczanyky* (a base de carne de cerdo picada y alforfón molido grueso) y *ogórki małosolne* (pepinillos en vinagre ligeramente salados). Si hace buen tiempo, su terraza resulta muy agradable.

★ Stary Kredens — POLACA €€€

(☑797 317 279; www.starykredens.com; Plac Świętego Michała 4; principales 25-50 PLN; ⊙11.00-22.00; 📶) Fundamentado en la inspiración de la chef estrella Magda Gessler, el "Viejo armario" tiene grandes ambiciones culinarias, ¡y vaya si cumple! Desde entrantes creativos como tarta de arenque y remolacha a trucha a la plancha y cordero al horno, aquí se aspira claramente a elevar la cocina polaca a las cotas más altas. El entorno (mantelerías de encaje y antigüedades) es refinado pero sin pecar de conservador.

Coś Słodkiego Cafe — CAFÉ

(☑507 671 191; ul Cerkiewna 2; ⊙10.00-20.00) A un paseo de la Rynek, posiblemente sea la mejor heladería y café. El helado es artesanal y los *espressos* los preparan con destreza. También tiene limonadas, tartas y pasteles caseros. Hay la opción de llevar o tomar en su jardín trasero.

ℹ️ Información

Bank Pekao (☑13 465 6840; ul Kościuszki 4; ⊙9.00-18.00 lu-vi, hasta 13.00 sa) Céntrico banco con cajero automático las 24 h.

Oficina de correos (☑13 464 4935; ul Kościuszki 26; ⊙7.00-20.00 lu-vi, 8.00-15.00 sa)

Oficina de la PTTK (☑508 066 679; www. pttk.sanok.pl; ul 3 Maja 2; ⊙8.00-17.00 lu-vi)

Práctica parada para comprar mapas de senderismo y recabar información actualizada. También organiza caminatas por las montañas y puede asesorar sobre planificación de rutas y pernoctación en cabañas de montaña.

Centro de información turística (☑13 463 6060; www.sanok.pl; Rynek 14; ⊙9.00-17.00 lu-vi, hasta 13.00 sa y do) En plena Rynek, dispone de abundantes planos y mapas gratuitos e información sobre qué ver y hacer en Sanok. Hay un ordenador para acceder a internet sin dilatarse en exceso y, además, vende mapas con rutas de senderismo y ciclismo.

Turizmusan (☑509 539 947; www.turizmusan. pl; ul Rybickiego 1, Biała Góra; alquiler bicicletas 1 h/1 día 8/35 PLN; ⊙9.00-17.00 lu-vi) Agencia de viajes especializada en turismo de aventura. Alquila bicicletas y organiza excursiones en bici y kayak con salida desde el *camping* Biała Góra. Se recomienda contactar con ellos previamente, ya sea por teléfono o por correo electrónico.

ℹ️ Cómo llegar y salir

Las estaciones de trenes y de autobuses están una al lado de la otra, conectadas por una pasarela elevada, 1,2 km al sureste de la Rynek.

Salen autobuses cada hora a Rzeszów (12 PLN, 1½ h). También hay servicios a Ustrzyki Dolne (10 PLN, 1 h, 12 diarios) y Ustrzyki Górne (15 PLN, 1½-2½ h, 7 diarios). Cinco o seis autobuses cubren la ruta a Cisna (9 PLN, 1 h) y Wetlina (13 PLN, 1½-2 h), con más servicio en verano. Hay autobuses directos a Cracovia (40 PLN, 3 h), y algunos menos a Varsovia (60 PLN, 4-5 h).

El servicio de trenes de pasajeros se ha reducido y actualmente solo cubre un puñado de destinos, como Rzeszów (22 PLN, 4 h) y Krosno (9 PLN, 1½ h), pero es mejor ir en autobús.

Lesko

5639 HAB.

Fundada en 1470 a orillas del San, la población de esta localidad fue durante siglos una mezcla de polacos y rutenos, a modo de fiel reflejo de la historia de la región. A partir del s. XVI llegaron muchos sefardíes españoles que huían de la Inquisición. El flujo migratorio no cesó, y en el s. XVIII la comunidad judía representaba casi dos tercios de la población total.

La II Guerra Mundial y la posguerra alteraron por completo la composición étnica de Lesko: los judíos eran exterminados por los nazis; los ucranianos, derrotados por el Ejército polaco; y los lemkos, deportados (p. 221). La localidad se reconstruyó y ahora es

CUANDO DIOS ESTABA DE VACACIONES

Vista la gran oferta de excursiones de un día a Auschwitz-Birkenau, sobre todo desde Cracovia, es disculpable creer que solo en los campos de exterminio de Oświęcim, en Silesia, dirigidos por los alemanes tuvo lugar la pesadilla del Holocausto, "cuando Dios estaba de vacaciones", como dicen algunos judíos. Pero esa idea desaparece con solo recorrer Galitzia, la provincia austrohúngara que contaba con una fuerte presencia judía y aglutinaba muchas localidades del sur y el este de lo que hoy es Polonia. Tal como atestiguan las decenas de placas, monumentos conmemorativos o simples mojones, cientos de miles de judíos polacos –de hecho, una cuarta parte de los 3 millones de judíos polacos que fueron asesinados– cayeron en sus campos y bosques en manos de los alemanes. En cierto modo se hace incluso más difícil imaginar tales crímenes en tan idílico entorno.

A algunos viajeros les sorprende ver los cementerios judíos tan llenos de maleza, con las lápidas rotas y desperdigadas. La respuesta es muy sencilla: no quedan familiares con vida. Hermanos, madres, maridos, amantes, sobrinos, nietos..., todos murieron en el Holocausto.

Cuando un judío muere se le recita una oración fúnebre llamada *kadish*. El *kadish* se repite en el *Yahrzeit,* al primer año del fallecimiento, y en todos los aniversarios sucesivos. Pero prácticamente ningún judío enterrado en un cementerio como el de Lesko tiene a nadie que le rece.

un pequeño centro turístico poco explotado, una agradable escala camino del sur. Pero el título de "Puerta de los Bieszczady", que tanto le gusta aplicarse, corresponde realmente a Sanok.

⦿ Puntos de interés

Sinagoga SINAGOGA
(ul Joselewicza; adultos/reducida 4/2 PLN; ⊙10.00-17.00 may-oct) Situada 100 m al norte de la Rynek, esta impresionante sinagoga antigua es la única de las cinco que había que sobrevivió a la II Guerra Mundial. Fue construida en estilo manierista a mediados del s. XVIII y luce una torre contigua que atestigua que en tiempos estuvo integrada en las fortificaciones de la localidad. Poco queda de su decoración original. El interior contiene la Galeria Sztuki Synagoga, donde suele exponerse la obra de artistas de la región de Bieszczady.

En la entrada, la lista de ciudades y *shtetls* (pueblos) de la región cuya población judía superaba las 100 personas es un conmovedor recordatorio de la estructura étnica de la zona antes de que se produjera la masacre nazi.

Cementerio judío CEMENTERIO
(Kirkut w Lesku; ☎695 652 364; ul Moniuszki; adultos/reducida 7/5 PLN) Antes de la II Guerra Mundial, dos tercios de los habitantes de Lesko eran judíos. Este conmovedor cementerio, fechado a mediados del s. XVI, tiene más de 2000 lápidas y da idea de la dimensión de esta comunidad en otro tiempo. Para dar con la entrada, hay

que seguir ul Moniuszki hacia el norte (colina abajo) desde la sinagoga durante 100 m. Las escaleras a la derecha llevan hasta el camposanto. En caso de estar cerrada la puerta, el visitante debe llamar al número de teléfono indicado y alguien le dejará pasar.

Iglesia parroquial de Nuestra Señora IGLESIA
(Kościół Parafialny Najświętszej Marii Panny; ☎13 469 6533; www.lesko.przemyska.pl; ul Kościuszki 10; ⊙8.00-18.00) Esta bonita iglesia, construida al oeste de la sinagoga en 1539, presenta numerosos elementos góticos exteriores como, p. ej., el pórtico este. El campanario exento, de estilo barroco, data de mediados del XVIII.

🛏 Dónde dormir y comer

Stare Lisko HOTEL €
(☎13 469 8632; www.starelisko.pl; Rynek 12, entrada por ul Parkowa; i/d/tr 70/100/130 PLN; 🅿) Se trata del único hotel de Lesko enclavado en plena Rynek, un modesto establecimiento familiar, con ocho habitaciones pequeñas y bastante sencillas y un restaurante (principales 10-25 PLN, abierto 9.00-21.00) que sirve platos tradicionales polacos.

Pensjonat Zamek HOTEL €€
(☎13 469 6268; www.zamek.bieszczady.pl; ul Piłsudskiego 7; i/d/tr 110/150/195 PLN; 🅿🛜) Desde el exterior, el viejo *zamek* (castillo) de Lesko no resulta demasiado atractivo, pero

la percepción cambia al traspasar la puerta y descubrir un atractivo hotel muy bien gestionado. En las zonas comunes aún se aprecia el legado del castillo del s. XVI, pero las habitaciones, si bien resultan confortables, carecen de adornos. Se encuentra a un paseo de la Rynek.

ℹ Información

Bank Pekao (☑13 469 7051; ul Przemysłowa 11; ⊙9.00-16.00 lu-vi)

Oficina principal de correos (ul Parkowa 8; ⊙7.00-20.00 lu-vi, 8.00-15.00 sa) Céntrica estafeta al suroeste de la Rynek.

Oficina de turismo (☑13 469 6695; www. lesko.pl; Rynek 1; ⊙9.00-17.00 lu-vi) Útil quiosco en el centro de la Rynek.

ℹ Cómo llegar y salir

La estación de autobuses está en ul Piłsudskiego (ctra. de Sanok), aprox. 1 km al oeste de la Rynek. De los numerosos autobuses que van a Sanok (6 PLN, 20 min), 11 siguen hasta Krosno (12 PLN, 1 h). Hay una docena de servicios diarios a Rzeszów (14 PLN, 2 h) y cuatro trenes exprés directos a Cracovia (46 PLN, 3 h).

Para la región de Bieszczady, salen tres autobuses diarios a Cisna (8 PLN, 1 h), algunos de los cuales continúan hasta Wetlina (10 PLN, 1½ h). Hasta 10 autobuses parten hacia Ustrzyki Górne (12 PLN, 2 h), la mitad de ellos vía Ustrzyki Dolne.

Ustrzyki Dolne

9600 HAB.

El único motivo verdadero para detenerse en esta discreta localidad del rincón sureste de Polonia es tener previsto encaminarse a los montes Bieszczady, al sur. Si se quieren realizar excursiones en la montaña por cuenta propia, Ustrzyki Dolne es el último lugar recomendado para cambiar dinero y comprar provisiones.

◉ Puntos de interés y actividades

Hay varias rutas de senderismo diferenciadas por colores, que arrancan del centro, entre ellas la pista en bucle marcada en rojo, que parte de la estación de autobuses y recorre algunas de las cumbres de los alrededores (4½ h). Tanto los senderos como varias rutas ciclistas recomendables aparecen detalladas en la *Town and Commune Guide*, una guía en inglés de las localidades aledañas, disponible gratis en el centro de información turística.

Museo de Historia Natural MUSEO
(Muzeum Przyrodnicze; ☑13 461 1091; www.bdpn.pl; ul Bełska 7; adultos/reducida 7/5 PLN; ⊙8.00-16.00 ma-vi, 9.00-17.00 sa) En una serena calle a escasos metros de la Rynek, este sencillo museo constituye una buena introducción a la geología, flora y fauna de los montes Bieszczady. Su personal puede aconsejar sobre qué ver y hacer en el Parque Nacional de Bieszczady.

🛏 Dónde dormir y comer

Hotel Laworta HOTEL €
(☑13 468 9000; www.laworta.pl; ul Nadgórna 107; i/d/tr 100/160/200 PLN; P🐾🎧) Este hotel, situado en un edificio singular, se encuentra a más de 1,5 km cuesta arriba desde la Rynek y la estación central de autobuses; ofrece habitaciones limpias y buenas instalaciones, que incluyen pista de tenis y sauna. Llámese o resérvese con antelación para asegurarse de que habrá alguien esperando en recepción.

Gościniec Dębowa Gazdówka PENSIÓN €€
(☑13 461 3081; www.debowagazdowka.pl; ul Łodyna 43, Łodyna; i/d/tr 120/160/195 PLN) Rústica granja de madera en una aldea 5 km al norte de Ustrzyki Dolne, mucho mejor que cualquier otra opción en el propio pueblo. A sus sencillas pero cómodas habitaciones, con paredes y suelos de madera al aire, hay que sumar las amplias vistas de las montañas y su satisfactorio restaurante de estilo rural. Hay que concertar el transporte con antelación.

Orlik PIZZERÍA €
(☑13 471 1900; www.pizzeria-orlik.pl; Rynek 4a; *pizzas* 12-17 PLN; ⊙10.00-22.00) En el flanco sur de la Rynek se encuentra la mejor opción del escueto abanico epicúreo de Ustrzyki Dolne: una modesta pizzería que sirve grandes *pizzas* y unos *espressos* sorprendentemente buenos en su terraza (abierta cuando hace buen tiempo).

ℹ Información

Bank PKO (ul Belska 10; ⊙8.30-16.00 lu-vi) Cruzando la calle desde el museo, tiene cajero automático las 24 h.

Eko-Karpaty (☑570 631 315; www.eko-karpaty. com; Rynek 19; alquiler de bicicletas 1 h/1 día 8/35 PLN; ⊙9.00-20.00 lu-vi, 12.00-17.00 sa) Alquila bicicletas y organiza excursiones por los montes Bieszczady y los países limítrofes.

Centro de información turística (Bieszczadzkie Centrum Informacji i Promocji; 13 471 1130; www.cit.ustrzyki-dolne.pl; Rynek 16; ☺10.00-18.00 lu-vi, 10.00-16.00 sa) Facilita un plano local y la guía en inglés *Town and Commune Guide* (ambos gratis). También vende mapas con rutas de senderismo y ciclismo de la región de Bieszczady.

❶ Cómo llegar y salir

Las estaciones de trenes y autobuses comparten edificio. Los convoyes son poco frecuentes, si existen, pero el servicio de autobuses es razonablemente bueno, con decenas de salidas diarias a Sanok (10 PLN, 1 h), algunos vía Lesko (5 PLN, 30 min). Hasta siete autobuses (más en verano) viajan a diario a Ustrzyki Górne (9 PLN, 1½ h). También hay servicio a Przemyśl (14 PLN, 2 h, 4 diarios), Rzeszów (20 PLN, 2½ h, 7 diarios) y Cracovia (50 PLN, 4 h).

Ustrzyki Górne

120 HAB.

Más que un pueblo, puede describirse como una serie de casas dispersas por la carretera. Sin embargo, Ustrzyki Górne es el principal punto de partida para las excursiones por los montes Bieszczady.

Esta zona montañosa se ha vuelto más accesible desde que en 1962 se inauguró la carretera circular de los Bieszczady. No obstante, sigue estando lejos de todo y Ustrzyki Górne es un buen ejemplo: solo ofrece unas cuantas opciones sencillas para comer y dormir, tiene algo de vida por la estación de autobuses y el aparcamiento a la entrada del pueblo, y poco más. La zona cobra vida en verano y cae en un profundo letargo el resto del año, desperezándose un poco con la llegada de los esquiadores de fondo en invierno.

Se pueden adquirir mapas de senderismo y recabar información general en la recepción del Hotel Górski. Una buena opción, con mucha información en inglés, es el ampliamente disponible mapa *Bieszczady* (15 PLN), a escala 1:65 000 y publicado por ExpressMap. El Parque Nacional de Bieszczady tiene un pequeño centro de información cerca de la parada de autobús. También hay una tiendecita en el *camping* y unos cuantos comercios a la vuelta de la parada de autobuses donde poder comprar provisiones.

🏃 Actividades

Aquí la actividad principal, al menos en verano, es el senderismo. Ustrzyki Górne es la base más popular para emprender caminatas por el Parque Nacional de Bieszczady y aquí arrancan varias rutas fantásticas (casi todas cerca del *camping* o de la estación de autobuses o el aparcamiento) diferenciadas por colores.

Aunque en los mapas especializados aparecen numerosas rutas de mayor o menor duración, se recomienda empezar por un popular

SENDERISMO POR LOS MONTES BIESZCZADY

La región de Bieszczady es una de las mejores de Polonia para practicar senderismo. Es hermosa y fácil de recorrer a pie, y no se precisa tienda ni equipamiento de cocina, pues los albergues de montaña se encuentran a un día de camino uno del otro. La principal zona para caminar es el parque nacional, siendo Ustrzyki Górne y Wetlina los puntos de partida más populares, seguidos de Cisna.

El Parque Nacional de Bieszczady cuenta con una docena de rutas bien señalizadas, cuya longitud total es de 130 km. Los tres puntos de partida tienen albergues de la PTTK, donde un personal eficiente facilita información y hay tableros que esbozan las rutas, con los tiempos de subida y bajada indicados. Se tardan 2-3 h en ascender al monte Tarnica (1346 m, el más alto de la región) desde Wołosate, al sureste de Ustrzyki Górne. Al menos una de las rutas toca en un punto la frontera ucraniana, sin atravesarla. No hay que olvidar llevar el pasaporte cuando se ande por esta zona.

Los albergues de montaña harán todo lo posible por no dejar al visitante en la calle, por llenos que estén, pero hay que tener en cuenta que en julio y agosto lo más probable es que haya que dormir en el suelo, ya que estos lugares son bastante pequeños. Se recomienda cargar con un saco.

Se aconseja hacerse con un ejemplar del mapa *Bieszczady* (15 PLN), a escala 1:65 000 y publicado por ExpressMap, que cubre la región entera. Tanto este mapa como otros similares se pueden comprar en el Hotel Górski, en Ustrzyki Górne, o en las oficinas de turismo de las localidades de la región de Bieszczady.

bucle que parte del pueblo de Wołosate (se llega con autobuses regulares desde Ustrzyki Górne, aprox. 3 PLN, 15 min). Desde allí habrá que seguir el sendero azul (2 h) hasta el pico más elevado de la región, el Tarnica (1346 m), y, para el trayecto de regreso, el de color rojo (2-3 h).

En el parque hay mucho que ver y oír: los restos de los pueblos abandonados o destruidos en la Operación Vístula (p. 221), antiguos cementerios, reservas de turba con arenas movedizas o el aullido de un lobo en la distancia.

🛏 Dónde dormir

Aunque en Ustrzyki Górne no suelen utilizarse nombres de calle, las indicaciones de las reseñas bastan para orientarse.

Schronisko PTTK Kremenaros   ALBERGUE €
(☑13 461 0605; www.kremenaros.com.pl; Ustrzyki Górne; dc 25-35 PLN; ☺abr-oct; ℗) Este albergue es la última casa del pueblo, en el lado oeste de la carretera de Wetlina, frente a una enorme estación fronteriza. Pese a tratarse de un lugar vetusto y espartano, el personal es afable y reina un buen ambiente. Las habitaciones tienen entre dos y 10 camas, y el restaurante, con una carta sucinta pero económica, no decepciona.

Camping nº 150 PTTK   CAMPING €
(☑13 461 0604; www.hotel-pttk.pl; Ustrzyki Górne; por persona/tienda 10/7 PLN, cabañas con/sin baño 40/35 PLN; ☺may-sep; ℗) Plácido *camping* junto al bien señalizado Hotel Górski, que ofrece unas cuantas cabañas antiguas triples sin baño y otras, más nuevas, con baño propio.

Hotel Górski   HOTEL €€
(☑13 461 0604; www.hotel-pttk.pl; Ustrzyki Górne; i 95-125 PLN, d 170-200 PLN, apt 253-270 PLN; ℗@🏊) En el extremo norte del pueblo, en la carretera a Ustrzyki Dolne, este hotel gestionado por la PTTK y engalanado con cestas de flores, resulta bastante mejor que cualquier otro del lugar. También es el más grande, con 63 habitaciones modernas y confortables, todas con baño. Tiene gimnasio y sauna, además de un restaurante con precios razonables.

🍴 Dónde comer y beber

Zajazd Pod Caryńską   POLACA €€
(☑511 311 552; www.carynska.pl; Ustrzyki Górne; principales 20-35 PLN; ☺may-oct; ℗) La mejor cocina de la zona se sirve en este precioso

alojamiento y restaurante tradicional de madera, a 50 m de la estación de autobuses en dirección a Ustrzyki Dolne. La carta está repleta de sopas y generosos platos de cerdo y tortitas de patata, *goulash* y codillo al horno. Hay que pedir en el mostrador y esperar que llegue el turno. Algunas noches se programa música *country* en directo.

Bieszczadzka Legenda   CAFÉ
(☑530 978 287; Ustrzyki Górne; ☺10.00-24.00 may-sep) A 60 m de la estación de autobuses en dirección a Ustrzyki Dolne se halla este relajado y cálido café-bar sinónimo de contracultura en la región de Bieszczady. Basta con pedir un café o una cerveza, hacerse con un sillón y relajarse al fresco con música electrónica de fondo. Se puede picar algo en cualquier momento del día, también bocados *veganos* y vegetarianos.

ℹ Información

Centro de información del Parque Nacional de Bieszczady (Ośrodek Informacji i Edukacji Turystycznej BdPN; ☑13 461 0350; www.bdpn.pl; Lutowiska 2; entrada al parque 6 PLN; ☺7.00-15.00 lu-vi may-oct) Está a 200 m pasada la entrada del parque nacional, yendo por un camino sin señalizar al este de la estación de autobuses y el aparcamiento. Recuérdese que cierra los fines de semana.

ℹ Cómo llegar y salir

Cada día salen hasta seis autobuses con destino a Ustrzyki Dolne (9 PLN, 1½ h), dos a Krosno (18-19,50 PLN, 3 h), tres a Rzeszów (25 PLN, 3½ h) y hasta siete a Lesko (12 PLN, 2 h) y Sanok (15 PLN, 2½ h). La frecuencia aumenta en julio y agosto, a lo que hay que añadir varios autobuses y microbuses a Wetlina (5 PLN, 30 min) y hasta seis a Cisna (7 PLN, 45 min).

Wetlina
300 HAB.

Es otro popular punto de partida para el senderismo por los montes Bieszczady. Al igual que Ustrzyki Górne, se prolonga a lo largo de una carretera principal (en este caso la 897) y tiene algunos sitios que ofrecen lo básico para dormir y comer.

🛏 Dónde dormir y comer

Dom Wycieczkowy PTTK   ALBERGUE €
(☑13 468 4615; www.wetlinapttk.pl; Wetlina; dc 26 PLN, d 50-70 PLN; ℗) Sencillo albergue que permanece abierto todo el año y dispone de

DÍAS DE PLAYA EN EL LAGO SOLINA

Unos 30 km al suroeste de Ustrzyki Dolne –y comunicado por autobús– se encuentra el lago Solina (Jezioro Solińskie), embalse de 27 km de longitud y 60 m de profundidad creado en 1968 al represar el río San. Hoy en día es el centro de ocio y deportes acuáticos más importante de la región de Bieszczady.

Polańczyk, la atractiva localidad en la orilla oeste del lago, de forma irregular, ofrece a los visitantes múltiples opciones: vela, *windsurf*, pesca y playas. La **oficina de turismo** (📞 13 470 3028; www.esolina.pl; ul Wiejska 2, Polańczyk; ☺8.00-18.00 lu-vi, 10.00-17.00 sa), junto a la ctra. 894, de camino a Lesko, puede informar al respecto.

Ul Zdrojowa, que empieza al este de la oficina de turismo, está flanqueada por hoteles y balnearios que ofrecen todo tipo de tratamientos. Muchos de ellos son enormes bloques sin personalidad; lo mejor es ir directamente a la **Pensjonat Korona** (📞 13 469 2201; www.pensjonatkorona.pl; ul Zdrojowa 29; i/d 100/150 PLN), una agradable pensión con 40 camas y restaurante propio, poco más de 1 km al sur, yendo por la península.

habitaciones dobles y dormitorios con cinco camas. En verano también ofrece cabañas (30 PLN/persona) y la posibilidad de acampar (11 PLN). Su rústico restaurante tiene mesas de pino y está decorado con tallas en madera.

Camping Górna Wetlinka CAMPING, ALBERGUE €
(📞13 461 0830; www.bieszczadywetlinka.pl; Szlak Pieszy Czarny; por persona/tienda/automóvil 8/7/10 PLN, cabañas para familias 200 PLN; ☺may-oct; 🅿) *Camping* excelente y muy cordial con el viajero, que funciona también como punto de información del Parque Nacional de Bieszczady. De aquí parten varias rutas de senderismo y organizan salidas a caballo (30 PLN/h). La cocina casera del restaurante es excelente. Desde la ctra. 897, hay que tomar el desvío al norte unos 2 km al este de Wetlina.

⭐**W Starym Siole** POLACA €€
(📞503 124 654; www.staresiolo.com; Wetlina 71; principales 25-50 PLN; ☺11.00-23.00; 🅿🛜🍴) En la parte occidental de Wetlina, de camino a Cisna, el viajero encontrará el que posiblemente sea el mejor restaurante de esta región de Polonia. Es impresionante el cuidado a los detalles, desde las tradicionales tallas de madera del comedor hasta la carta de vinos, pasando por la calidad de la comida. Entre sus platos principales figuran pescados, carnes a la parrilla, *pierogi* y otros platos sencillos pero bien ejecutados.

ℹ️ Cómo llegar y salir

Hay hasta 10 autobuses diarios a Sanok (11 PLN, 2 h) vía Lesko (9 PLN, 1½ h) y hasta nueve a Ustrzyki Górne (5 PLN, 30 min) al este, y Cisna (5 PLN, 30 min) al oeste.

Cisna

460 HAB.

Enclavado en la frontera entre los territorios antaño habitados por los boykos al este y los lemkos al oeste (p. 221), en una región que estuvo densamente poblada antes de la II Guerra Mundial, Cisna tiene hoy día una población inferior a 500 habitantes, pero aun así sigue siendo el pueblo más grande de la zona central de los montes Bieszczady. Y pese a no ser un lugar particularmente atractivo, cuenta con una oferta pasable de alojamientos y es una buena base para la práctica de senderismo. También es el lugar donde se toma el tren turístico de vía estrecha.

🏃 Actividades

**Tren Forestal
de los Bieszczady** TREN DE MONTAÑA
(Bieszczadzka Kolejka Leśna; 📞13 468 6335; www.kolejka.bieszczady.pl; Majdan 17; hasta Przysłup adultos/niños ida 19/14 PLN, ida y vuelta 23/17 PLN, hasta Balnica adultos/niños ida 17/13 PLN, ida y vuelta 20/16 PLN; ☺salidas 10.00 lu-vi, 10.00 y 13.30 sa y do jul y ago; ♿) Esta línea férrea de vía estrecha fue tendida a fines del s. XIX para transportar madera, y algunos tramos estuvieron en funcionamiento hasta la década de 1990. Desde entonces, se ha convertido en una atracción turística especialmente popular entre las familias.

En Majdan, 2 km al oeste de Cisna, operan dos recorridos: uno de 12 km y en una cota superior, que conecta con Przysłup (1 h); y otro, más llano, de 9 km, que recala en Balnica (45 min).

🛏 Dónde dormir y comer

Cisna dispone de numerosos alojamientos, aunque en muchos casos son minúsculas pensiones o albergues de montaña. Para encontrar habitación se puede consultar en el centro de información turística.

Ośrodek Wczasowy Perełka BUNGALÓS €
(☎13 468 6325; perelka@naturatour.pl; Cisna 105; i/d 70/100 PLN, cabañas por persona 50 PLN; 🅿🏊) La primera estructura a la izquierda, según se entra a Cisna por el oeste, es este cómodo complejo con 34 camas en habitaciones individuales y dobles, y 54 plazas más en cabañas de temporada. También alquilan bicicletas.

Bacówka PTTK Pod Honem ALBERGUE €
(☎503 137 279; www.podhonem.home.pl; dc 25 PLN, d/tr/c 60/90/120 PLN; 🅿) El albergue de montaña de la PTTK, con 40 camas, está en lo alto de una ladera de 668 m, en el extremo este de Cisna; queda 1 km cuesta arriba desde el Wołosan, por un escarpado camino de tierra. Es sencillo y agradable y sirve comida sin complicaciones.

OSW Wołosan PENSIÓN €€
(☎13 468 6373; www.wolosan.pl; Cisna 87; i/d 100/160 PLN; 🅿🛜) Situado en el extremo este del pueblo, es de lejos el alojamiento de más nivel de esta parte de los montes Bieszczady, con 27 habitaciones y enfocado a cazadores (de ahí los trofeos y los animales disecados por doquier), aunque puede organizar cualquier clase de actividades, desde salidas en *quad* o motonieve a safaris en todoterreno campo a través.

Bar Siekierezada POLACA €
(☎606 313 330; www.siekierezada.pl; Cisna 92; principales 12-25 PLN; ⏰9.00-24.00) Híbrido de bar, galería de arte y local nocturno donde, además, se sirve la mejor comida sencilla del lugar, como salchichas, *pierogi,* carnes a la parrilla y otros favoritos locales. Se halla al otro lado de una pequeña carretera desde el aparcamiento; puede que cueste encontrarlo, por lo que es recomendable pedir indicaciones.

ℹ Información

Dzikie-Bieszczady (☎697 718 163; www.dzikie-bieszczady.pl; Cisna 23; alquiler de bicicletas 1 h/1 día 8/30 PLN; ⏰8.00-16.00 lu-vi) Agencia de viajes especializada en deportes de aventura que alquila bicicletas y propone excursiones a los montes Bieszczady, así como a

países vecinos. Comparte oficina con el centro de información turística.

Centro de información turística (☎13 468 6465; www.cisna.pl; Cisna 23; ⏰8.00-20.00 lu-vi, 9.00-17.00 sa may-ago, 8.00-16.00 lu-vi sep-abr) Hace las veces de centro cultural. Está en el centro del pueblo, detrás del aparcamiento.

ℹ Cómo llegar y salir

Media docena de autobuses diarios van a Sanok (8 PLN, 1 h) y Wetlina (5 PLN, 30 min). En verano hay más servicios, entre ellos hasta seis diarios a Ustrzyki Górne (8 PLN, 45 min).

BAJOS BESKIDES

Los Bajos Beskides (Beskid Niski) son una cadena montañosa de suaves laderas cubiertas de bosques, que se extiende a lo largo de unos 85 km de oeste a este siguiendo la frontera con Eslovaquia. Están bordeados al oeste por los Altos Beskides y al este por los montes Bieszczady. Son ideales para caminatas fáciles, pues su pico más alto no supera los 1000 m. Hay que reconocer que ofrecen vistas menos espectaculares que los vecinos montes Bieszczady, pero su gran atractivo reside en las decenas de pequeñas iglesias ortodoxas y uniatas que salpican los caminos, especialmente por la mitad occidental de la región.

Krosno

46 930 HAB.

Esta localidad, fundada en el s. XIV, alcanzó tal prosperidad en el Renacimiento que durante un tiempo la llamaron "la pequeña Cracovia". A partir del s. XVIII disminuyó su importancia hasta que revivió con el comercio de los tejidos de lino y del vino húngaro y, a mediados del s. XIX, con el desarrollo de la industria petrolera. Entre los polacos tiene fama por su producción de cristal ornamental y comercial.

La oferta es lo bastante entretenida como para dedicar medio día, pero flaquea en cuanto a alojamientos aceptables, de ahí que no sea el mejor destino para hacer noche.

👁 Puntos de interés

◯ Centro

La espaciosa **Rynek** del casco antiguo ha conservado en parte su aspecto renacentis-

SENDERISMO POR LOS BAJOS BESKIDES

Dos rutas principales recorren esta cadena montañosa en su totalidad. La ruta marcada en azul comienza en Grybów, va hacia el sureste hasta la frontera y luego sigue por ella hacia el este hasta Nowy Łupków, cerca de Komańcza. La ruta roja empieza en Krynica, cruza la ruta azul cerca de Hańczowa, continúa hacia el este por la vertiente norte de los Beskides y llega a Komańcza. Ambas se prolongan hacia el este adentrándose en los montes Bieszczady.

Se necesitan entre cuatro y seis días para recorrer los Bajos Beskides al completo, por cualquiera de estos dos itinerarios, pero hay otras rutas, además de unas cuantas carreteras malas, que unen los dos itinerarios principales.

Una docena de albergues diseminados por pueblecitos proporcionan refugio, aunque en general solo abren en pleno verano (jul y ago). También hay algunas casas de turismo rural que permanecen abiertas más tiempo, a veces todo el año. Si se planea un excursionismo más ambicioso, es conveniente llevar equipo de acampada. Si bien se pueden comprar suministros básicos en los pueblos, es mejor ir provistos con lo esencial.

Los principales puntos de partida de los Bajos Beskides son Krynica, Grybów y Gorlice desde el oeste; Komańcza y Sanok desde el este; y Krosno y Dukla para la parte central.

El mapa *Beskid Niski* de Compass (12 PLN), a escala 1:50 000, es un magnífico recurso con toda la información necesaria para excursionistas. Este mapa y otros similares se pueden comprar en las oficinas de turismo de Nowy Sącz, Krynica y Krosno.

---

ta, sobre todo en las residencias con amplios soportales que bordean los flancos sur y noreste, destacando la **casa de Wójtowska** (Kamienica Wójtowska; Rynek 7).

★Centro de la Historia
de la Producción de Cristal   MUSEO
(Centrum Dziedzictwa Szkła; ☑13 444 0031; www. miastoszkla.pl; ul Blich 2; adultos/reducida 18/15 PLN; ⊙10.00-19.00 lu-sa, 11.00-19.00 do jul y ago, 9.00-17.00 lu-vi, 11.00-19.00 sa, hasta 17.00 do sep-jun; 🖭) Flamante centro de exposiciones apto para familias y con explicaciones en inglés que ilustra el importante papel de la localidad como capital nacional de la producción de cristal a lo largo del último siglo. El visitante podrá probar suerte soplando vidrio y creando sus propios diseños. El recorrido de las exposiciones, que discurre por debajo de la Rynek, tiene la entrada en la esquina noreste de la plaza.

Iglesia franciscana
de la Santa Cruz   IGLESIA
(Kościół Franciszkanów Św Krzyża; ☑13 436 8088; www.krosno.franciszkanie.pl; ul Franciszkańska 5; ⊙8.00-18.00) Pocos pasos al sureste de la Rynek se alza la gran iglesia franciscana de la Santa Cruz, un templo del s. XV de interior neogótico. Su joya es la **capilla de los Oświęcim** (Kaplica Oświęcimów), a la izquierda según se entra. Construida en 1647 por Vincenti Petroni y embellecida con los

magníficos estucos de otro maestro italiano, Jan Falconi, se la considera una de las capillas más bellas del barroco temprano en Polonia.

Museo de Subcarpacia   MUSEO
(Muzeum Podkarpackie; ☑13 432 1376; www.muzeum.krosno.pl; ul Piłsudskiego 16; adultos/reducida 10/5 PLN, do gratis; ⊙9.00-17.00 ma-vi, 10.00-15.00 sa y do may-oct, horario reducido resto del año) En un antiguo palacio episcopal del s. XV ubicado frente al Museo de Artes y Oficios, 200 m al norte de la Rynek, este museo contiene interesantes secciones sobre historia, arqueología y arte de esta región montañosa; sin embargo, por encima de todo destaca su amplia colección de lámparas decorativas de queroseno, al parecer la mayor de Europa.

Museo de Artes y Oficios   MUSEO
(Muzeum Rzemiosła; ☑13 432 4188; www.muzeumrzemiosla.pl; ul Piłsudskiego 19; adultos/reducida 5/3 PLN, sa y do gratis; ⊙8.00-18.00 lu-vi, 10.00-16.00 sa y do may-sep, reducido resto del año) Situado en frente del Museo de Subcarpacia, presenta muestras etnográficas relacionadas con actividades como la fabricación de relojes, tejidos y guarniciones e incluso el diseño de peinados. El edificio que lo alberga, construido en estilo *art nouveau* a principios del s. XX, es interesante en sí mismo, ya que fue la sede de una compañía que se dedicaba a construir carrillones.

◉ Alrededores de Krosno

Iglesia de la Asunción de la Virgen   IGLESIA

(Kościół Wniebowzięcia Najświętszej Maryi Panny w Haczowie; ☏13 439 1012; www.parafiahaczow.pl; Haczów 605; ☺8.00-18.00) En el pueblo de Haczów, 16 km al este de Krosno, se alza la que se considera la iglesia gótica de madera más grande de Europa, reconocida por la Unesco. Fue construida a mediados del s. xv sobre las ruinas de otra fundada por Vladislao II en el año 1388. Las paredes y el techo artesonado interior, cubierto de sencillas pinturas, datan de finales del s. xv, aunque en la década de 1990 se hizo una reforma. Se llega tomando el autobús.

**Museo de la Industria
del Petróleo y del Gas**   MUSEO

(Muzeum Przemysłu Naftowego i Gazowniczego; ☏13 433 3478; www.bobrka.pl; 38-458 Chorkówa; adultos/reducida 10/6 PLN; ☺9.00-17.00 ma-do may-sep, 7.00-15.00 ma-do oct-abr) El pueblo de Bóbrka, 17 km al suroeste de Krosno, es la cuna de la industria petrolífera polaca. Fue aquí donde se perforó el primer pozo de petróleo del mundo, en 1854, obra de Ignacy Łukasiewicz, inventor de la lámpara de parafina. Hoy, el emplazamiento es un singular museo al aire libre. Desde Krosno salen varios autobuses diarios al pueblo de Bóbrka (4 PLN, 30 min) y con menor frecuencia los fines de semana. El yacimiento está en Chorkówa, unos 2 km al norte del lugar donde el autobús efectúa parada.

Entre los pozos y torres que se muestran está la broca de perforación manual más antigua que se conserva, bautizada como "Franek", que data de 1860.

🛏 Dónde dormir

Hotel Śnieżka   HOTEL €€

(☏13 432 3449; www.hotelsniezka.pl; ul Lewakowskiego 22; i/d 160/210 PLN; P✳@☎) En cuanto a ambiente y encanto, esta atractiva casa victoriana de ladrillo rojo es difícil de superar. Cuenta con 14 acogedoras habitaciones, todas modernas e impecables, con suelos de madera pulida y grandes baños. El restaurante también es bastante elegante. Queda a un cómodo paseo de las estaciones de autobuses y de trenes, aunque se halla unos 2 km aprox. al oeste de la Rynek.

Pensjonacik Buda   PENSIÓN €€

(☏13 432 0053; www.budahotel.pl; ul Jagiellońska 4; d/tr/ste 150/200/250 PLN; P☎) Aunque está pegada a las vías del tren, esta pensión se encuentra a 2 km de la estación y 1 km al suroeste de la Rynek. Aun así, cuenta con el mejor restaurante del lugar y las habitaciones están limpias y son confortables (aunque no siempre tranquilas, debido al pitido ocasional de algún tren).

Hotel Krosno Nafta   HOTEL €€

(☏13 436 6212; www.hotel.nafta.pl; ul Lwowska 21; i/d/tr 170/240/350 PLN; P✳@☎) Esta es la primera opción para la gente de negocios, pero las tarifas son también asequibles para los viajeros. Ofrece 41 habitaciones grandes y cómodas y un restaurante elegante y correcto. Está 1 km al sureste del centro, en la carretera a Sanok. Los precios bajan un 20% los fines de semana.

🍴 Dónde comer y beber

★**Restauracja Buda**   POLACA €€

(☏13 432 0053; www.budahotel.pl; ul Jagiellońska 4; principales 20-35 PLN; ☺10.00-23.00; ☎) Situado 2 km al suroeste de la Rynek, este restaurante familiar quizá sea el mejor de Krosno. Sirve una excelente cocina polaca tradicional que incorpora un toque contemporáneo –como el cerdo asado con salsa de ciruelas y nueces– y un ambiente refinado pero no pretencioso. Desde el centro (concretamente desde el nº 3 de Plac Konstytucji) hay que seguir ul Czajkowskiego hacia el suroeste durante aprox. 1 km y luego torcer a la izquierda en ul Jagiellońska.

Posmaky   POLACA €€

(☏13 436 5055; www.posmakujkrosno.pl; Rynek 24; principales 20-40 PLN; ☺12.00-22.00; ☎) Es el mejor de varios locales de comida polaca y pizzerías impersonales que bordean la Rynek, con una cocina más ambiciosa (léanse bistecs e incluso una certera hamburguesa, por 23 PLN), que se puede degustar en su renovado sótano gótico o, si hace buen día, en la terraza.

Klubokawiarnia Ferment   CAFÉ

(☏13 420 3242; ul Portiusa 4; ☺10.00-24.00 lu-sa, 12.00-24.00 do) En una bocacalle junto a la esquina noroeste de la Rynek, este punto de encuentro de modernos ofrece café, vinos húngaros, cócteles y tentempiés excelentes, todo ello servido en un vistoso espacio contemporáneo y ventilado que cada tanto ejerce de local nocturno y galería.

🔒 De compras

Glass Studio Habrat CRISTAL
(☎13 431 7239; www.glassstudiohabrat.com;
Rynek 28; ⊙9.00-17.00 lu-vi, 10.00-14.00 sa)
Coloridos platos, vistosos vasos, jarrones
y demás artículos decorativos reflejan los
estilos, a menudo caprichosos, absurdos y
abstractos, diseñados en los pioneros talleres de cristal de Krosno.

ℹ️ Información

Bank PKO (☎13 432 1761; ul Słowackiego 4;
⊙8.30-16.00 lu-vi) Está al noreste de la Rynek.
Oficina de correos (Poczta Polska; ☎13 432
0591; Podwale 38; ⊙7.00-20.00 lu-vi, 8.00-
15.30 sa) Se encuentra unos 100 m al oeste de
la Rynek.
Centro de información turística (☎13 432
7707; www.krosno.pl; Rynek 5; ⊙9.00-18.00
lu-vi, 10.00-16.00 sa y do) Situado en la esquina
sureste de la Rynek, su jovial personal dispensa
planos, mapas y folletos. Hay una pequeña
tienda de regalos y un ordenador a disposición
del viajero, por si hubiera que consultar algo
en internet.

ℹ️ Cómo llegar y salir

Las estaciones de trenes y autobuses se hallan
una frente a la otra 1,5 km al oeste de la Rynek.

De los 12 autobuses diarios que van hacia el
este a Sanok (10 PLN, 1½ h), hasta cuatro continúan hacia Ustrzyki Dolne (18 PLN, 2 h) y dos
a Ustrzyki Górne (20 PLN, 3 h). Cada día salen
varios autobuses rápidos a Cracovia (30 PLN,
3 h), y cada hora a Rzeszów (12 PLN, 1½ h). Hay
servicios frecuentes al sur a Dukla (5 PLN,
45 min) y regulares a Bóbrka (4 PLN, 30 min).
Para Haczów (3 PLN, 40 min) salen hasta seis
vehículos diarios, que en su mayor parte terminan en Brzozów.

En los últimos años el transporte ferroviario
de pasajeros a Krosno se ha ido reduciendo.
Actualmente hay tres convoyes diarios a Sanok
(10 PLN, 1½ h) y otros tres a Rzeszów (18 PLN,
3 h), aunque casi todo el mundo opta por ir en
autobús.

Biecz

4600 HAB.

Uno de los asentamientos más antiguos de
Polonia, Biecz, fue un importante centro comercial desde por lo menos el s. XIII. Se be-
nefició de la ruta del vino que comunicaba
con Hungría a través de los Cárpatos, con lo
que en la localidad se desarrolló una trein-

tena de industrias artesanas. En el s. XVII la
prosperidad de Biecz empezó a menguar con
la llegada de la peste, que hizo que las rutas
comerciales se desviaran. Aunque parece seguir adormecida, algunos monumentos históricos importantes y un buen museo hacen
recomendable la visita.

⊙ Puntos de interés

Se empieza explorando la enorme Rynek, que
engloba más o menos la octava parte de la superficie total de Biecz, lo que la convierte en
la plaza más grande de Polonia en proporción
al tamaño de su localidad. Entre sus principales reclamos se incluyen las impresionantes
ruinas de la antigua muralla de la villa, que
se encuentran al oeste de la Rynek yendo por
ul Węgierska.

Torre TORRE
(☎13 447 1113; www.biecz.pl; Rynek 1; adultos/redu-
cida 5/2,50 PLN; ⊙9.00-17.00 abr-oct, 8.00-16.00
lu-vi nov-mar) La torre de Biecz se asemeja bastante a un faro que, gracias a su sorprendente
altura (56 m), puede verse desde kilómetros a
la redonda. Fue construida entre 1569 y 1581,
salvo la parte superior, que es un añadido
barroco. En años recientes se ha restaurado
la decoración renacentista original y la esfera
del reloj, curiosamente de 24 h.

**Iglesia parroquial
del Corpus Christi** IGLESIA
(Kościół Parafialny Bożego Ciała; ☎13 447 1617; www.
fara.biecz.pl; ul Kromera 16a; ⊙10.00-13.00) Situada 100 m al oeste de la Rynek, esta monumental estructura gótica de ladrillo acredita
la antigua abundancia de la localidad. Por
dentro, el presbiterio aglutina buena parte de
los tesoros del templo, a destacar el altar mayor y la enorme sillería en estilo renacentista
tardío, todo ello de principios del s. XVII. No
hay que irse sin reparar en el impresionante
crucifijo de 1639.

Casa de la Torre MUSEO
(Dom z Basztą; ☎13 447 1950; www.muzeum.biecz.
pl; ul Węgierska 1; adultos/reducida 8/4 PLN; ⊙8.00-
17.00 lu-vi, 9.00-17.00 sa y do) Esta sede del Museo Regional de Biecz ocupa lo que se conoce
como la "Casa de la Torre", una impresionante
estructura del s. XVI con el contenido íntegro
de una antigua farmacia, incluido su laboratorio, además de instrumentos musicales, enseres domésticos tradicionales, herramientas
de antiguos talleres artesanales y una bodega
donde se almacenaba vino húngaro.

Casa Kromer MUSEO
(Kamienica Kromerówka; ☑13 447 1950; www.mu-
zeum.biecz.pl; ul Kromera 3; adultos/reducida 4/2
PLN; ☺8.00-17.00 lu-vi, 9.00-17.00 sa y do) Al oeste
de la Rynek, enfrente de la iglesia parroquial,
se encuentra una segunda sede del Museo
Regional de Biecz, en un edificio del s. XVI que
acoge exposiciones relacionadas con la historia local, además de colecciones de arqueología y numismática y la famosa campana de
Biecz, de 600 años de antigüedad.

🛏 Dónde dormir y comer

Hotel Restauracja Grodzka HOTEL €
(☑13 447 1121; www.restauracjagrodzka.pl; ul Kazimierza Wielkiego 35; i/d/apt 65/80/100 PLN,
principales restaurante 10-20 PLN; ☺restaurante
8.00-22.00 lu-sa, 10.00-22.00 do; 🅿) La mejor
opción de una raquítica oferta de alojamientos aceptables es este hotel económico de
16 habitaciones situado junto a la carretera
principal, unos 300 m al este de la Rynek. Las
habitaciones, aunque sencillas, están limpias,
y el restaurante sirve platos con una buena
relación calidad-precio, como sus abundantes
tortitas de patata con *goulash* por encima
(15 PLN).

★U Becza POLACA €€
(☑733 612 616; www.restauracjaubecza.pl; Rynek
2; principales 12-25 PLN; ☺10.00-22.00) Este
atractivo café y restaurante ocupa una casa
histórica en plena plaza principal. Desde fuera pasa totalmente desapercibido, de ahí que
su interior de época –con vigas de madera
y mantelerías de encaje– suponga toda una
sorpresa. Se especializa en tortitas de patata,
pero el arenque es excelente, lo mismo que
las enormes y exitosas *pizzas*. También hay
tartas y café.

ℹ Información

Bank Pekao (☑134 471 809; Rynek 17; ☺8.00-
15.00 lu-vi) Situado en la Rynek, tiene cajero
automático las 24 h.

Oficina de turismo (☑13 447 1114; www.biecz.
pl; Rynek 1; ☺9.00-17.00 abr-oct, 8.00-16.00
lu-vi nov-mar) Pequeña y útil, en el centro de
la Rynek, a los pies de la torre, dispone de un
ordenador para revisar el correo.

ℹ Cómo llegar y salir

Todos los autobuses atraviesan la Rynek y paran
en sus lados noreste y suroeste. Hay servicios
regulares hacia Jasło (5 PLN, 35 min), pero solo
unos pocos llegan hasta Krosno (12 PLN, 1 h).

Cada día salen un par de autobuses a Nowy Sącz
(12 PLN, 1½ h).

ALTOS BESKIDES

Los Altos Beskides (Beskid Sądecki), que
se abren en abanico al sur de Nowy Sącz,
también resultan ideales para practicar senderismo, visitar puntos de interés o simplemente descansar en balnearios de montaña
de Krynica o Muszyna. El acceso a todo ello
es fácil desde Nowy Sącz por dos carreteras
(87 y 75), que se dirigen hacia el sur por los
valles ribereños para unirse a la ctra. 971 formando un circuito circular bien servido con
transporte público.

El río Poprad divide los Altos Beskides en
dos macizos, el Pasmo Jaworzyny y el Pasmo
Radziejowej. Varios picos superan los 1000 m,
pero despunta el Radziejowa (1261 m).

Los Altos Beskides fueron el territorio más
occidental de los lemkos (p. 221) y conserva
una docena de sus encantadoras iglesias rústicas, sobre todo en Krynica y Muszyna. Los
mapas *Beskid Sądecki* (a escala 1:50 000; 5
PLN), publicados por dos empresas distintas
(WiT y Demart), son útiles tanto para excursionistas como para los entusiastas de las
cerkwie (iglesias de madera).

Nowy Sącz
84 600 HAB.

El centro económico y cultural de la región de
Sącz es una ciudad relajada con una gran plaza y unos cuantos puntos de interés, entre los
que destaca su gran *skansen*. También es una
buena base para explorar la zona circundante.

Fundada en 1292 y fortificada a mediados
del siglo siguiente por Casimiro III el Grande,
se desarrolló con rapidez hasta el s. XVI gracias a su estratégico posicionamiento en una
encrucijada comercial. Como en otras partes,
el declive del s. XVII dio paso a una parcial
recuperación a finales del s. XIX. Nowy Sącz
creció considerablemente tras la II Guerra
Mundial, y en los últimos años se ha restaurado una buena parte de su casco antiguo.

⊙ Puntos de interés

Con unas dimensiones de 160 por 120 m, la
Rynek de Nowy Sącz es la segunda más grande de Polonia (después de la de Cracovia) y
está ribeteada por una armoniosa colección

LOS ADOQUINES DE STARY SĄCZ

Stary Sącz es la hermana mayor (en edad, no en tamaño) de Nowy Sącz, con una bonita plaza mayor adoquinada y unas cuantas iglesias interesantes. También cuenta con un excelente restaurante en el centro, por lo que es un lugar estupendo para hacer una excursión y almorzar.

La localidad debe su existencia a la duquesa Kinga, esposa del rey Boleslao el Tímido (Bolesław Wstydliwy), que en la década de 1270 fundó aquí el convento de las clarisas. Tras la muerte del monarca, Kinga ingresó en el convento, donde vivió los últimos 13 años de su vida y se convirtió en su primera abadesa.

Pese a contar con un pequeño museo regional, el principal reclamo son sus dos históricos templos. La **iglesia de las clarisas** (Kościół SS Klarysek; www.klaryski.sacz.pl; Plac Św Kingi 1; ⊙8.00-18.00) se yergue donde nació la localidad. Se completó en 1332, originalmente en estilo gótico, aunque más tarde se le añadieron opulentos elementos barrocos. El rastro de su creadora, Kinga, es muy visible: los frescos barrocos de la nave representan escenas de su vida, y la capilla del sur presenta una estatua suya de 1470 en el altar. El púlpito (1671), en la pared opuesta, es una obra de arte extraordinaria.

La cercana **iglesia parroquial de Santa Isabel de Hungría** (Kościół Parafialny Św Elżbiety Węgierskiej; www.parafia.stary.sacz.pl; ul Kazimierza Wielkiego; ⊙8.00-18.00), dos manzanas al sur de la Rynek, data del s. xiii (cuando se fundó la localidad), pero fue alterada considerablemente en los ss. xvii y xviii. En la actualidad se considera un ejemplo típico del barroco más recargado, con cinco grandes altares llenos de flores.

Para almorzar o cenar, lo indicado es ir al **Restauracja Marysieńka** (⊉18 446 0072; Rynek 12; principales 12-25 PLN; ⊙10.00-22.00), un establecimiento sin florituras, con buena cocina polaca servida en un ambiente cordial y acogedor.

de casas históricas. El ayuntamiento (1897) incorpora varios estilos distintos, entre otros el *art nouveau*.

◎ Centro urbano

Casa Gótica MUSEO
(Dom Gotycki; ⊉18 443 7708; www.muzeum.sacz.pl; ul Lwowska 3; adultos/reducida 8/5 PLN, sa gratis; ⊙10.00-15.00 ma-ju, hasta 17.30 vi, 9.00-14.30 sa y do) Este edificio gótico del s. xv acoge el Museo Regional. Dedicado al arte sacro, tiene ingenuas pinturas religiosas y tallas de madera procedentes de iglesias rurales y capillas de los caminos de toda la comarca. Destaca la colección de iconos ortodoxos rutenos, que incluye un espléndido iconostasio del s. xvii.

Colegiata de Santa Margarita IGLESIA
(Kościół Kolegiacki Św Małgorzaty; ⊉18 443 6198; www.bazylika.org.pl; Plac Kolegiacki 1; ⊙9.00-18.00) Una manzana al este de la Rynek, esta iglesia data del s. xiv pero ha sufrido muchos añadidos posteriores. El pequeño Cristo del altar mayor renacentista muestra influencias bizantinas. En la columna de la izquierda según se entra se ven los restos de un fresco medieval de la Última Cena.

Sinagoga MUSEO
(Galeria Dawna Synagoga w Nowym Sączu; ⊉18 444 2370; www.muzeum.sacz.pl; ul Joselewicza 12; adultos/reducida 6/3 PLN, sa gratis; ⊙10.00-15.00 mi y ju, 10.00-17.30 vi, 9.00-14.30 sa y do) Los judíos vivieron durante siglos en la zona al norte de la Rynek. También es la zona donde los alemanes crearon un gueto para recluirlos en tiempos de guerra, antes de enviar a más de 25 000 de sus habitantes a campos de exterminio en 1942. Poco queda de la comunidad y del gueto, a excepción de una preciosa sinagoga del s. xviii. Sobrevivió milagrosamente a la guerra y atesora una pequeña pero interesante galería con fotografías en blanco y negro de la comunidad, así como una colección limitada de objetos afines.

◎ Fuera del centro

Parque Etnográfico de Sącz MUSEO
(Sądecki Park Etnograficzny; ⊉18 444 3570; www.muzeum.sacz.pl; ul Lwowska 226; adultos/reducida 14/8 PLN, sa gratis; ⊙10.00-18.00 ma-do may-sep, hasta 15.00 oct-abr) Unos 3,5 km al sureste del centro, el Parque Etnográfico de Sącz es uno de los *skansens* más grandes y mejores del país. Aquí pueden verse casas y otras cons-

trucciones típicas de varios grupos étnicos de los Cárpatos y sus estribaciones. Las visitas se hacen en grupos guiados en polaco; en la tienda del museo venden una guía del lugar en inglés, *The Sącz Ethnographic Park,* de Magdalena Kroh. Alberga en conjunto unas 70 edificaciones, entre ellas una granja, una fragua y un molino de viento.

Cementerio judío CEMENTERIO
(Cmentarz Zydowski; 18 441 9381; ul Rybacka) Unos 500 m al norte del casco antiguo, cruzando el río Kamienica, está el antiguo cementerio judío, donde se hallan unas 200 lápidas abandonadas entre la descuidada hierba. Durante la II Guerra Mundial fue testigo de ejecuciones en masa; hay un monumento en recuerdo de los varios centenares de judíos que fueron sacados del gueto y asesinados aquí.

Dónde dormir

Dom Turysty PTTK ALBERGUE, CAMPING €
(18 441 5012; ul Nadbrzeżna 40; i/d/tr 85/95/130 PLN; acampada por persona/tienda 13/7 PLN; camping may-sep; P) Albergue abierto todo el año con 21 espartanas pero impolutas habitaciones. Se encuentra fuera del centro, unos 2 km al sureste de la Rynek, en dirección al Parque Etnográfico de Sącz. También gestiona un *camping* contiguo.

Miasteczko Galicyjskie HOTEL HISTÓRICO €€
(18 441 6390; www.miasteczkogalicyjskie.pl; ul Lwowska 226; i/d/tr 140/220/290 PLN; P) Agradable hotel moderno a la par que tradicional, instalado en el recinto del Parque Etnográfico de Sącz, 3,5 km al sureste de la Rynek. Las habitaciones, con baños reformados, lucen grandes baúles y armarios de época. El bufé de desayuno es de lo mejorcito por estos lares, con abundancia de carnes ahumadas y huevos cocinados al gusto.

Hotel Panorama HOTEL €€
(18 443 7110; www.hotelpanoramanowysacz.pl; ul Romanowskiego 4a; i/d/tr 150/190/220 PLN; P) A un tiro de piedra de la Rynek, este limpio y moderno hotel se jacta de ser el alojamiento mejor situado de la ciudad. Sus 32 grandes habitaciones, pese a estar amuebladas sin imaginación, se ven cuidadas y ofrecen todas las comodidades modernas. Pídase una que dé al oeste, con vistas al río Dunajec.

Dónde comer y beber

Restauracja Ratuszowa POLACA €€
(18 443 5615; Rynek 1; principales 15-30 PLN; 10.00-23.00) Este restaurante, bajo el ayuntamiento, está especializado en *pierogi* y tiene una impresionante variedad: los hay rellenos de ortigas, de trigo sarraceno y de morcilla. Se puede comer al aire libre, tras el ayuntamiento, o en la planta baja, donde podrá admirar la colección de carteles de propaganda comunista que hay en las paredes.

Trattoria Da Sandro ITALIANA €€
(530 222 227; www.trattoriadasandro.pl; ul Wazów 8; principales 25-40 PLN; 11.00-22.00) Un angosto callejón al sur de la Rynek esconde un precioso y moderno restaurante italiano ubicado en un sótano muy bien iluminado. Sirve las mejores *pizzas* del lugar, además de una amplia selección de pasta, carnes a la parrilla, pescado y ensaladas. La carta de vinos es fantástica y los precios salen muy a cuenta.

Strauss Café CAFÉ
(600 883 311; Rynek 16; 9.00-1.00) El viajero creerá haberse transportado a la Polonia bajo el dominio austriaco en este bello café en plena Rynek, engalanado con fotografías del emperador Francisco José colgadas de las paredes y suntuosos elementos neoclásicos, arañas de luces y demás detalles de época. Sirve magníficas bebidas a base de café, además de desayunos, bocados ligeros y vino y cerveza.

Información
Hay multitud de cajeros automáticos, bancos y *kantors* en la zona de la Rynek y en ul Jagiellońska, la principal calle peatonal, que parte de la plaza hacia el sur.
Bank PKO (18 448 3500; al Wolności 16; 8.00-18.00 lu-vi) Con cajero automático 24 h, está unas manzanas al sur de la Rynek.
Oficina de correos (18 443 5513; ul Dunajewskiego 10; 7.00-19.00 lu-vi, 8.00-14.00 sa) Está junto a la esquina suroeste de la Rynek.
Oficina de la PTTK (18 443 7457; www.beskid.pttk.pl; Rynek 9; 7.00-15.00 lu, mi y ju, 11.00-19.00 ma y vi) Aunque menos útil que el centro de información turística, es un buen lugar para recabar información sobre senderismo, comprar mapas e indagar acerca de posibles pernoctaciones en los refugios de montaña gestionados por esta.
Centro de información turística (18 444 2422; www.nowysacz.pl; ul Szwedzka 2; 8.00-18.00 lu-vi, 9.00-14.00 sa) Facilita

EXCURSIONES POR LOS ALTOS BESKIDES

Krynica es un excelente punto de partida. De allí salen hacia el oeste dos rutas señalizadas, en verde y rojo, que ascienden al monte Jaworzyna. Por cualquiera de ellas se tardan 3 h en culminarlo; desde luego, es más rápido el teleférico del Jaworzyna. Desde la cima se disfruta de buenas vistas y, en días despejados, la vista alcanza hasta las Tatras.

Luego se continúa por la ruta roja hacia el noroeste hasta el Hala Łabowska (1038 m), a otras 3 h de caminata desde el monte Jaworzyna. La ruta roja prosigue hacia el noroeste hasta Rytro (4 h). Esta sección, que discurre en su mayor parte por la tupida cresta de la cadena principal de los Altos Beskides, es fácil y espectacular. Desde Rytro se puede regresar a Krynica en tren o autobús.

Por el camino se encuentran varios albergues de montaña de la PTTK, donde por lo general se puede comer algo y pernoctar. Antes de partir, se recomienda visitar la oficina de la PTTK en Krynica o en Nowy Sącz para surtirse de mapas y reservar cama en los albergues.

información de la zona y cuenta con un ordenador a disposición de los visitantes.

ⓘ Cómo llegar y salir

AUTOBÚS

La estación de autobuses está a medio camino entre el centro urbano y la estación de trenes. Los servicios a Cracovia (18 PLN, 2½ h) y Krynica (6 PLN, 1½ h) parten más o menos cada 30 min y son mucho más rápidos que el tren. Hay un autobús cada hora a Szczawnica (10 PLN, 2 h) y hasta nueve a Zakopane (18 PLN, 3 h). Consúltese el horario en www.pks.pl.

TREN

La estación principal de trenes queda 2 km al sur del casco antiguo, aunque está bien conectada por autobuses urbanos. Hay algunos trenes a Cracovia (30 PLN, 4 h), pero para cubrir la ruta es más útil el autobús. A lo largo del día salen con regularidad convoyes a Krynica (12 PLN, 1½ h) vía Stary Sącz (5,50 PLN, 10 min). También hay servicio a Tarnów (22 PLN, 2 h), con salidas cada 2 h aprox.

Krynica

12 200 HAB.

A menudo llamada Krynica-Zdrój (Balneario Krynica), esta localidad enclavada en las boscosas colinas de los Altos Beskides es el mayor balneario de montaña de Polonia.

Gran parte del año recibe a pacientes que acuden a beber el agua de una docena de fuentes, cada una prescrita para una dolencia distinta, y para relajarse con el aire puro de la montaña. En verano, no obstante, deja de ser un tranquilo *spa* para convalecientes y se

convierte en un centro de vacaciones repleto de familias que hacen largas colas y puestos de helados; también pueden verse improvisados conciertos de *rock* en el paseo, a cargo de imitadores de Axl Rose o Lady Gaga.

Pero no siempre ha sido así. A principios del s. XX, Krynica era un refugio de moda para artistas e intelectuales, y así se mantuvo hasta la II Guerra Mundial. En aquel período se construyeron espléndidas villas y casas de huéspedes, que ocupaban los bosques de los alrededores.

◉ Puntos de interés y actividades

Como en muchas otras localidades polacas, el principal pasatiempo en Krynica es la bebida. Pero en este caso ni cerveza ni vodka, sino el agua amarga que mana de aproximadamente una docena de fuentes de agua mineral medicinal.

Estación principal de bombeo MANANTIALES MINERALES
(Pijalnia Główna; ☎18 477 7432; www.krynica.pl; ul Nowotorskiego 9-3; 1 vaso/tique de 10 vasos 1,70/13 PLN; ◷10.00-21.00) Esta moderna estructura ubicada junto al paseo (ul Nowotarskiego) recuerda más a una terminal de aeropuerto retro-futurista que a la columnata de unas fuentes. Con todo, es el principal atractivo local para quienes acuden pensando en curarse. Hay que escoger entre ocho aguas minerales, cada una al parecer con distintas propiedades curativas. Su web dispone de un listado de las fuentes en inglés. El agua se bebe de un vaso de plástico o, si se prefiere, de una jarra de metal que cuesta 12,50 PLN.

MONTES CÁRPATOS KRYNICA

Se puede elegir entre diferentes aguas, y unas pantallas indican la composición química de cada una. Como se notará, la Zuber es la más pesada con diferencia; tiene más de 21 g de componentes sólidos solubles por litro, un récord para cualquier líquido de este tipo en Europa, y su sabor a azufre seguramente no agradará a todo el mundo. La costumbre es beber sin prisas mientras se pasea.

Funicular de Góra Parkowa   FUNICULAR
(Kolej Linowa na Górę Parkową; ☑18 471 2262; www.pkl.pl; ul Nowotarskiego 1; adultos/reducida ida y vuelta 16/13 PLN, solo ida 11/8 PLN; ⊙10.00-19.00 may-sep, 10.00-18.00 oct-abr; ⓘ) El funicular de Góra Parkowa es un divertido entretenimiento familiar. La estación inferior está cerca del extremo norte del paseo, en el Park Zdrojowy. Hay salidas cada 15 min; la subida de 142 m dura menos de 3 min. En lo alto se disfrutará de bonitas vistas en todas direcciones, además de un tobogán gigante y una pista de descenso en flotadores para los chavales. Si hace buen tiempo, se puede comprar un billete de ida y bajar a pie, atravesando el parque.

Teleférico del monte Jaworzyna   TELEFÉRICO
(Kolej Gondolowa na Jaworzynę; ☑18 473 6624; www.jaworzynakrynicka.pl; ul Czarny Potok 75; adultos/reducida ida y vuelta 26/21 PLN, solo ida 19/15 PLN; ⊙9.00-17.00; ⓘ) Este teleférico, algo más lejos del centro pero más emocionante que el funicular, se compone de 55 cabinas de seis personas que van desde la estación inferior, situada en el valle de Czarny Potok, unos 6 km al oeste del centro de Krynica, hasta lo alto del monte Jaworzyna (1113 m). El trayecto de 7 min recorre 2210 m y salva un desnivel de 465 m.

🛏 Dónde dormir

En Krynica hay muchos hoteles, pensiones y residencias de vacaciones. Gran parte de los establecimientos, sobre todo las residencias, ofrecen media pensión o pensión completa. También hay muchos particulares que alquilan habitaciones. El centro de información turística gestiona esta última modalidad por unos 40/50 PLN por persona con/sin baño privado. Hay que tener presente que en temporada alta (jul-ago y ene-feb) a pocos propietarios les interesarán estancias de solo una o dos noches.

★ Małopolanka   HOTEL €€
(☑18 471 5896; www.malopolanka.eu; ul Bulwary Dietla 13; i/d/apt 140/220/290 PLN; ⓟ@🛜) Si-

tuada junto al paseo, esta pensión-balneario de la década de 1930 podría ser el inquietante marco de una novela de Agatha Christie. Hay un animado bar-cafetería en la planta baja, desde donde unas chirriantes escaleras conducen a las eclécticas habitaciones, bien equipadas y amuebladas en estilo de época. También cuenta con un balneario con sauna donde ofrecen masajes y tratamientos varios.

Stefania   HOTEL €€
(☑18 472 5110; www.hotelstefania.pl; ul Piłsudskiego 13; i/d 150/250 PLN; ⓟ@🛜) Elegante hotel que abrió sus puertas en un renovado edificio histórico con balneario en el 2009 y aún parece como si estuviera a punto de estrenar. Las habitaciones son acogedoras, cálidas y tentadoras, con suelos de parqué y paredes pintadas de color vainilla. Está en la calle principal, no muy lejos de donde para el autobús de Nowy Sącz.

Pensjonat Witoldówka   PENSIÓN €€
(☑18 471 5577; www.witoldowka-krynica.pl; ul Bulwary Dietla 10; d/apt 160/190 PLN; ⓟ@) Este gran hotel de madera por fuera tiene el aspecto de un enorme refugio gótico. Está en el centro, junto al estrecho río Kryniczanka y cerca de la estación principal de bombeo. Sus 40 habitaciones han sido reformadas y son cómodas y amplias. También hay bar y restaurante.

🍴 Dónde comer

Pod Zieloną Górką   POLACA €€
(☑18 471 2177; www.zielonagorka.pl; Nowotarskiego 5; principales 25-40 PLN; ⊙10.00-23.00) Este *pub* a la antigua se divide en dos secciones: una zona familiar informal con mesas de pícnic en un extremo y un comedor algo más elegante con vigas de madera, manteles de encaje y bonitas lámparas de porcelana en el otro. Si hace buen tiempo, abren la terraza junto al parque. La carta contiene platos típicos polacos, como codillo a la cerveza, y tienen cerveza checa Pilsner Urquell de barril.

Czekolada i Zdroj   CAFÉ €
(☑18 471 5031; ul Nowotarskiego 2; cafés 9 PLN, pasteles 12 PLN; ⊙9.30-22.00; 🛜) Es un lugar estupendo para tomar café y pastas, y ofrece conexión wifi gratuita y fiable. Está enfrente de la estación principal de bombeo, en el extremo norte de la antigua casa de baños (Stary Dom Zdrojowy).

LAS IGLESIAS DE MADERA DE KRYNICA

Salpicado de preciosos valles, colinas boscosas y encantadores pueblecitos, el paisaje que rodea Krynica es algo digno de explorar, sobre todo por su riqueza de antiguas iglesias de madera. Una herramienta fundamental para recorrer la región es cualquiera de los mapas *Beskid Sądecki,* ampliamente disponibles en la zona. A la mayoría de las iglesias –todas ellas originalmente uniatas y lemkos (p. 221)– se puede llegar en autobús, aunque es preferible disponer de vehículo propio o bicicleta.

Al norte de Krynica, a 13 y 16 km respectivamente por la carretera a Grybów, hay dos buenos ejemplos de *cerkwie* (plural de *cerkiew,* o iglesia de madera) en **Berest** (1842) y **Polany** (1820). Ambas conservan parte de su antiguo interior, como iconostasios y murales. Los autobuses recorren esta ruta con regularidad, por lo que no debería haber problemas para el trayecto de regreso a Krynica o para continuar hasta Grybów, bien comunicada con Nowy Sącz, al oeste.

Otra excursión interesante es el itinerario circular de 24 km que pasa por Mochnaczka, Tylicz y Powroźnik, al este y sur de Krynica. En el pueblo de **Tylicz** (de camino) hay dos iglesias, una católica y otra uniata de 1743. Esta última se utiliza solo para funerales. Con transporte propio, se recomienda seguir hacia el este durante 3 km hasta **Muszynka**, casi pegada a la frontera con Eslovaquia y cuya espectacular *cerkiew* data de 1689.

Desde Tylicz, una tranquila carretera secundaria bordea el valle del río Muszyna durante 8 km hasta **Powroźnik**, donde se alza otra *cerkiew,* en este caso la más antigua (1606) y conocida de la región. Bonita por fuera y por dentro, alberga un iconostasio del s. XVIII y varios iconos más antiguos en las paredes laterales.

ℹ️ Información

Bank PKO (ul Zdrojowa 1; ⊗9.00-17.00 lu-vi) Con cajero automático las 24 h, está en el extremo norte del paseo principal.

Oficina de correos (☏18 471 5404; ul Zdrojowa 28; ⊗7.00-19.00 lu-vi, 8.00-14.00 sa)

Oficina de la PTTK (☏18 471 5576; www.krynica.pttk.pl; ul Zdrojowa 32; ⊗7.30-17.00 lu-vi, 9.00-11.00 sa) Es un buen sitio para comprar mapas de senderismo y ciclismo de la zona circundante, así como para recabar información sobre caminatas y pernoctaciones en sus cabañas. Está en un collado sobre el paseo principal, enfrente del centro de información turística.

Centro de información turística (☏18 472 5577; www.krynica.pl; ul Zdrojowa 4/2; ⊗9.00-17.00 lu-vi, hasta 13.00 sa; 🖭) Limpia y moderna oficina por encima de la zona principal de balnearios. Su personal dispensa abundantes planos, mapas y folletos. Hay un ordenador para revisar el correo.

ℹ️ Cómo llegar y salir

Las estaciones de trenes y autobuses quedan contiguas en ul Dr Henryka Ebersa, en la parte sur de la localidad, aprox. a 1,2 km del centro.

Los autobuses a Nowy Sącz (6 PLN, 1½ h) salen cada 30-60 min. Hay muchos al sur, a Muszyna (3 PLN, 25 min) vía Powroźnik y uno bastante regular a Mochnaczka y Tylicz (3 PLN).

También salen trenes regulares con destino a Nowy Sącz (12 PLN, 1½ h), siguiendo una ruta con rodeos pero agradable, vía Muszyna y Stary Sącz. Seis trenes llegan cada día a Tarnów (20 PLN, 3½ h).

Muszyna

5000 HAB.

Muszyna, 11 km al suroeste de Krynica y mucho más pequeña, es otra localidad-balneario que atrae al turismo con sus fuentes: hay unos cuantos balnearios antiguos por la zona.

👁 Puntos de interés y actividades

Casi todo el mundo acude a Muszyna para relajarse y pasear por los bosques y las colinas de los contornos. Dos populares **rutas de senderismo** parten de Muszyna y avanzan hacia las montañas, al norte. La pista verde llega hasta el **monte Jaworzyna** (1113 m), mientras que la amarilla asciende al **monte Pusta Wielka** (1061 m). Se puede completar cualquiera de las dos en unas 4 h y luego continuar hasta Krynica. Cualquiera de los mapas de los Altos Beskides tiene todos los detalles. Una opción más corta es el bonito paseo a la vera del río Poprad, a unos 300 m pasada la Rynek. Para llegar hay que seguir ul Kity desde la plaza durante 200 m (saliendo del pueblo) y cruzar las vías del tren.

🛏 Dónde dormir

Sanatorium Uzdrowiskowe Korona HOTEL €€
(📞18 477 7960; www.sanatoriumkorona.pl; ul Mściwujewskiego 2; i/d/tr 105/170/220 PLN; 🅿🛜🏊) Asomando sobre el río Poprad, 1 km al suroeste de la Rynek, se halla este moderno hotel y centro de hidroterapia con 120 camas repartidas en habitaciones luminosas y cuidadas y un buen abanico de tratamientos de salud. Ofrece un popular paquete de fin de semana que incluye una estancia de dos noches con desayuno, un masaje y el uso de la sauna y el *jacuzzi,* desde 600 PLN por persona.

Hotel Klimek Spa HOTEL €€€
(📞18 477 8222; www.hotel-klimek.com.pl; Złockie 107; i/d/tr/ste 400/500/800/1000 PLN; 🅿🛜🏊) Este hotel-balneario de Złockie, unos 3 km al noroeste del centro de Muszyna, tiene 53 habitaciones y es uno de los mejores (y más caros) del lugar, con una gran oferta de programas y tratamientos de hidroterapia, sauna, baño de vapor y un pequeño parque acuático. También cuenta con un buen bar y restaurante.

🍴 Dónde comer y beber

Pizzera & Restauracja Rzym ITALIANA €€
(📞18 440 8370; www.restauracjarzym.pl; Rynek 25; principales 25-35 PLN; ⏱10.00-22.00; 🛜) Lo que por fuera parece una anodina pizzería es, en realidad, un versátil restaurante con platos patrios como *pierogi* y tortitas de patata, además de recetas más elaboradas a base de pollo, ternera o pescado. Por desgracia, la Rynek carece de establecimientos dignos de mención, siendo quizá esta la mejor opción para almorzar o cenar en los alrededores.

Szarlotka CAFÉ
(📞18 471 4013; Rynek 14a; ⏱9.00-21.00) Café y heladería a la antigua que se mantiene boyante desde 1963 y acierta con deliciosos *sundaes,* tartas y galletas caseras, además de tabletas de chocolate blanco y negro. El comedor luce un aire ligeramente retro y el patio, rodeado por un jardín, regala bonitas vistas del extremo norte de la Rynek.

ℹ Información

Bank PKO (ul Kity 1; ⏱9.00-16.00 lu-vi) Muy a mano, en el extremo suroeste de la Rynek, tiene cajero automático las 24 h.

Oficina de correos (Rynek 24; ⏱7.00-19.00 lu-vi, 8.00-14.00 sa)

Agencia de viajes Vector (📞18 471 8003; www.btvector.com; ul Kity 24; ⏱10.00-17.00 lu-vi, hasta 13.00 sa) En Muszyna no hay oficina de turismo, pero esta agencia de viajes, 200 m al suroeste de la Rynek, puede proporcionar

SENDERISMO POR LOS MONTES PIENINOS

Casi todas las rutas se concentran en el macizo central de los montes Pieninos (Pieniny en polaco), una zona compacta de 40 km² que ahora engloba el Parque Nacional de los Pieninos. Las rutas están bien indicadas, son cortas y no se precisa ningún tipo de equipamiento complementario. Al parque se accede desde tres localidades cercanas, todas ellas con alojamiento y comida. La más popular es Krościenko, en el borde norte; Szczawnica, en el este; y Sromowce Niżne, en el sur. Hay que llevar el *Gorce i Pieniny, Pieniński Park Narodowy,* mapa a escala 1:50 000 que incluye otro mapa a escala 1:125 000 del parque con todas las rutas de senderismo.

Casi todos los excursionistas empiezan a caminar desde la Rynek de Krościenko. Hay que seguir la ruta amarilla hasta el paso de **Przełęcz Szopka**, donde se cambia a la ruta azul, que sale a la izquierda y se dirige a la cumbre del **monte Trzy Korony** (981 m), el pico más alto del macizo central. Si el cielo está claro, la recompensa por esta excursión de 2 h es un impresionante panorama que incluye los Tatras, 35 km al suroeste. La cumbre se alza unos 520 m sobre el río Dunajec.

También son excelentes las vistas desde el **monte Sokolica** (747 m), que está 2 km al este en línea recta o a 1½ h por la ruta azul. Desde el Sokolica se puede volver a Krościenko bajando por la ruta verde en aprox. 1¼ h, o descender a Szczawnica por la azul en menos de 1 h.

información básica, ayudar con el alojamiento y organizar circuitos y excursiones.

ℹ️ Cómo llegar y salir

Hay frecuentes autobuses a Krynica (3 PLN, 25 min) y de un servicio aceptable a Nowy Sącz (10 PLN, 1½ h). Muszyna está en la línea ferroviaria que enlaza Krynica (4 PLN, 20 min) y Nowy Sącz (14 PLN, 1¼ h), por lo que salen trenes a ambos destinos con carácter regular.

MONTES PIENINOS

Los montes Pieninos (Pieniny en polaco) forman una cordillera de impresionante belleza situada entre los Altos Beskides y los Tatras, famosa por los descensos en *rafting* por la espectacular garganta del Dunajec, que se ha convertido en una de las principales atracciones turísticas del país. Pero aquí hay mucho más que hacer y ver. A los andariegos les encantarán las rutas de senderismo, cuyas vistas son más espectaculares que las de los Altos Beskides o los montes Bieszczady, mientras que los amantes de la arquitectura se toparán con unas asombrosas iglesias antiguas de madera o con un pintoresco castillo de montaña en Niedzica. Otra opción nada desdeñable es descansar tranquilamente en el agradable centro balneario de Szczawnica.

Los Pieninos se extienden de este a oeste a lo largo de unos 35 km, divididos por el río Dunajec en tres macizos. El más elevado y conocido es el macizo central, coronado por el pico Trzy Korony (Tres coronas; 981 m), que domina la garganta del Dunajec. Casi toda la zona se integra en el Parque Nacional de los Pieninos (Pieniński Park Narodowy), cuya oficina central se sitúa en Krościenko. Al este se extienden el Pequeño Pienino (Małe Pieniny), detrás de la garganta del Dunajec y al sur de Szczawnica. Al oeste, al sur del lago Czorsztyn, se encuentra el Pienino Spiskie, con Niedzica. Esta última cadena montañosa presenta cumbres más bajas y menos espectaculares, aunque tiene la particularidad de albergar una interesante mezcla de culturas polaca y eslovaca.

Szczawnica

7350 HAB.
En un entorno pintoresco a orillas del río Grajcarek, Szczawnica se ha convertido en

un popular centro estival e importante balneario, gracias a sus manantiales de aguas medicinales. También es el punto de desembarque de los descensos en balsa por la garganta del Dunajec.

La localidad se extiende por los 4 km de la calle principal, ul Główna. Está dividida en dos barrios: Szczawnica Niżna (Szczawnica Baja), al oeste, y al este Szczawnica Wyżna (Szczawnica Alta), que tiene la estación de autobuses aproximadamente en medio. Casi todas las instalaciones turísticas y balnearias se hallan en el barrio alto, donde también se encuentran la mayor parte de las bonitas y antiguas casas de madera.

◉ Puntos de interés y actividades

Szczawnica es un buen punto de partida para practicar senderismo por los Pieninos y los Altos Beskides. Tres rutas salen de la localidad, y un par más da comienzo en Jaworki, 8 km al sureste.

También es un destino excelente para la práctica del ciclismo, con varias rutas de montaña bastante exigentes y otra apta para familias, que rodea la garganta del Dunajec durante casi toda su extensión. Esta última pista ciclista empieza en la base del telesilla de Palenica y sigue 15 km por el río Dunajec hasta la localidad eslovaca de Červený Kláštor. Hay varios lugares repartidos por el pueblo que alquilan equipo, entre ellos Pod Kolejką (☏18 262 2724; ul Główna 7; 4/20 PLN 1 h/1 día; ◷9.00-19.00 may-sep), a los pies del telesilla.

'Spa' Szczawnica MANANTIALES MINERALES
(Uzdrowisko Szczawnica; ☏18 540 0438; www.uzdrowiskoszczawnica.pl; ul Zdrojowa 28/Plac Dietla; cata de aguas 1,30 PLN; ◷7.30-18.00 lu-sa, 9.00-17.00 do) Caminando 300 m cuesta arriba desde el centro, por ul Zdrojowa, se llega a este bonito balneario donde se puede probar el agua de seis manantiales diferentes. La preferida de los lugareños es la "Helena", que según dicen tiene propiedades curativas. En la pared hay un listado en inglés que especifica los achaques que al parecer curan estas aguas.

Telesilla de Palenica TELESILLA
(Kolej Krzesełkowa Palenica; www.pkl.pl; ul Główna 7; adultos/reducida ida y vuelta 17/14 PLN, solo ida 12/9 PLN; ◷9.00-20.00) El telesilla más próximo al centro sube hasta el monte más cercano, el Palenica (719 m), en unos minutos. En in-

vierno, es un lugar popular para el descenso en *snowboard*. En verano, es un estupendo punto de partida para diversas excursiones.

🛏 Dónde dormir

Casi todos los mejores alojamientos se emplazan en la parte superior del pueblo, a la que se llega siguiendo ul Zdrojowa cuesta arriba durante 200-300 m. También se alquilan habitaciones en casas particulares; hay que buscar los carteles por ul Główna y sus bocacalles. Lo habitual es pagar entre 50 y 60 PLN por persona en una habitación con baño.

Hotel Batory   HOTEL €€
(☎18 262 0207; www.batory-hotel.pl; Park Górny 13; h 240 PLN; P🅿🛜) Agradable hotel muy bien gestionado, con habitaciones pulcras y una serena ubicación en un parque por encima de Szczawnica. Desde fuera parece el típico alojamiento de montaña; las habitaciones son tirando a sencillas pero presentan un mobiliario de categoría. Las tarifas han aumentado en los últimos años, pero aun así siguen ofreciendo una buena relación calidad-precio. Para llegar es preciso seguir ul Zdrojowa 300 m cuesta arriba.

Solar Spa Centrum   HOTEL €€
(☎18 262 0810; www.solarspa.pl; ul Zdrojowa 4; i/d temporada alta incl. entrada al parque acuático 230/440 PLN; P@🛜🏊) Enorme complejo hotelero y balneario con 103 habitaciones impecables, amuebladas con sencillez, repartidas en cuatro edificios separados. Ofrece una inacabable lista de tratamientos; sin embargo, lo mejor de todo es el **parque acuático** (Park Wodny; adultos/reducida 18/15 PLN; ☉10.00-21.00), que cuenta con piscinas cubiertas y toboganes y también admite clientes ocasionales.

🍴 Dónde comer y beber

⭐**Café Helenka**   INTERNACIONAL €€
(☎18 540 0402; www.cafe-helenka.pl; Plac Dietla 1; principales 20-25 PLN; ☉10.30-22.00 lu-ju, hasta 22.30 vi, 10.00-22.30 sa, 10.00-22.00 do; 🖊) He aquí una grata sorpresa: un fastuoso café que ofrece una ecléctica carta que comprende curiosas propuestas como crema de calabaza, quiches y platos de inspiración local, tales como queso de oveja a la plancha con mermelada de arándanos. Las bebidas a base de café también son excelentes. Se encuentra junto a la principal sala de *spa*, 200 m en pendiente desde el centro, por ul Zdrojowa.

Eglander Caffe   CAFÉ
(☎664 564 201; ul Zdrojowa 2; café 8 PLN; ☉9.00-20.00) Diminuto café al final de ul Zdrojowa, muy a tener en cuenta a la hora de merendar o si apetece un café para llevar.

ℹ Información

Bank Spółdzielczy (ul Główna 1; ☉8.00-18.00 lu-vi, 7.30-13.00 sa) Junto al perfectamente indicado centro de información turística de los monte Pieninos, en el corazón del pueblo, tiene cajero automático.

Centro de información turística de los montes Pieninos (Pienińskie Centrum Turystyki; ☎18 262 2332; www.pieninskiecentrumturystyki.pl; ul Główna 1; ☉8.00-17.00 lu-sa) Muy útil, la oficina local de la PTTK organiza varias excursiones, incluida una salida de *rafting* por el Dunajec a las 10.00 y 13.30, y vende una selección aceptable de mapas de senderismo. Está en pleno centro, en el cruce de ul Główna con ul Zdrojowa.

Szewczyk Travel (☎600 202 636; www.szewczyktravel.pl; ul Zdrojowa 2a; ☉8.00-20.00 lu-sa, hasta 19.00 do) Sita en el centro, esta oficina de turismo de facto organiza excursiones, incluidas una salida de un día para cruzar la frontera con Eslovaquia y descensos diarios de *rafting* por el Dunajec.

ℹ Cómo llegar y salir

Un servicio regular de autobuses comunica con Nowy Sącz (8 PLN, 2 h) vía Stary Sącz (7 PLN, 1½ h), y hasta ocho autobuses rápidos cubren a diario el trayecto a Cracovia (18 PLN, 2½ h). También hay salidas frecuentes a Krościenko (2,50 PLN, 15 min).

Para la garganta del Dunajec, hay que tomar un autobús (hasta 4 diarios en temporada alta) a Sromowce Wyżne-Kąty (8 PLN, 30-40 min). El conductor parará en el lugar adecuado. También hay microbuses privados que parten en cuando se llenan.

Garganta del Dunajec

Esta garganta (Przełom Dunajca) es un tramo espectacular del río Dunajec que comienza en el lago Czorsztyn (Jezioro Czorsztyńskie) hacia el oeste y serpentea durante 8 km entre escarpaduras que alcanzan 300 m de altura. El río es estrecho y llega a pasar por un embudo de tan solo 12 m, con tramos tranquilos y profundos que se alternan sin cesar con otros de rápidos. Recorrer este tramo es una excursión de recreo, no un descenso de aguas bravas.

LA BELLEZA ABANDONADA DE CZORSZTYN

El pueblo de Czorsztyn, en el extremo opuesto del lago desde Niedzica, posee un evocador **castillo en ruinas** (⌨18 262 5602; ul Zamkowa; adultos/reducida 5/2,50 PLN; ⊙9.00-18.00 diario may-sep, 10.00-15.00 ma-do oct-abr), de la segunda mitad del s. XIII. Se construyó como respuesta a la fortaleza húngara de la orilla contraria, en Niedzica. Se verá una torre de guardia del s. XV, los patios y los restos de una vieja cocina. Lo mejor de todo son las excelentes vistas que se tienen del lago, el valle del Dunajec y hasta los lejanos Tatras. También incluye una pequeña exposición sobre la región de los Pieninos.

El pueblo está junto a la carretera Krośnica-Sromowce Wyżne-Kąty, y se puede llegar con los mismos autobuses que se toman para ir a navegar por el Dunajec desde Sromowce Wyżne-Kąty. También se puede cruzar el lago desde Niedzica en 1 h.

La garganta ha sido una atracción turística desde mediados del s. XIX, como excursión de un día en balsas primitivas para los huéspedes del balneario de Szczawnica. Ahora, cada año son miles los que recorren este tramo del Dunajec, sin contar con los que van por libre. Las balsas son en realidad cinco estrechas canoas de 6 m de largo unidas con cuerda. Llevan entre 10 y 12 pasajeros y las gobiernan dos balseros vestidos con el traje bordado típico y armados de una larga pértiga.

La excursión en balsa empieza en el pueblecito de Sromowce Wyżne-Kąty, en el **muelle de balsas** (Przystań Flisacka; ⌨18 262 9721; www.flisacy.com.pl; ul Kąty 14, Sromowce Wyżne; ⊙8.30-17.00 may-ago, 9.00-16.00 abr y sep, hasta 15.00 oct, cerrado nov-mar). Se recorren 18 km y se desembarca en Szczawnica. El trayecto dura 2¼ h aprox., dependiendo del nivel del río. Algunas embarcaciones prosiguen río abajo hasta alcanzar Krościenko (23 km, 2¾ h), aunque no hay mucho que ver en ese tramo.

La travesía hasta Szczawnica sale por 49/25 PLN por adultos/reducida, y 59/30 PLN hasta Krościenko. Los billetes de ida y vuelta en autobús cuestan 9/7 PLN más.

Las principales agencias de viajes de Cracovia, Zakopane y Nowy Targ ofrecen paquetes de *rafting* que incluyen el transporte, equipo y guías. Los precios varían, pero si se sale de Zakopane hay ofertas desde 90 PLN, y desde Cracovia, por unos 270 PLN. El circuito organizado por Szewczyk Travel, sita en Szczawnica, ronda los 65 PLN, con el transporte incluido.

❶ Cómo llegar y salir

Varios autobuses comunican a diario Sromowce Wyżne-Kąty con Nowy Targ (10 PLN, 45 min) y, en temporada, cuatro cubren la ruta a Szczawnica (7 PLN, 30 min). Otra manera de llegar a Sromowce Wyżne-Kąty es en una excursión a pie desde Krościenko o Szczawnica.

Con vehículo propio, hay que dejarlo en Sromowce Wyżne-Kąty y regresar a por él al acabar la excursión en Szczawnica; o conducir hasta Szczawnica y dejar el coche allí para tenerlo a mano nada más desembarcar. Ambas localidades cuentan con aparcamientos y la empresa de las balsas facilita un servicio de autobús entre ellas.

Niedzica

3000 HAB.

Enclavado 5 km al noroeste de Sromowce Wyżne-Kąty, Niedzica (señalizada como "Niedzica Zamek") es un pueblo conocido por su castillo, encaramado en una escarpada colina junto al extremo sureste del lago Czorsztyn, que se erigió a principios del s. XIV para proteger la frontera norte de Hungría. Permaneció en manos húngaras hasta finalizar la II Guerra Mundial. Aunque fue restaurado parcialmente en la década de 1920 y de nuevo 50 años más tarde, conserva esencialmente el aspecto renacentista que tenía en el s. XVII.

◉ Puntos de interés y actividades

Museo del Castillo de Niedzica MUSEO (Muzeum Zamkowy w Niedzicy; ⌨18 262 9480; www.shs.pl; ul Zamkowa 1; adultos/reducida 12/9 PLN; ⊙9.00-18.30 diario may-sep, 9.00-16.00 ma-do oct-abr) El castillo alberga un museo que repasa su historia y la de la región. Aunque no hay tanto para ver –algunos trajes de época, mobiliario y decoración, trofeos de caza, una capilla de finales del s. XIV y colecciones de arqueología e historia de la región de Spisz–, sí que ofrece unas vistas estupendas del lago y la zona circundante.

Granero
MUSEO

(Spichlerz; ☑18 262 9480; www.shs.pl; ul Zamkowa 1; entrada 4 PLN; ☺9.00-18.30 diarios may-sep) En un antiguo granero de madera a 150 m del castillo se puede ver una sección etnográfica, separada del museo, que se centra en el arte popular de Spisz. También se puede continuar a pie hasta la cercana cochera (Powozownia).

'Harnaś'
CIRCUITO EN BARCO

(☑18 275 0121; www.turystyka.wolski.pl; Niedzica; adultos/reducida 14/12 PLN) El barco de recreo *Harnaś* surca a diario las aguas del lago Czorsztyn en julio y agosto, y los fines de semana en mayo y junio. Los barcos zarpan del muelle aledaño al Harnaś Café, a los pies del castillo, hacia el noroeste, entre las 9.00 y las 18.00 para una travesía de 50 min. El paso en ferri al pueblo de Czorsztyn, al otro lado del lago, cuesta 6/5 PLN por adultos/reducida, por trayecto.

🛏 Dónde dormir y comer

Zespół Zamkowy
HOTEL €€

(☑18 262 9489; www.shs.pl; ul Zamkowa 1; i/d/tr 200/250/400 PLN, Celnica h 200 PLN; 🅿🛜) Parte del castillo de Niedzica se ha reconvertido en un hotel con 39 camas repartidas en 13 habitaciones, algunas de las cuales ocupan dependencias históricas completadas con muebles de época. También hay un par de estancias más econó-micas, con baño compartido, en una casa de madera conocida como Celnica, situada a unos 200 m del castillo. Resérvese por teléfono o en línea.

Hotel Lokis
HOTEL €€

(☑18 262 8540; www.lokis.com.pl; ul Cisowa 4; d/tr/apt 260/320/500 PLN; 🅿🛜) Situado en un lugar magnífico con vistas al lago, a 500 m del castillo, en la carretera hacia Nowy Targ, es un hotel moderno y uno de los lugares más atractivos donde alojarse en la región de Spisz. Tiene 23 habitaciones y sauna, así como un gran balcón con vistas al lago. Alquilan bicicletas a huéspedes por unos 25 PLN al día.

Karczma Hajduk
POLACA €€

(☑18 262 9507; www.karczmahajduk.pl; Zamkowa 1; principales 15-25 PLN; ☺9.00-22.00) Taberna junto al castillo con una zona de asientos al fresco donde saborear platos polacos sencillos. Su nombre evoca la conexión del castillo con Hungría (los haiducos eran mercenarios magiares que lucharon contra los Habsburgo en los *ss*. XVII y XVIII).

ℹ Cómo llegar y salir

Hay varios autobuses que cubren a diario el trayecto de Nowy Targ (6 PLN, 30-40 min) al pueblo de Niedzica; algunos, pero no todos, efectúan parada en el castillo de Niedzica. Todos los días circulan varios microbuses entre el castillo y Szczawnica (8 PLN, 25 min).

Silesia

9,5 MILLONES HAB.

Los mejores restaurantes

➡ Steinhaus (p. 256)
➡ Bernard (p. 255)
➡ Madame (p. 280)
➡ Tatiana (p. 285)
➡ Frykówka (p. 289)

Los mejores alojamientos

➡ Hotel Piast (p. 254)
➡ Villa Navigator (p. 279)
➡ Hotel Fado (p. 262)
➡ Hotel Fenix Strauss (p. 267)
➡ Hotel Diament (p. 285)

Por qué ir

Silesia, o Śląsk en polaco, ocupa el suroeste de Polonia y reúne un variopinto elenco de atractivas ciudades, núcleos industriales y parajes montañosos.

Wrocław es una joya de interés histórico más que recomendable aunque otras localidades más pequeñas como Nysa y Jelenia Góra despliegan una atractiva oferta de puntos de interés y actividades. Los montes Sudetes son una maravilla natural que se extiende a lo largo de la frontera checa; las montañas acogen idílicos pueblos de veraneo, muy populares entre excursionistas, ciclistas y aficionados a los balnearios.

Su magnífica arquitectura abarca desde fuertes medievales hasta catedrales barrocas. Silesia alberga, además, el campo de exterminio de Auschwitz-Birkenau, ahora monumento conmemorativo, y hay muchas oportunidades para relajarse y para zambullirse en la historia de este otrora turbulento rincón de Europa.

Cuándo ir
Wrocław

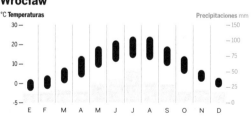

Abr La vitalidad de primavera hace buenas migas con el festival Jazz en el Óder, en Wrocław.

Jun-ago El verano es la estación ideal para disfrutar del senderismo en los Sudetes.

Sep En otoño se homenajea al vino polaco en la Fiesta del Vino de Zielona Góra.

Imprescindible

1 Pasmarse ante el gigantesco 'Panorama de Racławice' de Wrocław (p. 251).

2 Escrutar la macabra capilla de las Calaveras (p. 274) cerca de Kudowa-Zdrój.

3 Contemplar el infinito en la iglesia de la Paz de Świdnica (p. 262).

4 Caminar entre los montes Szrenica y Śnieżka, en el Parque Nacional de Karkonosze (p. 268).

5 Aprender de la historia en el Museo y Monumento Conmemorativo de Auschwitz-Birkenau (p. 289), el campo de exterminio de Oświęcim.

6 Visitar el impresionante castillo de Książ (p. 263), cerca de Świdnica.

7 Explorar la maciza fortaleza de Kłodzko (p. 272).

8 Disfrutar de la serenidad de la localidad balnearia de Cieplice Śląskie-Zdrój (p. 269), a las afueras de Jelenia Góra.

9 Descubrir minúsculas estatuas en el casco antiguo de Wrocław (p. 249).

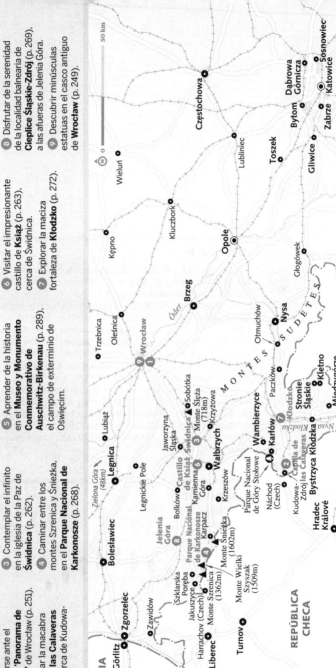

WROCŁAW

635 000 HAB.

Esta ciudad es como una pequeña Cracovia, con todos sus encantos culturales y su oferta de ocio. Sin embargo, la capital de Baja Silesia cuenta, además, con una personalidad propia que engancha. Tiene un carisma arquitectónico y cultural únicos, con influencias bohemias, austriacas y prusianas, constatables en su magnífica plaza del mercado (Rynek). Con 12 islas, 130 puentes y parques ribereños, posee una ubicación idílica a orillas del río Óder, y la isla de la Catedral, en perfecto estado de conservación, deleitará a los amantes de la arquitectura gótica.

Pero Wrocław no es tan solo una cara bonita, también es la cuarta ciudad más grande del país, el principal centro industrial, comercial y educativo de la región y un ajetreado foco cultural, con numerosos teatros, varios festivales importantes, una animada vida nocturna y una nutrida comunidad estudiantil. Casi toda la actividad del suroeste polaco empieza, termina o transcurre en esta dinámica urbe.

Historia

Wrocław fue fundada en la isla de la Catedral (Ostrów Tumski). El primer soberano polaco del que existe constancia, el duque Mieszko I, anexionó la ciudad al Estado polaco junto con gran parte de Silesia. En las postrimerías del primer milenio, Wrocław debía de ser un asentamiento de dimensiones considerables, pues fue elegida para acoger una de las tres diócesis de los Piast de Polonia, junto con Cracovia y Kołobrzeg.

A lo largo del período de división de los ss. XII y XIII, Wrocław fue capital de uno de los principados de los Piast de Silesia y, al igual que gran parte de los asentamientos polacos del sur, fue arrasada por los tártaros. Más tarde, el centro de la ciudad se trasladó a la margen izquierda del río.

Wrocław siguió creciendo bajo el dominio de Bohemia (1335-1526) y alcanzó su máxima prosperidad en el s. XV, aunque sin perder nunca los vínculos comerciales y culturales con la Corona polaca. A principios del s. XVI se construyeron nuevas fortificaciones, como lo atestiguan los vestigios del Fosa Miejska (foso de la ciudad).

Los Habsburgo, que gobernaron la localidad durante los dos siglos siguientes, fueron menos tolerantes con las comunidades polaca y checa. La situación para los ciudadanos eslavos empeoró tras 1741, cuando Wrocław cayó en manos de Prusia. En los dos siglos posteriores, la urbe sufrió una profunda germanización, y fue rebautizada como Breslau.

Al ser uno de los puestos de avanzada orientales más importantes del Tercer Reich, Breslau asumió un papel defensivo clave en las postrimerías de la II Guerra Mundial hasta convertirse en un complejo fortificado: el "fuerte Breslau". Sitiada por el Ejército Rojo en febrero de 1945, los alemanes defendieron su último bastión hasta mayo y ejecutaron a todo aquel que se negó a luchar. Durante la batalla, el 75 % de la ciudad resultó arrasado.

Se calcula que de los 600 000 habitantes que vivían en Wrocław antes de la guerra, el 30 % falleció, sobre todo en los combates y en la caótica evacuación que los precedió. Los escasos alemanes que sobrevivieron fueron expulsados a Alemania, y la ciudad fue repoblada con polacos de las regiones orientales del país, principalmente de Lviv (Lwów, en polaco), que había sido cedida a la Unión Soviética.

La costosa reconstrucción de Wrocław se prolongó hasta bien entrada la década de 1980, momento en el que superó por primera vez el número de habitantes que tenía antes de la II Guerra Mundial.

Tras la caída del comunismo, la ciudad ha logrado atraer nuevas inversiones, entre las que cabe destacar la presencia de LG Electronics en la vecina Kobierzyce. Wrocław se ha consolidado asimismo como centro turístico y financiero, y la UE la ha declarado Capital Europea de la Cultura del 2016.

⊙ Puntos de interés

◎ Casco antiguo

El extenso casco antiguo de Wrocław incluye tantos edificios que se necesitarían semanas para conocerlo a fondo. Es ese tipo de barrios en los que se recomienda primero visitar la plaza mayor y después las calles adyacentes.

★ **Antiguo ayuntamiento**   EDIFICIO HISTÓRICO
(Stary Ratusz; Rynek) Se tardaron casi dos siglos en completar este edificio señorial (1327-1504) y la construcción y ornamentación de la torre de 66 m se prolongaron todavía durante una centuria más.

La fachada oriental refleja tres momentos diferentes de su evolución. El segmento de la derecha, el más antiguo, tiene una austera decoración gótica, mientras que las delicadas

Wrocław

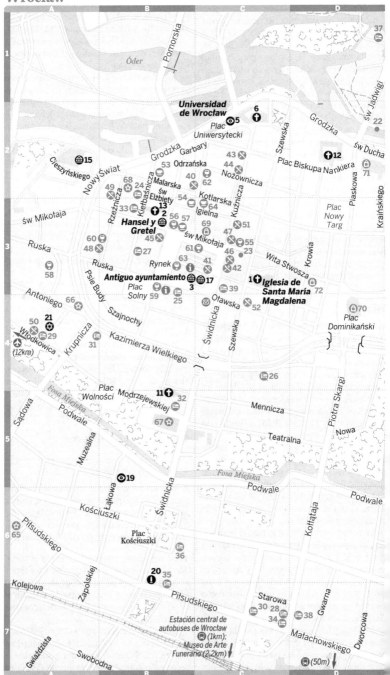

Óder

Pomorska

Universidad de Wrocław

Plac Uniwersytecki

Grodzka

Garbary

Odrzańska

Malarska

św Elżbiety

Nowy Świat

św Mikołaja

Ruska

Ruska

Psie Budy

Antoniego

Szajnochy

Włodkowica (12km)

Krupnicza

Kazimierza Wielkiego

Plac Wolności

Modrzejewskiej

Podwale

Muzealna

Sądowa

Fosa Miejska

Świdnicka

Łąkowa

Kościuszki

Piłsudskiego

Plac Kościuszki

Kolejowa

Zapolskiej

Gwiaździsta

Swobodna

Nozownicza

Kotlarska

Igielna

św Mikołaja

Rynek

Plac Solny

Oławska

Świdnicka

Szewska

Fosa Miejska

Podwale

Teatralna

Mennicza

Piotra Skargi

Nowa

Kołłątaja

Podwale

Piłsudskiego

Starowa

Gwarna

Małachowskiego

Dworcowa

Szewska

Grodzka

św Jadwigi

św Ducha

Plac Biskupa Nankiera

Piaskowa

Plac Nowy Targ

Kraińskiego

Wita Stwosza

Krowia

Plac Dominikański

Hansel y Gretel

Antiguo ayuntamiento

Iglesia de Santa María Magdalena

Kiełbaśnicza

Rzeźnicza

Kuźnicza

Estación central de autobuses de Wrocław (1km);
Museo de Arte Funerario (2.2km)

(50m)

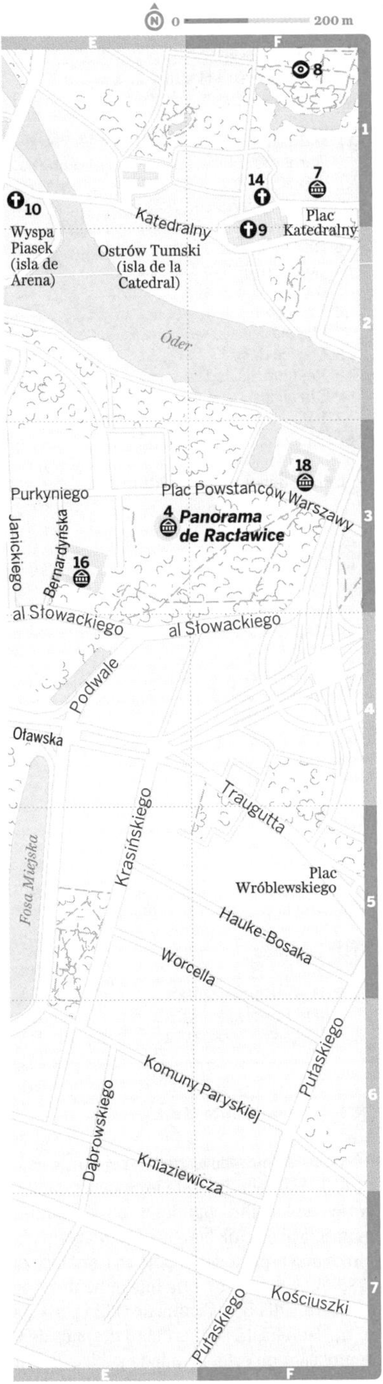

tallas del lado de la izquierda muestran influencias renacentistas tempranas. La sección central del s. XVI está coronada por un ornamentado tejado triangular con pináculos.

El reloj astronómico de madera de alerce, que muestra la hora y las fases lunares, es de 1580.

La fachada sur, de principios del s. XVI, es la más elaborada. Muestra tres salientes, un par de ventanas ornamentadas y varias tallas de piedra.

La elevación occidental es la más austera, si se exceptúa el portal de estilo barroco temprano (1615) que conduce al **Museo de Arte Burgués** (Muzeum Sztuki Mieszczańskiej; www.muzeum.miejskie.wroclaw.pl; Stary Ratusz, Rynek; exposición permanente gratis, exposiciones temporales adultos/reducida 10/7 PLN; 10.00-17.00 mi-sa, hasta 18.00 do) GRATIS. Su interior gótico es tan majestuoso como el exterior, en especial el Gran salón (Sala Wielka) de la 1ª planta, con adornos tallados de la segunda mitad del s. XV. La estancia contigua es la sala de los Príncipes (Sala Książęca), construida originalmente como capilla a mediados del s. XIV. Otras salas acogen varias exposiciones, incluida la del Tesoro de Wrocław (Wrocławski Skarb), con piezas de oro y plata de los ss. XVI-XIX.

★Hansel y Gretel EDIFICIOS HISTÓRICOS

(Jaś i Małgosia; ul Odrzańska 39/40) En la esquina noroccidental de la Rynek destacan dos casas entrañables llamadas Jaś i Małgosia (Hansel y Gretel). Están unidas por un arco barroco de 1728, que en su día conducía al cementerio de la iglesia (la inscripción en latín reza “La muerte es la puerta a la vida”).

Enanos de Wrocław ESTATUA

(Wrocławskie Krasnale; www.krasnale.pl) Quizá se consiga distinguir la diminuta estatua de un enano descansando en el suelo, justo al oeste de las casas de Hansel y Gretel, junto a la plaza principal. A pocos metros se pueden ver enanos bomberos corriendo a apagar un fuego. Estas figuras forman parte de una serie de más de 300, diseminadas por toda la ciudad. Aunque enigmáticos, también aluden al símbolo de la Alternativa Naranja (p. 253), grupo disidente de la era comunista que empleaba el ridículo como arma.

A veces se les identifica con los gnomos, pues el personaje folclórico polaco en el que se basan (el *krasnoludek*, o duende) parece un cruce entre enano y gnomo. La oficina de

Wrocław

turismo vende "planos de enanos" (6 PLN) para ir en su busca.

Iglesia de Santa Isabel
IGLESIA

(Kościół Św Elżbiety; www.kosciolgarnizon.wroclaw. pl; ul Św Elżbiety 1; torre 5 PLN; ⊙10.00-19.00) Este monumental templo gótico de ladrillo posee una torre de 83 m de altura. Tras subir los más de 300 peldaños de su estrecha escalera, el viajero gozará de una soberbia vista de Wrocław.

★ Iglesia de Santa María Magdalena
IGLESIA

(ul Łaciarska; torre adultos/reducida 4/3 PLN; ⊙torre 10.00-18.00 abr-oct) Este imponente edificio gótico de ladrillo rojo del s. XIV se alza una manzana al este de la Rynek. Su mayor reclamo es una réplica de un pórtico románico de 1280 en el muro sur, que inicialmente adornaba la abadía benedictina de Ołbin pero que se trasladó hasta aquí en 1546 después de la demolición de esta. Se puede subir a lo alto de su torre de 72 m y cruzar la llamada "pasarela de la Penitencia".

◎ Barrio universitario

★ Universidad de Wroclaw
UNIVERSIDAD

(Uniwersytet Wrocławski; www.uni.wroc.pl; Plac Uniwersytecki 1) Al edificio principal, construido entre 1728 y 1742, se accede por la regia puerta azul y dorada de estilo rococó del extremo oeste. Se sitúa en el barrio que ocupa la sección más al norte del casco antiguo, entre la ribera del río y ul Uniwersytecka.

➡ *Iglesia del Santo Nombre de Jesús*

(Kościół Najświętszego Imienia Jezus; Plac Uniwersytecki) El templo barroco-rococó de la universidad, quizá el más bello de la ciudad, fue edificado en la década de 1690 sobre los restos del castillo de los Piast. Su espectacular interior está repleto de ornamentados accesorios y adornado con bellos y mágicos frescos de la vida de Jesús.

➡ *Aula Leopoldina*

(Plac Uniwersytecki; adultos/reducida 12/8 PLN; ◎10.00-15.30 ju-ma) Está en la primera planta del edificio principal. Decorada con elaborados estucos, esculturas, pinturas y un fresco en trampantojo en el techo, es la sala barroca más bonita de la ciudad. Con la entrada también se puede ver el oratorio mariano, más modesto y en la planta baja, y la Torre Matemática, coronada con una esfera y decorada con figuras alegóricas.

➡ *Iglesia de San Vicente y San Jaime*

(Kościół Św Wincentego i Św Jakuba; Plac Biskupa Nankiera 15a) Este templo gótico fue en sus inicios una basílica románica fundada a principios del s. XIII. Es el mayor de la ciudad, hoy utilizado por los fieles del Uniat (católicos del rito oriental).

◎ Este del casco antiguo

★ 'Panorama de Racławice'
PINTURA

(Panorama Racławicka; www.panoramaraclawicka. pl; ul Purkyniego 11; adultos/reducida 25/18 PLN; ◎9.00-17.00 may-sep, hasta 16.00 ma-do oct-abr) La joya más preciada de Wrocław es esta monumental pintura de la batalla por la independencia nacional, acaecida en Racławice el 4 de abril de 1794 entre el Ejército polaco, liderado por Tadeusz Kościuszko, y las tropas rusas comandadas por el general Alexander Tormasov. Los polacos vencieron, pero no sirvió de nada: meses más tarde la insurrección nacional fue aplastada por las tropas del zar.

El lienzo mide 15 por 114 m, y tapiza las paredes interiores de un edificio circular.

Se visita en un circuito guiado, que sale cada 30 min. El viajero puede moverse por el balcón e inspeccionar cada escena de una en una, mientras una audioguía aporta los comentarios. La pequeña rotonda situada detrás de la taquilla muestra maquetas del campo de batalla y los uniformes de los ejércitos implicados.

La pintura se materializó un siglo después, tras ser encargada por un grupo de patriotas de Lviv (entonces ciudad polaca de Lwów). Además de los dos artistas principales, Jan Styka y Wojciech Kossak, otros siete pintores colaboraron en la obra realizando las escenas del fondo y los detalles. El monumental lienzo, en el que se emplearon 750 kg de pintura, estuvo listo en poco más de nueve meses.

Después de la guerra, el cuadro se envió a Wrocław, pero como representaba una derrota de Rusia, el principal aliado y liberador de Polonia, las autoridades comunistas se mostraron reacias a exponerlo. El pabellón construido especialmente para su exhibición en 1967 estuvo vacío hasta 1985, cuando se volvió a colgar tras más de cuatro décadas en el olvido.

Museo Nacional
MUSEO

(Muzeum Narodowe; www.mnwr.art.pl; Plac Powstańców Warszawy 5; adultos/reducida 15/ 10 PLN; ◎10.00-17.00 ma-do) Situado 200 m al este del *Panorama de Racławice,* atesora excelentes obras de arte. En la planta baja se exponen esculturas de piedra medievales; cabe destacar el tímpano románico del portal de la iglesia de Santa María Magdalena, que representa la Asunción de la Virgen, y un sarcófago del s. XIV de la iglesia de San Vicente y San Jaime. También pueden verse colecciones de cuadros, cerámica, objetos de plata y mobiliario de Silesia de los ss. XVI al XIX.

En la 2ª planta, el protagonista es el arte polaco, sobre todo la pintura, desde el s. XVII hasta la actualidad. Están representados los principales pintores del país, incluidos Jacek Malczewski, Stanisław Wyspiański, Witkacy (Stanisław Ignacy Witkiewicz) y Jan Matejko, y predominan los retratos y las escenas bélicas. Entre los artistas modernos, destacan Władysław Hasior, Eugeniusz Stankiewicz-Get y Tadeusz Makowski, especialmente por sus visiones sarcásticas de la guerra y la religión.

Museo de Arquitectura   MUSEO

(Muzeum Architektury; www.ma.wroc.pl; ul Bernardyńska 5; adultos/reducida 15/8 PLN; ⊙11.00-17.00) Una antigua iglesia y monasterio bernardos del s. XVI acogen en la actualidad esta colección que incluye esculturas de piedra y vitrales de varios edificios destacados de la región. La pieza más antigua, el tímpano románico, en la planta baja, data de 1165. También se exponen una lápida judía del s. XII, una maqueta de Wrocław (1740) a escala 1:500 y un bonito claustro ajardinado.

◎ Isla de la Catedral

Conectada a tierra firme en el s. XIX, la isla de la Catedral (Ostrów Tumski) representa la cuna de Wrocław, donde los ślężanie, la tribu de eslavos occidentales que dio nombre a la región, construyeron una fortaleza en el s. VII u VIII. Tras la anexión de la ciudad al Estado polaco y la creación de una diócesis en el año 1000, se construyó en esta isla la primera iglesia de Wrocław. Con el tiempo surgieron otras parroquias, monasterios y edificios religiosos, lo que confirió al barrio un aire marcadamente clerical.

Catedral de San Juan Bautista   IGLESIA

(Archikatedra Św Jana Chrzciciela; www.katedra. archidiecezja.wroc.pl; Plac Katedralny 18; torre adultos/reducida 5/4 PLN; ⊙torre 10.00-16.30 lu-sa, 14.00-16.00 do) Esta basílica gótica de tres naves construida entre 1244 y 1590 es la pieza central de la isla. Tras sufrir graves daños durante la II Guerra Mundial, se reconstruyó siguiendo su estructura original y añadiendo gárgolas de dragones. El altar mayor muestra un tríptico de oro y plata de 1522 atribuido a la escuela de Veit Stoss, y el pórtico oeste es una auténtica joya medieval. Para ascender los 91 m de la torre hay un ascensor.

**Iglesia de Nuestra Señora
sobre la Arena**   IGLESIA

(Kościół Najświętszej marii Panny na Piasku; ul Św Jadwigi) Este majestuoso edificio del s. XIV destaca en la diminuta isla de Arena (Wyspa Piasek). Casi todo el interior sucumbió a la II Guerra Mundial, y la media docena de trípticos antiguos que se ven hoy proceden de otras iglesias de la región. El precioso tímpano románico de la nave sur es el único vestigio del templo original del s. XII. En la primera capilla, a la derecha, hay un *szopka* (belén) mecanizado; cuando lo active uno de los vigilantes, se recomienda hacer un pequeño donativo.

Iglesia de San Gil   IGLESIA

(Kościół Św Idziego; Plac Św Idziego) Contrastando con la majestuosidad de la catedral está la pequeña iglesia de San Gil. Edificada entre 1218 y 1230, es la más antigua que se conserva en Wrocław, con el portal románico original.

Museo Archidiocesano   MUSEO

(Muzeum Archidiecezjalne; www.muzeum.archidiecezja.wroc.pl; Plac Katedralny 16; adultos/reducida 4/3 PLN; ⊙9.00-15.00 ma-sa) Este museo exhibe una gran colección de arte sacro y está a escasos metros de la iglesia de San Gil.

Jardín Botánico   JARDINES

(Ogród Botaniczny; www.ogrodbotaniczny.wroclaw. pl; ul Sienkiewicza 23; adultos/reducida 15/5 PLN; ⊙8.00-18.00 abr-oct) La isla de la Catedral acoge el jardín botánico, un llamativo tramo de vegetación con casas de palmeras y una grata alternativa si el viajero se cansa de ver ladrillos y mortero, sagrados o no.

◎ Oeste y sur del casco antiguo

Museo Militar   MUSEO

(Muzeum Militariów; www.muzeum.miejskie.wroclaw. pl; ul Cieszyńskiego 9; ⊙10.00-17.00 ma-do) GRATIS Más allá del anillo vial que rodea el casco antiguo, este arsenal de ladrillo alberga una colección de objetos militares. Con dos torres y un enorme patio, es el vestigio más significativo de las fortificaciones del s. XV de la ciudad. También alberga el **Museo Arqueológico**, con el mismo horario y también de acceso gratuito.

Sinagoga de la Cigüeña Blanca   SINAGOGA

(Synagoga Pod Białym Bocianem; ul Włodkowica 7) Construida en 1829 y hoy restaurada, es un recordatorio de que en esta ciudad residieron más de 20 000 judíos.

**Monumento conmemorativo
de la Nueva Sinagoga**   MONUMENTO

(Pomnik Nowej Synagogi; ul Łąkowa) Señala el emplazamiento de la Nueva Sinagoga, erigida en 1872 y la segunda del país hasta que fue incendiada la Noche de los Cristales Rotos (9 noviembre de 1938).

Museo de Arte Funerario   CEMENTERIO

(Muzeum Sztuki Cmentarnej; www.mmw.pl; ul Ślężna 37/39; adultos/reducida 7/5 PLN; ⊙10.00-18.00) Este museo incluye el antiguo cementerio judío, de 1856, 1,5 km al sur de las estaciones de trenes y autobuses. Se puede llegar en el tranvía nº 9 o 15.

**Iglesia de San Estanislao,
San Wenceslao y Santa Dorotea** IGLESIA
(Kościół Franciszkanów Św Stanisława, Wacława i Doroty; Plac Franciszkanski) Fundado en 1351, este colosal edificio gótico al sur del casco antiguo recuerda el encuentro entre el rey polaco Casimiro III el Grande y su homólogo bohemio, Carlos IV, en el que acordaron ceder Silesia a Bohemia. Destaca el gran sepulcro rococó al principio de la nave sur.

'Pasaje' ESCULTURA
(Przejście; uls Świdnicka esq. Piłsudskiego) Fascinante escultura que representa a un grupo de siete peatones de bronce devorados por la acera, que emergen al otro lado de la calle. Obra de Jerzy Kalina, fue inaugurada en el 2005 para conmemorar el 24º aniversario de la declaración de la Ley Marcial. Está unos 500 m al oeste de la estación de trenes.

☞ Circuitos

Wrocław Sightseeing Tours CIRCUITO
(✆698 900 123; www.wroclawsightseeingtours.com; ul Wita Stwosza 3; ☉10.00-17.00 lu-sa) Opera circuitos guiados a pie (85 PLN) y en autobús (160 PLN) por la ciudad, así como excursiones de un día por Baja Silesia (290 PLN) y los Sudetes (310 PLN).

'Gucio' CRUCEROS
(www.statekpasazerski.pl; Bulwar Piotra Włostowica; ☉10.00-18.00 mar-nov) En los meses más cálidos este barco ofrece cruceros de 50 min (15 PLN) por el Óder que salen cada hora del extremo sur de la isla de Arena. Las travesías de 1 h (25 PLN) zarpan a las 20.00 y 21.00 los viernes, sábados y domingos.

✭✭ Fiestas y celebraciones

Musica Polonica Nova MÚSICA
(www.musicapolonicanova.pl; ☉abr) Festival de música contemporánea celebrado a principios de abril.

Jazz en el Óder JAZZ
(Jazz nad Odrą; www.jazznadodra.pl; ☉abr) Uno de los más importantes festivales de *jazz* del país.

Noches en el Arsenal MÚSICA
(www.wieczorywarsenale.pl; ☉jun-jul) Música de cámara en el edificio del Arsenal.

Wratislavia Cantans MÚSICA
(www.wratislaviacantans.pl; ☉sep) Principal festival internacional de música clásica.

Maratón de Wrocław DEPORTES
(www.wroclawmaraton.pl; ☉sep) Evento deportivo que tiene lugar en septiembre.

SILESIA FIESTAS Y CELEBRACIONES

LOS ENANOS SE REBELAN

¿Cómo se enfrentan los civiles desarmados a un régimen totalitario? Para Waldemar Fydrych, licenciado en Historia del Arte en la Universidad de Wrocław y apodado "el comandante", la respuesta fue obvia: ridiculizándolo.

A principios de la década de 1980, Fydrych fundó Alternativa Naranja (Pomarańczowa Alternatywa), un grupo que se propuso poner cómicas trabas al Gobierno comunista de Polonia, poco dado al humor. En un principio pintó imágenes de enanos en zonas donde las autoridades ya habían tapado grafitis antigubernamentales, llamando claramente la atención sobre los sentimientos críticos que se habían exhibido allí.

En la segunda mitad de la década, Alternativa apostó más fuerte y organizó acciones para incomodar al Régimen y alentar un pensamiento independentista. Repartieron artículos que escaseaban, como p. ej. papel higiénico y productos de higiene femenina; se vistieron totalmente de rojo durante el aniversario de la Revolución comunista de Rusia; y se manifestaron para pedir la liberación de Santa Claus. El punto culminante fue una manifestación en 1988 para apoyar a los gnomos, durante la cual miles de asistentes recorrieron las calles vestidos con sombreros naranjas.

Hoy en día los comunistas ya no están y las **estatuas de los gnomos** (p. 249) se han apoderado de las calles para, al parecer, rendir homenaje al símbolo de la Alternativa Naranja. El "comandante" Fydrych ha seguido haciendo campañas para el cambio utilizando como arma el humor; además, para continuar con las acciones de Alternativa, se ha presentado dos veces como candidato a la alcaldía de Varsovia con el eslogan "más alegre y competente". Aunque no ganó las elecciones, en el 2012 Fydrych recibió su doctorado de la Academia de Bellas Artes de la capital.

Para saber más acerca de la historia y actividades actuales de Alternativa Naranja, consúltese www.pomaranczowa-alternatywa.org.

🛏 Dónde dormir

⭐ Hotel Piast
HOTEL €

(📞71 343 0033; www.piastwroclaw.pl; ul Piłsudskiego 98; i/d desde 130/140 PLN; 🛜) Conocido como *Kronprinz* (príncipe heredero) en la época alemana, este antiguo albergue es desde hace poco un pulcro hotel de dos estrellas. Sus reformadas habitaciones son limpias y luminosas, ofrecen una magnífica relación calidad-precio y están cerca de la estación de trenes. Cuenta con restaurante propio y el desayuno cuesta 20 PLN.

Hostel Mleczarnia
ALBERGUE €

(📞787 7570; www.mleczarniahostel.pl; ul Włodkowica 5; dc desde 40 PLN, h 220 PLN; 🛜) Desde una calle tranquila cerca de la Rynek, este albergue emana encanto, y ha sido decorado siguiendo un estilo deliberadamente tradicional en un viejo edificio residencial. Hay un dormitorio solo para mujeres junto a una cocina, y lavadora gratuita. El excelente cafébar aguarda en la parte de abajo.

The One
ALBERGUE €

(📞71 337 2402; www.onehostel.pl; Rynek 30; dc 44-75 PLN, h 140-170 PLN; 🛜) Encaramado en la esquina sureste de la plaza principal, es el albergue mejor situado de Wrocław. Sus dormitorios colectivos son modernos y luminosos, y tiene además camas-cápsula al estilo japonés.

Hostel Babel
ALBERGUE €

(📞71 342 0250; www.babelhostel.pl; ul Kołłątaja 16/3; dc desde 45 PLN, h 140 PLN; 🛜) Una vieja y gastada escalera sube hasta este agradable y económico albergue situado a solo 100 m de la estación de trenes. Los dormitorios ocupan habitaciones reformadas con lámparas y techos ornamentales. Los cuartos de baño están inmaculados y los huéspedes pueden usar la cocina. Dispone de reproductor de DVD.

Cinnamon Hostel
ALBERGUE €

(📞71 344 5858; www.facebook.com/cinnamonhostel.wroclaw; ul Kazimierza Wielkiego 67; dc 29-55 PLN, h 130 PLN; 🛜) En una carretera de circunvalación y muy cerca de la peatonal ul Świdnicka, este animado albergue, lleno de encanto, tiene habitaciones (de entre 2 y 12 camas) con nombres de especias y hierbas, además de cocina, lavandería y una cómoda sala común.

MDK Kopernik Hostel
ALBERGUE €

(📞71 343 8857; www.mdk.wroclaw.pl; ul Kołłątaja 20; dc 39-42 PLN, d 96 PLN; 🛜) A solo 100 m de la estación de trenes, es un albergue básico y tradicional en un regio edificio color mostaza. Algunos dormitorios colectivos son enormes, con las camas muy juntas. Hay cocina y espacio para bicicletas, y los precios bajan a partir de la primera noche.

Hotel Patio
HOTEL €€

(📞71 375 0417; www.hotelpatio.pl; ul Kiełbaśnicza 24; i/d desde 300/340 PLN; 🅿❄🛜) Alojamientos a un paso de la Rynek en dos edificios comunicados por un patio cubierto pero soleado. Las habitaciones están limpias y son luminosas; a veces resultan pequeñas pero sus techos son bastante altos. Sirven un desayuno generoso.

Dwór Polski
HOTEL €€

(📞71 372 3415; www.dworpolski.wroclaw.pl; ul Kiełbaśnicza 2; i/d 280/360 PLN; 🅿🛜) Se trata de una casa restaurada del s. XVI, con idiosincrásicas habitaciones, algunos enseres originales de madera oscura y un popular restaurante (se entra por Rynek 5). Su patio interior es un plus.

Art Hotel
HOTEL €€

(📞71 787 7400; www.arthotel.pl; ul Kiełbaśnicza 20; h 310-500 PLN; 🅿❄🛜) Elegante candidato para darse un lujo en un edificio de apartamentos reformado, con decoración sobria pero con gusto, accesorios de calidad y relucientes baños. Hay un restaurante polacofrancés de primera y un gimnasio; cuenta, además, con un centro de masaje. El desayuno sale algo caro (50 PLN/persona).

AS Apartments
APARTAMENTOS €€

(📞79 341 8759; www.asapart.com; Rynek 18/4; apt desde 200 PLN; 🛜) Empresa que ofrece apartamentos en el casco antiguo, muchos de ellos con vistas a la Rynek. Las instalaciones y los accesorios pueden ser anticuados (sofás-cama y duchas de mano), pero el emplazamiento resulta inmejorable para su precio. Casi todos los apartamentos tienen cocina y lavadora, y también wifi gratuito.

Hotel Tumski
HOTEL €€

(📞71 322 6099; www.hotel-tumski.com.pl; Wyspa Słodowa 10; i/d desde 240/345 PLN; 🛜) Situado en un islote del Óder, unos 300 m al norte del río por ul Św Jadwigi, este inmejorable hotel goza de un entorno ribereño, apartado del ruido de la calle. Cuenta con un buen restaurante rústico que sirve cocina polaca e internacional.

Hotel Europeum HOTEL €€
(☎71 371 4500; www.europeum.pl; ul Kazimierza
Wielkiego 27a; i/d desde 305/360 PLN; P✴🛜)
Enfocado a viajeros de negocios, ofrece habitaciones con clase en una aceptable ubicación próxima a la Rynek. Los precios caen en
picado los fines de semana, y los descuentos
suelen alcanzar el 20%.

Hotel Europejski HOTEL €€
(☎71 772 1000; www.silfor.pl; ul Piłsudskiego 88; i/d
desde 200/250 PLN; P✴🛜) Elegante hotel de
negocios con habitaciones limpias y agradables, a solo 200 m al oeste de la estación de
trenes. Tiene restaurante propio y un amplio
café con mucha luz natural.

Hotel Savoy HOTEL €€
(☎71 344 3071; www.savoy-wroclaw.pl; Plac Kościuszki 19; i 135 PLN; d 159-185 PLN; 🛜) Modesto hotel, de lo mejor entre los alojamientos
económicos. Las macetas con plantas, un
mobiliario bastante aceptable y los pequeños balcones alegran las mejores habitaciones. Queda 700 m al sur de la Rynek por ul
Świdnicka. El desayuno cuesta 14 PLN.

Hotel Polonia HOTEL €€
(☎71 343 1021; www.poloniawroclaw.pl; ul Piłsudskiego 66; i 105-180 PLN, d 130-200 PLN; 🛜)
Este gran hotel queda 400 m al oeste de la
estación de trenes; ofrece ocasionales promociones especiales con una más que excelente
relación calidad-precio. Las tarifas dependen
de factores como el tamaño de las habitaciones y la decoración.

Hotel Monopol HOTEL €€€
(☎71 772 3777; www.monopolwroclaw.hotel.com.pl;
ul Modrzejewskiej 2; i/d 600/650 PLN; ✴🛜🏊) En
sus días de gloria alojó a figuras eminentes
como Pablo Picasso y Marlene Dietrich (y a
otras más indeseables, como Adolf Hitler).
Está delante de la Ópera, 350 m al sur de
la Rynek, en una bocacalle de ul Świdnicka.
Tiene restaurantes, bares, un café, un *spa* y
boutiques, y no faltan ocasiones para darse
un capricho, aunque es fácil quedarse pronto
sin efectivo.

🍴 Dónde comer

La plaza del mercado y sus céntricos edificios están repletos de restaurantes, pero se
recomienda apartarse callejeando en busca
de establecimientos menos turísticos y más
tranquilos.

Para comprar alimentos se puede ir al **supermercado Eko** (ul Kuźnicza 48; ⏱6.30-22.00

PARA DORMIR DE UN TIRÓN

La Rynek de Wrocław es un bullicioso
centro social de la ciudad: puede resultar tremendamente ruidosa por la noche hasta tarde, sobre todo si la afición
futbolera celebra aquí la última victoria
de su equipo. Si se alquila algún apartamento o habitación de hotel cerca de
la Rynek, se recomienda escoger uno
que no dé a la calle para poder dormir a
pierna suelta.

lu-sa, 9.00-20.00 do), al mercado Hala Targowa (p. 258), o al centro comercial Galeria
Dominikańska (p. 258).

Bar Wegetariański Vega VEGETARIANA €
(Rynek 1/2; principales 6-8 PLN; ⏱8.00-19.00 lu-ju,
9.00-21.00 vi y sa, 9.00-19.00 do; 🌱) Económico
restaurante de autoservicio en dos plantas
en el centro de la Rynek, que sirve cocina
vegetariana y *vegana* en un luminoso local
de color verde. Ofrece una buena selección
de sopas y creps. Los platos del menú cuestan
entre 10 y 22 PLN.

STP RESTAURANTE AUTOSERVICIO €
(ul Kuźnicza 10; platos 2,59 PLN/100 g; ⏱10.00-
21.00) El nombre completo, Szybko, Tanio,
Pysznie, lo dice todo: "Rápido, Económico
y Delicioso". Esta cafetería sirve comida al
peso muy rica. Basta con hacerse con un
plato, llenarlo y pasar por caja. Destacan sus
naleśniki (creps), *pierogi,* platos de pasta, y
saludables opciones como salmón con arroz
al curri y verduras.

Bernard CHECA, INTERNACIONAL €€
(Rynek 35; principales 29-83 PLN; ⏱10.30-23.00;
🛜) Animado bar-restaurante de dos niveles,
inspirado en la cerveza checa del mismo
nombre y cuya carta ofrece platos de ese país
como conejo y codillo de cerdo. Sirven comida casera de calidad, como hamburguesas,
bistecs y pescado, así como una gran variedad
de cervezas. El elegante interior es propicio
para una tranquila velada o salida en grupo.
El desayuno se sirve de 10.30 a 12.00.

Masala INDIA €€
(ul Kuźnica 3; principales 30-62 PLN; ⏱11.00-23.00;
🌱) Junto a la Rynek, destaca por su diseño
interior actual; el papel pintado plateado
contrasta con los llamativos salvamanteles.
Ofrece cocina del subcontinente indio bastan-

te auténtica, con alguna que otra concesión al paladar polaco.

Darea
JAPONESA, COREANA €€

(ul Kuźnicza 43/45; principales 26-50 PLN; ⊘12.00-23.00) Su carta, con el tiempo, se ha hecho más japonesa, pero aún conserva platos coreanos genuinos, tales como *bibimbab* y *bulgogi*. Ofrece un entorno evocador y buena comida asiática.

Karczma Lwowska
POLACA €€

(Rynek 4; principales 30-70 PLN; ⊘12.00-24.00) Sabrosos clásicos polacos en un rústico espacio rural; la cerveza servida en grandes jarras de cerámica es muy recomendable. Varios platos proceden del antiguo este de Polonia (hoy Ucrania occidental).

Szpilka
INTERNACIONAL €€

(ul Szewska 8; principales 18-65 PLN; ⊘9.00-20.00 lu-vi, 11.00-20.00 sa y do) Restaurante acogedor e informal que combina el gusto del propietario por la cocina con una moderna decoración. La amplia y diversa carta incluye pasta, *pizzas,* bistecs y ensaladas, así como platos más exóticos como pollo *tandoori.* El desayuno se sirve hasta las 11.30.

Amalfi
ITALIANA €€

(ul Więzienna 21; principales 16-86 PLN; ⊘12.00-24.00) Al norte de la Rynek, esta pizzería con cocina de leña y una agradable y alargada terraza es la mejor opción para degustar aceptables platos italianos en una calle con una amplia oferta mediterránea.

Mexico Bar
MEXICANA €€

(ul Rzeźnicza 34; principales 15-45 PLN; ⊘12.00-23.00) Restaurante compacto, con luz cálida, sombreros y máscaras retroiluminadas en las paredes, que sirve especialidades clásicas mexicanas. Hay un pequeño bar para tomar algo mientras se espera mesa.

La Scala
ITALIANA €€

(Rynek 38; principales 19-60 PLN; ⊘10.00-24.00) Ofrece genuina comida italiana, aunque algo cara; la *trattoria* de la planta baja, más asequible, sirve buenas *pizzas* y pasta en un pintoresco interior con mesas de madera y manteles a cuadros.

★ Steinhaus
POLACA €€€

(☎512 931 071; ul Włodkowica 11; principales 40-70 PLN; ⊘11.00-23.00; 🕿) Cocina tradicional polaca y judía en un elegante aunque sencillo entorno; el ganso en salsa de arándanos es inigualable, pero la pechuga de pato a la

parrilla no le va a la zaga. Es un lugar merecidamente popular, y los fines de semana se impone reservar.

Restauracja Jadka
POLACA €€€

(☎71 343 6461; ul Rzeźnicza 24/25; principales 54-89 PLN; ⊘13.00-23.00) Prestigioso restaurante de alta cocina, con impecables y modernas interpretaciones de clásicos polacos y un exquisito servicio (velas, cristal, manteles de hilo) en un sugerente entorno gótico. Se aconseja reservar.

Akropolis
GRIEGA €€€

(Rynek 16/17; principales 20-75 PLN; ⊘12.00-23.00) Ofrece excelente comida griega con vistas a la plaza del mercado; constituye una excepción a la máxima que dice que los restaurantes en lugares muy turísticos no hay ni que mirarlos. El cordero al horno con salsa de limón es excelente.

🍷 Dónde beber y vida nocturna

Hay dos zonas que invitan a pasar una gran noche: la Rynek y Pasaż Niepolda, junto a ul Ruska, al oeste del casco antiguo y con algo más de variedad.

★ Vinyl Cafe
CAFÉ, BAR

(ul Kotlarska 35/36; ⊘10.00-madrugada; 🕿) De ambiente muy *retro,* este moderno café-bar es un revoltijo de muebles disparejos, viejas fotos enmarcadas y un sinfín de discos de vinilo. Es un sitio perfecto para tomar una copa, de día y de noche.

Mleczarnia
CAFÉ, BAR

(ul Włodkowica 5; ⊘8.00-4.00; 🕿) Oculto en el que fuera principal barrio judío de la ciudad, este pintoresco local está lleno de viejas mesas de madera descascarillada con tapetes de encaje y candelabros. Sirven buen café y comidas ligeras, desayuno incluido. Por la noche se abre la bodega para darle un punto melancólico a todo el asunto. En verano montan un bonito jardín trasero.

PRL
BAR, DISCOTECA

(Rynek-Ratusz 10; ⊘12.00-madrugada La dictadura del proletariado continúa vigente en este laberinto de salas decorado con un busto de Lenin, carteles propagandísticos y otros elementos que recuerdan la "amenaza roja". La pista de baile está en el sótano, bajo las miradas atentas de Stalin y Mao.

Papa Bar BAR
(ul Rzeźnicza 32/33; ⏰12.00-madrugada lu-vi, 16.00-madrugada sa y do; 📶) Este espacioso bar se halla algo por encima del resto, con decoración de diseño, una gran barra rectangular y excelentes cócteles. Se aconseja probar el Wrocław Sling, mezcla de vodka y zumos cítricos. Hay también carta de tentempiés.

Pub Więzienna PUB
(ul Więzienna 6; ⏰11.00-madrugada) En una cárcel medieval, y bajo un patio bien oculto, este pintoresco bar con muebles de madera sirve cervezas polaca y checa, y vino de todo el mundo.

Cafe Artzat CAFÉ
(ul Malarska 30; 📶) Al norte de la emblemática iglesia de Santa Isabel, este discreto establecimiento es uno de los mejores de la ciudad para recargar las pilas ante un café o un té (o una cerveza) y un buen libro.

Frankie's BAR DE ZUMOS
(ul Wita Stwosza 57; ⏰7.00-23.00; 📶) Bar de zumos de temática actual con una deliciosa oferta de saludables brebajes con imaginativos nombres –desde Copenhague a Cura de vida –, así como una selección de ensaladas y sándwiches.

Spiż FÁBRICA DE CERVEZA
(Rynek-Ratusz 2; ⏰10.00-madrugada) Es un popular bar-restaurante y fábrica artesanal de cerveza que se aloja en un sótano debajo del ayuntamiento. Su animado personal corretea entre las cubas de cobre para servir a la voraz clientela.

Literatka CAFÉ, BAR
(Rynek 56/57; ⏰10.00-madrugada) Tal como su nombre indica, este café junto a la biblioteca gustará a los amantes de los libros. El interior es una acogedora combinación de paneles de madera, una desteñida moqueta y libros antiguos.

Czekoladziarnia CAFÉ
(ul Więzienna 30; ⏰10.00-22.00) Pequeño café de esquina que elabora su propio chocolate, sólido o líquido.

Bezsenność DISCOTECA
(ul Ruska 51; ⏰19.00-madrugada) Con su repertorio alternativo/rock/dance y su decoración manoseada, el "Insomnio" atrae a una clientela de altos vuelos y es una de las discotecas más populares de la ciudad. Está en el Pasaż Niepolda, que concentra un grupo de bares, discotecas y restaurantes, junto a ul Ruska.

Jazzda BAR, DISCOTECA
(Rynek 60; ⏰17.00-madrugada lu-vi, 12.00-madrugada sa y do) Para todo el que ande buscando una velada a lo John Travolta, este céntrico bar y discoteca, con una pista iluminada multicolor y luces estroboscópicas, resulta ideal.

Novocaina BAR, CLUB
(Rynek 16; ⏰13.00-madrugada) Este café-restaurante de la Rynek ocupa un espacio neogótico con rincones íntimos; se suma a la fiesta hasta bien entrada la noche y atrae a una clientela muy pendiente de la moda.

Metropolis DISCOTECA
(ul Ruska 51; ⏰20.00-3.00) Inmensa discoteca con dos pistas de baile en tres niveles. La música abarca desde *dance* y *techno* a éxitos de las últimas décadas.

⭐ Ocio

Wrocław es un importante centro cultural con una animada vida nocturna que no decae en todo el año. La publicación mensual *Aktivist* (www.aktivist.pl/wroclaw) tiene carteleras de todo lo que pasa en la ciudad; en la oficina de turismo se consigue la publicación en inglés *The Visitor* (www.thevisitor.pl). Para un resumen más detallado de los bares, discotecas y locales por el estilo, consúltense el *Wrocław in Your Pocket* (www.inyourpocket.com/poland/wroclaw) o la página web de Wrocław Life (www.local-life.com/wroclaw).

Kino Nowe Horyzonty CINE
(www.kinonh.pl; ul Kazimierza Wielkiego 19a) Cine de arte y ensayo que proyecta cintas de todo el mundo, algunas en inglés.

Filharmonia MÚSICA CLÁSICA
(📞entradas 71 792 1000; www.filharmonia.wroclaw.pl; ul Piłsudskiego 19) Situada unos 800 m al suroeste de la Rynek, programa música clásica.

Ópera ÓPERA, BALLET
(Opera Wrocławska; 📞71 344 5779; www.opera.wroclaw.pl; ul Świdnicka 35; ⏰taquillas 12.00-19.00 lu-sa, 11.00-17.00 do) Este venerable edificio es el escenario tradicional para producciones de ópera y *ballet*.

Wrocławski Teatr Współczesny TEATRO
(Teatro Contemporáneo de Wrocław; 📞71 358 8922; www.wteatrw.pl; ul Rzeźnicza 12; ⏰taquilla 12.00-19.00 lu-vi) Cerca del centro, pone en escena

obras de modernos dramaturgos polacos e internacionales.

De compras

Księgarnia Podróżnika LIBROS
(ul Wita Stwosza 19/20; ☺10.00-18.00 lu-vi, hasta 15.00 sa) Especialista en viajes que vende mapas y guías.

Empik LIBROS
(Rynek 50; ☺9.00-21.00 lu-sa, 11.00-21.00 do) Situado en la Rynek, tiene una gran oferta de libros y mapas.

Hala Targowa COMIDA, REGALOS
(ul Pisarska 17; ☺8.00-19.00 lu-vi, 9.00-15.00 sa) Animado mercado de alimentación, recuerdos y bagatelas.

Galeria Dominikańska CENTRO COMERCIAL
(www.galeria-dominikanska.pl; Plac Dominikański 3; ☺9.30-21.00 lu-sa, 10.00-20.00 do) Centro comercial con supermercado y cientos de tiendas donde hay de todo.

ℹ Información

Intermax (ul Psie Budy 10/11; 4 PLN/h; ☺9.00-23.00) Ofrece acceso a internet. Se entra por ul Kazimierza Wielkiego.
Oficina de correos (Rynek 28; ☺24 h)
PTTK (☎71 343 0344; www.pttk.wroclaw.pl; Rynek-Ratusz 11/12, 1º; ☺8.00-17.00 lu-vi) Agencia que ofrece circuitos de aventura por la campiña.
Oficina de turismo (☎71 344 3111; www.wroclaw-info.pl; Rynek 14; ☺10.00-20.00) Facilita consejo y asistencia al visitante. Hay una sucursal (☎71 344 3111; www.wroclaw-info.pl; Rynek-Ratusz 24; ☺10.00-20.00) en el cercano complejo junto al ayuntamiento.

ℹ Cómo llegar y salir

AVIÓN

El aeropuerto de Wrocław (☎71 358 1381; www.airport.wroclaw.pl; ul Graniczna 190) está en Strachowice, 13 km al oeste del centro. LOT ofrece vuelos directos a Varsovia (6 diarios) y conexiones internacionales con algunas capitales europeas.

La compañía aérea polaca **LOT** (☎71 342 5151; ul Piłsudskiego 36; ☺9.00-17.00 lu-vi) tiene una oficina cerca de la estación de trenes.

AUTOBÚS

La **estación de autobuses** (Dworzec Centralny PKS; ul Sucha 1/11) está 1,3 km al sur de la Rynek, detrás de la estación de trenes. Durante la visita de los autores de esta guía, la vieja terminal de autobuses había sido demolida para su reconstrucción como parte de un complejo comercial previsto para el 2017. Entretanto, se ha instalado una estación temporal algo más al este, en ul Sucha.

Al menos cada hora salen autobuses regionales hacia Trzebnica (7 PLN, 40 min), Sobótka (7 PLN, 55 min) y Świdnica (15 PLN, 1½ h). También los hay a Kudowa-Zdrój (28 PLN, 2¾ h, 8 diarios), Nysa (18 PLN, 1½ h, 4 diarios) y Zielona Góra (40 PLN, 3½ h, 10 diarios).

Para destinos más lejanos, el tren suele ser una alternativa más práctica, aunque la empresa privada Polski Bus (www.polskibus.com) ofrece servicios útiles. Las tarifas varían según el día; para obtener las mejores ofertas, lo ideal es reservar en línea con antelación.

DESTINO	DURACIÓN (H)	FRECUENCIA
Berlín	4½	2 diarios
Gdańsk	7	4 diarios
Katowice	2½	8 diarios
Cracovia	3	cada hora
Łódź	3¼	cada hora
Poznań	3¾	4 diarios
Praga	5	4 diarios
Rzeszów	5¾	7 diarios
Szczecin	7½	3 diarios
Varsovia	5	cada hora

Hay otros autobuses internacionales que salen de Wrocław a destinos como Berlín (desde 140 PLN, 5 h, diario).

TREN

Los trenes salen de ese imponente castillo de imitación que es la **estación Wrocław Główny** (ul Piłsudskiego 105), 1,2 km al sur de la Rynek. Construida en 1857 por el Reino de Prusia y reformada a conciencia hace poco, merece visitarse aunque solo sea por admirar su arquitectura; se aconseja fijarse en la extravagante decoración de los techos de las cadenas de restaurantes del vestíbulo de billetes. Los trenes a Katowice (30 PLN, 3 h, 11 diarios) suelen atravesar Opole (26 PLN, 55 min) y casi todos llegan a Cracovia (40 PLN, 3½ h, 8 diarios). Hay siete servicios diarios a Varsovia, sobre todo rápidos Express Intercity (150 PLN, 3¾ h).

Wrocław también dispone de conexiones regulares a muchos otros destinos del país.

DESTINO	TARIFA (PLN)	DURACIÓN (H)	FRECUENCIA
Gniezno	50	3½	6 diarios
Jelenia Góra	24	2¾	cada hora
Kłodzko	20	2	10 diarios
Łódź	35	4	6 diarios
Poznań	34	2¾	cada hora mínimo
Wałbrzych	20	1½	cada hora
Zielona Góra	26	3	8 diarios

❶ Cómo desplazarse

A/DESDE EL AEROPUERTO

Para ir al aeropuerto se puede tomar el autobús nº 406 desde la estación de trenes (3,20 PLN, 30 min, cada 20-40 min) o el nocturno nº 249, poco frecuente. Un taxi al aeropuerto cuesta unos 50 PLN.

AUTOMÓVIL Y MOTOCICLETA

Micar (☑71 325 1949; www.micar.pl; ul Zmigrodzka 75a; ⏱8.00-18.00 lu-vi, hasta 14.00 sa) alquila vehículos con kilometraje ilimitado desde 70 PLN diarios.

TRANSPORTE PÚBLICO

La ciudad cuenta con una eficaz red de tranvías y autobuses que cubren tanto el centro como el área metropolitana. Los trayectos por el centro cuestan 3 PLN; los viajes más largos, autobuses rápidos y nocturnos (con números a partir del 200) cuestan 3,20 PLN.

TAXI

Algunas de las empresas más conocidas son **Domino Taxi** (☑71 19625), **Radio Taxi** (☑71 19622) y **Super Taxi** (☑71 19663),

ALREDEDORES DE WROCŁAW

Trzebnica

13 000 HAB.

Esta localidad, situada 25 km al norte de Wrocław, es conocida por su antigua abadía cisterciense, un complejo fascinante que puede visitarse en una excursión de medio día.

Los autobuses a/desde Wrocław (7 PLN, 40 min) salen al menos cada hora.

◉ Puntos de interés

Iglesia de la abadía IGLESIA
(Kościół Św Jadwigi; ul Jana Pawła II 3) Es supuestamente uno de los primeros edificios de ladrillo de Polonia. Aunque reconstruida en el s. XVIII, conserva gran parte de su estructura románica y dos pórticos originales. El situado junto a la entrada principal, en parte oculto tras la torre barroca (década de 1780), posee una belleza especial; en el tímpano (década de 1220), se puede distinguir al rey David en su trono tocando el arpa para la reina Betsabé.

En el interior destaca la capilla de Santa Eduvigis (Kaplica Św Jadwigi), a la derecha del presbiterio. Construida poco después de su canonización, la capilla ha conservado inalteradas sus elegantes bóvedas de crucería góticas. El elemento central es el sarcófago, también gótico, de la santa, una elaborada obra de mármol negro y alabastro creada en varias etapas entre 1680 y 1750. A la izquierda del sepulcro está la entrada a la cripta de tres naves, la parte más antigua de la iglesia.

El resto del templo está repleto de altares dorados y mármol; en la nave central se pueden admirar 18 escenas de la vida de Eduviges. El magnífico órgano negro resalta sobre las paredes blancas y los tonos pastel de la ornamentación.

Sobótka y monte Ślęża

7000 HAB.

Unos 34 km al suroeste de Wrocław, el solitario y frondoso monte Ślęża se eleva 718 m sobre la llanura circundante. Esta montaña fue en su día uno de los destinos sagrados de una antigua tribu pagana que estableció lugares de culto en la zona entre los ss. VI a.C. y XI d.C., hasta los cristianos suprimieron sus ritos. La cima estaba rodeada por una muralla de piedra –actualmente se conservan algunos tramos– que cercaba el santuario donde se realizaban los rituales. También tallaron misteriosas estatuas votivas en granito, algunas de las cuales se encuentran esparcidas por las laderas.

El macizo de Ślęża está rodeado por el **Parque Paisajístico de Ślężae** (Ślężański Park Krajobrazowy; www.dzpk.pl), de 156 km². En la cara norte y a los pies del monte Ślęża se halla el pueblecito de Sobótka, el punto de partida de la ruta roja que sube la montaña (unas 2 h de cuesta). Por el camino se pueden admirar otras dos estatuas, *Miś* (Oso) y *Ryba* (Pez), además de una gran torre de televisión y, en la cima, una iglesia del s. XIX.

Para descender más rápidamente se puede tomar la ruta amarilla (1¼ h), que es más escarpada pero lleva directamente al albergue de la PTTK, 800 m al oeste del punto donde arranca la ascensión. En el camino de vuelta al pueblo se pasará por otra estatua de piedra, llamada *Mnich* (Monje) que por fuera parece una urna.

A Sobótka se llega fácilmente en autobús desde Wrocław (7 PLN, 55 min, al menos cada hora) y Świdnica (6 PLN, 30 min, 6 diarios).

BAJA SILESIA

La provincia de Baja Silesia (Dolny Śląsk) es una zona de tierras bajas y fértiles que se extiende a lo largo del curso alto y medio del río Óder. Fue poblada relativamente pronto, de ahí su profusión de antiguos pueblos y aldeas. Los aficionados a la arquitectura disfrutarán con sus muchos castillos e iglesias, y los amantes del ocio dispondrán de una amplia oferta en las localidades más grandes.

Zielona Góra

119 000 HAB.

Esta bonita ciudad occidental, cuyo nombre significa "montaña verde", cumple al menos con la mitad de su nombre: no es muy montañosa pero sí verde gracias a los numerosos árboles que aportan sombra a sus calles peatonales.

Zielona Góra destaca como único productor de vino del país, una tradición que se remonta al s. XIV pese a su clima desfavorable y a que su producción resulte poco rentable. Aunque dicha producción sea solo simbólica, su relación con el vino se refleja en las atracciones de la ciudad.

Como casi todas las localidades de la región, fue fundada por los Piast de Silesia. Formó parte del ducado de Głogów, uno de los muchos principados de la región, antes de pasar a manos, en el s. XVI, de los Habsburgo y, dos siglos más tarde, de Prusia. Sin embargo, y a diferencia de otras localidades de Silesia, Zielona Góra no sufrió graves daños durante la II Guerra Mundial, por eso quedan tantos edificios anteriores a la guerra.

⦿ Puntos de interés

Museo Regional de Lubuski　MUSEO
(Muzeum Ziemi Lubuskiej; www.mzl.zgora.pl; al Niepodległości 15; adultos/reducida 6/3 PLN; ⏱11.00-17.00 mi-vi, 10.00-15.00 sa y do) Alberga una colección de arte religioso de Silesia de los ss. XIV al XVIII, una fascinante galería de relojes y una exposición permanente de piezas de Marian Kruczek (1927-1983). Kruczek utilizaba objetos cotidianos –desde botones a bujías– para crear sorprendentes composiciones y aquí se encuentra la mayor colección de su obra en Polonia. En el mismo edificio e incluidos en el precio de la entrada, se hallan el Museo del Vino, que ilustra la historia vitivinícola local, y el Museo de la Tortura.

Este sugestivo submuseo acoge la mayor exposición de la historia del derecho penal, el sistema penitenciario y los métodos de tortura empleados desde la Edad Media hasta el s. XVIII.

Casa de las Palmeras　JARDINES
(Palmiarnia; www.palmiarnia.zgora.pl; ul Wrocławska 12a; ⏱12.00-20.00 ma-do) GRATIS Situado en el atractivo Parque del Vino (Park Winny), este edificio es el insólito hábitat de diversas especies de palmeras, además de cactus, y peces en acuarios. Hay un café-restaurante integrado en el edificio, lo que permite al comensal disfrutar de la vegetación desde miradores altos y bajos.

Stary Rynek　PLAZA
(Old Market Square) Bordeada de casas de alegres colores, la remodelada plaza del antiguo mercado es un placentero y armonioso espacio rectangular que pone fin al largo tramo peatonal de al Niepodległości y ul Żeromskiego. El ayuntamiento del s. XVIII, con su esbelta torre de 54 m, constituye un edificio emblemático y señorial.

Museo Etnográfico　MUSEO
(Muzeum Etnograficzne; www.muzeumochla.pl; ul Muzealna 5, Ochla; adultos/reducida 8/6 PLN; ⏱10.00-17.00 ma-do) Este museo al aire libre está en Ochla, 7 km al sur de la ciudad; se puede llegar en el autobús nº 27. Se han reunido más de 60 edificios tradicionales –muchos residenciales– en una superficie de 13 Ha.

✷ Fiestas y celebraciones

Fiesta del Vino　VINO
(Winobranie; www.winobranie.zgora.pl; ⏱sep) La fiesta de la uva se celebra cada año a mediados de septiembre con conciertos, comilonas

y un desfile. La oficina de turismo informa sobre eventos específicos.

🛏 Dónde dormir

★ Hotel Śródmiejski   HOTEL €€
(☎68 415 2415; www.hotel-srodmiejski.pl; ul Żeromskiego 23; i 218 PLN, d 270-350 PLN; P🗐) Ofrece habitaciones agradables de diseño actual, y su ubicación es de lo más céntrica. Los fines de semana se hacen descuentos.

Hotelik Senator   HOTEL €€
(☎68 324 0436; www.senator.zgora.pl; ul Chopina 23a; i/d 180/220 PLN; P🗐) Hotel luminoso con un personal simpático y habitaciones sencillas pero cómodas, al que se entra por ul Jana Keplera. Está en un lugar cómodo para ir a las estaciones de trenes y autobuses o a la calle de los restaurantes, al Niepodległości. Además, en el recinto hay un restaurante.

B&B Pokoje Gościnne   HOTEL €€
(☎609 058 862; www.pokoje-hotelowe.zgora.pl; Plac Pocztowy 10; i/d 140/210 PLN; P🗐) Ofrece habitaciones céntricas, modernas y cómodas, muy cerca de la Stary Rynek, que salen muy bien de precio. Para estancias largas se puede negociar el precio.

Apartamenty Betti   HOTEL, APARTAMENTOS €€
(☎509 246 205; www.apartamentybetti.pl; ul Drzewna 1; i 140-160 PLN, d 180-200 PLN, apt 300-400 PLN; P🗐) Posee una atractiva selección de habitaciones, repartidas por edificios históricos comunicados y próximos a la plaza. Los tres apartamentos tienen cocina y más espacio que una habitación de hotel. El desayuno cuesta 20 PLN.

🍴 Dónde comer y beber

Pizzeria Gioconda   PIZZERÍA €
(ul Mariacka 5; principales 10-24 PLN; 🕐12.00-22.00) Local sencillo en una tranquila esquina de Stary Rynek, donde sirven *pizzas* correctas. Constituye la comida más rápida de la plaza bajo la inescrutable mirada de la *Mona Lisa*.

Winnica   POLACA €€
(Plac Poztowy 17; principales 15-40 PLN; 🕐9.00-23.00) En un elegante edificio con vistas a la compacta Plac Pocztowy, este atractivo restaurante ofrece mesas al aire libre entre macetas y parras. La carta cuenta con platos clásicos polacos y *pizzas;* también sirven desayunos.

Essenza   INTERNACIONAL €€
(al Niepodległości 11; principales 22-80 PLN; 🕐11.00-23.00) Aquí son creadores de sabrosa cocina de fusión, sobre todo platos con sabor mediterráneo y cierta influencia polaca. Desde la agradable terraza se puede ver a la gente pasar.

Haust   PUB, FÁBRICA DE CERVEZA
(Plac Pocztowy 9; 🕐12.00-23.00; 🗐) Animado *pub* y fábrica de cerveza artesanal cerca de Stary Rynek. Sirve múltiples variantes de su propia cerveza, desde *pilsner* a *porter,* incluidas variedades de temporada.

ℹ Información

Oficina de correos (ul Bohaterów Westerplatte 21; 🕐7.00-20.00 lu-vi, 9.00-15.00 sa)
Oficina de turismo (☎68 323 2222; www.cit.zielona-gora.pl; Stary Rynek 1; 🕐9.00-17.00 lu-vi, 10.00-14.00 sa; 🗐) Situada en el ayuntamiento, ofrece acceso inalámbrico a internet gratis.

ℹ Cómo llegar y salir

La **estación de autobuses** (www.pks.zgora.pl; ul Dworcowa 27) está 1 km al noreste del centro, y la **estación de trenes** (Plac Kolejarza), en ul Dworcowa, junto a la de autobuses. Los principales destinos en autobús son Poznań (35 PLN, 3h, 5 diarios), Wrocław (40 PLN, 3½ h, 10 diarios) y Jelenia Góra (35 PLN, 3½ h, 5 diarios).

Hay ocho trenes diarios a Wrocław (26 PLN, 3 h), tres a Jelenia Góra (30 PLN, 4 h), ocho a Poznań (24 PLN, 2 h), tres a Szczecin (32 PLN, 4 h) y tres a Varsovia (65 a 134 PLN, 4 a 5 h).

Świdnica

59 000 HAB.

Świdnica fue una de las localidades más ricas de Silesia en la Edad Media, escapó de la destrucción de la II Guerra Mundial y ha conservado algunos edificios antiguos, a destacar su emblemática iglesia de la Paz. Se trata de un lugar ideal para hacer un alto en el camino y como punto de partida para visitar el impresionante castillo del pueblo de Książ.

Świdnica se fundó en el s. XII y en 1290 se convirtió en la capital del ducado de Świdnica-Jawor. Este fue uno de los diversos principados de los Piast en Silesia y figuraba entre los más poderosos, gracias a sus dos talentosos gobernantes: Bolko I, el fundador, y su nieto Bolko II, quien amplió sus límites de manera considerable.

Como capital ducal fue un próspero centro comercial conocido por su cerveza, que llegó a servirse en las mesas de Cracovia, Praga y Buda. Antes del estallido de la Guerra de los Treinta Años (1454-1466) era una de las localidades más grandes de Polonia, con 6000 habitantes. Sin embargo, en 1648 su población disminuyó a 200 almas y Świdnica quedó, a partir de entonces, ensombrecida por su antigua rival, Wrocław.

◉ Puntos de interés

★ Iglesia de la Paz   IGLESIA
(Kościół Pokoju; www.kosciolpokoju.pl; Plac Pokoju 6; adultos/reducida 10/5 PLN; ⊙9.00-18.00 lu-sa, 11.30-18.00 do) Esta magnífica iglesia de madera se construyó entre 1656 y 1657 en solo 10 meses. No se trataba de batir ningún record: la Paz de Westfalia de 1648 permitió a los protestantes de Silesia edificar tres iglesias siempre que se tardara menos de un año en levantarlas, no tuvieran campanario y emplearan arcilla, arena y madera como únicos materiales. Las de Świdnica y Jawor siguen en pie; la de Głogów se incendió en 1758.

La iglesia está 400 m al noreste de la Rynek; se puede entrar por la puerta con arco que da a ul Kościelna. De planta de cruz, no tiene ni un solo clavo. El interior es un precioso y apacible lugar que merece unos minutos de contemplación; la estructura de madera parece ofrecer ese recogimiento que a menudo falta en las grandes iglesias de piedra. La decoración barroca, integrada por pinturas murales y techo artesonado, se ha conservado intacta. Con paredes con dos niveles de galerías y varios balcones, tiene capacidad para 3500 fieles sentados y 4000 de pie. Fue declarada Patrimonio Mundial por la Unesco en el 2001.

Rynek   PLAZA
(plaza del mercado) La plaza del mercado del casco antiguo presenta una mezcla de estilos arquitectónicos, desde barroco a estructuras de cemento de la posguerra, producto del efecto acumulativo de reedificaciones tras sucesivos incendios y daños causados por los asedios austriacos, prusianos y napoleónicos.

El ayuntamiento (Ratusz; www.wieza.swidnica.pl; Rynek 37; ⊙10.00-20.00 may-sep, hasta 18.00 oct-abr) GRATIS amarillo brillante, data de la década de 1710, aunque su torre blanca es del 2012. La original se vino abajo en 1967, e hicieron falta cuatro décadas para hallar la financiación y la voluntad para reconstruirla. Es posible subir sus 223 peldaños (o tomar el ascensor) y gozar de vistas gratuitas de la localidad.

El ayuntamiento acoge, además, el **Museo de los Antiguos Comerciantes** (Muzeum Dawnego Kupiectwa; www.muzeum-kupiectwa.pl; Rynek 37; adultos/reducida 5,50/3,50 PLN, vi gratis; ⊙10.00-15.00 ma-vi, 11.00-17.00 sa y do), con reconstrucciones de una antigua taberna, una farmacia y una tienda, así como una colección de balanzas de valor histórico.

Un toque de corneta suena desde la torre del ayuntamiento a las 10.00, 12.00, 14.00 y 16.00; sin embargo, a diferencia del *hejnał* en directo de Cracovia, este está grabado.

Iglesia de San Estanislao
y San Wenceslao   IGLESIA
(Kościół Św Stanisława i Wacława; Plac Jana Pawła II 1) Al este de la Rynek, este colosal edificio gótico de piedra luce una fachada adornada con cuatro elegantes puertas del s. xv y una ventana de 18 m de altura (el vitral no es original). La torre, finalizada en 1565, mide 103 m, lo que la convierte en la torre antigua más alta de Polonia tras la de la basílica de Częstochowa (106 m). Su espacioso interior tiene estructura gótica, además de detalles decorativos y mobiliario barrocos.

La iglesia original fue destruida por un incendio fortuito provocado en 1532 por el *burmistrz* (alcalde) Franz Glogisch. Aunque huyó rápidamente, los furiosos lugareños consiguieron atraparle y darle una paliza mortal en Nysa.

🛏 Dónde dormir

Dom Rekolekcyjny   HOTEL €
(☎74 853 5260; www.dom-rekolekcyjny.pl; ul Muzealna 1; i 70 PLN; d 90-150 PLN; P🛜) Situado una manzana al oeste de la Rynek (se entra por ul Zamkowa), este agradable hotel de la Iglesia pentecostal ofrece una excelente relación calidad-precio. No sirven desayunos, pero hay una cocina comunitaria.

Albergue Juvenil   ALBERGUE €
(Szkolne Schronisko Młodzieżowe; ☎74 852 2645; www.ssm.swidnica.pl; ul Kanonierska 3; dc 25 PLN, h 85-145 PLN; P🛜) Acogedor albergue situado 700 m al norte de la Rynek. Ofrece alojamiento básico y cómodo en dormitorios colectivos de tres a cinco camas, así como habitaciones privadas con baño.

★ Hotel Fado   HOTEL €€
(☎74 666 6370; www.hotelfado.eu; ul Konopnickiej 6; i/d 220/270 PLN; P✳🛜🏊) Este céntrico y

flamante hotel tiene habitaciones con detalles exquisitos y mucha luz natural. Cuenta con un bar-restaurante y delante hay una cervecería con terraza. Sus instalaciones incluyen piscina, sauna y centro de masajes. Es un lugar con clase para un par de noches.

Hotel Piast-Roman HOTEL €€
(☑74 852 1393; www.hotel-piast-roman.pl; ul Kotlarska 11; i/d 140/180 PLN; P🖥) Situado junto a la Rynek, no es tan distinguido como sugiere el restaurante de la planta baja; es un correcto tres estrellas. Las habitaciones están impecables y la ubicación resulta inmejorable. El desayuno consta de una selección de menús en lugar del típico bufé.

🍴 Dónde comer y beber

Pierogarnia Pod Filarami POLACA €
(ul Trybunalska 2; principales 9-28 PLN; ⊙10.00-18.00 lu-sa) Acogedor restaurante al este de la plaza, que sirve *pierogi* en múltiples y sabrosas combinaciones de sabores. También hay carta de desayuno.

Rynek 43 POLACA €€
(Rynek 43; principales 15-49 PLN; ⊙11.00-23.00) El interior de este restaurante, en el lado oeste del conjunto del ayuntamiento, es algo oscuro, pero ante su bello patio separado de la plaza por un pasaje en forma de arco no hay nada que objetar. El amable personal sirve variados y apetitosos platos polacos, incluidas especialidades regionales como estofado de jabalí.

Da Grasso PIZZERÍA €€
(ul Zamkowa 9; principales 10-35 PLN; ⊙11.00-23.00; 🖥) Quizá alguien piense "vale, otra pizzería" pero este colorido establecimiento, 200 m al oeste de la Rynek, se sitúa bastante por encima de los demás. La colorista decoración *retro* con bancos en rojo brillante, lo convierten en un sitio moderno donde reponer fuerzas.

Baroc CAFÉ
(Plac Pokoju 7; ⊙10.00-20.00) Ocupa la caseta de la entrada a la iglesia de la Paz (p. 262) y es un lugar tentador para tomar se tranquilamente una copa.

ℹ️ Información

Biblioteca (Biblioteka; ul Franciszkańska 18; ⊙10.00-18.00 lu-vi, hasta 14.00 sa) Ofrece acceso gratis a internet; es necesario subir las escaleras hasta llegar ala sala 202, en la 1ª planta.

Oficina de correos (Plac Grunwaldzki 1; ⊙7.00-19.00 lu-vi, 8.00-14.00 sa) Está delante de la estación de trenes.

Oficina de turismo (☑74 852 0290; www.um.swidnica.pl; ul Wewnętrzna 2; ⊙10.00-20.00 may-sep, hasta 18.00 oct-abr) Se encuentra en el lado norte del ayuntamiento.

ℹ️ Cómo llegar y salir

La **estación de trenes Świdnica Miasto** (ul Dworcowa) está a solo 5 min a pie al suroeste de la Rynek, y la **estación de autobuses** (www.pks.swidnica.pl; ul Kolejowa 1) se halla detrás.

Cada hora salen autobuses a Wrocław (15 PLN, 1½ h), y hay tres servicios diarios a Jelenia Góra (22 PLN, 1½ h). De la estación de autobuses salen también microbuses privados hacia Wrocław y Wałbrzych.

Hay un único tren diario a Kłodzko (17 PLN, 1½ h), a las 7.32. Para otras conexiones ferroviarias hay que desplazarse una estación hasta Jaworzyna Śląska, donde se enlaza con destinos como Wrocław y Jelenia Góra. Los cobradores de los trenes regionales venden billetes directos desde Świdnica hasta la parada deseada.

Książ

Situado en una atractiva zona boscosa, Książ posee un magnífico castillo y constituye una cómoda excursión de un día desde Świdnica.

◉ Puntos de interés

Castillo de Książ CASTILLO
(Zamek Książ; www.ksiaz.walbrzych.pl; ul Piastów Śląskich 1; adultos/reducida 30/20 PLN; ⊙10.00-17.00 abr-sep, hasta 15.00 oct-mar) Con 415 habitaciones y majestuosamente encaramado en una empinada colina entre frondosos bosques, es el mayor castillo de Silesia. Mandado construir a finales del s. XIII por el duque silesio Bolko I, fue adquirido en 1509 por la aristocrática familia Von Hoberg (más tarde Hochberg), y ampliado y remodelado una y otra vez hasta bien entrado el s. XX, lo que explica su mezcolanza de estilos, desde el románico hasta la actualidad. La parte central, con tres enormes galerías, es la más antigua. La parte oriental (derecha) es un anexo barroco del s. XVIII, mientras que la occidental, de entre 1908 y 1923, es neorrenacentista.

Durante la II Guerra Mundial, por orden directa de Hitler, los mandos alemanes lo confiscaron y empezaron a construir un misterioso complejo subterráneo (p. 264) bajo el edificio y zonas circundantes. El Ejército

EL ENIGMÁTICO GIGANTE

En 1941, el gobierno nazi alemán arrebató el Schloss Fürstenstein, el actual **castillo de Książ** (p. 263), a la familia aristocrática de los Hochberg, sus propietarios durante los últimos cuatro siglos. En seguida se hicieron planes para la propiedad, conocidos como **Proyecto Riese** (que significa "gigante" en alemán). Tal y como el nombre sugiere, el plan era de proporciones descomunales.

A partir de 1943 se empezaron a construir una serie de extensos complejos subterráneos bajo el castillo y la cadena montañosa Eulengebirge (ahora Góry Sowie), una estribación de los Sudetes. Se trataba de una enorme empresa que conllevaba la creación de túneles y cámaras mediante la utilización de explosivos, hormigón y acero. El proyecto se valió de expertos en minería y de mano de obra procedente de los campos de prisioneros de guerra y de concentración.

La escala descomunal del proyecto vació las arcas del régimen nazi. Albert Speer, ministro de Armamento de Hitler, reconoció posteriormente en sus memorias que en la construcción del complejo se utilizó más cemento del disponible para construir refugios antiaéreos en toda Alemania en 1944.

Lo más interesante del Proyecto Riese es que nadie sabe a ciencia cierta a que estaban destinadas dichas descomunales cámaras subterráneas, ya que nunca se terminaron y los testigos y documentos clave se perdieron en la confusión de posguerra. Speer se refería a él como un complejo de búnkeres, otros hablaban de fábricas subterráneas a prueba de bombas y muchos afirman que Hitler quería trasladar allí su cuartel general. Los más atrevidos sugieren que los tesoros expoliados estaban escondidos en el complejo o que el régimen nazi estaba llevando a cabo el programa de la bomba atómica en sus profundidades.

Sea cual sea la verdad, el Proyecto Riese conserva su colosal aire de misterio.

Para más información sobre el proyecto y sus repercusiones, consúltese www.riese. krzyzowa.org.pl.

---

soviético lo utilizó después como cuartel hasta 1946, año tras el cual quedó en estado de abandono durante un decenio.

Sin embargo, en 1974 se iniciaron las obras de restauración y hoy puede visitarse su suntuoso interior. Desde el aparcamiento se pasa bajo una puerta ornamentada, independiente y de gran tamaño, que ofrece la primera visión del castillo, situado al final de unos jardines de bello diseño.

Se trata de una casa solariega que se puede visitar sin necesidad de sumarse a un circuito guiado. Quien vaya por libre tendrá que seguir una ruta señalada (y bastante enrevesada) por el castillo, en la que se ven varias estancias. La más preciada es el salón Maximiliano, construido en la primera mitad del s. XVIII. Es la sala más grande del castillo y la única que ha sido restaurada íntegramente, incluidas las escenas mitológicas que decoran su techo (1733). Las chimeneas gemelas situadas a ambos extremos del salón son sublimes. Además de las salas principales, cabe destacar los salones 'temáticos' (barroco, chino, blanco, etc.) de la 1ª planta. Se encontrarán varias exposiciones temporales y galerías por el camino, a veces con objetos de arte a la venta. También hay una exposición cronológica sobre los diversos dueños del inmueble, desde varios duques hasta los últimos propietarios del castillo, el príncipe Hans Heinrich XV y su esposa, la princesa Daisy, de origen galés.

Hay varios restaurantes y cafés repartidos por el complejo, a destacar un asador y una cervecería con terraza y vistas a la fronda.

Cuadra Nacional
de Caballos Sementales   EDIFICIO HISTÓRICO
(Stado Ogierów Skarbu Państwa; ☏74 840 5860; www.stadoksiaz.pl; ul Jeździecka 3; adultos/reducida 8/5 PLN; ☉10.00-18.00) Situada 5 min al este del castillo, ocupa sus antiguas caballerizas. Ofrece sesiones de equitación de 45 min por 60 PLN los lunes, martes, miércoles y jueves por la noche, y los fines de semana por la tarde. Se recomienda hacer la reserva con antelación.

🛏 Dónde dormir

Hotel Przy Oślej Bramie   HOTEL €€
(☏74 664 9270; www.mirjan.pl; ul Piastów Śląskich 1; i/d 165/220 PLN; 🅿🛜) "Delante de la puerta

del burro" cuenta con habitaciones en cuatro pequeños edificios de piedra que están a la derecha, antes de atravesar la verja del castillo.

Hotel Książ HOTEL €€
(☏74 664 3890; www.ksiaz.walbrzych.pl; ul Piastów Śląskich 1; i 140-160 PLN, d 230-250 PLN, apt 480-500 PLN; P@) Este hotel ocupa varias dependencias que se encuentran tras rebasar la verja del castillo, de diversas categorías y nivel de comodidad. Si se sube por el camino principal, la recepción queda a la izquierda.

🛈 Cómo llegar y salir

El castillo de Książ está a 7,5 km de Wałbrzych; se llega desde una parada de autobús próxima a la estación de trenes Wałbrzych Miasto con el autobús urbano nº 8 (2,80 PLN, 30 min), que circula cada 45 min. Desde Świdnica, 14 km al este, se toma el microbús de línea regular nº 31 en dirección a Wałbrzych (6 PLN, 30 min, cada 20 min) y se pide al conductor que pare en la carretera, junto al desvío al castillo (*zamek*); desde allí resta un cómodo paseo de 20 min por un camino asfaltado. Hay que tener cuidado al bajar del microbús y al esperar después el autobús de vuelta, pues se trata de una vía principal muy transitada.

MONTES SUDETES

Los Sudetes recorren más de 250 km en paralelo a la frontera checa. La parte más elevada de esta antigua cadena montañosa son los montes Karkonosze, con los 1602 m de la cima del Śnieżka. Aunque los Sudetes no brindan un paisaje muy alpino, resulta tremendamente variado y frondoso, con espectaculares formaciones rocosas, tales como las Góry Stołowe.

Al norte, los montes van perdiendo altitud para dar paso a las ondulantes estribaciones de los Sudetes (Przedgórze Sudeckie), una zona más poblada con muchas localidades que conservan edificios de madera con varios siglos de antigüedad. El mejor modo de conocer la región es combinar la visita a estos pueblos con las excursiones por las montañas y los parajes circundantes.

Jelenia Góra

81 000 HAB.

Bonita ciudad situada en un precioso valle rodeado por los Sudetes Occidentales, que conserva un ambiente relajado y constituye un fenomenal punto de partida para visitar los montes Karkonosze.

El rey Boleslao Boca Torcida (Bolesław Krzywousty) fundó Jelenia Góra en 1108; cuenta la leyenda que el monarca había estado siguiendo a un ciervo herido y quedó tan cautivado por la belleza del paraje que lo llamó "montaña del Ciervo". Más tarde, este baluarte fronterizo cayó en manos del poderoso ducado de Świdnica-Jawor. La extracción de oro en la región dio paso a la producción de cristal alrededor del s. XV, pero lo que realmente le dio prosperidad económica fue la industria textil, cuando su lino se exportaba a toda Europa.

◉ Puntos de interés

Iglesia de la Santa Cruz IGLESIA
(Kościół Św Krzyża; ul 1 Maja 45) La principal atracción de Jelenia Góra es esta imponente iglesia construida en 1718 para una congregación luterana, aunque desde 1947 es de confesión católica. En las galerías a tres niveles y la oscura planta de la iglesia caben hasta 4000 personas. El techo está decorado con pinturas barrocas de escenas del Antiguo y el Nuevo Testamento, mientras que el majestuoso órgano, sobre el altar mayor, data de 1729.

Museo de Karkonosze MUSEO
(Karkonoskie Muzeum Okręgowe; www.muzeumkarkonoskie.pl; ul Matejki 28; adultos/reducida 7/4 PLN, do gratis; ⊙9.00-17.00 ma-do) Situado 650 m al sur de la Rynek, este museo es conocido por su nutrida colección de objetos de cristal, que abarca desde la Edad Media hasta la época actual; las piezas *art nouveau* son fabulosas. El recinto del museo incorpora un pequeño *skansen* con las cabañas alpinas tradicionales de los montes Karkonosze.

Rynek PLAZA
(plaza del mercado; Plac Ratuszowy) La alargada plaza del mercado está bordeada por una estela de casas de los ss. XVII y XVIII. Buena parte de su encanto lo debe al hecho de ser una plaza porticada. También acoge el ayuntamiento, construido en 1749 después del derrumbamiento del anterior.

Iglesia de San Erasmo y San Pancracio IGLESIA
(Kościół Św Erazma i Pankracego; Plac Kościelny 1) Este lugar de culto al noreste de la Rynek se construyó en el s. XV; conviene fijarse en la puerta gótica de la entrada sur que retrata a María y a san Juan a los pies de la cruz. El interior, con un altar mayor rococó de 22 m

Jelenia Góra

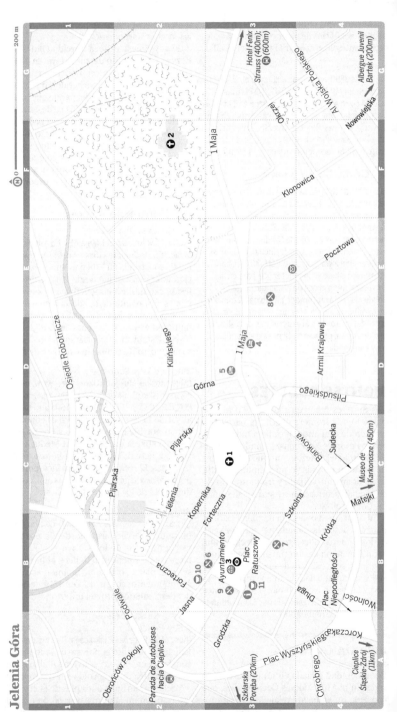

200 m
N 0

G **F** **E** **D** **C** **B** **A**

Hotel Fenix
Strauss (400m);
(600m)

Albergue Juvenil
Bartek (200m)

Al Wojska Polskiego

Nowowiejska

Okrzei

1 Maja

Klonowica

Pocztowa

8

Osiedle Robotnicze

Kilińskiego

1 Maja
4

5

Górna

Armii Krajowej

Piłsudskiego

Museo de
Karkonosze (450m)

Pijarska

1

Banikowa

Sudecka

Matejki

Pijarska

Jelenia

Kopernika

Forteczna

Szkolna

Krótka

Forteczna

10   6

9   11

Ayuntamiento

3

Plac
Ratuszowy

7

Plac
Niepodległości

Jasna

Długa

Wolności

Podwale

Parada de autobuses
hacia Cieplice

Obrońców Pokoju

Grodzka

Chrobrego

Korczaka

Plac Wyszyńskiego

Szklarska
Poręba (20km)

Cieplice
Śląskie-Zdrój
(11km)

Jelenia Góra

de altura de mármol rojo, muestra mobiliario principalmente barroco, incluido un intrincado órgano.

🛌 Dónde dormir

Albergue Juvenil Bartek　　　ALBERGUE €
(Szkolne Schronisko Młodzieżowe Bartek; ☎517 930 050; www.ssm.bartek.e-meteor.pl; ul Bartka Zwycięzcy 10; dc 12-24 PLN; d 48 PLN; 🅿@) Modesto pero agradable, y en un edificio de madera tipo cabaña, este albergue al sureste del casco antiguo tiene dormitorios colectivos con entre cuatro y 10 camas, y varias dobles. Desde al Wojska Polskiego hay que volver por ul Nowowiejska y después girar a la izquierda por ul Bartka Zwycięzcy.

★ **Hotel Fenix Strauss**　　　HOTEL €€
(☎75 641 6600; www.hotel-fenix.pl; ul 1 Maja 88; i/d desde 145/175 PLN; 🅿🛜) El hotel más ostentoso de toda la ciudad queda más cerca de la estación de trenes que del centro. Tiene habitaciones modernas, un *spa* y un centro de belleza y salud. Aunque el viajero no se aloje aquí, merece la pena probar los exclusivos platos polacos de su soberbio restaurante, con una estupenda relación calidad-precio.

Hotel Jelonek　　　HOTEL €€
(☎75 764 6541; www.hotel-jelonek.com.pl; ul 1 Maja 5; i 150 PLN, d 210-320 PLN; 🅿🛜) En una casa acomodada del s. XVIII, este hotel es el más bonito de Jelenia Góra. Conviene concentrarse en los viejos grabados y las antigüedades de las zonas comunitarias. Las habitaciones son modernas pero elegantes y las más caras y lujosas resultan ideales para darse un capricho.

Hotel Europa　　　HOTEL €€
(☎75 649 5500; www.ptkarkonosze.pl; ul 1 Maja 16/18; i/d 115/180 PLN; 🅿🛜) Situado en una gran manzana al este de la Rynek, no es muy pintoresco, pero sus habitaciones resultan amplias y cuenta con un económico restaurante, solo para desayunar y almorzar. Los fines de semana ofrecen un descuento del 20%; las habitaciones traseras dan al aparcamiento.

🍽 Dónde comer

Metafora　　　POLACA, ITALIANA €€
(Plac Ratuszowy 49; principales 14-30 PLN; ◷10.00-madrugada lu-sa, 12.00-madrugada do; 🛜) No queda muy claro el por qué del nombre, pero el sombrío interior de este versátil restaurante-café-bar ofrece cenas con mucho encanto. En la carta aparecen sobre todo especialidades polacas, aunque con alguna que otra nota italiana. Además, sirven desayunos y tienen una amplia carta de bebidas.

Mała Arkadia　　　POLACA €€
(Plac Ratuszowy 25/26; principales 20-60 PLN; ◷9.00-madrugada) En un entrañable local que recuerda a una sala de estar por su papel pintado con motivos florales, este atractivo restaurante de la Rynek sirve platos polacos de calidad. Tiene desde pasta a bistecs, así como una sorprendente oferta de pescado.

Restauracja Pokusa　　　POLACA €€
(Plac Ratuszowy 12; principales 18-25 PLN; ◷11.00-23.00) Con mesas al fresco en los pórticos que rodean la Rynek, este restaurante es muy agradable, con una decoración alegre y platos básicamente polacos.

Pizzeria Tokaj　　　PIZZERÍA €€
(ul Pocztowa 8; principales 12-46 PLN; ◷12.00-22.00 lu-ju, 13.00-24.00 vi-do) Este café-bar es una económica opción con una amplísima selección de *pizzas* y una buena oferta de pasta y ensaladas.

🍺 Dónde beber y vida nocturna

Pożegnanie z Afryką　　　CAFÉ
(Plac Ratuszowy 4; ◷10.00-18.00 lu-vi, 10.00-17.00 sa, 11.00-17.00 do) Este tentador local de la cadena "Adiós a África" vende todo tipo de café en grano de importación (hay excelentes variedades) en su local de iluminación tenue y rebosante de personalidad.

Kurna Chata　　　CAFÉ, BAR
(Plac Ratuszowy 23/24; ◷10.00-madrugada) Este pequeño y acogedor café-bar con un aire a

pub e interiorismo sin pretensiones, es un buen sitio en la Rynek para tomar una copa y un tentempié.

ℹ️ Información

Amigos (📞75 753 2601; Plac Ratuszowy 56; ⊙9.00-17.00 lu-vi, 10.00-14.00 sa) Pregúntese en esta agencia de viajes por los billetes de autobuses internacionales.

Oficina principal de correos (ul Pocztowa 9/10; ⊙7.00-21.00 lu-vi, 9.00-15.00 sa)

Oficina de turismo (📞519 509 343; www.jele niagora.pl; Plac Ratuszowy 6/7; ⊙9.00-18.00 lu-vi, 8.00-20.00 sa y do; 📶) Facilita información al viajero y permite utilizar su wifi gratis.

ℹ️ Cómo llegar y salir

➡ La **estación de trenes** (ul 1 Maja 77) está 1,5 km al este de la Rynek, mientras que la **estación de autobuses** (www.pks.jgora.pl; ul Obrońców Pokoju 1b) se halla en el lado opuesto de la ciudad, al noroeste de la carretera de circunvalación.

➡ Cada hora salen autobuses a Karpacz (6 PLN, 45 min), incluidos varios microbuses, desde la estación de trenes, no la de autobuses. Además, hay servicios regulares a Szklarska Poręba (7 PLN, 55 min, cada hora) y también útiles conexiones de autobús a Świdnica (22 PLN, 1½ h, 3 diarios) y Zielona Góra (35 PLN, 3½ h, 5 diarios).

➡ En tren se puede viajar a Szklarska Poręba (10 PLN, 50 min, 8 diarios), Wrocław (24 PLN, 2¾ h, cada hora), Zielona Góra (30 PLN, 4 h, 3 diarios) y Varsovia (67 PLN, 9½ h, 2 diarios). Para Świdnica hay que comprar un billete directo con transbordo en Jaworzyna Śląska.

Parque Nacional de Karkonosze

Este **parque** (Karkonoski Park Narodowy; www.kp nmab.pl; ul Chałubińskiego 23, Jelenia Góra; adultos/ reducida 6/3 PLN) es un cinturón de 56 km² que recorre unos 25 km de la frontera checo-polaca. Las dos principales localidades de la región son Szklarska Poręba y Karpacz.

Se trata de una cordillera dividida por el puerto de Karkonosze (Przełęcz Karkonoska; 1198 m). El punto más elevado de la sección oriental es el monte Śnieżka (1602 m), mientras que el sector occidental está coronado por el monte Wielki Szyszak (1509 m). Los bosques de píceas, principalmente, cubren las laderas de las montañas hasta más o menos los 1250 m de altitud.

El paisaje característico de los montes Karkonosze son los *kotły* (circos), enormes hondonadas talladas por los glaciares hace milenios, bordeados de escarpados peñascos. En el lado polaco hay seis; los más espectaculares son los llamados Kocioł Małego Stawu y Kocioł Wielkiego Stawu, cerca del monte Śnieżka, además del Śnieżne Kotły, a los pies del monte Wielki Szyszak.

Los montes Karkonosze son conocidos por sus duras condiciones climáticas, con precipitaciones abundantes (de nieve en invierno) y enorme variabilidad, incluidos vientos muy fuertes y neblinas durante todo el año. Estadísticamente, los meses más estables son enero, febrero, mayo y septiembre.

El parque nacional es el principal destino para el senderismo en los Sudetes, con 33 rutas que suman 100 km. Los dos principales pueblos de la región son Szklarska Poręba y Karpacz, puntos de acceso a los montes Szrenica y Śnieżka, respectivamente. Para caminatas más largas, un sendero rojo discurre a lo largo de la cresta entre los dos picos, ofreciendo excelentes vistas a ambos lados. La ruta también recorre el extremo superior del *kotły*. Se puede completar todo el recorrido en 6-7 h. Si se empieza muy temprano, es posible cubrir el trayecto Karpacz-Szklarska Poręba (o viceversa) en un día, preferiblemente sirviéndose del telesilla hasta el monte Szrenica o el Kopa para ganar tiempo en el inicio del ascenso.

Se puede fraccionar el recorrido tomando cualquiera de los caminos que se desvían de la ruta principal o haciendo noche en alguno de los seis albergues del parque.

El parque nacional también cuenta con 19 senderos de ciclismo de montaña que suman un total de 450 km; las oficinas de turismo de Szklarska Poręba y Karpacz facilitan un excelente mapa gratuito donde figuran estas rutas.

Conviene llevar siempre ropa de abrigo e impermeable y un mapa detallado. El mejor es *Karkonosze i Góry Izerskie* (7 PLN), a escala 1:25 000, que incluye los montes Izera, en los Sudetes Occidentales, al noreste de Szklarska Poręba.

🛏️ Dónde dormir

Odrodzenie Hostel ALBERGUE €
(Schronisko Odrodzenie; 📞75 752 2546; www.schro niskoodrodzenie.com; ul Karkonoska 1, Przesieka; dc 39-42 PLN, i 49 PLN, d 81-101 PLN) Espacioso albergue a medio camino entre los montes Szrenica y Śnieżka. Conviene reservar con antelación.

Samotnia Hostel ALBERGUE €
(Schronisko Samotnia; 📞75 761 9376; www.sa motnia.com.pl; ul Na Śnieżkę 16; dc 40-45 PLN, d 50/92 PLN) El albergue del Kocioł Małego

MERECE LA PENA

CIEPLICE ŚLĄSKIE-ZDRÓJ

En las afueras de Jelenia Góra, Cieplice es el balneario más antiguo de la región; un lugar fácil al que salir a pasar el día. Sus sulfurosas aguas termales se han utilizado durante un milenio y el primer balneario se fundó a principios del s. XIII. Las propiedades supuestamente curativas de las aguas, que brotan del subsuelo a 90°C, se popularizaron a finales del s. XVIII. Dicha popularidad allanó el camino para la construcción del complejo y la ciudad balnearia.

Puntos de interés

Parque-balneario (Park Zdrojowy; ul Cervi) Este gran parque constituye el núcleo de la localidad, y cuenta con un sinfín de bellos pabellones y edificios *fin-de-siècle*, como el abovedado teatro-balneario (Teatr Zdrojowy) y la sala de conciertos (Muszla Koncertowa) de madera al aire libre.

Iglesia de San Juan Bautista (Kościół Św Jana Chrzciciela; ul Cieplicka 9) En el extremo occidental de la peatonal Plac Piastowski se alza este templo del s. XVIII, que contiene un retablo pintado por el célebre artista barroco Michael Willmann. Quien quiera probarlas, en la placita próxima a la iglesia de San Juan hay una bomba automática, coronada por una estatua, que permite recoger gratis agua de los manantiales de Cieplice.

Museo de Historia Natural (Muzeum Przyrodnicze; www.muzeum-cieplice.pl; ul Cieplicka 11a; adultos/reducida 5/4 PLN, sa gratis; ⊙9.00-17.00 ma-do) Al sur del parque-balneario se alza el Pabellón Noruego (Pawilon Norweski), construido en madera, que alberga el Museo de Historia Natural. Su muestra de aves y mariposas de todo el mundo proviene de la colección de la prominente familia Schaffgotsch, nobles de la zona que fundaron el museo en 1876.

Cómo llegar y salir

Cieplice Śląskie-Zdrój está 11 km al sur del centro de Jelenia Góra, y se puede llegar con el autobús suburbano nº 17 (3 PLN, 20 min), que sale de una parada próxima a la estación de autobuses de ul Podwale. Quien se aloje más cerca de la estación de trenes, puede tomar el autobús nº 9 o 14 desde allí. Los quioscos de la calle venden los billetes de autobús, que deben validarse a bordo.

Stawu brinda las mejores vistas del parque. Se aconseja reservar con antelación.

Szklarska Poręba

6800 HAB.

Situado los pies del monte Szrenica (1362 m), en el extremo occidental del Parque Nacional de Karkonosze, Szklarska Poręba suele ser un lugar pequeño pero animado, lleno de senderistas, esquiadores y porras de recuerdo (pequeños totems). Este destacado balneario y centro de esquí, 21 km al suroeste de Jelenia Góra, constituye un buen punto de partida para las muchas actividades al aire libre que ofrece la región. La estación de autobuses y la de trenes se sitúan en el extremo sur y en el extremo norte, respectivamente, de la calle principal (ul Jedności Narodowej), que bordea el río Kamienna.

🔘 Puntos de interés y actividades

El **telesilla del monte Szrenica** (✆75 717 2118; www.sudetylift.com.pl; ul Turystyczna 25a; ida/ida y vuelta 31,50/34,50 PLN; ⊙9.00-16.30) asciende 603 m en dos tramos y corona la cima en 25 min; lo usan esquiadores y aficionados al *snowboard* para alcanzar cinco senderos y dos pistas de esquí durante la temporada, y los excursionistas el resto del año. El punto de partida del telesilla está 1 km al sur del centro, colina arriba desde ul Turystyczna. Durante la temporada de esquí se habilita un segundo telesilla con mayor capacidad.

En la zona hay varios puntos de interés que se pueden visitar a pie desde el pueblo. La carretera de Jelenia Góra serpentea hacia el este por un precioso valle junto al río Kamienna; a unos 3 km del pueblo por esta ruta (o por el sendero verde de la margen derecha del río) se encuentra la cascada de Szklarka

(Wodospad Szklarki), de 13 m de altura, desde donde un sendero azul arranca hacia las montañas y hasta el monte Szrenica (2-3 h).

La carretera que recorre hacia el oeste los 4 km que hay hasta la frontera checa, en Jakuszyce, discurre junto a varios peñascos rocosos conocidos como rocas de los Cuervos (Krucze Skały). Unos 500 m más adelante, un sendero rojo se desvía a la izquierda. Andando 1,5 km por el mismo se llega a la cascada de Kamieńczyk (Wodospad Kamieńczyka), la más alta del lado polaco de los Sudetes (843 m). Si se continúa por el mismo camino durante 1½ h más se coronará el monte Szrenica. Se puede cruzar la frontera a pie y tomar el sendero amarillo que se dirige hacia el sur hasta Vosecká, en la República Checa.

La oficina de turismo facilita una relación de empresas de alquiler de bicicletas y equipo de deportes de nieve, pues estas fluctúan según la temporada.

🛏 Dónde dormir

Hotel Kryształ   HOTEL €€
(☎75 717 4930; www.hotelkrysztal.pl; ul 1 Maja 19; i/d desde 190/290 PLN; P ✳ 🐾 🛜) Alojamiento tipo resort con una práctica ubicación. Las habitaciones, decoradas en tonos tierra, lucen un elegante mobiliario; la versión *deluxe* aporta espacio extra. Dispone de café, bar y restaurante, así como piscina, *spa,* una sauna y tratamientos de masaje.

Fantazja   HOTEL €€
(☎75 717 2907; www.fantazja.com.pl; ul Jedności Narodowej 14; i/d 160/260 PLN; P🛜) Este céntrico hotel ofrece habitaciones cómodas, un solárium, servicios de masaje y un restaurante popular con platos internacionales. Hay también un agradable café.

Mauritius   HOTEL €€
(☎75 717 2083; www.mauritius.karkonosz.pl; ul Dworcowa 6; i/d 95/170 PLN; P🛜) En el extremo norte de la localidad y junto a la estación de trenes, este hotel es una sencilla casa de veraneo que gestiona la oficina de correos. Las habitaciones con balcones, un gimnasio y un café-bar le añaden más encanto. Una amplia terraza brinda una gran panorámica de las montañas, y un tablero de dardos y una mesa de billar ponen la diversión en su interior.

Apartamenty Carmen   APARTAMENTOS €€
(☎75 717 2558; www.apartamentycarmen.pl; ul Jedności Narodowej 16; apt 160-280 PLN; P🛜) Estos apartamentos son más espaciosos y modernos que las habitaciones de hotel, con

la ventaja de que cada uno puede cocinar a su antojo. Están en pleno pueblo y el mayor tiene capacidad para cuatro personas.

🍴 Dónde comer

Restauracja Młyn Łukasza   POLACA €€
(ul 1 Maja 16; principales 19-49 PLN; ⊙11.00-23.00) Pese a la exhaustiva remodelación rústica de su interior, son sus mesas al fresco y el murmullo de un arroyo, lo que lo hacen especial. Su asequible carta presenta *pierogi* (raviolis polacos), sopas y un abanico de platos de carne. Está delante de la estación de autobuses pero al otro lado del río.

Kaprys   POLACA, ITALIANA €€
(ul Jedności Narodowej 12; principales 19-69 PLN; ⊙12.00-madrugada) Este restaurante espacioso pero apacible de la calle principal cuenta con cómodos sofás y macetas con plantas para alegrar el entorno. La carta presenta tantas *pizzas* y pasta como platos polacos.

Metafora   POLACA, PIZZERÍA €€
(ul Objazdowa 1; principales 18-42 PLN; ⊙11.00-22.00; 📞) Local relajado con un interior de madera y una gran zona al fresco, situado frente la estación de autobuses pero al otro lado del río. Prepara *pizzas* y buenos platos polacos, y tiene carta de desayunos. También es un buen sitio para tomar una copa.

ℹ️ Información

Biuro Turystyki WNW (☎75 717 2100; ul Wzgórze Paderewskiego 4) Agencia de viajes útil para conseguir alojamiento en la zona.
Oficina de correos (ul Jedności Narodowej 8; ⊙8.00-18.00 lu-vi, hasta 14.30 sa)
Oficina de turismo (☎75 754 7740; www.szklarskaporeba.pl; ul Jedności Narodowej 1a; ⊙8.00-18.00 lu-vi, 9.00-17.00 sa y do)

ℹ️ Cómo llegar y salir

La **estación de trenes Szklarska Poręba Górna** (ul Dworcowa 10) está 350 m al norte de la oficina de correos, subiendo una empinada colina. La **estación de autobuses** (Plac PKS) se sitúa en el sector opuesto del centro, unos 450 m al sureste de la oficina de correos, entre ul Jedności Narodowej y el río Kamienna.

Los autobuses a Jelenia Góra salen cada hora como mínimo (7 PLN, 55 min) y hay tres servicios diarios a Wrocław (32 PLN, 3 h). En julio y agosto circulan cuatro diarios a Karpacz (8 PLN, 55 min).

Ocho trenes diarios viajan a Jelenia Góra (10 PLN, 50 min), y otros siete a Wrocław (26 PLN, 3¾ h), de los cuales dos llegan a Varsovia (66 PLN, 10½ h). Szklarska Poręba dispone además de conexión internacional, y cada día cuatro trenes cruzan la frontera checa hasta Harrachov (6 PLN, 25 min). Después continúan hasta Kořenov, pero para este trayecto, el billete debe comprarse en el tren con moneda checa (15Kč, 6 min).

Karpacz

4900 HAB.

Karpacz, 22 km al sur de Jelenia Góra en las laderas del monte Śnieżka, es uno de los destinos de montaña más populares de Polonia, para esquiar en invierno y hacer senderismo el resto del año. Esta pequeña localidad es un lugar divertido para visitar y cuenta con bonitos edificios de madera.

Se extiende a lo largo de 3 km siguiendo el caprichoso trazado de ul Konstytucji 3 Maja, sin un centro evidente. La parte este, conocida como Karpacz Dolny (Bajo Karpacz), concentra gran parte de los hoteles y restaurantes. El lado oeste, Karpacz Górny (Alto Karpacz), es principalmente residencial. Entre los dos barrios se halla el inconfundible Hotel Biały Jar. El punto de partida del telesilla, que lleva al monte Kopa (1377 m), está 1 km colina arriba.

Puntos de interés

Capilla Wang   IGLESIA

(Kościół Wang; www.wang.com.pl; ul Na Śnieżkę 8; adultos/reducida 8/5 PLN; 9.00-18.00) Karpacz atesora esta curiosa joya arquitectónica: el único edificio románico nórdico de Polonia. Esta notable estructura de madera, en el Alto Karpacz, es una de las 400 capillas de este tipo construidas a principios del s. XII a orillas del lago Vang, en el sur de Noruega, de las que actualmente solo se conservan 28. El rey Federico Guillermo IV de Prusia la compró en 1841, la hizo desmontar pieza a pieza y la trasladó a Karpacz vía Berlín. Además de ser la iglesia más antigua de los Sudetes, también es la que se encuentra a mayor altitud (886 m).

La iglesia se levantó con robusto pino noruego sin utilizar un solo clavo. Está rodeada de un claustro que ayuda a protegerla de los vientos de las montañas. Algunas partes de la ornamentación tallada se conservan perfectamente, sobre todo la de los portales y los capiteles de las columnas. El campanario de piedra, exento, se erigió cuando la iglesia se trasladó a su actual emplazamiento.

Actividades

Limitado al sur por el Parque Nacional de Karkonosze, Karpacz es un excelente punto de partida de senderismo. Muchos viajeros emprenden el ascenso al monte Śnieżka a través de una de las seis rutas que conducen hasta él. Las más concurridas parten del **Hotel Biały Jar** (ul Konstytucji 3 Maja 79) y llevan a la cima en 3 o 4 h. Al planificar esta excursión, se recomienda incluir en el itinerario los pintorescos lagos Wielki Staw y Mały Staw, ambos rodeados por rocosos peñascos. Un par de senderos pasan cerca.

Telesilla del monte Kopa   DEPORTES DE NIEVE, EXCURSIONISMO

(ul Turystyczna 4; ida/ida y vuelta 25/30 PLN; 8.30-17.00) Si no apetece escalar el monte Kopa, este telesilla, frecuentado por aficionados al esquí y al *snowboard* en invierno, asciende los 528 m en 17 min. Desde arriba, se puede llegar a la cima del Śnieżka en menos de 1 h por la pista negra.

Pista estival de trineos   TRINEOS

(www.kolorowa.pl; ul Parkowa 10; 1/2/5/10 recorridos 9/16/35/55 PLN; 9.00-hasta tarde) Situada en la colina de Kolorowa, en el centro de Karpacz, tiene más de 1 km de longitud y permite alcanzar velocidades de hasta 30 km/h.

Dónde dormir

La oficina de turismo facilita un largo listado de alojamientos, incluidas habitaciones en casas particulares.

Camping Pod Lipami   CAMPING €

(504 231 039; www.pod-lipami.pl; ul Konstytucji 3 Maja 8; por persona/tienda/caravana 14/12/19 PLN; P) Próximo a la estación de autobuses, cuenta con una piscina exterior.

★**Hotel Rezydencja**   HOTEL €€

(75 761 8020; www.hotelrezydencja.pl; ul Parkowa 6; i 200-240 PLN, d 240 270 PLN; P) Este fantástico hotel, en una mansión del s. XVIII con vistas al centro del Bajo Karpacz, ofrece habitaciones decoradas con buen gusto. Hay un *spa,* un restaurante y un café-bar en el recinto; se ofrecen también masajes terapéuticos.

Hotel Vivaldi   HOTEL €€

(75 761 9933; www.vivaldi.pl; ul Olimpijska 4; i 180 PLN, d 230-500 PLN; P) En plena arboleda, este edificio amarillo es una elegante propuesta en la sinuosa carretera que sube al telesilla y a la entrada del parque nacional. Alberga elegantes y modernas habitaciones

y un completísimo *spa* con saunas y un *ja-cuzzi,* así como una piscina.

Hotel Kolorowa
HOTEL €€

(☎75 761 9503; www.hotel-kolorowa.pl; ul Konstytu-cji 3 Maja 58; i/d 90/160 PLN; ℗ 🛜) Este asequible hotel, frente a la pista estival de trineos de Baja Karpacz, tiene buen nivel, con los imprescindibles dulces sobre las almohadas y algunas habitaciones con vistas balsámicas de las montañas. Tiene bar y restaurante.

🍴 Dónde comer

Central Bar 49
POLACA €

(ul Konstytucji 3 Maja 49; principales 5-39 PLN; 🕙9.00-22.00) Mezcla de bar y restaurante, sirve platos polacos sencillos pero de calidad superior a la media, como sopa de remolacha con croquetas y *kiełbasa* (salchicha polaca) a la parrilla.

Bistro Aurora
RUSA €€

(ul Konstytucji 3 Maja 45; principales 17-29 PLN; 🕙11.00-23.00) Acogedor restaurante ruso y bar que se autodefine como "minimuseo del realismo socialista", pues su interiorismo presenta grandes retratos de los gerifaltes comunistas pero también banderas rojas y pósteres de la época. La carta incluye joyas como rollitos de la revolución y codillo de cerdo Brezhnev.

Pizzeria Verde
PIZZERÍA €€

(ul Konstytucji 3 Maja 48; principales 19-29 PLN; 🕙13.00-21.00 ma-do) Este restaurante ubicado en un moderno edificio va un paso más allá de la pizzería media y también ofrece algunos platos de pasta y de carne, junto con ensaladas.

ℹ️ Información

Biuro Turystyczne Karpacz (ul Konstytucji 3 Maja 50; 🕙10.00-18.00 lu-sa, 12.00-16.00 do) Agencia de viajes.

Oficina de correos (ul Konstytucji 3 Maja 23; 🕙8.00-18.00 lu-vi, hasta 14.30 sa)

Oficina de turismo (☎75 761 8605; www.karpacz.pl; ul Kolejowa 3; 🕙9.00-17.00 lu-sa) En el antiguo edificio de la estación de trenes, asesora sobre alquiler de bicicletas, y sobre esquí y *snowboard* en temporada alta.

ℹ️ Cómo llegar y salir

Hay autobuses y microbuses regulares a Jelenia Góra (6 PLN, 45 min, cada hora); algunos finalizan el trayecto en la estación de trenes de esa localidad, no en la de autobuses. Circulan por la calle principal de Karpacz y paran, como míni-mo, en media docena de puntos, aunque algunos van directos hasta la parada de Alta Karpacz. En julio y agosto hay dos autobuses diarios a Szklarska Poręba (8 PLN, 55 min).

Kłodzko

28 000 HAB.

Su posición estratégica es la responsable de que en ella se levantara una colosal fortaleza de ladrillo, que hoy es su gran atractivo. Empezada por los austriacos en 1662 y finalizada por los prusianos dos siglos más tarde, es el emblema de la localidad y la principal razón para visitarla, aunque el casco antiguo se asienta en una ladera y sus pronunciadas y sinuosas calles tienen su propio encanto.

Kłodzko fue en sus inicios un importante centro del comercio gracias a su localización a orillas del río Nysa Kłodzka, un afluente del Óder. Como gran parte de los asentamientos de la región, cambió de manos muchas veces a lo largo de los siglos. Formó parte de Bohemia, Austria y Prusia, hasta que volvió a ser polaca tras la II Guerra Mundial.

◉ Puntos de interés

★Fortaleza de Kłodzko
FORTALEZA

(Twierdza Kłodzka; www.twierdza.klodzko.pl; ul Grodzisko 1; adultos/reducida 18/14 PLN; 🕙9.00-18.00 may-oct, hasta 15.00 nov-abr) Este fuerte, que empezó a construirse bajo el dominio austriaco a mediados del s. XVII, se amplió, modernizó y modificó durante los dos siglos siguientes. Hoy día ocupa una superficie de 17 Ha, que lo convierten en el fuerte de estas características más grande y mejor conservado del país. Los muros de la parte inferior tienen un grosor de 11 m, mientras que por la parte alta no bajan de los 4 m.

Se entra por la cuesta que queda al norte de la Rynek. Dentro se pueden recorrer varios pasadizos y estancias, y además ascender a la parte más elevada para disfrutar de las vistas de la localidad. El recinto acoge varias exposiciones, incluido un *lapidarium* con antiguas esculturas de piedra (sobre todo lápidas) provenientes de antiguos edificios de la región.

No obstante, su verdadero aliciente es la extensa red de túneles defensivos. Los circuitos guiados de 40 min por este laberinto empiezan a las horas en punto y recorren 1 km de pasajes, algunos tan bajos que hay que inclinarse. La temperatura media es de 8°C y la humedad, máxima.

En la fortaleza se excavaron un total de 40 km de túneles con dos propósitos bien definidos: los túneles ubicados bajo el fuerte se utilizaban principalmente para comunicación, refugio y almacenamiento; y los otros, que se extendían hasta 500 m fuera del recinto del fuerte, servían para atacar y destruir la artillería enemiga. Se dividían en sectores que se rellenaban de pólvora; así, dependiendo de la situación del enemigo, se hacía estallar el tramo pertinente. Este extravagante campo de minas fue creado en 1743 por un ingeniero holandés, pero no se finalizó hasta 1807. Pero el sistema nunca llegó a utilizarse, al menos aquí.

Ruta turística subterránea TÚNEL
(Podziemna Trasa Turystyczna; www.podziemia. klodzko.pl; ul Zawiszy Czarnego 3; adultos/reducida 12/9 PLN; ☉9.00-18.00 may-oct, hasta 15.00 nov-abr) La entrada a esta interesante serie de túneles se localiza cerca de la iglesia parroquial. La ruta, de 600 m y amenizada con muestras audiovisuales, recorre algunas de las bodegas de almacenamiento medievales excavadas bajo el casco antiguo. Se puede recorrer completamente en 15 min, y salir cerca de la fortaleza de Kłodzko.

Rynek PLAZA
(plaza del mercado; Plac Bolesława Chrobrego) Está a los pies de la fortaleza y oficialmente atiende al nombre de Plac Bolesław Chrobrego. En su flanco sur hay varias casas en tonos pastel que conservan su decoración renacentista y barroca. El ayuntamiento data de 1890; del antiguo solo queda la torre renacentista, del s. XVII.

Iglesia parroquial IGLESIA
(Kościół Parafialny; Plac Kościelny) Esta iglesia, al suroeste de la Rynek y dedicada a Nuestra Señora de la Asunción, es la construcción religiosa más imponente de la localidad. Se necesitaron casi 150 años para completar esta enorme estructura gótica en 1490. Dentro se puede admirar la florida ornamentación barroca de los altares, el púlpito, los bancos, el órgano y varios confesionarios. La bóveda gótica, normalmente austera, está suntuosamente decorada con yesería.

Museo Regional de Kłodzko MUSEO
(Muzeum Ziemi Kłodzkie; www.muzeum.klodzko. pl; ul Łukasiewicza 4; adultos/reducida 8/6 PLN; ☉10.00-16.00 ma-vi, 11.00-17.00 sa y do) Situado 50 m al oeste de la iglesia parroquial, tiene exposiciones sobre la historia de la localidad y la región, así como una colección de cristal contemporáneo a cargo de artistas

locales (la zona es conocida por su producción de este material).

Puente de San Juan PUENTE
(Most Św Jana; ul Stwosza) Al sureste de la Rynek, este puente gótico de piedra (1390) cruza el estrecho río Młynówka. Con media docena de estatuas barrocas flanqueando sus lados, es una réplica a escala reducida del Puente Carlos, en Praga.

🏃 Actividades

La servicial y documentada oficina de turismo facilita información sobre actividades de lo más variado: escalada en roca, senderismo, ciclismo, equitación, esquí y remo.

Para los aficionados a la nieve, el **centro de esquí Czarna Góra** (Czarna Góra Osrodek Narciarski; ☎74 884 3401; www.czarnagora.pl; ul Sienna 11, Stronie Śląskie) es fácilmente accesible desde Kłodzko, unos 35 km al sur por carretera.

🛏 Dónde dormir

Hotel Marhaba HOTEL €
(☎74 865 9933; www.marhaba.ng.pl; ul Daszyńskiego 16; i/d 90/110 PLN; ℗🛜) Este sencillo hotel de dos estrellas se halla situado en la zona sur de la localidad, sobre el río Młynówka. Ofrece habitaciones básicas con ducha o baño completo. Las que no tienen baño son algo más económicas, y el desayuno cuesta 16 PLN por persona.

Nad Kanalem ALBERGUE €
(☎74 813 6722; www.nad-kanalem.dobrynocleg.pl; ul Nad Kanalem 9; dc 35-60 PLN; ℗🛜) Pequeño y práctico albergue próximo al puente de San Juan, con solo ocho camas, acceso a cocina y bar. Reservarlo completo cuesta 200 PLN por noche.

★Casa D'Oro HOTEL €€
(☎74 867 0216; www.casadoro.com.pl; ul Grottgera 7; i 100-120 PLN, d 180 PLN; 🛜) Situado entre la Rynek y las estaciones de autobuses y trenes, este hotelito es el alojamiento más práctico de Kłodzko. Su restaurante, con detalles de categoría, merece una visita por su menú de *pierogi, naleśniki* (creps) y otros platos polacos.

Hotel Korona HOTEL €€
(☎74 867 3737; www.hotel-korona.pl; ul Noworudzka 1; i/d 125/150 PLN; ℗🛜) Situado en el extremo noroccidental de la localidad, este moderno hotel es una opción cómoda si se está de paso y se quiere pernoctar

en Kłodzko. Tiene un colorido restaurante rústico.

Dónde comer

Bar Małgosia BAR DE AUTOSERVICIO **€**
(ul Połabska 2; principales 6-10 PLN; 7.00-19.00 lu-vi, 8.00-18.00 sa, 9.00-17.00 do;) Algo anticuado, este sencillo establecimiento sirve generosos platos polacos a precios de agua en un relajante interior verde. Está al este de las estaciones de trenes y autobuses.

Secesja POLACA, ITALIANA **€€**
(ul Daszyńskiego 10; principales 20-45 PLN; 10.00-22.00) Restaurante con decoración característica frente a la monumental iglesia franciscana, en la margen sur del río Młynówka. Sirve un buen número de platos polacos, pero vale la pena probar las *pizzas* y la pasta. Además, tiene una económica carta de desayunos.

Restauracja w Ratuszu POLACA **€€**
(Plac Bolesława Chrobrego 3; principales 20-65 PLN; 10.00-21.00) El restaurante más formal de Kłodko está en el ayuntamiento. Cuenta con un buen surtido de platos regionales y una terraza bajo los árboles que abre durante los meses más calurosos.

Ocio

Centro Cultural de Kłodzko CINE
(Kłodzko Centrum Kultury; 74 867 3364; www.centrum.klodzko.pl; Plac Jagiełły 1) Facilita información sobre eventos culturales y proyecta películas de autor.

Información

Oficina principal de correos (Plac Jagiełły 2; 7.30-19.30 lu-vi, 8.00-15.00 sa)
Oficina de la PTTK (www.klodzko.pttk.pl; ul Wita Stwosza 1; 8.00-15.00 lu-vi) Agencia de viajes próxima a la Rynek.
Oficina de turismo (74 865 4689; www.klodzko.pl; Plac Bolesława Chrobrego 1; 8.00-16.00 lu-vi, 10.00-16.00 sa, 10.00-14.00 do) Está en el ayuntamiento.

Cómo llegar y salir

AUTOBÚS

La **estación de autobuses** (www.pks-klodzko.pl; Plac Jedności 1) es el nudo de transporte de la región. Cada hora salen autobuses a Kudowa-Zdrój (8 PLN, 50 min), Bystrzyca Kłodzka (7 PLN, 25 min) y Wrocław (19 PLN, 1¾ h). Hay cinco servicios diarios a Nysa (15 PLN, 1 h), que

pasan por Paczków (12 PLN, 40 min) y cuatro a Opole (25 PLN, 2½ h).

Desde Kłodzko también se puede ir a la República Checa. Un autobús cruza la frontera de Kłodzko a Náchod (12 PLN, 1¼ h): sale a las 8.00 y pasa por Kudowa-Zdrój. También se puede tomar el autobús de las 6.00 de Kłodzko a Boboszów (12 PLN, 1½ h) y caminar los 2 km restantes hasta pasar al otro lado de la frontera, en Králíky.

TREN

Kłodzko tiene dos prácticas estaciones de trenes. La céntrica **estación Kłodzko Miasto** (Plac Jedności), junto a la de autobuses, opera servicios a Bystrzyca Kłodzka (7 PLN, 17 min, 10 diarios), Kudowa-Zdrój (7 PLN, 1¼ h, 7 diarios), Wrocław (20 PLN, 2 h, 10 diarios) y Świdnica (17 PLN, 1½ h, 1 diario). De la estación principal, **Kłodzko Główne** (ul Dworcowa 1), 2 km al norte, salen más trenes de largo recorrido.

Kudowa-Zdrój

10 300 HAB.

Se trata de una de las localidades balnearias más antiguas de toda Europa, 37 km al oeste de Kłodzko, favorecida por un clima suave y varias fuentes termales. Es famosa desde el s. XVIII, con su arquitectura bien conservada y un parque que da a una sencilla calle mayor.

Es el lugar ideal para descansar antes o después de disfrutar de las actividades más extenuantes que la región ofrece, y es un buen trampolín para adentrarse al Parque Nacional de Góry Stołowe.

Puntos de interés y actividades

★ Capilla de las Calaveras IGLESIA
(Kaplica Czaszek; www.czermna.pl; ul Moniuszki 8; adultos/reducida 5/2,50 PLN; 10.00-17.00) Esta macabra capilla en los jardines de la iglesia de San Bartolomé, en Czermna, 1 km al norte del centro de Kudowa, merece una visita. Totalmente recubierta –paredes y techo– de calaveras y huesos humanos (hay un total de 3000, más 20 000 o 30 000 en la cripta subterránea; véase recuadro en p. 276), el resultado es impresionante y ofrece una contundente visión de la realidad de la época.

Museo de la Rana MUSEO
(Muzeum Żaby; ul Słoneczna 31; 8.00-15.00 lu-vi) GRATIS Se recomienda pasar por la oficina central del Parque Nacional de Góry Stołowe

y echar un vistazo al único museo de Polonia que acoge miles de objetos cotidianos de tema anfibio. Este parque nacional fue el primero del país en construir vías subterráneas a través de las carreteras para que las ranas pudieran regresar a sus estanques a desovar sin riesgos añadidos. Su objetivo es concienciar sobre la conservación de estos animales.

Museo del Juguete MUSEO
(Muzeum Zabawek; www.muzeum-zabawek.pl; ul Zdrojowa 46b; adultos/reducida 11/8 PLN; ⊙9.00-17.00) Enfrente del parque-balneario y de vuelta desde la calle principal, este pequeño museo con interesantes exposiciones sobre juguetes históricos es idóneo para pasar una tarde de lluvia.

Parque-balneario SALUD
(Park Zdrojowy) Kudowa tiene un atractivo parque-balneario de 17 Ha, aunque buena parte de los tratamientos suponen alojamiento y pensión completa en uno de los sanatorios (abajo). Para probar (literalmente) lo que ofrece, la **sala de Bombeo** (Pijalnia; Park Zdrojowy; adultos/reducida 1,50/0,80 PLN; ⊙7.00-19.00 lu-vi, 9.00-19.00 sa y do), en la esquina sureste, sirve dos de las aguas minerales de la región.

Al oeste, en las **cuevas de sal de Galos** (Jaskinie Solno Galos; www.galos.pl; Park Zdrojowy; ⊙9.00-21.00) afirman curar cualquier dolencia gracias a sus extraordinarias cámaras de sal marina artificial, al igual que su competidora, la **gruta de sal de Solana** (Grota Solna Solana; www.solana.pl; ul Zdrojowa 41; ⊙12.00-18.00), próxima a la oficina de turismo. Los precios de sus tratamientos varían, con diferentes paquetes disponibles. Conviene preguntar en cada sitio.

En el extremo sur del parque, frente a la parada de autobuses, el **parque acuático** (Aqua Park Wodny Świat; www.basen.eurograf.pl; ul Moniuszki 2a; adultos/reducida 14/12 PLN; ⊙9.00-21.00) ofrece diversión más activa.

🛏 Dónde dormir

Willa Sanssouci HOTEL €€
(☑74 866 1350; www.sanssouci.info.pl; ul Buczka 3; i/d 120/160 PLN; 🅿🛜) Situado en una encantadora villa de 1894, ofrece 52 camas en habitaciones cómodas y holgadas y buen servicio. En el jardín hay un pozo de los deseos para probar suerte.

Willa Sudety HOTEL €€
(☑74 866 1223; www.kudowa.net.pl; ul Zdrojowa 32; 105 PLN, d 160-208 PLN; 🅿🛜) Hotel y centro de recreo muy bien situado, que ofrece aloja-

miento asequible en un atractivo edificio. En el recinto hay mesas de pimpón y el personal puede organizar actividades y excursiones, senderismo y ciclismo entre ellas.

Pensjonat Akacja HOTEL €€
(☑74 866 2712; www.akacja.info.pl; ul Kombatantów 5; i/d 120/160 PLN; 🅿🛜) Este negocio familiar está en una finca modernizada y proporciona excelentes alojamientos en un lugar apacible y muy espacioso. Algunos de los de las plantas superiores tienen balcón.

Uzdrowiska Kłodzkie VILLA €€
(☑74 868 0401; www.zuk-sa.pl; ul Moniuszki 2; i/d 199/318 PLN; 🅿🛜) La Kłodzko Spa Company gestiona dos bellos y antiguos sanatorios en el centro, con una variedad única de habitaciones. Están enfocadas a los tratamientos médicos pero también aceptan a clientes ocasionales. La recepción está en el elegante sanatorio Polonia.

Dónde comer

Cudova Bistro POLACA, PIZZERÍA €€
(ul Zdrojowa 44; principales 16-33 PLN; ⊙10.00-22.00; 🛜) Con vistas al parque-balneario, este luminoso restaurante contemporáneo tiene una apetitosa oferta de platos polacos y *pizzas,* y sirven también desayunos. En la parte de atrás hay una acogedora sala más íntima.

Zdrojowa CHECA €€
(ul Słoneczna 1; principales 18-52 PLN; ⊙12.00-22.00) Cerca de la parada principal de autobuses, este restaurante espacioso y familiar sirve cocina checa, un guiño a los vecinos del otro lado de las montañas. Los platos abarcan desde sopas a exquisitas *schnitzels.*

Café Domek PIZZERÍA €€
(ul Zdrojowa 36; principales 15-39 PLN; ⊙12.00-22.00; 🛜) Amplio local con una enorme y frondosa terraza delantera, ideal para relajarse y saborear una tranquila cerveza tras un día de senderismo en el Parque Nacional de Góry Stołowe.

ⓘ Información

Oficina de correos (ul 1 Maja 12; ⊙8.00-18.30 lu-vi, hasta 13.45 sa)
Oficina de turismo (☑74 866 1387; www.kudowa.pl; ul Zdrojowa 44; ⊙8.00-16.00 lu-vi, 9.00-14.00 sa)

ⓘ Cómo llegar y salir

Los autobuses salen de una céntrica **parada** (ul 1 Maja) en ul 1 Maja, entre el cruce de ul

UNA CAPILLA CON CALAVERAS

La **capilla de las Calaveras** (p. 274) de Czermna, al norte de Kudowa-Zdrój, se construyó en 1776 y por fuera parece bastante modesta. Sin embargo, dentro es otra historia: las paredes están repletas de calaveras perfectamente alineadas; otras muchas cuelgan del techo. Es la única capilla de estas características en Polonia, y una de las tres que hay en Europa.

El creador de este insólito "santuario del silencio" fue Václav Tomášek, un párroco checo (en esa época, Czermna pertenecía a la archidiócesis de Praga), que junto con el enterrador local dedicaron dos décadas a recuperar esqueletos humanos. La 'decoración' no se completó hasta 1804. Los cráneos y los huesos que no cupieron en las paredes y el techo se depositaron en una cripta de 4 m de profundidad.

Puesto que esta región era la frontera de las culturas polaca, checa y alemana, así como de las tradiciones católica, husita y protestante, muchos de los huesos pertenecían a víctimas de conflictos nacionalistas y religiosos. Los esqueletos procedían en su mayor parte de numerosas fosas comunes de las guerras de Silesia (1740-1742 y 1744-1745) y la Guerra de los Siete Años (1756-1763). La epidemia de cólera que asoló la región contribuyó a la abundancia de 'materia prima'.

En el altar principal se pueden ver varios cráneos anatómicamente interesantes, incluidos los de un guerrero tártaro y una víctima de sífilis. Junto a estos se observan los de los creadores de la capilla –el párroco y el enterrador– admirados ante su obra.

Poznańska y ul Lubelska. Hay salidas diarias hacia Kłodzko (8 PLN, 50 min) y ocho servicios diarios a Wrocław (28 PLN, 2¾ h).

Hay también 11 autobuses diarios a Náchod, en la República Checa (5 PLN, 20 min). Otra opción es ir hasta la frontera (3 km), cruzarla a pie y recorrer 2 km hasta Náchod, desde donde parten autobuses y trenes a otros destinos.

Se puede llegar y salir desde Kudowa-Zdrój en tren, aunque la **estación** (ul Główna 23) se halla 1,7 km al sur del parque-balneario, por ul Zdrojowa y ul Główna. Hay siete trenes diarios a Kłodzko (7 PLN, 1¼ h), y dos a Wrocław (36 PLN, 3½ h); uno de ellos sigue hasta Varsovia (61 PLN, 10½ h).

Bystrzyca Kłodzka

10 400 HAB.

Este pueblo, encaramado en una cima sobre el río Nysa Kłodzka, ha conservado buena parte de su arquitectura y trazado medievales. Aunque no haya muchas atracciones, las plazas y callejuelas del casco antiguo resultan muy sugerentes.

Desde su fundación en el s. XIII, la localidad ha sido destruida y reconstruida en varias ocasiones, aunque por ironías del destino salió prácticamente indemne de la II Guerra Mundial.

👁 Puntos de interés

En el s. XIV se concedió al pueblo el estatus de municipio y fue rodeado de una muralla *(mury miejskie)* fortificada, de la que todavía se conservan algunos tramos. Dos de las estructuras más sólidas son la **Puerta del Agua** (Brama Wodna; ul Podmiejska), al sur de la Rynek, y la **torre de Kłodzko** (Baszta Kłodzka; ul Okrzei; adultos/reducida 3/2 PLN; ⏰10.00-16.00 lu-sa), en el lado norte del casco antiguo, y a la que se puede subir.

Rynek PLAZA
(plaza del mercado; Plac Wolności) Los edificios que flanquean esta plaza, oficialmente conocida como Plac Wolności, constituyen una atrayente amalgama de estilos arquitectónicos. La torre renacentista octogonal (1567) del ayuntamiento, situado en el centro de la plaza, confiere al lugar un aire mediterráneo. Junto al consistorio se erige una elaborada columna de la peste (1737), de estilo barroco y dedicada a la Santísima Trinidad.

Museo de las Cerillas MUSEO
(Muzeum Filumenistyczne; www.muzeum.filumenistyka.pl; Mały Rynek 1; adultos/reducida 6/4,50 PLN; ⏰8.00-16.00 ma-sa, 10.00-15.00 do) Al este de la Rynek, la torre de los Caballeros (Baszta Rycerska) se remodeló en el s. XIX y se convirtió en el campanario de una iglesia protestante que se había construido al lado. Tras la II Guerra Mundial, la iglesia fue ocupada por este esotérico museo, que expone encendedores, etiquetas de cajas de cerillas y demás parafernalia relacionada con la ignición. En la pequeña plaza exterior se alza el poste donde eran azotados los infractores, de 1566; una

GÓRY STOŁOWE

Los Góry Stołowe, o "montes Mesa", constituyen una de las cordilleras más espectaculares de los Sudetes, coronada por un altiplano salpicado de fantásticas formaciones rocosas.

Forma un **parque** (Park Narodowy Gór Stołowych; www.pngs.com.pl; adultos/reducida 7/3 PLN) de 63 km², una de cuyas joyas es el Szczeliniec Wielki, su afloramiento más alto. Tanto el poeta alemán Goethe como el sexto presidente de EE UU, John Quincy Adams, caminaron por la zona y disfrutaron del paisaje. Desde lejos, el llano parece una alta cadena adornada de pináculos que se levanta de forma abrupta entre los campos circundantes.

Un poco más allá de Karłów, una aldea situada 1 km al sur de la llanura, se podrán subir 682 escalones de piedra (40 min), al final de los cuales se encuentra un sendero que da la vuelta a la cumbre (1 h más o menos) brindando unas vistas excelentes del paisaje montañoso y de las formaciones rocosas.

Unos 4 km al oeste, los Błędne Skały son otra maravilla: un vasto laberinto de piedras casi geométrico formado por cientos de enormes rocas depositadas por los glaciares. Hay una senda, a veces muy estrecha, que discurre entre las rocas.

Unos 650 m al sureste de la oficina de turismo de Kudowa-Zdrój, la **oficina central del Parque Nacional de Góry Stołowe** (Dyrekcja PNGS; ☑74 866 1436; www.pngs.com.pl; ul Słoneczna 31; ◷7.30-15.30 lu-vi) facilita toda la información necesaria y vende mapas y guías.

Cómo llegar y salir

Para llegar a Karłów hay que tomar un microbús privado en Kudowa-Zdrój (6 PLN, 20 min). Otra opción es uno de los frecuentes autobuses que van de Kudowa-Zdrój a Polanica-Zdrój (8 PLN, 35 min, cada 30 min), desde donde salen tres servicios diarios a Karłów (9 PLN, 50 min).

inscripción en latín en su parte superior reza "Dios castiga a los impíos".

Iglesia parroquial
del Arcángel San Miguel　IGLESIA

(Kościół Parafialny Św Michała Archanioła; Plac Skłodowskiej 3) Este templo gótico se sitúa en el punto más elevado del casco antiguo, dos manzanas al noroeste de la Rynek. Tiene una doble nave con una hilera de seis columnas góticas de por medio.

🛏 Dónde dormir

⭐**Hotel Castle**　HOTEL €€

(☑74 812 0560; www.hotelcastle.pl; ul Okrzei 26; i/d 130/210 PLN; P🅿️) En un bonito y viejo edificio que recuerda un castillo, este es el mejor alojamiento de Bystrzyca Kłodzka. Las habitaciones están decoradas con gusto y hay un buen restaurante revestido de un esplendor señorial. Está 200 m al norte de la oficina de turismo; al salir de la estación de trenes hay que girar a la derecha.

Hotel Abis　HOTEL €€

(☑74 811 0645; www.hotelabis.pl; ul Strażacka 28; i/d 110/170 PLN; P🅿️) Alojamiento económico

situado 1,5 km al noroeste de la Rynek. Sus limpias y básicas habitaciones ofrecen una buena relación calidad-precio, y el restaurante sirve platos clásicos polacos.

🍴 Dónde comer y beber

La Salle　ITALIANA €€

(Plac Wolności 1; principales 14-49 PLN; ◷12.00-22.00; 🅿️) Pintoresco restaurante en la bodega del ayuntamiento, que prepara una aceptable variedad de platos de pasta y *pizzas*.

Malibu　CAFÉ, BAR

(Plac Wolności 4; ◷11.00-23.00) Acogedor establecimiento en plena plaza, con vistas de cerca del ayuntamiento. Las mesas al aire libre son idóneas para contemplar la apacible vida urbana de la localidad.

ℹ Información

Oficina de turismo (☑74 811 3731; www.bystrzycaklodzka.pl; Mały Rynek 2/1; ◷8.00-17.00 lu-vi, 10.00-16.00 sa) Está en la pequeña plaza próxima a la torre de los Caballeros.

ℹ Cómo llegar y salir

➤ La **estación de autobuses** (ul Sienkiewicza 5),

en ul Sienkiewicza, 200 m al norte de la iglesia parroquial, ofrece servicios a Kłodzko (7 PLN, 25 min) como mínimo cada 2 h. Hay también conexiones a Boboszów (10 PLN, 1 h, 2 diarios), cerca de la frontera checa.

➡ Al este de la oficina de turismo, la **estación de trenes** (ul Międzyleśna) conecta con Kłodzko Miasto (7 PLN, 17 min, 10 diarios) y Wrocław (22 PLN, 2 h, 8 diarios).

ALTA SILESIA

Esta parte de Silesia presenta contrastes extremos. Muy urbanizada e industrializada, la Alta Silesia (Górny Śląsk) ocupa solamente el 2% del territorio de Polonia y aun así es el lugar residencial del 9% de la población. Gracias a sus grandes yacimientos de carbón ha sido, desde siempre, el centro de la industria pesada del país y la zona centroeuropea más densamente poblada. Con el socialismo, esta región fue la "más roja" de Polonia y, por tanto, recibió un buen trato.

Sin embargo, pese a la urbanización desaforada alrededor de Katowice, la región cuenta con su porción de pueblos y ciudades que vale la pena visitar. En la otra punta de la escala emocional está el campo de exterminio de Auschwitz-Birkenau, un lugar trágico pero que hay que ver. Alta Silesia es un punto donde parar si se va a Cracovia o a la República Checa.

Nysa

45 000 HAB.

Debe admitirse que Nysa no presenta la armónica arquitectura de otras muchas localidades de Silesia. Un 80% de sus edificios fue destruido durante las encarnizadas batallas entre los ejércitos alemán y soviético en 1945, y la reconstrucción de posguerra, en gran parte, deja bastante que desear en temas estéticos. Aun así, el batiburrillo de construcciones antiguas y modernas desempeña su papel, sobre todo la yuxtaposición de la espectacular catedral de Nysa con respecto a otros restos históricos repartidos por su Rynek.

Durante siglos, Nysa fue uno de los centros religiosos más importantes de Silesia. En el s. XVII fue elegida como sede de los obispos católicos, que huían de la ola reformista imperante en Wrocław. Pronto,

los prelados convirtieron Nysa en baluarte de la Contrarreforma; tal era su influencia que el lugar se ganó el sobrenombre de la "Roma de Silesia".

⊙ Puntos de interés

Catedral de San Jaime y Santa Inés
IGLESIA

(Katedra Św Jakuba i Agnieszki; www.bazylika-nysa.pl; Plac Katedralny 7) La vetusta catedral de Nysa, en la Rynek, con su imponente mole ennegrecida y su bonito portal doble de piedra, no pasa desapercibida. Erigida en 1430 y remodelada tras un incendio en 1542, ha sufrido pocos cambios desde entonces. El techo (de 4000 m²), soportado por 18 columnas de ladrillo, es uno de los más inclinados de Europa.

Su vasto e imponente interior, que data en su mayor parte del s. XIX, destaca por su sobriedad y nobleza. En las 18 capillas laterales se pueden admirar preciosos vitrales y un gran número de lápidas, monumentos funerarios y epitafios que conforman la mayor colección de escultura funeraria integrada en edificios religiosos de Silesia.

El campanario, cuya construcción empezó 50 años más tarde que la de la iglesia y, en principio, tenía que alcanzar los 100 m, se eleva como un bloque independiente. Pese a los 40 años de trabajos, se quedó a la mitad de esa altura, de ahí que parezca truncado y de curiosas proporciones, sobre todo con la diminuta torreta adosada.

Museo de Nysa
MUSEO

(Muzeum w Nysie; www.muzeum.nysa.pl; ul Jarosława 11; adultos/reducida 10/7 PLN, mi gratis; ⊙9.00-15.00 ma-vi, 10.00-15.00 sa y do) Este museo ocupa el palacio del Obispo del s. XVII, antigua y espaciosa residencia episcopal de doble fachada. Se exhiben desde hallazgos arqueológicos a fotos documentales de las secuelas de la guerra, más una maqueta de la localidad en su cenit. Hay otra sección que trata sobre las brujas de la región. El museo también presenta pinturas europeas de los ss. XV-XIX, casi todas de las escuelas flamenca y holandesa.

Rynek
PLAZA

(plaza del mercado) La variada arquitectura de esta vasta plaza da idea de los daños causados por la II Guerra Mundial. Solo el lado sur mantiene su aspecto histórico, con casas restauradas que datan del s. XVI. El edificio separado de enfrente, la **Casa**

LAS MURALLAS DE PACZKÓW

Quien se aloje en Nysa o Kłodzko puede ir a pasar el día a la aletargada Paczków. La excursión vale la pena, pues aunque sea pequeña, cuenta con uno de los conjuntos medievales más completos de Polonia.

El anillo oval de las murallas defensivas de Paczków se levantó más o menos en 1350 y está rodeado por un foso. Sorprendentemente dichas murallas permanecieron en pie a lo largo de los siglos y, como la localidad escapó de la destrucción de la II Guerra Mundial, aún cercan el barrio histórico. Originalmente tenían una altura de 9 m en su perímetro de 1200 m de longitud, así como una galería de madera para los centinelas cerca de la parte superior.

Se construyeron cuatro entradas con sus respectivas torres (que siguen en pie) y puentes levadizos, así como 24 torres semicirculares integradas en las murallas (se conservan 19, en su mayor parte semiderruidas). La más interesante es la **torre de la Puerta de Kłodzko** (Wieża Bramy Kłodzkiej; ul Narutowicza), redonda y con aspilleras irregulares; la más antigua es la **torre de la Puerta de Wrocław** (Wieża Bramy Wrocławskiej; ul Wrocławska; ⊙6.00-18.00 lu-sa, 9.00-16.00 do) `GRATIS`, del s. XIV, a la que se puede subir; la llave se pide en el cercano quiosco Ruch de ul Armii Krajowej.

Hay seis autobuses diarios a Paczków desde Nysa (10 PLN, 30 min) y cinco desde Kłodzko (12 PLN, 40 min).

Si sobra tiempo antes de tomar el autobús de vuelta, se puede visitar el **Museo de la Industria del Gas** (Muzeum Gazownictwa; www.muzeumgazownictwa.pl; ul Pocztowa 6; entrada 4/2 PLN; ⊙9.00-17.00 lu-vi), a un breve paseo al norte de la Rynek, en una vieja fábrica de gas de ladrillo rojo activa entre 1902 y 1977. Entre sus exposiciones, alberga una gran colección de contadores.

de Pesaje de la Ciudad (Dom Wagi Miejskiej; Rynek), de 1604, conserva fragmentos de pinturas murales del s. XIX en una pared lateral. Al volver la esquina, en ul Bracka, aparecen otras casas antiguas y una reproducción de la romana fuente de Tritón, de Bernini, de 1701.

Pasada la fuente se alzan las torres idénticas de la **iglesia de San Pedro y San Pablo** (Kościół Św Piotra i Pawła; www.piotripawel.nysa.pl; ul Bracka 18), construida en 1727 para los Hospitalarios del Santo Sepulcro. El templo tiene uno de los interiores barrocos más imponentes de Silesia, del que destacan el altar mayor, el órgano y las pinturas murales al trampantojo.

◉ Fortificaciones

En torno a la localidad quedan interesantes restos de fortificaciones. El restaurado **bastión de Santa Eduviges** (Bastion Św Jadwigi; ul Piastowska 19), del s. XVII, dos manzanas al noroeste de la Rynek, fue en su día una guarnición prusiana; hoy es un centro cultural que alberga además la oficina de turismo y un restaurante.

Los únicos restos significativos de las defensas medievales son dos torres de ladrillo del s. XIV: la **torre de Ziębice** (Wieża Ziębicka; ul Krzywoustego), al oeste de la Rynek, con atípicas torrecillas y gárgola de dragón; y la enyesada y blanca **torre de Wrocław** (Wieża Wrocławska; ul Wrocławska), 200 m al noreste de hacia la estación de trenes.

🛏 Dónde dormir

Pod Ziębickim Lwem Hostel ALBERGUE €
(☏77 433 3731; www.kadett.d.pl/nysa; ul Krakiecka 28; dc 25 PLN; P🛜) Unos 2 km al sur del casco antiguo, este albergue de 48 camas tiene dormitorios colectivos pequeños pero elegantes (2 a 4 camas), con un poco más de privacidad que en muchos otros albergues. Cuenta con una cocina comunitaria para huéspedes.

⭐**Villa Navigator** HOTEL €€
(☏77 433 4170; www.villanavigator.pl; ul Wyspiańskiego 11; i 80-110 PLN, d 110-160 PLN; P🛜) Atractivo establecimiento 400 m aprox. al oeste de la Rynek. Es un perfecto hotel familiar, con muebles antiguos, óleos, macetas y animados desayunos en el salón de la familia. Las habitaciones de la 3ª planta son más sencillas pero la mar de prácticas. La Danzig (nº 4) o la Secessionist (nº 3) son un regalo para la vista.

Hotel Fryderyk HOTEL €€
(✆77 421 0426; www.hotel.nysa.pl; ul Szopena
12; i 190 PLN, d 250-300 PLN; P✳🛜) Nuevo y
céntrico hotel alojado en un edificio histórico, con habitaciones cómodas decoradas
al estilo clásico. Cuenta con un consumado
restaurante polaco, y los huéspedes pueden
optar por una doble de tipo *prestige*, más
espaciosa.

🍴 Dónde comer

Bar Popularny BAR AUTOSERVICIO €
(Rynek 23/24; principales 4-14 PLN; ⊗8.00-18.00
lu-vi, hasta 16.00 sa; 🍴) Esta lechería-bar de
autoservicio, sin reformar, en la Rynek,
parece insulsa y básica, pero la comida es
deliciosa. Los menús salen muy a cuenta.

★ Madame POLACA €€
(Rynek 24/25; principales 15-48 PLN; ⊗9.00-
23.00) La célebre chef Magda Gessler está
detrás de la remodelación de este elegante
restaurante. Su decoración en tonos rosa-
dos y verdes se ve complementada por una
carta de platos polacos reinventados, junto con otros clásicos. Es el mejor lugar de
Nysa para cenar a lo grande.

Pizzeria Piec PIZZERÍA €€
(Rynek 39; principales 16-26 PLN; ⊗11.00-23.00)
En este local de pasta y *pizza* anejo a la
Casa del Pesaje de la Ciudad se reúne gente que quiere comer o beber. El interior es
de madera y tonalidades verde oscuro, un
lugar relajante para hacer una pausa.

ℹ️ Información

Oficina de correos (ul Krzywoustego 21;
⊗8.00-19.00 lu-vi, hasta 14.00 sa)
Oficina de la PTTK (✆77 433 4171; ul Bracka
4; ⊗9.00-17.00 lu-vi) Céntrica agencia de
viajes.
Oficina de turismo (✆77 433 4971; www.
informacja-turystyczna.nysa.pl; ul Piastowska
19; ⊗8.00-16.00) Está en el bastión de Santa
Eudiviges.

ℹ️ Cómo llegar y salir

➡ La **estación de autobuses** (www.pksnysa.pl;
ul Racławicka 1) y la **estación de trenes**
(ul Racławicka) están una frente a la otra, unos
500 m al noreste de la Rynek.
➡ Hay autobuses a Paczków (10 PLN, 30 min,
6 diarios), Kłodzko (15 PLN, 1 h, 5 diarios),
Opole (10 PLN, 1¼ h, 12 diarios) y Wrocław (18
PLN, 1½ h, 4 diarios).
➡ El tren es una buena alternativa para ir a
Opole (14 PLN, 1¼ h, 8 diarios). Para viajar en

tren a Wrocław, hay que comprar un billete
directo en la estación y hacer transbordo en
Brzeg.

Opole
120 000 HAB.
Opole es muy conocida en Polonia por el
Festival Nacional de Canción Polaca, que
se celebra anualmente en junio desde 1963
y se retransmite a todo el país por televisión. Pese a ser un centro industrial bastante grande, también cuenta con un bello
casco antiguo con bonitas vistas del canal
Młynówka que lo atraviesa.

En la línea divisoria de Alta y Baja Silesia, la ciudad es la capital de su propia provincia llamada Opolskie. La región también
es célebre por su activa minoría alemana,
una de las pocas comunidades germanas
que sobrevivió a la guerra. Ahora la componen 100 000 personas y tiene un repre-
sentante en el Gobierno local.

En el s. IX se construyó la primera fortaleza eslava. En el s. XIII Opole se convirtió en la capital de su principado y estuvo
gobernada por una rama de los Piast de
Silesia hasta 1532, incluso después de pasar
a formar parte de Bohemia en 1327. Más
tarde, cayó en manos de Austria, después
de Prusia y, tras la II Guerra Mundial, fue
devuelta a Polonia en 1945.

⊙ Puntos de interés

Rynek PLAZA
(plaza del mercado) Aunque seriamente dañada durante la II Guerra Mundial, la Rynek
se reconstruyó tras la contienda. Está bordeada por bonitas casas de estilo barroco
y rococó de colores terrosos, *pubs* y bares.
La torre de 64 m de altura del colosal ayuntamiento que hay en medio se inspiró en el
Palazzo Vecchio de Florencia y parece un
poco excesiva para una localidad de este
tipo. La original, del año 1864, se derrumbó
en 1934 pero fue reconstruida.

**★ Iglesia franciscana
de la Santísima Trinidad** IGLESIA
(Kościół Franciszkanów Św Trójcy; Plac Wolności
2) Esta iglesia de la esquina meridional de
la Rynek se construyó en ladrillo en 1330,
más o menos. Incluye un altar mayor muy
ornamentado, un órgano del s. XVIII y una
capilla renacentista en la nave lateral izquierda, separada por una elegante reja de

Opole

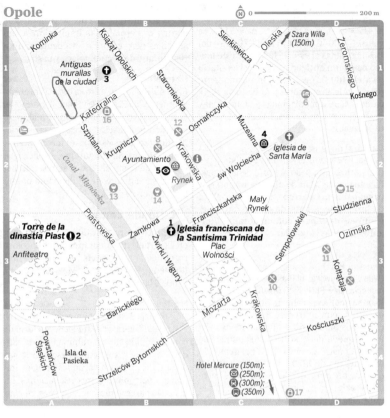

Opole

forja de finales del s. XVI. Una de sus joyas es la capilla de Santa Ana, accesible desde la nave lateral derecha por una entrada con tímpano. Esta capilla de bóveda gótica alberga un par de tumbas dobles de gran tamaño, talladas en arenisca en la década de 1380 y donde eran enterrados los duques de la región.

Museo Silesio de Opole · MUSEO

(Muzeum Śląska Opolskiego; www.muzeum.opole.pl; Mały Rynek 7; adultos/reducida 5/3 PLN, sa gratis; ☉9.00-16.00 ma-vi, 11.00-17.00 sa y do) Dos manzanas al este de la Rynek, este museo ocupa un antiguo colegio universitario jesuita (1698). La colección permanente presenta la Prehistoria y la historia de la ciudad y sus inmediaciones y siempre hay exposiciones temporales. La entrada es por ul Muzealna.

Catedral de la Santa Cruz · IGLESIA

(Katedra Św Krzyża; ul Katedralna 2) Esta catedral gótica, a un paso al norte de la Rynek, luce torres de 73 m de altura y un interior principalmente barroco. La bonita puerta de bronce de la entrada occidental se levantó en 1995 para conmemorar el 700º aniversario de la iglesia.

★Torre de la dinastía Piast · TORRE

(Wieża Piastowska; ul Piastowska 14; adultos/reducida 10/6 PLN; ☉10.00-18.00 lu-vi, hasta 15.00 sa y do) Esta robusta atalaya de 33 m de altura, con muros de 3 m de grosor y cimientos de 6 m de profundidad, es todo lo que queda del castillo de los duques de Opole. Construido en el s. XIV, fue demolido en la década de 1920 y sustituido por bloques de oficinas. Desde lo alto de la torre (163 escalones) se disfruta de una vista panorámica de la ciudad.

🛏 Dónde dormir

Szara Willa · HOTEL €€

(☏77 441 4570; www.szarawilla.pl; ul Oleska 11; i 269-309 PLN, d 319-339 PLN; P☎) La "villa gris" tiene un refrescante aire moderno y elementos decorativos de influencia asiática. Sus habitaciones son bastante espaciosas, con techos altos, y hay cuatro delanteras con vistas a una gran terraza. El gimnasio anexo es un valor añadido.

Hotel Piast · HOTEL €€

(☏77 454 9710; www.hotel-piast.com; ul Piastowska 1; i 310-399 PLN, d 369-460 PLN; P☀☎) El alojamiento mejor situado de Opole está en la punta norte de la isla de Pasieka, a un tiro de piedra del casco antiguo. Sus habitaciones son elegantes y cómodas, y hay un bar en el recinto.

Hotel Kamienica · HOTEL €€

(☏77 546 6196; www.hotelkamienica.com.pl; Plac Kopernika 14; i 165-190 PLN, d 240 PLN; ☎) Pulcro y cuidado hotel de tres estrellas detrás del casco antiguo, frente a un moderno centro comercial. Las habitaciones son sencillas pero cómodas, y cuenta con un restaurante de cocina polaca y pasta.

Hotel Mercure · HOTEL €€

(☏77 451 8100; www.mercure.com; ul Krakowska 57; h desde 205 PLN; P☎) Sigue fielmente el patrón de esta cadena internacional, pero su práctica ubicación cerca de las estaciones de autobuses y trenes es incontestable. Tiene un bar y un restaurante, y aplica descuentos de hasta el 50% si se reserva mediante su página web. El desayuno cuesta 35 PLN por persona.

🍴 Dónde comer

Casi todos los restaurantes se concentran en la Rynek. Para comprar alimentos se recomienda el céntrico **Delikatesy Piast** (Rynek 13; ☉7.00-22.00 lu-vi, 8.00-23.00 sa, 10.00-20.00 do).

Hamburg · HAMBURGUESERÍA €

(ul Kołłątaja 16a; hamburguesas 11-15 PLN; ☉11.00-20.00 lu-sa; ☑) Este moderno local de comida rápida sirve hamburguesas de calidad a base de ingredientes frescos. Además de la típica, ofrecen variantes griegas, italianas y balcánicas, y tres vegetarianas. En la carta aparecen también sopa y ensaladas.

Smaki Świata · INTERNACIONAL €

(ul Książąt Opolskich 2/6; platos 3,09 PLN/100 g; ☉11.00-20.00) "Sabores del mundo" hace honor a su nombre, pues este animado restaurante de autoservicio sirve cocina polaca, húngara, italiana y china. Toda la comida tiene el mismo precio y se paga al peso.

Restauracja U Mnicha · POLACA €€

(ul Ozimska 10; principales 12-30 PLN; ☉11.00-22.00) En este moderno restaurante subterráneo de temática monacal sirven sándwiches, *pizzas* y sustanciosas ensaladas, y en verano preparan barbacoas en su pequeña zona ajardinada. Se accede por ul Kołłątaja.

Kaiseki · JAPONESA €€

(ul Ozimska 4; platos 12-39 PLN; ☉12.00-22.00 lu-sa, hasta 21.00 do) Este restaurante tan elegante y tan japonés, sito en la parte de arriba de un moderno centro comercial, sirve *sushi* pero también platos más sustanciosos como *tempura*.

🍷 Dónde beber y vida nocturna

Pauza CAFÉ
(ul Ozimska 19b; ⊙9.00-21.00 lu-vi, 12.00-20.00 sa y do) Relajado local en dos niveles oculto en un callejón, ideal para tomar café y tarta tras un día de visitas turísticas. También hay varias mesas al aire libre. Se entra por ul Podgórna.

Maska PUB
(Rynek 4-6; ⊙11.00-madrugada) *Pub* veterano y pintoresco, en plena plaza, que también sirve contundente comida polaca.

Highlander Klub PUB, CLUB
(ul Szpitalna 3; ⊙11.00-madrugada) Este agradable local es un buen sitio para una cerveza y un poco de baileteo, pues programa sesiones de pinchadiscos que ponen desde *house* a música latina.

🛍 De compras

Cepelia ARTESANÍA
(ul Koraszewskiego 25) Tiene a la venta la mayor selección de porcelana floral pintada a mano por la que es célebre Opole.

Empik LIBROS
(ul Krakowska 45/47; ⊙9.00-20.00 lu-vi, 22.00-16.00 sa y do) Vende libros, mapas y revistas.

ℹ Información

Oficina principal de correos (ul Krakowska 46; ⊙24 h)
Oficina de la PTTK (📞77 454 5113; www. opole.pttk.pl; ul Krakowska 15; ⊙10.00-16.30 lu-vi) Agencia de viajes.
Oficina de turismo (📞77 451 1987; www. mosir.opole.pl; Rynek 23; ⊙10.00-18.00 lu-vi, hasta 15.00 sa y do; 🖥) Proporciona asistencia a viajeros y ofrece acceso wifi gratis.

ℹ Cómo llegar y salir

➜ La **estación de trenes** (Opole Główne; ul Krakowska 48) y la de **autobuses** (www.pks. opole.pl; ul 1 Maja 4) están frente a frente al final de ul Krakowska, al sur del casco antiguo.
➜ Hay autobuses a Nysa (10 PLN, 1¼ h, 12 diarios) y Kłodzko (25 PLN, 2½ h, 4 diarios).
➜ Opole se halla en la principal línea ferroviaria entre Katowice (24 PLN, 1½ h, al menos cada hora) y Wrocław (26 PLN, 55 min, al menos cada hora). Ocho trenes diarios viajan a Cracovia (40 PLN, 2¾ h), y 11 a Częstochowa (24-44 PLN, 1 h). A Varsovia hay un tren TLK (59 PLN, 5½ h) y cinco *intercity* (123 PLN, 3 h).

Katowice

302 000 HAB.

Katowice se halla en el centro del llamado distrito industrial de Alta Silesia (Górnośląski Okręg Przemysłowy, o GOP). El GOP, que engloba 14 ciudades y varias localidades menores, conforma una gran conurbación de más de tres millones de habitantes.

Producto del *boom* industrial del s. xix, Katowice no adquirió el estatus de ciudad hasta el período de entreguerras. Tras la II Guerra Mundial, en pleno apogeo del culto enfermizo a Stalin, fue rebautizada como Stalinogród, aunque recuperó su nombre tras la muerte del dictador en 1953. Katowice tiene pocos monumentos históricos, pero es un importante centro comercial y cultural.

👁 Puntos de interés

Rynek PLAZA
(plaza del mercado) La céntrica Rynek no está bordeada por antiguas casas burguesas como en el resto de Silesia sino que, en su lugar, está acotada por grises bloques de la posguerra. Es una joya del "estilo Gierek temprano", término que aquí aplican (no sin sarcasmo) a la arquitectura generada durante el fugaz período de prosperidad aparente vivido a principios de la década de 1970, cuando el Gobierno comunista de Edward Gierek recibió sustanciosos préstamos de los países occidentales con el descabellado objetivo de convertir a Polonia en un segundo Japón.

Aun así, durante la visita de los autores de esta guía, la plaza se hallaba sometida a una importante remodelación que debería convertirla en un espacio público más agradable: los llamativos maceteros y los bancos de madera son un buen comienzo.

Museo de Silesia MUSEO
(Muzeum Śląskie; www.muzeumslaskie.pl; al Korfantego 3; adultos/reducida 12/7 PLN, sa gratis; ⊙10.00-17.00 ma-vi, 11.00-17.00 sa) Al norte de la Rynek, este museo exhibe pintura polaca de 1800 a 1939 pero también varias exposiciones temporales de su vasta colección (bellas artes, arqueología, etnografía e historia y cultura locales). Una nueva sección, inaugurada a mediados del 2015, y alojada en una vieja mina de carbón, es en parte subterránea.

MERECE LA PENA

PASA LA PALANCA, JEEVES

La pequeña localidad de Toszek merece un desvío, aunque solo sea para ver su impresionante castillo (Zamek w Toszku; www.zamektoszek.eu; ul Zamkowa; ⊙8.00-22.00) GRATIS gótico de 1222, pero el otro extremo del pueblo reserva una nota literaria para los amantes de los libros.

En mayo de 1940, el popular novelista británico P. G. Wodehouse, creador del autoritario mayordomo Jeeves y su desafortunado empleado Bertie Wooster, fue capturado por el Ejército alemán en su casa de Francia. En septiembre fue trasladado a un campo de internamiento de civiles en la alemana Tost, ahora Toszek.

La prisión fue habilitada en el recinto del hospital psiquiátrico (Szpital Psychiatryczny; ul Gliwicka 5), y su siniestra historia no terminó con los alemanes: tras la guerra fue prisión política de la NKVD, la temida policía secreta de la Unión Soviética. Aunque no se puede entrar, se podrá distinguir claramente el exterior de ladrillo rojo desde el parque que hay al otro lado de la carretera. En el complejo están los jardines que los prisioneros utilizaban como campo de ejercicio, con el comedor y el hospital al fondo.

Wodehouse, entonces de 58 años, se las arregló bien en el campo, pero no le convencía mucho lo que podía verse de Toszek a través de las ventanas con barrotes y escribió: "Si esto es Alta Silesia ¿cómo debe de ser Baja Silesia?"

El escritor mundialmente conocido fue relativamente bien tratado por sus captores, que le permitieron trabajar con una máquina de escribir alquilada. Más adelante, en 1941, fue invitado por los mandos alemanes para que hiciera una serie de transmisiones radiofónicas para tranquilizar a sus lectores de los aún neutrales EE UU. Él aceptó sin darse cuenta de lo mal que sentaría en el Reino Unido después del Blitz y de la batalla de Inglaterra. Las emisiones levantaron una gran indignación y acusaciones de colaboracionismo.

Aunque finalizada la contienda, el servicio de inteligencia británico limpió secretamente su nombre, negando cualquier delito por su parte, el incidente dejó huella. Wodehouse nunca regresó a Gran Bretaña y pasó el resto de vida en Long Island (Nueva York).

Sir Pelham Grenville Wodehouse murió en 1975, a la edad de 93 años, justo seis semanas después de recibir un tardío título de sir de su patria. Sus casi 100 libros le sobreviven, entre los que cabe destacar el que terminó mientras estaba en la prisión de Toszek: *Dinero en el banco*.

Si el viajero desea visitar Toszek, hay 10 trenes diarios desde Opole (14 PLN, 50 min). Desde la estación de trenes (ul Dworcowa) hay que girar a la izquierda y dar un paseo de 20 min por ul Dworcowa hasta el centro.

Catedral de Cristo Rey IGLESIA
(Katedra Chrystusa Króla; www.katedra.katowice.opoka.org.pl; ul Plebiscytowa 49a) Unos 800 m al sur de la Rynek está la catedral, que, con sus 89 × 53 m, es la más grande de Polonia. Esta enorme estructura de piedra caliza se edificó entre 1927 y 1955. Una gran cúpula a 59 m del suelo remata el vasto interior, pero aparte de las coloridas vidrieras y de un singular crucifijo en forma de rueda, resulta bastante austera. Detrás, el Museo Archidiocesano (ul Jordana 39; ⊙14.00-18.00 ma-ju, 11.00-15.00 sa) GRATIS posee una colección de arte sacro con obras reunidas desde finales del s. XIV, entre las que se incluyen unos bellos retablos góticos. La entrada está situada en ul Wita Stwosza.

Rascacielos Drapacz Chmur EDIFICIO
(ul Żwirki i Wigury 15) Esta compacta estructura de 14 plantas y 60 m de altura fue el edificio más alto del país entre 1934 y 1955 y pasa por ser su mejor ejemplo del funcionalismo.

Iglesia castrense de San Casimiro IGLESIA
(Parafia Wojskowa Św Kazimierza; ul Skłodowskiej-Curie 20) Este templo de bellos interiores *art déco* data de 1933, solo un año antes que el rascacielos funcionalista situado enfrente.

★**Museo de Historia de Katowice en Nikiszowiec** MUSEO
(Muzeum Historii Katowic w Nikiszowcu; www.mhk.katowice.pl; ul Rymarska 4; adultos/reducida 8/4 PLN; ⊙10.00-18.00 ma-vi, 11.00-15.00 sa y do;

30) El museo de la ciudad cuenta con una delegación en el característico barrio residencial de Nikiszowiec, 5 km al sureste del centro. El distrito es un barrio de viviendas de protección oficial único, creado para los mineros (y sus familias) que trabajaron en un pozo cercano entre 1908 y 1924. Construidos en atractivo ladrillo rojo, los nueve bloques están interconectados por puertas y una red de calles. El complejo se diseñó para ser autosuficiente, con tiendas, restaurantes, una piscina, un hospital, una escuela y un centro de detención. El museo aporta el contexto a esta interesante joya arquitectónica.

Parque Etnográfico
de Alta Silesia ·MUSEO·

(Górnośląski Park Etnograficzny; www.muzeumg pe-chorzow.pl; ul Parkowa 25, Chorzów; adultos/ reducida 8/6 PLN; 9.00-19.00; 0, 6, 11, 19, 23) Este extenso museo al aire libre reúne muchos edificios tradicionales de madera repartidos por 20 Ha. Se halla en el aún mayor Parque Provincial de la Cultura y el Recreo, que además cuenta con un estadio, un zoológico, un parque de atracciones y un planetario. Está unos 3 km al noroeste del centro.

🛏 Dónde dormir

Jopi Hostel ·ALBERGUE·
(32 204 3432; www.jopihostel.pl; ul Plebiscytowa 23; dc 41-51 PLN, i/d 101/107 PLN;) Albergue moderno al sur de la estación de trenes, con una equipada cocina y un cómodo salón-comedor comunitario. Las alegres tonalidades naranja de las habitaciones aportan un toque de luminosidad al interior.

Pokoje Gościnne Zacisze ·HOTEL·
(32 205 0935; www.noclegizacisze.pl; ul Słowackiego 15; h desde 100 PLN;) Este alojamiento ofrece habitaciones de agradable decoración en un antiguo edificio cerca de la estación de autobuses. No sirven desayunos, pero los huéspedes tienen acceso a una cocina. Las habitaciones más económicas tienen baño compartido.

⭐**Hotel Diament** ·HOTEL·
(32 253 9041; www.hoteldiament.pl; ul Dworcowa 9; i/d desde 255/300 PLN;) Frecuentado por viajeros de negocios, pertenece a una cadena silesia. Es cómodo, práctico y de confianza, con un buen restaurante en la planta baja. Ofrece una

excelente relación calidad-precio para su nivel de confort, y reservar en línea suele comportar descuentos.

Hotel Katowice ·HOTEL·
(32 258 8281; www.hotel-katowice.com.pl; al Korfantego 9; i/d desde 120/180 PLN;) Edificio de la época comunista en el que se han renovado las habitaciones y que queda a un corto paseo del centro. Cuenta con un bar y un restaurante.

Hotel Monopol ·HOTEL·
(32 782 8282; www.monopolkatowice.hotel.com. pl; ul Dworcowa 5; i/d 490/580 PLN;) El hotel más famoso de Katowice antes de la guerra recupera su cara más amable, con un personal simpático y servicial. En las habitaciones no faltan estilizadas superficies cromadas y de madera de nogal, y los baños tienen grandes alcachofas de ducha. Además, tiene dos restaurantes, un gimnasio con dos saunas y una piscina. El fabuloso suelo de mosaico del s. XIX que hay bajo el cristal del vestíbulo llama la atención.

🍴 Dónde comer

Junto a la estación de trenes, el nuevo **centro comercial Galeria Katowicka** (www. galeriakatowicka.eu; ul 3 Maja 30; 9.00-21.00 lu-sa, 10.00-20.00 do) acoge numerosos bares de tentempiés y restaurantes básicos, además de un supermercado. Las zonas en torno a ul Staromiejska y ul Wawelska, al noreste de la estación, son algo más cosmopolitas y exclusivas.

Złoty Osioł ·VEGETARIANA·
(ul Mariacka 1; principales 12 PLN; 10.00-22.00 lu-sa, 12.00-22.00 do;) El "burro dorado" es un alegre y popular café con un interiorismo *hippy* y un exquisito elenco de platos vegetarianos, algunos *veganos*.

⭐**Tatiana** ·POLACA·
(ul Staromiejska 5; principales 18-89 PLN; 11.00-23.00) Elegante local con una gran oferta de platos polacos actuales y donde no faltan detalles de madera. Hay desde empanadillas caseras con espinacas y nueces a pata de conejo en salsa de mostaza. Es un lugar con clase para una buena y relajada velada.

Restauracja A Dong ·ASIÁTICA·
(ul Wawelska 3; principales 30-45 PLN; 11.00-23.00;) Sirve comida asiática genuina, a saber: calamar de Sichuan, langostinos

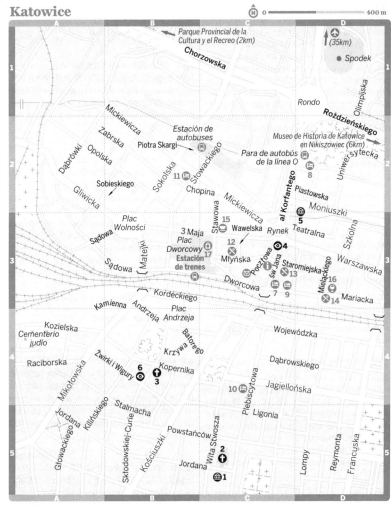

Katowice

N 0 — 400 m

Parque Provincial de la Cultura y el Recreo (2km)

Chorzowska

Spodek (35km)

Mickiewicza

Zabrska

Estación de autobuses

Piotra Skargi

Słowackiego

Rondo

Rożdzieńskiego

Museo de Historia de Katowice en Nikiszowiec (6km)

Dąbrówki

Opolska

Sokolska

Para de autobús de la línea O

8

Uniwersytecka

Olimpijska

Sobieskiego

11

Chopina

Piastowska

al Korfantego

Moniuszki

5

Gliwicka

Plac Wolności

Stawowa

15

Mickiewicza

Wawelska

Rynek

Teatralna

Szkolna

Sądowa

3 Maja

Plac Dworcowy

12

Młyńska

4

Warszawska

Matejki

17

Estación de trenes

Pocztowa

św Jana

Staromiejska

13

Mielęckiego

16

Sądowa

Dworcowa

7 9

14

Mariacka

Kordeckiego

Kamienna

Andrzeja

Plac Andrzeja

Batorego

Wojewódzka

Kozielska

Cementerio judío

Żwirki i Wigury

Krzywa

Dąbrowskiego

Raciborska

Mikołowska

Kopernika

6

3

Jagiellońska

10

Plebiscytowa

Ligonia

Głowackiego

Jordana

Klimińskiego

Stalmacha

Skłodowskiej-Curie

Kościuszki

Powstańców

Wita Stwosza

Jordana

2

1

Lompy

Reymonta

Francuska

malasios, pulpo vietnamita y langosta al estilo Saigón, entre otros.

Dónde beber y vida nocturna

Kofeina Bistro   CAFÉ
(ul 3 Maja 13; ☺8.00-20.00 lu-sa, 11.00-20.00 do; 🛜) Local luminoso y moderno que sirve el mejor café de Katowice y una selección de tartas y tentempiés. Los desayunos incluyen tortillas y creps.

Komitet PRL   CLUB
(ul Mariacka 4; ☺16.00-madrugada mi-sa) Un

Club con sentido del humor y propenso a la nostalgia, ideal para bailar toda la noche con éxitos *disco* de los años setenta a los noventa.

🛈 Información

Cafe Kontakt (ul Stawowa 3; 5 PLN/h; ☺8.00-23.00 lu-sa, 10.00-22.00 do) Ofrece acceso a internet.

Oficina de correos (ul Pocztowa 9; ☺24 h)

Oficina de turismo (📞32 259 3808; www.katowice.eu; Rynek 13; ☺9.00-17.00 lu-vi, hasta 16.00 sa) Quien quiera encontrar un poco más de la característica arquitectura

Katowice

⊙ **Puntos de interés**

🛏 **Dónde dormir**

🍴 **Dónde comer**

🍷 **Dónde beber y vida nocturna**

🛍 **De compras**

de entreguerras en Katowice debería pedir el folleto con rutas a pie para ver, precisamente, arquitectura.

❶ Cómo llegar y salir

AVIÓN

El **aeropuerto de Katowice** (☏32 392 7000; www.katowice-airport.com; ul Wolności 90) está en Pyrzowice, 35 km al norte de la ciudad. Opera vuelos nacionales a Varsovia (3 diarios), y servicios internacionales a numerosas ciudades europeas:
Frankfurt Lufthansa y Wizz Air, cuatro diarios
Londres Ryanair y Wizz Air, tres diarios
París Wizz Air, tres semanales

Hay servicios de enlace entre el aeropuerto y la estación de trenes de Katowice, ofrecidos por **Matuszek** (☏32 236 1111; www.matuszek. pl; ida/ida y vuelta hasta Katowice 20/ 40 PLN, hasta Kraków 44/88 PLN); si el billete se compra en el autobús cuesta 5 PLN más por trayecto que si se adquiere por internet. La empresa también cuenta con servicios desde el aeropuerto de Katowice a Cracovia.

AUTOBÚS

La **estación de autobuses** (www.katowiced worzec.pl; ul Piotr Skargi 1), unos 500 m al norte de la de trenes, ofrece más servicios

regionales, de larga distancia e internacionales. Otros autobuses regionales que efectúan trayectos de corta distancia salen de la nueva terminal subterránea integrada en la estación de trenes del centro.

Para la mayoría de los viajes el tren es la mejor opción, aunque la empresa privada **Polski Bus** (www.polskibus.com) opera varios servicios útiles. Lo mejor es reservar en línea con antelación, pues los precios varían mucho según el día.

DESTINO	DURACIÓN (H)	FRECUENCIA
Berlín	7½	2 diarios
Bratislava	5¾	2 diarios
Częstochowa	1½	4 diarios
Viena	7¾	2 diarios
Varsovia	4½	9 diarios
Wrocław	2½	cada 2 h
Zakopane	3¾	3 diarios

Los tres autobuses diarios de PKS a Oświęcim (12 PLN, 1 h) son también útiles, pero la mejor opción para ir a esta localidad es el **autobús de la línea 0** (ul Korfantego; 8 PLN; 55 min) especial, que parte hacia el Museo Auschwitz-Birkenau cuatro veces al día de lunes a sábado, entre las 6.00 y las 16.30, de una parada situada en ul Korfantego, frente al Hotel Katowice. La última salida de vuelta es a las 18.30.

TREN

El tren es el principal medio de transporte para moverse por esta región y más allá. La moderna y bulliciosa **estación de trenes** (Plac Szewczyka 1) está en el centro.

Servicios nacionales

DESTINO	TARIFA (PLN)	DURACIÓN (H)	FRECUENCIA
Częstochowa	24	1½	cada hora mínimo
Cracovia	21	2	cada hora mínimo
Opole	24	1½	cada hora mínimo
Oświęcim	11	1	9 diarios
Poznań	56	5½	7 diarios
Pszczyna	12	40 min	cada hora mínimo
Varsovia	60-117	2¾	cada hora
Wrocław	30	3	11 diarios

Servicios internacionales

DESTINO	DURACIÓN (H)	FRECUENCIA
Bratislava	5½	1 diario
Budapest	8½	1 diario
Praga	5½	1 diario
Viena	5	2 diarios

SILESIA ALTA SILESIA

Pszczyna

26 000 HAB.

La "perla de Silesia", uno de los burgos más antiguos de la región (sus orígenes se remontan al s. XI), es una bonita localidad con un impresionante castillo.

Pszczyna fue el hogar de la dinastía de los Piast durante siglos. En 1847, después de varios cambios de propietario, la poderosa familia prusiana de los Hochberg se hizo con el control de la localidad.

En los últimos meses de la I Guerra Mundial, Pszczyna fue el principal foco de tres levantamientos silesios, en los que los campesinos tomaron las armas para exigir la anexión de Silesia a Polonia. Sus deseos se hicieron realidad en 1921, tras llevarse a cabo un plebiscito organizado por la Liga de Naciones.

◉ Puntos de interés

Museo del Castillo   MUSEO

(Muzeum Zamkowe; www.zamek-pszczyna.pl; ul Brama Wybrańców 1; museo adultos/reducida 14,50/8,50 PLN, biblioteca adultos/reducida 5/3 PLN, vitrina de las Miniaturas adultos/reducida 3/2 PLN; ☺11.00-15.00 lu-ma, 10.00-16.00 mi-do) Esta ostentosa y antigua residencia (que parece más un palacio) data del s. XII, cuando los duques de Opole construyeron aquí un pabellón de caza. El complejo fue ampliado y remodelado en varias ocasiones, la última en 1870.

Hoy el palacio alberga el Museo del Castillo, con una docena de habitaciones abiertas en tres plantas. Quienes deseen más información deben adquirir una copia de la guía en inglés *The Castle Museum in Pszczyna* (22 PLN) en la taquilla o la oficina de turismo.

Los Hochberg, propietarios del castillo de Pszczyna (Zamek w Pszczynie) hasta 1945, lo amueblaron de acuerdo con su estatus dado que constituían una de las familias más ricas de Europa que gobernaba amplios territorios desde el castillo de Książ, su sede familiar en Silesia. Obras de arte de incalculable valor completaban la escena, pero casi todas se perdieron durante la II Guerra Mundial.

Entre sus estancias, decoradas con tapices, cerámica, cuadros y trofeos de caza, destacan la biblioteca, revestida por entero en madera de nogal, y la impresionante sala de los Espejos, que en ocasiones acoge conciertos de música de cámara. Otras salas están dedicadas a exposiciones temáticas, como la que en el sótano reúne una colección de armaduras o una de la 3ª planta que muestra la vitrina de las Miniaturas con diminutos retratos.

Detrás de la fortaleza se encuentra el extenso parque del Castillo, de estilo inglés, que discurre a orillas del río Pszczynka.

Rynek   PLAZA

(plaza del mercado) La frondosa y alargada Rynek está flanqueada por viejas casas burguesas, principalmente de los ss. XVIII y XIX. En el lado norte de la misma se alza la iglesia protestante y, a su lado, en nº 2, el ayuntamiento, ambos restaurados a finales del siglo pasado. Detrás del ayuntamiento se halla la iglesia parroquial, del s. XIV. Reconstruida a fondo a lo largo de los años, su lujoso interior incluye una pintura de la Ascensión en el techo. Al oeste de la plaza se sitúa el castillo de Pszczyna, hoy un museo.

Pueblo-granja de Pszczyna   MUSEO

(Zagroda Wsi Pszczyńskiej; www.skansen.pszczyna.pl; ul Parkowa; adultos/reducida 6/4 PLN; ☺9.00-18.00 mar-sep, hasta 16.00 oct-feb) Unos 5 min a pie al este de la Rynek, este pequeño pero interesante museo al aire libre tiene media docena de casas de madera con 200 años de antigüedad y procedentes de diversas partes de la región, entre las que destacan un molino, una herrería y un granero.

🛏 Dónde dormir

Hotel PTTK   HOTEL €

(☏32 210 3833; www.pttk-pszczyna.slask.pl; ul Bogedaina 16; i 45-75 PLN, d 66-99 PLN; ⓟ🛜) Económico hotel situado 500 m al sur de la Rynek y 500 m al oeste de la estación de trenes. Posee un sugestivo emplazamiento en una antigua prisión de ladrillo rojo, cuyo último interno salió en 1975. Hoy las habitaciones no parecen celdas, aunque las más baratas comparten instalaciones. El desayuno no está incluido, pero hay una cocina para uso de los huéspedes.

Pensonjat Piano Nobile HOTEL €€
(☑32 447 7882; www.pianonobile.com.pl; Rynek 16; i 170 PLN, d 220-280 PLN; 🐾) Este pequeño hotel ocupa una residencia de 200 años, exquisitamente renovada, en plena Rynek, un lugar muy práctico. Proporciona habitaciones cómodas y un restaurante evocador.

Hotel U Michalika HOTEL €€
(☑32 210 1355; www.umichalika.com.pl; ul Dworcowa 11; i/d 110/165 PLN; P🐾) Pertenece a la familia de Stefan Michalika, chef local convertido en empresario, y ofrece 21 modernas y alegres habitaciones y un gimnasio.

✖ Dónde comer y beber

Café U Telemanna CAFÉ €
(ul Brama Wybrańców 1; platos 5-16 PLN; 🕙10.00-20.00 lu-ju, 9.00-21.00 vi y sa, 10.00-20.00 do) Situado en el patio del castillo de Pszczyna, es un buen sitio para reponer fuerzas y beber o tomar un tentempié tras visitar el edificio. Su nombre recuerda al compositor Georg Philip Telemann (1681-1767), que residió aquí durante cuatro años.

★ Frykówka POLACA, PIZZERÍA €€
(Rynek 3; principales 15-69 PLN; 🕙11.00-22.00; 🐾) Elegante y premiado restaurante de la Rynek, con un pintoresco interior de madera. Sirve un gran abanico de platos regionales y *pizzas*.

Bednarska 3 PUB, CLUB
(ul Bednarska 3; 🕙11.00-madrugada) Algo más relajado que los locales de la plaza, es perfecto para tomar una cerveza tranquilamente.

🛈 Información

Oficina de correos (ul Batorego 1; 🕙7.00-19.30 lu-vi, hasta 13.00 sa)
Oficina de turismo (☑32 212 9999; ul Brama Wybrańców 1; 🕙8.00-16.00 lu-vi, 10.00-18.00 sa y do) Está en la puerta del castillo.

🛈 Cómo llegar y salir

La atractiva y restaurada **estación de trenes** (Plac Dworcowy) está al este del centro, y los autobuses salen de paradas situadas junto a la estación en ul Sokoła. El tren es la mejor opción; los servicios a Katowice (12 PLN, 40 min) circulan al menos cada hora, y el tren a Viena (4½ h) para aquí dos veces al día.

Oświęcim
39 500 HAB.
Esta tranquila localidad industrial de tamaño medio está en la frontera entre Silesia y Małopolska, 30 km al sureste de Katowice y 40 km al oeste de Cracovia. El nombre polaco del lugar puede que no resulte familiar para los extranjeros, pero la versión alemana, Auschwitz, sí que lo es. Este fue el escenario del mayor intento de genocidio en la historia de la Humanidad. Aunque visitarla pueda resultar deprimente, la experiencia permitirá entender la maldad absoluta del Holocausto.

⊙ Puntos de interés

Museo y Monumento Conmemorativo de Auschwitz-Birkenau ENCLAVE HISTÓRICO
(Auschwitz-Birkenau Miejsce Pamięci i Muzeum; ☑guías 33 844 8100; www.auschwitz.org; ul Więźniów Oświęcimia 20; circuitos adultos/reducida 40/30 PLN; 🕙8.00-19.00 jun-ago, hasta 18.00 abr-may, hasta 17.00 mar y sep, hasta 16.00 feb y oct, hasta 15.00 ene y nov, hasta 14.00 dic) GRATIS
Su nombre es sinónimo de genocidio y del Holocausto. Más de un millón de judíos, así como numerosos polacos y gitanos, fueron asesinados aquí por los ocupantes alemanes durante la II Guerra Mundial. Se han conservado sus dos secciones: el campo base Auschwitz I y otro mucho mayor en Birkenau (Auschwitz II), abiertos al público. Para evaluar el alcance y horror del lugar es esencial visitar ambos.

De abril a octubre es obligatorio unirse a un circuito si se llega entre las 10.00 y las 15.00; hay que reservar con mucha antelación por teléfono o en www.visit.auschwitz.org.

Durante gran parte del día hay circuitos en varios idiomas, y entre las 11.30 y las 13.30 salen cada 30 min. Todos incluyen un breve documental sobre la liberación del campo por las tropas soviéticas en enero de 1945 (no recomendable para niños menores de 14 años).

Los invasores alemanes abrieron el campo de exterminio de Auschwitz en abril de 1940 en un cuartel polaco de antes de la guerra a las afueras de Oświęcim. Inicialmente Auschwitz estaba destinado a los prisioneros políticos polacos, pero después el campo se adaptó para llevar a cabo el exterminio sistemático de los judíos de Europa. Para conseguir sus macabros objetivos, entre 1941 y 1942 los nazis construyeron un campo mayor en Birkenau (Brzezinka), unos 2 km al oeste del campo original, y poco después, el campo de Monowitz (Monowice), algunos kilómetros al oeste.

El centro de visitantes del museo se halla a la entrada del recinto de Auschwitz. Se pueden hacer fotografías y grabar videos en todo el campo sin utilizar *flash* ni trípodes. Junto a la entrada hay un bar de tentempiés de autoservicio, una *kantor* (oficina privada de cambio de moneda), una sala gratuita de consigna y librerías con publicaciones sobre el lugar.

Quien quiera visitarlo por libre, puede recoger una copia de la *Auschwitz Birkenau Guidebook* (5 PLN) editada por el museo. Tiene mapas de los dos campos para orientarse por los recintos.

➡ *Auschwitz*

Los alemanes que huían en estampida solo destruyeron parte de Auschwitz y muchos de los edificios originales de ladrillo permanecen hoy en día como un sombrío testigo de la historia del campo. Unos 13 de los 30 barracones de la prisión que quedan ahora acogen exposiciones del museo; también de temática general o dedicadas a las víctimas de determinados países o grupos étnicos que perdieron la vida en Auschwitz.

Desde el centro de visitantes se accede al campo rodeado de alambradas por la infausta puerta donde todavía reza el cínico y rotundo mensaje en alemán: *"Arbeit Macht Frei"* (el trabajo libera). En realidad, el rótulo es una réplica que reemplazó al original a finales del año 2009 porque fue robado. Aunque a los pocos días se recuperara, se tardaron 17 meses en restaurarlo porque los ladrones lo habían destrozado. La réplica permanece en su lugar, y el rótulo original se expone hoy en el museo.

➡ *Birkenau*

De hecho fue en Birkenau, y no en Auschwitz, donde se produjo la mayor masacre. Las inmensas (175 Ha) y 'eficientes' instalaciones contaban con más de 300 pabellones (en realidad eran establos construidos para caballos con capacidad para 300 personas cada uno). Birkenau disponía de cuatro enormes cámaras de gas con su respectivo crematorio. Cada cámara podía gasear a 2000 personas al mismo tiempo y había ascensores eléctricos para subir los cuerpos a los hornos crematorios.

Pese a que durante su retirada los alemanes destruyeron gran parte de Birkenau, las dimensiones del complejo (cercado por largas alambradas y torres de vigilancia hasta donde alcanza la vista) impresionan; para tener otra perspectiva, se puede ascender a la torre de la puerta de la entrada. Algunos de los pabellones que se conservan están abiertos al público para ver, contemplar en silencio y rezar. Si se va por libre, se recomienda reservar como mínimo 1 h para pasear por el campo.

Museo Judío MUSEO
(Muzeum Żydowskie; www.ajcf.pl; Plac Skarbka 5; adultos/reducida 10/6 PLN; ⊙10.00-18.00 do-vi abr-sep, hasta 17.00 do-vi oct-mar) En el centro de Oświęcim, esta institución cuenta con exposiciones permanentes sobre su próspera comunidad judía en los años previos a la II Guerra Mundial. En la sinagoga restaurada (1913) se verán fotos y hallazgos de la cultura judía encontrados debajo de la gran sinagoga de la ciudad en el 2004. Es difícil olvidar que lo que se está viendo son los últimos vestigios de la comunidad judía polaca, una cultura exterminada.

🛏 Dónde dormir y comer

Hotel Olecki HOTEL €€
(☎33 847 5000; www.hotelolecki.pl; ul Leszczyńskiej 12; i/d 180/210 PLN; ▣🛜) Este hotel próximo a la entrada de Auschwitz, es el más cómodo y mejor enclavado de Oświęcim. Su restaurante sirve cocina polaca e internacional y cuenta con una cervecería con jardín.

Centro para el Diálogo y la Oración HOTEL, CAMPING €€
Centrum Dialogu i Modlitwy; ☎33 843 1000; www.cdim.pl; ul Kolbego 1; parcelas por persona 40 PLN, i/d 130/260 PLN; ▣🛜) Centro católico unos 500 m al suroeste de la oficina de turismo, que ofrece alojamiento cómodo y tranquilo en habitaciones de dos a seis camas (casi todas con baño) y un restaurante, con opción de pensión completa.

🛈 Información

Oficina de turismo (☎33 843 0091; www.it.oswiecim.pl; ul Leszczyńskiej 12; ⊙8.00-18.00 lu-vi, hasta 16.00 sa y do) Está cerca del campo de Auschwitz.

🛈 Cómo llegar y salir

DESDE CRACOVIA
La mayoría de los turistas que quieren ir a Oświęcim salen de Cracovia.

Autobús Los autobuses (12 PLN, 1½ h, cada hora) quizá sean una opción más práctica que los trenes, pues suelen parar en el aparcamiento frente a la entrada a Auschwitz. Además, desde las paradas de microbuses de ul Pawia, al lado de Galeria Krakowska, salen muchos microbuses a Oświęcim.

Tren La alternativa es tomar un tren desde Cracovia (14 PLN, 1½ h, cada hora) hasta la estación de Oświęcim y caminar 1,5 km hasta la entrada al museo. Si no apetece ir a pie, se puede tomar cualquier autobús urbano en dirección sur (2,70 PLN).

DESDE KATOWICE

Hay nueve trenes diarios (11 PLN, 1 h) y tres autobuses (12 PLN, 1 h) desde Katowice a Oświęcim. Aun así, la mejor opción es el autobús especial de la línea O (8 PLN, 55 min), que va directamente al museo de lunes a sábado. Opera entre las 6.00 y las 16.30 desde una parada situada frente al Hotel Katowice, en ul Korfantego. El último parte de Oświęcim a las 18.30.

❶ Cómo desplazarse

Un servicio de enlace gratuito comunica Auschwitz con Birkenau, y sale cada 15 min de abril a octubre, y cada 30 min de noviembre a marzo. La otra opción es un cómodo paseo de 2 km entre los dos enclaves.

Casi todas las agencias de viaje de Cracovia ofrecen circuitos organizados a Auschwitz y Birkenau, desde 130 PLN por persona. Conviene preguntar a la agencia cuánto tiempo dejan para visitar Auschwitz, ya que algunas llevan un programa muy apretado.

SILESIA OŚWIĘCIM

Wielkopolska

3,5 MILLONES HAB.

Los mejores restaurantes

➡ Drukarnia (p. 304)
➡ Papierówka (p. 304)
➡ Ludwiku do Rondla (p. 303)
➡ Bajeczny (p. 314)
➡ Antonio (p. 314)

Los mejores alojamientos

➡ Hotel Stare Miasto (p. 302)
➡ Rezydencja Solei (p. 302)
➡ Frolic Goats Hostel (p. 301)
➡ Hotel Europa (p. 314)
➡ Hotel Atelier (p. 311)

Por qué ir

Para impregnarse bien de la memorable historia polaca hay que visitar Wielkopolska, cuyo nombre significa "Gran Polonia". Aquí fue donde se fundó la nación polaca en la Edad Media. Hoy, los lugareños se enorgullecen con razón de su larga historia.

Aunque Poznań está centrada en el comercio, desprende una energía vital y posee numerosos puntos de interés. Fuera de sus límites, la campiña de Wielkopolska ofrece una selección de localidades con encanto y paisajes rurales. Entre los atractivos de la región se cuentan castillos, locomotoras a vapor, palacios, iglesias, reservas naturales y un soberbio asentamiento de la Edad del Hierro. En el corazón de todo esto se levanta la espléndida catedral de Gniezno, cuna de la Polonia católica.

Su oferta es impresionante, pero también es un lugar ideal para vagar sin rumbo fijo, pues dondequiera que se vaya, siempre se topa con algún sitio de interés histórico. Así es Wielkopolska.

Cuándo ir
Poznań

Mar-may Celebrar la primavera con una caminata por el Parque Nacional de Wielkopolska, cerca de Poznań.

Jun El verano trae teatro alternativo y otras artes durante el Festival de Malta, en Poznań.

Sep En otoño se rememora la cultura de la Edad del Hierro en el festival arqueológico de Biskupin.

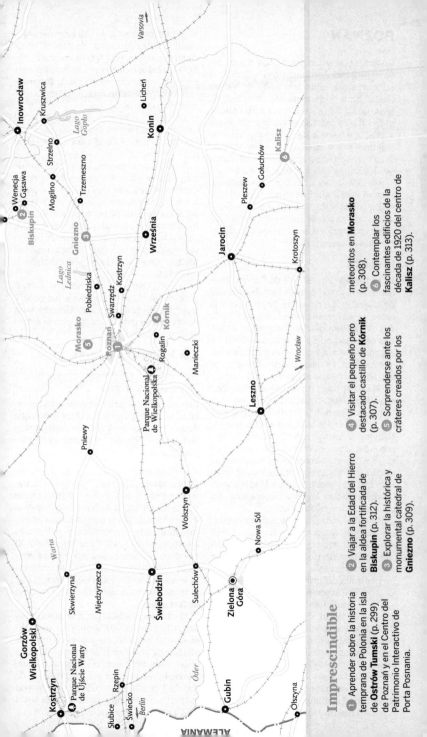

ALEMANIA

Varsovia

Lago Gopło

Inowrocław
Kruszwica
Licheń
Strzelno
Konin
Mogilno
Trzemeszno
Wenecja
Gąsawa
Biskupin
Gniezno
Września
Goluchów
Pleszew
Kalisz
Lago Lednica
Pobiedziska
Kostrzyn
Swarzędz
Morasko
Poznań
Kórnik
Jarocin
Rogalin
Krotoszyn
Manieczki
Parque Nacional
de Wielkopolska
Wrocław
Leszno
Pniewy
Warta
Skwierzyna
Międzyrzecz
Świebodzin
Wolsztyn
Sulechów
**Gorzów
Wielkopolski**
Kostrzyn
Parque Nacional
de Ujście Warty
Nowa Sól
**Zielona
Góra**
Óder
Słubice
Świecko
Rzepin
Gubin
Olszyna
Berlín

Imprescindible

❶ Aprender sobre la historia temprana de Polonia en la isla de **Ostrów Tumski** (p. 299) de Poznań y en el Centro del Patrimonio Interactivo de Porta Posnania.

❷ Viajar a la Edad del Hierro en la aldea fortificada de **Biskupin** (p. 312).

❸ Explorar la histórica y monumental catedral de **Gniezno** (p. 309).

❹ Visitar el pequeño pero destacado castillo de **Kórnik** (p. 307).

❺ Sorprenderse ante los cráteres creados por los meteoritos en **Morasko** (p. 308).

❻ Contemplar los fascinantes edificios de la década de 1920 del centro de **Kalisz** (p. 313).

POZNAŃ

546 000 HAB.

Un paseo vespertino por la plaza del mercado impregnará de inmediato al viajero de la característica energía de la capital de Wielkopolska. Por la noche es un hervidero, llena de gente que acude a sus muchos restaurantes, *pubs* y discotecas. La mezcla de gente de negocios, que asiste a sus numerosas ferias de muestras, y de su enorme población estudiantil ha derivado en un ambiente característico que nada tiene que ver con el turismo.

Además de su animada personalidad, Poznań ofrece muchas atracciones relacionadas con la historia, sobre todo museos, y una excelente red de transporte que la convierte en la mejor base para explorar su más relajado entorno rural.

Historia

La historia de Poznań y la de Polonia caminaron de la mano durante los primeros días de la nación. La ciudad se fundó en el s. IX como un asentamiento en la isla fortificada de Ostrów Tumski durante el reinado del primer gobernante del país, el duque Mieszko I. Algunos historiadores incluso argumentan que fue aquí, y no en Gniezno, donde, en el año 966, tuvo lugar el bautismo del duque.

Su hijo y primer rey de Polonia, Boleslao I el Valiente, siguió fortificando la isla. Las tropas del Sacro Imperio Romano, que conquistaron la región en el año 1005, ni siquiera se molestaron en sitiarla. No pasó lo mismo con el príncipe de Bohemia, Bratislao, quien en el 1038 causó considerables daños a la ciudad, lo que supuso el fin de Poznań como sede real, que se trasladaría a la más segura Cracovia (aunque los reyes polacos seguirían enterrándose aquí hasta 1296).

Por su lado, Poznań continuó desarrollándose como núcleo mercantil, y en 1253 se diseñó un nuevo centro urbano en la margen izquierda del río Warta. Poco después se construyó un castillo y la ciudad se rodeó de una muralla defensiva. A finales del s. XVI, su población superaba los 20000 habitantes.

Hacia mediados del s. XVII empezaron a cambiar las tornas, y las sucesivas invasiones de Suecia, Prusia y Rusia, junto a una serie de catástrofes naturales, asolaron la urbe. Durante el segundo Reparto de Polonia (1793), Prusia se apoderó de Poznań y la rebautizó como Posen; después, ya como parte de Alemania, la ciudad experimentó un crecimiento industrial continuado que se prolongaría hasta la I Guerra Mundial.

El Levantamiento de Wielkopolska, que estalló contra Alemania en Poznań en diciembre de 1918, propició la incorporación de la ciudad al recién repuesto estado polaco. En 1921, la tradición comercial de Poznań se reavivó con el establecimiento de ferias mercantiles regulares.

Durante la II Guerra Mundial, la ciudad cayó una vez más en manos de Alemania. En 1945, la terrible batalla por su liberación duró un mes.

Durante la posguerra, Poznań fue una de las primeras ciudades en conocer la mano dura del comunismo, concretamente durante la huelga masiva de trabajadores de junio de 1956. Dicha manifestación espontánea, que fue sofocada por los tanques de forma cruel, sería solo la primera de una serie de protestas populares en el largo y doloroso camino hacia la independencia del país del régimen comunista.

Desde el regreso de la democracia, Poznań se ha beneficiado de su tradición mercantil y favorable ubicación cerca de Alemania para desarrollar su papel como destacado centro académico e industrial.

◉ Puntos de interés

◉ Casco antiguo

El corazón histórico de la ciudad gira en torno a la animada y atractiva Stary Rynek, que data de 1253 y alberga una fascinante mezcla de puntos de interés, restaurantes y lugares para el ocio.

Ayuntamiento EDIFICIO HISTÓRICO

(Ratusz; plano p. 298; Stary Rynek 1) El ayuntamiento renacentista de Poznań, con su torre de 61 m de altura, llama la atención al instante. Su estilizada forma reemplazó una estructura gótica del s. XIII destruida en un incendio a principios del s. XVI. Cada día a las 12.00 dos cabras de metal salen por dos pequeñas puertas situadas sobre el reloj y se embisten 12 veces, en alusión a una vieja leyenda. Hoy el ayuntamiento acoge el Museo de Historia de la ciudad.

El edificio, diseñado por el arquitecto italiano Giovanni Battista Quadro, fue construido entre 1550 y 1560; únicamente la torre fue añadida después, en la década de 1780, tras el derrumbe de la anterior. El águila coronada que la remata, con una envergadura de alas de 2 m, añade simbolismo patriótico al conjunto. En relación con la leyenda antes mencionada, se dice que dos cabras destinadas a un banquete escaparon y acabaron entrechocando sus cornamentas encima del reloj, a punto de ser inaugurado, para regocijo de los dignatarios allí reunidos. El relojero recibió el oportuno encargo de añadir las imágenes de estas bestias descarriadas a su pieza.

⭐ **Museo de Historia de Poznań**   MUSEO
(Muzeum Historii Miasta Poznania; plano p. 298; www.mnp.art.pl; Stary Rynek 1; adultos/reducida 7/5 PLN, sa gratis; ⊙11.00-17.00 ma-ju, 12.00-21.00 vi, 11.00-18.00 sa y do) En el ayuntamiento, este museo exhibe una interesante y bien detallada exposición de la historia de la ciudad, y merece la pena pagar la entrada solo por ver el interior del edificio. Los sótanos góticos abovedados son el único vestigio del primer consistorio. Al principio se usaban como mercado, pero luego hicieron las veces de cárcel. La 1ª planta incluye tres espléndidas salas. La sala del Renacimiento, la más grande y ricamente decorada, es una auténtica joya, con su estuco original y pinturas de 1555. La 2ª planta alberga objetos de la época prusiana, documentos que ilustran la vida en la ciudad en las décadas de 1920 y 1930 y una colección de interesantes objetos curiosos de los dos últimos siglos.

Delante del edificio, cerca de la entrada principal, está el *pręgierz,* el poste donde en su día eran azotados públicamente los infractores, y donde además se administraban castigos más graves. La miniatura original del verdugo que lo acompañaba, de 1535, se halla expuesta en el museo.

Casas de los Pescaderos   EDIFICIOS HISTÓRICOS
(Domki Budnicze; plano p. 298) Esta atractiva hilera de pequeños edificios con soportales se alza al sur del ayuntamiento. Datan del s. XVI y el nombre les viene de que fueron construidas en el lugar que ocupaban los puestos de pescado. Sin embargo, las actuales son reconstrucciones, pues las originales se las llevó por delante la II Guerra Mundial.

Museo Militar de Wielkopolska   MUSEO
(Wielkopolskie Muzeum Wojskowe; plano p. 298; www.mnp.art.pl; Stary Rynek 9; adultos/reducida 7/5 PLN, sa gratis; ⊙11.00-17.00 ma-ju, 12.00-21.00 vi, 11.00-18.00 sa y do) Exhibe armamento procedente de los numerosos conflictos que han asolado el país, desde el s. XI a la actualidad. Entre sus piezas llama la atención un curioso estoque milanés del s. XVI.

Museo de Instrumentos Musicales   MUSEO
(Muzeum Instrumentów Muzycznych; plano p. 298; www.mnp.art.pl; Stary Rynek 45; adultos/reducida 7/5 PLN, sa gratis; ⊙11.00-17.00 ma-ju, 12.00-21.00 vi, 11.00-18.00 sa y do) Alberga cientos de instrumentos, desde silbatos a pianos de concierto, así como artefactos fascinantes como una maquina de escribir partituras y un polífono, precursor del tocadiscos.

Museo del Cruasán   MUSEO
(Rogalowe Muzeum; plano p. 298; ☏690 077 800; www.rogalowemuzeum.pl; Stary Rynek 41; adultos/reducida 14/12 PLN; ⊙11.00-15.00) En una casa antigua de la plaza principal, esta institución está dedicada a los dulces cruasanes de San Martín, característicos de Poznań. Cuatro sesiones diarias (11.10, 12.30, 13.45 y 15.00) relatan su historia a los visitantes, que pueden participar en la elaboración de unos cuantos; la de las 13.45 es la única en inglés. Se accede por ul Klasztorna 23, una manzana al este de la Rynek.

Museo Arqueológico   MUSEO
(Muzeum Archeologiczne; plano p. 298; www.muzarp.poznan.pl; ul Wodna 27; adultos/reducida 8/4 PLN, sa gratis; ⊙9.00-16.00 ma-vi, 10.00-17.00 sa, 12.00-16.00 do) Museo ubicado junto al rincón sureste de la Rynek, en el **Palacio Górka** (plano p. 298), del s. XVI. Antes de entrar, se recomienda fijarse en la fina decoración renacentista de la fachada. Muestra la Prehistoria de la región, desde la Edad de Piedra hasta los inicios de la Edad Media, así como una amplia colección egipcia.

Iglesia franciscana   IGLESIA
(Kościół Franciszkanów; plano p. 298; ul Franciszkańska 2) Este templo barroco de suntuosa decoración se alza al oeste de la Rynek. En la capilla del crucero izquierdo hay un altar tallado en roble y una minúscula imagen de Santa María, supuestamente milagrosa.

⭐ **Iglesia parroquial**   IGLESIA
(Kościół Farny; plano p. 298; ul Gołębia) Dos manzanas al sur de la Rynek, este imponente templo barroco fue erigido por arquitectos italianos para los jesuitas, y en su construcción se invirtieron más de 80 años (1651-1732). Posee una ornamentada fachada y un majestuoso interior, que se apoya sobre sólidas columnas repletas de monumentales altares.

Museo de Artes Aplicadas   MUSEO
(Muzeum Sztuk Użytkowych; plano p. 298; www.mnp.art.pl; Góra Przemysława 1) En el **castillo** (plano p. 298) de Poznań, que parece mas bien un

Área metropolitana de Poznań

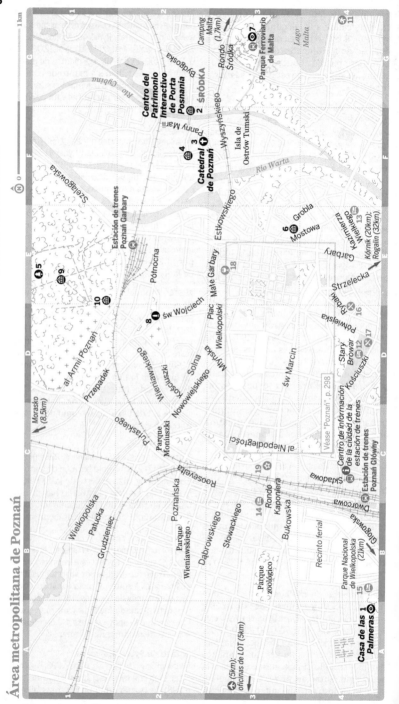

N
0   1 km

Morasko (8,5km)

(5km); oficinas de LOT (5km)

Parque Nacional de Wielkopolska (21km)

Wielkopolska

Pałucka

Grudzieniec

Parque Wieniawskiego

Poznańska

Dąbrowskiego

Słowackiego

Roosevelta

Pułaskiego

al. Armii Poznań

Przepadek

Szelągowska

Río Cybina

Estación de trenes Poznań Garbary

Północna

Wieniawskiego

Kościuszki

Parque Moniuszki

Parque zoológico

Recinto ferial

Głogowska

Bukowska

Dworcowa

Rondo Kaponiera

14

15

Casa de las Palmeras 1

19

Skadowa

Estación de trenes Poznań Główny

al. Niepodległości

Centro de información de la ciudad de la estación de trenes

Véase "Poznań", p. 298

św Marcin

św Wojciech

8

Nowowiejskiego

Solna

Młyńska

Plac Mate Garbary

Wielkopolski

18

Estkowskiego

Río Warta

Isla de Ostrów Tumski

Panny Marii

Catedral de Poznań 3

4

Centro del Patrimonio Interactivo de Porta Posnania 2

ŚRÓDKA

Bydgoska

Wyszyńskiego

Camping Malta

Rondo Śródka

7

Parque Ferroviario de Malta

Lago Malta

11

Grobla 6

Mostowa

Garbary

Kazimierza Wielkiego 13

Kórnik (20km); Rogalin (32km)

Strzelecka

Rybaki

Półwiejska

16

Stary Browar 12

Kościuszki

17

10

9

5

Véase "Poznań", p. 298

Área metropolitana de Poznań

WIELKOPOLSKA PUNTOS DE INTERÉS

palacio, esta colección incluye mobiliario, oro y objetos de plata, cristal, cerámica, armamento, relojes de pared, de muñeca o bolsillo y de sol de Europa y de Extremo Oriente. Durante la visita de los autores de esta guía estaba siendo reformado en profundidad; su reapertura estaba prevista para el 2017. Para más información, se aconseja acudir a la oficina de turismo.

Museo Etnográfico MUSEO
(Muzeum Etnograficzne; plano p. 296; www.mnp.art.pl; ul Grobla 25; adultos/reducida 7/5 PLN, sa gratis; ⊙11.00-17.00 ma-ju, 12.00-21.00 vi, 11.00-18.00 sa y do) Al sureste de la Rynek se encuentra esta curiosa colección de tallas populares en madera y trajes típicos de la región. De especial interés resultan unas grandes señales de carretera y unas cruces que aquí se exponen.

⊙ Oeste del casco antiguo

Extendiéndose hacia el oeste desde Plac Wolności hasta las instalaciones de la feria de muestras y la estación de trenes surge esta zona de amplias avenidas y edificios majestuosos de los ss. XIX y XX.

Museo Nacional MUSEO
(Muzeum Narodowe; plano p. 298; www.mnp.art.pl; al Marcinkowskiego 9; adultos/reducida 12/8 PLN, sa gratis; ⊙11.00-17.00 ma-ju, 12.00-21.00 vi, 11.00-18.00 sa y do) Gran colección de arte polaco y europeo repartido en numerosas salas. La pintura polaca de los últimos dos siglos está representada por la mayoría de sus grandes figuras, incluidos nombres como Jan Matejko, Stanislaw Wyspianski y Jacek Malczewski. También aloja cuadros de Tadeusz

Makowski, artista del s. XX que creó curiosas figuras humanas a partir de sencillas formas geométricas. Otra curiosidad, más antigua, es la colección de retratos de difuntos en ataúdes.

★**Monumento a las Víctimas de Junio de 1956** MONUMENTO
(Pomnik Ofiar Czerwca 1956; plano p. 298; Plac Mickiewicza) En Plac Mickiewicza se alza uno de los monumentos más representativos de Poznań, que recuerda la infausta protesta obrera de 1956 (p. 300). Consta de dos cruces unidas de 20 m, y fue inaugurado el 28 de junio de 1981, coincidiendo con el 25 aniversario de la protesta, en una ceremonia que congregó a más de 100 000 personas. Se trata de un icono enorme y evocador, parecido al Monumento a los Trabajadores Caídos de los Astilleros de Gdańsk (p. 330).

★**Casa de las Palmeras** INVERNADERO
(Palmiarnia; plano p. 296; www.palmiarnia.poznan.pl; ul Matejki 18; adultos/reducida 7/5 PLN; ⊙9.00-17.00 ma-sa, 9.00-18.00 do) Situado a un breve paseo de la estación principal de trenes, yendo por ul Głogowska, el parque Wilsona contiene uno de los mayores invernaderos de Europa. Construido en 1910, alberga miles de especies vegetales tropicales y subtropicales, junto a la mayor colección de cactus y los árboles de bambú más altos del continente.

⊙ Norte del casco antiguo

Monumento al Ejercito de Poznań MONUMENTO
(Pomnik Armii Poznań; plano p. 296; Plac Niepodleglości) Este espartano monumento mo-

Poznań

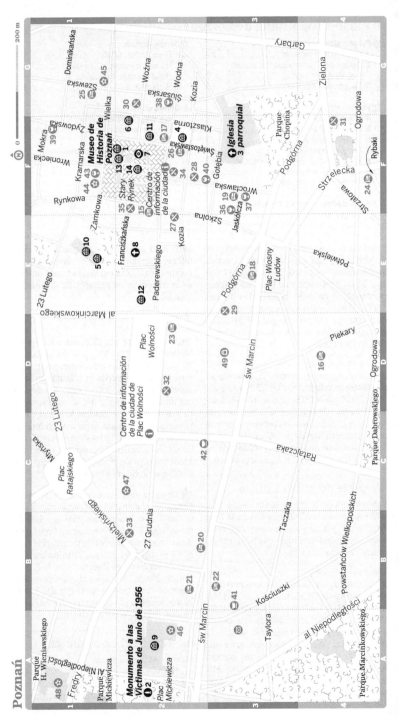

Poznań

WIELKOPOLSKA PUNTOS DE INTERÉS

derno, 500 m al norte del casco antiguo, está dedicado a las fuerzas armadas locales, que resistieron durante casi dos semanas la invasión alemana de 1939. Enfrente, en una pendiente, se encuentra el cementerio de los Meritorios (Cmentarz Zasłużonych), el más antiguo (1810) de la ciudad.

Parque de la Ciudadela PARQUE
(plano p. 296; Wzgórze Cytadela) Este gran parque ocupa la que en su día fue una sólida fortaleza prusiana, escenario de una destacada batalla en la que los alemanes resistieron durante un mes en 1945. Como consecuencia quedó destruida, a excepción de algunos fragmentos.

Hoy el parque incorpora dos museos: el **Museo del Armamento** (Muzeum Uzbrojenia; plano p. 296; www.muzeumniepodleglosci.poznan. pl; Park Cytadela; adultos/reducida 6/3 PLN, vi gratis; ⊘9.00-16.00 ma-sa, 10.00-16.00 do) y el **Museo del Ejército de Poznań** (Muzeum Armii Poznań; plano p. 296; www.muzeumniepodleglosci.poznan.pl; Park Cytadela; adultos/reducida

6/3 PLN, vi gratis; ⊘9.00-16.00 ma-sa, 10.00-16.00 do). También hay varios cementerios para soldados polacos, soviéticos, británicos y de la Commonwealth, todos en las laderas meridionales de la colina.

◉ Ostrów Tumski

Al este del casco antiguo, sobre el río Warta, está la isla de Ostrów Tumski (isla de la Catedral). Se trata de un emplazamiento sembrado de historia, pues aquí fue donde se fundó Poznań, y con ella el Estado polaco. El asentamiento original del s. IX se transformó gradualmente en una fortaleza oval rodeada de murallas de tierra y madera, con un castillo de piedra. Mieszko I añadió una catedral y otras fortificaciones y, hacia finales del s. X, Poznań era ya el baluarte más poderoso del reino. En el s. XIII, cuando Poznań hubo sobrepasado las fronteras de la isla, perdió su importancia administrativa y comercial, aunque siguió siendo la residencia de las autoridades eclesiásticas.

★**Catedral de Poznań** IGLESIA
(Katedra Poznańska; plano p. 296; www.katedra.
archpoznan.pl; ul Ostrów Tumski 17; cripta adultos/
reducida 3,50/2,50 PLN; ☺9.00-16.00) Ostrów
Tumski está dominada por esta monumental catedral de dos torres. Esencialmente
gótica, con adiciones de otros períodos (llama la atención el estilo barroco en lo alto
de las torres), sufrió graves daños en 1945
y tardó 11 años en ser reconstruida. Las
naves y el deambulatorio están rodeados
por una docena de capillas que contienen
numerosas tumbas. La más conocida es la
capilla dorada situada tras el altar mayor,
que acoge los restos de los dos primeros
gobernantes polacos: Mieszko I y Boleslao
Chrobry.

Originalmente sus restos yacían en la
cripta, accesible desde el fondo de la nave
izquierda. Aparte de los fragmentos de lo
que se cree fueron sus tumbas, pueden
verse reliquias de la primera catedral pre-
rrománica, del 968, y del posterior edificio
románico de la segunda mitad del s. xi, además de docenas de monedas que lanzan los
visitantes.

Museo Archidiocesano MUSEO
(Muzeum Archidiecezjalne; plano p. 296; www.mu-
zeum.poznan.pl; ul Lubrańskiego 1; adultos/reduci-
da 8/5 PLN; ☺10.00-17.00 ma-vi, 9.00-15.00 sa) Al
norte de la catedral, este museo ocupa la antigua Academia Lubrański, primera escuela
de secundaria de Poznań (1518). Sus muros
resguardan una colección de arte sacro del
s. xii en adelante.

★**Centro del Patrimonio
Interactivo de Porta Posnania** MUSEO
(Brama Poznania ICHOT; plano p. 296; www.bra-
mapoznania.pl; ul Gdańska 2; adultos/reducida
15/9 PLN, audioguía 5/3 PLN; ☺9.00-18.00 ma-vi,
10.00-19.00 sa y do) Este vanguardista museo
multimedia, inaugurado en el 2014, cuenta
la azarosa historia de la isla y el nacimiento
de la nación polaca por medio de exposiciones interactivas y otros recursos tecnoló-
gicos. Está frente a la costa oriental de la
isla, conectado a la zona de la catedral por
una pasarela. Pese a que las muestras son
multilingües, para una mejor comprensión
lo mejor es optar por una audioguía. Desde
el centro se toma el tranvía nº 8 en dirección
este hasta la parada de Rondo Śródka.

HUELGA

La huelga industrial que vivió Poznań en junio de 1956 estalló tres años después de la
muerte de Stalin y fue la primera protesta generalizada en los países soviéticos.

Se originó en la fábrica más grande de la ciudad, la planta metalúrgica Cegielski (entonces llamada Stalin), que producía y almacenaba piezas para la industria ferroviaria.
Cuando los trabajadores exigieron la devolución de un injusto impuesto, los gerentes de
la planta echaron de la sala a los representantes de los trabajadores, sin darles opción
alguna de explicarse. Este hecho desencadenó una huelga espontánea al día siguiente,
durante la cual los trabajadores del sector metalúrgico, a los que se unieron operarios
de otras industrias locales, se dirigieron hacia Plac Mickiewicza (entonces Plac Stalina).

Los 100 000 manifestantes allí reunidos (una cuarta parte de la población total de
la ciudad) demandaban "pan y libertad", insistían en que debían introducirse cambios
para mejorar las condiciones de trabajo y exigían el diálogo con las autoridades para
solucionar el problema. Pero las autoridades hicieron caso omiso de la manifestación.

La situación pronto se les fue de las manos. La masa enfurecida se abalanzó contra
la sede policial y el edificio del Partido Comunista, donde liberaron a 257 presos de la
cárcel local tras desarmar a los guardias. Breves momentos después, estallaron las
tensiones en la sede policial y se inició un baño de sangre: la policía empezó a disparar
contra los civiles que rodeaban el edificio, los tanques entraron en acción y llegaron
refuerzos desde Wrocław, aduciendo que debían pacificar una revuelta alemana.

Durante toda la noche y parte del día siguiente no cesaron los duros combates, que
se resolvieron con un total de 76 muertos, como mínimo, y 900 heridos. Más de 300
personas fueron arrestadas, y 58 de ellas, acusadas.

Estas cifras la convierten en la protesta más trágica de la Polonia comunista, aunque
durante mucho tiempo se minimizó su alcance y se le restó importancia. De hecho,
hasta hace bien poco no se ha reconocido su merecida relevancia histórica, comparable a las huelgas de los astilleros de Gdańsk, famosas a escala internacional.

◉ Lago Malta

Parque Ferroviario de Malta   TREN TURÍSTICO
(Kolejka Parkowa Maltanka; plano p. 296; www.mpk.
poznan.pl/maltanka; ul Jana Pawła II; adultos/redu-
cida 6/4 PLN; ☺10.00-18.30 abr-oct) Al este de
Ostrów Tumski, en la margen más apartada
del río y pasado el cruce de Rondo Śródka,
se halla la terminal oeste de trenes turísticos en miniatura que recorren la orilla del
lago artificial Malta (Jezioro Maltańskie), de
70 Ha, todo un clásico estival para familias,
aficionados al pícnic y entusiastas del remo.
El trayecto termina en el zoo nuevo.

Zoo nuevo   ZOOLÓGICO
(Nowe Zoo; www.zoo.poznan.pl; ul Krańcowa 81;
adultos/reducida 20/10 PLN; ☺9.00-19.00 abr-sep,
9.00-16.00 oct-mar) Esta extensa instalación
ocupa 116 Ha de frondosos pinares y, entre
otras especies, aloja focas grises del Báltico.

🏃 Actividades

Si el tiempo apremia, un buen modo de
hacerse una idea rápida de la historia de la
ciudad es seguir alguna de las seis rutas a
pie. Aparecen detalladas en folletos gratuitos,
con acotaciones en inglés, que facilitan en
la oficina de turismo. La Ruta Imperial Real
brinda un paseo más ambicioso; se describe
en otro folleto y lleva desde las orillas del lago
Malta hasta el oeste de la ciudad, pasando
por muchos puntos de interés.

El terreno llano de Poznań es también propicio para pedalear; la oficina de turismo facilita el plano ciclista de Poznań (9 PLN) y el
folleto gratuito *Cycle Trails in Wielkopolska*.

Malta Bike   ALQUILER DE BICICLETAS
(plano p. 296; www. maltabike.pl; ul Baraniaka; 9/50
PLN h/día; ☺10.00-21.00 abr-oct) En el sur del
extremo occidental del lago Malta, este establecimiento alquila bicicletas. Los precios
bajan los días laborables.

🎊 Fiestas y celebraciones

Las ferias comerciales de Poznań son otro
motivo de gran orgullo para la ciudad. Las
principales acontecen en enero, junio, septiembre y octubre, aunque a lo largo del año
hay muchas más de diversa importancia. En
julio, agosto y diciembre no hay ferias.

Feria de San Juan   CULTURAL
(Jarmark Świętojański; www.jarmarkswietojanski.
poznan.pl; ☺med-fin jun) Espectáculos de calle,
artesanía y productos típicos en los puestos
de Stary Rynek.

**Festival Internacional
Malta de Teatro**   TEATRO
(www.malta-festival.pl; ☺jun) Esta poco convencional celebración de las artes y el teatro alternativo se festeja también en calles y plazas,
sin olvidarse de la orilla del lago.

Old Jazz Festival   JAZZ
(www.oldjazzfestival.pl; ☺fin sep) Gran variedad
de intérpretes locales e internacionales muestran su talento en diversos locales.

Día de San Martín   DESFILE
(☺11 nov) La ciudad se llena de desfiles y
fiestas, aunque sobre todo se elaboran y con-
sumen los dulces cruasanes de San Martín.

🛏 Dónde dormir

Es preferible evitar la ciudad durante alguna
de sus numerosas ferias de muestras, pues
causan estragos en las tarifas de alojamientos
y en su disponibilidad. Se puede consultar el
calendario de ferias en la web www.mtp.pl.

Fuera de dichos eventos, los fines de semana los precios suelen reducirse bastante. Los
indicados a continuación corresponden a los
días de entre semana, cuando no hay ferias.
Las oficinas de turismo disponen de información de primera mano y pueden ayudar
a hacer reservas. Además, la agencia privada
Przemysław (plano p. 296; 📱61 641 7884; www.
przemyslaw.com.pl; ul Śniadeckich 28; ☺9.00-15.00
lu-vi), cerca de la estación de trenes, concierta
alojamiento en habitaciones particulares.

🏚 Casco antiguo

Frolic Goats Hostel   ALBERGUE €
(plano p. 298; 📱61 852 4411; www.frolicgoatshostel.
com; ul Wrocławska 16/6; dc 30-50 PLN, h 100-150
PLN; 📶) Popular albergue orientado a mochileros, llamado así en honor de las cabras del
reloj del ayuntamiento. El agradable salón
complementa unos cuidados y poco abarro-
tados dormitorios colectivos; hay lavadora,
y alquilan bicicletas por 50 PLN diarios. Se
accede por ul Jaskółcza.

Tey Hostel   ALBERGUE €
(plano p. 298; 📱61 639 3497; www.tey-hostel.pl; ul
Świętosławska 12; dc 25-40 PLN, i 69-95 PLN, d 99-
139 PLN; 📶) Alojamiento económico en este
céntrico albergue de interior contemporáneo, decorado en tonos verde pálido y rosa.
Hay una espaciosa cocina y salón, y todas las
camas disponen de lámpara y taquilla. Las
habitaciones privadas más económicas tienen
baño compartido.

Rezydencja Solei HOTEL €€

(plano p. 298; ☑61 855 7351; www.hotel-solei.pl; ul Szewska 2; i/d desde 149/239 PLN, ste 330 PLN; ☜) Diminuto hotel ubicado cerca de la Rynek. Ofrece estancias pequeñas pero acogedoras en un edificio trasnochado, con paredes empapeladas y mobiliario de madera, tipo residencia. La enorme suite del ático puede alojar hasta cuatro personas.

Brovaria HOTEL €€

(plano p. 298; ☑61 858 6868; www.brovaria.pl; Stary Rynek 73/74; i 250-290 PLN, d 290-330 PLN; @☜) Este polifacético hotel es también bar y restaurante. Lo más impresionante es su elegante fábrica de cerveza, cuyo funcionamiento puede verse en el propio edificio. Sus habitaciones lucen bella madera oscura, y algunas gozan de vistas a la Rynek.

Dom Polonii HABITACIONES €€

(plano p. 298; ☑61 852 7121; poznan@swp.org.pl; Stary Rynek 51; i/d 140/230 PLN) Este alojamiento de 1488 perteneciente a una asociación comunitaria se oculta en una esquina de la Rynek y ofrece solo dos habitaciones dobles (no sirven desayuno) a viajeros bien organizados que reserven con suficiente antelación. No puede ser más céntrico.

Oeste del casco antiguo

Fusion Hostel ALBERGUE €

(plano p. 298; ☑61 852 1230; www.fusionhostel.pl; ul Św Marcin 66/72; dc 49-55 PLN, i/d 119/195 PLN; ☜) Albergue con vistas, encaramado en la 7ª planta de un desgastado edificio comercial. La decoración es moderna y luminosa, y los huéspedes disponen de salón, cocina y lavadora. Cuenta con habitaciones de entre cuatro y seis literas, además de individuales y dobles. El ascensor está detrás del puesto de seguridad del vestíbulo.

Hotel Royal HOTEL €€

(plano p. 298; ☑61 858 2300; www.hotel-royal.com. pl; ul Św Marcin 71; i 220-285 PLN, d 260-320 PLN, ste 400-500 PLN; ✻☜) Ubicado en la carretera principal que va al centro, en este elegante y refinado hotel predominan los exquisitos tonos terracota. Tiene amplias suites, y en el vestíbulo hay fotos de estrellas de la televisión polaca que han dormido aquí.

Hotel Rzymski HOTEL €€

(plano p. 298; ☑61 852 8121; www.hotelrzymski.pl; al Marcinkowskiego 22; i 275 PLN, d 344-380 PLN; ☜) Abrió sus puertas como Hotel de Rome, de dueños alemanes. Después pasó a manos polacas. En la II Guerra Mundial fue utilizado como hotel para los mandos alemanes. Hoy tiene dueños polacos y conserva su nombre original ("Rzym" significa "Roma" en polaco). Las estancias son cómodas y su personal es multilingüe.

Hotel Lech HOTEL €€

(plano p. 298; ☑61 853 0151; www.hotel-lech.poznan. pl; ul Św Marcin 74; i/d 140/215 PLN; ☜) Cómoda opción, con elementos básicos y techos altos, situada a medio camino entre la estación de trenes y el casco antiguo; su personal está habituado a tratar con turistas. La tarjeta de estudiante ISIC garantiza un sustancial descuento.

Hotel Mercure Poznań HOTEL €€€

(plano p. 296; ☑61 855 8000; www.mercure.com; ul Roosevelta 20; i/d desde 380/475 PLN; P✻☜) En un gigantesco edificio moderno junto a una ajetreada carretera, 500 m al oeste de la Kaiserhaus, aparece esta propuesta con todos los extras imaginables en un hotel para gente de negocios. Su ubicación es práctica para la estación de trenes y la parada de autobús del aeropuerto, pero está algo alejado del casco antiguo. El desayuno cuesta 35 PLN.

Sur del casco antiguo

★**Hotel Stare Miasto** HOTEL €€

(plano p. 298; ☑61 663 6242; www.hotelstaremiasto. pl; ul Rybaki 36; i 224 PLN, d 270-319 PLN; P✻☜) Elegante hotel con una buena relación calidad-precio, un exquisito vestíbulo y una espaciosa sala de desayunos. Las pequeñas habitaciones están limpias, son luminosas y lucen bonitas sábanas blancas almidonadas; algunas de la planta superior tienen tragaluz en lugar de ventanas.

Don Prestige Residence HOTEL €€

(plano p. 298; ☑61 859 0590; www.donprestige.com; ul Św Marcin 2; i/d 300/360 PLN; P✻☜) Algunos hoteles intentan que uno se sienta como en casa, pero tras alojarse aquí el viajero deseará que su hogar sea así. Sus habitaciones están decoradas con elegante mobiliario y elementos contemporáneos, como parqué o aire acondicionado. Cuenta con un selecto bar-restaurante.

Capital Apartments APARTAMENTOS €€

(plano p. 298; ☑61 852 5300; www.capitalapart.pl; ul Piekary 16; apt 150-360 PLN; ☜) Esta empresa dispone de modernos apartamentos repartidos por el centro, todos cerca de Stary Rynek. Ofrecen una buena relación calidad-precio si el viajero está cansado de desayunos de hotel y desea preparar sus propias comidas, o si le desespera la escasez de lavanderías en Polonia.

Hotel Ibis Poznań Centrum HOTEL €€
(plano p. 296; 📞61 858 4400; www.ibishotel.com; ul Kazimierza Wielkiego 23; h desde 250 PLN; P✳🛜) Clásico hotel de esta cadena, con numerosas habitaciones, todas muy bien conservadas, a 700 m de la Rynek.

Blow Up Hall 5050 HOTEL €€€
(plano p. 296; 📞61 657 9980; www.blowuphall5050. com; ul Kościuszki 42; i/d desde 490/530 PLN; P✳🛜) Hotel artístico instalado entre los macizos muros de una antigua fábrica de cerveza, hoy ocupada por el centro comercial Stary Browar, 750 m al sur de la Rynek. Cada habitación posee un diseño contemporáneo, con una gama cromática que va del blanco al negro, y un brillante mobiliario angular. Su restaurante y su bar resultan igual de imponentes.

🏕 Lago Malta

Camping Malta CAMPING €
(📞61 876 6203; www.campingmalta.poznan.pl; ul Krańcowa 98; acampada por persona 20 PLN, por tienda 10 PLN, i 170, d 230-270 PLN; P@) El mejor *camping* de Poznań es, además, el que más cerca está del centro; ubicado en la orilla sureste del lago Malta, 3 km al este del casco antiguo. Sus bungalós con calefacción son un refugio estupendo durante todo el año.

✖ Dónde comer
La sofisticada oferta gastronómica de Poznań tiene su centro en el casco antiguo, en cuyas callejuelas puede encontrarse cualquier cocina imaginable. Para comprar alimentos hay un supermercado en el céntrico **centro comercial Galeria MM** (plano p. 298; www.galeriamm.poznan.pl; ul Św Marcin 24; 9.00-21.00 lu-vi, 10.00-19.00 sa y do).

✖ Casco antiguo

Apetyt BAR AUTOSERVICIO €
(plano p. 298; ul Szkolna 4; principales 3-10 PLN; 9.00-20.00 lu-sa, 11.00-22.00 do; ✈) Este *bar mleczny* (lechería) cierra tarde y goza de una céntrica ubicación. La comida es bastante previsible: raciones económicas de saciantes platos como *pierogi* y *zupy* (sopas), y un sinfín de *naleśniki* (creps). Incluye buenos platos vegetarianos.

Ludwiku do Rondla JUDÍA, POLACA €€
(plano p. 298; ul Woźna 2/3; principales 26-38 PLN; 13.00-22.00) Al este de la plaza, este pequeño y acogedor restaurante está especializado en cocina judía y polaca, sobre todo sus puntos en común. En la carta indican el origen de cada plato, e incluyen especialidades como arenque en aceite (polaco/judío) y *roulade* rellena de carne con trigo sarraceno (polaco). El menú del almuerzo (22 PLN) vale la pena.

Wiejskie Jadło POLACA €€
(plano p. 298; Stary Rynek 77; principales 21-52 PLN; 10.00-23.00) Compacto restaurante polaco oculto en ul Franciszkańska, no lejos de la Rynek. Ofrece platos saciantes como *pierogi*, sopas y cerdo en todas sus variantes, en un local rústico con flores en las mesas.

Tapas Bar ESPAÑOLA €€
(plano p. 298; Stary Rynek 60; principales 12-88 PLN; 9.00-24.00) Pintoresco local que sirve tapas auténticas y vino español en una sala flanqueada por curiosas fruslerías, como tarros de aceitunas rellenas, obras de arte de temática mediterránea y velas de un rojo brillante. Los platos de tapas cuestan unos 25 PLN, así que mejor olvidarse de los platos principales y compartir un tapeo con los amigos. También sirven desayunos.

Donatello ITALIANA €€
(plano p. 298; ul Wrocławska 7; principales 15-63 PLN; 13.00-23.00; ✈) Este plácido restaurante sirve una gran variedad de *pizzas,* pasta y demás especialidades italianas, bien combinadas con un vaso de vino. Se aconseja fijarse en el saxofonista apostado en la calle.

✖ Oeste del casco antiguo

Shivaz INDIA €€
(plano p. 298; ul Mielzynskiego 16/3a; principales 20-38 PLN; 11.00-22.00 ; ✈) Local oscuro y moderno que para muchos es el mejor restaurante indio de la ciudad. La carta incluye todos los clásicos, que se pueden condimentar al gusto. El plato del día del almuerzo ofrece dos versiones: vegetariano (18 PLN) y con carne (24 PLN). Se entra por la parte de atrás, en ul Grudnia 27.

Restauracja Delicja FRANCESA, ITALIANA €€€
(plano p. 298; Plac Wolności 5; principales 51-66 PLN; 13.00-22.00) Junto a Plac Wolności, este prestigioso restaurante de alta cocina francesa e italiana, uno de los mejores de Poznań, cuenta con su propio patio en miniatura.

✕ Sur del casco antiguo

Zona de restauración
del Stary Browar
INTERNACIONAL €

(plano p. 296; ul Półwiejska 42; principales 10-15 PLN; ☻9.00-21.00) La sección gastronómica de este gigantesco centro comercial 750 m al sur de la Rynek ofrece aceptable comida en un marco elegante, incluidos platos chinos, italianos y de marisco. Hay varios cafés por el complejo, y su espectacular arquitectura, entre clásica y moderna, merece una visita de por sí.

Bar Wegetariański Chwirot
VEGETARIANA €

(plano p. 296; ul Rybaki 10; principales 11-17 PLN; ☻11.00-19.00 lu-vi, 12.00-17.00 sa; ☑) Propuesta económica 500 m al sur de la Rynek con sabrosos platos vegetarianos como las creps integrales marca de la casa, rellenas de champiñones y col. Es un local pequeño y acogedor, cuyos platos caseros se preparan en una cocina abierta.

★Drukarnia
INTERNACIONAL €€

(plano p. 298; ul Podgórna 6; principales 10-79 PLN; ☻7.00-23.00 lu-vi, 11.00-23.00 sa y do) Algunos restaurantes polacos sirven por fin desayunos, y este pulcro establecimiento con vigas vistas y suelo de cemento es ideal para la primera comida del día. Ofrece desde un completo desayuno inglés con salchichas, beicon, huevos y judías, hasta una pasta con caballa ahumada, mucho más audaz. Después hay un menú con bistecs y hamburguesas, así como una completa carta de vinos. Un apunte histórico: Paul von Hindenburg, presidente alemán de entreguerras, nació en este edificio en 1847.

Papierówka
POLACA €€

(plano p. 298; ul Zielona 8; principales 20-40 PLN; ☻9.00-22.00; ☎) Restaurante básico de *slow food* con algunos de los mejores platos de la ciudad. Tras pedir en la barra, el viajero puede observar a su equipo de chefs preparar la comida en la cocina abierta. Ofrecen una media docena de opciones diarias, según los productos de cada estación, y aunque su especialidad es el pato, tienen también un par de platos de cerdo y pescado. La carta de vinos es reducida pero impecable.

◗ Dónde beber
⚓ y vida nocturna

Una vez visitadas todas las cervecerías con terraza de la Rynek, en el resto de la ciudad queda gran cantidad de locales en los que merece la pena tomar una copa o bailar.

★Stragan
CAFÉ

(plano p. 298; ul Ratajczaka 31; ☻8.00-22.00 lu-vi, 11.00-22.00 sa, 11.00-19.00 do; ☎) Local moderno y actual en el que hasta el *hipster* más barbado se sentiría como en casa. Ofrecen desde café de filtro a pequeños capuchinos, complementados con sabrosos pasteles y tentempiés. También sirven desayunos.

Ptasie Radio
CAFÉ, BAR

(plano p. 298; ul Kościuszki 74; ☻8.00-24.00 lu-vi, 10.00-24.00 sa y do; ☎) El singular "Radio Pájaro" es un local de estilo *retro* con mesas de aglomerado, macetas e imágenes de pájaros por doquier (su nombre proviene de un famoso poema polaco). Muy agradable para tomar un café o algo más fuerte, también tiene carta de desayuno.

La Rambla
BAR DE VINOS

(plano p. 298; ul Wodna 5/6; ☻13.00-23.00; ☎) Lugar con mucho ambiente y donde sirven solo caldos españoles (hasta 70 botellas en *stock*). Como acompañamiento ofrecen una sencilla carta de tapas.

Proletaryat
BAR

(plano p. 298; ul Wrocławska 9; ☻15.00-madrugada; ☎) Radiante bar rojo impregnado de nostalgia comunista, con abundante parafernalia socialista colgada de las paredes y el obligado busto de Lenin en la ventana. Hay cerveza de lujo de la fábrica Czarnków.

Chmielnik
BAR

(plano p. 296; ul Żydowska 27; ☻14.00-madrugada) Lugar ideal para familiarizarse con el pujante panorama de la cerveza artesanal polaca, con más de 150 tipos. El viajero puede acomodarse en el agradable local de madera o en la animada terraza de la parte de atrás.

PRL
BAR

(plano p. 298; ul Żydowska 11; ☻16.00-madrugada) Diminuto bar en un sótano, decorado con todo tipo de objetos de la era comunista y muy difícil de encontrar. Está algo cochambroso pero resulta divertido. Hay que acceder por su estrecha puerta de ul Mokra.

Czarna Owca
BAR, DISCOTECA

(plano p. 298; ul Jaskółcza 13; ☻18.00-madrugada ju-sa) Llamar a tu bar "la oveja negra" difícilmente anima al buen comportamiento, por lo que disfrutar aquí de una apacible cerveza

MERECE LA PENA

TRENES DE VAPOR

En casi toda Europa, la gran era de las locomotoras a vapor ya pasó. Los trenes que aún operan están relegados a pintorescas rutas turísticas y funcionan como piezas de museo sobre ruedas. Sin embargo, eso no es así en la localidad de Wolsztyn, 65 km al suroeste de Poznań.

Gracias en parte al entusiasmo de aficionados británicos, aún circulan algunas locomotoras de vapor por las líneas regulares nacionales desde Wolsztyn. Los más impacientes pueden inscribirse en la Wolsztyn Experience (+44 1842 860436; www.thewolsztynexperience.org; cursos desde 507 €), un curso que instruye a aspirantes a maquinistas y les brinda la oportunidad de cruzar el país al mando de un tren de vapor.

En el pasado, este curso habilitaba para conducir un convoy diario con horario regular desde Wolsztyn a la estación Poznań Główny. Aunque estos servicios han sido recientemente suspendidos, es probable que vuelvan a estar operativos en algún momento. Entretanto, los conductores en prácticas operan sus vehículos en rutas especiales hasta Wrocław y Kołobrzeg. También se puede conducir trenes de vapor de vía estrecha en líneas de Żnin y Gniezno.

El primer sábado de mayo, Wolsztyn es también la sede del Desfile del Vapor, un festival con locomotoras de toda Europa. Y por si esto fuera poco, la ciudad también tiene el museo de trenes de vapor Wolsztyn (Parowozownia Wolsztyn; www.parowozowniawolsztyn.pl; ul Fabryczna 1; adultos/reducida 5/3 PLN; 8.00-15.00 lu-vi) en su depósito de locomotoras en activo, al sur de la estación de trenes.

WIELKOPOLSKA OCIO

suele estar fuera de lugar. Una vez se haya tomado algo en su recogido y oscuro bar, una posibilidad es unirse a quienes bailan en la pista de la planta baja al son de la música *house,* pop, *rock,* latino y *retro,* según la noche.

Van Diesel Music Club   DISCOTECA
(plano p. 298; Stary Rynek 88; 21.00-5.00 vi y sa) Local de moda de la plaza, con *disc jockeys* que alternan entre pop, *house*, *R&B*, soul y *dance*. Con tanta variedad, es fácil encontrar la noche idónea para salir a la pista.

Czekolada   DISCOTECA
(plano p. 298; ul Wrocławska 18; 21.00-madrugada) Si al viajero le apetece ponerse sus mejores galas y bailar, este exquisito local resulta ideal. Las arañas de luces y buenos cócteles le aportan un toque de clase.

 Ocio

La publicación mensual de Poznań, *iks* (4,10 PLN), contiene listados de todo, desde museos hasta actividades al aire libre, junto con un breve sumario en inglés de lo más importante. Se consigue en las oficinas de turismo.

Música en directo

Alligator   MÚSICA EN DIRECTO
(plano p. 298; Stary Rynek 86; 12.00-madrugada) A la última a la par que apacible, en una ubicación privilegiada en la Rynek, su sim-

pática clientela se sienta a comer y beber en su interior de iluminación tenue; además, el bar sirve cócteles aceptables. Cada noche hay música en directo, sobre todo *rock* y *blues*.

BaRock   MÚSICA EN DIRECTO
(plano p. 298; ul Wielka 9; 18.00-madrugada) Tranquilo local subterráneo que ofrece conciertos y monólogos con regularidad.

Blue Note Jazz Club   JAZZ
(plano p. 298; www.bluenote.poznan.pl; ul Kościuszki 79) Popular sala de *jazz* en directo y ocasional discoteca de *dance* en el interior de la Kaiserhaus. Ofrece frecuentes conciertos y *jam sessions* de bandas locales y alguna que otra figura. Solo abre cuando hay actuación, por lo que se impone consultar antes el programa en línea.

Música clásica, ópera y teatro

Centrum Kultury Zamek   SALA DE CONCIERTOS
(Centro Cultural del Castillo; plano p. 298; 61 646 5260; www.zamek.poznan.pl; ul Św Marcin 80/82;) Este activo centro cultural ocupa la majestuosa y neorrománica Kaiserhaus (plano p. 298), construida entre 1904 y 1910 para el emperador alemán Guillermo II, y ofrece cine, arte y música.

Filharmonia   MÚSICA CLÁSICA
(Filarmónica; plano p. 296; 61 853 6935; www.filharmoniapoznanska.pl; ul Św Marcin 81; ta-

quilla 13.00-18.00) Esta institución programa conciertos al menos una vez por semana, a cargo de su orquesta sinfónica. Poznań tiene además al mejor coro infantil de Polonia, los Poznańskie Słowiki (Ruiseñores de Poznań), que también cantan aquí. Las entradas se adquieren en la taquilla o 1 h antes del espectáculo.

Teatr Wielki ÓPERA, BALLET
(plano p. 298; ☑61 659 0231; www.opera.poznan.pl; ul Fredry 9) Es el escenario habitual para asistir a representaciones de ópera y *ballet*.

Teatr Polski TEATRO
(plano p. 298; ☑61 852 5628; www.teatr-polski.pl; ul 27 Grudnia 8/10) Es el principal escenario de Poznań.

❶ Información

ACCESO A INTERNET

Salon Gier (ul Dworcowa 1; 5 PLN/h; ☺24 h) Está en el túnel que sale de la explanada de la estación principal de trenes.

CORREOS

Oficina principal de correos (plano p. 298; ul Kościuszki 77; ☺7.00-20.00 lu-vi, 8.00-15.00 sa)

INFORMACIÓN TURÍSTICA

La Poznań City Card (1 día, 35 PLN) está disponible en centros de información de toda la ciudad (www.poznan.travel). Proporciona entrada gratis a los principales museos, sustanciosos descuentos en restaurantes y actividades recreativas, y uso ilimitado del transporte público.
Centro de información municipal (plano p. 298; ☑61 852 6156; Stary Rynek 59/60; ☺10.00-20.00 lu-sa, 10.00-18.00 do may-sep, 10.00-17.00 oct-abr) La oficina central está en la Rynek.
Centro de información municipal de Plac Wolności (plano p. 298; ☑61 851 9645; ul Ratajczaka 44; ☺10.00-19.00 lu-vi, 10.00-17.00 sa) Cerca de Plac Wolności.
Centro de información municipal de la estación de trenes (plano p. 296; ☑61 633 1016; ul Dworcowa 2; ☺8.00-21.00 lu-vi, 10.00-17.00 sa y do) En la estación de trenes Poznań Główny.
Centro de información municipal del aeropuerto (☑61 849 2140; ul Bukowska 285; ☺8.00-21.00 lu-vi, 10.00-17.00 sa y do) En el aeropuerto.

AGENCIAS DE VIAJES

Almatur (☑61 855 7633; ul Ratajczaka 26; ☺10.00-18.00 lu-vi, 10.00-14.00 sa)

Glob-Tour FB (☑61 866 0667; www.globtou rfb.poznan.pl; ul Głogowska 15; ☺24 h) Agencia de viajes en la estación Dworzec Zachodni, conectada mediante un túnel con la estación principal de trenes.

❶ Cómo llegar y salir

AVIÓN

Aeropuerto de Poznań (☑61 849 2343; www. airport-poznan.com.pl; ul Bukowska 285) Está en el barrio residencial de Ławica, 7 km al oeste del centro. LOT opera vuelos desde Poznań a Varsovia (4 diarios). Ryanair y Wizz Air tienen vuelos a algunas ciudades europeas. Para todos los destinos, consúltese la web del aeropuerto.

AUTOBÚS

La **estación de autobuses** (Dworzec PKS; plano p. 296; www.pks.poznan.pl; ul Dworcowa 1) está debajo de la estación principal de trenes. Al menos cada hora salen servicios a Kórnik (13 PLN, 25 min). Hay rutas más largas, a Kalisz (29 PLN, 2½ h, cada hora) y Zielona Góra (35 PLN, 3 h, 5 diarios).

La empresa privada **Polski Bus** (www.polski bus.com) ofrece autobuses a Wrocław (3½ h, 3 diarios), Varsovia (4 a 5½ h, 7 diarios), Szczecin (3¾ h, 3 diarios), Gdańsk (5 h, 4 diarios), Berlín (4 h, 2 diarios) y Praga (9 h, 2 diarios). Las tarifas varían según el día; para conseguir mejor precio se aconseja reservar en línea.

TREN

Poznań es un transitado nudo ferroviario. Desde la **estación de trenes Poznań Główny** (ul Dworcowa 1) circulan cada hora a Varsovia, entre ellos ocho TLK (60 PLN, 3½ h) y ocho exprés *intercity* (129 PLN, 2¾ h), así como servicios frecuentes a Wrocław (34 PLN, 2½ h), Szczecin (40 PLN, 2¾ h) y Cracovia (67 PLN, 6 h).

Los trenes a Gdańsk (60 PLN, 3¾ h, 8 diarios) y Toruń (26 PLN, 2½ h, 9 diarios) atraviesan Gniezno (14 PLN, 45 min, cada hora). Ocho trenes salen hacia Zielona Góra cada día (24 PLN, 2 h), y hay también siete diarios a Wolsztyn (18 PLN, 1½ h).

Cinco trenes internacionales viajan a Berlín a diario (168 PLN, 2¾ h). Hay también uno directo a Colonia (9¾ h).

❶ Cómo desplazarse

A/DESDE EL AEROPUERTO

Al aeropuerto se llega en el autobús exprés L desde la estación principal de trenes (4,60 PLN, 20 min), que pasa por la parada Bałtyk, cerca de Rondo Kaponiera. Los autobuses n° 48 y 59 y el nocturno n° 242 también van al aeropuerto desde la parada de Bałtyk (4,60 PLN, 25 min). Un taxi cuesta entre 20 y 30 PLN (20 min).

TRANSPORTE PÚBLICO

Los billetes de tranvías y autobuses urbanos cuestan 3 PLN (trayecto de 15 min), y 4,60 PLN (hasta 40 min). La duración aproximada de los trayectos está indicada en las paradas. Un billete diario cuesta 13,60 PLN.

ALREDEDORES DE POZNAŃ

Kórnik

7600 HAB.

Esta localidad, 20 km al sureste de Poznań, es una prueba de que los extravagantes reyes alemanes no tenían el monopolio del diseño excéntrico de castillos. El nada convencional de Kórnik lo construyó la poderosa familia Górka en el s. xv. Hoy día puede decirse que es más una mansión que un castillo; cualquiera que haya visitado una hacienda en la campiña inglesa experimentará un *déjà vu* (incluso tiene exquisitas salas para tomar el té frente a la verja principal).

◉ Puntos de interés

Museo del Castillo   MUSEO
(www.bkpan.poznan.pl; ul Zamkowa 5; adultos/reducida 12/7 PLN; ◷10.00-16.00 ma-do feb-nov) El aspecto actual del castillo de Kórnik se remonta a mediados del s. xix, cuando Tytus Działyński, su propietario, le aportó un descabellado estilo de imitación gótica, basado en parte en un diseño del arquitecto alemán Karl Friedrich Schinkel. Hoy el edificio parece la unión de dos mitades de fortalezas totalmente distintas y resulta fotogénico desde diversos ángulos.

Parcialmente abierto como museo, hoy se puede recorrer su interior del s. xix, salpicado con artículos reunidos por la familia. La colección fue ampliada por el hijo de Działyński, Jan, y su sobrino Władysław Zamoyski, quien donó el edificio y sus pertenencias al Estado en 1924.

Sus tesoros, bien presentados en un espacio inundado de luz, incluyen fascinantes piezas, entre las que destacan muebles de

elaborado diseño, armamento medieval y libros antiguos, como una copia de la obra maestra de Copérnico, *De Revolutionibus Orbium Coelestium* (Sobre las revoluciones de los orbes celestes).

En la 1ª planta, un espectacular salón morisco (abiertamente inspirado en la Alhambra de Granada) es el marco memorable para la muestra de armaduras y parafernalia militar.

Algunos de los edificios externos del castillo se emplean también como espacios expositivos. La Galeria Klaudynówka, que es una casa del servicio de 1791, muestra pinturas contemporáneas, mientras que la cochera, enfrente, aloja tres carruajes londinenses que Jan Działyński trajo desde París en 1856.

Arboretum de Kórnik   JARDINES
(www.idpan.poznan.pl; ul Parkowa 5; adultos/reducida 6/4 PLN; ◷10.00-17.00) Este extenso parque de estilo inglés, conocido como Arboretum, se sitúa detrás del castillo. Diseñado durante la reconstrucción de este, está dotado de especies exóticas de árboles y arbustos de los principales viveros europeos. Actualmente, el Arboretum está gestionado por un centro de investigación científica e incluye más de 3000 especies de plantas y otras variedades botánicas. La mejor época del año para visitarlo es de mayo a junio y de septiembre a octubre, cuando hay más flores.

❶ Cómo llegar y salir

Hay frecuentes servicios de autobús de Poznań a Kórnik (13 PLN, 25 min), con parada en la Rynek de Kórnik, a un tiro de piedra del castillo. Para llegar hay que seguir la carretera según se gira a la derecha, pasado el ayuntamiento, donde se convierte en ul Zamkowa.

Rogalin

700 HAB.

El pueblecito de Rogalin, 12 km al oeste de Kórnik, fue la sede de otra importante familia aristocrática polaca, los Raczyński, que construyeron un palacio en las últimas décadas del s. xviii donde vivieron hasta la II Guerra Mundial, cuando fue saqueado, pero no devastado. Tras la guerra, el Estado se apropió de él. En 1991, el conde Edward Raczyński, embajador polaco en el Reino Unido al estallar la II Guerra Mundial y destacada figura del Gobierno polaco en el exilio, confirmó su uso como sucursal del Museo Nacional.

◉ Puntos de interés

Museo del Palacio MUSEO
(Muzeum Pałac; www.mnp.art.pl; ul Arciszewskiego 2; adultos/reducida 10/7 PLN, mi gratis; ◷9.30-16.00 ma-sa, 10.00-18.00 do) Menos visitado que el castillo de Kórnik y de apariencia mucho más germánica, el palacio de Rogalin consiste en una gran estructura barroca central de dos plantas y dos modestas alas simétricas que se unen al cuerpo principal mediante galerías, formando una herradura gigante alrededor de un gran patio. Entrar al edificio implica realizar un circuito obligatorio; por 85 PLN se pueden concertar circuitos guiados en inglés, previo aviso.

En el interior de la casa principal se puede contemplar una exposición sobre la historia del palacio y la familia Raczyński, así como una réplica exacta del estudio londinense del conde Raczyński.

La Galería de Pintura (Galeria Obrazów), colindante con el ala izquierda, es un invernadero adaptado que exhibe lienzos polacos y europeos del s. XIX y principios del s. XX. La colección polaca incluye cuadros de varios artistas importantes, entre ellos Jacek Malczewski y Jan Matejko, autor de *Juana de Arco,* la obra más notoria de todas.

La cochera, cerca del patio delantero, da cobijo a una docena de carruajes antiguos, incluido el último coche de punto tirado por caballos de Poznań, y un restaurante.

Frente a la residencia principal hay un pequeño jardín francés que conduce a otro parque de estilo inglés, de mayor tamaño y originalmente concebido como un robledal. Hoy apenas queda rastro de su trazado inicial, pero conserva sus viejos robles, algunos centenarios. Los tres más destacados están protegidos por una valla y ostentan los nombres de *Lech, Czech* y *Rus,* en honor de los legendarios fundadores de las naciones polaca, checa y rusa.

Otro lugar de interés es la **capilla** (✆61 813 8345; ◷12.00-17.00 sa y do abr-oct) GRATIS, al este del pueblo, en las afueras, erigida en la década de 1820 como mausoleo de la familia Raczyński. Esta réplica del templo romano conocido como Maison Carrée, de Nimes, en el sur de Francia, se halla a unos 300 m al este de la entrada al recinto del palacio. Si el viajero desea visitarla fuera del horario habitual, debe reservar con antelación.

ℹ️ Cómo llegar y salir

Hay dos autobuses diarios de Poznań a Rogalin (11 PLN, 40 min), ambos por la tarde. La alternativa es tomar un autobús a Śrem (13 PLN, 1 h, cada hora) por la mañana, y desde allí seguir hasta Rogalin (8 PLN, 30 min, 3 diarios).

Parque Nacional de Wielkopolska

Unos cuantos kilómetros al suroeste de la frontera administrativa de Poznań se halla este **parque nacional** (WielkopolskiPark Narodowy; www.wielkopolskipn.pl) GRATIS de 76 km². Cerca del 80% de su terreno es bosque, sobre todo de pinos y robles, con encantadores lagos posglaciares.

El excursionismo es la principal atracción del lugar, y un buen punto de partida es la localidad de Mosina, conectada con frecuentes trenes y autobuses desde Poznań (21 km). Desde Mosina, hay que seguir el sendero señalizado en azul que lleva hacia el noroeste hasta Osowa Góra (3 km). Al llegar al pequeño lago Kociolek hay que tomar el sendero marcado en rojo que gira hacia el suroeste. Tras pasar otro pequeño lago, el camino alcanza el lago Góreckie, el paraje acuático más bello del parque. El sendero lo bordea por el este y vira hacia el noreste hasta la localidad de Puszczykowo, con servicios de trenes y autobuses a Poznań. En total, son 17 km de caminata a través de la zona más atractiva del parque.

Si aún quedan fuerzas, hay otros cuatro caminos para escoger. Se recomienda hacerse con una copia del mapa *Wielkopolski Park Narodowy* (a escala 1:35 000), de TopMapa.

Las dos localidades Mosina y Puszczykowo quedan a mano, en la linde oriental del parque, a 4 km por la línea férrea Poznań-Wrocław. También hay trenes lentos frecuentes desde la estación Poznań Główny hasta Puszczykowo (6 PLN, 16 min, cada h) y Mosina (7 PLN, 25 min, cada h).

Morasko

A solo 10 km del centro de Poznań, la **Reserva de Meteoritos de Morasko** (Rezerwat Meteoryt Morasko; ul Meteorytowa) GRATIS es una de los dos únicas zonas de impacto de meteoritos registradas en Europa. La idea de una lluvia de llameantes rocas espaciales 'aterrizando' en este tranquilo bosque se hace rara, pero eso es precisamente lo que sucedió hace unos 10 000 años, y aún pueden verse ocho de los cráteres que dicha lluvia causó.

El mayor cráter mide más de 100 m de ancho y 13 de profundidad, y aunque la vegetación disimula su aspecto lunar, su extensión aún impresiona.

Para llegar, es preciso tomar el tranvía nº 12 o 14 desde la estación de trenes hasta el término de Osledle Sobieskiego y seguir por el sendero de 4 km o tomar el autobús nº 902 (cada hora, aprox.), que efectúa parada en la reserva.

ESTE DE WIELKOPOLSKA

Gniezno

69 000 HAB.

Las apariencias engañan: a primera vista, nadie diría que esta relajada localidad tuvo un papel tan significativo en la fundación de Polonia. Su casco antiguo, atractivamente renovado en el 2000 con motivo de la celebración del milenio de la creación del obispado municipal, es un sugestivo conjunto de calles serpenteantes y coloristas edificios con tejados inclinados, en torno a una bella plaza adoquinada y su célebre catedral. Además, es un lugar excelente para recobrar el aliento tras el ajetreo de Poznań.

Tal vez hoy parezca aletargada, pero en su día Gniezno fue sede real y religiosa. También se la considera la cuna del Estado polaco, ya que fue en ella donde las distintas tribus de la región se unieron y adoptaron el nombre de polacos en el s. x. Se cree que el duque Mieszko I fue bautizado aquí en el 966, hecho clave que hizo que el estatus de región autónoma de Wielkopolska se erigiera desde la noche de los tiempos al rango de nación cristiana. Posteriormente, en el año 1025, Boleslao I el Valiente fue coronado en su catedral, con lo que se convirtió en el primer monarca polaco.

La ciudad sigue conservando su estatus de sede de la Iglesia polaca y capital eclesiástica del país, pese a que hoy solo reciba la visita de los primados en contadas ocasiones.

◉ Puntos de interés

★ **Catedral**   IGLESIA
Katedra Gnieźnieńska; ul Łaskiego 9; torre adultos/reducida 3/2 PLN; ☺9.00-17.00 lu-sa, 13.00-18.00 do,

torre 9.30-17.00 lu-sa, 13.00-17.45 do) La historia y el carácter de Gniezno están estrechamente ligados a su catedral: una imponente estructura gótica de ladrillo, con dos torres. El templo actual fue construido después de que los Caballeros Teutones destruyeran la anterior catedral románica en 1331. A lo largo de los siglos ha cambiado significativamente: surgieron capillas a su alrededor y su interior fue adoptando estilos sucesivos. Tras sufrir considerables daños en la II Guerra Mundial, fue reconstruida según su diseño gótico original.

La parte alta de la torre ofrece vistas de la ciudad.

El punto central del templo es el sarcófago de san Adalberto, de plata y estilo barroco, situado en el presbiterio. Su autor, Peter van der Rennen, lo esculpió en Gdańsk en 1662. Está rematado por la figura reclinada del santo que, pese a su horrible final, parece animado.

Adalberto fue un obispo bohemio que visitó Gniezno en el 997 de camino al noreste de Polonia, hoy Mazuria, con la misión de convertir a los prusianos, una tribu báltica pagana que habitaba aquellas tierras. Pero los paganos, muy reacios a aceptar la nueva fe, acabaron decapitando al obispo. Boleslao I el Valiente encontró su cuerpo sin cabeza, y tuvo que pagar su peso en oro para podérselo llevar y enterrarlo en la catedral de Gniezno en el 999. El mismo año, el papa Silvestre canonizó al mártir. Este hecho contribuyó a la conversión de Gniezno en Arzobispado y provocó que se construyeran varios monumentos en la iglesia en honor del santo: como el par de puertas de bronce románicas, de 1175 aprox., que hay al fondo de la nave lateral derecha (sur) accediendo por el pórtico. Dichas puertas, sin duda uno de los mejores ejemplos de arte románico europeo, incluyen 18 escenas de la vida de san Adalberto en bajorrelieve.

Un exquisito portal gótico del s. xv enmarca las puertas y muestra la escena del Juicio Final en el tímpano. En el pórtico opuesto se encuentra otro elaborado portal gótico, del mismo período, pero con la Crucifixión en el frontón.

En la entrada posterior de la iglesia, unas escaleras llevan hasta el sótano, donde, junto con las tumbas góticas de los obispos, se encuentran las reliquias de la antigua catedral románica.

En el mismo muro posterior hay dos lápidas talladas: a la izquierda, la tumba del

Gniezno

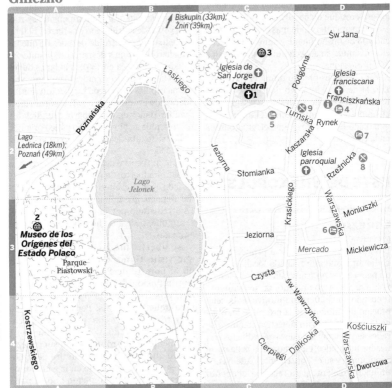

primado Zbigniew Oleśnicki, de mármol rojo y atribuida a Veit Stoss; y a la derecha, la del arzobispo Jacobo, de bronce de Siena de finales del s. xv. También tiene un crucifijo de madera de 1440, colocado en lo alto de la viga a la entrada del presbiterio.

A lo largo de las naves y el deambulatorio aparecen varias capillas que fueron construidas entre los ss. xv y xviii y que están separadas del pasillo por ornamentadas verjas de forja. En total hay 17 rejas, que van del estilo del gótico al barroco, pasando por el renacentista, y que conforman un conjunto único en Polonia. Dentro albergan lápidas, altares, pinturas y murales del todo recomendables.

La catedral también cuenta con una interesante obra de arte contemporáneo: la estatua del cardenal Stefan Wyszyński, primado polaco, de quien se dice que convenció a los soviéticos para que atemperasen su postura antirreligiosa. Con varios paneles, la escultura, en el centro del templo, muestra diversas escenas de la ajetreada vida del religioso.

★ **Museo de los Orígenes del Estado Polaco** MUSEO

(Muzeum Początków Państwa Polskiego; www.mppp.pl; ul Kostrzewskiego 1; adultos/reducida 10/6 PLN ⊙9.00-18.00 ma-do) En el extremo más alejado del lago Jelonek, este museo ilustra el papel primordial de Gniezno en la historia nacional. La colección permanente contiene hallazgos arqueológicos y obras de arte relacionadas con el desarrollo de la nación polaca desde antes de los eslavos hasta el final de la dinastía Piast. Además, hay un audiovisual sobre Polonia bajo los Piast.

Museo Archidiocesano MUSEO

(Muzeum Archidiecezji Gnieźnieńskiej; www.muzeumag.com; ul Kolegiaty 2; adultos/reducida 6/4 PLN ⊙9.00-17.00 lu-sa, 9.00-16.00 do) Al norte de la catedral, detrás de la iglesia de San Jorge, este

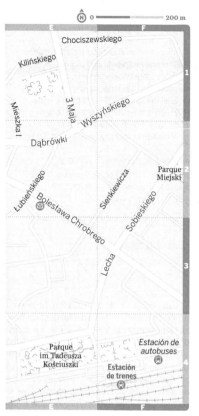

museo posee una colección de esculturas y cuadros sacros, tejidos litúrgicos, retratos para ataúdes y ofrendas votivas.

🛏 Dónde dormir

City Hotel   HOTEL €
(☏61 425 3535; www.hotelgniezno.com; Rynek 15; i/d desde 80/100 PLN; ☏) Este hotel no se esfuerza demasiado por estar a la altura de su prestigiosa ubicación en la Rynek, y sus habitaciones contienen mobiliario bastante básico. Con todo, sus precios están bien y sus habitaciones y su café dan a la plaza. Se accede por el local de kebabs que hay en la calle.

★ Hotel Atelier   HOTEL €€
(☏61 424 8550; www.hotelatelier.pl; ul Tumska 5; i 210 PLN, d 240-280 PLN; ☏★☏) Cuatro estrellas con clase en un edificio residencial que albergó el estudio de un fotógrafo. Las habitaciones, en tonos verdes y con detalles de gran gusto, contienen elegantes muebles de madera, y cuenta con un restaurante y café-bar.

Hotel Pietrak   HOTEL €€
(☏61 426 1497; www.pietrak.pl; ul Bolesława Chrobrego 3; i/d 180/210 PLN; ☏☏) Situado en dos casas burguesas del s. XVIII, a un paso de la Rynek, cuenta con buenas instalaciones, incluido un gimnasio con *spa*. El restaurante es bueno y en verano saca una alegre terraza a la calle.

Hotel Awo   HOTEL €€
(☏61 426 1197; www.hotel-awo.pl; ul Warszawska 32; i/d 160/210 PLN; ☏☏) Alojamiento de precio medio con estancias limpias y ordenadas, un bonito patio con una cervecería al aire libre y un restaurante. Téngase presente que está junto al mercado, lo que convierte sus habitaciones orientadas al sur en sitios potencialmente ruidosos.

🍴 Dónde comer

Restauracja Ratuszowa   POLACA €€
(ul Bolesława Chrobrego 41; principales 18-65 PLN) Ubicado en el interior del ayuntamiento, cuenta con un elegante interior clásico y una terraza en la calle que se abre durante los meses más cálidos. Su carta está salpicada de platos de carne, además de pescado y pasta.

Trattoria Cechowa   POLACA, ITALIANA €€
(ul Tumska 15; principales 12-25 PLN; ☺11.00-23.00) Atractivo restaurante con buenas vistas de la catedral desde sus mesas al aire libre. La carta es una mezcla de cocina polaca e italiana, que abarca desde *pizza* a clásicos regionales.

MERECE LA PENA

CAMINO DE PIAST

Esta ruta (conocida como "Szlak Piastowski" en polaco) es un recorrido turístico que discurre por una selección de lugares ligados a la historia incipiente de Polonia. Decenas de atracciones salpican el espacio en forma de ocho, comprendido entre Poznań (al oeste) e Inowrocław (al este), con Gniezno en el medio. La ruta sirve de inspiración para unas vacaciones en automóvil por Wielkopolska. Si el tiempo escasea, se puede hacer un recorrido de Poznań a Gniezno y regresar, o bien utilizar Gniezno como base para realizar excursiones de un día siguiendo la ruta en todas direcciones. Para más información, visítese la oficina de turismo de Gniezno y pídase el folleto gratuito de la Szlak Piastowski.

A continuación se indica algunos de los lugares más destacados de la ruta:

➡ **Lago Lednica** Posterior a la era glaciar, con la isla de Ostrów Lednicki, un bastión del s. x. En sus museos se exhiben restos arqueológicos y arquitectura rural del s. xix.

➡ **Gniezno** Aquí tuvo lugar el encuentro entre Polonia y la fe católica.

➡ **Biskupin** Muy anterior a los Piast, con el yacimiento de un asentamiento de la Edad del Hierro reconstruido.

➡ **Strzelno** Posee dos de las mejores iglesias románicas de la región.

➡ **Kruszwica** Con la torre de los Ratones, el único vestigio de un castillo del s. xiv, mandado construir por el rey Casimiro III de Polonia.

ℹ Información

Oficina de correos (ul Bolesława Chrobrego 36; ☺8.00-20.00 lu-vi, 8.00-14.00 sa)
Oficina de turismo (☑61 428 4100; www.szlakpiastowski.com.pl; Rynek 14; ☺9.00-17.00 lu-vi, 10.00-14.00 sa y do; 🕾) También proporciona acceso gratis a internet.

ℹ Cómo llegar y salir

La **estación de autobuses** (www.pks.gniezno.pl; ul Pocztowa) y la **estación de trenes** (ul Dworcowa) están juntas, unos 800 m al sur de la Rynek.

Hay ocho autobuses diarios a Żnin (13 PLN, 1 h), donde se puede tomar un tren de vía estrecha hasta Biskupin.

Circulan trenes regulares durante todo el día a Poznań (14 PLN, 45 min, cada hora). También los hay a Toruń (20 PLN, 1½ h, 9 diarios), Gdańsk (51 PLN, 3 h, 8 diarios) y Wrocław (40PLN, 3 h, 6 diarios).

Biskupin

Hay que olvidarse de exposiciones formales en museos a media luz. Esta recreación de un poblado de la Edad del Hierro, con sus empalizadas de madera, tejados de paja y actores ataviados con vestimentas de la época, es una manera estimulante de conocer el lejano pasado de cuando aún no existía Polonia.

Una tribu de la civilización lusaciana fundó este enclave lacustre fortificado hace aproximadamente 2700 años, que un maestro de escuela descubrió accidentalmente en 1933 al ver unas estacas de madera que asomaban en la superficie del lago. Los restos del poblado descansaban bajo una gruesa capa de turba. Es el único núcleo habitado que se conserva de dicha época en Polonia; la prueba de que la región ya estaba habitada por grupos sociales bien organizados más de 1600 años antes de que naciera el Estado polaco.

👁 Puntos de interés y actividades

Reserva Arqueológica ENCLAVE HISTÓRICO
(Rezerwat Archeologiczny; ☑52 302 5055; www.biskupin.pl; adultos/reducida 10/8 PLN; ☺8.00-18.00)
El poblado de la Edad del Hierro se halla en la Reserva Arqueológica. El viajero puede pasear libremente por el recinto o contratar previamente un guía (150 PLN). En la taquilla también se venden publicaciones sobre el recinto en varios idiomas.

Una vez pasada la verja, hay que seguir el sendero hasta el museo, que exhibe piezas halladas en la isla y sus alrededores, con información y una maqueta del asentamiento tal y como era en su día.

El poblado de la Edad del Hierro se halla en el interior, en la península situada en el extremo norte del parque. La verja, un fragmento del muro defensivo y dos hileras de casas se han reconstruido para dar una idea del aspecto que tuvo el núcleo. Asimismo, se ha recreado el interior de varias casas con techos de paja. Dentro de los edificios hay varios puestos que venden flechas, joyas y réplicas de monedas, y un hombre vestido de época ofrece demostraciones de lanzamiento de hacha.

'Diabeł Wenecki' CIRCUITOS EN BARCO
(*Diablo Veneciano;* circuitos 7 PLN) La embarcación de recreo *Diabeł Wenecki* inicia varias veces al día una breve travesía por el lago desde el muelle próximo a la entrada a la Reserva Arqueológica.

 Fiestas y celebraciones

Festival Arqueológico CULTURAL
(Festyn Archeologiczny; adultos/reducida 15/12 PLN; ☺sep) Además de muestras de culturas ancestrales que incluyen danza, artesanía y comida, este festival es una excusa anual para escenificar exaltadas recreaciones de batallas entre tribus germánicas y eslavas, un espectáculo colorista y fotogénico.

ℹ️ **Cómo llegar y salir**

AUTOBÚS

Desde la parada a la entrada de la Reserva Arqueológica salen autobuses cada 1-2 h hacia el norte a Żnin (7 PLN, 20 min, lu-vi) y al sur a Gąsawa (4 PLN, 5 min, lu-vi), ambas con servicios regulares a Gniezno (11 PLN, 1 h). Si se pierde el autobús, Gąsawa queda a solo 2 km.

TREN

Un tren turístico de vía estrecha opera de mayo a septiembre desde Żnin a Gąsawa, pasando por Biskupin (7 a 10 PLN, 40 min). La estación de Biskupin está junto a la entrada a la Reserva Arqueológica. La estación de Żnin está 150 m al este de la estación de autobuses; la de Gąsawa se halla 700 m al suroeste de la Rynek, junto a la carretera. a Gniezno.

SURESTE DE WIELKOPOLSKA

Kalisz
103 000 HAB.
Dado lo poco que el viajero medio sabe sobre Kalisz, su centro se revela como una agrada-

ble sorpresa, pues brinda una bonita colección de parques urbanos, calles sinuosas y una sencilla pero armónica arquitectura.

La de Kalisz es la historia más documentada de todas las ciudades polacas. Aparece mencionada como Kalisia en la renombrada *Geografía*, de Claudio Ptolomeo, escrita en el s. II. En dicha obra se dice que la ciudad era un asentamiento comercial en plena Ruta del Ámbar, que conectaba el Imperio romano con el mar Báltico.

En tiempos más recientes, Kalisz fue arrasada por los alemanes en los albores de la I Guerra Mundial. En un mes, su población se redujo de 70 000 a 5000 habitantes, y la mayoría de los edificios quedaron en ruinas. Posteriormente, la ciudad se reconstruyó según su antiguo trazado, pero en un nuevo estilo arquitectónico. Por fortuna, dadas las circunstancias, casi todos los nuevos edificios sobrevivieron a la devastación de II Guerra Mundial.

◉ **Puntos de interés**

El casco antiguo, que se halla en el ángulo que forman los ríos Prosna y Bernardynka, alberga una docena de pequeños puentes y el parque de la Ciudad (Park Miejski), que se extiende hacia el sureste.

Główny Rynek PLAZA
(plaza del mercado principal) En la discreta pero atractiva plaza del mercado se puede subir a la **torre del ayuntamiento** (Wieża Ratuszowa; Główny Rynek 20; ☺13.00-17.00 sa y do) GRATIS; hay excelentes vistas desde arriba, y una exposición sobre la historia de Kalisz.

Museo Regional de Kalisz MUSEO
(Muzeum Okręgowe Ziemi Kaliskiej; www.muzeum. kalisz.pl; ul Kościuszki 12; adultos/reducida 5/3 PLN, do gratis; ☺10.00-15.00 ma, ju, sa y do, 11.00-17.30 mi y vi) Presenta un exhaustivo análisis de la historia de la ciudad y, además, alberga exposiciones arqueológicas e históricas de Kalisz y alrededores. Queda 500 m al suroeste de la Rynek, cruzando el río Prosna.

Centro de Dibujo y Artes Gráficas GALERÍA
(Centrum Rysunki i Grafiki; ul Kolegialna 4; adultos/reducida 5/3 PLN, do gratis; ☺10.00-15.00 ma-do) Ofrece muestras temporales de dibujos y artes gráficas; p. ej., obras de Tadeusz Kulisiewicz (1899-1988), natural de Kalisz

y conocido por sus dibujos. Se accede por ul Lazienna.

Reserva Arqueológica de Zawodzie
MUSEO

(Rezerwat Archeologiczny Zawodzie; www.muzeum. kalisz.pl; ul Pobożnego 87; adultos/reducida 5/3 PLN; ⊙10.00-15.00 ma-vi, 10.00-18.00 sa y do) Sobre los restos de un poblado de hace 10 000 años, este lugar incluye la reproducción a tamaño real de estructuras de madera de la época, además de vestigios arqueológicos auténticos. Desde la zona del Hotel Europa se puede dar un agradable paseo de 30 min hasta allí; hay que ir al este por al Wolności, y seguir hacia la derecha cuando se convierte en ul Częstochowska, una vez pasado el teatro. Tras cruzar el río, se debe doblar a la izquierda y seguir su cauce hasta ul Zawodzie, calle que conduce a la reserva.

Iglesia de San Nicolás
IGLESIA

(Kościół Św Mikołaja; ul Kanonicka 5) Originariamente gótica, esta iglesia del s. XIII ha sido modernizada en varias ocasiones. La pintura *Descenso de la Cruz* sobre el altar mayor es una copia. El original, pintado en el taller de Rubens hacia 1617 y donado a la iglesia, fue quemado o robado en 1973, durante un misterioso incendio.

Iglesia bernarda
IGLESIA

(Kościół Pobernardyński; ul Stawiszyńska 2) Esta iglesia de 1607, hoy propiedad de los jesuitas, posee un espectacular interior. Poco atractiva desde fuera, su espaciosa nave luce una suntuosa decoración barroca. Los altares, así como las pinturas de la pared de la bóveda datan de mediados del s. XVIII.

Iglesia colegiata
IGLESIA

(Bazylika Kolegiacka Wniebowzięcia; Plac Jana Pawła II 3) Ejemplo típico de fastuoso templo católico, construida en 1353 y reconstruida en el s. XVIII, esta iglesia presume de un interior barroco saturado de oropel y es un popular lugar de peregrinación, gracias a una pintura de la Sagrada Familia del s. XVII con poderes supuestamente milagrosos.

🛏 Dónde dormir

Baba Hostel
ALBERGUE €

(☎887 081 887; www.babahostel.pl; ul Babina 19; dc 40 PLN, i/d 80/90 PLN; 🛜) Luminoso y nuevo albergue próximo al centro, con cómodas habitaciones de estilo contemporáneo. Los baños son compartidos y hay lavadora y cocina para los huéspedes. El desayuno cuesta 8 PLN extras.

★ Hotel Europa
HOTEL €€

(☎62 767 2032; www.hotel-europa.pl; al Wolności 5; i 185 PLN, d 230-295 PLN, ste 420-590 PLN; 🅿❄🛜) Quien haya peregrinado por hoteles de tres estrellas en un caluroso verano polaco, estará encantado al hallar los lujosos dormitorios dobles de este céntrico establecimiento con aire acondicionado, hervidores de agua y baños relucientes. La suite inspirada en Egipto es una auténtica locura. Está al sur del casco antiguo, cruzando el río.

Hotel Roma
HOTEL €€

(☎62 501 7555; www.restauracje-kalisz-turek.pl; ul Chopina 9; i/d desde 160/220 PLN; 🅿🛜) Agradable sorpresa en una zona poco cuidada de la ciudad, 500 m al noroeste de la Rynek. Ofrece siete habitaciones espaciosas con tragaluces sobre su restaurante italiano con jardín.

Hotel Calisia
HOTEL €€

(☎62 767 9100; www.hotel-calisia.pl; ul Nowy Świat 1; i/d 170/220 PLN; 🅿🛜) Sus pasillos son estrechos y las habitaciones algo deslucidas, pero el servicio es bueno, con un personal dispuesto a preparar una tortilla para desayunar. Hay restaurante y bar. Está 750 m al sur de la Rynek.

🍴 Dónde comer y beber

Hay muchos restaurantes en la Rynek y las calles de los alrededores.

★ Bajeczny
RESTAURANTE AUTOSERVICIO €

(ul Złota 8; principales 5-12 PLN; ⊙8.00-18.00 lu-vi, 12.00-16.00 sa y do; 🍴) Reformado *bar mleczny* que desmiente la fama de lugares insulsos y funcionales que tienen las lecherías de la época comunista. Es posible sentarse en su fresco y luminoso interior con muebles blancos, macetas y estrambóticas pantallas de lámparas, y saborear todos los clásicos polacos, desde *pierogi a naleśniki* (creps).

Antonio
ITALIANA €€

(ul Śródmiejska 21; principales 16-45 PLN; ⊙11.00-23.00) Si al viajero no se le abre el apetito con el aroma a ajo que sale de este restaurante, alojado en un sótano al suroeste de la Rynek, es que ya debe haber comido. Su comedor tiene mesas con manteles a cuadros rojos, velas, rosas, obras de arte de inspiración renacentista y comida italiana de calidad, eso sí, con mucho ajo.

Mamma Mia
PIZZERÍA €€

(Główny Rynek 3; principales 10-31 PLN; ⊙12.00-22.00; 🛜🍴) Este acogedor restaurante junto a la Rynek sirve una amplia selección de *pizzas*

EL TREN DEL DISTRITO DE ŻNIN

Para disfrutar de una entretenida excursión de un día, nada mejor que subir al **ferrocarril del distrito de Żnin** (Żnińska Kolej Powiatowa; www.smkznin.eu; ul Potockiego 4, Żnin; ida/ida y vuelta 12/20 PLN; 1 h), un tren de vía estrecha que empezó a operar en 1894 para transportar remolacha a la azucarera de la zona, además de como transporte público. El servicio de pasajeros dejó de funcionar en 1962, aunque la línea ha sobrevivido como reclamo turístico.

Una vez que el tren sale de la diminuta estación de Żnin (al este de la estación de autobuses), traquetea sin prisas por una sucesión de verdes colinas repletas de campos de cultivo, haciendo una breve parada en el pueblo de Wenecja antes de llegar al **Museo de la Línea Ferroviaria de Vía Estrecha de Wenecja** (Muzeum Kolei Wąskotorowej w Wenecji; www.muzeumznin.pl; adultos/reducida 10/8 PLN; 9.00-16.00), con una muestra de locomotoras, vagones y parafernalia asociada. Al otro lado de las vías desde el museo aparecen las ruinas de un castillo del s. XIV.

La siguiente parada es la Reserva Arqueológica de Biskupin y finalmente el convoy llega al pueblo de Gąsawa. Aquí el principal punto de interés es la **iglesia de San Nicolás** (Kościół Św Mikołaja; ul Żnińska 1, Gąsawa), estructura de madera del s. XVII con una insólita mezcla de estilos arquitectónicos: gótico, barroco, neoclásico y añadidos más modernos. Cuando en 1999 se renovó la iglesia, los trabajadores descubrieron unos frescos originales bajo la argamasa. Estos representan a santos y otras figuras bíblicas, y se han logrado recuperar gracias a un laborioso trabajo.

Si se toma un tren matutino en Żnin, es posible apearse en el Museo de la Línea Ferroviaria de Vía Estrecha de Wenecja, en Biskupin y en Gąsawa, y más tarde regresar a Żnin en el último tren del día. Salen cinco trenes diarios desde Żnin, de mayo a agosto, entre las 9.00 y las 13.50 (en julio y agosto hay un convoy adicional a las 15.35); para el viaje de regreso se sale de Gąsawa.

y un número aceptable de platos vegetarianos. Se entra por ul Piskorzewska.

Złoty Róg   PUB, FÁBRICA DE CERVEZA
(al Wolności 3; 10.00-23.00 lu-vi, 13.00-23.00 sa y do;) Ideal para tomar un trago, se encuentra junto al Hotel Europa. Se aconseja probar una de las cuatro cervezas especiales que elaboran en la trastienda. Es perfecto para recobrar fuerzas tras explorar la ciudad.

☆ Ocio

Centro de Cultura y Arte   CINE
(Centrum Kultury i Sztuki; www.ckis.kalisz.pl; ul Łazienna 6) Esta institución cultural, situada una manzana al sureste de la Rynek, acoge gran variedad de propuestas, incluso cine de arte y ensayo.

ℹ Información

Cafe Calisia (al Wolności 6; 5 PLN/h; 8.00-22.00 lu-vi, 11.00-21.00 sa y do) Ofrece acceso a internet, al este del Hotel Europa.

Oficina de correos (ul Zamkowa 18/20; 8.00-20.00 lu-vi, 8.00-15.00 sa)

Oficina de turismo (62 598 2731; www.cit. kalisz.pl; ul Chodyńskiego 3; 9.00-17.00 lu-vi,

10.00-14.00 sa y do;) Ofrece consejos útiles y acceso a internet. Se accede por ul Zamkowa.

ℹ Cómo llegar y desplazarse

La **estación de autobuses** (www.pks.kalisz.pl; ul Podmiejska 2a) y la **estación de trenes** (ul Dworcowa 1) están próximas entre sí, unos 2 km al suroeste del casco antiguo. Para llegar al centro, se toma un autobús local (2,70 PLN) desde la parada de ul Górnośląska, en el extremo más alejado del centro comercial Galeria Amber, junto a la estación de autobuses.

AUTOBÚS

Hay 13 autobuses diarios a Poznań (29 PLN, 2½ h); casi todos vian por Gołuchów (5 PLN, 20 min). Hay también nueve a Wrocław (32 PLN, 2¾ h) y cuatro a Toruń (43 PLN, 4 h). El suburbano A, a Pleszew, que circula cada 30 min, también pasa por Gołuchów (5 PLN, 40 min); tiene parada en Plac Jana Pawła II, en el centro de Kalisz.

TREN

Los trenes a Łódź (22 PLN, 2 h) circulan aprox. cada 2 h durante todo el día. Hay también trenes a Varsovia (49 PLN, 4 h, 4 diarios), Wrocław

(35 PLN, 2 h, 6 diarios) y Poznań (24 PLN, 2½ h, 3 diarios).

Gołuchów

2200 HAB.

Este pequeño pueblo cerca de Kalisz no tiene demasiado que ofrecer a excepción su atractivo castillo, que justifica una excursión de un día.

◉ Puntos de interés

Museo del Castillo   MUSEO
(Muzeum Zamek; www.mnp.art.pl; ul Działyńskich 2; adultos/reducida 10/7 PLN, ma gratis; ◷10.00-16.00 ma-sa, 10.00-18.00 do) Sus orígenes se remontan al 1560 aprox., cuando era una pequeña mansión fortificada, con torres octogonales esquineras, propiedad de la familia Leszczynski. Unos 50 años más tarde fue ampliado y convertido en residencia palaciega, al estilo renacentista tardío. Abandonado a finales del s. XVII, fue deteriorándose poco a poco hasta que la familia Dzialynski, propietaria del castillo de Kórnik, lo adquirió en 1856. Entre 1872 y 1885 fue completamente reconstruido, con lo que obtuvo su actual apariencia. Dicha mutación estilística se debió a la caprichosa Izabela Czartoryska, hija del príncipe Adam Czartoryski y esposa de Jan Dzialynski. Fue ella quien encargó al arquitecto francés Eugène Viollet le Duc que rehiciera la residencia, para la que se mandó traer muchos detalles arquitectónicos del extranjero, sobre todo de Francia e Italia.

Propietaria de numerosas obras de arte, Izabela las guardó en su nuevo castillo, que se convirtió en uno de los museos privados más grandes de Europa. Durante la II Guerra Mundial, los nazis lo saquearon, pero respetaron el edificio. Por suerte, parte de la colección se recuperó y reinstaló en el castillo.

En el interior se expone una enorme colección de muebles, cuadros, esculturas, armas, tapices y alfombras, entre otras cosas. Una de las piezas más destacadas es el conjunto de jarrones griegos del s. V a.C.

Se accede al castillo por una ornamentada entrada del s. XVII que se abre a un bonito patio con soportales. Los circuitos para un número reducido de visitantes salen cada 30 min.

Museo de Silvicultura   MUSEO
(Muzeum Leśnictwa; www.okl.lasy.gov.pl; ul Działyńskich 2; adultos/reducida 7/4 PLN; ◷10.00-16.00 ma-do) Al sur del castillo, este museo ocupa una antigua destilería que vivió una considerable ampliación en 1874. Contiene exposiciones sobre la historia de los bosques polacos y la industria maderera, así como una colección de arte contemporáneo.

La entrada incluye la visita al anexo del museo, al este del castillo, donde se muestran exposiciones medioambientales en una vieja cochera. La colección incluye *księgi drzewne*, cajas en forma de libro para guardar semillas y otros elementos vegetales.

Otro lugar que puede visitarse con la entrada es una antigua granja que hoy acoge una exposición de técnicas forestales, en el extremo norte del parque, 750 m más allá del castillo. Alberga herramientas y maquinaria utilizadas en la silvicultura.

Varios bisontes viven en relativa libertad en un enorme recinto vallado (◷7.00-anochecer), al oeste del parque, 500 m después de pasar el museo (hay que seguir los carteles que rezan "Żubry").

❶ Cómo llegar y salir

El autobús suburbano A viaja casi cada 30 min a/desde Kalisz (5 PLN, 40 min). Para encontrar la entrada al parque, hay que apearse en la parada junto al cementerio, cruzar la carretera principal y rodear la iglesia. Unos 10 autobuses diarios de PKS circulan a Poznań (26 PLN, 2¼ h) y Kalisz (5 PLN, 20 min).

Gdańsk y Pomerania

6,5 MILLONES HAB.

Los mejores restaurantes

➡ Velevetka (p. 335)

➡ Bulaj (p. 343)

➡ Gothic (p. 359)

➡ Atmosphere (p. 368)

➡ Dym na Wodzie (p. 370)

Los mejores alojamientos

➡ Hotel Apollo (p. 371)

➡ Kamienica Gotyk (p. 333)

➡ Hotel Podewils (p. 334)

➡ Hotel Neptun (p. 364)

➡ Sand Hotel (p. 373)

Por qué ir

Playas que van hundiéndose suavemente en el agitado mar Báltico, dunas moldeadas por el viento en claro contraste con el cielo plomizo, castillos e iglesias erigidos por una orden de caballeros medievales y astilleros silenciados por el tiempo que antes bullían de actividad anticomunista: esto es Pomerania.

Su epicentro es Gdańsk, la metrópoli del norte del país, una ciudad que mira al futuro con su bello centro histórico. Al igual que la mayor parte de la región, Gdańsk ha cambiado de manos muchas veces a lo largo de los siglos, y cada uno de sus invasores o protectores ha ido dejando su rastro en forma de legado arquitectónico y cultural aún visible.

Lejos de las playas y de las estructuras de ladrillo rojo de Gdańsk está Casubia, una región que mantiene viva la llama de la tradición y hasta su propio idioma: es el lugar perfecto para relajarse y alejarse de las rutas más turísticas.

Cuándo ir
Gdańsk

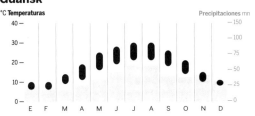

Abr A la caza del ámbar, tras disfrutar de la marea alta en las playas de arena blanca.

Ago La Feria de Santo Domingo de Gdańsk invita a curiosear entre cachivaches y a empaparse de la cultura local.

Dic Explorar las dunas desiertas y los lagos del Parque Nacional de Słowiński.

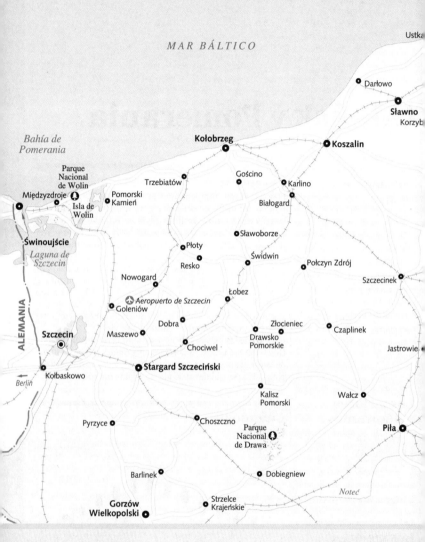

MAR BÁLTICO

Ustka

Darłowo

Sławno
Korzyb

Bahía de
Pomerania

Kołobrzeg

Koszalin

Parque
Nacional
de Wolin

Gościno

Międzyzdroje

Karlino

Trzebiatów

Pomorski
Kamień

Białogard

Isla de
Wolin

Sławoborze

Świnoujście

Płoty

Laguna de
Szczecin

Świdwin

Resko

Połczyn Zdrój

Nowogard

Szczecinek

Łobez

Aeropuerto de Szczecin

ALEMANIA

Goleniów

Złocieniec

Dobra

Czaplinek

Maszewo

Drawsko
Pomorskie

Szczecin

Jastrowie

Chociwel

Kołbaskowo

Stargard Szczeciński

Berlín

Kalisz
Pomorski

Wałcz

Pyrzyce

Choszczno

Piła

Parque
Nacional
de Drawa

Barlinek

Dobiegniew

Noteć

Gorzów
Wielkopolski

Strzelce
Krajeńskie

Imprescindible

❶ Admirar la arquitectura de **Długi Targ** (p. 323), en Gdańsk, una de las vías más majestuosas de Polonia.

❷ Desmelenarse en alguno de los muchos locales

nocturnos de playa de **Sopot** (p. 343).

❸ Perderse por los salones, pasillos y capillas del castillo de **Malbork** (p. 357), la mayor fortaleza medieval de Europa.

❹ Maravillarse ante las obras góticas que hacen de **Toruń** (p. 346) uno de los destinos más sugerentes de Polonia

❺ Ir a **Hel** (p. 344) para ver focas.

Parque Nacional de Słowiński

6 Kluki
Smołdzino

Łeba

Rozewie
Władysławowo
Chałupy
Jastarnia
Puck
Jurata

5 Hel

Wejherowo
Reda

RUSIA

Lębork

Gdynia
2 Sopot
Gdańsk

Golfo de Gdańsk

Piaski

 upsk

Cewice

Aeropuerto Lech
Wałęsa de Gdańsk

Krynica
Morska

Mierzeja
Wiślana

Sierakowice

Czarna
Dąbrówka

Kartuzy

Monte Wieżyca
(329 m)

Frombork

Sztutowo

Uniechowo

Bytów

CASUBIA

Elbląg

astko

Kościerzyna

Tczew

Nogat

Olsztyn

3 Malbork

Wdzydze
Kiszewskie

Starogard
Gdański

Pelplin

Gniew

Parque Nacional
de Bory Tucholskie

Kwidzyn

Człuchów

Chojnice

Olsztyn

Iława

Tuchola

Sépolno
Krajeńskie

Grudziądz

w

Więcbork

Mąkowarsko

Świecie

Radzyń
Chełmiński

Jabłonowo
Pomorskie

Koronowo

7 Chełmno

Wąbrzeźno

Brodnica

zenica

Nakło nad
Notecią

Chełmża

Golub-
Dobrzyń

Rypin

Bydgoszcz

Toruń

Kowalewo
Pomorskie

Varsovia

znan

Żnin

Inowrocław

Visula

Lipno

Sierpc

N 0   50 km

6 Practicar surf sobre las
dunas en el fascinante **Parque
Nacional de Słowiński**
(p. 365).

7 Disfrutar del ambiente
auténtico que destila la ciudad
amurallada de **Chełmno**
(p. 354), una maravilla
del pasado.

GDAŃSK

460 000 HAB.

Cual estado independiente en miniatura, Gdańsk desprende un ambiente propio que la diferencia de otras urbes polacas. Los siglos de ajetreo como ciudad portuaria; las calles con una arquitectura distinta, producto de la influencia de ricos mercaderes venidos de todas partes; las idas y venidas de Dánzig/Gdańsk entre la Prusia teutona y la Polonia eslava; la destrucción de la II Guerra Mundial... todo ello ha dejado a esta gran dama un legado que hoy disfrutan millones de visitantes.

Y esos visitantes llegan para deambular por las angostas callejuelas empedradas de la Ciudad Principal, para quedar obnubilados ante sus colosales iglesias de ladrillo rojo, pasear por sus avenidas históricas jalonadas de elegantes y esbeltos edificios, y peinar sus emblemáticos cafés, tiendas de ámbar y museos. El turismo tampoco ha dado la espalda al agua, y los cruceros fluviales, así como la gran historia marítima del lugar aportan el contrapunto a las cervezas que se toman en las terrazas junto al mar.

Pese a tratarse de una ciudad antigua con un tumultuoso pasado, la Gdańsk del s. XXI es un lugar vibrante que invierte en su futuro como destino turístico. Cuenta con las mejores comunicaciones del norte, por lo que es un punto de partida ideal para recorrer la costa báltica y muchos otros lugares del interior.

Historia

Describir el pasado de Gdańsk como memorable no basta. La historia oficial de esta disputada plaza arranca en el año 997, cuando el obispo bohemio Adalberto llegó a ella desde Gniezno y bautizó a sus habitantes. Durante los siglos siguientes, el asentamiento se transformó en un puerto que se expandió hacia el norte, en dirección al actual casco antiguo. A principios del s. XIII, de Lübeck llegó la comunidad alemana, la primera de una serie de grupos de inmigrantes que forjarían el carácter cosmopolita de la urbe.

🛈 LAS TRES CIUDADES

En Gdańsk y alrededores sin duda se verá el término Ciudad Triple (Troójmiasto) por todas partes, desde folletos turísticos a horarios. Las tres urbes en cuestión son las turísticas Gdańsk y Sopot y la portuaria Gdynia, menos visitada.

En 1308, la Orden Teutónica la conquistó, y al poco tiempo la convirtió en un gran centro mercantil que, en 1361, se integró en la Liga Hanseática. En 1454, los lugareños decidieron cambiar de régimen, arrasaron el castillo de los Caballeros Teutones y se aliaron con el monarca polaco.

A partir de entonces, Gdańsk prosperó sin freno. A mediados del s. XVI era ya un rico puerto de 40 000 habitantes y el centro mercantil más importante de Europa central. Comerciantes de todo el mundo se unieron a su población de polacos y alemanes, aportando su granito de arena cultural a su ya singular mezcla urbana.

Gdańsk fue una de las escasas ciudades polacas que resistió la invasión y posterior ocupación sueca de la década de 1650, pero la devastación del área circundante debilitó su posición, por lo que en 1793 Prusia la anexionó a su territorio. Sin embargo, 14 años más tarde, Napoleón, junto a sus aliados polacos, expulsó a los prusianos.

En 1815 el Congreso de Viena devolvió Gdańsk a Prusia, que en aquel mismo siglo pasaría a formar parte de Alemania. Durante los años siguientes, la minoría polaca fue sometida a una germanización sistemática y se reforzaron las defensas de la ciudad, que experimentó un crecimiento industrial y económico gradual pero constante.

Tras la derrota de Alemania en la I Guerra Mundial, el Tratado de Versalles cedió al recién restituido Estado de Polonia el llamado "Corredor o Pasillo Polaco", una franja de tierra que se extendía desde Toruń a Gdańsk y brindaba al país una salida al mar. Pero Gdańsk quedó al margen, rebautizándose como Ciudad Libre de Dánzig, bajo la protección de la Liga de las Naciones. No obstante, al tener una mayoría de población germana, los habitantes polacos jamás ejercieron demasiada influencia política. Así, cuando Hitler llegó al poder, Gdańsk se convirtió en la práctica en un puerto alemán.

La II Guerra Mundial estalló en Gdańsk cuando el acorazado alemán *Schleswig-Holstein* atacó el puesto militar polaco del cabo de Westerplatte. Durante la ocupación, los nazis usaron sus astilleros para construir buques de guerra y a los polacos como mano de obra. El Ejército Rojo llegó en marzo de 1945; durante la dura batalla que siguió, el centro de la ciudad prácticamente desapareció. Los habitantes alemanes huyeron o murieron durante el conflicto, y su lugar lo ocuparon al fin los polacos, en su mayoría

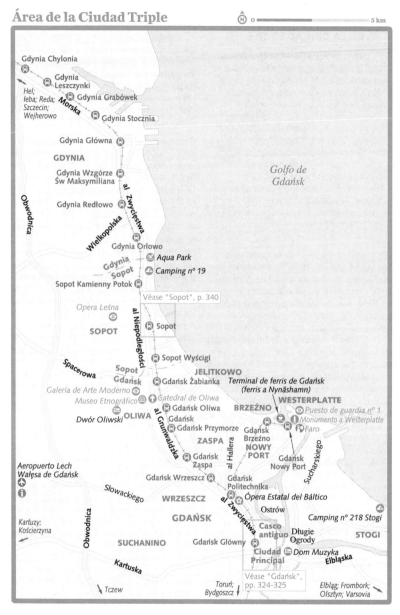

N 0 ▬▬▬▬▬ 5 km

Gdynia Chylonia
Gdynia Leszczynki
Hel; Łeba; Reda; Szczecin; Wejherowo
Gdynia Grabówek
Morska
Gdynia Stocznia
Gdynia Główna
GDYNIA
Gdynia Wzgórze Św Maksymiliana
al Zwycięstwa
Gdynia Redłowo
Golfo de Gdańsk
Obwodnica
Wielkopolska
Gdynia Orłowo
🛝 *Aqua Park*
⛺ *Camping nº 19*
Gdynia
Sopot
Sopot Kamienny Potok

Véase "Sopot", p. 340

Opera Leśna
al Niepodległości
SOPOT
🚉 Sopot
Spacerowa
Sopot Wyścigi
Sopot
Gdańsk
JELITKOWO
Gdańsk Żabianka
Galería de Arte Moderno
Museo Etnográfico
Catedral de Oliwa
Terminal de ferris de Gdańsk
(ferris a Nynäshamn)
WESTERPLATTE
Gdańsk Oliwa
BRZEŹNO
Puesto de guardia nº 1
Dwór Oliwski
OLIWA
Gdańsk
Monumento a Westerplatte
Faro
Gdańsk Przymorze
Gdańsk Brzeźno
ZASPA
NOWY PORT
al Hallera
Gdańsk Nowy Port
Aeropuerto Lech Wałęsa de Gdańsk
al Grunwaldzka
Gdańsk Zaspa
Sucharskiego
Gdańsk Wrzeszcz
Gdańsk Politechnika
Słowackiego
WRZESZCZ
Ópera Estatal del Báltico
Kartuzy; Kościerzyna
Obwodnica
al Zwycięstwa
Ostrów
Camping nº 218 Stogi
GDAŃSK
SUCHANINO
Gdańsk Główny
Casco antiguo
Długie Ogrody
STOGI
Kartuska
Ciudad Principal
Dom Muzyka
Elbląska
Tczew
Toruń; Bydgoszcz
Véase "Gdańsk", pp. 324-325
Elbląg; Frombork; Olsztyn; Varsovia

procedentes de los territorios arrebatados por la Unión Soviética a Polonia en el este.

La compleja reconstrucción de la Ciudad Principal se inició en 1949 y llevó más de 20 años, si bien la restauración de ciertos interiores se prolongó hasta la década de 1990.

En ninguna otra parte de Europa hubo que reconstruir un área mayor de una ciudad antigua a partir de la nada.

En diciembre de 1970 se declaró una inmensa huelga en los astilleros, reprimida por las autoridades en cuanto los obreros salieron

ℹ️ TARJETA TURÍSTICA DE LA CIUDAD TRIPLE

La **tarjeta turística Gdańsk-Sopot-Gdynia Plus** (www.visitgdansk.com; adultos/reducida 24 h 58/38 PLN, 72 h 88/58 PLN) ofrece descuentos y da acceso a 154 museos, galerías, centros culturales, hoteles, restaurantes y discotecas, además de servir de bono en toda la red de transporte público de la Ciudad Triple. Al haber tantos lugares asociados, la tarjeta incluye un útil y voluminoso cuadernillo con información de cada uno de los lugares que la admiten y el descuento a aplicar. Se puede comprar en línea o en cualquier oficina de turismo de la zona de la Ciudad Triple.

por la puerta, que dejó un saldo de 44 muertos. Fue el segundo desafío importante para el régimen comunista tras el de Poznań, en 1956. Gdańsk cobró protagonismo de nuevo en 1980, año en que una protesta popular paralizó de nuevo los astilleros. Esta vez la huelga culminó en negociaciones con el Gobierno y condujo a la fundación del sindicato Solidaridad. Lech Wałęsa, el electricista que encabezó las manifestaciones y las negociaciones posteriores, acabó por convertirse en el primer presidente surgido de unas elecciones libres en Polonia desde la posguerra.

La Gdańsk poscomunista ha consolidado su papel como centro administrativo e industrial de la región, pero, por encima de todo, su principal baza ha sido el turismo. Su aire vibrante y optimista se refleja en los grandes proyectos museísticos que está financiando la ciudad y en las nuevas infraestructuras que se están instalando.

◉ Puntos de interés

○ Ciudad Principal

La joya de Gdańsk es la Ciudad Principal (Główne Miasto), cuyo aspecto recuerda bastante al que lucía hace 300 o 400 años, en plena época de esplendor. Como el mayor de sus barrios históricos, y el más rico desde el punto de vista arquitectónico, fue el que se sometió a una restauración más minuciosa tras la II Guerra Mundial. En dicha remodelación se embellecieron también las aportaciones prusianas del período del Reparto, y

el resultado global es una instantánea de la Gdańsk de hasta finales del s. XVIII.

Originalmente, la ciudad se planificó a mediados del s. XIV a lo largo de un eje central formado por ul Długa (calle larga) y Długi Targ (mercado largo). Esta última se creó como lugar de comercio, actividad que había tenido lugar hasta entonces en la Rynek. Dicho eje también se conoce como Camino Real.

Camino Real   LUGAR HISTÓRICO

Esta calle, flanqueada por las fachadas más majestuosas de la ciudad, era la vía por la que solían desfilar los reyes polacos en sus visitas. De los tres caminos de carácter real que hay en Polonia (Varsovia, Cracovia y Gdańsk), el de Gdańsk es el más corto (500 m), pero arquitectónicamente quizá sea el más perfecto.

➡ *Puerta Alta*

(Brama Wyżynna) Situada en el extremo oeste del Camino Real, la entrada que utilizaban tradicionalmente los monarcas fue construida en 1574 como parte de las nuevas fortificaciones erigidas extramuros para reforzar las murallas medievales. Las autoridades no estaban muy conformes con la estructura original, de modo que en 1586 encargaron al artista flamenco Willem van den Block que la embelleciera con bloques de arenisca y con tres escudos de armas: el de Prusia (unicornios), el de Polonia (ángeles) y el de Gdańsk (leones).

➡ *Puerta Delantera*

(Przedbramie) La enorme construcción del s. XV conocida como Puerta Delantera la integran la cámara de las torturas (Katownia), al oeste, y la torre de la prisión (Wieża Więzienna), al este, comunicadas entre sí por dos murallas. Cuando se construyó la Puerta Alta, la Delantera perdió su función defensiva y se convirtió en cárcel. A la cámara de las torturas se le añadió entonces un piso más, que haría las funciones de tribunal, y que se cubrió con parapetos renacentistas.

Se levantó una horca al norte de la plaza, en la que se llevaban a cabo las ejecuciones públicas de los condenados extranjeros (los autóctonos tenían el privilegio de ser colgados en Długi Targ). Se utilizó como prisión hasta mediados del s. XIX. Durante la II Guerra Mundial sufrió daños y aún no han terminado las obras de restauración iniciadas en 1951; hoy es la sede del **Museo del Ámbar** (📞58 301 4733; www.mhmg.pl; Targ Węglowy 26; adultos/reducida 10/5 PLN; ◷10.00-13.00 lu, hasta 16.00 ma-sa, 11.00-16.00 do), donde se exhibe una cantidad ingente del llamado "oro del Báltico".

➡ *Puerta Dorada*

(Złota Brama) Construida en 1612, fue diseñada por Abraham van den Block, hijo del artista que decoró la Puerta Alta. Es una suerte de arco del triunfo adornado con una columnata de dos plantas, rematada por ocho estatuas alegóricas.

Las cuatro figuras del lado de la torre carcelaria representan la paz, la libertad, la riqueza y la fama, por las que Gdańsk luchó contra las potencias extranjeras (y a veces también contra algún rey polaco). Las esculturas del otro lado simbolizan las virtudes burguesas: la sabiduría, la piedad, la justicia y la concordia. Las esculturas actuales son copias de las originales de 1648.

Una vez pasada la Puerta Dorada, se toma ulica Długa, que traza una suave curva. Es una de las calles más bonitas de Polonia y, a pesar de su nombre (calle larga), solo mide 300 m. En 1945 no era más que un montón de escombros humeantes. Hay que hacer un alto en la **Casa Uphagen** (Dom Uphagena; www. mhmg.gda.pl; ul Długa 12; adultos/reducida 10/5 PLN, lu gratis; ☉11.00-15.00 lu, 10.00-19.00 ma-sa, 11.00-19.00 do) para echar un vistazo a su soberbio interior restaurado, una colección de suntuosas estancias con mobiliario del s. XVIII.

➡ *Długi Targ*

Długi Targ (mercado largo) acogió en otro tiempo el mercado central de la ciudad y hoy es el principal centro de atención para los visitantes. Es cierto que se ha vuelto algo turística (dudosos puestos de ámbar, cazaclientes, etc.), pero basta con alzar la vista al margen de las multitudes para deleitarse con su arquitectura de época, todo ello reconstruido en la posguerra.

Según la leyenda, de la **fuente de Neptuno** (Fontana Neptuna) `GRATIS` situada junto al

GDAŃSK Y POMERANIA PUNTOS DE INTERÉS

UNA LIGA MUY PARTICULAR

En la Edad Media no era fácil ser mercader, pues no había cámaras de comercio ni clubes rotarios, y apenas gozaban del respeto de las clases dominantes. Los señores locales veían a los mercaderes itinerantes como presas fáciles, a las que imponían elevados impuestos al desplazarse de una provincia a otra por la Europa central. Viajar por mar no era mucho mejor, ya que los piratas disponían de embarcaciones más rápidas y siempre estaban al acecho.

La solución a todos estos problemas era unirse a la Liga Hanseática, un grupo de puertos comerciales que se formó a finales del s. XIII y que generó un poder económico sin precedentes. La Hansa (del término alemán para "asociación") tenía sede en Alemania, para así sacar partido de su céntrica posición, y sus miembros estaban repartidos por Escandinavia, por todo el Báltico hasta Rusia y hacia el oeste hasta los Países Bajos. La Liga tenía, además, delegaciones mercantiles en ciudades importantes como Londres y Venecia. El resultado era que se podía intercambiar más fácilmente cera de Rusia por objetos de fabricantes ingleses u holandeses, o minerales suecos por fruta del Mediterráneo.

La Liga tenía un carácter más enérgico y belicoso que las actuales cámaras de comercio. Sobornaba a los gobernantes, construía faros y dirigía expediciones contra los piratas, y en alguna memorable ocasión, como en 1368, creó un ejército que derrotó a las tropas danesas.

En su momento de máximo esplendor llegó a tener más de 100 socios, incluidas grandes ciudades que hoy pertenecen a Polonia, como Dánzig (Gdańsk), Stettin (Szczecin), Thorn (Toruń) y Elbing (Elbląg).

Pero desde entonces fue de capa caída. Al no contar con un ejército fijo ni gobierno, salvo las asambleas irregulares de representantes municipales, fue incapaz de resistir el surgimiento de los nuevos estados del s. XV y el desvío del comercio a los puertos atlánticos tras el descubrimiento del Nuevo Mundo. La asamblea se reunió por última vez en 1669, y cuando finalmente se produjo su desintegración, en 1863, solo la integraban las ciudades fundadoras: Hamburgo, Bremen y Lübeck.

Sin embargo, su memoria sigue viva en la Nueva Hansa (www.hanse.org), que se fundó en 1980 y reúne a los antiguos miembros de dicha liga en una organización que fomenta la cooperación cultural y el turismo.

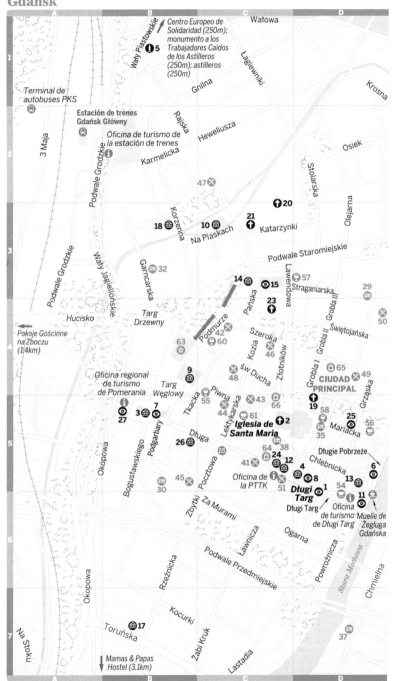

Wałowa

Centro Europeo de
Solidaridad (250m);
monumento a los
Trabajadores Caídos
de los Astilleros
(250m); astilleros
(250m)

Wały Piastowskie

5

Gnilna

Łagiewniki

Krosna

Terminal de
autobuses PKS

Rajska

Heweliusza

Osiek

Estación de trenes
Gdańsk Główny

Oficina de turismo de
la estación de trenes

3 Maja

Podwale Grodzkie

Karmelicka

Stolarska

Olejarna

20

21 Katarzynki

18   **10**   Na Piaskach

Korzenna

Podwale Staromiejskie

Garncarska

32

47

Lawendowa

57 Straganiarska

29

14   **15**

Pańska

23

Grobla III

Podwale Grodzkie

Wały Jagiellońskie

Hucisko

Targ
Drzewny

Podmurze

42
60

Szeroka

Świętojańska

Grobla II

50

Pokoje Gościnne
na Zboczu
(1,4km)

63

Kozia

46

Złotników

Grobla I

CIUDAD
PRINCIPAL

65

49

9

św Ducha

48

Oficina regional
de turismo de Pomerania

Targ
Węglowy

Tkacka

Piwna

55

Lektykarska

43

66

19

58

25

56

Mariacka

27   **3**   **7**

Podgarbary

61

2
**Iglesia de
Santa María**

35

Bogusławskiego

Okopowa

26   Długa

64   **38**

41   **24**   **12**

45   **30**

Pocztowa

Oficina de
la PTTK

51

Zbytki

Za Murami

Długie Pobrzeże

Chlebnicka

4
8

**Długi
Targ**

1
Długi Targ

13

54

6

11

Oficina de turismo
de Długi Targ

Muelle de
Żegluga
Gdańska

Ogarna

Ławnicza

Podwale Przedmiejskie

Powroźnicza

Stara Motława

Chmielna

Rzeźnicka

Kocurki

Na Stoku

Okopowa

Toruńska

17

Żabi Kruk

Lastadia

37

Mamas & Papas
Hostel (3,1km)

ayuntamiento, manó *goldwasser,* el licor típico de Gdańsk. Se dice que surgió una noche del tridente, y que Neptuno acabó invadido por una multitud de lugareños borrachos que no podían creerse su suerte. Quizá por eso en 1634 se cercó el lugar con una verja. La estatua de Neptuno, de bronce, es obra del artista flamenco Peter Husen, que le dio forma entre 1606 y 1613, lo que la convierte en el monumento laico más antiguo del país. En la década de 1750, durante su restauración, se le añadió una colección de criaturas marinas de piedra.

La cercana Casa Dorada (Złota Kamienica), diseñada por Johan Voigt en 1618, cuenta con la fachada más elaborada de la ciudad. En los frisos hay 12 primorosas escenas esculpidas que se intercalan con bustos de personajes históricos, incluidos los de dos reyes polacos.

➡ *Puerta Verde*

(Zielona Brama) Al este de la calle se encuentra la Puerta Verde, que señala el final del Camino Real. Fue levantada en la década de 1560 en sustitución de una puerta defensiva de la Edad Media donde se suponía que iba a establecerse la residencia real. Sin embargo, nunca llegó a servir de hogar de la realeza, por tratarse de un lugar frío y poco acogedor; prefirieron las viviendas aledañas, en especial las situadas frente a la Corte del Rey Arturo (p. 327). Actualmente alberga una galería de arte.

Museo de Historia de Gdańsk MUSEO
(ayuntamiento; www.mhmg.pl; Długa 46/47; adultos/reducida 12/6 PLN, torre 5 PLN, lu o ma gratis; ⏱9.00-13.00 lu, hasta 16.00 ma-ju y do, 10.00-18.00 vi y sa) Ocupa el histórico **ayuntamiento** (con la torre más alta de la ciudad, de 81,5 m), y su principal reclamo es la sala Roja (Sala Czerwona), que luce un estilo manierista holandés de finales del s. XVI. La 2ª planta acoge exposiciones sobre la historia de Gdańsk, que incluyen reproducciones de interiores antiguos. Desde allí se puede acceder a la torre y disfrutar de impresionantes vistas de la ciudad.

El interior de la sala Roja fue desmantelado en 1942 y escondido fuera de la ciudad hasta el cese de los bombardeos. La chimenea (1593), laboriosamente tallada, y el espléndido portal (1596) son el centro de todas las miradas, solo superados por el ornamentado techo: 25 cuadros dominados por un elemento central ovalado, titulado *La glorificación de la unión de Gdańsk con Polonia.* También destaca la sala de Invierno, con retratos de

GDAŃSK Y POMERANIA PUNTOS DE INTERÉS

Gdańsk

los alcaldes locales desde el s. xvii, y la gran sala consistorial, con enormes óleos de reyes polacos.

★ **Iglesia de Santa María** IGLESIA
(www.bazylikamariacka.pl; ul Podkramarska 5; adultos/reducida 4/2 PLN, torre 6/3 PLN; ⊙8.30-18.00, excepto durante servicios religiosos) Señoreando el corazón de la Ciudad Principal se encuentra esta iglesia que, al decir de algunos, es la mayor construida en ladrillo del mundo. Tiene más de 105 m de longitud y 66 m de anchura en el transepto, y su robusta torre de 78 m se eleva sobre el perfil urbano de Gdańsk. Las obras se iniciaron en 1343, pero el templo no

alcanzó sus dimensiones actuales hasta 1502. No hay que irse sin ver el reloj astronómico del s. xv, situado en el transepto norte, y la torre de la iglesia (405 escalones por encima de la ciudad).

A primera vista, el radiante interior encalado parece casi vacío, pero basta con recorrer sus 30 capillas (aprox.) para hacerse una idea de las magníficas obras de arte que llegó a acumular. Solo en el suelo hay cerca de 300 lápidas. En la capilla al fondo del pasillo izquierdo (norte) hay una réplica de *El Juicio Final* de Memling (el original está en el Departamento de Arte Antiguo del Museo Nacional). El extraordinario órgano barroco tiene potencia suficiente como para llenar toda la iglesia con su música.

Su imponente tamaño hace que uno se sienta minúsculo con solo cruzar el umbral. La luz natural penetra por 37 ventanales (el mayor tiene 127 m^2) que iluminan sus tres grandes naves, coronadas por una intrincada bóveda gótica originalmente cubierta con frescos; sus escasos restos se aprecian en el rincón de la derecha.

A pesar del gran tamaño del altar mayor, que cuenta con un políptico gótico de la década de 1510, con un panel central que representa la Coronación de la Virgen, este se pierde en la inmensidad de la iglesia. Lo mismo podría decirse del crucifijo de 4 m de alto.

Museo de la Corte del Rey Arturo   MUSEO
(www.mhmg.gda.pl; ul Długi Targ 43/44; adultos/reducida 10/5 PLN, lu gratis; ◷9.00-13.00 lu, hasta 16.00 ma-ju, 10.00-18.00 vi y sa, hasta 16.00 do) Tras la fuente de Neptuno se levanta el que quizá sea el edificio más famoso de Gdańsk. Desde sus primeros días, ha constituido una parada esencial para todo tipo de personalidades, hecho que se refleja en las fotografías de la entrada, que muestran desde al rey Enrique IV de Inglaterra hasta varios presidentes contemporáneos. Prácticamente fue destruido durante la II Guerra Mundial, pero se restauró con esmero a partir de fotografías antiguas y registros históricos.

La Corte se construyó a mediados del s. XIV, y es de Abraham van den Block, su fachada monumental de la década de 1610. Dentro tiene un enorme vestíbulo coronado por una bóveda gótica apoyada sobre cuatro esbeltas columnas de granito, decorada con murales de caza y dominada por una gran pintura de la Batalla de Grunwald. Los ricos comerciantes locales usaban el edificio como sede gremial, y lo utilizaban tanto para reuniones como para banquetes y festejos.

Las plantas superiores contienen una selección de muestras históricas que incluyen un 'simulacro' fotográfico del aspecto que supuestamente tenía el gran salón, un espectáculo que corta la respiración.

Destaca la estufa de cerámica renacentista que hay en una esquina del salón y que llega casi hasta el techo. Compuesta de 520 azulejos (437 son originales), es según dicen la más grande de este tipo en Europa.

Ulica Mariacka   CALLE
(ul Mariacka) La calle más atractiva de Gdańsk y una de las más fotogénicas de Polonia es esta vía empedrada situada entre la **Puerta** de Santa María (Brama Mariacka), en el paseo marítimo, y la iglesia de Santa María. Fue reconstruida casi por completo tras la II Guerra Mundial, basándose en antiguos documentos, fotografías e ilustraciones, e incorporando todos los elementos decorativos hallados bajo las ruinas, incluidas terroríficas gárgolas.

Es la única calle con una terraza tras otra, lo que le da mucho encanto. En los últimos años ha cobrado vida con la proliferación de talleres de artesanos del ámbar, unos cuantos cafés y bares, y uno de los mejores hoteles del norte del país (el Kamienica Gotyk). Durante la Feria de Santo Domingo, algunos de los mejores puestos se sitúan aquí.

Żuraw   GRÚA
(Grúa; www.nmm.pl; ul Szeroka 67/68; adultos/reducida 8/5 PLN; ◷10.00-18.00 diario) Construida a mediados del s. XV como la mayor puerta de doble torre del litoral polaco, la inconfundible Grúa de Gdańsk (Żuraw), parte del Museo Marítimo Nacional, se alza por encima del frente marítimo y en su día servía para cargar pesadas mercancías directamente en los barcos atracados en el muelle. Por increíble que parezca, este artilugio que operaba mediante el movimiento de personas podía levantar pesos de hasta 2000 kg, lo que lo convertía en la grúa más grande de la Europa medieval. A principios del s. XVII se añadieron ruedas más arriba para la instalación de mástiles.

Todo quedó hecho añicos en 1945, pero se reconstruyó fielmente tras la guerra, lo que la convirtió en la única reliquia de este tipo completamente restaurada que hay en el mundo. En el interior se encontrarán muestras sobre la historia de la navegación, así como una colección de conchas, corales y vida marina en general. También se puede subir a la parte superior, con vistas al agua, y echar un vistazo al mecanismo de poleas.

Museo Marítimo Nacional   MUSEO
(Narodowe Muzeum Morskie w Gdańsku; ☑Centro Cultural Marítimo 58 329 8700, información 58 301 8611; www.nmm.pl; ul Ołowianka 9-13; adultos/reducida 18/10 PLN; ◷10.00-18.00 diario) Extenso centro que ofrece una crónica sobre la historia marítima y el papel de Gdańsk como puerto del Báltico a lo largo de los siglos. Su multimillonaria sede acoge la exposición interactiva permanente *Gente-embarcaciones-puertos,* así como el MS *Sołdek,* la primera embarcación que se construyó en los astilleros de Gdańsk en la posguerra, y la Żuraw, grúa de carga del s. XV que en su día fue la mayor del mundo. Los graneros de la isla

GDAŃSK Y POMERANIA PUNTOS DE INTERÉS

MUSEO DE LA II GUERRA MUNDIAL

En el momento de publicarse esta guía debería inaugurarse el **Museo de la II Guerra Mundial** (Muzeum II Wojny Światowej; www.muzeum1939.pl), una ambiciosa aportación en los terrenos sin aprovechar del extremo norte del paseo marítimo de Gdańsk. Con este importante proyecto se pretende revitalizar una parte del centro urbano olvidada desde hacía mucho tiempo, concretamente el punto donde el Kanał Raduni confluye con el río Motława. A la espera de que se convierta en uno de los principales reclamos de la ciudad, este museo ilustrará la suerte que corrió Polonia durante la mayor contienda de la historia mediante exposiciones interactivas procedentes de colecciones privadas y de museos de todo el país.

de Ołowianka, en el río Motława, contienen otras muestras que ilustran la historia de la navegación polaca desde sus primeros días hasta la actualidad, y maquetas de viejos buques de guerra y puertos, una canoa del s. IX, instrumentos de navegación, artillería naval, banderas, etc.

Cabe destacar la colección de objetos rescatados del *General Carleton,* un barco británico que desapareció misteriosamente en el Báltico en 1785.

El servicio de ferri del museo (1,50 PLN/trayecto, gratis con la entrada válida del museo) comunica la grúa con la isla.

Gran Arsenal EDIFICIO HISTÓRICO
(Wielka Zbrojownia; ul Tkacka) Ul Piwna recala en el Gran Arsenal, una joya arquitectónica construida por Antonius van Opbergen a principios del s. XVII y que, como casi toda la arquitectura de Gdańsk, refleja la influencia de los Países Bajos. La entrada principal, flanqueada por dos torres, está profusamente decorada y custodiada por dos soldados en lo alto. Predominan los motivos militares, con el escudo de armas de la ciudad en la entrada.

Capilla Real IGLESIA
(Kaplica Królewska; ul Świętego Ducha) La capilla Real, emparedada entre dos casas, al norte de la iglesia de Santa María, es la única iglesia barroca de la vieja Gdańsk. Se construyó entre 1678 y 1681 para cumplir con la última

voluntad del primado de Polonia de la época, Andrzej Olszowski. La capilla fue diseñada por el famoso arquitecto real Tylman van Gameren, y la fachada es su elemento más atractivo.

Iglesia de San Nicolás IGLESIA
(Bazylika Św Mikołaja; ul Świętojańska; ⊘7.30-20.00, hasta 22.00 do) Construida por la orden dominica a su llegada a Cracovia en 1227, es uno de los lugares de culto cristianos más antiguos de Gdańsk. Curiosamente, es la única iglesia del centro urbano que no sucumbió a la II Guerra Mundial; se dice que las tropas soviéticas evitaron bombardearla debido a la gran estima que el culto ortodoxo profesa por san Nicolás.

A diferencia de casi todas las otras iglesias góticas de la ciudad, su húmedo interior está profusamente decorado con altares en negro y dorado y presenta elaboradas sillerías de madera con alas en la nave central. El altar mayor, renacentista tardío de 1647, es el primero que llama la atención, que luego se desvía hacia el imponente órgano barroco, un siglo posterior.

Departamento de Arte Antiguo del Museo Nacional MUSEO
(Muzeum Narodowe Oddział Sztuki Dawnej; www.mng.gda.pl; ul Toruńska 1; adultos/reducida 10/6 PLN, gratis vi; ⊘10.00-17.00 ma-do may-sep, 9.00-16.00 lu-vi, 10.00-17.00 sa y do oct-abr) A las afueras de la Ciudad Principal se encuentra este museo alojado bajo los techos abovedados de un antiguo monasterio franciscano. Cubre un amplio espectro de obras de arte y artesanía polaca, con una extensa colección de pintura, tallas, piezas en oro y plata, bordados, tejidos, porcelana, esmaltes, hierro forjado y mobiliario.

Destacan una efigie original de san Jorge procedente del chapitel del antiguo Tribunal de la Fraternidad de San Jorge, una selección de enormes armarios elaboradamente tallados al estilo de Danzig (típicos de la ciudad, desde donde se enviaban a todo el país) y varios ejemplos preciosos de estufas de cerámica.

La 1ª planta está dedicada a la pintura, con una sección de obras holandesas y flamencas. La joya de la colección es el tríptico *El Juicio Final,* de Hans Memling (1435-1494), una de las primeras obras del artista, de 1472 o 1473. También se encontrarán obras de Brueghel el Joven y Van Dyck, y el *Infierno* de Jacob Swanenburgh –maestro del joven Rembrandt–, de macabra belleza.

Mercado MERCADO
(Hala Targowa; Plac Dominikański; ⊘9.00-18.00 lu-vi, hasta 17.00 sa) Erigido en el emplazamiento de un monasterio dominico, este mercado de finales del s. XIX suscita más interés por su arquitectura de hierro forjado al estilo de una estación de trenes que por la sucesión de carnicerías, panaderías y tiendas de trajes de boda que aguardan en su interior.

Torre de San Jacinto EDIFICIO HISTÓRICO
(Baszta Jacek; Plac Dominikański) La torre octogonal que se levanta frente al mercado cubierto es un vestigio de las fortificaciones medievales y data aproximadamente de 1400. En la actualidad alberga una tienda de fotografía.

◎ Casco antiguo

Pese a su denominación, esta zona (Stare Miasto) no fue la cuna de la ciudad. El primer lugar habitado, según los arqueólogos, fue lo que hoy se conoce como Ciudad Principal. No obstante, un asentamiento contiguo fue desarrollándose, desde finales del s. X ,de forma paralela a aquella.

Bajo el gobierno de la Orden Teutónica, las dos partes confluyeron en una sola ciudad, aunque el casco antiguo siempre fue más modesto y nunca contó con un sistema defensivo propio. Otra diferencia es que la Ciudad Principal era más 'alemana', mientras que el casco antiguo tenía una mayor población de origen polaco. Durante la II Guerra Mundial, este último sufrió mucho más, a pesar de lo cual solo se reconstruyeron algunos de sus edificios (iglesias).

Iglesia de Santa Brígida IGLESIA
(Kościół Św Brygidy; ul Profesorska 17; adultos/reducida 2/1 PLN; ⊘7.00-19.00) Esta iglesia, fundada hace 700 años, resultó destituida en 1945, y hasta 1970 solo se mantenían en pie los muros exteriores. De lo que contenía antes de la guerra poco ha quedado, pero quien tenga debilidad por el ámbar seguro que apreciará la custodia de 174 cm de altura que representa el árbol de la vida, y el monumental altar principal, una construcción reciente hecha a partir de ¡6500 kg de ámbar pulido!

Lech Wałęsa asistía a misa en este lugar cuando solo era un electricista desconocido. Durante las huelgas de 1980, la iglesia se convirtió en un importante punto de apoyo para los trabajadores de los astilleros, pues su sacerdote, Henryk Jankowski, aprovechaba cualquier oportunidad para transmitir las opiniones de los obreros en sus sermones. La iglesia guarda numerosos objetos relacionados con la historia del sindicato Solidaridad y de la política polaca contemporánea. En la nave lateral derecha (norte) está el sepulcro del asesinado padre Jerzy Popiełuszko, el epitafio de Katyń, una colección de cruces de las huelgas de 1980 y 1988 y una puerta cubierta con bajorrelieves que representan escenas de la historia de Solidaridad.

Iglesia de Santa Catalina IGLESIA
(Kościół Św Katarzyny; ul Profesorska 3) GRATIS
El mayor monumento del casco antiguo es esta iglesia (la más antigua de Gdańsk), cuya construcción comenzó en la década de 1220. Fue la iglesia parroquial de toda la ciudad hasta la construcción de la de Santa María. Evolucionó con los siglos y no adquirió su forma definitiva hasta mediados del s. XV (exceptuando el remate barroco de la torre, un añadido de 1634).

Por desgracia, en mayo del 2006, un incendio arrasó el tejado y causó graves daños en el interior. Buena parte del edificio fue restaurado, pero no las paredes, que siguen en obras. Pasará bastante tiempo antes de que recupere todo su esplendor. Hay una pequeña exposición sobre el incendio, que incluye la cobertura que se hizo en la televisión.

Gran Molino EDIFICIO HISTÓRICO
(Wielki Młyn; ul Na Piaskach) Frente a la iglesia de Santa Catalina se levanta el Gran Molino, que hace honor a su nombre. Construido hacia 1350 por los Caballeros Teutones, está hecho del ladrillo rojo típico del norte de Polonia. Era el molino medieval más grande de Europa, con más de 40 m de longitud y 26 m de altura. Compuesto por 18 mastodónticas piedras de molino (hoy desaparecidas), cada una de 5 m de diámetro, producía 200 toneladas de harina al día hasta 1945.

En la actualidad, el antiguo molino alberga un centro comercial con un supermercado y varios locales de comida de poca monta.

Antiguo ayuntamiento EDIFICIO HISTÓRICO
(Ratusz Staromiejski; ul Korzenna 33) La otrora sede del ayuntamiento del casco antiguo es un edificio renacentista bien proporcionado, coronado por una torre central de reminiscencias flamencas. Fue diseñado a finales del s. XVI por Antoon van Opberghen, a quien más tarde se le encargaría el Gran Arsenal. Su estructura de ladrillo está delicadamente ornamentada en piedra, incluida la entrada central y el friso con los escudos de Polonia, Prusia y Gdańsk.

GDAŃSK Y POMERANIA PUNTOS DE INTERÉS

Actualmente alberga el Centro Cultural del Mar Báltico y una sala de exposiciones. Se recomienda ver su vestíbulo, con su rica decoración, integrada en parte por objetos de casas burguesas. También es notable el muro de piedra con soportales (1560), que muestra a tres dioses romanos en bajorrelieve. Dicha composición, más antigua que el propio ayuntamiento, se trasladó a este lugar desde una de las residencias de la Ciudad Principal. Una de sus puertas conduce a la sala principal, que también puede visitarse. En ella se celebran conciertos (para más información, consúltese el programa).

Zona de los astilleros

★ **Centro Europeo de Solidaridad** MUSEO
(Europejskie Centrum Solidarności; 58 772 4112; www.ecs.gda.pl; Plac Solidarności 1; entrada 17 PLN; 10.00-20.00 jun-sep, hasta 18.00 oct-may) Alojada en una amenazadora mole moderna, la exposición de este centro carente de indicaciones (dar con la entrada supone todo un desafío) se ha convertido rápidamente en una de las atracciones imprescindibles de Gdańsk, desde su apertura en el 2014. Se recomienda hacerse con una audioguía para apreciar mejor sus siete salas, que repasan la lucha hacia la libertad en la Polonia de posguerra, y abarca desde las huelgas de la década de 1970 hasta las negociaciones de finales de la de 1980 y otros acontecimientos posteriores. Las muestras son una mezcla de innovadoras experiencias multimedia y objetos reales. Hay que dedicarle como mínimo 2 h

Las salas, identificadas con letras, presentan la exposición cronológicamente, de la A a la G. En la sala A, el viajero se trasladará a los astilleros de la década de 1970, con cascos amarillos alrededor del techo y un maltrecho camión eléctrico –similar a los que utilizaba Lech Wałęsa cuando era electricista– casi bloqueando el paso. Se pueden ver proyecciones sobre las negociaciones entre los estibadores y el régimen comunista y la firma de los acuerdos de 1980 (por desgracia, no se

MURO DE LA SOLIDARIDAD

Junto a la entrada de la exposición *Caminos de Libertad* (hoy inexistente) se alza un solitario pedazo del **Muro de Berlín** (Wały Piastowskie) y, contiguo a esta, el enorme edificio que acoge la sede de Solidaridad.

conserva el estrafalario bolígrafo que utilizó Wałęsa).

La sala B, dedicada a interiores de la época comunista, permite recorrer una celda de una cárcel, una sala de interrogatorios y el salón de un hogar cualquiera de entonces. Las salas C y D se centran en el sindicato Solidaridad y la ley marcial, mientras que la E es una réplica de la sala que acogió las famosas negociaciones de la Mesa Redonda. A esto sigue, en la sala F, una sección sobre las diferentes revueltas que se desencadenaron por toda Europa del Este, mientras que la espartana sala G traza la biografía del papa Juan Pablo II.

La sala especial frente a la taquilla alberga exposiciones temporales, normalmente de acceso gratuito.

Astilleros de Gdańsk ASTILLEROS
(Stocznia Gdańska) Los antiguos astilleros Lenin de Gdańsk constituyen un elemento clave de la historia europea del s. xx. Fue aquí donde aparecieron las primeras grietas importantes en el bloque de la Europa soviética, cuando los descontentos con el régimen mostraron su hastío mediante huelgas y manifestaciones aplastadas brutalmente por el Ejército en 1970. Una década más tarde apareció aquí mismo un electricista llamado Lech Wałęsa que arengaba a los huelguistas y propició la creación del movimiento Solidaridad y, en última instancia, la llegada de la democracia a Polonia y a la mayor parte de Europa del Este.

Sin embargo, desde los vertiginosos años de la presidencia de Wałęsa, los astilleros han perdido en buena medida su estatus intocable e incluso estaba previsto que se reacondicionara la enorme zona que ocupan, aunque, de momento, todo esto ha quedado en nada, e incluso se ha producido un pequeño repunte de la industria de la construcción naval, aunque dista de ser lo que fue tras la guerra.

Monumento a los Trabajadores Caídos de los Astilleros MONUMENTO
(Plac Solidarności) Este espectacular monumento, situado frente a las puertas de los astilleros, recuerda a los trabajadores muertos durante los enfrentamientos de 1970. Se inauguró el 16 de diciembre de 1980, 10 años después de la masacre, y consiste en un conjunto de tres cruces de aluminio de 42 m de altura con una serie de bajorrelieves en sus bases. Por tratarse del primer monumento erigido en un país comunista en memoria de

EL PASEO MARÍTIMO DE GDAŃSK

A lo largo del río Mottawa se encuentra el paseo marítimo de Gdańsk, otrora un ajetreado muelle donde atracaban cientos de veleros cargados de mercancías, que se almacenaban en los sótanos de las casas de los burgueses de la ciudad o en los graneros al otro lado del río, en la isla de Spichlerze. Hoy es un pintoresco paseo flanqueado por cafés, pequeñas galerías de arte y tiendas de recuerdos.

En la época medieval, todas las calles paralelas en sentido este-oeste de la Ciudad Principal tenían su propia puerta defensiva a orillas del río. Muchas de ellas todavía existen, aunque algunas han sufrido modificaciones. Caminando hacia el norte por Długie Pobrzeże (literalmente, "ribera larga"), primero se encuentra la **Puerta del Pan** (Brama Chlebnicka), en el extremo de ul Chlebnicka. Se construyó hacia 1450, cuando la ciudad estaba bajo el dominio de la Orden Teutónica, como revelan las dos cruces de su escudo. La corona fue añadida por el rey Casimiro IV en 1457, año en que Gdańsk se incorporó al reino de Polonia.

Tras la puerta, unos pasos más allá, está la palaciega **Casa Bajo los Ángeles** (Dom Pod Aniotami), también conocida como Casa Inglesa (Dom Angielski) por la nacionalidad de los mercaderes que la regentaban en el s. XVII, cuando era la mayor casa burguesa de la ciudad de Gdańsk.

víctimas del régimen, enseguida se convirtió en un símbolo.

Westerplatte y Nowy Port

Westerplatte es una larga península a la entrada del puerto, 7 km al norte del centro histórico. Cuando Gdańsk se convirtió en Ciudad Libre tras la I Guerra Mundial, se permitió a Polonia conservar un puesto en este lugar, en una punta del puerto, con fines comerciales y militares; contaba con una guarnición que lo protegía.

Los autobuses nº 106, 606 y 138 cubren el trayecto entre Westerplatte y la estación principal de trenes. También está comunicada por servicios de ferri poco frecuentes desde el frente marítimo de Gdańsk. Al faro de Nowy Port se llega tomando el tranvía nº 10 en el exterior de la estación de trenes Gdańsk Główny.

Faro   EDIFICIO HISTÓRICO
(Latarnia Morska; www.latarnia.gda.pl; ul Przemyslowa 6a; adultos/reducida 10/6 PLN; ☺10.00-19.00 diario may-ago, hasta 17.00 sa y do sep) Los primeros proyectiles de la II Guerra Mundial se dispararon desde las ventanas del faro de Nowy Port, desde donde se obtienen unas vistas increíbles de la bahía de Gdańsk que alcanzan hasta la península de Hel.

Caseta de guardia nº 1   EDIFICIO HISTÓRICO
(plano p. 321; Wartownia Nr 1; www.mhmg.pl; ul Sucharskiego; adultos/reducida 4/2 PLN; ☺9.00-18.00 med may-med sep) La zona de Westerplatte es famosa por una cosa: fue aquí donde a las 4.45 del 1 de septiembre de 1939 se registraron los primeros disparos de la II Guerra Mundial durante la invasión alemana de Polonia. El acorazado *Schleswig-Holstein* empezó atacando un puesto de vigilancia polaco. La guarnición, compuesta apenas por 182 militares, resistió durante siete días hasta que finalmente capituló. El emplazamiento es actualmente un lugar conmemorativo donde pueden verse parte de las ruinas tal como quedaron después del bombardeo y un enorme monumento que recuerda a sus defensores. La caseta de guardia nº 1 contiene una pequeña exposición alusiva.

Oliwa

Este barrio burgués, a unos 9 km del centro histórico, cuenta con una bonita catedral situada en un parque tranquilo, y es un agradable destino para pasar medio día lejos de la abigarrada Ciudad Principal. Para llegar, hay que tomar el tren urbano en la estación central de Gdańsk hasta la de Gdańsk Oliwa, desde donde quedan unos 10 min andando.

Catedral de Oliwa   IGLESIA
(plano p. 321; ul Nowickiego 5; ☺9.00-17.00) Lo primero que sorprende al acercarse a la catedral es su fachada, una espectacular composición compuesta por dos esbeltas torres góticas octagonales con una sección barroca central incrustada entre ambas. A causa de las insólitas proporciones de su estructura, la nave y el presbiterio juntos miden 90 m de largo

por solo 8,3 m de ancho; parece más larga de lo que en realidad es. En el otro extremo de este 'túnel' se encuentra un altar mayor barroco (1688); la lápida de mármol de los duques de Pomerania (1613) se halla en el transepto derecho.

Lo más llamativo de la iglesia es el órgano (www.gdanskie-organy.com), espléndido instrumento cuya construcción empezó en 1763 y acabó 30 años más tarde, que tiene fama por su buen sonido y por los ángeles mecanizados que soplan sus cornetas y tocan las campanas cuando el órgano suena. En julio y agosto se programan recitales los martes y viernes por la noche; también acoge seis conciertos diarios de 20 min la tarde de los domingos. Se aconseja consultar los horarios en las oficinas de turismo.

Galería de Arte Moderno   GALERÍA
(plano p. 321; ul Cystersów 18; adultos/reducida 10/ 6 PLN; ☺10.00-17.00 ma-do may-ago, horario reducido sep-abr) El palacio abacial (s. XVIII), que en la actualidad es la sede del Museo Nacional de Gdańsk, está dedicado enteramente al arte moderno polaco.

Museo Etnográfico   MUSEO
(plano p. 321; www.mng.gda.pl; ul Cystersów 19; adultos/reducida 8/4 PLN, vi gratis; ☺10.00-17.00 ma-do) Situado en un granero, exhibe una modesta colección que resultará particularmente interesante a los entusiastas de los aparejos de pesca y los aperos de labranza antiguos.

INDISPENSABLE

LA FERIA DE SANTO DOMINGO

La celebración más importante del año en Gdańsk es la Feria de Santo Domingo (www.jarmarkdominika.pl; ☺jul y ago), cuya tradición se remonta a 1260. Instaurada como fiesta por los monjes dominicos en Plac Dominikański, acabó extendiéndose por muchas calles de la Ciudad Principal y ahora dura tres semanas, a partir del último sábado de julio. Además de los puestos que venden baratijas chinas, antigüedades de origen dudoso, quincalla y piezas de artesanía, hay interesantes eventos en cuatro escenarios y en otros puntos del centro. Es un momento estupendo para la visita a Gdańsk, pero será más difícil –y más caro– encontrar alojamiento.

⚜ Fiestas y celebraciones

La Feria de Santo Domingo (abajo) es la cita más señalada del año.

Open'er Festival   MÚSICA
(www.opener.pl; ☺jul) Celebrado en el aeropuerto Gdynia-Kosakowa, es uno de los mayores festivales de *rock* y pop de Polonia, con un cartel que reúne artistas internacionales de primera línea.

Festival Internacional de Teatro Callejero y al Aire Libre   TEATRO
(FETA; www.feta.pl; ☺jul) El teatro invade la ciudad en julio.

Festival Internacional de Música de Órgano   MÚSICA
(www.gdanskie-organy.com; ☺med jun-ago) Los recitales se interpretan en la catedral de Oliwa.

Festival Internacional de Shakespeare   TEATRO
(www.shakespearefestival.pl; ul Bogusławskiego 1; ☺ago) El Teatro Shakespeare es el escenario elegido para la ocasión.

Festival Sonidos del Norte   MÚSICA
(www.nck.org.pl; ☺ago) Celebrado cada dos años en agosto (los próximos, en los años 2016 y 2018), muestra música tradicional del Báltico.

🛏 Dónde dormir

Para los presupuestos más bajos, la ciudad cuenta con albergues de larga tradición; en el extremo superior de la gama de precios, los fines de semana y fuera de temporada (oct-abr) se pueden encontrar descuentos. En las raras ocasiones en que resulte difícil conseguir una habitación en Gdańsk, cabe la posibilidad de alojarse en Sopot y usar el tren SKM que comunica con el centro por poco dinero. Casi todos los hoteles de Gdańsk se reparten por el centro.

★**Mamas & Papas Hostel**   ALBERGUE €
(☎58 717 5564; www.mamas-papas.pl; ul Nowiny 19; dc/tw 40/140 PLN) Su localización al sur de la ciudad quizá no sea la más práctica (tómese el autobús nº 151, 189, 200 o 205 hasta Gościnna), pero este albergue familiar ofrece el mejor recibimiento de la Ciudad Triple. Cuenta con 28 camas, una zona común y cocina compartida; lo que destaca por encima de todo son los anfitriones, quienes a menudo invitan a los huéspedes a comer o tomar un trago con ellos.

APARTAMENTOS

Por todo el norte de Polonia, un buen modo de ahorrarse un puñado de złoty es alquilar una habitación o un piso. Las agencias citadas a continuación ofrecen una buena selección de alquileres para estancias cortas:

Grand-Tourist (☎58 301 2634; www.gt.com.pl; ul Garncarska 29) Eficiente agencia que gestiona habitaciones privadas y apartamentos para hasta seis personas. Dispone de varias opciones por el centro, pero si solo quedaran sitios en las afueras, antes habrá que averiguar a qué distancia se encuentra el tren SKM. Los precios comienzan a partir de 126 PLN por un estudio. No todos los apartamentos tienen cocina o wifi.

Patio Apartments (☎535 773 997; www.patioapartamenty.pl) Esta pequeña agencia ofrece 12 modernos apartamentos en el casco histórico (2 en la céntrica ul Mariacka). Tiene habitaciones a partir de unos 200 PLN. Todas las opciones cuentan con cocina y wifi.

Más que un albergue moderno, cabría pensar que es una casa particular.

Dom Harcerza   ALBERGUE €
(☎58 301 3621; www.domharcerza.pl; ul Za Murami 2/10; dc/i/d desde 25/60/100 PLN; ☎) Pese a ocupar un antiguo cine, el "casa de los *scouts*", un albergue con 75 camas, carece de ambiente hollywoodiense por completo. Hay un baratísimo dormitorio colectivo orientado a estudiantes y cómodas habitaciones para entre una y tres personas, con o sin baño. La ubicación, cerca de ul Długa, es ideal.

Camping n° 218 Stogi   CAMPING €
(plano p. 321; ☎58 307 3915; www.kemping-gdansk.pl; ul Wydmy 9; por persona/tienda 15/7 PLN, cabañas 70-150 PLN; ☺may-sep) Situado en un pinar en el barrio de Stogi, 5,5 km al noreste del centro, es el mejor *camping* de Gdańsk. A 200 m se encuentra una de las mejores playas de la ciudad. El tranvía n° 8, que sale de la estación principal de trenes, pasa por aquí (25 min).

★ Staying Inn   HOTEL €€
(☎58 354 1543; www.stayinngdansk.com; ul Piwna 28/31; dc 70 PLN, d 250-350 PLN; ❋☎) Este albergue, que está convirtiéndose progresivamente en un hotel, es el alojamiento con mejor relación calidad-precio del centro. Ofrece accesorios a la última, cocina y sala comunitarias, conexión wifi rápida, dos habitaciones accesibles en silla de ruedas y una situación en medio de la acción. Hay pocos hoteles que dispongan tanto de dormitorios como de salas de conferencias.

Kamienica Gotyk   HOTEL €€
(☎58 301 8567; www.gotykhouse.eu; ul Mariacka 1; i/d 280/310 PLN; ℗☎) En la casa más antigua de Gdánsk, junto a la iglesia de Santa María, en ul Mariacka, se encuentra esta pensión limpia y de temática gótica: las siete habitaciones tienen arcos ojivales y pesadas cortinas, aunque en su mayoría son creaciones modernas y los baños son decididamente del tercer milenio. El desayuno se sirve en la habitación.

Villa Pica Paca   HOTEL €€
(☎58 320 2070; www.picapaca.com; ul Spichrzowa 20; i/d desde 250/300 PLN; ☎) Es uno de los varios hotelitos-*boutique* de diseño que han aparecido en ul Spichrzowa, en la isla de Spichlerze. Las ocho cómodas habitaciones y siete suites llevan nombres de personalidades famosas, unas más conocidas que otras (¿alguien sabe quién es Nina Soentgerath?).

La obsesión por las celebridades continúa en la sala de desayunos, de estilo minimalista alemán.

Dom Aktora   HOTEL €€
(☎58 301 5901; www.domaktora.pl; ul Straganiarska 55/56; h desde 210 PLN, apt desde 310 PLN; ℗☎) Ofrece apartamentos con sencillas cocinas y a precios asequibles, muy codiciados por quienes prefieren cocinar en casa. Aparte de sus modernos baños, poco más ha cambiado en cuanto a su decoración de mediados de la década de 1990. El desayuno es tipo bufé.

Dom Muzyka   HOTEL €€
(plano p. 321; ☎58 326 0600; www.dommuzyka.pl; ul Łąkowa 1/2; h desde 300 PLN; ❋☎) De día, este hotel tranquilo, en el interior de una escuela de música, cuenta con una banda sonora que genera sintonías aleatorias y bonitas melodías. Sus luminosas habitaciones están decoradas con viejos grabados. Unos baños impecables completan el conjunto y, junto al vestíbulo, hay un bar-restaurante con clase.

Se encuentra a unos 10 min a pie de la orilla, al otro lado del río.

Willa Litarion   HOTEL €€

(☎58 320 2553; www.litarion.pl; ul Spichrzowa 18; i/d desde 170/250 PLN; 🛜) Sito en la isla de Spichlerze, sus 13 luminosas habitaciones lucen un mobiliario elegante y algún que otro toque singular, además de baños al día. Suele ocuparse rápidamente, de modo que conviene reservar con tiempo.

Pokoje Gościnne na Zboczu   PENSIÓN €€

(☎509 984 939; www.noclegi-gdansk.eu; ul Na Zboczu; h 140-200 PLN; 🅿🛜) A un buen trecho del centro, al oeste por ul Kartuska, esta pensión espaciosa y limpia tiene una cocina comunitaria bien equipada. Tómese el tranvía nº 12 hasta Ciasna.

Ołowianka B&B   PENSIÓN €€

(☎534 407 040; www.olowianka.eu; ul Ołowianka 3a; i/d desde 200/250 PLN; 🅿🛜) En la isla de Ołowianka, cruzando la Ciudad Principal, se encuentra este económico establecimiento a un corto paseo del centro, con bonitas vistas del río desde algunas habitaciones. Hay un sobrio bar-restaurante escaleras abajo; el desayuno se paga aparte.

★Hotel Podewils   HOTEL €€€

(☎58 300 9560; www.podewils.pl; ul Szafarnia 2; i/d 480/570 PLN; 🅿🛜) Pese a regalar insuperables vistas del río con la Ciudad Principal al fondo, lo cierto es que sus propietarios probablemente desearían poder trasladar su alegre fachada barroca lejos de la incongruente construcción ribereña que ha surgido junto al hotel. Las habitaciones concilian un elegante mobiliario de madera de líneas curvas, grabados clásicos y un distintivo papel pintado.

Hotel Królewski   HOTEL €€€

(☎58 326 1111; www.hotelkrolewski.pl; ul Ołowianka 1; i 380 PLN, d 470-520 PLN; 🅿🛜) Atractivo hotel que conjuga el exterior de un granero histórico con un interior del s. XXI y un servicio impecable. Su ubicación frente a la Ciudad Principal, al otro lado del Motława, lo convierte en una base de operaciones estupenda, si se tiene dinero para gastar.

Qubus Hotel   HOTEL €€€

(☎58 752 2100; www.qubushotel.com; ul Chmielna 47/52; h desde 450 PLN; 🅿✳@🛜) El único establecimiento en Pomerania de la cadena polaca Qubus, este hotel de 110 habitaciones, situado en los límites meridionales del centro, apunta tanto al sector de los negocios

como a turistas. Las habitaciones, con una decoración poco inspiradora, son espaciosas y los baños están impolutos; el desayuno se paga aparte. Un barco de cortesía traslada a los huéspedes hasta el centro (10.00-16.00).

✖ Dónde comer

Por el centro hay una gran oferta para todos los bolsillos. También va aumentando la variedad, desde sencillas lecherías a restaurantes de cocina molecular.

Bar Mleczny Neptun   CAFETERÍA €

(www.barneptun.pl; ul Długa 33/34; principales 4-9 PLN; ⏱7.30-19.00 lu-vi, 10.00-19.00 sa y do; 🛜) Es muy llamativo ver dónde han sobrevivido algunas lecherías de la Polonia comunista, entre ellas esta, en plena calle turística. No obstante, el Neptun está un peldaño por encima del clásico *bar mleczny,* con plantas, azulejos decorativos y wifi gratis. Muy del gusto de los viajeros de presupuesto ajustado, tiene una carta en inglés con favoritos polacos como *naleśniki* (creps) y *gołąbki* (rollitos de repollo).

Bar Turystyczny   CAFETERÍA €

(www.barturystyczny.pl; uls Szeroka esq. Węglarska; principales 4-10 PLN; ⏱8.00-18.00 lu-vi, 9.00-17.00 sa y do) Puede que junto a la entrada de la lechería más pulcra de Gdańsk se lea "Desde 1956", pero por dentro presenta una moderna renovación; ofrece auténtica comida de *bar mleczny:* sencilla, reconfortante y sabrosa.

Pellowski Bakery   CAFÉ €

(ul Rajska 5; pasteles y tentempiés desde 2 PLN; ⏱6.30-19.30 lu-sa, 7.00-19.00 do) Las panaderías de esta cadena, repartidas por todo el centro, son geniales para disfrutar de un café acompañado de repostería.

Vegebar   VEGETARIANA €

(ul Długa 11; principales desde 14 PLN; ⏱11.00-19.00; 🌿) Céntrica y sencilla lechería vegetariana con una carta de curris y platos a base de lentejas, apuntalada por zumos y *szarlotka* (tarta de manzana).

★Tawerna Mestwin   POLACA €€

(☎58 301 7882; ul Straganiarska 20/23; principales 20-40 PLN; ⏱11.00-22.00 ma-do, hasta 18.00 lu; 🛜) Se especializa en cocina casubia (típica del noroeste del país) pero también sirve platos como empanadillas de patata y rollitos de repollo rellenos, con verdadero sabor casero. Por dentro evoca una típica casita de campo, con techos envigados y paredes verde oscuro.

HIJOS DE DÁNZIG

Como activo centro cultural e intelectual, Gdańsk ha dado varios nombres célebres a lo largo de su historia. Estos son los más famosos:

➡ **Johannes Hevelius** (1611-1687) Astrónomo que dibujó uno de los primeros mapas detallados de la superficie lunar.

➡ **Gabriel Daniel Fahrenheit** (1686-1736) Inventor del termómetro de mercurio.

➡ **Arthur Schopenhauer** (1788-1860) Filósofo que opinaba que el comportamiento irracional humano respondía a una fuerza que él llamó "voluntad de vivir".

➡ **Günter Grass** (1927-2015) Escritor alemán, premio Nobel y uno de los hijos de Gdánsk más célebres, conocido sobre todo por su obra *El tambor de hojalata*.

➡ **Lech Wałęsa** (1943) Exelectricista de los astilleros de Gdańsk, líder de Solidaridad y expresidente polaco.

➡ **Jacek Kaczmarski** (1957-2004) Poeta y cantautor cuya férrea oposición al régimen comunista le valió el exilio en la década de 1980.

➡ **Donald Tusk** (1957) El político más conocido de Polonia, ex primer ministro y actual presidente del Consejo Europeo.

Velevetka POLACA €€
(www.velevetka.pl; ul Długa 45; principales 26-49 PLN; ⊙12.00-23.00 diario) Establecimiento de temática rural de reciente inauguración, frente al ayuntamiento, donde probar la comida casubia. Su vistoso interior muestra motivos casubios y bucólicas escenas de la vida campestre. Es muy recomendable el pato con manzana y salsa *slivovitz* (brandi de ciruelas).

Kresowa DE EUROPA DEL ESTE €€
(ul Ogarna 12; principales 19-45 PLN; ⊙12.00-22.00) Restaurante del s. XIX para disfrutar de los sabores del remoto este de Polonia y más allá en un ambiente digno de una obra de Chejov. Tras dar buena cuenta de una *borscht* ucraniana, lo indicado es pedir cordero al estilo hutsul y terminar con un trozo de tarta de queso polaca, todo ello regado de *kvas* casero (bebida alcohólica típica de Rusia, fermentada a base de pan). Hay incluso *goulash* de visón para los más osados.

Czerwone Drzwi POLACA €€
(www.reddoor.gd.pl; ul Piwna 52/53; principales 10-35 PLN; ⊙10.00-22.00) El "Puerta roja" es un refinado café de ambiente relajado, que cuenta con un menú escueto que comprende platos polacos e internacionales a partir de productos de temporada.

Kos INTERNACIONAL €€
(www.restauracjakos.pl; ul Piwna 9/10; principales 25-35 PLN; ⊙9.00-24.00; 🐾) Magnífica opción de vocación internacional para quienes viajen

en familia. En la carta priman las *pizzas* y la pasta, más escalopes de cerdo, sándwiches y contundentes desayunos. Hay una zona de juegos para los niños (sus padres les ven gracias a una cámara en el piso de arriba).

Restauracja Gdańska POLACA €€€
(☎58 305 7671; www.gdanska.pl; ul Św Ducha 16; principales 28-65 PLN; ⊙12.00-24.00) Al comer en cualquiera de sus cinco comedores y salones, el viajero creerá estar en un museo repleto de arte, con muebles de anticuario, óleos antiguos, maquetas de barcos y arte por aquí y por allá. El lujoso menú tradicional de arenque, *żurek* (típica sopa agria de centeno) blanca al estilo de Gdánsk, pato y pastel de queso, es muy contundente.

Restauracja Pod Łososiem POLACA €€€
(☎58 301 7652; www.podlososiem.com.pl; ul Szeroka 52/54; principales 65-110 PLN; ⊙12.00-23.00) Fundado en 1598, este restaurante se sitúa en lo alto del escalafón culinario de Gdańsk, entre otras cosas, por sus famosos platos de salmón. Sillas de cuero rojas, arañas de luces de latón y una colección de lámparas de gas se combinan para crear un sobrio interior donde manda la bebida estrella de la casa: el *goldwasser,* un dulce aguardiente con escamas de oro que se destilaba en sus bodegas desde el s. XVI hasta la II Guerra Mundial.

Metamorfoza POMERANA €€€
(☎58 320 3030; www.restauracjametamorfoza.pl; ul Szeroka 22/23; menús 90-270 PLN; ⊙13.00-último cliente) La cocina pomerana rara vez recibe

el tratamiento de *gourmet,* pero si el viajero está con ganas de comer refinados platos de temporada, este es el lugar. Arañas de luces y sofás Chesterfield se combinan con vitrinas ultramodernas y alguna que otra antigüedad en un comedor donde saborear los mejores productos de las granjas, los bosques, los ríos y la costa de la región.

Filharmonia DE FUSIÓN €€€
(www.restauracjagdansk.pl; ul Ołwianka 1; principales 45-105 PLN; ⊘12.00-24.00) Ocupa un rincón del edificio Philharmonia, de ladrillo rojo, con vistas al Targ Rybny, al otro lado del río. Los cocineros experimentan con la cocina molecular y obtienen admirables resultados.

🍺 Dónde beber y vida nocturna

Resulta bastante fácil conseguir un buen café, una jarra de cerveza o algo mucho más fuerte en el centro de Gdańsk, donde se encontrarán cafés y bares allá por donde se vaya. Los garitos con más personalidad están por ul Mariacka y ul Piwna. El Sopot (p. 343) es una de las mejores opciones para disfrutar de una buena noche de juerga.

★ Józef K BAR
(ul Piwna 1/2; ⊘10.00-último cliente; 🕾) Uno podrá dilucidar si es un bar o una tienda de objetos usados mientras se relaja con un cóctel o un vaso de sidra de pera polaca en alguno de sus sofás, a la luz de un viejo foco de teatro. Abajo hay una zona abierta que se convierte en una fiesta cada fin de semana; el piso superior, más íntimo y acogedor, está repleto de libros.

Brovarnia MICROCERVECERÍA
(www.brovarnia.pl; ul Szafarnia 9; ⊘13.00-23.00) La mejor microcervecería de Polonia sirve unas cervezas dignas de premio: tostadas, rubias y *lagers* que reposan en cubas de bronce bruñido entre fotos sepia de la vieja Gdańsk. Las mesas se llenan hasta los topes, pero el local no tiene el ambiente de una cervecería, quizá porque ocupa un rinconcito del Hotel Gdańsk usado en el pasado como granero.

Lamus BAR
(Lawendowa 8, entrada por Straganiarska; ⊘12.00-1.00 lu-vi, hasta 3.00 sa, hasta 24.00 do) Divertido bareto de estilo *retro* con muebles de la década de 1970 y decorado con papel pintado original. La carta incluye cervezas artesana-les polacas, sidra y café. Los sábados abren una segunda barra.

Literacka BAR DE VINOS
(www.literacka.gda.pl; ul Mariacka 52; ⊘12.00-último cliente) Acogedor bar de vinos de dos pisos que sirve tintos y blancos de todo el orbe, incluida... ¡Polonia! El personal está especialmente versado en la materia y, además, sirve económicos platos de pasta, sándwiches y sopas para acompañar el caldo elegido.

Cafe Absinthe CAFÉ
(www.cafeabsinthe.pl; ul Św Ducha 2; ⊘10.00-4.00 lu-vi, Hasta 6.00 sa) En una discreta esquina del edificio del Teatr Wybrzeże se encuentra este modesto bar al que la gente acude de día a tomar café y leer el periódico. En cambio, cuando cae la noche empieza la marcha.

Degustatornia Dom Piwa PUB
(ul Grodzka 16; ⊘15.00-24.00 lu-ju, hasta 1.00 vi y sa, hasta 22.00 do) Dispone de 180 tipos de *ale, lager, porter* y demás derivados del lúpulo. Sirven más de 80 cervezas polacas embotelladas, además de joyas como la Radegast checa, la Spitfire de Kent, la tostada Erdinger, de trigo, la cerveza de fresa belga y la espumosa Chernihivske ucraniana.

Goldwasser CAFÉ
(Długie Pobrzeże 22; ⊘10.00-20.00) Selecto remanso de paz que evoca el espíritu de la Ciudad Libre de Danzig con las tres especialidades locales: el *goldwasser,* el *kurfüsten* y el vodka Machandel. Se entra por Długi Targ.

Pi Kawa CAFÉ
(ul Piwna 5/6; ⊘10.00-23.00; 🕾) Sugerente café de principios de la era poscomunista que sigue agradando con unos cafés de primera servidos entre enormes fotografías de Gdańsk.

Kamienica CAFÉ, BAR
(ul Mariacka 37/39) Este excelente café de dos plantas es el mejor de Mariacka. Tiene un ambiente sereno y sofisticado y el mejor patio de la manzana. Tanto vale para tomarse un café y un trozo de tarta como para disfrutar de unas copas con amigos.

Miasto Aniołów DISCOTECA
(www.miastoaniolow.com.pl; ul Chmielna 26) El "Ciudad de los ángeles" ofrece de todo para los trasnochadores, que pueden gozar de su amplia pista de baile, relajarse en la zona

chill-out o pasar el rato en la terraza que da al río Motława. Cada noche hay pinchadiscos que ponen música *disco* y *dance*.

Parlament DISCOTECA
(www.parlament.com.pl; ul Św Ducha 2; ⊘20.00-madrugada ju-sa; 🛜) Popular discoteca de corte comercial que acoge un abanico de noches de baile dedicadas a éxitos de ayer, pop, *dance*, *R&B* o *hip-hop*.

☆ Ocio

Consúltese la prensa local para estar al tanto de la oferta actual en clave de cultura y ocio.

Sala Filarmónica del Báltico MÚSICA CLÁSICA
(☎58 320 6262; www.filharmonia.gda.pl; ul Ołowianka 1) Acoge conciertos de música de cámara y muchos de los grandes festivales de música de la ciudad.

Ópera Estatal del Báltico ÓPERA
(☎58 763 4906; www.operabaltycka.pl; Al Zwycięstwa 15) La principal compañía operística de Gdańsk se fundó en 1950 y tiene su sede en este escenario del barrio de Wrzeszcz, junto a la estación de trenes Gdańsk Politechnika. También ofrece conciertos sinfónicos y una programación regular de *ballet*.

Teatr Wybrzeże TEATRO
(☎58 301 1328; www.teatrwybrzeze.pl; Targ Węglowy 1) Grandes producciones de clásicos polacos y extranjeros junto al Gran Arsenal, en la Ciudad Principal.

🔒 De compras

En Gdańsk no solo se puede comprar ámbar: el *goldwasser* es un original recuerdo, y también hay interesantes piezas de artesanía casubia (p. 345).

Galeria Sztuki Kaszubskiej ARTESANÍA
(ul Św Ducha; ⊘11.00-18.00 lu-sa jul-ago, reducido sep-jun) Tiendecita cerca de la iglesia de Santa María, ideal para surtirse de artesanía casubia, entre la que cabe destacar porcelana y bordados, realizados en su mayoría por la propietaria.

Cepelia ARTE Y ARTESANÍA
(ul Długa 47; ⊘10.00-18.00 lu-vi, hasta 14.00 sa) Perteneciente a una cadena nacional, es el principal recurso para comprar artesanía casubia.

Galeria SAS ARTE
(www.galeriab.pl; ul Szeroka 18/19; ⊘10.30-17.00 lu-vi, hasta 16.00 sa) Para hacer un regalo único, nada mejor que los estupendos óleos de esta galería, todos ellos de artistas locales. La atiende su ilustrada propietaria.

ℹ Información

WEBS

http://guide.trojmiasto.pl Detallada guía turística de la Ciudad Triple.

www.gdansk4u.pl Página web oficial de información turística de Gdańsk.

www.gdansk.pl Excelente página de información de la ciudad.

www.lonelyplanet.com/poland/pomerania/gdansk Consejos, recomendaciones de los autores, críticas de los viajeros y recomendaciones para planificar el viaje.

CORREOS

Oficina de correos (ul Długa 23/28; ⊘24 h) Vale la pena acercarse a la oficina principal de correos,

---

ℹ AL RICO ÁMBAR

Para algunos visitantes, uno de los principales motivos de la visita a Gdańsk es comprar joyas hechas con ámbar, esa resina fósil que se encuentra en las orillas de Polonia y Rusia, conocida popularmente como el oro del Báltico.

Pero cuidado: en algunas tiendas pequeñas y poco conocidas puede que lo que se compre sea falso; algunas piezas son en realidad pedazos de plástico ruso o chino muy bien presentado.

He aquí tres técnicas que recomiendan los lugareños para detectar si el ámbar que se vende es auténtico. No todos los vendedores permitirán que se pongan a prueba sus piedras, por motivos evidentes.

➡ » Con un encendedor, caliéntese el ámbar: debería desprender un olor característico, como a incienso.

➡ » El ámbar flota en agua salada al 20%, mientras que el plástico o el ámbar sintético no.

➡ » Frotando el ámbar contra la ropa, la electricidad estática que produce basta para atraer pedacitos de papel.

aunque solo sea por echar un vistazo a su viejo interior bajo un techo de cristal. Dispone de cajero automático y oficina de cambio de moneda.

INFORMACIÓN TURÍSTICA

Oficina de turismo Estación de trenes (📞58 721 3277; www.gdansk4u.pl; ul Podwale Grodzkie 8; ☉9.00-19.00 may-sep, hasta 17.00 oct-abr); Ciudad Principal (📞58 301 4355; www.gdansk4u.pl; Długi Targ 28/29; ☉9.00-19.00 may-sep, 9.00-17.00 oct-abr); aeropuerto (📞58 348 1368; www.gdansk4u.pl; ul Słowackiego 210, Gdańsk Lech Wałęsa Airport; ☉24 h) Puntos de información útiles pero en ocasiones atendidos con un toque de apatía. El de la estación de trenes se encuentra en el paso subterráneo que va al centro.

Oficina regional de turismo de Pomerania (📞58 732 7041; www.pomorskie.travel; Brama Wyżynna, Wały Jagiellońskie 2A; ☉9.00-20.00 diario) En la Puerta Alta, la atiende un amable personal que ofrece información sobre Gdańsk y alrededores.

Oficina de la PTTK (📞58 301 6096; www.pttk-gdansk.pl; ul Długa 45; ☉10.00-18.00) Organiza circuitos y excursiones en varios idiomas y ayuda a reservar alojamiento.

AGENCIAS DE VIAJES

JoyTrip (📞58 320 6169; www.pl.joytrip.eu) Se especializa en actividades en grupo y para empresas. Es un buen recurso para cualquier cosa que se quiera hacer en la Ciudad Triple.

Travel Plus (📞58 346 3118; www.travel-plus.eu; ul Długi Targ 1-7) Ofrece circuitos por Gdańsk y toda Pomerania.

❶ Cómo llegar y salir

AVIÓN

El **aeropuerto Lech Wałęsa** (📞801 066 808, 52 567 3531; www.airport.gdansk.pl; ul

LOS MIL Y UN CABALLEROS

Es imposible viajar por Pomerania sin toparse con los fantasmas de los Caballeros Teutones, aquellos monjes militares que acabaron gobernando grandes extensiones de las actuales Alemania y Polonia.

Su ascensión es un relato espectacular, digno del mejor cine de Hollywood, en el que se mezclan orígenes extranjeros, guerras santas, conquistas, derrotas y una inesperada actitud secundaria sembrada de obras de caridad.

La Orden de los Caballeros Hospitalarios de Santa María de los Teutones de Jerusalén, como se la conocía formalmente, se fundó en Palestina en 1190 en calidad de cuerpo médico al servicio de los caballeros germánicos que luchaban en las Cruzadas.

En semejante contexto, atrajeron a muchos guerreros deseosos de recibir las órdenes sagradas. De esa poderosa mezcla militar y espiritual nacieron los Caballeros Teutones, unos monjes guerreros que vestían un distintivo hábito blanco con una cruz negra.

En Europa, su gran oportunidad llegó cuando el duque polaco Conrado I de Mazovia solicitó su ayuda para dominar a los paganos prusianos del bajo Vístula.

A finales del s. XIII, los Caballeros Teutones habían conquistado toda Prusia. A continuación se propusieron consolidar su poder mediante la construcción de castillos, la importación de campesinos alemanes y el desarrollo del comercio. Así, localidades como Thorn (Toruń) y Elbing (Elbląg) se convirtieron en importantes centros teutónicos, y el castillo Marienburg (situado en Malbork) se alzó como potente símbolo de la orden.

Inevitablemente, surgieron tensiones territoriales en el vecino y emergente reino de Polonia, y, tras un siglo de fricciones, los Caballeros Teutones cayeron ante una alianza de fuerzas polacas y lituanas en la batalla de Grunwald (1410). Pero su mayor derrota a manos polacas aún estaba por llegar. La Guerra de los Trece Años vio a los propios protagonistas de la orden volverse contra ella, y el Tratado de Toruń de 1466 la obligó a ceder gran parte de Pomerania, Varmia y las márgenes del Vístula.

Los Caballeros Teutones estaban, pues, de capa caída. En 1525, el gran maestre, Alberto, transformó Prusia en un estado laico, acabó con su imperio y se autoproclamó duque. Luego, tras siglos de decadencia, Napoleón declaró la disolución de la Orden Teutónica en 1809.

No obstante, esta se negó a morir. En 1834, el emperador austriaco Francisco I volvió a instaurarla como organización religiosa, limitada a actividades caritativas y hospitalarias, con lo que regresaba a sus auténticas raíces medievales. Hoy, el gran maestre ejerce su cargo en la calle Singerstrasse 7 de Viena, donde la orden funciona como museo y archivo, e incluso tiene página web: www.deutscher-orden.at (en alemán).

Słowackiego 210) está en Rębiechowo, 14 km al oeste de Gdańsk. LOT vuela a Varsovia cada 2 h. Para ir a otros destinos en Polonia, hay que hacer escala en la capital polaca, salvo los vuelos a Cracovia, operados por **Ryanair** (www. ryanair.com).

Ryanair y **Wizz Air** (www.wizzair.com) operan vuelos internacionales a diversas ciudades europeas.

Polferries (p. 444) ofrece ferris para automóviles entre el Nowy Port de Gdańsk y Nynäshamn, en Suecia (19 h, hasta 15 salidas mensuales en temporada alta).

AUTOBÚS

La **terminal de autobuses** de Gdańsk está detrás de la estación central de trenes, comunicada por un paso subterráneo. Este transporte está muy indicado para destinos regionales a los que llegan contados o ningún servicio de tren.

Elbląg 16 PLN, 1½ h, como mínimo cada hora
Frombork 20 PLN, 2 h, 3 diarios
Kartuzy 8,50 PLN, 1 h, cada 30 min (autobuses de Gryf)
Kościerzyna 16,50 PLN, 1½ h, cada hora
Lidzbark Warmiński 30 PLN, 3-3½ h, 6 diarios
Olsztyn 33 PLN, 3½ h, cada hora
Varsovia 50 PLN, 4½-6 h, como mínimo cada hora

Desde Gdańsk hay numerosas conexiones a ciudades de Europa occidental, así como servicios diarios al este, a Kaliningrado (60 PLN, 5 h) y Vilna (160 PLN, 16 h) vía Olsztyn.

TREN

La majestuosa estación principal de trenes, **Gdańsk Główny** (plano p. 321), está a las afueras del casco antiguo, al oeste, y concentra todos los servicios.

Casi todas las rutas de larga distancia a/desde el sur empiezan y acaban en Gdynia, mientras que los trenes que siguen la costa hacia destinos del oeste empiezan en Gdańsk y paran en Gdynia (y Sopot).

Desde Gdańsk hay trenes a:
Lębork (para ir a Łeba) 12 PLN, 1¾ h, cada hora (SKM)
Malbork 13,50 PLN, 50 min, frecuentes
Olsztyn 39 PLN, 2¾ h, 6 diarios
Poznań 60 PLN, 3½ h, 8 diarios
Szczecin 60 PLN, 5-6 h, 4 diarios (o haciendo trasbordo en Słupsk)
Toruń 40 PLN, 3 h, 9 diarios
Varsovia 60-119 PLN, 3-6 h, cada hora (2 servicios nocturnos)

Wrocław 61 PLN, 6-7 h, 3 diarios (o haciendo trasbordo en Varsovia o Poznań)

❶ Cómo desplazarse

A/DESDE EL AEROPUERTO

El autobús nº 210 sale de la Brama Wyżynna (Puerta Alta) cada 30 min entre 5.21 y 22.20, y cada hora los sábados y domingos.

BARCO

Żegluga Gdańska (www.zegluga.pl; adultos/reducida 35/25 PLN) De mayo a septiembre gestiona barcos de recreo e hidroplanos entre el muelle de Gdańsk, cerca de la Puerta Verde, y Hel.

Ustka-Tour (www.rejsyturystyczne.pl; adultos/reducida ida y vuelta 40/25 PLN; ☉cada hora) Organiza cruceros a Westerplatte a bordo del *Galeon Lew* y el *Perła,* ambos réplicas de galeones del s. XVII.

TREN

Un tren urbano, llamado SKM (Szybka Kolej Miejska; "tren urbano rápido"), cubre el trayecto Gdańsk Główny-Gdynia Główna (35 min), y para en una docena de estaciones intermedias, incluida Sopot. Pasa cada 5 o 10 min en las horas punta y cada hora aprox. por la noche. Los billetes se sacan en las estaciones y hay que validarlos en las máquinas instaladas a la entrada del andén (y no en el tren), o bien comprarlos ya validados en las máquinas expendedoras que hay en el propio andén.

TRANVÍA Y AUTOBÚS

Estos medios de transporte son más lentos que el SKM, pero cubren un área mayor y funcionan entre 5.00 y 23.00, momento en el que se ponen en marcha algunos servicios nocturnos. Los billetes cuestan 3 PLN para realizar cualquier trayecto o 3,60 PLN por 1 h de viaje. Un bono de un día (válido durante 24 h) cuesta 12 PLN. Hay que acordarse de validar el billete al subir, de forma que muestre la fecha y la hora.

ALREDEDORES DE GDAŃSK

Sopot
38 140 HAB.

La más pequeña de las tres componentes de la Ciudad Triple (con Gdańsk y Gdynia) es una mezcla de elegantes mansiones y clubes de moda, con un moderno centro urbano

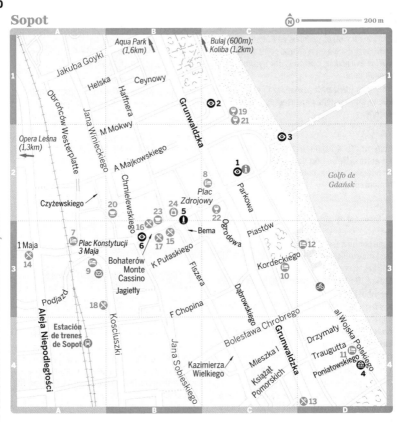

Sopot

muy desarrollado en el litoral, a solo unas calles de las típicas fachadas polacas manchadas de hollín. Aquí se puede ver a pola-

cos ricos gastando en restaurantes de lujo, viejos cafés literarios, una animada oferta de marcha nocturna, pensionistas que toman las aguas y niños en la playa. Cualquiera que sea el motivo, Sopot es un destino popular donde los turistas extranjeros se mezclan con los de la región.

Sopot se convirtió en un destino de moda en 1823, cuando Jean Georges Haffner, el antiguo médico de las tropas de Napoleón, hizo del baño en su playa un deporte popular. El asentamiento, que fue fundado en el s. XIII como pueblo pesquero, se convirtió enseguida en el foco playero de ricos y famosos, sobre todo después de la I Guerra Mundial, cuando se incluyó en el territorio de la Ciudad Libre de Dánzig. A partir de 1990 volvió a convertirse en lugar de ocio para emprendedores acaudalados y no tiene rival en el Báltico en cuanto a sofisticación y ampulosidad.

⊙ Puntos de interés y actividades

Ulica Bohaterów Monte Cassino   CALLE
(ul Bohaterów) La arteria principal de Sopot es la calle Héroes de Monte Cassino, una avenida comercial de visita ineludible que va de la vía del tren hasta el Molo. Muchos lugares para comer y de ocio flanquean esta vía peatonal; también hay unos cuantos en la interesante Casa Torcida (Krzywy Domek; www.krzywydomek.info; ul Bohaterów Monte Cassino 53).

Museo de Sopot   MUSEO
(www.muzeumsopotu.pl; ul Poniatowskiego 8; adultos/reducida 5/3 PLN, ju gratis; ⊙10.00-16.00 ma y mi, 11.00-17.00 ju-do) Alojado en una espléndida casa antigua en el extremo sur de la playa, este museo exhibe muebles y elementos decorativos del s. XIX. Entre otras cosas hay unos enormes armarios con elaboradas tallas, fotografías sepia y planos del Zoppot alemán y de otros centros turísticos en el Báltico. Fue residencia de veraneo de un rico mercader a principios del s. XX.

Molo   MUELLE
(www.molo.sopot.pl; Seafront; entrada 7.50 PLN may-sep) Al final de Monte Cassino, pasada Plac Zdrojowy, se llega al famoso Molo, el paseo sobre un muelle de madera más largo de Europa. Construido en 1928, se adentra 515 m en el golfo de Gdańsk y, a lo largo del año, acoge distintas atracciones que varían según la temporada. En verano se cobra entrada.

Opera Leśna   TEATRO
(Ópera del Bosque; plano p. 321; ☎58 555 8400; www.operalesna.sopot.pl; ul Moniuszki 12) En una zona boscosa en altura se halla este anfiteatro con aforo para 5000 espectadores, que aco-

ge el prestigioso Festival Internacional de la Canción de Sopot, un concurso al estilo de Eurovisión, famoso en Europa Central y del Este. Consúltese la programación en su web.

Aqua Park   PARQUE DE ATRACCIONES
(plano p. 321; www.aquaparksopot.pl; ul Zamkowa Góra 3/5; 23 PLN/h; ⊙8.00-22.00 diario) Enorme parque acuático cubierto, con toboganes, *spas* y un descenso por un río con rápidos.

Estatua del Equilibrista   ESTATUA
(ul Bema) GRATIS Al pasear por Ulica Bohaterów Monte Cassino de camino al mar, se recomienda girar a la derecha por ul Bema para ver una de las estatuas más insólitas de Polonia: un pescador africano, red en mano, que se suspende sobre una cuerda floja por encima de la calle, una obra de arte público del escultor polaco Jerzy Kedziora que parece desafiar la gravedad.

Galería Nacional de Arte   GALERÍA DE ARTE
(Państwowa Galeria Sztuki; www.pgs.pl; Plac Zdrojowy 2; adultos/reducida 10/7 PLN; ⊙11.00-19.00 ma-do) Esta atractiva galería, abierta en el interior de la reconstruida Dom Zdrojowy (casa de Baños) y financiada por el municipio, presenta variadas exposiciones de arte, sobre todo polaco.

Dom Zdrojowy   CASA DE BAÑOS
(Plac Zdrojowy 2; ⊙10.00-18.00) GRATIS Un futurista ascensor acristalado lleva a este manantial en el 3er piso de la casa de baños, donde se puede saborear el agua rica en minerales de Sopot.

Grand Hotel   PUNTO DE INTERÉS
(Powstańców Warszawy 12/14) Al norte del muelle se levanta el emblemático Grand Hotel, de 1927, junto a los baños de mar que dieron fama a la ciudad en un primer momento.

🛏 Dónde dormir

Central Hostel Sopot   ALBERGUE €
(☎530 858 717; www.centralsopot.com; ul Bohaterów Monte Cassino 15; dc/d desde 75/200 PLN) Espaciosa, tanto en horizontal como en vertical, esta antigua residencia de trabajadores ofrece dormitorios de entre cuatro y 10 camas, además de habitaciones individuales y dobles, todas ellas con baño propio. Que no haya cocina compartida ni zona común repercute negativamente en el ambiente, pero la relación ubicación-precio es magnífica.

Camping nº 19   CAMPING €
(plano p. 321; ☎58 550 0445; www.kemping19.cba.pl; ul Zamkowa Góra 25; por persona/tienda 14/10

PLN) En el extremo norte de la localidad, cerca de la playa, se encuentra este *camping* que, pese a su gran tamaño, acostumbra a estar lleno. Queda a 5 min a pie desde la estación de trenes Sopot Kamienny Potok.

Pensjonat Eden HOTEL €€
(☎58 551 1503; www.hotel-eden.pl; ul Kordeckiego 4/6; i 160-270 PLN, d 210-380 PLN) Esta casa de principios del s. xx alberga una pensión familiar que brinda una cálida bienvenida y ofrece 26 habitaciones bien cuidadas, con techos altos y muebles divertidos y desfasados que parecen sacados del desván de la abuela.

Pensjonat Wanda PENSIÓN €€
(☎58 550 3037; www.bws-hotele.pl; ul Poniatowskiego 7; i/d 200/260 PLN; P🛜) Pensión tradicional de 25 habitaciones con baño, algunas con balcones y vistas al mar. Cuenta con un restaurante de precios razonables.

★**Hotel Bayjonn** HOTEL €€€
(☎58 664 6883; www.bayjonnhotel.pl; ul Powstańców Warszawy 7; i 475-599 PLN, d 550-699 PLN; P🛜) Hotel de diseño, que abruma desde el plano arquitectónico, con su ubicación en una esquina del Haffner Centre. Luce líneas *retro* y tonos marrones, unidos a unos baños modernos y pequeños guiños al pasado en forma de planos de Sopot bajo el dominio alemán. El personal es amable y la localización, de primera. Dispone de gimnasio y sauna. El bufé de desayuno cuesta 39 PLN.

Hotel Rezydent HOTEL €€€
(☎58 555 5800; www.hotelrezydent.pl; Plac Konstytucji 3 Maja 3; i desde 420 PLN, tw desde 450 PLN; P❄@🛜) Es el hotel más elegante de la localidad, de ahí los precios. Los seductores tonos de las habitaciones están realzados por estilosas alfombras, muebles de madera y unos baños relucientes. El lujo se prolonga en el restaurante y el *pub* de la planta baja, así como en la galería de arte, la sauna y el servicio de masajes.

Zhong Hua Hotel HOTEL €€€
(☎58 550 2020; www.hotelchinski.pl; Al Wojska Polskiego 1; i/d desde 470/500 PLN) Hotel con personalidad alojado en un pabellón de una casa de baños del s. xix, en plena playa (algo único en Polonia), e incongruentemente decorado en estilo chino. Las habitaciones, también adornadas con toques orientales, tienen baños revestidos de mármol. Cuenta con un buen restaurante y la arena llega hasta la misma puerta.

🍴 Dónde comer

Gran parte de la oferta de restauración de Sopot es de temporada, sobre todo por la playa, pero en cualquier época del año hay buenas opciones.

★**Bar Bursztyn** CAFETERÍA €
(www.barbursztyn.pl; ul Grunwaldzka 78-80, 8a; principales 6.50-20 PLN; ⊙8.00-22.00 diario; 🛜) A años luz de las lecherías de clase obrera de antaño, este elegante local tiene decoración tipo discoteca, un personal amable que habla inglés, revistas de cortesía, "buscas" que avisan al cliente cuando está listo su pedido, un rincón con juguetes y *pizzas* auténticas. Es algo así como un *bar mleczny* del futuro.

Green Way VEGETARIANA €
(ul Bohaterów Monte Cassino 47; principales 10-15 PLN; ⊙10.00-21.00 do-ju, hasta 22.00 vi y sa; 🖊) Uno de los pocos Green Ways que han sobrevivido es este moderno *bar mleczny* donde paladear generosas raciones de platos vegetarianos a buen precio, en un entorno sencillo. La carta incluye *mousaka* o *kofta,* además de empanadillas y pasta.

Bar Mleczny Trendy CAFETERÍA €
(Al Niepodległości 786; principales 9-15 PLN; ⊙11.00-18.00 lu-sa, 12.00-17.00 do) Ofrece reconfortante y sabrosa comida polaca a buen precio, y al estar en el lado menos glamuroso de las vías del tren, no hay ni rastro de turistas. Lejos de ser el clásico *bar mleczny,* sirve café y está decorado con grabados en blanco y negro de Sopot.

Kebabistan KEBABS €
(ul Bohaterów Monte Cassino 36; kebabs desde 14 PLN; ⊙11.00-hasta tarde) No es muy difícil adivinar qué se sirve en este local: *döner,* para llevar, con pan, con *baklava* y con bebidas. Un nombre estupendo para un lugar popular entre los que pasean.

★**Błękitny Pudel** CAFÉ €€
(ul Bohaterów Monte Cassino 44; principales 21-35 PLN; ⊙9.00-último cliente; 🛜) Fantástico *pub*-café adornado con raquetas de tenis de madera, balalaicas (instrumentos rusos de cuerda), divanes suntuosamente tapizados y casi cualquier cosa imaginable. Hay que elegir entre el acogedor interior y los bancos al fresco desde donde poder contemplar el trasiego de ul BMC. Su trasgresora carta incluye morcilla en salsa de setas y sidra y *eton mess* (fresas con nata).

Pub Kinski COMIDA DE PUB €€
(ul Kościuszki 10; principales 25-40 PLN; ☺23.00-
3.00) La casa y cuna del legendario actor
alemán Klaus Kinski se ha transformado en
un original bar-restaurante completamente
decorado con carteles de cine y decadentes
sofás de cuero, pero crea un acogedor entorno a la luz de las velas.

★**Bulaj** PESCADO €€€
(☎58 551 5129; www.bulaj.pl; Al Franciszka Mamuszki 22; principales 20-60 PLN; ☺11.00-23.00) Los
gastrónomos entendidos acuden en masa al
que es uno de los mejores restaurantes de
Polonia atraídos por los platos marineros
del chef Artur Moroz, que se sirven en un
ambiente sencillo pero definido, tipo *pub*.
A quien no le guste el pescado siempre le
quedará pedir conejo o pato (criados en la
región), pero lo que aquí triunfa son la lu-
cioperca, el bacalao y el fletán, preparados
de diferentes maneras sencillas pero todas
ellas deliciosas. Está junto a la entrada nº 12
de la playa.

🍷 Dónde beber y vida nocturna

Sopot posee un palpitante panorama de clu-
bes-discoteca y música en directo que cambia
constantemente; para estar al tanto de los
lugares del momento, lo mejor es preguntar
a los residentes o consultar www.sopot.klu
bowa.pl. La oferta de locales *gay-friendly* es
notable.

Spatif BAR
(www.spatif.sopot.pl; ul Bohaterów Monte Cassino
54; ☺16.00-1.00; ☎) Subiendo unos escalones
se encontrará este local vanguardista decorado con piezas *kitsch*. La clientela la integran
desde aspirantes a novelista a fiesteras varso-
vianas, y el ambiente se caldea a medida que
avanza la noche. Los fines de semana suelen
ser más selectivos en la entrada.

Młody Byron CAFÉ
(ul Czyżewskiego 12; ☺12.00-23.00 diario) Desmar-
cándose de los bares de copas de ul BMC se
encuentra este palacete renovado con un pintoresco café donde se cita una parroquia de
corte intelectual.

Zaścianek CAFÉ
(ul Haffnera 3; ☺11.00-22.00 do-ju, hasta 23.00 vi
y sa; ☎) Encantador escondite a la antigua
repleto de cachivaches, plantas, óleos e ínti-
mas mesas para dos, muy popular entre los
del lugar.

Scena CLUB-DISCOTECA
(www.scenaklub.pl; Al Franciszka Mamuszki 2)
Ecléctico club de playa con una programación de *jazz*, sesiones de DJ, música en directo y un abanico de noches de baile. Es de
lo mejorcito de Sopot.

Klub Atelier CLUB-DISCOTECA
(www.klubatelier.pl; Al Franciszka Mamuszki 2)
Arraigada discoteca con acceso a la playa,
un DJ de renombre distinto cada noche y un
ambiente moderno y exclusivo que atrae a la
gente guapa de la Ciudad Triple.

Koliba CLUB-DISCOTECA
(www.koliba.pl; entrada de la playa 5, ul Powstanców
Warszawy 90; ☺24 h) Un paseo por la playa o en
bicicleta hacia el norte conduce a este típico
chalé de montaña. De día es un restaurante,
pero hacia las 21.00 se retiran las mesas y las
sillas y se convierte en el local nocturno más
singular y sencillo de la Ciudad Triple, con
acceso a la playa y una terraza que asoma
al mar.

ℹ Información

Oficina de correos (ul Kościuszki 2)
Oficina de turismo (☎790 280 884; www.
sts.sopot.pl; Plac Zdrojowy 2; ☺10.00-18.00
diario) Es una de las mejores del norte del país,
con wifi gratis, consigna, una tienda de recuerdos a buen precio y espacio de sobra.

ℹ Cómo llegar y salir

Todos los trenes que viajan entre Gdańsk y
Gdynia efectúan parada en Sopot. Los SKM con
destino a Gdańsk (3,80 PLN) pasan cada 10 min
en horas punta. La estación dista aprox. 1 km
del muelle.

Península de Hel

Al norte de la Ciudad Triple está la península
de Hel (Półwysep Helski), un banco de arena
en forma de media luna, de 34 km de longitud, que penetra en el Báltico. Su istmo solo
tiene 300 m de anchura y raramente supera
los 500 m, aunque sí alcanza los 3 km al final,
donde se encuentra la 'capital', Hel, apenas 23
m por encima del nivel del mar. Arbolada en
buena parte –con pinos deformados por el
viento–, también deja ver la típica vegetación
del litoral, como la zarzaparrilla alemana o el
cardo de las dunas.

La península se formó a lo largo de 8000
años gracias a las corrientes marinas y a los
vientos que, de forma gradual, crearon este

cinturón de arena. A finales del s. XVII la barrera estaba todavía integrada por seis brazos a modo de cadena de islas. Durante el s. XIX, las tormentas la partieron repetidas veces en varios pedazos. Desde entonces, sus extremos se han reforzado y la vegetación ha aminorado el movimiento de la arena, aunque sigue creciendo.

A ambos extremos de la península hay dos puertos de pescadores: Hel en la punta y Władysławowo en la base. Entre los dos se encuentra un tercer puerto, Jastarnia, y tres pueblos: Chałupy, Kuźnica y Jurata. Todos son centros turísticos de veraneo (julio y agosto) y están comunicados por ferrocarril y una carretera bastante buena que recorre todo el arenal.

La orilla norte conforma una larga y preciosa playa y, salvo por los alrededores de los centros turísticos (atestados de veraneantes), suele estar limpia y desierta.

Desde la Ciudad Triple es fácil abordar la península en tren y autobús.

Hel

3900 HAB.

Este tranquilo pueblecito de veraneo es un lugar de escapada bastante agradable, alejado de las preocupaciones del mundo. La playa es su principal reclamo cuando hace calor; el resto del año el pueblo presenta poca actividad.

A lo largo de la historia, Hel se ha beneficiado de su estratégica ubicación como puerta marítima de Gdańsk. En el s. XIV ya era un próspero puerto pesquero y mercantil, aunque siempre bajo la amenaza constante de las tormentas y la cambiante costa. En el s. XVIII perdió su importancia comercial para poco después reinventarse como popular destino playero.

⊙ Puntos de interés

Fokarium ACUARIO

(www.fokarium.com; ul Morska 2; entrada 5 PLN; ⊙9.30-20.00) Junto a la playa, en el centro del pueblo, en este acuario se pueden ver focas grises del Báltico en cautividad. Las tres grandes piscinas albergan media docena de ejemplares, a los que se alimenta a las 11.00 y 14.00, momento en que los cuidadores consiguen que estos animales increíblemente obedientes demuestren sus habilidades a cambio de recompensas en forma de pescado. Habrá que disponer de una moneda de 5 PLN para pasar el torniquete de la entrada principal y

otra de 1 PLN si, una vez dentro, se quiere visitar el pequeño museo.

Museo de la Pesca MUSEO

(Muzeum Rybołówstwa; www.nmm.pl; Bulwar Nadmorski 2; adultos/reducida 6/4 PLN; ⊙10.00-18.00 diario jul y ago, reducido resto del año) La iglesia gótica de Hel data de principios del s. XV, lo que la convierte en el edificio más antiguo de la localidad. Las sillerías y custodias han dado paso a exposiciones sobre la pesca y la construcción de barcos, a una muestra de aves marinas disecadas y a una colección de viejas embarcaciones de pesca, todo ello parte del Museo Marítimo Nacional. Desde la torre hay buenas vistas de la península y del golfo de Gdańsk. Cuando se redactaba esta guía estaba cerrado para someterse a una renovación.

Faro FARO

(ul Bałtycka 3; adultos/reducida 6/4 PLN; ⊙10.00-14.00 y 15.00-19.00 jul y ago, reducido may, jun y sep) Atravesando un reducto de bosque al final de ul Wiejska se llega a este faro octogonal de ladrillo (42 m) que, aunque en la actualidad funciona como estación de radar, acoge exposiciones temporales.

Monumento conmemorativo MONUMENTO

(uls Wiejska esq. Sikorskiego) En un parque cerca de la estación de trenes se alza un monumento que recuerda la defensa de la localidad durante la invasión alemana, en 1939. Hel fue el último lugar de Polonia en rendirse, pues su guarnición de unos 3000 soldados defendió el pueblo hasta el 2 de octubre. La península volvió a convertirse en un campo de batalla el 5 de abril de 1945, cuando el Ejército Rojo acorraló a 60 000 efectivos alemanes, que no claudicaron hasta el 9 de mayo, por lo que también fue el último pedazo de tierra polaca en liberarse.

Izba Kaszubska CENTRO DE ARTE

(ul Wiejska 78; ⊙11.00-16.00 diario) GRATIS En la calle principal se halla la casita de un pescador del s. XIX donde puede verse una discreta exposición de artesanía casubia. Cuenta con un puesto de recuerdos y el personal dispensa planos del pueblo.

🛏 Dónde dormir

En los meses de verano se encontrarán muchas camas, aunque pocas en hoteles o pensiones tradicionales. El mejor lugar para empezar a buscar es la web oficial de Hel (www.gohel.pl), que incluye listados y un plano interactivo. Muchos lugareños alquilan habitaciones en sus propios hogares; búsquense los carteles oficiales que cuelgan de las puertas de numerosas casas acreditadas de este modo por el ayuntamiento.

Cassubia HOTEL €
(☎26 126 7469; www.hotelewam.pl; ul Boczna 11; d desde 110 PLN; P🐾) El viajero retrocederá al pasado institucional de Polonia en esta reliquia con 64 camas, muebles de los tiempos de la ley marcial y una conexión wifi que también lo parece. Está cerca de la estación de trenes y casi siempre hay camas libres.

Duna Guesthouse PENSIÓN €€
(☎58 351 2063; www.duna.org.pl; ul Morska; d/tr 150/180 PLN) Este lugar junto a la playa cuenta con habitaciones y apartamentos limpios y bien cuidados, con muebles funcionales y modernos baños. Fuera de temporada los precios pueden bajar hasta 60 PLN por persona.

🍴 Dónde comer

⭐Kutter POLACA €€
(www.kutter.pl; ul Wiejska 87; principales 20-40 PLN; ⏰9.00-24.00 diario) El mejor sitio para comer de Hel luce una bonita decoración marinera antigua que combina vetustos suelos de madera, vistosos motivos casubios, una embarcación de pesca y un acuario. La especialidad es el pescado del Báltico (precio por 100 g), servido en sus coquetas mesas por camareras ataviadas con el traje típico casubio.

Bar Mewa PESCADO €€
(www.mewahel.pl; ul Morska 84; principales desde 20 PLN; ⏰9.00-22.00 diario) Exitosa propuesta a un paso de la playa, con 12 tipos de pescado del Báltico que se pueden degustar en su diminuto comedor a rebosar de antigüedades o al fresco junto a una serie de fuentes acariciadas por la brisa.

ℹ️ Información

Oficina de correos (ul Wiejska 55; ⏰9.30-16.30 lu-vi, 8.00-14.00 sa) Tiene ventanilla de cambio de moneda.

ℹ️ Cómo llegar y salir

Para llegar a Hel en tren, primero hay que ir a Gdynia (con el tren SKM desde Gdańsk, 6 PLN, 30 min) y hacer trasbordo allí (17,10 PLN, 2 h, cada hora); hay servicios con bastante regularidad incluso en temporada baja. También sale de aquí un par de convoyes nocturnos hacia

destinos del sur del país, como Cracovia. Desde el extremo de ul Wiejska más próximo al faro también salen autobuses regulares a Gdynia (14-22 PLN, 1h 40 min, 10-15 diarios).

Una opción acuática es el barco de recreo/hidroplano de Żegluga Gdańska (p. 339), que opera entre mayo y septiembre desde Gdańsk.

Casubia

Cuenta la leyenda que los gigantes crearon la región de Casubia (Kaszuby), y que sus huellas moldearon las numerosas colinas y lagos que caracterizan su paisaje. Esta pintoresca zona, que se extiende 100 km al suroeste de Gdańsk, es célebre por sus típicas aldeas y por la ausencia de ciudades e industria.

En contraste con casi todos los demás grupos étnicos que se fundieron de forma gradual para formar la gran familia de los polacos, los casubios han conservado parte de su primigenia identidad, que expresan por medio de su cultura, vestimenta, artesanía, arquitectura y lengua.

El idioma casubio, que aún es lengua materna de unas 50 000 personas, en su mayoría ancianos, es el dialecto más diferenciado del polaco. Se supone que deriva del viejo pomerano; los demás polacos tienen muchas dificultades para entenderlo.

La zona entre Kartuzy y Kościerzyna es la más diversa de la región en términos topográficos, e incluye su punto más alto, el monte Wieżyca (329 m). Se trata del área más visitada, con la mayoría de los servicios. El transporte público entre Kartuzy y Kościerzyna es bastante regular, con autobuses cada 1-2 h.

A menos que el viajero tenga vehículo propio, se perderá parte de estas tierras, pues en transporte público el paisaje se limita a las rutas principales. Cuanto más lejos de ellas, menos frecuente es el transporte público. La visita a Kartuzy y Wdzydze Kiszewskie aporta una buena visión cultural de la zona, en detrimento de la belleza natural.

Kartuzy
15 000 HAB.

Esta población, situada 30 km al oeste de Gdańsk, debe su nacimiento y su nombre a los cartujos, que llegaron desde Bohemia en 1380. Esta orden religiosa, conocida por su austera vida monacal, se fundó en el 1084 cerca de Grenoble, en Francia.

Tanto si se decide pernoctar como si se prefiere proseguir el viaje, la **oficina de** turismo (☎58 684 0201; ul Klasztorna 1; ⊙9.00-18.00 lu-vi, hasta 15.00 sa y do) resulta muy útil. También es una estupenda fuente de información sobre la cultura casubia.

Los autobuses de Gryf (que no son de PKS) cubren la ruta entre Gdańsk (7 PLN, 1 h) y Kartuzy cada 30 min.

◉ Puntos de interés

Iglesia
IGLESIA

(ul Klasztorna 5) Cuando los monjes llegaron a Kartuzy levantaron una iglesia y, junto a ella, 18 ermitas dispuestas en forma de herradura. La iglesia es toda una declaración de su visión de la vida. En la década de 1730 se remató su estructura gótica original de ladrillo con un tejado barroco que parece una enorme tumba. En el muro externo del coro y el presbiterio hay un reloj de sol y, debajo de este, una calavera con la inscripción "Memento Mori" (Recuerda que has de morir). El cementerio contiguo sigue con la temática morbosa.

Museo Casubio
MUSEO

(Muzeum Kaszubskie; www.muzeum-kaszubskie. gda.pl; ul Kościerska 1; adultos/reducida 10/6 PLN; ⊙8.00-18.00 ma-vi, 9.00-17.00 sa y do jul y ago, reducido resto del año) Los más entusiastas de la cultura eslava deberían agolparse ante este sorprendente museo clásico, situado al sur de la estación de trenes, cerca de las vías. Entre los inevitables aperos de madera y utensilios de cocina se encontrarán bonitas cerámicas de color marrón y de un negro metálico, típicas de la región, muestras de producción textil y muebles rústicos. Una sala está dedicada a los cartujos.

❶ Cómo llegar y salir

Los autobuses de Gryf (no confundir con los de PKS) viajan entre Gdańsk (8,50 PLN, 1 h) y Kartuzy más o menos cada 30 min.

Wdzydze Kiszewskie

200 HAB.

Parque Etnográfico Casubio
MUSEO

(Kaszubski Park Etnograficzny; www.muzeum-wdzyd ze.gda.pl; adultos/reducida 14/9 PLN; ⊙10.00-18.00 ma-do jul y ago, reducido resto del año) Unos 16 km aprox. al sur de Kościerzyna se encuentra Wdzydze Kiszewskie, un pueblecito que pese a su diminuto tamaño cuenta con un gran reclamo: el Parque Etnográfico Casubio, un *skansen* donde puede verse la arquitectura rural típica de la región. Lo fundó en 1906 el director de la escuela local y fue el primer museo al aire libre de arquitectura tradicional del país, cuya estela seguirían otros muchos. Está junto al lago y alberga montones de edificios rescatados del centro y el sur de Casubia, entre ellos casas, cobertizos, una escuela, un molino y hasta una iglesia del s. xviii. Algunos interiores exhiben muebles y decoración propios de la región en los dos últimos siglos.

❶ Cómo llegar y salir

A menos que se disponga de vehículo propio, resulta bastante complicado llegar a Wdzydze, comunicado apenas por unos cuantos autobuses diarios con Kościerzyna (7 PLN, 40 min), desde donde parten frecuentes servicios a Gdańsk (16,50 PLN, 1½ h, cada hora).

BAJO VÍSTULA

El fértil valle del bajo Vístula, partido por su ancho río de caudal perezoso, fue codiciado por los invasores durante siglos. Esta región llana, abierta y sembrada de verdes granjas se convirtió en un próspero siglos xiii y xiv en un floreciente centro comercial gracias a los muchos puertos que se establecieron a lo largo de la orilla del Vístula desde Toruń hasta Gdańsk. La historia de dichas localidades está entrelazada con la de la Orden Teutónica, la poderosa liga de caballeros germánicos que por aquel entonces ocupaba gran parte del valle. Los restos de la época de apogeo de la orden abarcan hoy algunos de los puntos de interés más destacados de la región.

El bajo Vístula sufrió graves reveses en los últimos meses de la II Guerra Mundial, pero lo que se ha conservado todavía conforma un rico y considerable legado.

Toruń

204 800 HAB.

Esta ciudad gótica amurallada a orillas del Vístula debería estar entre las prioridades de cualquier viajero. Aun así, no parece que se encuentre en el programa de la mayoría, lo que permite disfrutar de sus delicias con mayor libertad, paseándose por sus numerosos edificios de ladrillo rojo, sus rincones nombrados Patrimonio Mundial por la Unesco y sus bastiones medievales, que quedaron al margen de la II Guerra Mundial.

Aparte de la arquitectura, Toruń es más conocida por ser la cuna de Nicolás Copérnico (1473-1543). Su nombre (Mikołaj Kopernik, en polaco) está por toda la ciudad, e incluso se puede comprar pan de jengibre con su imagen. Este otro tesoro de Toruń –su *pierniki* (pan de jengibre)– es famoso en todo el país.

Historia

Toruń adquirió relevancia en 1233, cuando los Caballeros Teutones convirtieron el asentamiento eslavo del s. XI en una de sus primeras bases, erigiendo un muro y un castillo alrededor de la ciudad, que entonces se llamaba Thorn. Su rápida expansión como puerto hizo que nuevos mercaderes y artesanos se establecieran fuera de las murallas, y que pronto fundaran lo que dio en llamarse "la ciudad nueva". En la década de 1280, Toruń se unió a la Liga Hanseática, lo que incentivó aún más su desarrollo.

Posteriormente se convirtió en un punto neurálgico del conflicto entre Polonia y la Orden Teutona, y cuando en 1466 acabó la Guerra de los Trece Años, el Tratado de Toruń devolvió a Polonia gran parte del territorio que se extendía entre Toruń y Gdańsk.

El siguiente período de prosperidad acabó con las invasiones suecas. En 1793, la ciudad cayó bajo dominio prusiano, después pasó a formar parte de Alemania y no volvió a ser polaca hasta después de la I Guerra Mundial.

Tras la II Guerra Mundial, Toruń creció considerablemente: se crearon grandes barrios y nuevas industrias. Por fortuna, el casco antiguo ha conservado gran parte de su aspecto original.

⊙ Puntos de interés

Antiguo ayuntamiento　　　　　MUSEO
(Ratusz Staromiejski; www.muzeum.torun.pl; Rynek Staromiejski 1; adultos/reducida museo 11/7 PLN, torre 11/7 PLN, entrada combinada 17/12 PLN; ☉ museo 10.00-18.00 ma-do, torre 10.00-20.00 may-sep, reducido oct-abr) La antigua casa consistoria data del s. XIV y, salvo por algún que otro añadido ornamental renacentista a su sobria estructura gótica, no ha cambiado mucho desde entonces. Hoy alberga la sede principal del Museo Regional de Toruń, con muestras de arte gótico (pintura y vitrales), otra de artesanía local de los ss. XVII y XVIII y una galería de pintura polaca de 1800 en adelante, que incluye un par de witkacys y otros tantos matejkos. Desde lo alto de la torre se obtiene una bonita panorámica del paisaje gótico de Toruń.

ℹ UN ÚNICO BILLETE

Si se prevé visitar las siete atracciones asociadas al Museo Regional de Toruń, una buena idea es comprar un **bono** (adultos/reducida 35/25 PLN) único, que, si bien es válido durante dos días, no incluye la entrada a la torre del ayuntamiento ni a la proyección en 3D del *Libro de Toruń*. Hay otro **bono** (45/30 PLN), algo más caro, que brinda acceso a todos los sitios.

Catedral de San Juan Bautista
y San Juan Evangelista　　　　　IGLESIA
(www.katedra.diecezja.torun.pl; ul Żeglarska 16; ☉ 9.00-17.30 lu-sa, 14.00-17.30 do) La mastodóntica catedral de Toruń empezó a construirse hacia 1260 pero las obras no terminaron hasta fines del s. XV. Su imponente torre posee la segunda campana histórica más grande de Polonia, conocida como Tuba Dei (Trompeta de Dios). En la cara sur de la torre, frente al Vístula, hay un gran reloj del s. XV cuya esfera y aguja, ambas originales, siguen funcionando a la perfección. No hay que perderse la muesca que puede verse encima de las VIII, debida a un balín que impactó contra el reloj durante el asedio sueco de 1703.

El interior es diáfano, con intrincados altares bajo la bóveda encalada. Los murales más llamativos son las pinturas monocromas que hay al fondo de cada nave, en lo alto, que representan a un monje y a un demonio o encarnación de la peste. Anónimas, su estilo en blanco y negro es muy original en esta clase de arte eclesiástico.

El altar mayor, adornado con un tríptico gótico y un crucifijo, tiene como telón de fondo un vitral del mejor estilo medieval. Según se entra, en la primera capilla de la nave lateral derecha puede verse el objeto más antiguo de la iglesia, la pila donde Copérnico fue bautizado. A un lado está su epitafio.

Casa de Copérnico　　　　　MUSEO
(www.muzeum.torun.pl; ul Kopernika 15/17; museo adultos/reducida 11/8 PLN, audiovisual 13/8 PLN; ☉ 10.00-18.00 ma-do may-sep, hasta 16.00 oct-abr) Aunque no está claro que Nicolás Copérnico naciera aquí, esta sede del Museo Regional está dedicada al célebre astrónomo. Más interesante que las exposiciones de muebles de época y caligrafía resulta una breve presenta-

Toruń

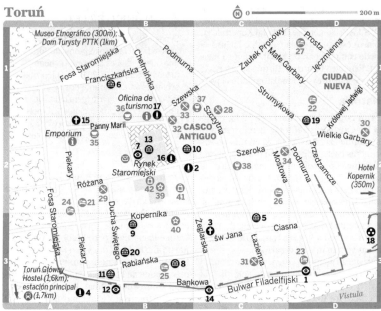

Toruń

◉ Puntos de interés
1 Puerta del Puente	D3
2 Estatua del burro de bronce	B2
3 Catedral de San Juan Bautista y San Juan Evangelista	C3
4 Torre inclinada	A3
5 Casa de los Esken	C3
6 Museo de los Exploradores	B1
7 Fuente	B2
8 Museo del Pan de Jengibre	B3
9 Casa de Copérnico	B3
10 Casa Bajo la Estella	B2
11 Graneros medievales	B3
12 Puerta del Monasterio	B3
13 Antiguo ayuntamiento	B2
14 Puerta de los Marineros	C3
15 Iglesia de Santa María	A2
16 Estatua de Copérnico	B2
17 Estatua de un perro y un paraguas	B1
18 Ruinas del castillo	D3
19 Museo del Pan de Jengibre de Toruń	D2
20 Galería de Arte Wozownia	B3

⊜ Dónde dormir
21 Hotel Gotyk	A2
22 Hotel Heban	D1
23 Hotel Karczma Spichrz	D3
24 Hotel Petite Fleur	A2
25 Hotel Pod Czarną Różą	B3
26 Hotel Pod Orłem	C2
27 Orange Hostel	D1

⊗ Dónde comer
28 Bar Małgośka	C1
29 Bar Mleczny	B2
30 Cafe Lenkiewicz	D2
31 Karotka	C3
32 Kuranty	B2
Oberża	(véase 8)
33 Prowansja	B1
34 Szeroka 9	C2

⊙ Dónde beber y vida nocturna
35 Atmosphera	A2
36 Cafe Molus	B1
37 Jan Olbracht	C1
38 Toruńska Piwnica Artystyczna	C2

☺ Ocio
39 Dwór Artusa	B2
40 Lizard King	B3

⊛ De compras
41 Cepelia	B2
Pierniczek	(véase 41)
42 Sklep Kopernik	B2

ción audiovisual sobre la vida de Copérnico en Toruń, con una maqueta de la ciudad por aquellos entonces.

Museo de los Exploradores   MUSEO

(Muzeum Podróżników; www.muzeum.torun.pl; ul Franciszkańska 11; adultos/reducida 8/5 PLN; ◷10.00-16.00 ma-do oct-abr, hasta 18.00 may-sep) Suele ser la última parada en el itinerario mental de quienes visitan el Museo Regional, pero no desmerece en absoluto. Contiene objetos de la colección recopilada por el curtido nómada Tony Halik (1921-1998), entre ellos sus maltrechas maletas, documentos de viaje, recuerdos de sus muchos periplos y un sinnúmero de llaves de hotel no devueltas. Uno de sus viajes más largos fue el épico *tour* de 18 000 km de Tierra del Fuego a Alaska.

Algunas de las aportaciones más recientes las ha realizado su mujer, Elżbieta Dzikowska, que sigue viajando, sobre todo por Asia. Hay una sala dedicada a algunos de los mayores exploradores de la historia (el capitán Cook, Marco Polo, etc.) y a otros viajeros polacos prominentes.

Iglesia de Santa María   IGLESIA

(Kościół NMP; ul Panny marii) La tercera estructura gótica en tamaño en el casco antiguo de Toruń (tras el ayuntamiento y la catedral) es la iglesia de Santa María, construida por los franciscanos a finales del s. XIII. Austera y sencilla por fuera, su interior depara esbeltos ventanales con vidrieras de elaborados diseños, techos góticos abovedados y pintados y un vistoso retablo dorado.

Casa de los Esken   MUSEO

(Dom Eskenów; www.muzeum.torun.pl; ul Łazienna 16; adultos/reducida 11/7 PLN) La recientemente renovada casa gótica de la familia Esken, detrás de la catedral, fue convertida en un granero en el s. XIX. La 1ª planta contiene muestras sobre la historia de la ciudad, mientras que en la 2ª planta se exhiben una colección de armas y hallazgos arqueológicos de la Edad de Hierro y del Bronce. Una de las novedades es el *Libro de Toruń*, una proyección en 3D de 14 min acerca de la historia de la ciudad.

Casa Bajo la Estrella   MUSEO

(Kamienica Pod Gwiazdą; www.muzeum.torun.pl; Rynek Staromiejski 35; adultos/reducida 8/5 PLN; ◷10.00-18.00 ma-do may-sep, hasta 16.00 oct-abr) Esta casa es una bonita estructura cubierta de molduras situada en la plaza mayor. El interior alberga otro centro del Museo Regio-

nal, que en este caso presenta una pequeña colección de arte asiático, con espadas japonesas, estatuas indias y cerámica china de la dinastía Tang.

Museo del Pan de Jengibre
de Toruń   MUSEO

(Muzeum Toruńskiego Piernika; www.muzeum.torun. pl; ul Strumykowa 4; adultos/reducida 11/7 PLN; ◷10.00-18.00 ma-do may-sep, hasta 16.00 oct-abr) Sin confundirla con el comercial Museo del Pan de Jengibre en el extremo opuesto de la ciudad, esta sede del Museo Regional ocupa una antigua fábrica donde se elaboraba este producto y documenta los 600 años de tradición del dulce favorito de sus gentes.

Museo Etnográfico   MUSEO

(Muzeum Etnograficzne; www.etnomuzeum.pl; Wały Sikorskiego 19; adultos/reducida 9/6 PLN; ◷9.00-16.00 mi y vi, hasta 17.00 ma y ju, 10.00-18.00 sa y do) Las casas con tejado de paja al norte de la ciudad, rodeadas de parque, no son reliquias de otro tiempo, sino que pertenecen a este museo de la vida rural poco visitado.

Museo del Pan de Jengibre   MUSEO

(Muzeum Piernika; www.muzeumpiernika.pl; ul Rabiańska 9; adultos/reducida 12/9.50 PLN; ◷9.00-18.00, circuitos cada hora) Fábrica de pan de jengibre renovada, del s. XVI, donde el viajero podrá ahondar en la historia del preciado producto y elaborar uno con sus propias manos siguiendo las instrucciones de un fingido maestro panadero medieval.

Galería de Arte Wozownia   GALERÍA

(www.wozownia.pl; ul Rabiańska 20; entrada variable, ma y do gratis; ◷12.00-20.00 ma, 11.00-18.00 mi-do) Pequeña galería de arte con exposiciones temporales de arte contemporáneo que da el contrapunto a la abundancia de gótico del exterior.

⭐ Fiestas y celebraciones

Jazz Odnowa   JAZZ

(www.jazz.umk.pl; ◷feb) Uno de los mejores de su género en Polonia.

Gran Premio de Speedway
de Polonia   DEPORTE

(www.speedway.torun.pl; ◷oct) Celebrado en el mayor circuito de Europa.

Festival de Música y Arte
de los Países Bálticos Probaltica   MÚSICA

(www.probaltica.art.pl; ◷may) Presentación de música clásica y ópera.

GDAŃSK Y POMERANIA TORUŃ

DEFENSAS DE LA CIUDAD

En el triángulo que forman la ciudad vieja y la nueva de Torún, se encuentran las **ruinas del castillo** (ul Przedzamcze; adultos/reducida 8/5 PLN, lu gratis; ⊙10.00-18.00) de los Caballeros Teutones, que fue destruido por los propios lugareños en 1454 como protesta contra las restricciones económicas de la orden (y debían estar realmente furiosos, ya que los castillos de este tipo eran de lo más robusto).

Siguiendo la muralla del casco antiguo hacia el oeste del castillo se llega a la primera de las tres puertas de la ciudad que han sobrevivido, la **Puerta del Puente** (Brama Mostowa). Un puente de 700 m de largo, construido entre 1497 y 1500, se mantuvo en pie durante más de tres siglos en este punto. Si se avanza por la muralla se alcanzan las otras dos entradas, la **Puerta de los Marineros** (Brama Żeglarska) y la **Puerta del Monasterio** (Brama Klasztorna). En el extremo oeste se encuentran varios **graneros medievales** y una **torre inclinada** (Krzywa Wieża).

Días de Toruń CARNAVAL
(www.torun.pl; ⊙24 jun) Celebrado en junio.

🛏 Dónde dormir

El centro de Toruń no anda escaso de alojamientos, de modo que encontrar cama fuera de julio y agosto es sencillo. En verano, en cambio, conviene reservar con antelación.

Toruń Główny Hostel ALBERGUE €
(www.hosteltg.com; estación de trenes Toruń Główny; dc/d 39/70 PLN; 🛜) Flamante albergue con 56 camas en el antiguo edificio de correos de la renovada estación principal de trenes de Toruń. Los espaciosos dormitorios, con entre seis y ocho camas, tienen taquillas para el equipaje y lámparas de lectura; el desayuno de cortesía se sirve en la cocina del sótano. Las paredes lucen atractivos frescos del casco antiguo y, sorprendentemente, las habitaciones no sufren el ruido de los trenes.

Orange Hostel ALBERGUE €
(📞56 652 0033; www.hostelorange.pl; ul Prosta 19; dc/i/d 35/65/110 PLN; 🛜) Moderno y agradable albergue, con un abanico de dormitorios, más unas cuantas habitaciones privadas, cocina compartida y baños limpios. Hay otro en ul Jęczmienna.

Fort IV ALBERGUE €
(📞56 655 8236; www.fort.torun.pl; ul Chrobrego 86; dc 30-45 PLN, i/d desde 30/60 PLN) Toruń está rodeada por las ruinas de fuertes del s. XIX, pero este es el único que admite huéspedes, en sencillas estancias con o sin baño y con acceso a una cocina comunitaria. Tómese el autobús nº 14 hasta el final de la línea.

Dom Turysty PTTK ALBERGUE €
(📞56 622 3855; www.pttk.torun.pl; ul Legionów 24; i/d 70/84 PLN) El albergue de la PTTK dispone de 65 camas en una casa a 10 min de paseo al norte del casco antiguo, con recepción las 24 h y bar. Las habitaciones están limpias y son funcionales.

⭐**Hotel Petite Fleur** HOTEL €€
(📞56 621 5100; www.petitefleur.pl; ul Piekary 25; i/d desde 180/230 PLN; 🛜) Una de las mejores ofertas de precio medio de Toruń, con habitaciones provistas de un mobiliario reluciente y elegantes grabados, aunque las individuales resultan un tanto menudas. Su restaurante francés, alojado en una bodega de ladrillo, es uno de los mejores del lugar, lo mismo que su bufé de desayuno.

Hotel Karczma Spichrz HOTEL €€
(📞56 657 1140; www.spichrz.pl; ul Mostowa 1; i/d 250/310 PLN; ❄🛜) En un antiguo granero del paseo fluvial, ofrece 19 habitaciones con personalidad, con vigas vistas, muebles de madera y baños modernos. La ubicación junto al río es estupenda, a unos minutos a pie del centro pero alejado del gentío. Hay un buen restaurante contiguo.

Hotel Gotyk HOTEL €€
(📞56 658 4000; www.hotel-gotyk.com.pl; ul Piekary 20; i/d 180/220 PLN; 🛜) Hotel instalado en una casa señorial restaurada, muy indicado para quienes busquen una dosis de carácter antiguo. Tras pasar junto a la armadura del vestíbulo, unas escaleras con una alfombra verde conducen hasta las habitaciones, todas decoradas individualmente y bastante confortables.

B&B HOTEL €€
(📞56 621 8100; www.hotelbb.pl; ul Szumana 8; h desde 135 PLN; 🅿❄🛜) El primer establecimiento de la cadena B&B en Polonia, situado cerca de la estación de autobuses,

CURIOSAS ESTATUAS

La plaza principal de Toruń está decorada con interesantes estatuas, pero son relativamente pocos los vecinos que conocen su historia.

A unos pasos de la entrada del antiguo ayuntamiento está la **estatua de Copérnico,** uno de los monumentos más antiguos dedicados al astrónomo y gran reclamo turístico.

Al oeste del ayuntamiento, frente a la oficina de correos, hay una curiosa **fuente** de 1914, con unas ranas de bronce en el borde admirando a un joven violinista conocido como Janko Muzykant, la versión local del flautista de Hamelín. Cuenta la leyenda que una bruja llegó a la ciudad y fue mal recibida por los vecinos. En venganza, formuló un hechizo y Toruń quedó invadida por las ranas. El alcalde ofreció un saco de oro y su hija a quien salvara la ciudad. Apareció un humilde campesino que empezó a tocar su rústico violín y las ranas, hechizadas por la melodía, le siguieron al bosque, con lo que Toruń se libró de ellas.

Al otro lado de la Rynek, en la esquina de ul Chełmińska, se encontrará la **estatua de un perro y un paraguas.** El nombre del chucho es *Filus,* mascota del profesor Filutek, protagonista de una tira cómica clásica que siempre va con paraguas.

El **burro de bronce** de la esquina sureste tiene una historia mucho más siniestra. Pocos de los turistas que se montan encima saben que en realidad es una copia del potro de madera que había en este lugar en la Edad Media, al que se ataba a los delincuentes para azotarlos.

cuenta con 93 espartanas habitaciones bien cuidadas, pensadas para atender las necesidades de los viajeros del s. XXI. A pesar de su ubicación, a solo unos metros de la carretera de circunvalación, no se oye ni un coche. El desayuno cuesta 22 PLN más.

Hotel Kopernik HOTEL €€
(☑56 659 7333; www.hotelewam.pl; ul Wola Zamkowa 16; h 80-200 PLN; P�) Antiguo albergue del ejército que se ha convertido en uno de los hoteles favoritos de los viajeros en Toruń, con una gran relación calidad-precio. Se encuentra en el extremo este del casco antiguo. Las habitaciones son sencillas y el personal es estupendo. El desayuno se sirve en el sótano.

Hotel Heban HOTEL €€
(☑56 652 1555; www.hotel-heban.com.pl; ul Małe Garbary 7; i/d 165/240 PLN; P�) Situado en una casa con tejado a dos aguas en la tranquila ul Małe Garbary, posee un restaurante decorado con motivos florales, un atractivo salón en tonos verde aceituna y 22 luminosas habitaciones.

Hotel Pod Orłem HOTEL €€
(☑56 622 5025; www.hotel.torun.pl; ul Mostowa 17; i/d 130/170 PLN; P) Es uno de los hoteles más antiguos de Toruń, con más de un siglo de historia. Unas puertas tapizadas en cuero dan paso a amplias habitaciones. El bufé de desayuno cuesta 19 PLN.

Hotel Pod Czarną Różą HOTEL €€
(☑56 621 9637; www.hotelczarnaroza.pl; ul Rabiańska 11; i/d 180/220 PLN; �) El "Bajo la Rosa Negra" ocupa una antigua taberna y un ala más nueva orientada al río, con un interior con alguna falsa antigüedad aquí y allá. El bufé de desayuno está incluido.

Dónde comer

Bar Małgośka CAFETERÍA €
(ul Szczytna 10; principales 5-11 PLN; ◷9.00-19.00 lu-vi, hasta 16.00 sa) Enorme, barata y popular lechería donde paladear un completísimo repertorio de clásicos polacos servidos por señoras gruñonas. Por más lleno que parezca, siempre hay alguna mesa libre.

Karotka VEGETARIANA €
(Łazienna 9; principales 5-12 PLN; ◷12.00-19.00 lu-sa, hasta 17.00 do; �) Pequeña lechería ideal para disfrutar de platos vegetarianos entre grandes zanahorias pintadas.

Bar Mleczny CAFETERÍA €
(ul Różana 1; principales 5-15 PLN; ◷9.00-19.00 lu-vi, 10.00-17.00 sa y do) Popular lechería que sigue ofreciendo sustancial comida polaca por un puñado de złotys. El mostrador de fuera despacha gofres, helados y *zapiekanki* (*pizza* polaca).

Oberża POLACA €
(ul Rabiańska 9; principales 8-16 PLN; ◷11.00-22.00 lu-ju, hasta 23.00 vi y sa, hasta 21.00 do; �) Esta

gran cantina tipo autoservicio sirve abundante comida a buen precio a residentes y turistas. Sea en una casita en miniatura o en un rincón entre vitrales, carros, arreos y demás recuerdos del antiguo mundo rural, se podrá disfrutar de 11 tipos de *pierogi* (raviolis polacos), sopas y otras especialidades polacas por poco dinero.

Cafe Lenkiewicz   CAFÉ €

(Wielkie Barbary 14; ☺8.00-18.00 lu-vi, hasta 16.00 sa, 9.00-16.00 do) Uno de los mejores sitios de Toruń para tomar un helado o un trozo de tarta, a poder ser en verano, cuando la clientela se desparrama por la calle peatonal.

Prowansja   FRANCESA €€

(ul Szewska 19; principales 15-30 PLN; ☺12.00-21.00 lu y do, hasta 22.00 ma-ju, hasta 23.00 vi y sa) Este local recrea con bastante fidelidad un restaurante francés, hasta el punto de que más de uno creerá estar en Normandía después de probar la *quiche,* las creps y las ensaladas. La carta de vinos está bastante bien, y también los platos polacos.

Kuranty   HAMBURGUESAS, POLACA €€

(Rynek Staromiejski 29; principales 8-30 PLN; ☺11.00-1.00; 🐾) Este lugar, con sillas tapizadas en cuero y mucha madera, recuerda un *pub* victoriano, pero con pantallas de TV sobre la barra. Grandes hamburguesas, platos polacos de siempre y una selección de *pierogi* comparten espacio en la carta.

★Szeroka 9   INTERNACIONAL €€€

(✆56 622 8424; www.szeroka9.pl; ul Szeroka 9; principales 29-69 PLN; ☺10.00-23.00 diario) Este restaurante *gourmet* pone el listón culinario de Toruń en lo más alto, gracias a una carta de temporada que comprende desde conejo en salsa de manzana a la crema de leche hasta *tagliatelle* caseros. Y como postre, nada como pan de jengibre de elaboración local en salsa de ciruela. La decoración es de estilo urbano moderno. Se recomienda reservar para cenar.

🍺 Dónde beber y vida nocturna

Atmosphera   CAFÉ

(ul Panny Marii 3; ☺11.00-21.00 do-ju, hasta 22.00 vi y sa) Modesto y aromático local con un revoltijo de mesas y sillas desparejadas donde probar el *kawa po Toruńsku* (café al pan de jengibre) con un trozo de tarta de queso. Hay más de 100 variedades de té y una carta de vinos de todo el orbe.

Jan Olbracht   FÁBRICA DE CERVEZA

(www.browar-olbracht.pl; ul Szczytna 15; ☺10.00-23.00) El viajero podrá elegir entre sentarse en un reservado en forma de huevo o en una terracita a pie de calle para saborear algunas de las cervezas poco habituales de esta microcervecería, incluidas rubias, de trigo, una tostada especial y, cómo no, la cerveza de pan de jengibre de Toruń, todas ellas elaboradas en los enormes tanques de la parte delantera del enorme edificio.

Cafe Molus   CAFÉ

(www.cafemolus.pl; Rynek Staromiejski 19; ☺8.00-último cliente) Elegante café que satisface a los más golosos y a los adictos a la cafeína bajo arcos góticos partidos, techos pintados y vigas de madera maciza. Su principal gancho es su recoleto patio trasero de estilo renacentista.

Toruńska Piwnica Artystyczna   CLUB

(www.tpart.pl; ul Łazienna 30; 🐾) Clásico local versátil para disfrutar del fútbol en la TV, fiestas con DJ, *jam sessions*, noches de baile para treintañeros o simplemente de una cerveza, acompañada de una *pizza* a media tarde.

☆ Ocio

Dwór Artusa   MÚSICA CLÁSICA

(✆56 655 4929; www.artus.torun.pl; Rynek Staromiejski 6) La "Corte del rey Arturo", una de las mansiones más imponentes de la Rynek, es hoy un destacado centro cultural con un auditorio que acoge conciertos y recitales.

Lizard King   MÚSICA EN DIRECTO

(www.lizardking-torun.pl; ul Kopernika 3; ☺18.00-madrugada; 🐾) En esta sala de conciertos se pueden ver desde bandas tributo hasta reputados grupos de *rock* de Europa central y del Este.

🛍 De compras

El pan de jengibre es el recuerdo más típico de Toruń, pero está tan rico que cuesta conseguir que llegue a casa en la maleta. Las dos tiendas aquí reseñadas son grandes emporios tradicionales especializados, pero también se puede encontrar en muchas otras tiendas de regalos y hasta en supermercados.

Pierniczek   COMIDA

(ul Żeglarska 25; ☺9.00-20.00) Tiendecita que vende creaciones hechas con pan de jengibre.

Sklep Kopernik   COMIDA

(Rynek Staromiejski 6; ☺9.00-20.00 lu-vi, 10.00-19.00 sa y do) El lugar por antonomasia para comprar el dulce favorito de Toruń, en la Corte del Rey Arturo, en el lado sur de la Rynek.

Cepelia ARTESANÍA

(ul Żeglarska 27; ☉10.00-18.00 jul y ago, reducido resto del año) Pequeña sucursal de una cadena nacional que vende toda clase de artesanía auténtica, además de imanes hechos en serie y cosas por el estilo.

🛈 Información

Emporium (📞56 657 6108; www.emporium. torun.com.pl; ul Piekary 28; ☉10.00-18.00 lu-vi, hasta 16.00 sa todo el año, hasta 16.00 do jul y ago) Tienda de recuerdos que alquila bicicletas (5/25 PLN/h/día) y dispone de servicio de consigna (1 PLN/h) y planos de la ciudad.

Oficina principal de correos (Rynek Staromiejski; ☉24 h)

Oficina de turismo (📞56 621 0930; www. torun.pl; Rynek Staromiejski 25; ☉9.00-18.00 lu-vi, hasta 16.00 sa y do; 🛜) Su eficiente personal, que conoce su ciudad al dedillo, ofrece wifi gratis y abundante información.

🛈 Cómo llegar y salir

La terminal de PKS, cerca del extremo norte del casco antiguo, concentra los servicios a:

Chełmno 8,80 PLN, 1 h 20 min, frecuentes
Golub-Dobrzyń 8,80 PLN, 1 h, frecuentes
Gdańsk 23-44 PLN, 2½ h, cada hora
Varsovia 28-57 PLN, 3-4 h, como mínimo cada hora

TREN

En Toruń hay dos estaciones: Toruń Główny está unos 2 km al sur del casco antiguo, al otro lado del Vístula, mientras que Toruń Miasto, más práctica, se encuentra en el extremo este del casco antiguo. No todos los trenes paran en ambas.

Algunas rutas:

Gdańsk 45 PLN, 3 h, 9 diarios o haciendo trasbordo en Iława o Bydgoszcz
Grudziądz 9,30 PLN, 1½ h, 9 diarios o haciendo trasbordo en Jabłonowo Pomorskie
Cracovia 65 PLN, 6-9 h, 3 diarios
Malbork 25 PLN, 3-4 h, como mínimo cada hora; hay que hacer trasbordo en Tczew o Iława
Olsztyn 27-36 PLN, 2½ h, 7 diarios
Varsovia 45 PLN, 2¾ h, 8 diarios

🛈 Cómo desplazarse

Los autobuses n° 22 y 27 (2,80 PLN), que viajan entre Toruń Główny y Plac Rapackiego,

paran en Aleja Jana Pawła II, al oeste del centro histórico.

Golub-Dobrzyń

13 000 HAB.

El nombre de esta localidad, 40 km al este de Toruń, suena al de un personaje secundario de *El Señor de los anillos*. Dobrzyń, en la orilla sur del río Drwęca, es un lugar sin gran interés, pero Golub se fundó en el s. XIII como un puesto fronterizo de los Caballeros Teutones, que dejaron tras de sí uno de sus impresionantes castillos. Si con Toruń no se ha tenido bastante en estructuras góticas de ladrillo rojo, puede que valga la pena hacer una excursión de medio día a Golub-Dobrzyń.

👁 Puntos de interés

Castillo de Golub CASTILLO

(Zamek Golubski; www.zamekgolub.pl; adultos/reducida 10/8 PLN; ☉9.00-18.00 may-sep, hasta 15.00 oct-abr) El castillo de Golub se alza sobre el pueblo, en lo alto de una colina. Se compone de una enorme base gótica coronada por una cornisa renacentista algo más refinada. El castillo original, del s. XIV, se convirtió en palacio renacentista a principios del s. XVII, cuando vivió en él su residente más famosa, la princesa Ana Vasa, hermana del rey polaco Segismundo III Vasa.

El único modo de ver el interior del castillo es con una visita guiada de 1 h en polaco. Se empieza con una película y luego se sigue por las austeras salas en las que se conservan algunas piezas de interés etnográfico y arqueológico. Destaca la arquitectura gótica, al igual que las vistas del pueblo y de los bosques.

🛏 Dónde dormir y comer

Dom Wycieczkowy PTTK ALBERGUE, HOTEL **€€**

(📞56 683 2455; albegue dc/d 30/80 PLN, hotel i/d 160/230 PLN; 🅿🛜) La planta superior del castillo ofrece dos clases de alojamiento: el primero es en un económico albergue de la PTTK con camas en dormitorios y sencillas habitaciones dobles; el otro es en habitaciones de hotel. En la planta baja hay cafetería y restaurante.

🛈 Cómo llegar y salir

Un servicio regular de autobuses comunica con Toruń (8,80 PLN, 1 h) y muchas otras localidades de la región. Si se viene de Toruń, se puede bajar a los pies del castillo. Para volver habrá que esperar al otro lado de la carretera, ya que el camino hasta la estación de autobuses de Dobrzyń es largo.

Chełmno

20 400 HAB.

La excursión de un día que vale más la pena hacer desde Toruń es a Chełmno. Es uno de esos rincones olvidados que parece tener una vida propia, alejada del mundo exterior. Las fachadas desconchadas y desvaídas, el aire cargado de hollín y los viejos edificios de ladrillo rojo evocan la Polonia de hace dos décadas, y las iglesias y el imponente cinturón de murallas llevan a una época medieval dorada.

Al igual que Toruń, Chełmno fue en su día un importante enclave en la franja del norte de Polonia controlada por los Caballeros Teutones. Aunque ya era un asentamiento polaco desde finales del s. x, la poderosa orden lo escogió como posible capital cuando sus caballeros llegaron a finales de la década de 1220. Su castillo se completó en 1265, lo que sirvió para reforzar la favorable posición local en la ruta comercial del Vístula y su lucrativa afiliación a la Liga Hanseática.

Tras el Tratado de Toruń, Chełmno volvió a manos de Polonia, pero para cuando fue anexionada por Prusia, en 1772, la peste y una serie de guerras ya la habían convertido en un lugar olvidado. Volvió a ser polaca en 1920 y sobrevivió a la II Guerra Mundial sin sufrir graves daños.

⊙ Puntos de interés y actividades

Museo Regional   MUSEO

(Muzeum Ziemi Chełmińskiej; www.muzeumchelmno. pl; Rynek 28; adultos/reducida 4/2 PLN; ⊙10.00-16.00 ma-sa, 11.00-15.00 do) El epicentro de la cuadrícula de calles de Chełmno es la Rynek, en cuyo centro se levanta el ayuntamiento renacentista, construido hacia 1570 en lugar del anterior, gótico. Actualmente alberga el Museo Regional, cuya colección repasa la historia de la localidad, aunque también llaman la atención los interiores del edificio, como el de la espectacular sala del tribunal.

Fuera, pegado al muro trasero del ayuntamiento, se halla el *pręt chełmiński*, la antigua unidad métrica de Chełmno, de 4,35 m de largo. Toda la localidad se proyectó en función de dicha medida, y todas las calles muestran exactamente las mismas proporciones. Se trata de un sistema métrico único que se empleó hasta el s. xix. Además de esto, Chełmno tuvo su propia relación de pesos.

Iglesia parroquial   IGLESIA

(ul Szkolna; vistas desde la terraza 5 PLN; ⊙acceso terraza 9.00-17.30 lu-sa, 14.00-17.00 do) Esta enorme iglesia gótica, junto a la Rynek, fue encargada por los Caballeros Teutones a finales del s. xiii. Su interior está repleto de laboriosos elementos barrocos y rococó y, supuestamente, también custodia varias reliquias de san Valentín, patrón de los enamorados, dentro del pilar de la derecha según se mira el altar, lo que inevitablemente ha propiciado una pequeña industria en torno al turismo e incontables campañas publicitarias. Se puede subir a la torre para disfrutar de estupendas vistas de las calles en damero de Chełmno.

Murallas   CONSTRUCCIÓN HISTÓRICA

Chełmno está rodeada por 2,2 km de murallas que han sobrevivido casi intactas. Desgraciadamente no se puede recorrer todo el perímetro a pie, ya que varios jardines y edificios lo cortan. Siguiendo ul Dworcowa desde la terminal de autobuses se entrará en el casco antiguo por la **Puerta Grudziądz** (Brama Grudziądzka), la única puerta medieval que sobrevive.

**Iglesia de San Juan Bautista
y San Juan Evangelista**   IGLESIA

(Kościół Św enea Chrzciciela i enea Ewangelisty; ul Dominikańska) Esta iglesia, en el extremo oeste del casco antiguo, fue construida entre 1266 y 1325 y presenta un gran altar dorado con un órgano profusamente decorado al lado. Bajo el órgano hay una tumba de mármol negro de 1275, una de las más antiguas de la región. El templo está integrado en el renovado convento dominico y benedictino, al que han regresado las monjas, muy dadas a pasear rosario en mano por el jardín, detrás de la iglesia.

Iglesia de San Pedro y San Pablo   IGLESIA

(ul Wodna) Además del impresionante chapitel de ladrillo rojo, esta iglesia del s. xiv, situada al norte de la ciudad, alberga una sillería rococó con puertas, un inmenso altar barroco bajo un globo estrellado, y la tumba del primer obispo de Chełmno, Heidenreich. No suele admitir visitas.

**Castillos en miniatura
de los Caballeros Teutones**   PARQUE

(Park Miniatur Zamków Krzyżackich; ul Podmurna; ⊙10.00-19.00 lu-sa, desde 11.00 do) GRATIS Si el viajero se dirige hacia al sur desde la Puerta Grudziądz y atraviesa el parque, encontrará esta exposición al aire libre donde pueden verse los castillos de los Caballeros Teutones de los aledaños. Los nueve, lejos de parecerse a las ruinas actuales, están representados en su momento de mayor esplendor, a destacar los de Toruń, Grudziądz y Malbork.

🛏 Dónde dormir y comer

La tranquila Chełmno solo tiene un puñado de alojamientos y muy pocos restaurantes. Entre Semana Santa y septiembre aparecen unas cuantas cervecerías con terraza en la Rynek, donde también hay un par de cafés-panadería.

Hotelik HOTEL €
(📞56 676 2030; www.hotelik.info; ul Podmurna 3; i/d 100/140 PLN; 📶) Hotelito con entramado de madera muy bien conservado, 60 m a la derecha de la Puerta Grudziądz según se entra al casco antiguo. Dispone de diversas habitaciones con baño a buen precio, algunas pequeñas y acogedoras y otras más amplias, con elementos antiguos.

Karczma Chełmińska HOTEL €€
(📞56 679 0605; www.karczmachelminska.pl; ul 22 Stycznia 1b; i/d 190/220 PLN; 🅿📶) Muy popular entre turistas, este hotel situado en un patio, en la esquina suroeste del casco antiguo, ofrece habitaciones con baños revestidos de piedra. El restaurante, atendido por camareros ataviados con trajes típicos, sirve una deliciosa carta con platos de temporada.

Gościniec pod Różą B&B €€
(www.gosciniec-pod-roza.pl; ul Prosta 3; i/tw 105/165 PLN) Si no quedara otra, esta pensión con 16 habitaciones, a unos 10 min a pie de la estación de autobuses, es una opción aceptable para una noche. Es un lugar limpio y económico, en una zona residencial próxima a un supermercado.

Rabar Bar CAFETERÍA €
(Rynek 20; principales 7-8 PLN; ⊙11.00-18.00 lu-sa, desde 12.00 do) Con asientos de estilo *diner* y una pizarra con favoritos polacos, este flamante establecimiento tipo autoservicio, en plena Rynek, es una agradable incorporación al panorama culinario local.

Restauracja Spichlerz POLACA €€
(ul Biskupia 3; principales 8-30 PLN; ⊙10.00-22.00 lu-sa, desde 11.00 do) Si se pregunta a cualquiera en Chełmno dónde ir a comer, la respuesta será este *pub*-restaurante junto a la Rynek. Los platos son casi todos polacos y consistentes, y el público se divide entre los veteranos que brindan con vodka y los jóvenes que lo hacen con cerveza.

ℹ Información

Oficina de turismo (📞56 686 2104; www. chelmno.pl; Ratusz, Rynek; ⊙8.00-15.00 lu, hasta 16.00 ma-vi, 10.00-15.00 sa, 11.00-14.00 do) Está en la entrada del museo, dentro del ayuntamiento.

ℹ Cómo llegar y salir

Desde Chełmno, 40 km al norte de Toruń, hay autobuses más o menos cada hora a Toruń (8,80 PLN, 1½ h) y Grudziądz (8,20 PLN, 1 h).

Grudziądz

98 200 HAB.

Grudziądz, unos 30 km río abajo desde Chełmno, quizá no tenga suficiente interés como para justificar el viaje, pero puede visitarse desviándose un poco de la ruta entre Toruń y Malbork. Finalmente se está tratando de acometer la postergada renovación del casco antiguo y los tranvías todavía traquetean por la Rynek, lo que le confiere carácter. El resto de Grudziądz se compone de estruendosas calles y vestigios de casas del s. XIX.

Grudziądz nació como uno de los primeros asentamientos de los Piast. Más tarde, al igual que Graudenz, en la década de 1230 se sometió a los Caballeros Teutones, y en 1466 regresó a la madre patria. En el s. XVII, involucrada en las guerras contra Suecia, quedó arrasada por un incendio mientras las tropas polacas la liberaban en 1659. Con el primer Reparto (1772) pasó a formar parte de Prusia y se convirtió en un centro industrial antes de regresar a manos polacas tras la I Guerra Mundial.

Grudziądz sufrió graves daños en 1945, pero se reconstruyó y se transformó en un bullicioso, aunque anodino, nucleo urbano.

⊙ Puntos de interés

Museo Regional MUSEO
(www.muzeum.grudziadz.pl; ul Wodna 3/5; adultos/reducida 7,50/3,50 PLN, ma gratis; ⊙10.00-18.00 ma y vi, hasta 16.00 mi y ju, hasta 15.00 sa y do may-sep, reducido oct-abr) Alojado dentro de un antiguo convento benedictino y en varios graneros, en el extremo sur del casco viejo, ofrece una visión general de la historia de la ciudad y repasa varios temas interesantes. Recorrerlo lleva como mínimo 90 min y la entrada da acceso a las cinco muestras.

En el edificio principal se exhibe pintura contemporánea de la región y otras muestras históricas, a lo que se suman varias seccio-

GDAŃSK Y POMERANIA GRUDZIĄDZ

nes más, dedicadas a arqueología; a Stomil, una fábrica de caucho local; a uniformes de caballería; y al aclamado deportista local Bronisław Malinowski (campeón olímpico de 3000 m obstáculos en los Juegos Olímpicos de Moscú de 1980), que falleció en un accidente de tráfico en el puente sobre el Vístula en 1981.

Colina del Castillo COLINA
(Góra Zamkowa; ⊙torre 9.00-20.00 ma-do abr-sep) GRATIS En tiempos, Grudziądz contaba con un castillo del s. XIII, que hacía de centinela sobre el Vístula. Sus ruinas (básicamente la torre de Klimek, de 30 m, y los hallazgos de las excavaciones arqueológicas) se han convertido, tras una exhaustiva renovación, en la última atracción de la ciudad. Desde lo alto de la torre hay fantásticas vistas del río, la ciudad y el puente de cemento más largo del país.

Graneros EDIFICIO HISTÓRICOS
(Spichrze) Esta extraordinaria hilera de ruinosos graneros *(spichrze)* se erigió a lo largo del paseo ribereño para dotar a la ciudad de almacenes, a la vez que protegerla de los invasores. Se empezaron a construir en el s. XIV, y fueron reconstruyéndose y ampliándose gradualmente hasta el s. XVIII. Algunos se convertirían luego en bloques de viviendas al abrir ventanas en las paredes. Estos enormes edificios de ladrillo con contrafuertes –la mayoría de seis pisos de altura– crean una imagen impresionante sobre las aguas del Vístula.

**Iglesia de
San Francisco Javier** IGLESIA
(Kościół Św Franciszka Ksawerego; ul Kościelna; ⊙8.00-20.00 lu-ju, hasta 17.30 vi-do) Unos cuantos edificios del centro conservan su importancia histórica; entre ellos, el más impresionante es esta iglesia de principios del s. XVIII. Casi todo su angosto interior está ocupado por un altar mayor barroco, y la ornamentación circundante incluye singulares ejemplos de *chinoiserie* realizados por un monje jesuita local a finales del s. XVII.

🛏 Dónde dormir y comer

Camping 134 CAMPING €
(☑56 462 2581; www.moriw.pl; ul Za Basenem 2; por persona/tienda 5/5 PLN, bungalós 120-230 PLN; P🐾) *Camping* de dos estrellas junto a un lago, 5 km al sur de la ciudad, con numerosas instalaciones. Se llega con el autobús R, que solo circula en temporada.

⭐**Hotel RAD** HOTEL €€
(☑56 465 5506; www.hotelrad.pl; ul Chełmińska 144; i/d desde 130/170 PLN; P🛜) Una de las mejores ofertas del norte del país, el lujoso e increíblemente barato RAD está en el kilómetro 2,5 de la carretera de Toruń, al sur del centro. Sus habitaciones, que apuntan al sector de los negocios, tienen TV, una rapidísima conexión wifi y escritorios. Su restaurante suele acoger bodas y a una clientela de negocios; el bufé de desayuno no decepciona. Tómese el tranvía nº 3 hasta la parada de Wiejska.

⭐**Kuchnia** POLACA €
(ul Długa 2; principales 10-20 PLN; ⊙12.00-19.00 diario) Con azulejos blancos, una barra hecha de palés y paredes de ladrillo pintadas, ofrece una sencilla carta compuesta por platos polacos de siempre bien preparados, más jarras de *kompot* (zumo a base de frutas cocinadas), café bien cargado y una zona de asientos en plena Rynek. La carta cambia a diario pero suele incluir *pierogi*, sopas, *naleśniki* (creps) y *kluski* (empanadillas) de la región. Es el mejor sitio para comer de la ciudad.

ℹ Información

Oficina de turismo (☑56 461 2318; www.it.gdz.pl; Rynek 3/5; ⊙8.00-17.00 lu-vi, 10.00-14.00 sa may-sep, 10.00-14.00 do jul y ago, reducido oct-abr)

Oficina de correos (ul Sienkiewicza esq. ul Mickiewicza; ⊙8.00-20.00 lu-vi, 10.00-15.00 sa) Es uno de los edificios de ladrillo rojo más atractivos de Grudziądz.

ℹ Cómo llegar y salir

AUTOBÚS

La estación de autobuses está a un paseo de la de trenes, al norte. Hay servicio a estos destinos:

Chełmno 8,20 PLN, 1 h, cada hora
Gdańsk 22 PLN, 1½-3 h, 7 diarios
Toruń 11-28 PLN, 1-2½ h, cada hora

TREN

La estación de trenes está 1 km al sureste del casco antiguo, a 15 min a pie o a un paseo en el tranvía nº 1. Grudziądz comunica por tren con:

Kwidzyn 10,60 PLN, 50 min, 4 diarios
Malbork 17,10 PLN, 1½ h, 4 diarios
Toruń 9,30 PLN, 1½ h, 9 diarios o haciendo trasbordo en Jabłonowo Pomorskie

Kwidzyn

37 800 HAB.

Localidad aletargada que no tendría ningún interés de no ser por su colosal castillo gótico y su catedral. Fue otro bastión de la Orden Teutónica, 40 km río abajo desde Grudziądz, antes conocido como Marienwerder. Gran parte de su historia ha discurrido bajo dominio germano, pero en 1945 pasó a formar parte de Polonia.

◉ Puntos de interés

Castillo de Kwidzyn   CASTILLO
(Zamek w Kwidzynie; www.zamek.kwidzyn.pl; ul Katedralna 1; adultos/reducida 10/5 PLN; ◷9.00-17.00 ma-do may-ago, hasta 16.00 ma-vi, hasta 15.00 sa y do sep-abr) Este castillo del s. xiv ha pasado por numerosos altibajos a lo largo de su historia, incluida su pérdida más dolorosa en 1798, cuando los prusianos derribaron dos de sus sectores (el este y el sur), además de la torre principal. A diferencia de otros castillos de ladrillo rojo, sobrevivió a la II Guerra Mundial indemne. El edificio alberga hoy el Museo de Kwidzyn, con varias secciones y colecciones de arte medieval sacro, artesanía popular regional y muchos aperos de labranza. Una muestra en el sótano informa de las excavaciones arqueológicas llevadas a cabo en las inmediaciones.

Lo más curioso son las dos torres que se levantan, a cierta distancia, en sus alas oeste y sur, unidas al edificio principal mediante una galería sostenida por grandes arcos. La más pequeña albergaba un pozo, mientras que la otra servía de *gdaniska* (baño de caballeros), con una caída de aúpa (muchos castillos de los Caballeros Teutones tenían uno, aunque se desconoce el origen del nombre). Hubo un tiempo en que se alzaban sobre el río, pero con posterioridad este cambió su curso y dejó a los caballeros sin agua. Ambas torres pueden visitarse durante el recorrido por el interior, pero también vale la pena verlas desde el exterior.

Catedral   IGLESIA
(ul Katedralna) La catedral, contigua al castillo, es la típica construcción gótica de ladrillo con una torre del s. xix que le aporta una inequívoca apariencia defensiva. El mosaico de cerámica de 1380, en el muro exterior sobre el pórtico sur, resulta muy interesante.

🛏 Dónde dormir y comer

Hotel Kaskada   HOTEL €
(☏703 400 440; www.hotelkaskada.emeteor.pl; ul Chopina 42; i 110-140 PLN; d 120-140 PLN; P🖳) Opción barata y práctica, situada frente a la estación de trenes. Tiene un restaurante sencillo, en consonancia con las habitaciones.

Hotel Centrum   HOTEL €€
(☏55 613 1366; www.centrumhotel.pl; ul Kopernika 32; i 260-320 PLN, d 310-370 PLN; P🖳) En este rincón de la Polonia rural, las líneas limpias y la modernidad sorprenden: tiene 32 habitaciones con baño y cuenta con unas instalaciones dignas de los grandes centros turísticos, incluido un buen restaurante.

ℹ Cómo llegar y salir

Las estaciones de autobuses y trenes están separadas entre ellas unos 200 m, ambas a unos 10 min a pie del castillo.

AUTOBÚS

Desde Kwidzyn se puede ir a:
Grudziądz 14 PLN, 45 min, 2 diarios
Malbork 8 PLN, 45-70 min, 9 diarios

TREN

Hay servicio a:
Grudziądz 10,60 PLN, 50 min, 4 diarios
Malbork 6 PLN, 45 min, 8 diarios
Toruń 20 PLN, 3-4 h, 5 diarios, con trasbordo en Grudziądz

Malbork

38 500 HAB.

La serena localidad rural de Malbork, 30 km al sureste de Gdańsk, pasaría desapercibida de no ser por su imponente castillo, impresionante por dentro y por fuera. Declarado Patrimonio Mundial, es una de las mejores fortificaciones polacas, un ejemplo clásico de fortaleza medieval y el mayor castillo gótico de toda Europa. Se puede visitar en una excursión de un día en tren desde Gdańsk, pero quizá no valga la pena pasar la noche, ya que en Malbork no hay mucho más que ver.

◉ Puntos de interés

Castillo de Malbork   CASTILLO
(☏entradas 55 647 0978; www.zamek.malbork.pl; ul Starościńska 1; adultos/reducida 35/25 PLN; ◷9.00-19.00 may-sep, 10.00-15.00 oct-abr) La gran atracción de Malbork es este imponente castillo a orillas del río Nogat, afluente oriental

INDISPENSABLE

LA ESTACIÓN DE TRENES DE MALBORK

Aunque no se vaya a tomar un tren, esta estación merece un vistazo, pues tras haber recuperado su antiguo esplendor en el 2011, hoy constituye un verdadero derroche de revestimientos de madera, techos repujados, arcos neogóticos y decoración pseudomedieval. No obstante, semejante boato contrasta con las austeras remodelaciones, típicas del s. XXI, que se están acometiendo en muchas estaciones polacas.

del Vístula. El Marienburg (Castillo de María) fue construido por los Caballeros Teutones y su cuartel general durante casi siglo y medio. Hoy, su vasta presencia encarna a la perfección su relevancia histórica. Las visitas son con una audioguía, que facilitan en la taquilla. Lo indicado es dedicarle como mínimo 2 h.

El lugar se levantó en varias fases. Primero se erigió el llamado Castillo Alto, el baluarte central cuyas obras comenzaron hacia 1276. Cuando en 1309 Malbork se convirtió en la capital de la Orden Teutónica, la fortaleza se amplió considerablemente. Entonces se construyó el Castillo Medio, al lado del primero, seguido por el Castillo Bajo, tras este. El complejo entero se rodeó con tres anillos de murallas defensivas y se reforzó con torres y mazmorras. En total suma 21 Ha, la mayor fortaleza de la Edad Media.

El Ejército polaco lo sitió en 1457, durante la Guerra de los Trece Años, cuando el poder militar de los Caballeros Teutones ya había empezado a declinar. Malbork pasó a ser entonces la residencia de los reyes polacos durante sus visitas a Pomerania, pero desde las invasiones suecas en adelante se sumió poco a poco en la decadencia. Tras el primer Reparto (1772), los prusianos lo convirtieron en barracones, destrozaron gran parte de la decoración y desmantelaron las zonas que no tenían una función militar.

En el s. XIX, el Marienburg fue uno de los primeros edificios históricos que el Gobierno tomó bajo su protección, por lo que rápidamente se erigió en símbolo de la gloria medieval germana. A pesar de los daños ocasionados durante la II Guerra Mundial, la fortaleza ofrece una imagen muy parecida a la que tuvo hace seis siglos. Las mejores vistas del castillo se pueden disfrutar desde

el otro lado del río (hay que cruzar por el puente peatonal), sobre todo al anochecer, cuando sus ladrillos cobran un intenso tono marrón rojizo.

La entrada al complejo se efectúa por el ala norte, a través de la que fue su única vía de acceso. La audioguía (algo tediosa) consta de 38 paradas, por lo que perderse en algún momento está prácticamente garantizado. Desde la puerta principal hay que cruzar el puente levadizo y atravesar cinco verjas de hierro hasta el inmenso patio del Castillo Medio (Zamek średni). En el ala oeste (a la derecha) se encuentra el palacio del Gran Maestre (Pałac Wielkich Mistrzów), que cuenta con unos interiores espléndidos. A su lado está el salón de los Caballeros (Sala Rycerska), la estancia más grande (450 m²). Los techos abovedados conservan el entramado de caña original. El edificio al otro lado del patio alberga una colección de armaduras y un museo especializado en ámbar, que si estuviera en otro lugar sería un reclamo aún más destacado.

La visita prosigue por el Castillo Alto (Zamek Wysoki), al que se llega cruzando otro puente levadizo y atravesando otra puerta (hay que fijarse en la ornamentación de 1280) que lleva a un espectacular patio porticado con un pozo en el centro.

Uno de los espacios interiores más impresionantes es la iglesia de Santa María, a la que se accede a través de un bonito arco gótico conocido como Puerta Dorada. Aquí es donde se reunían los hermanos a rezar cada 3 h, sin excepción, pero también es la parte que más dañada quedó en los bombardeos de 1945; las obras de renovación han sido muy lentas. Debajo del presbiterio de la iglesia está la capilla de Santa Ana, desde la que se accede a la cripta de los grandes maestres.

La *gdaniska,* el retrete de los Caballeros Teutones, está en lo alto de su propia torre y conectada con el castillo por una pasarela; como papel higiénico, usaban hojas de col. La cocina de los Caballeros Teutones destaca con su calendario de días de ayuno (parece que a los caballeros les gustaban dos cosas: hacer ayuno y beber cerveza). Véase también el interesante sistema de calefacción por radiación bajo el suelo en muchas de las estancias y las figuritas de yeso góticas que indican el camino a los cuartos de baño más cercanos.

Skwer Esperanto   PARQUE
(Plac Zamenhofa) Si después de ver el castillo se tiene tiempo, se puede caminar hacia el

sur a la vera del río, pasados los impresionantes restos de los muros medievales, para ver este parque situado detrás del Hotel Stary Malbork, sin mucho interés, pero que en un extremo alberga unas piedras conmemorativas, colocadas por entusiastas hablantes de esperanto de lugares tan lejanos como Corea o el Congo, en honor al idioma mundial inventado por Ludwig Zamenhof. También hay un monumento dedicado a este gran hombre en el centro del parque. Las explicaciones están en polaco y, ¡cómo no!, en esperanto.

🛏 Dónde dormir y comer

Zajazd Karat   MOTEL €
(☎55 272 8953; www.karat.malbork.net.pl; ul Boczna 2; i/d desde 126/140 PLN; P✳🔊) He aquí el alojamiento con mejor relación calidad-precio de Marlbork, un motel en la carretera principal, hacia el oeste, a un paseo a pie tanto del castillo como del centro, al otro lado del río. Las habitaciones, amplias y bien amuebladas, tienen nevera; hay té y café de cortesía;el desayuno, que cuesta 15 PLN adicionales, se sirve en la recepción.

Hotel Grot   HOTEL €€
(☎55 646 9660; www.grothotel.pl; ul Kościuszki 22d; i/d 199/289 PLN; P🔊) Su nombre puede que suene a "gruta", pero ni mucho menos lo es. De hecho, tiene cierta clase para su precio, con muebles modernos y baños impecables. En la planta baja hay un vistoso restaurante.

Hotel Stary Malbork   HOTEL €€
(☎55 647 2400; www.hotelstarymalbork.com.pl; ul 17 Marca 26/27; i 210-250 PLN, d 330-360 PLN; P🔊) Hotel elegante aunque renovado en exceso, con amplias habitaciones de techos altos, adornadas con toques de época. Las individuales tienen camas dobles, mientras que las espaciosas dobles de lujo, que cuestan poco más que las estándar, están un peldaño por encima en cuanto a confort. Dispone de sauna, cafetería y restaurante.

Przystanek Patrzałkowie   INTERNACIONAL €
(☎055 272 3991; ul Kościuszki 25; principales 10-20 PLN; ☺11.00-21.00 diario) Extranjeros y residentes coinciden en este café de trato afable, en el extremo de la localidad más próximo a la estación de trenes, que sirve un surtido de *pizzas,* pasta, *pierogi,* ensaladas y desayunos (todo el día).

⭐ **Gothic**   POLACA €€€
(☎55 647 0889; www.gothic.com.pl; castillo de Malbork, ul Starościńska 1; principales desde 45

PLN; ☺9.00-20.00 diario abr-dic) El castillo de Malbork también alberga uno de los mejores restaurantes de Polonia, en el que la temática medieval se prolonga con una autenticidad encomiable. Siguiendo las recetas del recetario del Gran Maestre (fechado entre 1399 y 1409), el chef Bogdan Gałązka recrea platos únicos preparados principalmente con productos en su mayoría autóctonos.

Bogdan también viaja en busca de los ingredientes exactos anotados por los cocineros del Gran Maestre: queso stilton inglés, azafrán iraní, frutos secos de Oriente Próximo, etc. Pero también tienen cabida los sabores polacos modernos, como las patatas y los tomates. Se puede beber hidromiel y excelente cerveza local, y cuenta con menú infantil y carta en braille. Hay que reservar, sobre todo si no se dispone de entrada al castillo.

ℹ Información

Oficina de correos (ul 17 Marca 38; ☺8.00-18.00 lu-vi, hasta 14.00 sa)
Oficina de turismo (☎55 647 4747; www.visit-malbork.pl; ul Kościuszki 54; ☺8.00-16.00 lu, hasta 18.00 ma-vi, 10.00-15.00 sa y do abr-oct, reducido resto del año; 🔊) Gran centro de visitantes con acceso a internet (y wifi) gratuito, servicio de consigna gratis y biblioteca.

ℹ Cómo llegar y salir

La estación de trenes y la terminal de autobuses están en el extremo este del centro, a 1 km del castillo. Si se llega desde Gdańsk en tren, se disfrutará de una perspectiva excelente de la fortaleza; a la derecha tras cruzar el río. Malbork está en la transitada línea férrea Gdańsk-Varsovia, y cuenta con trenes a los siguientes destinos:
Elbląg 8,20 PLN, 30 min, 18 diarios
Gdańsk 13,50 PLN, 30-50 min, cada 30 min
Grudziądz 17,10 PLN, 1½ h, 4 diarios
Kwidzyn 6 PLN, 45 min, 8 diarios
Olsztyn 23,60 PLN, 2 h, 6 diarios
Varsovia 55-110 PLN, 2½-3 h, como mínimo cada hora

Elbląg

124 000 HAB.

Antes casi nadie se quedaba más de una noche en Elbląg, en un extremo del canal Elbląg-Ostróda, y era porque los barcos llegaban cuando ya no era posible ir a ningún otro sitio. No obstante, en la década de 1990 las autoridades decidieron darles a quienes navegaban por el canal un motivo para quedarse reconstruyendo el casco antiguo, arrasado por el Ejército Rojo en 1945. Pero en vez de llevar a cabo una reconstrucción meticulosa y carísima, las nuevas estructuras son versiones generadas por ordenador de lo que había aquí antes de que empezaran a caer las bombas. Aunque el esfuerzo merece un gran reconocimiento, las calles nuevas de aspecto antiguo resultan algo impersonales y dejan al visitante con la impresión de que la vida de Elbląg está en otra parte (pero no, está ahí); el proyecto aún está a medias y el resultado podría ser muy bueno, y entre los estilizados tejados medievales hechos con tubos metálicos y las ventanas de plástico, fieles al estilo antiguo, aún quedan algunos vestigios de un glorioso pasado en ladrillo rojo.

Siglos antes de que la II Guerra Mundial redujera el casco antiguo a escombros, Elbląg era ya un puerto y fortaleza de los Caballeros Teutones. En el s. XIII, la laguna del Vístula (Zalew Wiślany) se extendía más al sur que en la actualidad, lo que permitió a la ciudad crecer como centro marítimo y convertirse en miembro de la Liga Hanseática. Así, cuando quedó sometida al Gobierno polaco tras el Tratado de Toruń, ya era una puerta principal al mar. Con posterioridad, las invasiones suecas y el cenagal en que se convirtió poco a poco su salida al mar frenaron la prosperidad de la ciudad, si bien a finales del s. XIX su economía rebrotó parcialmente gracias al desarrollo industrial.

◉ Puntos de interés y actividades

Iglesia de San Nicolás
IGLESIA

(Kościół Św Mikołaja; Stary Rynek; ⊙torre 10.00-17.00 ma-vi, 10.00-14.00 sa, 14.00-17.00 do) Entre las piezas arquitectónicas remodeladas del casco antiguo se alza esta antiquísima iglesia de ladrillo rojo, famosa por su torre de 95 m, cuidadosamente reconstruida y a la que hoy en día se puede subir. En su interior, el viajero encontrará unas cuantas tallas de madera originales, incluidos varios trípticos, que escaparon a la destrucción de la guerra. Las mañanas de verano, los vitrales salpican los suelos de mármol de una preciosa luz de colores.

Museo de Elbląg
MUSEO

(www.muzeum.elblag.pl; Bulwar Zygmunta Augusta 11; adultos/reducida 10/5 PLN, do gratis sep-jun, mi jul y ago gratis; ⊙11.00-19.00 ma-do jul y ago, 8.00-16.00 ma-do sep-jun) Siguiendo la orilla del río 5 min hacia el sur se llega este museo, repartido entre dos grandes edificios y con secciones de arqueología y de historia de la ciudad, así como un testimonio fotográfico de Elbląg entre el s. XIX y la II Guerra Mundial.

Galeria El
GALERÍA

(www.galeria-el.pl; ul Kuśnierska 6; entrada variable; ⊙10.00-18.00 ma-sa, hasta 17.00 do) Caminando 200 m al norte de la Puerta del Mercado surge la que fue la iglesia de Santa María. El templo original, otra enorme estructura gótica de ladrillo, fue vaciado por dentro y ahora alberga una galería de arte contemporáneo que ocasionalmente acoge conciertos y eventos. Merece la pena visitarla aunque solo sea por ver el imponente interior y las enormes obras de arte moderno que salpican el recinto, entre ellas un gigantesco carro de supermercado y unos cubos abollados de tamaño descomunal.

Puerta del Mercado
EDIFICIO HISTÓRICO

(Brama Targowa; Stary Rynek; GRATIS) La entrada norte al casco antiguo se hacía en otro tiempo a través de la Puerta del Mercado, la única de la muralla medieval que sigue en pie. Enfrente hay una estatua del panadero que, según la leyenda, salvó la ciudad en el s. XVI cuando, al ver cómo se acercaban los teutones, cortó las cuerdas que mantenían las puertas abiertas. La torre alberga una oficina de turismo (que solo abre en temporada); vale la pena subir para contemplar las vistas de la ciudad.

🛏 Dónde dormir

Camping nº 61
CAMPING €

(☎55 641 8666; www.camping61.com.pl; ul Panieńska 14; por persona/tienda 14/6 PLN, cabañas 50-120 PLN; ⊙may-sep) Agradable *camping* con sombra en una práctica ubicación a la vera del río Elbląg, cerca del casco antiguo.

Hotel Pod Lwem
HOTEL €€

(☎55 641 3100; www.hotelpodlwem.pl; ul Kowalska 10; i/d 250/330 PLN; P❄🐾) Alojado en uno de los varios lugares recientemente reconstruidos de la ciudad, este hotel de diseño es una propuesta muy chic. La decoración de las habitaciones combina el cuero claro, la madera oscura y oleadas de blanco con toques de color. El bufé de desayuno se sirve en el elegante restaurante del sótano.

Hotel Sowa
HOTEL €€

(☎55 233 7422; www.sowa.elblag.biz.pl; ul Grunwaldzka 49; i/d 135/170 PLN; 🐾) Hotel económico con 75 camas situado frente a las estaciones de trenes y de autobuses. Posee un restaurante y el bufé de desayuno está incluido en el precio.

Dónde comer

Cafe Carillon CAFÉ €
(ul Mostowa 22; principales 9-18 PLN; ⊗10.00-22.00) El mejor café de Elbląg alardea de una vidriera *art déco* y de vistas de la iglesia de San Nicolás.

Dom Królów INTERNACIONAL €€
(☑55 611 6695; www.hotelelblag.eu; Stary Rynek 54-59; principales 24-60 PLN; ⊗7.00-23.00 diario; ❋⬚) Dentro del flamante Hotel Elbląg se encuentra el restaurante más distinguido de la ciudad, bajo la batuta del chef Jacek Faltyn, quien encandila a una clientela de negocios internacional con favoritos polacos, además de bistecs argentinos, pasta italiana y curris indios. Completa la oferta una amplia carta de vinos. Su sobrio interior –todo metal, grises y negros, con estratégicos toques de color– es el más moderno de Elbląg.

Zlota Arka PESCADO €€
(ul Wigilijna 12; principales 15-40 PLN; ⊗11.30-23.30) Con un llamativo estuco, muebles antiguos, papel pintado a juego y vistosas lámparas, este restaurante repartido en tres niveles ofrece una carta de platos de pescado y *pierogi* y una terraza en la parte de atrás.

Cztery Pory Roku ITALIANA €€
(ul Wieżowa 15; principales 17-40 PLN; ⊗12.00-22.00) Moderna pizzería y café que también sirve pasta, sopas y platos de pescado en un comedor pseudomediterráneo en tonos marrones y blancos. El personal habla varios idiomas.

ℹ Información

Oficina de correos (Plac Słowiański 1; ⊗8.00-19.00 lu-vi)
Oficina de turismo (☑55 239 3377; www.ielblag.eu; Stary Rynek 25; ⊗10.00-18.00 diario jun-sep, 9.00-17.00 lu-vi oct-may) Está dentro del ayuntamiento.

ℹ Cómo llegar y salir

BARCO

Los barcos que se dirigen al canal que une Elbląg y Ostróda salen del muelle que hay junto al casco antiguo. Para información y billetes, junto al muelle se encuentra **Żegluga Ostródzko-**

Elbląska (☑55 232 4307; www.zegluga.com.pl; ul Wodna 1b).

AUTOBÚS

La terminal de autobuses está junto a la estación de trenes, 1 km al sureste del centro. De ella salen autobuses a:
Gdańsk 14 PLN, 1 h, frecuentes
Frombork 7 PLN, 40 min, como mínimo cada 30 min
Varsovia 50 PLN, 4½-5½ h, cada hora

TREN

Hay servicios a/desde los siguientes destinos:
Gdańsk 17,10 PLN, 1½ h, 12 diarios
Malbork 8,20 PLN, 30 min, 18 diarios
Olsztyn 20 PLN, 1½ h, 10 diarios

Frombork
2500 HAB.

En el extremo noreste de la costa polaca, a solo unos kilómetros del enclave ruso de Kaliningrado, se encuentra Frombork, que si bien pertenece propiamente a Varmia, está mejor comunicado con Pomerania. Lo que la gente viene a ver es su impresionante complejo amurallado, que domina el plácido pueblo, y a disfrutar de las aguas del Báltico. Es un agradable destino para hacer una excursión de un día desde Elbląg o incluso Gdańsk, si se planifica bien.

Nada más bajar del autobús, en la calle principal, lo que parece un castillo es, en realidad, una catedral, fundada por los obispos de Varmia en el s. XIII, al verse obligados a marcharse de la cercana Braniewo tras un alzamiento de los prusianos paganos. Posteriormente, entre 1466 y 1772, Frombork formó parte de Polonia antes de pasar a dominio prusiano como Frauenburg.

El pueblo sufrió graves destrozos durante la II Guerra Mundial, pero la catedral sobrevivió milagrosamente. Frombork fue repoblado por polacos expulsados de los territorios anexionados por la Unión Soviética.

El complejo eclesiástico es la principal atracción de Frombork, pero la guinda del pastel es su relación con Nicolás Copérnico, pues aquí el célebre astrónomo pasó la segunda mitad de su vida y realizó la mayoría de las observaciones e investigaciones que le llevaron a postular la teoría heliocéntrica. Se dice que vivió lo suficiente para tener en sus manos la primera copia impresa de su magna obra. Su cuerpo reposa en la catedral.

MIERZEJA WIŚLANA

Para huir de las hordas de turistas de Gdańsk, hay que ir al este hasta Mierzeja Wiślana, un largo y angosto banco de arena flanqueado por el golfo de Gdańsk, al norte, y al sur por la Zalew Wiślany (laguna del Vístula), un vasto estuario que se extiende hasta la ciudad rusa de Kaliningrado. De hecho, la península es rusa en parte, pues queda netamente partida en dos por la frontera internacional.

En la ruta desde Gdańsk a la lengua de arena se halla **Sztutowo**, a unos 30 km. Aquí se encuentra el antiguo campo de exterminio de **Stutthof** (www.stutthof.org; ul Muzealna 6, Sztutowo; ⊗8.00-18.00 diario may-sep, hasta 15.00 diario oct-abr) GRATIS, al que los nazis enviaron a todo opositor polaco desde el estallido de la I Guerra Mundial, y que posteriormente formaría parte de su Solución Final contra los judíos. Hoy es un lúgubre museo con exposiciones y documentales sobre la ocupación alemana.

Si se sigue hasta Mierzeja Wiślana, se despliega todo un abanico de atracciones naturales, como pinares, dunas de arena gigantes, una reserva de cormoranes en Kąty Rybackie y varios sitios donde alquilar veleros, yates y catamaranes. **Krynica Morska,** la localidad más grande de la península, tiene una frecuentada playa perfecta para nadar, casas rurales y un faro abierto al público. Es accesible en autobús o automóvil desde Gdańsk o en ferri desde Elbląg.

Hay una playa nudista cerca de Piaski, 12 km al este de Krynica Morska, en el extremo polaco más alejado de la lengua de tierra. No hay que olvidarse de buscar fragmentos de ámbar en la orilla, donde las tormentas los arrastran durante la primavera.

⊙ Puntos de interés

El complejo eclesiástico (Wzgórze Katedralne) alberga el Museo Nicolás Copérnico. Comprende varios elementos, todos en el interior del área fortificada, y es necesaria una entrada para visitar cada uno de ellos; la catedral y el antiguo Palacio Episcopal constituyen las dos atracciones principales. Se accede por el lado sur, cruzando la enorme **puerta principal** (Brama Główna), situada junto a las taquillas del museo.

Antiguo Palacio Episcopal　　MUSEO
(Stary Pałac Biskupi; www.frombork.art.pl; adultos/reducida 6/3 PLN; ⊗9.00-16.30 ma-do) La colección principal del museo se encuentra en la esquina sureste del complejo, aunque quizá cueste un poco encontrar la entrada. En la planta baja se exhiben objetos hallados durante las excavaciones arqueológicas de posguerra, vitrales y tesoros eclesiásticos, mientras que las otras plantas están dedicadas a la figura de Copérnico, así como a exposiciones temporales.

La parte más interesante está en la 1ª planta, que reúne diferentes interpretaciones de artistas modernos del gran astrónomo, tanto esculturas como óleos. De allí se pasa a una sala con libros y otros objetos de su época.

Aunque Copérnico es recordado especialmente por sus logros astronómicos (puso fin al antiguo sistema geocéntrico ptolemaico al revelar que la Tierra giraba alrededor al Sol), sus intereses abarcaron muchas otras disciplinas, como la medicina, la economía y la cartografía. Además de una de las primeras ediciones de su célebre *De Revolutionibus Orbium Coelestium* (Sobre las revoluciones de los orbes celestes), se muestran copias de sus tratados y manuscritos sobre una amplia gama de materias, así como instrumentos astronómicos y otros artilugios científicos. La colección está bien presentada e iluminada, pero solo hay explicaciones en polaco.

La 3ª planta contiene una colección de arte sacro que apenas reviste interés.

Catedral　　IGLESIA
(entrada 8 PLN, durante el recital de órgano 12 PLN; ⊗9.30-16.30, sujeto a variaciones) Este impresionante edificio, situado en el centro del patio, dotado de una inmensa fachada gótica de ladrillo y una fina torre octogonal en cada esquina, se erigió entre 1329 y 1388, y fue la mayor iglesia construida por los obispos de Varmia. Tan contentos quedaron con el resultado que se convirtió en modelo de las iglesias que fueron construyendo posteriormente por toda la región.

Nada más cruzar la puerta principal, está lo que para muchos es lo más destacado, la tumba de Nicolás Copérnico. El ataúd, enterrado bajo el suelo, se puede ver a través de un panel de cristal iluminado.

El resto de la nave principal, larga y fría, está cubierto con una amalgama de altares barrocos y otros elementos del s. XVIII. El extraordinario órgano, de color celeste perlado, dorado y plateado, data de 1683 y reemplaza al que se llevaron los suecos en 1626. Es conocido por la riqueza de sus notas, que cuando mejor se aprecian es durante los recitales que tienen lugar a diario a las 11.30, 13.00 y 15.00 y los martes y sábados a las 15.00 en julio y agosto, y con menor frecuencia en mayo, junio y septiembre.

Torre del agua   TORRE
(Wieża Wodna; ul Elbląska 2; adultos/reducida 5/3 PLN; ⊘10.00-18.00 abr-sep) Al otro lado de la carretera principal desde la catedral se alza esta torre construida en 1571, lo que la convierte en la más antigua de su clase de Europa. Durante dos siglos suministró agua a la colina de la Catedral mediante un sistema de conductos de roble ingeniado por el mismísimo bisabuelo de Händel, el célebre compositor. La entrada incluye el acceso a lo alto de la torre; en la planta baja hay un café que sirve unas tartas de rechupete.

Al subir podrán verse colgadas de las paredes fotografías de todos los castillos y mansiones de Varmia y Masuria, todo ello con música de Händel de fondo.

Campanario   TORRE
(Dzwonnica; adultos/reducida 8/5 PLN; ⊘9.30-17.00 diario) La torre que se alza en la esquina suroeste de las murallas defensivas es el antiguo campanario de la catedral, al que se puede ascender para disfrutar de unas vistas impresionantes de la colina de la Catedral, del pueblo, de la laguna del Vístula y del banco de arena homónimo.

Planetario   PLANETARIO
(adultos/reducida 10/6 PLN; ⊘9.30-17.00 diario) El planetario, en la base del campanario, presenta un espectáculo de 30 min seis veces al día. Hay que llegar 10 min antes de que empiece.

Hospital del Espíritu Santo   MUSEO
(adultos/reducida 6/3 PLN; ⊘9.30-17.00 ma-sa) Este hospital del s. XV, antes capilla de Santa Ana, contiene una colección de arte religioso y de historia médica. Está a un corto paseo –bien señalizado– al este de la catedral.

🛏 Dónde dormir y comer

Numerosas casas particulares ofrecen habitaciones por unos 50 PLN/noche. Búsquense los carteles de *kwatery prywatne* o pruébese en ul Kapłańska 5 o ul Ogrodowa 24. En la Rynek hay un supermercado Biedronka, barato, donde comprar tentempiés y comida en general.

Hotelik Dom
Familijny Rheticus   HOTEL €
(☎55 243 7800; www.domfamilijny.pl; ul Kopernika 10; i/d 120/150 PLN; 🅿🛜) Este establecimiento familiar ofrece nueve espaciosos apartamentos (cada uno hasta para 5 personas) con cocina completa en el edificio principal; hay, además, un anexo nuevo con habitaciones estándar dobles e individuales. El restaurante internacional Don Roberto, junto al edificio nuevo, es el mejor de Frombork. El desayuno cuesta 15 PLN.

Camping Frombork   CAMPING €
(☎506 803 151; www.campingfrombork.pl; ul Braniewska 14; por persona/tienda 10/10 PLN, d desde 60 PLN; ⊘may-oct) *Camping* privado al este del pueblo, en la carretera a Braniewo.

Hotel Kopernik   HOTEL €€
(☎55 243 7285; www.hotelkopernik.com.pl; ul Kościelna 2; i/d desde 140/180 PLN; 🅿🛜) De aspecto incongruentemente moderno, posee 37 pulcras habitaciones con muebles baratos pero fornidos, algunas de ellas con vistas a la catedral. Cuenta con un económico restaurante que se llena casi todas las noches con los numerosos residentes alemanes que viven permanentemente en el hotel, cuya presencia, por otro lado, garantiza que el desayuno es bueno. No se habla inglés.

Restauracja Akcent   RESTAURANTE €€
(ul Rybacka 4; principales 9-50 PLN; ⊘10.00-23.00) Se trata de una buena alternativa a los restaurantes de hotel locales, con una carta sencilla que incluye platos de pescado al peso y los *pierogi de rigor*. En los meses cálidos abren una terraza con vistas a la catedral.

ℹ Información

Oficina de turismo (☎55 243 7500; ul Elbląska 2; ⊘10.00-19.00 abr-ago) Centro privado de información abierto en temporada. Está dentro de la tienda de regalos en la base de la torre del agua.

ℹ Cómo llegar y salir

Los autobuses que unen Elbląg (7 PLN, 40 min, cada hora) con Braniewo paran en la calle principal de Frombork, a los pies de la colina de la Catedral.

Al norte de la estación está el puerto deportivo, desde donde zarpan barcos a Krynica Morska (ida y vuelta adultos/reducida 42/30 PLN, 1½ h).

NORTE Y OESTE DE POMERANIA

La costa báltica, que se extiende al noroeste desde Gdańsk, es el principal destino turístico estival de Polonia. Quizá no sea tan conocida como la española Costa del Sol, pero conforma un hermoso litoral cubierto de dunas, bosques y albuferas rematado por playas prístinas de fina arena blanca.

Las numerosas localidades turísticas que se encuentran entre Hel y Świnoujście son lugares estupendos para pasar unos días. Además de agradables parques y una buena mezcla de restaurantes, bares y demás diversiones, suelen contar con algunos ejemplos de edificios históricos. Fuera de los centros urbanos, la costa pomerana incluye dos interesantes parques nacionales.

Esta región descubre una Pomerania sobre todo rural y poco poblada, con localidades pequeñas y escasamente industrializada. Su belleza natural, unida a las delicias que brindan los discretos pueblos turísticos, hacen recomendable la visita en cualquier época del año.

Łeba

3800 HAB.

En verano llegan a Łeba autocares llenos de veraneantes polacos y alemanes que crean un ambiente relajado y distendido paseando por las calles, comiendo en las terrazas y disfrutando de las atracciones turísticas. Una vez pasada la temporada alta, este pequeño puerto de pescadores baja la persiana y se aletarga ante la llegada del largo invierno báltico.

La mayoría de gente viene a disfrutar de su amplia playa de arena y de la transparencia de sus aguas. Es un destino que se puede visitar en un día desde Gdańsk. Además, el Parque Nacional de Słowiński queda a un paseo.

El mar y la arena, grandes activos de Łeba en lo que al turismo se refiere, estuvieron a punto de causar su ruina en el pasado. En el s. XVI, después de que una gran tormenta arrasara el pueblo, se trasladó de la orilla oeste a la este del río Łeba, pero aun así era presa fácil de las caprichosas dunas de arena,

que amenazaban con cubrir sus edificios y varar los barcos. A finales del s. XIX se construyó un nuevo puerto y se plantaron bosques para frenar el movimiento de las dunas.

🛏 Dónde dormir

Las opciones de alojamiento varían según la temporada; julio y agosto son, con mucho, los meses más activos. En temporada baja las tarifas se hunden como una piedra lanzada al Báltico.

Dom Turysty PTTK ALBERGUE €
(☎59 866 1324; ul Kościuszki 66; dc 40-50 PLN; ⊗may-sep; 🕾) Este gran albergue de la PTTK ocupa un edificio de altos techos que acogió un hotel hasta la I Guerra Mundial. Tiene 100 dormitorios acogedores pero sin lujos, algunos con baño propio aunque otros comparten baños y váteres algo viejos. El desayuno se paga aparte (20 PLN); la pensión completa son 40 PLN.

Camping nº 41 Ambré CAMPING €
(☎59 866 2472; www.ambre.leba.info; ul Nadmorska 9a; por persona/tienda 15/12 PLN, bungalós 160-520 PLN) Además de parcelas para acampar e instalaciones muy bien atendidas, este *camping* cuenta con habitaciones, un restaurante y una tienda de delicatesen.

Hotel Gołąbek HOTEL €€
(☎59 866 2945; www.hotel-golabek.leb.pl; ul Wybrzeże 10; i/d 240/360 PLN; 🅿🕾) Pese a su nombre ("rollito de repollo" en polaco, que en realidad es el apellido del propietario), rezuma encanto gracias a una envidiable ubicación al borde del muelle, con vistas a las viejas embarcaciones de pesca y el puerto. Las habitaciones, luminosas y alegres, la sauna, el solárium y el restaurante junto a la orilla hacen de este lugar una gran opción. En verano se impone reservar con tiempo.

Villa Nautica HOTEL €€
(☎792 390 000; www.nauticaleba.pl; Derdowskiego 13a; d desde 199 PLN; 🕾) No lejos de la playa se encuentra esta fantástica propuesta con habitaciones acariciadas por la brisa, que presentan revestimientos en tonos suaves, baños modernos y un desayuno que supera lo habitual por estos lares. Algunas tienen terraza y el propietario es muy diligente.

★ Hotel Neptun HOTEL €€€
(☎59 866 1432; www.neptunhotel.pl; ul Sosnowa 1; i/d desde 530/785 PLN; 🅿🕾💥) Las 32 habitaciones de esta villa de principios del s. XX junto al mar son una demostración de sobria

PARQUE NACIONAL DE WOLIN

El **Parque Nacional de Wolin** (Woliński Park Narodowy; www.wolinpn.pl), al que se accede desde el centro turístico de Międzyzdroje, ocupa el centro de la isla de Wolin. Con una superficie aproximada de 50 km², es uno de los parques más pequeños de Polonia, pero resulta lo bastante pintoresco para garantizar uno o dos días de buenas caminatas.

Su frontera norte cae en picado hacia el mar en forma un acantilado arenoso de 11 km de largo, que en algunos puntos alcanza los 100 m de altura.

Apartados de la costa hay varios lagos, casi todos en su remota punta este. En el extremo sur del parque se halla el lago Turkusowe ("turquesa", por el color de sus aguas), mientras que el encantador lago Gardno se encuentra cerca del litoral, junto a la carretera de Międzyzdroje a Dziwnów. Los lagos están rodeados de un bosque mixto en el que predominan las hayas, los robles y los pinos. La flora y la fauna son relativamente diversas, y hay abundantes aves. Los últimos bisontes salvajes de Pomerania fueron aniquilados en el s. xiv, pero el parque alberga una pequeña reserva de bisontes 2 km al este de Międzyzdroje.

La mejor manera de visitar el parque es andando, para lo que no hace falta ser un deportista consumado. Tres caminos señalizados parten desde Międzyzdroje. El sendero rojo conduce hacia el noreste siguiendo la costa, luego se adentra hasta **Wiselka** y continúa a través de unas colinas arboladas hasta el pequeño pueblo de **Kołczewo**. El sendero verde se dirige hacia el este por el medio del parque y bordea la zona de los lagos para acabar en Kołczewo. El sendero azul va hacia el extremo sur, pasa junto al lago Turkusowe y continúa hacia el este hasta la localidad de Wolin.

Las tres rutas están bien señalizadas y entrañan escasa dificultad. Es recomendable hacerse con un plano detallado del *Woliński Park Narodowy* (escala 1:30 000) y pedir en las oficinas del parque en Międzyzdroje todo tipo de información adicional.

elegancia, con muebles antiguos, tapicería estilo Regencia y camas con muchas almohadas. La guinda del pastel es la terraza con piscina y vistas a la playa, y un bar donde se puede disfrutar de la puesta de sol con una copa en la mano. Las tarifas caen cuando lo hacen las temperaturas.

❶ Orientación

Las estaciones de trenes y autobuses están una al lado de la otra al suroeste del pueblo, dos manzanas al oeste de ul Kościuszki, la calle principal. Dicha arteria cruza el canal Chełst y luego discurre hacia el norte hasta el puerto, sito en un corto tramo del río Łeba que une el lago Łebsko con el mar. El río divide el litoral de Łeba en dos partes, la del este y la más tranquila, al oeste.

❶ Información

Oficina de correos (ul Kościuszki 23; ⊙9.00-18.00 lu-vi, hasta 15.00 sa)

Oficina de turismo (☏59 866 2565; www.lotleba.pl; ul 11 Listopada 5a; ⊙9.00-18.00 lu-vi, 10.00-14.00 sa jul y ago, 8.00-16.00 lu-vi sep-jun)

❶ Cómo llegar y salir

El punto de acceso habitual a/desde Łeba es Lębork, 29 km al sur, bien comunicado con la zona de la Ciudad Triple por el SKM. En verano, los trenes a/desde Lębork (5,50 PLN, 40-50 min) circulan ocho veces al día, mientras que los autobuses (10 PLN, 35 min) que cubren la misma ruta ofrecen servicios poco frecuentes, reforzados por microbuses con carácter regular (7 PLN, 25 min).

Parque Nacional de Słowiński

Con una superficie total de 186 km², el **Parque Nacional de Słowiński** (Słowiński Park Narodowy; www.slowinskipn.pl; adultos/reducida 6/3 PLN; ⊙7.00-21.00 may-sep, 8.00-16.00 oct-abr) se extiende a lo largo de 33 km entre Łeba y la localidad pesquera y turística de Rowy. Alrededor de sus dos grandes lagos, el Łebsko y el Gardno, se abren tremedales, prados y bosques. Su nombre deriva de la etnia eslava de los eslovincios (Słowińcy), una rama occidental de los casubios, quienes habitaron en esta parte del país hasta el s. xix. El parque fue declarado Reserva de la Biosfera por la Unesco en 1977.

➡ *Dunas móviles*

El elemento más original del parque son las dunas móviles *(wydmy ruchome),* que crean

DUNAS MÓVILES

Las dunas 'andarinas' del Parque Nacional de Słowiński se nutren de la arena que las olas arrojan a la playa. El viento y el sol la secan, y el primero desplaza sus granos hasta que se forman las dunas, masas de tierra en constante movimiento. Estas 'montañas blancas' se desplazan a un ritmo de entre 2 y 10 m anuales, y entierran todo cuanto hallan a su paso. Su víctima principal es el bosque, aunque varias décadas después reaparece a modo de cementerio de árboles.

Este proceso empezó hace al menos 5000 años y, hasta ahora, las dunas han cubierto una zona de unos 6 km² y alcanzado una altura de 30-40 m (42 m la más elevada). Siguen extendiéndose hacia el interior por zonas nuevas, creando una especie de Sahara junto al mar en miniatura.

un genuino paisaje desértico. Están en el banco de arena que separa el mar del lago Łebsko, unos 8 km al oeste de Łeba. El Afrika Korps de Rommel se entrenó en este desierto durante la II Guerra Mundial, y el lugar fue asimismo un campo clandestino de pruebas de misiles entre 1940 y 1945.

Desde Łeba, se llega fácilmente por la carretera que sale al oeste de la aldea de **Rąbka** (2,5 km), donde están el aparcamiento y la puerta de acceso al parque nacional. En verano recorren esta carretera microbuses privados, coches eléctricos y trenes motorizados (15 PLN); todos parten de una parada en Al Wojska Polskiego, al norte del canal. Pero también se puede ir a pie. La carretera asfaltada penetra en el parque otros 3,5 km hasta la lanzadera, que hoy es un **'skansen'** (museo al aire libre). Desde allí, un ancho sendero atraviesa el bosque otros 2 km hacia la falda meridional de las dunas, donde brotan de la arena árboles medio enterrados. Según se recorre la curva que dibuja el bosque, las vistas son espléndidas, con las pálidas e inmensas dunas alzándose como un desierto caído en medio de la selva. El contraste que brinda el punto en que se encuentran los árboles y la arena es asombroso. Si se asciende por las dunas, la panorámica se extiende hasta el desierto, el lago, la playa, el mar y el bosque.

No se permite la entrada de automóviles ni autobuses más allá del aparcamiento. Se puede ir a pie a las dunas (45 min), comprar un billete para un coche eléctrico pequeño o alquilar una bicicleta (10/40 PLN h/día). Existe la posibilidad de regresar por la misma ruta o ir caminando hasta Łeba por la playa (8 km) y darse un chapuzón de camino, algo impensable en el Sáhara.

➡ Skansen *de Kluki*

(www.muzeumkluki.pl; Kluki 27; adultos/reducida 12/8 PLN; ⏰11.00-15.00 lu, 10.00-18.00 ma-do may-

ago, reducido sep-abr) En la orilla suroeste del lago Łebsko se halla la pequeña aldea de Kluki, en tiempos el último bastión de la cultura eslovincia, que hoy se exhibe en su céntrico *skansen,* un museo al aire libre modesto pero auténtico, integrado por edificios en su lugar de origen. Sus dos grandes casas adosadas y encaladas muestran mobiliario y decoración tradicionales. Hay autobuses a Kluki desde Słupsk (10 PLN, 1 h, 5 diarios).

➡ *Smołdzino*

Esta localidad, ubicada al oeste de Kluki, fuera del parque, tiene un **Museo de Historia Natural** (Muzeum Przyrodnicze; adultos/reducida 4/2 PLN; ⏰9.00-17.00 may-sep, 7.30-15.30 lu-vi oct-abr), con exposiciones de flora y fauna de los distintos hábitats del parque.

El **monte Rowokół** (115 m), la colina más alta de la zona, se levanta 1 km al suroeste del pueblo. En su cima hay un **observatorio** de 20 m de altura que brinda unas magníficas vistas panorámicas del bosque, los lagos y el Báltico. El camino parte junto a la gasolinera y se llega a lo más alto en unos 15 min.

Hay al menos un autobús por hora a/desde Słupsk (8,40 PLN, 40 min) durante todo el día.

➡ *Lagos*

Existen cuatro lagos en el interior del parque: dos grandes y otros dos más pequeños. Hay también lagunas poco profundas que empezaron siendo bahías y de forma gradual quedaron aisladas del mar por el efecto de la arena. La densa vegetación hace casi inaccesible la pantanosa costa, hábitat estacional o permanente de unas 250 especies de aves. Una parte importante de la orilla de los lagos es de acceso restringido, para protegerla de la contaminación y las interferencias humanas.

El **lago Łebsko,** con sus 16 km de perímetro y 71 km², es el más grande de Pomerania y el tercero de Polonia tras los de Śniardwy y Mamry, en Mazuria. El desplazamiento de las dunas y el crecimiento de la maleza y las ciénagas provocan que esté menguando de una manera considerable.

Słupsk

95 300 HAB.

A veces son los nombres que no suenan, aquellos que menos prometen, los que acaban ofreciendo las estancias con mayor encanto, y eso podría decirse de Słupsk. Esta capital de provincia tiene todo lo que se espera de ella: bar-lechería, PKP, PKS, PTTK e incluso una tienda de Cepelia. Unas anchas avenidas del s. XIX, flanqueadas por viejos árboles y con bancos para sentarse, crean una sensación de paz y tranquilidad; si a eso se le suman algunas muestras de interés arquitectónico, el resultado es una agradable alternativa a otros centros más animados de la costa, además de constituir una práctica base de operaciones entre Gdańsk y Szczecin para hacer alguna escapada a los centros turísticos de playa de Darłowo y Ustka.

Al igual que todas las ciudades pomeranas, la historia de Słupsk la ha escrito una larga lista de ocupantes. Dio sus primeros pasos en el s. XI como fortaleza eslava de la ruta comercial Gdańsk-Szczecin; a partir de 1236 la gobernaron los duques de Gdańsk; en 1307 pasó a manos de los margraves de Brandeburgo; y posteriormente formó parte del ducado de Pomerania Occidental. En 1648 regresó a los margraves y se convirtió en parte de Prusia, luego de Alemania, hasta que volvió de nuevo a dominio polaco tras la II Guerra Mundial.

⊙ Puntos de interés

★ Museo de Pomerania Central · MUSEO
(www.muzeum.slupsk.pl; ul Dominikańska 5-9; adultos/reducida 12/8 PLN, entrada válida para museo y molino; ☉10.00-15.00 lu, hasta 18.00 ma-do) El Museo de Pomerania Central se halla dentro de la atracción más importante de Słupsk, su castillo del s. XVI. Tras su imponente y sólida torre descansan imágenes religiosas de madera, muebles antiguos y otras piezas que ilustran la historia de la ciudad. En la planta baja, una nueva exposición ofrece un relato del pasado de Słupsk a través de dibujos, fotografías y antiguas postales de Stolp, su nombre en alemán. No obstante, la verdadera estrella del elenco está en la 2ª planta: una colección de 250 retratos de Stanisław Ignacy Witkiewicz (1885-1939), más conocido con el nombre de Witkacy.

Este polémico escritor, fotógrafo y pintor se especializó en pintar retratos –insólitos y maravillosos por igual– mientras estaba bajo el efecto de las drogas. Słupsk no tiene conexión alguna con el artista. El museo adquirió 110 de sus pinturas al pastel al hijo del médico y amigo de Witkacy en Zakopane en la década de 1960. En la década siguiente se añadieron otros 40 retratos, esta vez procedentes de su dentista. Como máximo se exhiben 125, aunque las exposiciones cambian al cabo de unos meses. Es una obra fascinante, pues Witkacy supo capturar la esencia de sus temáticas, en ocasiones obteniendo efectos de lo más grotesco.

Molino · MUSEO
(ul Dominikańska; acceso con el tique de entrada al museo; ☉10.00-15.00 lu, hasta 18.00 ma-do) El edificio que se encuentra frente a la puerta del castillo es un molino del s. XIV, anexo al museo. Sus tres plantas se centran en las tradiciones populares de Pomerania, como atestiguan los vistosos trajes y robustos utensilios de cocina aquí expuestos. También puede verse una muestra que documenta la historia de los 1,7 millones de polacos que llegaron a la zona desde los territorios de habla polaca, al este, durante el s. XX.

Iglesia de San Jacinto · IGLESIA
(Kościół Św Jacka; ul Dominikańska 3) También conocida como "St Jack's", tal como rezan los letreros de la zona, esta iglesia del s. XV suele estar cerrada, pero se puede ver coincidiendo con los servicios dominicales de las 8.00 o 18.00. Para oír su magnífico órgano habrá que asistir a alguno de los conciertos de verano que se organizan a mediados de semana en julio y agosto.

Torre de las Brujas · EDIFICIO HISTÓRICO
(Baszta Czarownic; Al F Nullo 8; ☉10.00-18.00 ma-do) Uno de los tres vestigios que sobrevivieron de la muralla del s. XV que rodeaba la ciudad es esta torre utilizada en el s. XVII como prisión de mujeres acusadas de brujería, en la que hasta 1714 se ejecutó a un total de 18. Actualmente la torre alberga exposiciones temporales de la Galería Báltica de Arte Contemporáneo.

Iglesia de Santa María · IGLESIA
(ul Nowobramska; ☉6.30-19.00 diario) Los amantes del ladrillo rojo y los vitrales no deberían perderse esta maciza iglesia gótica con sus ventanales de la posguerra, de vivos colores. Hay que ir en domingo para ver la larguísima cola que se forma.

Ayuntamiento EDIFICIO HISTÓRICO

(Plac Zwycięstwa; adultos/reducida 3/2 PLN; ⊙9.00-16.00 lu-vi) El ayuntamiento, de estilo gótico-renacentista, presenta una impresionante torre principal a la que se puede ascender para disfrutar de las vistas de toda la ciudad.

**Galería Báltica
de Arte Contemporáneo** GALERÍA

(www.baltic-gallery.art.pl; ul Partyzantów 31a; ⊙10.00-18.00 lu-vi) El edificio principal de la galería de Słupsk suele acoger exposiciones temporales de artistas polacos e internacionales.

🛏 Dónde dormir

Hotel Mikołajek HOTEL €

(🖉59 842 2902; ul Szarych Szeregów 1; i/d 90/120 PLN) Que nadie se llame a engaño por los elegantes revestimientos de madera oscura de la recepción y la majestuosa escalinata en curva: el alojamiento más barato del lugar es este viejo hotel de la PTTK que habría que modernizar sin dilación. Las habitaciones que se salvan tienen un aroma a tabaco de fondo, muebles destartalados y edredones raídos, pero los techos altos animan un poco, y el agua de las duchas sale muy caliente. Está nada más cruzar el río desde el casco antiguo.

⭐**Hotel Atena** HOTEL €€

(🖉59 842 8814; www.hotelatena.slupsk.pl; ul Kilińskiego 7; i/d 160/210 PLN; 🛜) Sin otra conexión con Grecia que el nombre, la mejor oferta de Słupsk es esta opción de precio medio con habitaciones cuidadas, algunas con balcón y baños grandes. El excelente desayuno de cortesía se sirve en el restaurante. Su rapidísima conexión wifi, el afable personal y el ambiente cálido lo convierten en un lugar genial.

EL INVENTOR DE LA POSTAL

Słupsk es el lugar de nacimiento de Heinrich von Stephan (1831-1897), a quien se atribuye la invención de la postal. Nació en lo que era Holstentorstrasse 31, cerca del cruce de las actuales ul Piekiełko y ul Grodzka. Un cartel informativo marca el lugar exacto. ¿Por qué no pararse un momento a rendir homenaje al creador de algo tan indispensable en la cultura viajera?

Hotel Staromiejski HOTEL €€

(🖉59 842 8464; www.hotel-slupsk.pl; ul Jedności Narodowej 4; i 170-220 PLN, d 280-310 PLN; 🅿🛜) Un par de manzanas al oeste de Stary Rynek se encuentra este alojamiento con habitaciones remozadas provistas de bonitas alfombras y mobiliario de madera. El elegante restaurante del hotel sirve comida polaca de primera.

Hotel Piast HOTEL €€

(🖉59 842 5286; www.hotelpiast.slupsk.pl; ul Jedności Narodowej 3; h desde 180 PLN; 🅿🛜) Alojamiento asequible en un majestuoso edificio de 1897 que ofrece desde sencillas estancias propias de una pensión hasta suites de lujo. Los pasillos resultan algo lúgubres, pero las habitaciones son amplias y luminosas y el personal se muestra amable. El desayuno cuesta 25 PLN más.

🍴 Dónde comer y beber

Bar Mleczny Poranek POLACA €

(Al Wojska Polskiego 46; principales desde 5 PLN; ⊙7.30-18.00 lu-vi, 9.00-17.00 sa y do) Para una experiencia culinaria sin par hay que ir a esta lechería de aire institucional, que sirve comida sustanciosa y barata de estilo comunista, acompañada de vasos de suave *kompot*. Solo hay que hacerse con una bandeja y unirse a la cola.

La Venda POLACA €€

(🖉660 224 503; www.lavenda.slupsk.pl; Kilińskiego 2; principales 16-48 PLN; ⊙12.00-último cliente; 🛜) Olvidable es el anodino aspecto del exterior, junto a un concurrido cruce; no así su elegante comedor, que sirve de marco para platos polacos y otros más exóticos preparados con un estilo sorprendente para estar en la Pomerania rural. El servicio es correcto y los precios, razonables.

⭐**Atmosphere** INTERNACIONAL €€€

(🖉59 844 4044; www.atmosphere-slupsk.pl; ul Norwida 20; principales 40-60 PLN; ⊙12.00-22.00 ma-sa, hasta 18.00 do; 🅿❋🛜) Quizá más de uno se sorprenda al saber que Słupsk cuenta con uno de los mejores restaurantes de Polonia, pero aún es más sorprendente que este se encuentre en las afueras, 2,3 km al oeste de la estación de trenes. Las mesas, con asientos de estilo Chesterfield, están dispuestas impecablemente, y el servicio es amabilísimo. La ecléctica carta abarca de todo, desde cocina clásica polaca de temporada y recetas de salmón del Báltico hasta atún fresco y *crème brûlée*. Todos los platos rebosan sabor, y para acompañarlos, hay una magnífica selección de vinos, de las mejores de Pomerania. Se puede llegar con los autobuses nº 8 o 9, en taxi (20 PLN por trayecto) o a pie (15 min) por ul Szczecińska y ul Piłsudskiego.

Caffeteria Retro CAFÉ
(Al Sienkiewicza 3; ⊗9.00-último cliente) Bajando unos escalones desde la concurrida al Sienkiewicza se llega a uno de los locales con más personalidad para disfrutar de un café.

🔒 De compras

Mercadillo dominical MERCADO
(ul Dominikańska y alrededores; ⊗11.00-14.00 do) Todos los domingos se instala un sensacional mercadillo cerca del castillo, donde se puede comprar de todo, presentado en mantas y en mesas plegables: desde vinilos de la época comunista hasta platos casubios, pasando por la versión polaca de *Dirty Dancing* en VHS y biografías de Piłsudski.

ⓘ Información

Oficina de correos (ul Łukasiewicza 3; ⊗7.30-19.30 lu-vi, 8.00-15.00 sa)
Oficina de turismo (☑59 728 5041; www.slupsk.pl; uls Starzyńskiego esq. Tuwina; ⊗9.00-18.00 lu-vi, hasta 15.00 sa y do med jun-med sep, reducido resto del año) Puede organizar circuitos al Parque Nacional de Słowiński.

ⓘ Cómo llegar y salir

AUTOBÚS

Dos pequeñas compañías de autobuses (Nordexpress y Ramzes) ofrecen salidas a Ustka (5,90 PLN, 20 min, cada 30 min) desde la primera parada de autobús que se encuentra a la derecha, yendo por al Wojska Polskiego desde la estación de trenes. Los billetes se compran directamente al conductor.

Otras rutas:
Darłowo 14,30 PLN, 1½ h, 7 diarios
Łeba 13 PLN, 1¾ h, 3 diarios
Kluki 10 PLN, 1 h, 4 diarios
Smołdzino 10 PLN, 1 h, 4 diarios

TREN

Słupsk tiene conexión ferroviaria con:
Gdańsk 20 PLN, 2½ h, 13 diarios (algunos son SKM; hay que hacer trasbordo en Gdynia)
Szczecin 31,20 PLN, 3-3½ h, 6 diarios
Varsovia 60-120 PLN, 5-8 h, 5 diarios (2 nocturnos)

Ustka
16 200 HAB.

Este puerto de pescadores, con un centro arbolado y muy cuidado y elegantes casas, es una de las localidades turísticas más refinadas del Báltico. Desde luego, eso es lo que piensan muchos alemanes amantes del sol, que acuden a la playa de arena blanca de Ustka desde el s. XIX, cuando Otto von Bismarck, el Canciller de Hierro, construyó una sofisticada casa de baños aquí. El municipio cuenta con numerosos hoteles de calidad y con una playa muy animada en verano.

ⓞ Puntos de interés

Playa PLAYA
La principal atracción de Ustka es su playa respaldada por dunas, desde donde no se vislumbra la población, lo que le confiere un aire agreste, a menos que esté atestada de veraneantes.

Bunkry Blüchera LUGAR HISTÓRICO
(www.bunkryustka.pl; ul Bohaterów Westerplatte; adultos/reducida 12/8 PLN; ⊗9.00-21.00 jul y ago, 10.00-16.00 sep-jun) Cruzando un futurista puente sobre el río Słupia se llega a una extensa red de búnkeres de la II Guerra Mundial (hoy habitados por nazis de cera) que puede verse en un circuito.

🛏 Dónde dormir

En julio y agosto, si no se tiene reserva, lo mejor es recurrir a los servicios de la oficina de turismo. En épocas más tranquilas se puede probar suerte directamente por ul Żeromskiego, flanqueada por majestuosas casas donde se alquilan habitaciones baratas.

Willa Oliwia PENSIÓN €
(☑504 298 290; www.willaoliwia24.pl; ul Gombrowicza 1; por persona 75 PLN; ℗🛜) Esta pensión ocupa una villa construida hace poco, situada 2,7 km al este de las estaciones de autobuses y de trenes y a un paseo de la playa. Ofrece habitaciones con multitud de toques personales e impecables baños modernos. Los amables patrones sirven un contundente bufé de desayuno en la cocina (20 PLN adicionales), prestan bicicletas y ofrecen traslados a/desde las estaciones.

Villa Red PENSIÓN €€
(☑59 814 8000; www.villa-red.pl; ul Żeromskiego 1; i/d 290/380 PLN; ℗🛜) Casa señorial de ladri-

llo rojo construida en 1886 para Otto von Bismarck, convertida en uno de los alojamientos con más personalidad de la costa báltica. Las habitaciones recuerdan un emporio de antigüedades bien provisto, y su restaurante sigue la misma temática. En el momento de redactar esta guía el edificio se encontraba en venta; ojalá sus nuevos dueños sepan sacar más partido a su potencial histórico.

V Starym Kinie   PENSIÓN €€
(☎602 772 575; www.kino.ustka.pl; ul marynarki Polskiej 82; h 120-160 PLN) En Ustka, la demanda de alojamiento es tal que hasta el viejo cine se ha convertido en pensión. Cada una de las habitaciones, cómodas y prácticas, lleva el nombre de una estrella de Hollywood, y los clientes disponen de una pequeña cocina.

Dónde comer

★ **Dym na Wodzie**   POLACA €€
(☎793 432 403; www.dymnawodzie.pl; ul Chopina 9; principales desde 30 PLN; ☺11.00-22.00 diario may-nov, cerrado lu resto del año) Uno de los mejores lugares del Báltico para comer, el "humo sobre el agua" es una creación del chef Rafał Niewiarowski. Aquí, el énfasis recae en los productos de temporada y así se constata en su carta, que cambia siete veces al año y gira en torno al pescado. Su inmaculado y sencillo comedor, iluminado por velas y provisto de fornidas mesas, pone el contrapunto a las obras de arte contemporáneo que cuelgan de las paredes.

Tawerna Portowa   POLACA €€
(bul Portowa 6; principales 29-74 PLN; ☺14.00-último cliente ma-vi, 12.00-22.00 sa, hasta 21.00 do) Otra dirección en lo alto del escalafón culinario de Ustka, en un almacén de ladrillo rojo del frente marítimo, con antiguas vías de tren junto a la puerta y vistas de las barcas de pesca, más allá. La escueta carta incluye exquisiteces como salmón en salsa de almendras y limón, arenque casubio y ternera macerada en vino tinto.

Información

Doma Ustka (www.doma.ustka.pl; ul Wilcza 22) Servicio de búsqueda de alojamiento.
Oficina de correos (ul Marynarki Polskiej 47; ☺8.00-19.00 lu-vi, 9.00-15.00 sa)
Oficina de turismo (☎59 814 7170; www. ustka.pl; ul Marynarki Polskiej 71; ☺8.00-18.00 diario med jun-ago, reducido resto del año)

Cómo llegar y salir

La estación de trenes está en diagonal frente a la oficina de turismo. La de autobuses está a 5 min a pie algo más al norte, en al Marynarki Polskiej. En verano salen trenes a Słupsk cada hora (8,10 PLN, 20 min) y varios autobuses cada hora (5,90 PLN, 20 min). Un servicio regular de autobuses comunica con Rowy (1 h), en el límite del Parque Nacional de Słowiński.

Darłowo y Darłówko
14 400 HAB.

Darłowo, en el interior, y Darłówko su hermano menor, en la costa, son una interesante pareja de pueblos junto al río Wieprza. El antiguo puerto comercial hanseático de Darłowo aún conserva vestigios de su rico pasado medieval, que contrastan vivamente con el hedonismo de Darłówko y sus freidurías de pescado, su playa de arena y su paseo marítimo invadido por puestos de recuerdos *made in China*. Darłówko es el que atrae a más turismo y donde están casi todos los alojamientos y restaurantes. El único 'monumento' que tiene la localidad es el puente levadizo peatonal que une ambas orillas del río, que se abre para que los barcos entren y salgan de la bahía. Ambos pueblos están comunicados por un servicio de taxi fluvial y por microbuses que circulan por las dos orillas del río. A pie, son unos 30 min.

Puntos de interés

Museo de los Duques de Pomerania   MUSEO
(Muzeum Zamku Książąt Pomorskich; www.zamek darlowo.pl; ul Zamkowa 4; adultos/reducida 13/10 PLN, torre 5 PLN; ☺10.00-18.00 jul y ago, reducido resto del año) Al sur de la Rynek central de Darłowo se halla su bien conservado castillo del s. XIV, erigido en 1352 y restaurado en 1988. Fue la residencia de los duques pomeranos hasta que los suecos lo arrasaron durante la Guerra de los Treinta Años, y, tras el Tratado de Westfalia, lo tomaron los margraves de Brandeburgo. El destronado Erik, conocido como el "último vikingo del Báltico", que gobernó Dinamarca, Noruega y Suecia entre 1396 y 1438, habitó en el castillo los últimos 10 años de su vida.

Los grandes salones y estancias nobles del castillo son ahora un museo, aunque la visita empieza en el claustrofóbico sótano de ladrillo, donde se almacenaba la cerveza y se retenía a los prisioneros. Entre los impresionantes interiores, los viejos aperos de labran-za, las obras de arte del Lejano Oriente y las viejas postales de Rügenwalde (nombre de Darłowo en alemán), lo que más destaca es la colección de mobiliario antiguo, que incluye una cama con dosel italiana del Renacimien-to tardío y algunos armarios de Dánzig de enormes proporciones.

Se cree que el rey Erik escondió su pre-ciado tesoro en algún lugar del castillo, pero hasta la fecha nadie lo ha encontrado, así que habrá que estar ojo avizor durante la visita. Desde lo alto de la torre principal se disfruta de unas vistas magníficas.

Iglesia de Santa María
IGLESIA

(ul Kościelna) Detrás del ayuntamiento barroco, en plena Rynek, se alza esta colosal iglesia de ladrillo, de la década de 1320, que ha logrado conservar su aspecto gótico. Entre sus princi-pales atractivos se cuentan las tres tumbas de la capilla bajo la torre. La de arenisca guarda las cenizas del rey Erik, fallecido en Darłowo en 1459. A ambos lados se ven dos tumbas de profusa decoración, de mediados del s. XVII, que contienen los restos del último duque de Pomerania Occidental, Jadwig, y de su mujer Isabel.

Capilla de Santa Gertrudis
IGLESIA

(Kaplica Św Gertrudy; ul Św Gertrudy; ⊗8.00-20.00) Unos cientos de metros al norte de la Rynek se levanta esta pintoresca iglesia medieval, una capilla de 12 lados que culmina en un alto chapitel central cubierto de guijarros. Fue capilla funeraria hasta 1997, año en que se convirtió en iglesia. El exterior recuerda a las construidas en madera de los Cárpatos, pero por dentro, el techo forma una enorme estrella gótica apoyada en seis robustas co-lumnas octogonales.

🛏 Dónde dormir

La mayoría de los alojamientos están en Dar-łówko. Muchos lugareños alquilan habita-ciones en sus casas a partir de unos 50 PLN por persona.

Róża Wiatrów
CAMPING €

(☎94 314 2127; www.rozawiatrow.pl; ul Muchy 2, Darłówko; por adultos/niños 14/9 PLN; 🐾) Versá-til complejo de vacaciones cerca del mar, con una zona de acampada para 100 personas y numerosas opciones de alojamiento para to-dos los bolsillos.

Hotel Irena
PENSIÓN €€

(☎94 314 3692; www.hotel-irena.pl; Al Wojska Pols-kiego 64, Darłowo; i/d 110/170 PLN; P🐾) No hay

mejor oferta que esta pequeña pensión (no es un hotel) en el centro de Darłowo, que brinda fácil acceso al castillo y a la estación de auto-buses. El dueño no habla inglés pero es muy gráfico explicando que este no es lugar para fumadores. Los precios se reducen a medida que se alarga la estancia.

★ Hotel Apollo
HOTEL €€€

(☎94 314 2453; www.hotelapollo.pl; ul Kąpielowa 11, Darłówko; i 260-390 PLN, d 470-659 PLN, apt 840 PLN; P❄🐾) Este hotel es sin duda uno de los mejores de Polonia. Ocupa una casa de baños palaciega que queda a solo unos pasos de las olas del Báltico. Es acogedor, amplio y lujo-so. Sus 16 modernas habitaciones son todas iguales –solo cambia el esquema cromático–, pero por un poco más se puede optar por una con impresionantes vistas al mar. La cafetería de la playa, circular, es un lugar con estilo, ideal para tomarse un café aunque no se esté alojado aquí.

❶ Información

Oficina de correos (ul Kąpielowa 4; 9.00-16.00 lu-vi)

Oficina de turismo (☎504 992 452; Plac Kociuszki; ⊗10.00-17.00 solo jul y ago)

❶ Cómo llegar y salir

La terminal de autobuses está en el extremo suroeste de Darłowo, a 10 min a pie desde la Ry-nek. Cada mañana salen dos autobuses a Ustka (12,50 PLN, 1 h) y hay seis servicios diarios a/desde Słupsk (15 PLN, 1-1½ h).

❶ Cómo desplazarse

Aunque hay microbuses que cubren el trayecto entre Darłowo y Darłówko, la forma más intere-sante de hacer este corto recorrido es en **tran-vía acuático** (ida 9 PLN; ⊗9.30-19.30 may-sep), en esencia un barco que zarpa de Darłowo a las horas en punto y de Darłówko a las medias.

Kołobrzeg
46 800 HAB.

Esta localidad, el mayor centro turístico de la costa báltica polaca, ofrece mucho más al visitante que sus impecables pla-yas de arena blanca. Con buen ambiente, atracciones junto al mar, antiguos baños, terrazas y montones de alemanes en vera-no, Kołobrzeg tiene un tamaño suficiente como para ofrecer entretenimiento urbano además de sol y playa.

En realidad es uno de los asentamientos más antiguos del país, dado que se fundó en el s. VII, cuando se descubrieron las salinas. En el año 1000 se convirtió en la sede del Obispado polaco, lo que la situó a la altura de Cracovia y Wrocław.

No obstante, lo bueno no podía durar, y el lugar fue blanco de invasiones militares, entre ellas las de los suecos, los Brandeburgo, los rusos y el ejército francés de Napoleón. Después, Kołobrzeg se reinventó como soleado destino turístico con balneario, un proceso que quedó interrumpido en solo dos semanas, las que duró la batalla por su conquista hacia el final de la II Guerra Mundial.

Casi siete décadas después de la destrucción de 1945, todavía muestra algunas cicatrices. La localidad nunca se reconstruyó del todo, y la arquitectura moderna 'de estilo medieval' que actualmente se ve por el casco antiguo (del estilo de la de Elbląg) no convence demasiado. No obstante, las bombas también dejaron mucho espacio para parques, que sumados a la playa y el litoral, convierten Kołobrzeg en un lugar quizá no especialmente bonito, pero sí práctico para relajarse y visitar el litoral báltico.

◉ Puntos de interés y actividades

No queda mucho del casco antiguo de Kołobrzeg, pero entre las construcciones que imitan el estilo antiguo se encuentran algunas anteriores a la guerra.

Catedral
IGLESIA

(ul Katedralna; torre 6 PLN; ☺9.00-14.30 y 15.45-16.30, torre 11.00-12.00 y 14.00-15.00) La catedral, del s. XIV, es la atracción histórica más destacada de la localidad. Sufrió graves daños en 1945, pero hoy luce un aspecto muy cercano al original. Para ser un edificio tan robusto, tiene un interior sorprendentemente luminoso gracias a sus altas y estrechas ventanas con bellos vitrales. Su colosal par de torres gemelas marcan la anchura del edificio, y la fachada es una llamativa muestra de ventanas colocadas al azar.

Y no, no es un efecto visual: esas columnas del lado derecho de la nave realmente están torcidas. Pero no hay que preocuparse, pues llevan así desde el s. XVI.

De su decoración sobresalen tres trípticos del s. XVI y una única lámpara de araña gótica de madera (1523) en la nave central. Hay elementos más antiguos, como la pila bautismal de bronce (1355), con escenas de la vida de Cristo, un candelabro de siete brazos y 4 m de altura (1327) y la sillería del coro (1340). En el exterior hay un impresionante monumento moderno que celebra los 1000 años de catolicismo en Polonia; el diseño, una cruz desgarrada y simbólicamente reparada por una paloma de la paz, representa a los influyentes soberanos Boleslao Chrobrego y Otto III.

Pese a su horario limitado, se puede entrar cuando uno desee; eso sí, interesa programar bien la visita para poder disfrutar de las vistas desde la torre.

Museo Polaco de Armas
MUSEO

(Muzeum Oręża Polskiego; www.muzeum.kolobrzeg. pl; ul Gierczak 5; adultos/reducida 15/10 PLN, incluido Museo de Historia 25/15 PLN; ☺10.00-14.00 lu, 9.00-17.00 ma-do may-sep, reducido oct-abr) Este enorme museo merece una visita si se dispone de tiempo. Las exposiciones cubren la historia de las armas a lo largo de las diferentes épocas, con ejemplos de espadas, armaduras y alabardas, así como tecnología militar moderna en una impresionante colección al aire libre. La gran exposición de balas de cañón muestra las tarjetas de visita que han ido dejando los numerosos invasores, y la destrucción de 1945 se revive de un modo impresionante usando escombros de la guerra superpuestos contra una panorámica.

Museo de Historia
MUSEO

(www.muzeum.kolobrzeg.pl; ul Armii Krajowej 13; adultos/reducida 15/10 PLN, incluido Museo Polaco de Armas 25/15 PLN; ☺10.00-14.00 lu, 9.00-17.00 ma-do may-sep, reducido oct-abr) Instalado dentro de palacio de Braunschweig, una casa de estilo imperio antaño propiedad de un mercader, este museo coligado al de Armas atesora una colección muy bien presentada, con énfasis en los pesos y las mediciones, es decir, lo que se conoce como metrología. Abajo, brinda otra interesante presentación audiovisual (en inglés a petición) sobre la historia de la localidad por medio de imágenes de postales antiguas.

Ayuntamiento
EDIFICIO HISTÓRICO

(entrada principal por ul Armii Krajowej; ☺galería de arte moderno adultos/reducida 5/3 PLN; 10.00-17.00 ma-do) El ayuntamiento, al este de la catedral, es una estructura neogótica diseñada por Karl Friedrich Schinkel y construida por Ernst Friedrich Zwirner (que también levantó la catedral de Colonia) hacia 1830, después de que el edificio original, del s. XIV, fuera arrasado por las tropas de Napoleón en 1807. En

PLAYA

En el litoral, la playa de arena blanca es la principal atracción, acompañada en temporada alta por los típicos puestos de recuerdos, de gofres, salas de videojuegos, barcos para travesías de recreo, músicos callejeros y demás. Por la arena hay zonas donde se puede alquilar una tumbona doble. Actualmente hay dos muelles en Kołobrzeg: uno antiguo, bajo el cual se reúne una bandada de cisnes en la arena, y otro nuevo, una estructura de aspecto industrial con un alborotado café en su extremo más alejado, donde, al no ser una zona profunda, se puede caminar por el agua. Al oeste, junto al puerto y su flamante conjunto de apartamentos frente al mar, se alza un **faro** (Latarnia Morska; entrada 6 PLN; ☺10.00-18.00, hasta anochecer jul y ago) de ladrillo rojo, al que se puede subir para disfrutar de vistas panorámicas.

verano, la zona que está frente a la entrada principal suele llenarse de terrazas, con lo que se crea un entorno agradable para sentarse y admirar la arquitectura. Una de sus alas alberga una galería de arte moderno.

Torre de Lontowa   EDIFICIO HISTÓRICO
(Baszta Lontowa; ul Dubois 20) Conocida erróneamente como "torre de la Pólvora", esta estructura del s. xv es uno de los vestigios que se conservan de la antigua muralla de la localidad. Durante la visita de los autores de esta guía estaba cerrada, a la espera de que las autoridades decidan qué hacer con ella.

🛏 Dónde dormir

La cantidad de veraneantes que recibe Kołobrzeg ocupa gran parte de sus hoteles, pero cerca de la estación hay lugareños que ofrecen habitaciones, incluso en temporada baja. Lo habitual es pagar unos 50 PLN por persona. Las mejores se concentran en ul Portowa. Los dueños no suelen querer alquilar una habitación para una sola noche.

Maxymilian Hotel   HOTEL €€
(☏94 354 0012; www.hotel-maxymilian.pl; ul Borzymowskiego 3-4; i/d 299/369 PLN; P❖♥⚊) Distinguido hotel que ofrece un emplazamiento tranquilo y habitaciones amuebladas con estilo. El elegante edificio contrasta vivamente con el Sand, hotel de referencia que está enfrente. Su *spa,* restaurante, sauna y el cortés personal lo convierten en una opción genial, pero hay que reservar con tiempo, ya que suele ser de los primeros lugares en llenarse. Fuera de temporada hacen descuentos del 50%.

Hotel Centrum   HOTEL €€
(☏94 354 5560; www.ckp.info.pl; ul Katedralna 12; i/d 150/240 PLN; P@) Ocultas tras una fachada poco alentadora se encuentran estas espaciosas habitaciones que, si bien disfrutan de vistas del parque o el jardín, quedan a un buen trecho de la playa. El hotel y sus restaurantes están atendidos por estudiantes de hostelería en prácticas, lo que garantiza un buen trato, ciertas formalidades ya olvidadas en otros sitios y alguna que otra imprecisión.

⭐**Sand Hotel**   HOTEL €€€
(☏94 404 0400; www.sandhotel.pl; ul Zdrojowa 3; i 429-529 PLN, d 499-599 PLN; ❖♥⚊) Hasta las habitaciones económicas de este coloso de cristal y acero son una lección de elegancia, con su limpio estilo retro. Todas resultan bastante amplias, en el *spa* del hotel todo son mimos, el moderno gimnasio está a la última, y en su restaurante se perderán por fin de vista los gofres del paseo.

🍴 Dónde comer y beber

Bar Syrena   POLACA €
(ul Zwycięzców 11; principales 12-17.50 PLN; ☺11.00-18.00 lu-vi, hasta 17.00 sa y do) Es un *bar mleczny* llevado al s. xxi, con platos típicos polacos servidos en un comedor de azulejos impecables, con grabados abstractos en las paredes. Los árboles de plástico quedarán olvidados cuando se pruebe la comida que va saliendo por la trampilla tras la barra.

Domek Kata   INTERNACIONAL €€
(ul Ratuszowa 1; principales 32-59 PLN; ☺10.00-23.00 diario) Se aconseja evitar el recargado comedor *belle époque* y enfilar a la planta superior, que evoca un clásico salón medieval, con una chimenea y un artesonado de casetones. La carta augura platos polacos e internacionales, todos ellos bien ejecutados.

Restauracja Pod Winogronami   INTERNACIONAL €€
(www.winogrona.pl; ul Towarowa 16; principales 35-60 PLN; ☺11.00-23.00 diario) Muy exitoso entre

las hordas de paseantes, el "bajo las uvas" tiene cierto aire afrancesado, pero su carta con predominio de carnes se inspira principalmente en la cocina polaca y alemana. El jabalí a la parrilla en salsa de enebro es una delicia que bien podría seguirse de un postre como peras bañadas en chocolate con nata montada o tarta de queso polaca.

Pergola INTERNACIONAL €€€
(bul Jana Szymańskiego 14; principales 34-65 PLN; ☺10.00-23.00) Enclavado por encima de los paseantes, este establecimiento con inclinación a lo mediterráneo pero polaco en esencia es el mejor de la legión de restaurantes que se apiñan junto al faro. Destaca por sus platos de pescado y sus imponentes vistas del Báltico.

ℹ️ Información

Oficina de correos (ul Armii Krajowej 1)
PTTK (☎94 352 2311; www.pttk.kolobrzeg. pl; ul Zwycięzców 5; ☺9.00-16.00 lu-vi, 10.00-14.00 sa) Puede ser útil para encontrar hotel y dispone de muchísima información sobre Kołobrzeg y acerca de actividades por los alrededores.

Oficina de turismo (www.kolobrzeg.pl) estación de trenes (☎94 352 7939; estación de trenes, ul Dworcowa 1; ☺10.00-18.00 jun-sep, 8.00-16.00 resto del año); centro urbano (☎94 354 7220; www.klimatycznykolobrzeg.pl; Plac Ratuszowy 2/1; ☺8.00-17.00 lu-vi, 9.00-16.00 sa, 10.00-15.00 do) La oficina de la estación se encuentra en un edificio que no está indicado, al otro lado de la calle.

ℹ️ Cómo llegar y salir

BARCO

Kołobrzeska Żegluga Pasażerska (☎94 352 8920; www.kzp.kolobrzeg.pl; ul Morska 7) Ofrece un servicio regular de catamaranes a Nexø, en la isla danesa de Bornholm. En julio, agosto y septiembre hay salidas diarias; de mayo a octubre se reduce la frecuencia.

AUTOBÚS

Hay servicios a:
Świnoujście 25-35 PLN, 3 h, 5 diarios
Szczecin 18 PLN, 3 h, 3 diarios
Varsovia 95 PLN, 10 h, 3 diarios (más en verano)

TREN

Kołbrzeg está comunicada por tren con:
Gdańsk 36-101 PLN, 4 h, 4 diarios (o haciendo trasbordo en Białogard)

Szczecin 23,60 PLN, 2 h, 8 diarios
Varsovia 65-130 PLN, 10 h, 5 diarios (2 nocturnos)

Świnoujście
41 500 HAB.

Atractiva localidad costera que ocupa el extremo oriental de la isla de Uznam, lo más al noroeste que se puede ir en Polonia sin salir del país. Su paseo marítimo tiene un aire regio de otro tiempo y el ambiente es tranquilo a pesar de ser un gran puerto y una base naval. Además, Świnoujście tiene numerosos parques y diversas vistas del mar o el río, lo que seguramente debió de inspirar a los célebres residentes literatos del s. XIX, cuando era una localidad alemana (entonces con el nombre de Swinemünde), como el novelista y viajero Theodor Fontane o el poeta Ernst Schrerenberg. Otros notables visitantes fueron el canciller Guillermo II y el zar Nicolás II, que se reunieron aquí en 1907 con la errónea esperanza de que su amistad evitara una guerra paneuropea.

La localidad es un destino popular entre los alemanes, sobre todo ancianos de la antigua RDA. De todos los centros turísticos del Báltico, Świnoujście es el que tiene un público más tranquilo. Quien busque noches de marcha junto al mar debería irse a otro sitio.

La ubicación de Świnoujście la convierte en un práctico punto de entrada para los viajeros del Báltico, que llegan en ferri desde Suecia y Dinamarca, y también comparte un paso fronterizo con Alemania.

👁 Puntos de interés y actividades

El grueso de los visitantes no viene a Świnoujście por sus contados lugares de interés, sino por su playa, una de las más agrestes y largas de Polonia. El centro urbano, por su parte, conserva un cierto aire *fin-de-siècle* en algunos puntos, con elegantes casas señoriales que llegan hasta el paseo marítimo, donde empiezan los puestos de gofres y de flotadores en forma de foca hinchable.

Museo de Pesca Marina MUSEO
(Muzeum Rybołówstwa Morskiego; ☎91 321 2426; Plac Rybaka 1; adultos/reducida 7/5 PLN; ☺9.00-17.00 ma-do) Los entusiastas de las criaturas marinas disecadas quedarán maravillados ante las muestras estáticas de albatros, tiburones y focas, a las que se suman aparejos

de pesca, maquetas de barcos, colecciones de ámbar y tanques con peces. La planta superior contiene una exposición que repasa la historia de Świnoujście mediante postales antiguas de Swinemünde, pesados bañadores pomeranos del s. XVIII y otros recuerdos antiguos. La planta baja también cuenta con una nueva sección, un acuario con un arrecife de coral (8/4 PLN).

🛏 Dónde dormir

Świnoujście dispone de numerosos sitios donde pernoctar, pero puede que haya que acudir a la oficina de turismo o a la agencia de reservas de alojamiento si se decide llegar sin previo aviso en verano.

Biuro Zakwaterowań Barton AGENCIA DE RESERVAS €

(☎91 321 1155; www.barton.com.pl; Wybrzeże Władysława IV) Si se busca una habitación privada, consúltese en esta pequeña oficina junto al muelle de los ferris. Los precios rondan los 50-60 PLN por persona; la mayoría está en los barrios del suroeste, casi no hay ninguna en la zona de la playa.

Camping nº 44 Relax CAMPING €

(☎91 321 3912; www.camping-relax.com.pl; ul Słowackiego 1; parcela 12 PLN, más 16,50 PLN por persona) *Camping* grande y popular situado entre la playa y el parque Zdrojowy.

Willa Paw PENSIÓN €€

(☎91 321 4325; www.willa-paw.pl; ul Żeromskiego 25; h desde 200 PLN; P🖤) Pensión que ofrece siete habitaciones de tamaño razonable, con muebles oscuros de madera y baños enormes. Está sobre un café.

Hotelik Belweder HOTEL €€

(☎91 327 1677; www.hotel-belweder.pl; ul Wyspiańskiego 1; i/d 120/180 PLN; P🖤) Este hotel, construido como tal, se diferencia bastante de las pensiones en casas clásicas: tiene su propio recinto, a unos 600 m de la playa, y habitaciones luminosas, bien cuidadas, con buen servicio y posibilidad de alquilar bicicletas.

Hotel Ottaviano HOTEL €€

(☎91 321 4403; www.ottaviano.pl; ul Monte Casino 3; i/d 200/300 PLN; P🖤) Hotel céntrico muy a tener en cuenta. Las habitaciones tienen vivos colores y una decoración imaginativa, con cálidos suelos que imitan madera, sin alfombras. El restaurante ofrece vistas a la bonita calle. Muy a mano de la terminal de ferris.

✖ Dónde comer y beber

Kaisers Pavillon POLACA €€

(www.des-kaisers-pavillon.pl; ul Wybrzeże Władysława IV 34a; principales 10-29 PLN; ☺11.00-23.00 diario; 🖤) Aunque ocupa un moderno edificio, el interior de este popular restaurante, ideal para saborear favoritos polacos, reproduce con acierto un pabellón de balneario de 1911: mucha madera pintada, escenas de veraneantes alemanes dichosos en paneles junto a las ventanas y mimbre y latón por doquier. Durante el verano instalan una ribereña terraza al otro lado de la calle.

Restauracja Jazz Club Centrala POLACA €€

(ul Armii Krajowej 3; principales 18-44 PLN; ☺10.00-24.00 lu-sa, desde 12.00 do; 🖤) Con un interior de color naranja quemado y espectaculares murales modernistas táctiles, a este relajado club-restaurante se viene a disfrutar de platos como estofado de jabalí servido dentro de un pan vaciado o solomillo sobre una piedra caliente.

Cafe Wieża CAFÉ

(ul Paderewskiego 7; ☺10.00-21.00 diario) Diminuto café albergado en la planta baja y el 1er piso de la torre de una iglesia que sobrevivió a la II Guerra Mundial. Solo tiene dos mesas escaleras abajo y una cuantas más en la acogedora sala del piso superior. Por 6 PLN se puede subir a lo más alto y contemplar las vistas de los bloques de la época comunista y las villas prusianas.

ℹ Información

Oficina de correos (ul Piłsudskiego 1; ☺8.00-20.00 lu-vi, hasta 14.00 sa)

Oficina de turismo (☎91 322 4999; www.swinoujscie.pl; Plac Słowiański 6; ☺9.00-17.00 lu-vi, 10.00-14.00 sa y do temporada alta)

ℹ Cómo llegar y salir

El punto de entrada y salida más práctico que hay por tierra a/desde Alemania está 2 km al oeste del centro. La primera localidad del lado alemán, Ahlbeck, ofrece transporte para adentrarse en el país vecino.

BARCO

Los billetes para todos los servicios se venden en las terminales y en la mayor parte de las agencias de viajes de la localidad. Todos los ferris salen de la terminal de la isla de Wolin, en la orilla derecha del río Świna (al otro lado del río desde la el núcleo urbano principal).

Adler-Schiffe (www.adler-schiffe.de) Compañía alemana que ofrece hasta cuatro travesías

GDAŃSK Y POMERANIA ŚWINOUJŚCIE

diarias de Świnoujście a Zinnowitz vía Ahlbeck, Heringsdorf y Bansin, en Alemania. La oficina de turismo dispone de información sobre horarios y precios.

Polferries (www.polferries.pl) Destacada compañía que opera servicios regulares a la localidad sueca de Ystad y a Copenhague.

Unity Line (☑91 359 5600; www.unityline.pl) Ofrece travesías diarias del puerto noroeste de Świnoujście a Ystad (adultos ida/ida y vuelta 195/345 PLN, reducida 150/276, 7 h). Véase la web para información y billetes.

AUTOBÚS

El Ostseebus 290 (ida 2,70 €) conecta las partes polaca y alemana de la isla de Uznam cada 30 min entre las 9.00 y las 18.00. Un bono de un día cuesta 9 €. Además, Świnoujście está comunicada por autobús y microbús con los siguientes destinos:

Kołobrzeg 25-35 PLN, 3 h, 5 diarios

Międzyzdroje 6 PLN, 15 min, frecuentes

Szczecin 18 PLN, 1¾ h, frecuentes

AUTOMÓVIL Y MOTOCICLETA

Los vehículos que no pertenezcan a residentes solo pueden usar el ferri lanzadera entre las islas de Uznam y Wolin (entre la estación de trenes y el centro) los fines de semana y entre las 22.00 y las 5.00 los laborables; si no, habrá que usar el paso de la isla de Karsibór, 7 km al sur de Świnoujście. El trayecto es gratuito para vehículos y personas.

TREN

La estación de trenes y la terminal de autobuses están una al lado de la otra, en la orilla derecha del río Świna. Los ferris de pasajeros viajan constantemente entre ambas y el centro (gratis, 10 min).

Świnoujście dispone de las siguientes conexiones ferroviarias:

Cracovia 70 PLN, 11-13½ h, 3 diarios

Międzyzdroje 5,30 PLN, 15 min, cada hora

Poznań 54 PLN, 4½-5½ h, 10 diarios

Szczecin 17,50 PLN, 1½ h, cada hora

Varsovia 60 PLN, 8 h, 3 diarios

Szczecin

407 800 HAB.

La portuaria Szczecin, poco visitada por los turistas, aparte de los alemanes, es una animada ciudad llena de estudiantes y de muestras de arquitectura de muy diferentes épocas. Las casas y mansiones *art nouveau* de la época alemana, varias de ellas hoy en proceso de renovación, evocan su antiguo esplendor, pero el estilo arquitectónico resulta inconsistente. Las autoridades parecen haber abandonado la idea de reconstruir, y prefieren llenar los huecos del centro urbano con centros comerciales de cristal y acero, sacrificando calles enteras en nombre del comercio. Muchas vías principales han recibido un lavado de cara, pero en el mismísimo centro de la ciudad se observan numerosos edificios abandonados y solares descuidados.

El puerto es un lugar muy ajetreado, aunque uno no lo diría al pasear por el centro, donde hay suficientes motivos para hacer un alto en el viaje entre Berlín y Gdańsk.

Historia

El orígen de Szczecin se remonta al s. VIII, cuando se construyó una fortaleza eslava. En el 967, el duque Mieszko I anexionó la ciudad al recién fundado Estado polaco, pero no consiguió cristianizarla. Fue Boleslao I el Valiente quien reconquistó la localidad en 1121 y convirtió a sus habitantes al catolicismo.

En 1138, tras la muerte de Boleslao I, el reino de Polonia se hizo añicos, con lo que Pomerania pasó oficialmente a ser un principado independiente. Siguieron períodos de alianzas con gobernantes alemanes y daneses, hasta que, en 1478, el duque Boguslao X creó Pomerania Occidental, con Szczecin como capital.

El siguiente gran cambio en el poder llegó en 1630, cuando los suecos conquistaron la ciudad. Tras esto, en 1720 Suecia cedió Szczecin a Prusia, y ya quedó integrada en Alemania hasta la II Guerra Mundial. Bajo el gobierno prusiano, Szczecin (en alemán, Stettin) experimentó un notable crecimiento y se convirtió en el principal puerto utilizado por la interior Berlín. Al estallar la II Guerra Mundial, la ciudad rondaba los 300 000 habitantes.

En abril de 1945, el Ejército Rojo la alcanzó en su avance, para dejar tras de sí el 60% de la urbe en ruinas. De su población anterior al conflicto solo quedaban 6000 almas, el resto en su gran mayoría, había huido.

Repoblada con polacos procedentes de territorios arrebatados por la Unión Soviética la desolada ciudad empezó una nueva vida y se transformó en un importante puerto y centro industrial polaco de posguerra. Szczecin desempeñó un papel importante en las huelgas que supusieron el germen de Solidaridad sus tres astilleros, entre ellos el más grande del país, han sobrevivido a la transición al capitalismo.

⊙ Puntos de interés y actividades

★ Castillo de los Duques de Pomerania CASTILLO

(www.zamek.szczecin.pl; ul Korsazy 34; ⊙amanecer-anocher) `GRATIS` El mejor monumento de la ciudad es este castillo, un vasto y sólido edificio que se alza por encima del casco antiguo. Su patio central cuadrado y la sencilla decoración renacentista que remata los muros tienen una elegancia discreta; se recomienda observar el recurrente motivo circular que recuerda al símbolo del *yin* y el *yang*. El castillo se erigió a mediados del s. XIV, y en 1577 adquirió su forma actual, pero en 1944 lo destruyó el bombardeo de los Aliados, para después ser restaurado por completo.

El Museo del Castillo (Muzeum Zamkowe; adultos/reducida 6/4 PLN; ⊙10.00-18.00 ma-do) contiene la atracción estelar del edificio: los seis espectaculares sarcófagos de los duques de Pomerania, construidos entre 1606 y 1637 por varios artistas de Königsberg, la actual Kaliningrado. Tras la muerte del último duque de Pomerania, Boguslao XIV, la cripta se tapió, y no se dio con ella hasta las obras de restauración del castillo en 1946. Los restos de los duques se enterraron en la catedral, y los sarcófagos menos dañados se restauraron para su exhibición.

Otras salas del castillo acogen exposiciones temporales y muestras artísticas. En verano tienen lugar en el patio conciertos y montajes operísticos (www.opera.szczecin.pl). El castillo también cuenta con un restaurante, un cine y una tienda de regalos.

★ Museo Histórico de Szczecin MUSEO

(Muzeum Historii Miasta Szczecina; www.muzeum.szczecin.pl; ul Ks. Mściwoja II 8; adultos/reducida 10/5 PLN; ⊙10.00-18.00 ma-ju y sa, hasta 16.00 vi y do) El ayuntamiento gótico de Szczecin, uno de los edificios más fascinantes de la ciudad en el plano arquitectónico debido a su enorme gablete de ladrillo rojo, es el único vestigio del casco antiguo que sobrevivió a la destrucción casi total de las calles aledañas durante la II Guerra Mundial. Actualmente es la sede del Museo Histórico, con muestras muy bien presentadas en su luminoso interior.

El mayor de sus atractivos es un tesoro medieval que se descubrió en el 2001 en alguna parte en construcción de la ciudad. Se trata de una colección de monedas, botones, anillos y demás joyas de plata, así como el pequeño recipiente de hierro donde se halló el botín, valorado en varios millones de euros.

★ Szczecin subterránea TÚNELES

(⊘91 434 0801; www.schron.szczecin.pl; ul Kolumba 1; circuito adultos/reducida 24/19 PLN; ⊙circuitos 12.00 diario y 13.00 sa) Esta gran atracción, cerca de la estación de trenes, se compone de un laberinto de túneles de hormigón que se extiende bajo la ciudad, diseñado como refugio antiaéreo en la década de 1940 y posteriormente como refugio atómico. Ofrece circuitos alternos sobre la II Guerra Mundial y sobre la Guerra Fría. Las entradas deberán comprarse en la oficina situada en el nº 1 de ul Kolumba como mínimo 15 min antes de que empiece el circuito y posteriormente dirigirse a la entrada, en el andén nº 3 de la recientemente renovada estación de trenes.

Basílica-catedral de Santiago IGLESIA

(Bazylika Katedralna pw Św Jakuba Apostoła; ul Wyszyńskiego; entrada 4 PLN, torre 8 PLN; ⊙torre 11.00-18.00 ma-sa, desde 12.00 do) Bajando desde el centro se encuentra la catedral de Szczecin, del s. XII, parcialmente destruida por las bombas del Ejército Rojo en 1945 y reconstruida en 1972. En esta versión de principios de la década de 1970 se observa, en primer lugar, la incongruente fachada moderna, que más recuerda a una vieja fábrica que a un lugar de culto. Los extranjeros deben pagar 4 PLN para entrar en la nave, donde un bosque de columnas de ladrillo rojo da perspectiva a un interior poco acogedor. A la derecha, casi al final de la nave, hay una placa en recuerdo de los que murieron en el accidente aéreo de Smolensk justo debajo de otra a las víctimas de Katyń, que eran a las que iban a honrar con su visita los fallecidos en el accidente. Aparte de esto, lo único interesante es la que quizá sea la cripta más diminuta del mundo, unos impresionantes vitrales y, por supuesto, la torre, con un ascensor para subir y disfrutar de las impresionantes vistas del río.

Departamento de Arte del Museo Nacional MUSEO

(Muzeum Sztuki Współczesnej; www.muzeum.szczecin.pl; ul Staromłyńska 1; adultos/reducida 10/5 PLN; ⊙10.00-18.00 ma-ju y sa, hasta 16.00 vi y do) Este museo ocupa un palacio del s. XVIII que fue sede del Parlamento de Pomerania. Alberga una colección de arte religioso, en particular tallas de los ss. XIV-XVI; también se puede echar un vistazo a las joyas de la Corona de Pomerania.

Szczecin

N · 0 ⸻ 200 m

Bohema (750m); albergue juvenil (1km) 14

al Papieża Jana Pawła II

16

Pitsudskiego

Plac Rodła

Matejki

Parque Żeromskiego

Pobożnego

Jagiellońska

18

al Wyzwolenia

Mazowiecka

Starzyńskiego

Jarowita

Wały Chrobrego

Śląska 13

św Wojciecha

Plac Lotników

Plac Hołdu Pruskiego

Obrońców Stalingradu 15

Małopolska

21

24

Plac Andersa

20 23

8

Galleria Kaskada

Korsarzy

Castillo de los Duques de Pomerania

Bogurodzicy

al Niepodległości

Tkacka

5

Staromłyńska

Mariacka

1 · 3

Kaszubska

Farna

22

Plac Zwycięstwa

12

Grodzka

4

Ayuntamiento

Nadbrzeże Wieleckie

9

19

17

Wyszyńskiego

Plac Rzepichy

2

Museo Histórico de Szczecin

Estación fluvial de hidroplanos (200m)

Partyzantów

Sienna

7

Potulicka

11

Dworcowa

Oder

Plac Batorego

25

Drzymały

al 3 Maja

10 26

Estación de autobuses

Estación de microbuses a Świnoujście y Międzyzdroje

Kolumba

Estación de trenes 6

🛏 Dónde dormir

Albergue juvenil · ALBERGUE €

(☎91 422 4761; www.ptsm.home.pl; ul Monte Cassino 19a; dc 17-21 PLN, i/d 80/120 PLN; 🅿@) Todo es agradable en este sitio con habitaciones sencillas pero luminosas, localizado en un barrio arbolado. Tiene instalaciones de lavandería y un cuidado jardín con mesas de hormigón para jugar al pimpón. Está 2 km al noroeste del centro. Se llega en el tranvía nº 3 desde la estación hasta Plac Rodła, donde se toma el tranvía nº 1 en sentido oeste; hay que apearse en la parada de Piotra Skargi.

Hotelik Elka-Sen · HOTEL €

(☎91 433 5604; www.elkasen.szczecin.pl; Al 3 Maja 1a; i/d 120/150 PLN; 🕾) Hotel con una ubicación francamente curiosa. Un ascensor hace de puerta principal y las habitaciones ocupan el sótano de la poco agraciada Facultad de Economía, contigua a su vez a la cárcel. El vestíbulo es algo lúgubre, pero las habitaciones, con muebles de madera de pino, reciben luz natural de unas ventanas en forma de media luna, y los baños están resplandecientes.

Szczecin

GDAŃSK Y POMERANIA SZCZECIN

Hotelik Słowiański HOTEL €
(☑91 812 5461; ul Potulicka 1; i 80-125 PLN, d 98-135 PLN) Este hotel, antiguamente residencia para policías, es el último recurso de Szczecin, con habitaciones espartanas en las que flota ese aroma tan polaco, un rastro añejo de tabaco. No obstante está limpio, los recepcionistas hablan algo de alemán y los altos techos aportan perspectiva a las habitaciones, algo pequeñas. Las hay con baño propio y otras con baño compartido.

Camping Marina CAMPING €
(☑91 460 1165; www.campingmarina.pl; ul Przestrzenna 23; parcela por adulto/niño 15/7 PLN, cabañas 60-100 PLN; ⊙may-sep) Buena zona de acampada con cabañas en Szczecin Dąbie, a orillas del lago homónimo, unos 7 km al sureste del centro.

Hotel Focus HOTEL €€
(☑91 433 0500; www.focushotels.pl; ul Małopolska 23; i/d desde 229/269 PLN; P🛜) Si el viajero busca un lugar donde dormir, desayunar y navegar por internet, este magnífico hotel de negocios, con vistas al río, es la opción ideal. Además, recibe estupendas críticas por su elevado nivel global, su jovial personal, su reconfortante desayuno y la ausencia de olor a tabaco. Las habitaciones son corrientes, pero con algún toque contemporáneo.

Hotel Campanile HOTEL €€
(☑91 481 7700; www.campanile.com; ul Wyszyńskiego 30; h desde 230 PLN; ❄🛜) Moder-

no hotel de una cadena francesa con una ubicación insuperable, ya que está a un paseo del castillo, del casco antiguo, de las estaciones de trenes y de autobuses y de la arteria principal de la ciudad. Las habitaciones son pequeñas pero están muy limpias y resultan cómodas, además de disponer de lo necesario para preparar té o café. Hay un bar-restaurante frente al vestíbulo.

Hotel Rycerski HOTEL €€
(☑91 814 6601; www.hotelewam.pl; ul Potulicka 1a; i 150-230 PLN, d 270-290 PLN; P🛜) Este edificio de ladrillo rojo atiende sobre todo a gente de negocios entre semana. Tiene su propio recinto, junto a una calle tranquila del centro. En recepción no hablan inglés y los espacios comunes quizá se pasen de funcionales, pero las habitaciones están cuidadas, resultan cómodas y a este precio son una ganga. Las tarifas varían los fines de semana.

Hotel Victoria HOTEL €€
(☑91 434 3855; www.hotelvictoria.com.pl; Plac Batorego 2; i/d 160/220 PLN; 🛜) Siguiendo una calle en pendiente desde las estaciones de autobuses y de trenes se llega a este correcto hotel, con habitaciones sencillas pero limpias, muy popular entre grupos de alemanes. Pese a estar en un lugar tranquilo, su Tango Nightclub se encarga de perturbar la paz, por suerte solo los fines de semana. Su restaurante y su sala de desayunos son difíciles de superar en cuanto a majestuosidad.

LA RUTA TURÍSTICA ROJA

La Ruta Turística Roja, un circuito a pie de 7 km que recorre Szczecin, cubre 42 destacados puntos de interés histórico. Se puede adquirir el plano explicativo en cualquiera de las oficinas de turismo y buscar las flechas rojas pintadas en el suelo, una buena forma de descubrir la ciudad en poco tiempo (y paseando).

Sztukateria
HOTEL €€

(☎91 817 1921; www.sztuka.teria.eu; ul Śląska 4; i 135 PLN, d 190 PLN; ❀✉☎) No hay que dejarse engañar por la vistosa recepción de este hotel: las habitaciones son bastante austeras, aunque tienen buenos muebles y baños impolutos. Y si bien son espaciosas, lo cierto es que deberían modernizarse; para colmo, las vistas de los patios manchados de hollín no son muy inspiradoras. El desayuno, incluido en el precio, se sirve en el café del hotel.

🍴 Dónde comer

El lugar donde hay que ir en verano para tomarse un ligero plato de pasta, una buena cena con carne, un café o un helado (o unas cervezas) son las nuevas terrazas y vistosas fuentes que se extienden por toda Papieża Jana Pawła II. Pero si se prefiere comer bajo techo, se pueden probar las siguientes opciones:

Cafe Koch
PANADERÍA €

(ul Jagiellońska 2/1; ☺8.00-18.00 lu-vi, 9.00-17.00 sa y do) A diferencia de la mayoría de los pequeños comercios de la zona, relativamente recientes, este local lleva desde 1972 surtiendo a la ciudad de exquisitas tartas y repostería típicas. Tras la puerta, adornada con una vidriera de imitación, hay dos mesitas donde se puede tomar un café acompañado de un trozo de tarta de queso.

Bar Mleczny Turysta
CAFETERÍA €

(ul Obrońców Stalingradu 6; principales 3-8,50 PLN; ☺8.00-18.00 lu-vi) Un suelo de baldosas en damero, pequeños taburetes atornillados al suelo, maltrechos paneles de 1970 con los platos del día y señoras cucharón en mano: he aquí la lechería local, toda una experiencia culinaria para saciar el apetito.

Rybarex
PESCADO €

(ul Małopolska 45; principales 7-13.50 PLN; ☺9.00-19.00 lu-vi, 10.00-18.00 sa; ☎) Económico establecimiento con un amplio surtido de platos de pescado y un comedor con una estética algo fría.

Dom Chleba
CAFÉ €

(al Niepodległości 2; ☺6.00-19.00 lu-vi, 7.00-17.00 sa, 8.00-15.00 do) Si en el alojamiento del viajero no sirven desayuno, esta es una buena alternativa para tomar un vigorizante café acompañado de enormes piezas de bollería, todo por un par de złotys.

Restauracja Bombay
INDIA €€

(www.india.pl; ul Partyzantów 1; principales 25-45 PLN; ☺13.00-23.00) Seguramente sea lo último que cabría esperar entre los edificios poscomunistas de Szczecin: comida india de calidad (incluidos *thais;* bandejas de platos surtidos) servida en un vistoso entorno por camareros con un inglés impecable. Lo fundó una Miss India (1973) y encandila con su carta de vinos internacional.

Bohema
INTERNACIONAL €€

(☎91 433 2230; www.bohema.szczecin.pl; ul Wojska Polskiego 67; principales 19-50 PLN; ☺12.00-23.00 lu-ju, hasta 24.00 vi, 14.00-24.00 sa, hasta 20.00 do) Si se busca estilo, nada como este restaurante apenas publicitado, con una decoración romántica, muy aristocrática y una amplia carta de vocación internacional cortesía de un chef peruano. Fiel al movimiento *slow food,* emplea productos de temporada en la medida de lo posible. El solomillo de ternera con patatas es muy recomendable.

Ukraineczka
UCRANIANA €€

(ul Panieńska 19; principales 18-30 PLN; ☺11.00-22.00 lu-ju, hasta 23.00 vi-do) Es un restaurante sencillo y pequeño en un edificio de nueva construcción, que ofrece auténtica cocina ucraniana y lituana, cervezas ucranianas y vinos georgianos entre fotos antiguas, paños ceremoniales y demás curiosidades.

Restauracja Chata
POLACA €€

(www.chata.szczecin.pl; Plac Hołdu Pruskiego 8; principales 22-69 PLN; ☺12.00-22.00 do-ju, hasta 2.00 vi y sa) Local con una decoración que imita las antiguas casas de madera, con encantadores murales y alguna pieza rústica. Aquí se viene a saborear ricos entrantes, integrados por gran variedad de *pierogi* y un amplio abanico de sopas polacas, seguidos de platos principales como jabalí, bistec de ternera o una parrillada mixta.

Karczma Polska Pod Kogutem
POLACA €€

(www.karczmapodkogutem.pl; Plac Lotników 3; principales 24-67 PLN; ☺11.00-24.00 diario; ☎) Dos grandes gallos junto a la entrada son la antesala de este establecimiento tipo granero, que sirve cocina tradicional polaca en la planta baja de un edificio de viviendas de la posguerra. Su terraza de madera regala estupendas vistas de la pintoresca plaza y su carta es de lo más variada.

Avanti ITALIANA €€
(al Papieża Jana Pawła II 43; principales 20-69 PLN; ⊙12.00-22.00 do-ju, hasta 23.00 vi y sa) El mejor italiano de la ciudad sirve comida elaborada con la máxima atención en un espacio de ambiente refinado y a un público que sin duda prefiere que la *pizza* no lleve piña. La carta es corta y cambia a diario.

 Dónde beber y ocio

Szczecin tiene una considerable población estudiantil que anima mucho la oferta de ocio nocturno, al menos durante el curso académico. Para informarse de la actualidad en cuanto a clubes y eventos, vale la pena hacerse con un ejemplar de *Echo* o *hot;* ambas guías se componen básicamente de la cartelera, y no hace falta traducir mucho.

Stara Komenda MICROCERVECERÍA
(www.starakomenda.pl; Plac Batorego 3; ⊙13.00-23.00 do y lu, hasta 24.00 ma-ju, hasta 1.00 vi y sa) Lugar de reunión predilecto de los fanáticos de la cerveza locales, aquí se elaboran cuatro espumosas variedades que pueden degustarse por 12 PLN.

Christopher Columbus BAR
(ul Wały Chrobrego 1; ⊙10.00-1.00 do-ju, hasta 2.00 vi y sa) Pasado un enorme tiburón de plástico se revela la mejor cervecería con terraza de Szczecin, dispuesta alrededor de un pabellón de madera. Ofrece vistas panorámicas del río, muchísima comida barata y conciertos ocasionales a la sombra de los árboles.

Brama Cafe CAFÉ
(Plac Hołdu Pruskiego 1; ⊙12.00-23.00 lu-ju, hasta 1.00 vi y sa) Sito en la barroca Puerta Real, otro fragmento de historia local perdida, es un local muy auténtico para tomar un trago, ya sea en su pintoresco interior o, si hace buen tiempo, fuera.

City Hall DISCOTECA
(☎91 471 1613; www.cityhall.pl; Czerwony Ratusz, ul 3 Maja 18; ⊙18.00 madrugada) El impresionante espacio bajo el antiguo ayuntamiento, junto a ul Maja, se llena a reventar de fiesteros que acuden atraídos por una de las mejores noches de baile de la ciudad.

Kafe Jerzy DISCOTECA
(www.kafejerzy.pl; ul Jagiellońska 67) Cuesta encontrarlo, pero vale la pena por la gran afluencia de público, el buen ambiente y los pinchadiscos invitados. Desde al Jana Pawła II hay que seguir ul Jagiellonska siete travesías, hasta llegar al semáforo de al Bohaterów Warszawy. La discoteca está del otro lado, por un callejón de garajes que hay a la izquierda. Tomando un taxi se evitará perder tiempo buscando el lugar.

Alter Ego Club MÚSICA EN DIRECTO
(www.alterego.art.pl; Plac Batorego 4, Czerwony Ratusz) Grupos de *rock* locales y alguna que otra banda *indie,* de *jazz* o *reggae* actúan en esta sala de ladrillo rojo e iluminación tenue.

 Información

Oficina de correos (Al Niepodległości 43; ⊙8.00-18.00 lu-vi)
Oficina de turismo (☎91 489 1630; www.szczecin.eu; ul Korsarzy 34 ; ⊙9.00-17.00 lu-vi, 10.00-14.00 sa)

 Cómo llegar y salir

AVIÓN

El **aeropuerto** (☎91 484 7400; www.airport.com.pl) está en Goleniów, unos 45 km al noreste de la ciudad y recibe el servicio de varias líneas de bajo coste. Un autobús de enlace (16,90 PLN) operado por **Interglobus** (☎91 485 0422; www.interglobus.pl) recoge a los pasajeros delante de la estación de trenes antes de cada vuelo y aguarda a todas las llegadas. Si se va a llegar tarde por la noche, se recomienda asegurarse una plaza reservando en línea. Otra opción es tomar un taxi por unos 150 PLN.

AUTOBÚS

Desde la terminal de autobuses, a un trayecto en pendiente de la estación de trenes, hay servicios regulares, en verano, a los centros turísticos costeros cercanos, así como a Świnoujście (18 PLN, 1 h 45 min, 15 diarios). También se puede ir a Świnoujście en los microbuses regulares operados por **Emilbus** (www.emilbus.com.pl), que salen de una dársena especial en el extremo sur de al 3 Maja.

Berlineks (www.berlineks.com) y **PKS Szczecin** (www.pksszczecin.info) tienen cómodos microbuses que viajan a Berlín (3 h, frecuentes), la primera desde el exterior de la estación de trenes y la segunda desde la estación de autobuses. Interglobus ofrece servicios similares, además de otras rutas y traslados.

TREN

La estación principal Szczecin Główny, recientemente renovada, está a orillas del río Odra, 1 km al sur del centro. Además de conexiones nacionales, también hay convoyes internacionales a Berlín (2 h, 3 diarios) y Angermünde (1 h, cada hora, hay que hacer trasbordo aquí para ir a Berlín). Algunas de las rutas nacionales desde Szczecin son:

Gdańsk 50 PLN, 5½ h, 3 diarios (o haciendo trasbordo en Słupsk)

Kołobrzeg 23,60 PLN, 2½ h, 7 diarios

Cracovia 70 PLN, 11 h, 6 diarios

Poznań 31,20 PLN, 3 h, cada hora

Słupsk 31,20 PLN, 3-4 h, 7 diarios

Varsovia 65-130 PLN, 6½ h, 7 diarios

Varmia y Mazuria

4,1 MILLONES HAB.

Incluye »

Los mejores alojamientos

➡ Pensjonat Mikołajki (p. 399)
➡ Hotel Willa Port (p. 389)
➡ Hotel Wileński (p. 386)
➡ Zajazd Pod Zamkiem (p. 395)

Los mejores lagos

➡ Lago Śniardwy (p. 392)
➡ Lago Niegocin (p. 396)
➡ Lago Łuknajno (p. 399)
➡ Lago Mamry (p. 395)

Por qué ir

Hay algo en el agua de estas dos regiones nororientales, fronterizas con el enclave ruso de Kaliningrado, que domina el paisaje: los incontables aficionados a la vela, al *windsurf* y al piragüismo que se acercan a disfrutar de los grandes lagos Mazurianos. Esta zona ofrece más oportunidades para practicar deportes acuáticos que el resto del país en conjunto y, como es natural, se erige en un destino incomparable.

Aparte de los lagos, la región da la oportunidad de realizar una travesía por el canal Elbląg-Ostróda, uno de los canales más singulares del mundo, y cuenta con un sinnúmero de ríos, humedales y pantanos. Los ríos Łyna y Krutynia son una delicia para recorrer en kayak, y además está la costa báltica de Varmia.

Una vez el viajero haya saciado su sed de diversión acuática, una buena idea es explorar las construcciones de ladrillo rojo legadas por los obispos de Varmia, así como la Guarida del Lobo, la secreta base de operaciones de Hitler y uno de los emplazamientos más significativos de la II Guerra Mundial.

Cuándo ir
Olsztyn

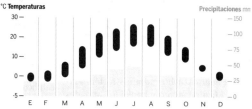

Ene Cruzar las aguas de Mazuria sobre un par de esquíes cuando están heladas.

Ago Unirse a la peregrinación a Święta Lipka durante la Asunción.

Oct Observar en los lagos el reflejo otoñal de los bosques de la región.

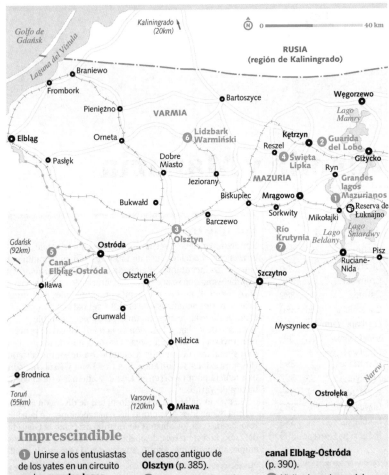

Imprescindible

1 Unirse a los entusiastas de los yates en un circuito por los **grandes lagos Mazurianos** (p. 392).

2 Recorrer la **Guarida del Lobo** (p. 394), el búnker secreto de Hitler.

3 Perderse por las calles del casco antiguo de **Olsztyn** (p. 385).

4 Acompañar a los miles de fieles en **Święta Lipka** (p. 391), un importante lugar de peregrinaje.

5 Ver cómo los barcos se desplazan por tierra en el **canal Elbląg-Ostróda** (p. 390).

6 Visitar los salones del gótico **castillo** (p. 390) de Lidzbark Warmiński.

7 Deslizarse en kayak por las aguas del **río Krutynia** (p. 387).

Historia

Pese a compartir hoy administración, Varmia y Mazuria siempre han sido entidades separadas, con historias, aunque parecidas, independientes.

Varmia se llama así debido a sus habitantes originarios: los varmianos, que fueron aniquilados por los Caballeros Teutones en el s. XIII para fundar después una provincia teutónica. Durante más de cinco siglos fue mayormente un estado eclesiástico autónomo, gobernado por todopoderosos obispos católicos.

La diócesis de Varmia fue la mayor de las cuatro creadas por las bulas papales de 1243. Aunque administrativamente se hallaba dentro de territorio teutónico, los obispos utilizaron la protección del sumo pontífice para lograr una autonomía de gran alcance: desde el norte de Olsztyn hasta la actual frontera del país, y desde la laguna del Vístula, al oeste, hasta la ciudad de Reszel, en el este. Después de la Paz de Toruń de 1466, Varmia se incorporó al reino de Polonia, aunque los obispos conservaron gran parte del control sobre los asuntos internos, respondiendo de sus decisiones directamente ante el Papa. En 1525, cuando el último gran señor se convirtió al protestantismo, Varmia pasó a ser un baluarte de la Contrarreforma. En 1773, la región, junto a otras zonas del oeste de Polonia, cayó en manos de los prusianos.

En la Edad Media, Mazuria tuvo que lidiar con sus propias revueltas políticas. Los jatvingianos (Jaćwingowie), sus primeros habitantes, pertenecían a la misma etnia y familia lingüística que los prusianos, letones y lituanos. Para ser agricultores, eran increíblemente belicosos, y causaron múltiples quebraderos de cabeza a los duques de Mazovia, pues asolaban con regularidad los márgenes septentrionales del principado, llegando incluso hasta Cracovia, en el sur. Sin embargo, en la segunda mitad del s. XIII, los Caballeros Teutones se expandieron al este de la región, y hacia 1280 ya los habían borrado del mapa.

Varmia y Mazuria pronto se convirtieron en motivo de discordia entre la Orden Teutónica y Lituania, que se prolongaría hasta el s. XVI. En aquella época, el territorio pasó a dominio polaco, pero su colonización fue lenta e interrumpida por las invasiones suecas en la década de 1650 y por la devastadora peste de 1710.

Tras el tercer Reparto (1795), la región fue engullida por Prusia. En 1815 pasó a formar parte del reino del Congreso, lo que permitió a Rusia hacerse con su control tras sofocar la insurrección de noviembre de 1830. Después de la I Guerra Mundial, Polonia se apoderó del territorio, no sin la resistencia de los vecinos lituanos, pero la región siguió estando alejada y siendo económicamente irrelevante. Tras la II Guerra Mundial, Varmia fue devuelta a Polonia y, junto a Mazuria, pasaron a formar una sola entidad administrativa.

REGIÓN DE OLSZTYN

Está compuesta principalmente por Varmia y los territorios que quedan al sur de Olsztyn, la capital de la región, y al igual que Mazuria, su paisaje está salpicado de lagos y esporádicamente envuelto en bosques. Incluye varios monumentos arquitectónicos importantes, así como reliquias de los poderosos obispos que la gobernaron en el pasado. Especialmente remarcables son el castillo de Lidz-

bark Warmiński y la iglesia situada en Święta Lipka. Otros puntos de interés son el impresionante museo al aire libre de Olsztynek y el excepcional canal Elbląg-Ostróda.

Olsztyn

175 400 HAB.

De lejos la mayor ciudad de la región, Olsztyn es el nudo de transportes y la puerta de acceso natural a muchas localidades y atracciones de Varmia y Mazuria. Vale la pena pasar un par de días en ella para ver su casco antiguo y empaparse de su ambiente apacible.

La ciudad fue fundada en el s. XIV como el puesto de avanzada más al sur de Varmia y cayó bajo control polaco después del Tratado de Toruń en 1466. Con el primer Reparto de Polonia (1772), Olsztyn pasó a manos prusianas (renombrada Allenstein) y permaneció así hasta el final de la II Guerra Mundial.

◎ Puntos de interés

Museo de Varmia y Mazuria MUSEO
(www.muzeum.olsztyn.pl; ul Zamkowa 2; adultos/reducida 10/8 PLN, incluida redacción de la *Gaceta de Olsztyn* 13/9 PLN; ⊙10.00-18.00 ma-do jul y ago, reducido resto del año) Un desgastado bronce de Copérnico recibe al visitante en el colosal castillo de ladrillo rojo del s. XIV, el edificio histórico más importante de Olsztyn. De hecho, el vínculo con el astrónomo es su mayor reclamo, pues residió aquí como administrador de Varmia entre 1516 y 1520. Aún puede verse el diagrama que dibujó en la pared del claustro para medir el equinoccio y así calcular la duración exacta del año.

El resto de la colección es una ecléctica mezcla de cachivaches rurales, dudosas obras de arte y varias exposiciones temporales. No es indispensable subir a la torre, aunque dentro del mirador hay interesantes grafitis, dejados por los visitantes durante décadas.

Redacción de la 'Gaceta de Olsztyn' MUSEO
(Dom 'Gazety Olsztyńskiej'; www.muzeum.olsztyn.pl; Targ Rybny 1; adultos/reducida 7/5 PLN, incluido castillo 13/9 PLN; ⊙9.00-17.00 ma-do jul y ago, reducido resto del año) El principal anexo del museo se encuentra en el antiguo edificio de la *Gazeta Olsztyńska*. Este rotativo era conocido por sus declaraciones categóricas y sin rodeos, y cuando los nazis ocuparon Allenstein fue clausurado y sus editores enviados a Dachau. La mitad del edificio está dedicado a su evolución desde finales del s. XIX en adelante, pero

Olsztyn

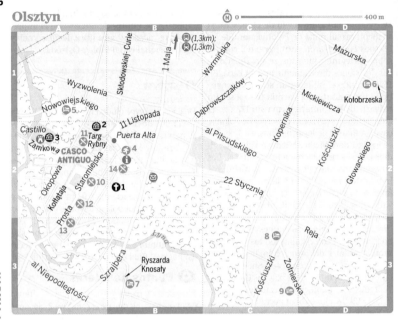

todas las explicaciones están solo en polaco. La planta central revisa la historia de Olsztyn mediante una especie de batiburrillo de objetos de todo tipo, algunos de gran valor.

El sótano está destinado a las escuelas polacas entre 1929 y 1939. Se aconseja fijarse en los carteles políticos de la entrada, algunos de la era comunista y que denunciaban a la OTAN, y otros pertenecientes a varias campañas de Solidaridad.

Catedral   IGLESIA

(ul Jana Długosza) El templo gótico se remonta al s. XIV, aunque su formidable torre de 60 m no fue añadida hasta 1596. Al igual que en el caso del castillo, el rasgo arquitectónico más imponente son las bóvedas de crucería de sus naves laterales, que semejan a las de la Sagrada Familia de Gaudí, en Barcelona. La nave central, en cambio, tiene arcos en forma de telaraña, del s. XVII. Entre las obras de arte más singulares figuran el tríptico del s. XVI de la parte frontal de la nave lateral de la izquierda y el resplandeciente altar de oro y plata de la Virgen.

🛏 Dónde dormir

Albergue Juvenil PTSM   ALBERGUE €

(☑89 527 6650; www.ssmolsztyn.pl; ul Kościuszki 72/74; dc 25-35 PLN, i/d desde 50/80 PLN; 🛜) Al-

bergue algo lúgubre con una amplia cocina, alquiler de bicicletas y habitaciones espaciosas con capacidad para 10 personas. En invierno suele estar vacío.

★ Hotel Wileński   HOTEL €€

(☑89 535 0122; www.hotelwilenski.pl; ul Ryszarda Knosały 5; i 245-290 PLN; d 290-320 PLN; ❄🛜) Instalado en una hilera de casas intercomunicadas del s. XIX, este elegante hotel es una auténtica delicia. Sus elegantes pasillos conducen a estancias con mobiliario formal, paredes cubiertas de grandes estampados e imaginativos baños. Aun así, algunas habitaciones dan al McDonald's de enfrente, aunque las enormes cortinas tapan la M dorada.

Villa Pallas   PENSIÓN €€

(☑89 535 0115; www.villapallas.pl; ul Żołnierska 4; i 170-220 PLN, d 200-250 PLN; 🅿🛜) Esta sofisticada casa de campo recibe su nombre en honor a la diosa griega Atenea. Hay que sortear su laberinto de escaleras para llegar a las impecables habitaciones, relativamente bien amuebladas, y a algunas suites que no están mal. Un pequeño restaurante y un *spa* redondean la propuesta.

Hotel Pod Zamkiem   PENSIÓN €€

(☑89 535 1287; www.hotel-olsztyn.com.pl; ul Nowowiejskiego 10; i/d 155/215 PLN; 🅿🛜) Insta-

Olsztyn

lado en una gran casa de campo del s. xx, el antiguo hogar de la influyente familia Sperl es hoy en día una casa de huéspedes con carácter. Vigas de madera, murales y mucho pino se encargan de la atmósfera. El aparcamiento está justo en dirección al castillo y el casco antiguo. Se aconseja pedir una habitación de la parte de atrás, menos ruidosa.

Hotel Warmiński HOTEL €€
(☎89 522 1400; www.hotel-warminski.com.pl; ul Kołobrzeska 1; i/d desde 270/300 PLN; 🕿) Sólida propuesta conocedora de las necesidades de los viajeros, con un personal siempre sonriente. Sus habitaciones son impecables y los precios caen ligeramente los fines de semana.

✖ Dónde comer

Feniks Cafe CAFÉ €
(ul Prosta 7/9; ⊙8.00-22.00) Pequeño y bonito establecimiento situado en la vía principal que atraviesa el casco antiguo. Sirve cafés superiores a la media y calóricas delicias para los más golosos, como *szarlotka* (tarta de manzana), *sernik* (tarta de queso) y *rurki z bitą Śmietaną* (barquillos rellenos de nata montada), todo un clásico en el país.

Greenway VEGETARIANA €
(ul Prosta 10/11; principales 6-12 PLN; ⊙10.00-20.00 lu-sa, 12.00-20.00 do; 🖉) Sucursal de esta popular cadena polaca, ofrece inmensas raciones de platos típicos como *goulash*

mexicano, lasaña y quiche de espinacas que sacian de verdad; tienen una carta de almuerzo realmente económica (11 PLN).

★**Spiżarnia Warmińska** INTERNACIONAL €€
(www.spizarniawarminska.pl; ul Lelewela 4a; principales 35-45 PLN; ⊙9.00-23.00; 🈀🕿) Con su interior del s. xxi, personal entendido y música en directo ocasional, la "Despensa de Varmia" se ha consolidado rápidamente como el mejor restaurante de Olsztyn. En su mezcla de platos polacos e internacionales, que cambian cada semana, emplean solo los ingredientes más frescos de la región. Aun así, aparecen diversos productos exóticos, como fuagrás, vino de Madeira y *chutney*.

Si el viajero anda buscando recuerdos gastronómicos, aquí también venden su propio pan, mostaza, queso de cabra, confituras y siropes.

Česká Hospoda CHECA €€
(Targ Rybny 14; principales 7-30 PLN; ⊙12.00-23.00 lu-ju, hasta 24.00 vi y sa, hasta 22.00 do) Con una gran terraza, la mejor cervecería al estilo Praga del norte de Polonia es un local muy auténtico, con tres tipos de *lager* de Bohemia, un *goulash* algo indigesto, pasteles de patata y solomillo.

Bar Dziupla POLACA €€
(Rynek 9/10; principales 18-29 PLN; ⊙8.30-20.00) A la hora de disfrutar de una carta variada con todos los sabores del país, el viajero puede escoger entre el interior color crema o una mesa en la bella plaza principal.

ℹ Información

Oficina principal de correos (ul Pieniężnego 21; ⊙8.00-19.00 lu-vi, hasta 16.00 sa)

EN KAYAK POR EL KRUTYNIA

La agencia de viajes PTTK Mazury (p. 448) organiza excursiones en kayak de 10 días por la ruta del río Krutynia (conocida como Szlak Kajakowy Krutyni). Esta travesía de 103 km comienza en Stanica Wodna PTTK, en Sorkwity, 50 km al este de Olsztyn, y desciende por el río Krutynia y el lago Bełdany hasta Ruciane-Nida. Está considerada la ruta en kayak por excelencia de Polonia. Hay salidas diarias de mayo a octubre, y el precio incluye el kayak, comida, seguro, alojamiento en cabañas y un guía que habla polaco e inglés o alemán.

VARMIA Y MAZURIA OLSZTYN

Oficina de turismo (☑89 535 3565; www.
mazury.travel; ul Staromiejska 1; ☺8.00-18.00
lu-vi, 10.00-15.00 sa y do med jun-sep, reducido resto del año)

❶ Cómo llegar y salir

Las estaciones de autobuses y trenes se hallan
en un gran edificio semiabandonado en forma de
L, en Plac Konstytucji 3 Maja. Se puede acceder
a la ciudad vieja a pie (15 min) o tomar uno de
los frecuentes autobuses urbanos con parada
frente a la Puerta Alta.

AUTOBÚS

Hay autobuses que enlazan Olsztyn con numerosas localidades:

Elbląg 24 PLN, 1½-2 h, 7 diarios
Gdańsk 30 PLN, 3 h, frecuentes
Giżycko 12 PLN, 2 h, frecuentes
Kętrzyn 10-18 PLN, 1-2 h, frecuentes
Lidzbark Warmiński 8,50 PLN, 1 h, 10 diarios
Olsztynek 5,50 PLN, 50 min, 2 o 3 cada hora
Ostróda 5 PLN, 1 h, cada hora
Varsovia 30 PLN, 3-5 h, mínimo cada hora

TREN

Olsztyn cuenta con conexiones a varios destinos:

Elbląg 20 PLN, 1½ h, 10 diarios
Gdańsk 33 PLN, 3½ h, cada hora
Toruń 27 a 36 PLN, 2½ h, 7 diarios
Varsovia 30 PLN, 4 h, 4 diarios (o trasbordo
en Iława)

Olsztynek

7600 HAB.

Unos 25 km al suroeste de Olsztyn, esta pequeña localidad cuenta con una gran atracción turística: el Museo de Arquitectura
Popular.

◉ Puntos de interés

En las afueras, al noroeste, el **Museo de
Arquitectura Popular** (Muzeum Budownictwa
Ludowego; www.muzeumolsztynek.com.pl; ul Leśna
23; adultos/reducida 12/7 PLN; ☺10.00-18.00 jul y
ago, horario reducido resto del año) es un *skansen*
(museo al aire libre) con unos 40 ejemplos de
arquitectura regional en madera de Varmia
y Mazuria, y un grupo de viviendas lituanas.
Hay un conjunto de casas de campesinos
donde no faltan los silos, varios molinos de
viento y una iglesia con tejado de paja. Varios
edificios han sido amueblados y decorados
siguiendo un estilo tradicional de época y el
resultado es verdaderamente impresionante.

Sobre el restaurante del *skansen* hay un
pequeño museo dividido en dos. Una parte
está ocupada por la habitual colección de artesanía rural y aperos de labranza, mientras
que la otra ofrece una detallada descripción
(en polaco) del Stalag 1B Hohenstein, un
campo de prisioneros de la II Guerra Mundial
situado a las afueras de la localidad. Unos
650 000 soldados, en su mayoría franceses,
belgas, italianos y rusos, pasaron por allí.

❶ Cómo llegar y salir

La estación de trenes está 1 km al noreste del
centro, cerca del *skansen*. Cada hora hay servicios a Olsztyn (5 PLN, 30 min).

La terminal de autobuses se halla 250 m al sur
de la Rynek, pero hay muchos servicios regionales que se detienen en la estación de trenes. Hay
autobuses y camionetas a Olsztyn (5,50 PLN,
50 min, 2 o 3 cada hora).

Grunwald

En este lugar, el 15 de julio de 1410, los ejércitos polaco y lituano, conjuntamente, apoya-
dos por contingentes de rutenos y tártaros,
todos bajo las órdenes del rey Ladislao II Jagellón, derrotaron a los Caballeros Teutones.
Se trata de un momento crucial en la historia
de Polonia, cuando, tras 10 h de lucha, murió el gran maestre de la Orden Teutónica,
Ulrich von Jungingen, y sus tropas quedaron diezmadas. Se dice que esta fue la mayor batalla de la Europa medieval, con unas
70 000 bajas.

El campo de batalla es un prado abierto, ligeramente ondulado y sembrado por
tres monumentos. En la colina central se
alza el **Museo del Campo de Batalla de
Grunwald** (Muzeum Bitwy Grunwaldzkiej; www.
grunwald.warmia.mazury.pl; adultos/reducida 11/9
PLN; ☺9.30-18.30 Semana Santa-sep), que ofrece una minúscula muestra de armaduras
antiguas, mapas y estandartes de guerra.
Además, en un pequeño cine se proyectan
escenas de *Bitwa pod Grunwaldem* (1931),
cinta polaca clásica sobre la batalla. A 500 m
del museo se encuentran las ruinas de una
capilla, construida un año después de la
batalla en el punto exacto donde se cree que
cayó el gran maestre. Todo está en polaco,
pero en la tienda que hay junto a la entrada del campo de batalla venden folletos en
inglés y alemán.

La mejor época para visitar el lugar es el
mes de julio, durante el **Festival de Grun-**

wald (www.grunwald1410.pl; ⊙jul), gran espectáculo medieval con numerosos tenderetes, torneos, conciertos y personajes en traje típico, que culmina con una épica recreación de la batalla.

❶ Cómo llegar y salir

Desde Olsztyn solo tres autobuses diarios van hasta el campo de batalla (15 PLN, 1½ h). Hay otros autobuses y camionetas a/desde Olsztynek (9 PLN, 30 min, 6 diarios) y Ostróda (8 PLN, 50 min, 8 diarios).

Ostróda

33 500 HAB.

Esta aletargada localidad se halla en el extremo meridional del canal Elblag-Ostróda, y si se toma un barco en cualquier dirección, lo más probable es que el viajero termine pasando una noche aquí. Se dice que hubo un tiempo en que Napoleón gobernó Europa desde este sosegado rincón, y a los polacos les entusiasma su cadencia pausada, acentuada por su ubicación a orillas del lago Drwękie, lleno de cisnes.

🛏 Dónde dormir y comer

La oficina de turismo dispone de listados de habitaciones privadas; dejan una copia pegada en la puerta cuando la oficina cierra.

★ Hotel Willa Port   HOTEL €€

(✆89 642 4600; www.willaport.pl; ul Mickiewicza 17; d desde 210 PLN; P❀🛜🖳) Encaramado sobre el lago, este atrevido hotel es una auténtica delicia. Sus habitaciones diseñadas al detalle son una maravilla de estilo *retro;* hay rincones de colores audaces que contrastan con tonos beis y grises, lavamanos parecidos a un huevo hervido sin la yema y duchas con mamparas de cristal. La competencia por conseguir las habitaciones que dan al lago es feroz, si bien vale la pena pagar un poco más por disfrutar de sus vistas. Su personal angloparlante, su diseño innovador y su restaurante a la última lo convierten en una de las mejores propuestas del noreste de Polonia.

Tawerna   POLACA €€

(ul Mickiewicza 21; principales 15-30 PLN; ⊙11.00-22.30) Ocupa un encantador enclave en un islote de un lago en el extremo norte de la localidad. Su amplia terraza de madera es el lugar ideal para tomar un aperitivo o saborear una copiosa comida polaca. Además, alquilan kayaks para quemar el exceso de calorías.

❶ Información

Oficina de turismo (✆89 642 3000; www.mazury-zachodnie.pl; Plac 1000-lecia Państwa Polskiego 1a; ⊙9.00-18.00 lu-vi, 10.00-16.00 sa, hasta 14.00 do jun-ago, reducido resto del año)

UN PROYECTO MUY SINGULAR

Los ricos bosques de la región de Ostróda han atraído a los mercaderes de Gdańsk y Elbląg desde la Edad Media hasta el s. XIX. La única manera de transportar los troncos hasta el Báltico era por vía fluvial, por los ríos Drwęca y Vístula vía Toruń. Los ingenieros estudiaron la posibilidad de construir un canal para acortar distancias, pero inmediatamente se encontraron con que el terreno era accidentado y demasiado empinado para emplazar esclusas convencionales.

En 1836, el ingeniero prusiano Georg Jakob Steenke (1801-1882), de Königsberg, diseñó un sofisticado sistema para conectar Elbląg con Ostróda por medio de un canal que incorporaba gradas, pero las autoridades prusianas rechazaron el proyecto por irreal y demasiado costoso. Sin embargo, Steenke siguió en sus trece y finalmente consiguió que el rey de Prusia le recibiera. El rey aprobó el plan, no tanto por sus aspectos técnicos ni económicos sino porque nadie había construido antes un sistema semejante.

La parte del canal entre Elbląg y Miłomłyn, la que incluía todas las gradas, fue construida entre 1848 y 1860, y el tramo restante hasta Ostróda quedó completado en 1872. El canal demostró ser seguro y rentable, y acortaba la distancia (casi en un 80%) de la ruta original. Se proyectaron diversas ampliaciones, incluida una que comunicaba el canal con los grandes lagos Mazurianos, 120 km al este, pero ninguna se llevó a cabo.

El canal resultó dañado durante la ofensiva del Ejército Rojo de 1945, pero se reparó poco después de la contienda y volvió a estar operativo en 1946. Al año siguiente, la primera embarcación turística realizó la ruta. Es el único canal de este tipo en Europa y sigue en funcionamiento, aunque el transporte fluvial de troncos forma parte ya del pasado.

ℹ️ Cómo llegar y salir

Las estaciones de trenes y autobuses están cerca una de la otra, 500 m al oeste del muelle.

BARCO

Entre junio y septiembre, hay cortos cruceros de Ostróda a Miłomłyn, que zarpan a las 12.30.

AUTOBÚS

Elbląg 17-24 PLN, 1¼ h, 12 diarios
Olsztyn 5 PLN, 1 h, cada hora
Olsztynek 11,50-16 PLN, 30 min-1 h, 11 diarios

TREN

Olsztyn 10,60 PLN, 30.40 min, cada hora
Toruń 24-32 PLN, 2 h, 7 diarios
Varsovia 75 PLN, 3-4½ h, 10 diarios (trasbordo en Iława)

Canal Elbląg-Ostróda

Con sus 82 km, es el canal navegable más largo de Polonia. También es el más peculiar: salva 99,5 m de desnivel con un sistema único de gradas, mediante el cual las embarcaciones son arrastradas por tierra firme sobre una especie de tranvías.

El canal sigue su curso atravesando seis lagos, gran parte de los cuales son áreas protegidas. El mayor es el lago Drużno, cerca de Elbląg. Más adelante se encuentra la laguna del Vístula, que antaño se extendía hasta esta región.

Las cinco gradas ocupan una extensión de 10 km en la parte norte del canal. Cada una consiste en dos vagones atados a una sencilla cuerda que funciona igual que un funicular. Son accionados por energía hidráulica.

🏃 Actividades

**Żegluga
Ostródzko-Elbląska**　　　CIRCUITO EN BARCO
(www.zegluga.com.pl; ul Mickiewicza 9a, Ostróda) De junio a septiembre, las embarcaciones de recreo de Żegluga Ostródzko-Elbląska surcan las zonas más interesantes del canal, entre Ostróda y Elbląg. Aun así, ya no cubren la ruta completa, que ocupaba todo un día y se hacía realmente larga. Hay dos circuitos a elegir: el de Elbląg a Buczyniec (4½ h), que incluye las cinco gradas, y el de Ostróda a Miłomłyn (2½ h); ambos pueden recorrerse en dirección contraria. Los pasajeros son trasladados a los puntos de partida en autobús; para horarios y precios véase la web.

Durante todo el verano hay circuitos regulares; los días de calor es mejor reservar con antelación. Fuera de esta época, se reduce el número de circuitos. En cualquier caso, es mejor llamar con tiempo a Żegluga Ostródzko-Elbląska para confirmar la disponibilidad de billetes y los horarios. Las embarcaciones disponen de bar a bordo.

Lidzbark Warmiński
16 400 HAB.

Situada 46 km al norte de Olsztyn, Lidzbark Warmiński es una antigua pero funcional localidad con un enorme castillo gótico. Su pasado como capital del Obispado de Varmia durante más de cuatro siglos resulta más glorioso que el presente. En 1350, los obispos la escogieron como su residencia principal, construyeron un castillo y una iglesia, y la localidad devino rápidamente en un importante centro religioso y cultural. Copérnico vivió en ella entre 1503 y 1510, ejerciendo de médico y asesor de su tío, el obispo Łukasz Watzenrode.

Cuando llegó la Reforma en el s. XVI, Lidzbark, y casi toda la provincia, se convirtió en un baluarte del catolicismo, y permaneció así hasta el primer Reparto, en 1772. Relevado de su cargo, el último primado, Ignacy Krasicki, se volcó en la literatura y se convirtió en un sobresaliente escritor satírico.

Hoy quedan pocos vestigios que prueben que fue la localidad más rica y cultivada de Varmia, y solo el castillo justifica la excursión de un día.

🔘 Puntos de interés

Esta robusta **fortaleza** (www.muzeum.olsztyn.pl; Plac Zamkowy 1; adultos/reducida 9/7 PLN; 🕙10.00-18.00 ma mi, 9.00-17.00 ju-do med may-ago, reducido resto del año) de planta cuadrada y ladrillo rojo, está adornada con torreones en cada esquina y es quizá la joya cultural más representativa de Varmia. Si se accede por el sur, se atraviesa un suntuoso edificio en forma de herradura que rodea Plac Zamkowy, reconstruida a conciencia en el s. XVIII. Un amplio puente de ladrillo sube hasta la puerta principal de la fortaleza. Gran parte del interior, desde los sótanos hasta la 2ª planta, alberga hoy dependencias del Museo de Varmia.

Su construcción se llevó a cabo a finales del s. XIV sobre una plaza cuadrada con un patio central, todo ello rodeado por un foso y una muralla. Cuando la era de los obispos llegó a su fin con las Particiones del s. XVIII, el castillo entró en decadencia y sirvió a diferentes propósitos: cuartel militar, almacén, hospital y orfanato. En la década de 1920 se iniciaron las obras de restauración y 10 años después recobró más o menos su aspecto original. Tras salir intacto de la guerra, es uno de los castillos medievales mejor conservados de Polonia.

Lo primero que llama la atención es un bello patio rodeado de galerías porticadas de dos plantas. Construido en la década de 1380, apenas ha cambiado desde entonces. El sótano, abovedado, también de dos niveles, y frío incluso en los días más calurosos, está en gran parte vacío, aparte de unas pocas chimeneas de mármol y cañones. Estos últimos pertenecieron a los obispos, que contaban con un pequeño ejército.

La mayor parte de los elementos más interesantes están en la 1ª planta, que alberga las cámaras principales, como el gran refectorio (Wielki Refektarz). La pintura mural a modo de tablero de ajedrez es de finales del s. XIV y presenta los nombres y blasones de los obispos que residieron allí. En claro contraste se encuentra una diminuta sala adjunta que gira en torno a un frío y húmedo agujero, antaño utilizado como celda. Las exposiciones de este piso incluyen arte medieval de la región, como algunas fascinantes Vírgenes y objetos de orfebrería. La capilla adyacente fue redecorada en estilo rococó a mediados del s. XVIII y resulta bastante llamativa en comparación con el resto de las dependencias.

La planta más alta incluye varias exposiciones, entre otras, de pintura cubista y surrealista polaca del s. XX, una colección de iconos del s. XVII en adelante y fantásticos uniformes militares y trajes de gala de principios del s. XIX.

ℹ Cómo llegar y salir

La terminal de autobuses ocupa la antigua estación de trenes, unos 500 m al noroeste del castillo. Hay 10 diarios a Olsztyn (8,50 PLN, 1 h), reforzados por microbuses privados.

Święta Lipka

200 HAB.

Los orígenes de Święta Lipka (que significa "tilo sagrado") están ligados a una de las historias de milagros más famosas del país. Se dice que un prisionero del castillo de Kętrzyn recibió la víspera de su ejecución la visita de la Virgen, y que esta le entregó un tronco para que tallara su efigie. La talla resultó ser tan bonita que los jueces, interpretándola como una señal divina, perdonaron al condenado y lo liberaron. De regreso a su hogar, colocó la estatua en el primer tilo que vio, que resultó estar en Święta Lipka (que no se llamaba así por aquel entonces).

De pronto empezaron a sucederse los milagros. Cada día que pasaba llegaban más peregrinos, incluido el último gran maestre de la Orden Teutónica, Albrecht von Hohenzollern, quien lo hizo descalzo (aunque irónicamente se convirtió al luteranismo seis años más tarde). A fin de proteger la milagrosa imagen, se construyó una capilla de madera, sustituida posteriormente por el edificio actual. Se trata quizá de la iglesia barroca más majestuosa del norte de Polonia, un gran reclamo turístico y todavía un destacado lugar de peregrinación, sobre todo en agosto, durante la **festividad de la Asunción,** cuando bajan al pueblo miles de devotos visitantes.

◉ Puntos de interés

Erigida entre 1687 y 1693, y rodeada más tarde por un amplio claustro rectangular, la popular **iglesia de Nuestra Señora** (www. swlipka.org.pl; ⊘ 7.00-19.00 excepto misas) GRATIS se edificó en torno a cuatro torres idénticas en cada una de las esquinas, todas con capillas. Los mejores artistas de Varmia, Königsberg (Kaliningrado) y Vilna trabajaron en su interior, completado alrededor de 1740. Desde entonces, la iglesia apenas ha cambiado, tanto por dentro como por fuera, y está considerada uno de los ejemplos de barroco tardío más puros del país.

Se entra al complejo por una elaborada puerta de forja. Tras esta, la fachada de dos torres de color crema contiene una escultura en piedra del sagrado tilo en un nicho central, con una estatua de la Virgen sobre él.

Una vez dentro (se requiere ropa adecuada: los hombres han de evitar el pantalón corto y sombrero, y las mujeres deben cubrirse la cabeza), el visitante se ve rodeado por una ornamentación barroca colorista y recargada, aunque no demasiado opresiva. Todos los frescos son obra de Maciej Mayer de Lidzbark, en formato de trampentojo, muy de moda en aquella época. Son claramente visibles tanto en la bóveda como en las columnas, que más bien parecen esculpidas. Mayer se pintó a sí mismo con un chaleco azul y pinceles en la mano en el rincón de la bóveda sobre el órgano.

El altar, de 19 m y tres niveles, que cubre toda la parte trasera del presbiterio, está tallado en madera de nogal y pintado como si fuera de mármol. De los tres cuadros del altar, el inferior representa a la Virgen de Święta Lipka con el Niño.

El púlpito está decorado con pinturas y esculturas. Justo enfrente, al otro lado de la nave, hay un tilo sagrado coronado por la figura de la Virgen en el lugar donde supuestamente estuvo el legendario árbol.

El orgullo de la iglesia es su imponente órgano, de casi 5000 tubos. Realizado por Johann Jozue Mosengel, de Königsberg, está decorado con figuras mecánicas de santos y ángeles que bailan cuando el instrumento suena. Se realizan breves demostraciones cada hora entre las 9.30 y las 17.30 de mayo a septiembre y a las 10.00, 12.00 y 14.00 en octubre.

El claustro que rodea la iglesia está engalanado con frescos, también ideados por Mayer, aunque este murió cuando solo había completado las capillas de las esquinas y partes del claustro norte y oeste. Su obra fue retomada por otros artistas que, aun siguiendo el mismo estilo, no alcanzan al maestro.

✈ Cómo llegar y salir

Autobuses desde Święta Lipka:

Kętrzyn 4 PLN, 20 min, cada 30 min
Olsztyn 12 PLN, 1¾ h, 5 diarios (o trasbordo en Kętrzyn)

GRANDES LAGOS MAZURIANOS

La región de los grandes lagos Mazurianos (Kraina Wielkich Jezior Mazurskich), al este de Olsztyn, es una extensión verde de montañas onduladas, salpicadas por innumerables lagos, pequeñas granjas, bosques y aldeas. La región se arremolina alrededor del **lago Śniardwy** (114 km²), el más grande de Polonia, y el **lago Mamry** y sus aguas anejas (otros 104 km²). En total, más del 15% de la zona está cubierta de agua y otro 30%, por bosques.

Los lagos están interconectados por ríos o canales, tejiendo un extenso sistema fluvial navegable que se ha convertido en punto de encuentro para balandristas y piragüistas, y también para pescadores, excursionistas, ciclistas y amantes de la naturaleza en general.

Los principales centros lacustres son Giżycko y Mikołajki y Węgorzewo. Todas las localidades de la región se tornan frenéticas en julio y agosto, bajan el ritmo en junio y septiembre, y entran en un profundo letargo el resto del año.

✈ Cómo desplazarse

Los balandros pueden surcar casi todos los lagos más grandes, desde Węgorzewo a Ruciane-Nida, que están interconectados y conforman el principal sistema de canales de la zona. Los kayakistas quizá prefieran un entorno más tranquilo por los ríos y lagos más modestos. La ruta de kayak más popular comienza en Sorkwity y sigue el río Krutynia y el lago Bełdany hasta Ruciane-Nida (p. 448). Si no se está dispuesto a organizarlo todo, se puede disfrutar de la región cómodamente desde la cubierta de uno de los grandes barcos de recreo operados por **Żegluga Mazurska** (www.zeglugamazurska.com.pl), en Giżycko.

Teóricamente, los barcos navegan a diario entre Giżycko, Mikołajki y Ruciane-Nida (may-sep), y van hasta Węgorzewo (jun-ago). Pero en la práctica, a veces se cancelan salidas por falta de pasaje. El servicio resulta más fiable de finales de junio a finales de agosto. En los muelles están los horarios.

El detallado mapa *Wielkie Jeziora Mazurskie* (escala 1:100 000), realizado por Copérnico, es una gran ayuda para cualquiera que desee recorrer la región en barco, kayak, bicicleta, automóvil o a pie. El mapa muestra rutas de senderismo y piragüismo, alojamientos, gasolineras y mucho más.

Kętrzyn

28 000 HAB.

La ajetreada localidad de Kętrzyn es la mejor base para realizar excursiones de un día a la Guarida del Lobo y a Święta Lipka. Fue fundada en el s. XIV por los Caballeros Teutones; durante buena parte de su existencia la conoció como Rastenburg, su nombre en alemán. Aunque en parte colonizada por los polacos, siguió en manos de Prusia hasta la II Guerra Mundial, después de la cual pasó a ser totalmente polaca. Su nombre deriva de Wojciech Kętrzyński (1838-1919), un historiador que documentó exhaustivamente la presencia polaca en la región.

⊙ Puntos de interés

Castillo CASTILLO
(www.muzeum.ketrzyn.pl; Plac Zamkowy 1; adultos/reducida 6/4 PLN; ⊙9.00-18.00 ma-vi, 10.00-19.00

Grandes lagos Mazurianos

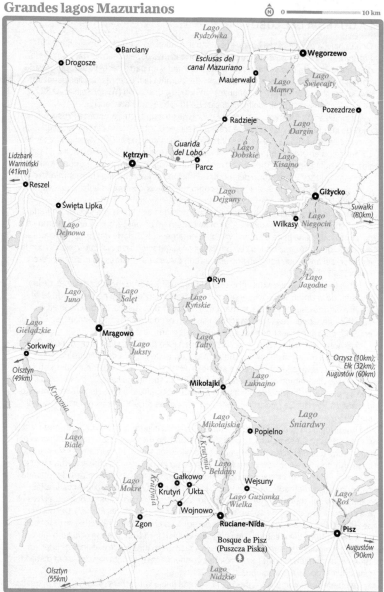

Lago
Rydzówka

Barciany

Drogosze

Esclusas del
canal Mazuriano

Mauerwald

Węgorzewo

Lago
Mamry

Lago
Święcajty

Pozezdrze

Radzieje

Lago
Dargin

Guarida
del Lobo

Lago
Dobskie

Lago
Kisajno

Kętrzyn

Parcz

Lidzbark
Warmiński
(41km)

Reszel

Lago
Dejguny

Giżycko

Suwałki
(80km)

Święta Lipka

Lago
Niegocin

Wilkasy

Lago
Dejnowa

Ryn

Lago
Jagodne

Lago
Juno

Lago
Sałęt

Lago
Ryńskie

Lago
Gieląckie

Mrągowo

Lago
Juksty

Lago
Tałty

Sorkwity

Olsztyn
(49km)

Orzysz (10km);
Ełk (32km);
Augustów (60km)

Mikołajki

Lago
Łuknajno

Lago
Śniardwy

Lago
Mikołajskie

Popielno

Krutynia

Lago
Białe

Lago
Mokre

Krutynia

Gałkowo

Ukta

Krutyń

Lago
Bełdany

Wejsuny

Lago Guzianka
Wielka

Lago
Roś

Wojnowo

Zgon

Ruciane-Nida

Pisz

Augustów
(90km)

Bosque de Pisz
(Puszcza Piska)

Olsztyn
(55km)

Lago
Nidzkie

VARMIA Y MAZURIA KĘTRZYN

sa y do jun-sep, reducido med sep-med jun) El pasado teutónico de Kętrzyn perdura en la forma de su fortaleza de ladrillo de mediados del s. XIV, situado en el extremo sur de la localidad. Hoy, el edificio alberga el Museo Regional, con muestras que repasan la historia de Kętrzyn en un interior que poco tiene que ver con un castillo. Entre sus principales reclamos se cuentan un menhir prusiano que recuerda a las figuras escitas de Asia central, fotografías de la antigua Rastenburg y algunos troncos viejos de gran belleza.

LA GUARIDA DEL LOBO

Oculta bajo la espesura del bosque cercano a la aldea de Gierłoż, 8 km al este de Kętrzyn, se trata de una de las reliquias históricas más espeluznantes del país: 18 Ha de maleza entre la que se camuflan unos enormes, y en parte destruidos, búnkeres de hormigón. Este fue el cuartel general de Hitler durante la II Guerra Mundial, bautizado con su nombre alemán (Wolfsschanze), o **Guarida del Lobo** (Wilczy Szaniec; ☏89 752 4429; www.wolfsschanze.pl; adultos/reducida 15/10 PLN; ◷8.00-atardecer).

La localización fue minuciosamente escogida en esta parte remota de Prusia oriental, lejos de las ciudades y las rutas de transporte importantes, como centro de mando para el avance alemán hacia el este. Las obras, realizadas por unos 3000 peones alemanes, comenzaron en otoño de 1940; finalmente se construyeron unas 80 estructuras, incluidos siete búnkeres con muros de extraordinario grosor para los altos mandos. Martin Bormann (asesor y secretario personal de Hitler), Hermann Göring (primer ministro y comisionado alemán de aviación) y el propio Hitler se encontraban entre sus residentes. Las paredes y techos tienen hasta 8 m de espesor.

Todo el recinto estaba acordonado por alambradas de espino, puestos de artillería y un sofisticado sistema de minas. A 5 km se construyó un aeródromo y en el mismo campamento había una pista de aterrizaje para emergencias. Aparte del camuflaje natural, el recinto del búnker se ocultó con pantallas de vegetación artificial que variaban con la estación del año y que estaban sostenidas con cables. Los Aliados no lo descubrieron hasta 1945.

Hitler llegó a la Guarida del Lobo el 26 de junio de 1941 (cuatro días después de la invasión de la Unión Soviética), y permaneció aquí hasta el 20 de noviembre de 1944. Realizó alguna que otra salida, la más larga fue de cuatro meses, los que pasó en los cuarteles generales de la Wehrmacht (la división blindada del Reich alemán), en Ucrania, en 1942, para supervisar el avance del frente alemán.

Tras sobrevivir a un atentado en el búnker en julio de 1944, Hitler abandonó la Guarida del Lobo unos meses más tarde ante la inminente llegada del Ejército Rojo. Los búnkeres estaban concebidos para ser destruidos en caso de invasión. Finalmente, el recinto fue dinamitado el 24 de enero de 1945. Los soviéticos llegaron tres días después, y el extenso campo de minas aún defendió con eficacia el vacío y ruinoso puesto de mando alemán. Se tardaron 10 años en limpiar las 55 000 minas repartidas por el complejo.

Hoy, el lugar ha sucumbido a la naturaleza y los búnkeres están desapareciendo lentamente tras un espeso manto de camuflaje natural. Lo mejor es hacerse con un plano del lugar o con uno de los folletos de venta en los quioscos junto al aparcamiento. Si se viaja en grupo, conviene contratar una visita guiada; un guía que hable inglés, alemán y ruso cobra 60 PLN por un circuito de 1½ h. Todas las estructuras se encuentran identificadas con números y marcadas con grandes carteles que advierten que no se acceda a las ruinas, algo que mucha gente pasa por alto, incluidos algunos guías (el búnker nº 6 es el más popular, pues es aquí donde se intentó acabar con la vida del *Führer*). Del búnker de Hitler (el nº 13) solo se conserva una pared, pero el de Göring (el nº 16) se mantiene relativamente en buen estado. Una placa descubierta en 1992 precisa el lugar exacto donde el coronel Klaus von Stauffenberg fracasó en su intento de asesinar a Hitler, en 1944, y una pequeña sala de exposiciones contiene una maqueta a escala de la distribución original de las instalaciones.

Se puede continuar 200 m pasada la entrada hacia Węgorzewo, y tomar una pequeña carretera que indica: "Kwiedzina 5 km". A ambos lados hay unos cuantos búnkeres en muy mal estado que pueden visitarse de manera gratuita.

Iglesia de San Jorge IGLESIA
(Bazylika Św Jerzego; www.bazylika-ketrzyn.olsztyn.opoka.org.pl; ul Zamkowa; torre adultos/reducida 4/2 PLN; ◷9.00-17.00) Con su achaparrada torre cuadrada, esta iglesia gótica parece en la distancia la segunda fortaleza del lugar. El interior data de varios períodos, reflejo de sus diferentes cambios.

🛏 Dónde dormir y comer

⭐ **Zajazd Pod Zamkiem**   PENSIÓN €
(📞89 752 3117; www.zajazd.ketrzyn.pl; ul Struga
3; i/d 110/140 PLN; 🅿🛜) Instalada sobre un
espléndido restaurante polaco y la mejor
cervecería con jardín del lugar, sus cuatro
habitaciones (con capacidad para 4 personas)
gozan de una disposición idéntica, pero con
decoración y gamas cromáticas diferentes, y
antigüedades por todas partes. Su entorno en
una casa de campo del s. XIX, su cercanía al
castillo y su suculento desayuno la convierten en la mejor opción de Kętrzyn. Hay que
reservar con antelación.

Hotel Koch   HOTEL €€
(📞89 751 1093; www.masuren2.de; ul Sportowa 1; i/d
150/200 PLN; 🅿🛜) Sus habitaciones, con grandes baños, tienen un precio excesivo, si bien
cuenta con un restaurante bastante bueno
(algo inusual por estos lares) y una eficiente
compañía de circuitos en el mismo edificio.

ℹ Información

Oficina de turismo (📞89 751 4765; www.
it.ketrzyn.pl; Plac Piłsudskiego 10; ⊙9.00-
18.00 lu-vi, 10.00-15.00 sa y do jul y ago,
reducido resto del año)

ℹ Cómo llegar y salir

Las estaciones de trenes y autobuses están una
junto a la otra, 600 m al sureste del centro.

AUTOBÚS

Para visitar la Guarida del Lobo hay que tomar
un servicio que va a Węgorzewo vía Radzieje,
y apearse en Gierłoż. Los fines de semana es
mejor elegir un taxi (30 PLN) de los de la parada
de ul Szkolna, en el centro, pues los autobuses
tienen un servicio impredecible. En cualquier
caso, hay autobuses a los siguientes destinos:
Giżycko 6 PLN, 40 min, mínimo cada hora
Olsztyn 10-18 PLN, 1-2 h, frecuentes
Święta Lipka 4 PLN, 20 min, cada 30 min
Węgorzewo 12 PLN, 45 min, cada hora

TREN

Kętrzyn cuenta con los siguientes servicios:
Gdańsk 50 PLN, 4 h, 2 diarios
Giżycko 8,20 PLN, 30 min, 7 diarios
Olsztyn 18,60 PLN, 1½ h, 6 diarios

Węgorzewo

11 600 HAB.

La pequeña y transitada Węgorzewo, junto
al lago Mamry, es la localidad más septentrional de los grandes lagos Mazurianos. No
da directamente al lago, pero está conectada
con él por un canal de 2 km.

Menos frecuentada por turistas que sus
vecinas del sur, se llena de gente el primer
fin de semana de agosto, cuando acoge una
gran feria de artesanía que atrae visitantes
de todas partes.

🛏 Dónde dormir y comer

Puesto que el centro de actividades es la zona
del lago, no hay demasiados lugares en los
que alojarse por el centro de la localidad,
pero sí montones de pensiones y grandes
instalaciones de ocio en los alrededores del
casco antiguo, en particular en el barrio de
Kal, aunque puede ser complicado llegar y
normalmente solo abren en verano.

Camping Rusałka   CAMPING €
(📞87 427 2191; www.cmazur.pl; ul Leśna 2; por
adultos/tienda 14/13 PLN; ⊙may-sep) Con sus
jardines, un restaurante, y barcos y kayaks
de alquiler, se trata de un sitio bonito y bien
dirigido, a pesar de que la mayor parte de las
cabañas resulten bastante sencillas. Está en el
lago Święcajty, a 4 km de Węgorzewo, fuera
de la carretera de Giżycko. En temporada alta
pocos autobuses de PKS viajan hasta aquí;
para evitar esperas, hay que tomar cualquier
autobús con destino Giżycko hasta el desvío
del lago Święcajty y luego recorrer 1 km a pie.

Pensjonat Nautic   PENSIÓN €€
(📞87 568 2585; www.nautic.pl; ul Słowackiego 14;
i/d 100/150 PLN, apt 140-380 PLN; 🅿🛜) Pensión
familiar, excelente y versátil, cercana al canal
y el muelle. Ofrece desde cómodas habitaciones estándar con baño y elementos de madera azul a cinco increíbles apartamentos con
cocina americana y terraza.

ℹ Información

Oficina de turismo (📞87 427 4009; www.wegor
zewo.pl; Bul Loir-et-Cher 4; ⊙8.00-17.00 lu-vi jul
y ago, hasta 16.00 lu, 7.30-15.30 ma-vi sep-jun)

ℹ Cómo llegar y salir

BARCO

De julio a agosto, un único barco de **Żegluga
Mazurska** (www.zeglugamazurska.pl) cubre la
travesía del muelle del lago Mamry a Giżycko
(salida a las 15.00).

AUTOBÚS

No hay trenes, por lo que el viajero debe dirigirse
a la terminal de autobuses, situada 1 km al no-

roeste del centro, desde donde parten servicios a los siguientes destinos:

Giżycko 7 PLN, 40 min, frecuentes

Kętrzyn 12,50 PLN, 1 h, cada 30 min

Varsovia 50 PLN, 5½ h, 4 diarios

Giżycko

29 700 HAB.

Asentada en la orilla norte del lago Niegocin, Giżycko es el mayor centro de navegación de los grandes lagos Mazurianos y un punto clave del turismo de temporada. No es bonita, ni siquiera la parte que da al lago, aunque es una de las pocas localidades mazurianas realmente animadas y su enorme fortaleza merece dedicarle al menos 1 h.

Giżycko fue fundada por los Caballeros Teutones, y destruida en numerosas ocasiones por lituanos, polacos, suecos, tártaros, rusos y alemanes. Hoy es esencialmente un nudo de transporte y una base de abastecimiento, tanto para las casas de verano y centros de deportes acuáticos que se han instalado por los alrededores, como para las multitudes de veraneantes que acuden al lago durante el verano.

⊙ Puntos de interés

Fortaleza de Boyen   FORTALEZA

(Twierdza Boyen; www.boyen.gizycko.pl; ul Turystyczna 1; adultos/reducida fortaleza y museo 10/5 PLN; ☺9.00-19.00 jul y ago, reducido abr-jun y sep-oct) Levantada entre 1844 y 1856 con el fin de proteger la frontera del reino con Rusia, fue llamada así en honor al ministro prusiano de la Guerra, el general Hermann von Boyen. Como el perímetro fronterizo iba de norte a sur a lo largo de una sucesión de 90 km de lagos, el bastión se hallaba estratégicamente situado en medio, en el istmo cercano a Giżycko, junto al lago, al oeste del centro.

La fortaleza estaba compuesta por varios bastiones y torres defensivas, rodeada por un foso, y se modificaba y reforzaba continuamente para resistir ataques como los de Rusia durante la I Guerra Mundial. En la II Guerra Mundial se convirtió en la base de operaciones conocida como Guarida del Lobo, entregada al Ejército Rojo en 1945 sin presentar batalla. Las fortificaciones se han mantenido en bastante buen estado, y algunos de los muros, baluartes y barracones pueden visitarse sin peligro. En el interior del museo, el viajero encontrará una maqueta a escala y unos cuantos objetos singulares, y

una sección del muro con un soldado ruso pintado sobre él, utilizado como objetivo en las prácticas de tiro de los prusianos.

Torre del agua   EDIFICIO HISTÓRICO

(Wieża Ćiśień; www.wieza-gizycko.pl; ul Warszawska esq. Wodociągowa; adultos/reducida 10/5 PLN; ☺10.00-22.00 jul y ago, reducido may, jun y sep) Construida en el año 1900 en estilo neogótico, esta torre, de siete plantas, abasteció a la localidad de agua corriente hasta 1997. Hoy, esta estructura de ladrillo rojo alberga un café y una exposición con objetos curiosos, aunque su principal reclamo son las vistas desde la parte superior, a la que se accede en ascensor. Está a un breve paseo de Plac Grunwaldzki por ul Warszawska.

Puente rotatorio   PUENTE

(Most obrotowy; ul Moniuszki) El puente rotatorio de Giżycko, aún en funcionamiento, fue construido en 1889. Es el único de su tipo en el país. A pesar de sus más de 100 toneladas de peso, una persona se basta para girarlo. Se abre seis veces al día para permitir el paso a los barcos, cerrando así el tráfico rodado entre 20 min y 1½ h cada vez que esto ocurre. Si se viaja en automóvil, es posible evitar la espera tomando el camino más largo por ul Obwodowa. Los peatones pueden cruzar por la pasarela que se encuentra algo más arriba, siguiendo el canal.

🏃 Actividades

Alquiler de barcos

Giżycko cuenta con un gran número de agencias que alquilan barcos. También es un centro reconocido para navegantes discapacitados, con regulares regatas nacionales, y hay muchas empresas que proporcionan equipo, consejos y entrenamiento.

Como gran negocio que es, el mercado de alquiler de barcos es muy volátil y los operadores cambian con bastante frecuencia. Es posible que la oficina de turismo (p. 398) facilite un listado actualizado (a veces hasta 40) y pueda aconsejar al respecto.

Encontrar un barco en julio o agosto sin haber reservado con antelación puede ser difícil. No ocurre lo mismo a principios de junio o finales de septiembre, pero siempre hay que comparar precios, ya que estos, junto con las condiciones, varían bastante y el regateo es habitual con algunos agentes.

En julio y agosto, se pagan entre 200 y 500 PLN al día por un velero para cuatro o cinco personas. Las tarifas dependen del tamaño de los camarotes, del baño y de la cocina, aunque son bastante más bajas en junio y septiembre (a menudo, cuestan la mitad de lo que se paga en temporada alta). El combustible va aparte. Un barco con capitán incluido viene a costar un promedio de 300 PLN por día.

Se recomienda comprobar el estado de la embarcación y su equipamiento e informar sobre cualquier defecto con antelación para evitar futuros problemas. Hay que ir preparado con material propio como sacos de dormir, ropa impermeable y linterna.

Bełbot
PASEOS EN BARCO
(☎87 428 0385; www.marina.com.pl) Empresa de alquiler de barcos, con cinco disponibles.

Grzymała
PASEOS EN BARCO
(☎87 428 6276; http://czarter.mazury.info.pl) Empresa familiar con siete barcos en alquiler.

Interjacht
PASEOS EN BARCO
(☎660 222 880; www.interjacht.pl) Compañía grande con numerosos barcos y precios bajos.

Osmolik Romuald
PASEOS EN BARCO
(☎602 702 524; www.osmolik.trinet.pl) Empresa pequeña con precios que rondan los 300 PLN diarios por embarcación.

Navegación sobre hielo
La región de los grandes lagos Mazurianos es una de las más frías de Polonia, y a menudo la superficie de los lagos se congela entre diciembre y abril. Durante esta época se puede navegar y hacer *windsurf* sobre hielo, especialmente en días despejados. La oficina de turismo (p. 398) posee una lista de las empresas que alquilan barcos y dan clases.

Submarinismo

CK Diver
SUBMARINISMO
(☎602 718 580; www.ckdiver.suw.pl; ul Mickiewicza 9) Ofrece clases de buceo con tubo para todos los niveles durante todo el año, en grupo o particulares. Los precios parten de 100 PLN para una sesión de prueba y alcanzan los 1600 PLN para cursos avanzados. Para dar con la oficina, hay que caminar hacia el norte desde Plac Grunwaldzki, siguiendo al 1 Maja a lo largo de 150 m, y después girar a la izquierda por ul Mickiewicza.

Esquí de fondo
Esquiar sobre el lago helado y alrededores es una actividad de invierno muy popular. Para alquilar equipos de esquí, basta con preguntar en la oficina de turismo (p. 398).

🛏 Dónde dormir
La oficina de turismo dispone de una larga lista de alojamientos: casas de campo de verano, pensiones y hoteles. La mayoría solo abren en julio y agosto; fuera de estos meses casi todo está cerrado.

Hotel Cesarski
HOTEL €€
(☎87 732 7670; www.cesarski.eu; Plac Grunwaldzki 8; i/d 105/170 PLN; P🖥) Este acogedor hotel no podría ser más céntrico, pues está situado en plena plaza mayor, cerca de la oficina de turismo. Todas sus habitaciones son de color crema y confortables, aunque lo mejor de todo es su enorme azotea, donde se puede desayunar.

Gościniec Jantar
PENSIÓN €€
(☎734 440 291; www.jantar-gizicko.eu; ul Warszawska 10; i/d 140/190 PLN; P🖥) Encaramada sobre su propio restaurante en pleno centro, se trata de una pequeña casa de huéspedes con 12 habitaciones y un personal muy agradable. Algunos dormitorios huelen un poco a tabaco.

Hotel Wodnik
HOTEL €€
(☎87 428 3871; www.cmazur.pl; ul 3 Maja 2; i/d 175/285 PLN; P🖥) Desde el exterior parece un bloque de hormigón de la época comunista, aunque sus habitaciones reformadas tienen poco de antaño. Hay que reservar con tiempo, ya que se llena enseguida, incluso en pleno invierno. Está junto a Plac Grunwaldzki.

🍴 Dónde comer
En temporada alta, el puerto está atestado de cafés, quioscos y bares que atienden a los veraneantes. Fuera de temporada, la oferta se reduce a los restaurantes de los hoteles y las casas de comidas del centro.

Kuchnia Świata
INTERNACIONAL €€
(☎87 429 2255; www.kuchnieswiata.pl; Plac Grunwaldzki 1; principales 22-48 PLN; ⊙10.00-22.00) El "cocinas del mundo" es el mejor lugar de Giżycko para comer y ofrece una carta a la altura de su nombre, salpicada de delicias internacionales como langostinos, ensaladas griegas o *dim sum*.

Bar Hornet
POLACA €€
(www.barhornet.pl; ul Unii Europejskiej 3; principales 11-35 PLN; ⊙10.00-22.00 do-vi, hasta 23.00 sa) Este establecimiento amarillo se divide en dos secciones: una cafetería tipo autoservicio y una zona más elegante para comer sentado. La única diferencia entre una y otra

son los camareros, aunque está muy bien poder elegir. Los precios no están mal y ofrece una excelente selección de platos rápidos y ensaladas. Hay una terraza en madera para tomar el fresco.

Grota INTERNACIONAL €€

(ul Nadbrzeżna 3a; principales 15-30 PLN; h11.00-24.00 solo verano) Atrae multitudes con sus *pizzas* al horno de leña y una mezcla de cocina polaca y alemana. Además, tiene asientos a lo largo del canal en verano. Para llegar desde Plac Grunwaldzki, hay que dirigirse al puente rotatorio y girar a la izquierda antes de cruzar el río; queda a la izquierda, a unos 150 m.

❶ Información

Oficina principal de correos (ul Pocztowa 2; ⊗8.00-19.00 lu-vi, hasta 14.00 sa) Está unos 300 m al norte de Plac Grunwaldzki.

Oficina de turismo (☎87 428 5265; www. gizycko.turystyka.pl; ul Wyzwolenia 2; ⊗8.00-17.00 lu-vi, 10.00-14.00 sa y do mar-may y sep-oct, 9.00-18.00 lu-vi, 10.00-16.00 sa y do jun-ago, reducido nov-feb) Oficina excelente, con información sobre la región y acceso gratis a internet. Se entra por Plac Grunwaldzki.

❶ Cómo llegar y salir

BARCO

Las embarcaciones de **Żegluga Mazurska** (www.zeglugamazurska.com) operan de mayo a septiembre, con servicios de refuerzo en julio y agosto. Hay servicios a Mikołajki y Węgorzewo, entre otros destinos; se aconseja consultar los precios y el horario de salidas en la web o el muelle (cerca de la estación de trenes).

AUTOBÚS

Al sur, en las afueras, junto a la estación de trenes, la terminal de autobuses opera servicios a las siguientes localidades:

Kętrzyn 6 PLN, 40 min, mínimo cada hora
Mikołajki 14-17 PLN, 30 min-1 h, cada hora
Olsztyn 12 PLN, 2 h, frecuentes
Suwałki 20-23,50 PLN, 2-3 h, 6 diarios
Varsovia 36.53 PLN, 3¾-5½ h, cada hora (más servicios en verano)
Węgorzewo 7 PLN, 40 min, frecuentes

TREN

La estación está a las afueras, al sur de la localidad, cerca del lago. Salen trenes hacia los siguientes destinos:

Białystok 38 PLN, 2½ h, 2 diarios
Ełk 13,50 PLN, 45 min, 8 diarios
Gdańsk 54 PLN, 4½ h, 2 diarios
Kętrzyn 8,20 PLN, 30 min, 7 diarios
Olsztyn 22 PLN, 2 h, 6 diarios
Varsovia 60 PLN, 5¾ h, diario

Mikołajki

3800 HAB.

Más atractiva por su paisaje que Giżycko, la animada localidad de Mikołajki se posa sobre pintorescos estrechos unidos por tres puentes. El turismo ha proliferado sobremanera en la zona, y su nuevo paseo junto al lago siempre está repleto de familias y barcos de recreo. Como la mayoría de localidades de la región, Mikołajki es un destino predilecto de alemanes, en concreto de los que viven en el este del país.

🏃 Actividades

Al igual que en Giżycko, el alquiler de embarcaciones es el gran negocio estival, y al menos 10 empresas compiten entre sí.

Wioska Żeglarska PASEOS EN BARCO

(☎87 421 6040; www.wioskazeglarskamikolajki.pl) Situada en el paseo del lago, cuenta con barcos de alquiler. De no tener nada disponible, su personal podrá recomendar otras compañías de alquiler.

Port Rybitwa PASEOS EN BARCO

(☎87 421 6163; www.portrybitwa.pl) Cerca de la playa local, alquilan lanchas de poca potencia para excursiones cortas. El propietario puede sugerir muchas excursiones que también se hacen por libre.

🛏 Dónde dormir y comer

No hay demasiados hoteles en Mikołajki, aunque la oficina de turismo (p. 399) puede facilitar un listado muy extenso de habitaciones en alquiler (40-60 PLN/persona). Ahora bien, no es habitual alquilar para estancias de una sola noche, máxime en julio y agosto; de hecho, en temporada alta, la mayoría da por sentado estancias de al menos cinco noches. Si se tiene previsto pasar solo una noche, lo mejor es tratar de reservar.

Camping Wagabunda CAMPING €

(☎503 300 141; www.wagabunda-mikolajki.pl; ul Leśna 2; por persona/tienda 16/15 PLN; ⊗maysep) Para llegar al *camping* más grande de la localidad hay que cruzar el puente desde el centro y seguir 600 m más hacia al suroeste. Además de la zona de acampada, tiene muchas cabañas, de diferentes calidades y precios. También alquilan bicicletas, barcos y piraguas.

⭐**Pensjonat Mikołajki**　　　PENSIÓN €€
(☎87 421 6437; www.pensjonatmikolajki.pl; ul Kajki 18; i/d desde 140/180 PLN; 🅿🛜) En esta parte de Polonia, lo que se valora de un alojamiento son sus vistas al lago, y eso es precisamente lo que uno conseguirá aquí si reserva con suficiente tiempo. El resto de habitaciones son bastante modernas y no están nada mal, todas aromatizadas con esencia de pino, accesorios y baños con olor a limón fresco.

Hotel Mazur　　　HOTEL €€
(☎87 428 2899; www.hotelmazur.pl; Plac Wolności 6; i/d 260/390 PLN; 🅿🛜) Instalado en el edificio más majestuoso de Mikołajki, en la plaza mayor, el antiguo ayuntamiento ofrece las habitaciones más elegantes del lugar con baños impecables. Su salón revestido de madera y su restaurante son los más exclusivos de Mikołajki para tomar un bocado.

Król Sielaw　　　PENSIÓN €€
(☎87 421 6323; www.krolsielaw.mazury.info; ul Kajki 5; i/d 110/165 PLN; 🛜) Vigas rústicas y artesanía cursi ponen el típico toque de color en estas económicas habitaciones. La temática pseudorrural se extiende hasta el modesto restaurante de pescado. El lago se encuentra a solo una manzana y ofrece descuentos para estancias de más de tres noches.

Restauracja Prohibicja　　　POLACA €€
(www.prohibicjamikolajki.pl; Plac Handlowy 13; principales 14-38 PLN; ⊙11.00-23.00; 🛜) Quizá sea el mejor restaurante de Mikołajki, con su temática gánster aderezada con *jazz*. Sus paredes están cubiertas de fotos de conocidos mafiosos del cine y célebres músicos de *jazz*, así como polacos famosos que han cenado aquí. Hay una terraza a la sombra de las parras y habitaciones económicas en la planta superior.

🛈 Información

Oficina de turismo (☎87 421 6850; www.mikolajki.pl; Plac Wolności 7; ⊙10.00-18.00 jun-ago, hasta 18.00 lu-sa may y sep)

🛈 Cómo llegar y salir

BARCO

De mayo a septiembre, los barcos de **Żegluga Mazurska** (www.zeglugamazurska.com) comunican Mikołajki con Giżycko; su web facilita el horario exacto de salidas.

AUTOBÚS

Mikołajki no cuenta con servicio ferroviario, por lo que solo queda recurrir a la diminuta estación de autobuses en la pequeña plac Kościelny, cerca de la iglesia, al final de la calle principal (ul 3 Maja). Ofrece servicios a las siguientes localidades:

Giżycko 14-17 PLN, 30 min-1 h, cada hora

Olsztyn 19 PLN, 2¼ h, 4 diarios (o trasbordo en Mrągowo)

Varsovia 45 PLN, 4½-5½ h, 8 diarios (verano)

Reserva de Łuknajno

El poco profundo lago Łuknajno, de 700 Ha, está 4 km al este de Mikołajki. En este enclave se guarece la comunidad de cisnes salvajes *(Cygnus olor)* más numerosa de Europa y es el hogar de muchas otras aves, unas 128 especies. De 1200 a 2000 cisnes anidan entre abril y mayo y permanecen en el lago durante todo el verano; se pueden ver desde algunas torres de observación.

Desde Mikołajki, una accidentada carretera conduce al lago. Como no hay transporte público, se deben caminar 3,5 km hasta encontrar el rótulo que indica "Do wieży widokowej" (A la torre mirador) y continuar 10 min más por el sendero que conduce a la orilla. Atención al calzado, ya que es posible que el suelo esté enfangado en primavera o después de llover. En función del viento, los cisnes podrían estar cerca de la torre o alejados, al otro lado del lago.

Comprender Polonia

Polonia hoy

Actualmente el país se siente bastante orgulloso de sí mismo. Fue el único de Europa en salir de la gran recesión de la pasada década sin que lo acusara su economía, y un cuarto de siglo después de la caída del comunismo, pasa por ser el vencedor en la transición a la democracia. Pero Polonia tiene ante sí nuevos retos, como afrontar la emergente desigualdad entre regiones en cuanto a renta y oportunidades.

Las mejores películas

Katyń (Andrzej Wajda; 2007) Conmovedor retrato de una masacre de la II Guerra Mundial en el bosque de Katyń.

Ida (Paweł Pawlikowski; 2013) Una joven novicia descubre la historia oculta de su familia; galardonada con un Óscar en el 2015.

El pianista (Roman Polański; 2002) Aclamada película sobre la vida en el gueto judío de Varsovia durante la II Guerra Mundial.

Los mejores libros

El agente polaco (Alan Furst) Apasionante novela de espionaje ambientada en Polonia en vísperas de la II Guerra Mundial.

Juegos de Dios: historia de Polonia (Norman Davies) Amena obra en dos volúmenes que abarca 1000 años de historia polaca.

El pájaro pintado (Jerzy Kosiński) Libro apasionante sobre las penalidades de un huérfano en fuga durante la II Guerra Mundial.

Si esto es un hombre (Primo Levi) Clásico de la literatura sobre el Holocausto que no ha perdido un ápice de impacto.

¿Llegará Polonia a adoptar el euro?

Tras ingresar en la UE en el 2004, se daba por hecho que el złoty pasaría a ser cosa del pasado. De hecho, no hace tanto se elogiaba a los primeros países del centro y el este de Europa en adoptar el euro –como Eslovenia y Eslovaquia– por adelantar a rezagados de la moneda única como la República Checa, Hungría y Polonia.

El entusiasmo por el euro comenzó a remitir durante la gran recesión europea del 2008-2011, cuando países con divisa propia, como Polonia, parecían salir mejor parados que los de la zona euro, al poder manipular su moneda y tipos de interés. Los bien documentados riesgos de Grecia con el euro en el 2015 acabaron por empañar el brillo que quedaba en las relucientes monedas.

En Polonia no cabe esperar la adopción del euro a corto plazo. El presidente Andrzej Duda, que inició en el 2015 un mandato de cinco años, es un conservador convencido. Su asesor de asuntos exteriores ha afirmado que el euro no se impondrá sin un referéndum previo, y dada su mala fama, es una opción improbable.

Transición cumplida

Desde la caída del comunismo en 1989, ha existido una cordial rivalidad entre los países excomunistas (Polonia, República Checa y Hungría) por ver quién podría completar más satisfactoriamente la transición a la democracia y la economía de mercado. La República Checa tenía ventaja, al ser la principal economía del bloque de Europa del Este durante el Guerra Fría.

La opinión generalizada, compartida por la Comisión Europea, es que Polonia es la vencedora. En el 2015, un cuarto de siglo después de la caída del comunismo, la comisión afirmó que el nivel de vida de los polacos había crecido más del doble en los últimos 20 años, un proceso que se aceleró en el 2004, con su entrada en la UE. Utilizando una gráfica de la renta per cápita, se demostró que

Polonia había superado no solo a países del antiguo bloque oriental, sino a veteranos estados miembros como Alemania e Italia.

Este hecho quizá sorprenda a quienes recuerden los tiempos de la Guerra Fría, cuando el país se veía acuciado por el descontento crónico y una gran deuda pública. Hoy debe afrontar nuevos retos, como la creciente desigualdad económica, pero ha vencido obstáculos que se antojaban insalvables.

Como consecuencia de ese éxito, Polonia es hoy el 10º país más visitado de Europa, con unos 16 millones de visitantes anuales, según la Organización Mundial del Turismo. Aunque bastante alejada de Francia, la primera con 84 millones, es la mejor situada de los antiguos estados comunistas de Europa central.

Polonia A y Polonia B

Durante su estancia en el país, el viajero escuchará alusiones a las dos Polonias, en referencia a la creciente división entre las regiones más prósperas y las menos desarrolladas. Estos términos muestran cómo los polacos ven su propio país y dan fe de remotos acontecimientos históricos que aún hoy resuenan en su territorio.

A falta de un criterio universal, la Polonia A suele referirse a las regiones al oeste del Vístula, incluidas ciudades como Varsovia y Cracovia, con niveles educativos relativamente superiores, infraestructuras más desarrolladas, y actitudes generalmente progresistas, y prooccidentales. La Polonia B alude a ciudades y pueblos al este y al sur, donde el tiempo parece haberse detenido. Las encuestas de opinión confirman las actitudes populares; los ciudadanos de esta parte del país tienden a ser más pesimistas sobre el futuro, más nacionalistas y conservadores.

Obviamente, existen razones de tipo geográfico que pueden explicar estas diferencias. Las zonas que limitan con estados más pobres como Belarús y Ucrania se suponen menos dinámicas que las más próximas a Alemania. Pero también puede haber motivos históricos. La Polonia A coincide bastante con zonas que fueron engullidas por Prusia (Alemania) y Austria en el s. XIX, cuando las grandes potencias se repartieron el país. La actual Polonia B fue ocupada en gran parte por la Rusia zarista. Aunque cueste creerlo, es posible que actitudes inculcadas durante ese siglo de ocupación persistan en la actualidad.

PIB (PER CÁPITA): **23 650 US$**

INFLACIÓN: **0,05%**

DESEMPLEO: **10,3%**

LAGOS: **9000**

BISONTES SALVAJES: **1400**

PORCENTAJE DE VÍCTIMAS EN LA II GUERRA MUNDIAL: **20% (REINO UNIDO 0,9%; EE UU 0,2%)**

si Polonia tuviera 100 personas

97 serían polacas
3 serían de otras nacionalidades

creencias religiosas
(% de la población)

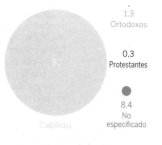

1,3
Ortodoxos

0,3
Protestantes

8,4
No especificado

90
Católicos

población por km²

POLONIA   ESPAÑA   EE UU

≈ 32 personas

Historia

No sería exagerado decir que la historia de Polonia se ha caracterizado por una serie de ascensos épicos, declives catastróficos y recuperaciones desde el borde del abismo.

El país que se conoce hoy se forjó en los albores del primer milenio, con la conversión al cristianismo del duque Miecislao I en el 966. Sus primeros años, al igual que en los reinos aledaños, estuvieron marcados por las guerras, conquistas e invasiones mongolas, pero salió a flote. En el s. XIV, el reinado de Casimiro III el Grande [1333-1370] fue de lo más próspero, y en 1364 fundó en Cracovia, la capital real, uno de los primeros centros de educación superior de Europa central, la actual Universidad Jagellónica.

En 1410 se logró un triunfo de suma importancia con la derrota de los Caballeros Teutones a manos de una fuerza compuesta por polacos y lituanos. Algo más de un siglo más tarde, en 1569, los polacos y los lituanos formalizaron su unión y crearon durante un tiempo el país más extenso de Europa.

El pueblo de Varsovia tenía motivos para celebrar la unión, pues suponía el traslado de la capitalidad desde Cracovia en torno al año 1600. No obstante, el resto del s. XVII fue un cúmulo de despropósitos. Polonia se vio sumida en varias guerras, incluido un conflicto con Suecia que le costó un cuarto de su territorio y un tercio de su población.

Sumamente debilitada en el s. XVIII, Polonia se antojó una presa muy tentadora para las vecinas Prusia, Rusia y Austria, que se repartieron el país y lo hicieron desaparecer de los mapas hasta el final de la I Guerra Mundial.

La nueva Polonia independiente partió de cero desde una posición aceptable, pero su emplazamiento entre Alemania y la Unión Soviética resultaba bastante peligroso. Tanto Hitler como Stalin codiciaban territorios polacos y, finalmente, fueron a la guerra para conseguirlos. Polonia perdió casi una quinta parte de su población durante la II Guerra Mundial, incluida la práctica totalidad de los casi tres millones de judíos del país.

La guerra terminó desplazando la frontera de Polonia unos 200 km hacia el oeste, al tiempo que la afianzó en el Bloque del Este, controlado

Héroes nacionales

Mariscal Józef Piłsudski

Tadeusz Kościuszko

Nicolás Copérnico

Frédéric Chopin

Marie Curie

Karol Wojtyła

Lech Wałęsa

CRONOLOGÍA

700 a.C.	Antes del 500	Antes del 500
Durante la Edad del Hierro, la tribu lusaciana, presente en lo que hoy es Polonia, levanta un asentamiento amurallado en la población de Biskupin.	Los eslavos empiezan a asentarse en los territorios de la actual Polonia, aunque se desconoce la fecha exacta de la llegada de las primeras tribus.	Fundación de la primera localidad polaca, Gniezno, por Lech, uno de los tres míticos hermanos que, según la leyenda, crearon las tres naciones eslavas (Polonia, Rutenia y Bohemia).

por los soviéticos. El comunismo fue una época de estancamiento, superada al fin con la caída en 1989 de los regímenes del Este respaldados por la Unión Soviética.

En términos generales, el país ha prosperado desde la caída del comunismo como miembro de la Unión Europea, aunque con un crecimiento desigual, mayor en las grandes ciudades y regiones occidentales que en zonas del sur y el este.

Antes de los polacos

El territorio actual de Polonia lleva habitado desde la Edad de Piedra, cuando numerosas tribus del este y el oeste se establecieron en sus fértiles llanuras. En muchos museos pueden verse hallazgos arqueológicos de aquel tiempo y de la Edad del Bronce, pero el ejemplo más valioso de la presencia de pobladores anteriores a los eslavos se encuentra en Biskupin. Su aldea fortificada de la Edad de Hierro fue levantada por los lusacianos hace unos 2700 años. Después, pueblos celtas, germánicos y bálticos se asentaron consecutivamente en territorio polaco, pero no fue hasta la llegada de los eslavos cuando este empezó a moldearse como nación.

Orígenes eslavos y la dinastía Piast

Aunque se desconoce la fecha exacta de la llegada de las primeras tribus eslavas, los historiadores coinciden en que comenzaron a poblar la región entre los ss. V y VIII. A partir del s. VIII, los asentamientos más pequeños empezaron a juntarse para formar mayores núcleos de población y establecerse con carácter permanente en lo que sería Polonia. El apelativo del país proviene de una de aquellas tribus, los polanos (literalmente, "gente de los campos"), que se instalaron a orillas del río Warta, cerca de la actual Poznań. En el s. X, su jefe, el legendario Piast, consiguió unir a los grupos próximos y crear una sola entidad política a la que dio el nombre de Polska (después Wielkopolska, que significa "Gran Polonia"). Hubo que esperar hasta la llegada del bisnieto de Piast, el duque Mieszko I, para que gran parte de Polonia quedara unificada bajo una dinastía, la Piast.

Cristianismo y conquistas

Convertido al cristianismo, el duque Mieszko siguió el ejemplo de los primeros gobernantes cristianos y se lanzó a la conquista de sus vecinos. Pronto toda la región costera de Pomerania (Pomorze) estuvo bajo su soberanía, junto con Śląsk (Silesia), al sur, y Małopolska (Pequeña Polonia), al sureste. En el 992, cuando murió, sus fronteras eran similares a las actuales, con la capital y el arzobispado en Gniezno.

Por aquel entonces, ciudades como Gdańsk, Szczecin, Poznań, Wrocław y Cracovia ya existían. El hijo de Mieszko, Boleslao el Valiente, continuó

Reyes polacos notables

Casimiro III el Grande [1333-1370]

Vladislao II Jagellón [1386-1434]

Esteban Batory [1576-1586]

Segismundo III Vasa [1587-1632]

Juan III Sobieski [1674-1696]

HISTORIA ORÍGENES ESLAVOS Y LA DINASTÍA PIAST

966	Década del 970	1038	1226
El primer gobernante de Polska sobre el que existe documentación, el duque Mieszko I, se convierte al cristianismo. Nace el Estado polaco.	El duque Mieszko I construye la primera catedral de Polonia en Gniezno y una segunda en Poznań. La religión católica comienza a ejercer una larga y poderosa influencia sobre el pueblo polaco.	Durante el reinado de Casimiro I, la capital polaca se traslada a Cracovia. Será la residencia real durante los 550 años siguientes.	El duque Conrado de Mazovia convoca a los Caballeros Teutones para que le ayuden a someter a un grupo de paganos prusianos, permitiendo a la orden establecerse en suelo polaco.

Antiguas capitales de Polonia

Gniezno

Poznań

Cracovia

Płock

Lublin

Łódź

la labor de su padre e incluso extendió por el este la frontera polaca hasta Kiev. El centro administrativo del país se trasladó de Wielkopolska a Małopolska, menos vulnerable, y a mediados del s. xi la corte se estableció en Cracovia.

Cuando los paganos de Prusia, en el extremo noreste de la actual Polonia, atacaron el ducado de Mazovia en 1226, el duque Conrado de Mazovia solicitó ayuda a los Caballeros Teutones, orden militar y religiosa alemana que pasó a la historia durante las Cruzadas. Los Caballeros no tardaron en dominar a las tribus paganas, pero después se volvieron contra sus aliados y erigieron imponentes castillos en territorio polaco, conquistaron la ciudad portuaria de Gdańsk (a la que rebautizaron como Dánzig) y, en la práctica, tomaron posesión de toda la Polonia septentrional; ejercían el mando desde el más formidable de sus castillos, en Malbork, y en cuestión de décadas se convirtieron en una potencia militar europea de primer orden.

Casimiro III el Grande

Durante el reinado de Casimiro III el Grande [1333-1370], Polonia se fue convirtiendo en un Estado próspero y poderoso. Casimiro recuperó la soberanía de Mazovia, y luego conquistó vastas zonas de Rutenia (hoy Ucrania) y Podolia, con lo que consiguió expandir sus dominios hacia el sureste.

Casimiro también fue un gobernante ilustrado, muy activo en los asuntos internos. Promovió e instituyó reformas y fundamentó sólidas bases legales, económicas, comerciales y educativas. Asimismo, promulgó una ley que otorgaba privilegios a los judíos, que encontraron entonces en Polonia un hogar seguro para los siglos venideros. Fundó unas 70 localidades. La capital real, Cracovia, floreció, y en 1364 nació una de las primeras universidades europeas. También edificó una extensa red de castillos y fortificaciones para incrementar la seguridad. Hay un refrán que dice que este rey "encontró una Polonia de madera y la dejó convertida en piedra".

La derrota de los Caballeros Teutones

Los últimos años del s. xiv vieron cómo Polonia forjaba una alianza dinástica con Lituania, un matrimonio político que, de la noche a la mañana, multiplicaba por cinco su territorio y que duró cuatro siglos. De esta alianza salieron beneficiadas ambas partes: Polonia ganó un socio para las escaramuzas que mantenía contra tártaros y mongoles, y Lituania recibió ayuda en su lucha contra los Caballeros Teutones.

Durante el reinado de Vladislao II Jagellón [1386-1434], la alianza finalmente derrotó a los Caballeros Teutones en 1410 en la batalla de Grunwald, y recuperó Pomerania Oriental, parte de Prusia y el puerto de Gdańsk.

1241-1242	1333	1493	Principios del s. xvi
Las invasiones mongolas dejan Polonia y buena parte de Europa en ruinas, lo que permite que los colonos alemanes se abran paso hacia el este de Polonia y que esta, a su vez, se expanda hacia Ucrania.	Casimiro III el Grande sube al trono; durante sus casi 40 años de reinado, Polonia se convierte en un Estado próspero y poderoso, ocupando áreas de la actual Ucrania.	Se instituye la cámara baja del Parlamento polaco, el llamado Sejm, formado por obispos y nobles, cuya misión principal es la de contrapesar el poder del rey.	Las artes y las ciencias florecen durante los reinados de Segismundo I el Viejo y su hijo Segismundo II Augusto, la "edad dorada" del reino.

Durante 30 años, el Imperio polaco fue el mayor estado europeo, que se extendía desde el Báltico hasta el mar Negro.

Pero aquello no iba a durar mucho. Las amenazas se manifestaron hacia finales del s. xv, cuando, los otomanos desde el sur, los tártaros de Crimea desde el este y los zares moscovitas desde el norte y el este, por separado o formando alianzas, invadieron y asaltaron una y otra vez los territorios orientales y meridionales, e incluso consiguieron llegar una vez hasta Cracovia.

La edad dorada de Polonia

El Renacimiento llegó a Polonia a principios del s. xvi, y durante los reinados de Segismundo I el Viejo [1506-1548] y su hijo Segismundo II Augusto [1548-1572] florecieron las artes y las ciencias. Esta época se conoce como la "edad dorada" del reino.

Por aquella época, el grueso de la población polaca lo integraban polacos y lituanos, pero se contaban también minorías de los países vecinos.

Políticamente, durante el s. xvi Polonia pasó a ser una Monarquía parlamentaria que otorgaba la mayoría de los privilegios a la *szlachta* (pequeña nobleza feudal), aproximadamente el 10% de la población. En contraste, el estatus de los campesinos se iba deteriorando y casi acabaron siendo meros esclavos.

Con la esperanza de fortalecer la monarquía, el Sejm (una temprana forma de Parlamento privativo de la nobleza) se reunió en Lublin en 1569, unió Polonia y Lituania en un único estado, y nombró a Varsovia sede de los futuros debates. A partir de aquel momento no habría heredero directo al trono, sino que la sucesión real dependería del deseo de los nobles, que tendrían que ir a Varsovia a votar.

La República Real

La "República Real" hace referencia a la elección de los monarcas por parte de la nobleza, una medida dudosa que se puso en práctica cuando Segismundo II Augusto murió sin descendencia. La decisión de barajar candidatos extranjeros casi condujo al desmoronamiento de la república. En cada elección real, las potencias extranjeras promocionaban a sus candidatos mediante contubernios y sobornos. Durante este período gobernaron Polonia nada menos que 11 reyes, de los cuales solo cuatro fueron polacos.

El primer rey electo, Enrique de Valois, se retiró a su tierra natal para ceñirse la Corona francesa cuando solo llevaba un año en el trono polaco. Su sucesor, Esteban Batory [1576-1586], príncipe de Transilvania, fue una elección mucho más acertada. Batory, junto con su hábil jefe militar y canciller Jan Zamoyski, libró una serie de exitosas batallas contra Iván

Pese a ser un viejo enemigo de los polacos, el Imperio otomano fue la única potencia europea que nunca reconoció el Reparto de Polonia.

1541	1569	Década de 1570	1596-1609
Nicolás Copérnico afirma que la Tierra gira alrededor del Sol y cambia para siempre el curso de la ciencia. Los polacos dicen que Copérnico "detuvo al Sol y movió la Tierra".	El Reino de Polonia y el Gran Ducado de Lituania se unifican frente a la creciente amenaza de los zares. La unión se mantiene hasta 1791.	Polonia establece una Monarquía parlamentaria con la mayoría de los privilegios concentrados en la nobleza feudal. La fórmula resulta desastrosa cuando los nobles discrepan sobre asuntos clave.	Después de 550 años, la capital se traslada a Varsovia debido a su céntrico emplazamiento y mayor proximidad a Vilna.

el Terrible y estuvo cerca de formar una alianza con Rusia frente a la amenaza otomana.

Después de la prematura muerte de Batory, se ofreció la Corona al sueco Segismundo III Vasa [1587-1632], con el que Polonia alcanzó su máxima extensión territorial: casi el triple de la que ocupa hoy. Pese a todo, a Segismundo se le recuerda más por haber trasladado la capital polaca de Cracovia a Varsovia entre 1596 y 1609.

El general francés Napoleón Bonaparte pasó mucho tiempo en Polonia y fue venerado por su gente como un salvador nacional en potencia. En 1797 se comprometió a revertir el Reparto impuesto por Rusia.

Intrusos del este y "el Diluvio"

Los albores del s. XVII marcaron un giro en el destino de Polonia. El aumento del poder de la nobleza socavó la autoridad del Sejm. El país fue dividido en enormes propiedades privadas, y los nobles, frustrados por un gobierno ineficaz, decidieron alzarse en armas.

Mientras tanto, los invasores extranjeros no cejaban en su presión fronteriza. Juan II Casimiro Vasa [1648-1668], el último miembro de la dinastía Vasa, fue incapaz de resistir el acoso de los rusos, tártaros, ucranianos, cosacos, otomanos y suecos, que acechaban por todos los frentes. La invasión sueca de 1655-1660, conocida como "el Diluvio", resultó especialmente desastrosa.

El último momento brillante en el largo declinar de la República Real fue el reinado de Juan III Sobieski [1674-1696], un espléndido comandante que lideró victorioso varias batallas contra los otomanos; la más famosa fue la de Viena, librada en 1683 y en la que derrotó a los turcos, con lo que consiguió frenar su avance hacia Europa occidental.

Auge de Rusia

A principios del s. XVIII, Polonia se hallaba sumida en la decadencia y Rusia se había convertido en un imperio poderoso y expansionista. Los zares reforzaron sistemáticamente su tenaza sobre el convulso país, y los soberanos polacos se convirtieron en sus marionetas, como se puso de manifiesto durante el reinado de Estanislao Augusto Poniatowski [1764-1795], cuando Catalina la Grande, emperatriz de Rusia, intervenía directamente en los asuntos de Polonia. El derrumbe del Imperio polaco estaba a la vuelta de la esquina.

El Reparto de Polonia

Al visitar el país es probable que el viajero oiga alguna alusión al Reparto, el período de finales del s. XVIII en que Polonia fue repartida entre sus vecinos más poderosos: Prusia, Rusia y Austria. Dicho período se prolongó hasta el final de la I Guerra Mundial. Durante 123 años, Polonia desapareció del mapa.

Principios del s. XVII	1655-1660	1683	1764
Durante el reinado de Segismundo III Vasa, Polonia alcanza su mayor extensión territorial, que llega a triplicar su tamaño actual.	Durante "el Diluvio" se pierde un cuarto del territorio y las ciudades son saqueadas. Cuatro millones de polacos (de una población de 10 millones), sucumben a la guerra, el hambre y la peste.	Juan III Sobieski frena a los turcos otomanos a las puertas de Viena. La victoria salva la ciudad, pero debilita a las propias defensas militares polacas.	Estanislao Augusto Poniatowski sube al trono. Es un líder popular pero débil, que permite que Catalina la Grande se inmiscuya en cuestiones de Estado polacas.

El Reparto condujo en un principio a reformas inmediatas y a una nueva Constitución liberal, y Polonia permaneció relativamente estable. Catalina la Grande no podía tolerar esta peligrosa democracia y envió sus tropas. A pesar de la resistencia, las reformas fueron abolidas por la fuerza.

Aquí entra en escena Tadeusz Kościuszko, héroe de la Guerra de Secesión estadounidense, quien, con la ayuda de fuerzas patrióticas, promovió una rebelión armada en 1794, con la que ganó rápidamente el apoyo popular y algunas victorias tempranas. Sin embargo, el Ejército ruso, más fuerte y mejor armado, acabó con ellos en menos de un año.

A pesar de las circunstancias, el país continuó existiendo como entidad espiritual y cultural y, en secreto, se crearon varias sociedades nacionalistas. La Francia revolucionaria fue el principal valedor en la lucha polaca, por lo que algunos de sus líderes huyeron a París.

La I Guerra Mundial y la Segunda República

A pesar de que la mayoría de los combates de la I Guerra Mundial (al menos en el frente oriental) tuvieron lugar en territorio polaco y ocasionaron una enorme pérdida de vidas y destrucción, paradójicamente, la guerra condujo a la independencia del país.

Por un lado, se enfrentaban el Imperio austrohúngaro y Alemania (incluida Prusia); por el otro, Rusia y sus aliados occidentales. Al no tener un Estado, ni un ejército que los defendiera, casi dos millones de polacos fueron obligados a unirse a los ejércitos ruso, alemán o austriaco y batallar entre ellos.

Tras la Revolución de Octubre de 1917, Rusia se sumergió en una guerra civil que la llevó a perder el control de los asuntos polacos. El hundimiento final del Imperio austriaco en octubre de 1918 y la retirada de los alemanes de Varsovia en noviembre hicieron el resto. El mariscal Józef Piłsudski tomó Varsovia el 11 de noviembre de 1918, declaró la soberanía de Polonia y se autoproclamó jefe del Estado.

Ascenso y caída de la Segunda República

Las hostilidades de la I Guerra Mundial concluyeron con la firma del Tratado de Versalles en 1919, que establecía la creación de una Polonia independiente y, por ende, el nacimiento de la Segunda República.

El tratado otorgó a Polonia la parte occidental de Prusia y, consecuentemente, el acceso del país al mar Báltico. La ciudad de Gdánsk, sin embargo, no fue incluida y pasó a ser la ciudad libre de Dánzig. El resto de la frontera occidental de Polonia fue redibujada durante diversos plebiscitos, con el resultado de que el país se quedó con grandes zonas industriales de la Alta Silesia. Las fronteras orientales quedaron delimitadas cuando

PIŁSUDSKI

En su frase más célebre, Piłsudski aseguraba: "Ser derrotado y no rendirse, esa es la auténtica victoria".

1772	3 de mayo de 1791	1793	1795
Primer Reparto del país por instigación de Catalina la Grande. Rusia, Prusia y Austria se anexionan en total un 30% del territorio polaco.	Se firma en Varsovia la segunda Constitución escrita del mundo (la primera fue en EE UU). En virtud de ella, los campesinos quedan bajo la protección directa del Gobierno.	Segundo Reparto de Polonia. Rusia y Prusia refuerzan su poder al hacerse con más de la mitad del territorio. Polonia se ve reducida a unos 200 000 km², con cuatro millones de habitantes.	Tercer Reparto de Polonia. El país deja de existir por completo y no vuelve a ser una república hasta el final de la II Guerra Mundial, en 1918.

Alicia, la historia de mi vida, de Alicia Appelman-Jurman, es el relato de una niña judía polaca que se ve obligada a sobrevivir a la ocupación de su ciudad, primero soviética y luego nazi.

las fuerzas polacas derrotaron al Ejército Rojo durante la guerra polaco-soviética de 1919-1920.

Cuando terminó el conflicto territorial, la Segunda República abarcaba casi 400 000 km² y contaba con 26 millones de habitantes, un tercio de los cuales eran de etnia no polaca, sobre todo judíos, ucranianos, bielorrusos y alemanes.

Después de que Piłsudski se retirara de la vida política en 1922, el país vivió cuatro años de cierta inestabilidad hasta que el gran militar tomó de nuevo el poder como consecuencia de un golpe de Estado en mayo de 1926. El Parlamento fue perdiendo competencias poco a poco, pero, a pesar de la dictadura, la represión política apenas afectó a la gente de a pie. La situación económica se mantuvo relativamente estable y la vida cultural e intelectual conoció un período de cierta prosperidad.

PIŁSUDSKI: PATRIOTA, SOLDADO Y ESTADISTA

En toda Polonia se ven estatuas del mariscal Józef Piłsudski, una controvertida figura política durante las décadas de 1920 y 1930, a quien pese a todo se venera por haber sido un patriota polaco y un excelente comandante.

Piłsudski nació en 1867 en la región de Vilna y se sumó al movimiento antizarista siendo todavía un adolescente. Buena parte de su juventud la pasó encarcelado: cinco años en Siberia, un paso fugaz por la Ciudadela de Varsovia, y más tiempo en San Petersburgo antes de regresar a Polonia para liderar sus legiones en la II Guerra Mundial.

Al concluir la guerra, Piłsudski volvió a Varsovia para declarar el nacimiento de un nuevo Estado polaco el 11 de noviembre de 1918. Su momento de mayor grandeza lo vivió después de la guerra, cuando lanzó una descomunal ofensiva hacia el este para recuperar vastos territorios que habían sido polacos antes de los repartos del s. XVIII. Una contraofensiva soviética alcanzó la capital, pero en la batalla de Varsovia, en agosto de 1920, el Ejército polaco, con Piłsudski al mando, derrotó al Ejército Rojo.

Una vez que la nueva Polonia independiente recuperó su lugar en el mapa, y tras adoptar una Constitución democrática en 1921, Piłsudski renunció en 1922.

Volvió a aparecer en escena cuatro años más tarde para encabezar un golpe de Estado que librara al país de lo que él consideraba un estancamiento político y económico. Su repentino regreso provocó tres días de refriegas callejeras que dejaron 400 muertos y más de 1000 heridos.

Tras la dimisión del Gobierno, la Asamblea Nacional eligió presidente a Piłsudski, quien rechazó el cargo y optó por ocupar la cartera de Defensa, que desempeñó hasta su muerte. Pese a esto, pocos dudan que fue quien realmente gobernó el país entre bastidores hasta su muerte en 1935. Enterrado con todos los honores, sus restos reposan entre los reyes polacos en la cripta de la catedral de Wawel, de Cracovia.

1807	1810	1815	1830
Napoleón Bonaparte crea el Ducado de Varsovia tras aplastar a los prusianos en suelo polaco. Después de la derrota de Napoleón frente a los rusos, el ducado vuelve a repartirse ente Rusia y Prusia.	Año de nacimiento de Frédéric Chopin, el compositor polaco más célebre, aunque pasó buena parte de su vida en Francia.	El Congreso de Viena instituye el Reino de Polonia o Reino del Congreso. El Ducado de Varsovia desaparece y Polonia vuelve a quedar bajo control ruso.	Primera de las insurrecciones contra los gobernantes rusos, conocida como Insurrección de Noviembre. En un año se sofoca la rebelión y comienza la deportación de polacos a Siberia.

El 23 de agosto de 1939, los ministros de asuntos exteriores de Alemania y la Unión Soviética, Ribbentrop y Molotov, sellaron en Moscú un pacto de no agresión. Dicho acuerdo incluía un protocolo secreto según el cual Stalin y Hitler tenían previsto repartirse Polonia.

La II Guerra Mundial

Si en la década de 1930 se le hubiera preguntado a los polacos cuál podría ser el peor escenario imaginable para su país, más de uno habría respondido que Alemania y la Unión Soviética se enzarzaran en una disputa por Polonia, y eso es a grandes rasgos lo que sucedió.

La guerra que redibujó las fronteras del país estalló al alba, el 1 de septiembre de 1939, con la invasión alemana. La lucha comenzó en Gdańsk (entonces ciudad libre de Dánzig), donde los nazis se toparon con una fuerte resistencia en Westerplatte. La batalla duró una semana. Simultáneamente, otro frente alemán asaltaba Varsovia, que acabó por claudicar el 28 de septiembre. A pesar de la valiente respuesta polaca, no había posibilidad de frenar a los alemanes, abrumadoramente superiores en número y en armamento; los últimos grupos resistentes fueron aplastados a principios de octubre.

La política de Hitler consistió en borrar Polonia del mapa y germanizar su territorio. Cientos de miles de polacos fueron deportados a campos de trabajo en Alemania, mientras que otros, principalmente la élite cultural, fueron ejecutados en un intento de dejar al país sin liderazgo espiritual ni intelectual.

La consigna fue que los judíos tenían que ser eliminados por completo; al principio los segregaron y confinaron en guetos, para después trasladarlos a campos de exterminio diseminados por todo el país. Casi toda la población judía de Polonia y casi un millón de polacos no judíos murieron en estos campos. En numerosos guetos y campamentos estallaron brotes de resistencia, el más famoso de los cuales fue el Levantamiento de Varsovia.

Invasión soviética

Semanas después de la ocupación alemana, la Unión Soviética penetró en Polonia y reclamó la mitad oriental del país, con lo cual Polonia quedó dividida nuevamente. A esto siguieron detenciones masivas, exilios y ejecuciones. Se calcula que entre uno y dos millones de polacos fueron enviados a Siberia, el Ártico soviético y Kazajstán entre 1939 y 1940. Al igual que los alemanes, los soviéticos emprendieron su propio proceso de genocidio intelectual.

Diario del levantamiento de Varsovia, de Miron Bialoszeweski, habla de la dramática historia de supervivencia y destrucción de la capital polaca.

En www.war sawuprising. com, un archivo fotográfico muestra el horror y destrucción del Levantamiento de Varsovia.

1863	Finales del s. xix	1903	1914
La Insurrección de Enero contra los rusos es aplastada y Rusia suprime el Congreso de Polonia. El territorio y sus ciudadanos son incorporados directamente al imperio ruso.	Unos cuatro millones de polacos, de un total de entre 20 y 25 millones, escapan de la tiranía rusa. La mayoría viaja a EE UU.	Marie Curie, de Varsovia, gana el Nobel de Física. Se convierte en la primera mujer en obtener el galardón y, en 1911, en la primera persona en contar con dos (en la segunda ocasión, de Química).	Estalla la I Guerra Mundial. Las potencias ocupantes –Alemania y Austria por el oeste y el sur y Rusia por el este– fuerzan a los polacos a luchar entre sí en suelo patrio.

EL LEVANTAMIENTO DE VARSOVIA

A principios de 1944, con los nazis batiéndose en retirada en Polonia ante el avance del Ejército Rojo, la resistencia polaca (Ejército Nacional; el AK) se preparaba en Varsovia para liberar la ciudad. El 1 de agosto de 1944, se dieron órdenes para la revuelta contra los alemanes con la intención de establecer un mando polaco en la ciudad antes de que entrara en acción el Ejército soviético.

El Levantamiento triunfó al principio y el AK, formando barricadas y utilizando las alcantarillas de la capital como vías de comunicación, se apoderó de amplias zonas que confiaban en controlar hasta recibir apoyo de los Aliados y los soviéticos. Pero no acudió nadie. Los Aliados estaban muy ocupados en salir de las playas de Normandía después del desembarco del Día D; y el Ejército Rojo, acampado fuera de la capital, tampoco movió un dedo. Al enterarse de la revuelta, Stalin frenó la ofensiva y ordenó a sus generales que no intervinieran ni proporcionaran ayuda alguna a los insurgentes.

El Levantamiento de Varsovia duró 63 días, hasta que los rebeldes se vieron obligados a rendirse; los hechos se saldaron con la muerte de unos 200 000 polacos. La venganza alemana fue brutal: Varsovia quedó arrasada. No fue hasta el 17 de enero de 1945 cuando las tropas soviéticas se decidieron por fin a entrar en la capital polaca, que para entonces no era más que un montón de escombros.

Para los polacos, el Levantamiento de Varsovia fue uno de los momentos más heroicos y trágicos de la guerra. El Museo del Levantamiento de Varsovia y el monumento al Levantamiento de Varsovia conmemoran aquellos terribles acontecimientos.

Gobierno en el exilio y resistencia nacional

Poco después del estallido de la II Guerra Mundial se formó en Francia un Gobierno en el exilio presidido por el general Ladislao Sikorski. Al general le sucedió Estanislao Mikołajczyk, quien, en junio de 1940, al desplazarse el frente de guerra al oeste, se refugió en Londres.

El curso de los acontecimientos cambió por completo cuando Hitler atacó por sorpresa la Unión Soviética el 22 de junio de 1941. Los soviéticos fueron expulsados del este de Polonia y todo el país quedó bajo control alemán. El *Führer* se instaló en Polonia y permaneció allí durante más de tres años.

Ya desde el principio de la guerra había entrado en acción un movimiento de resistencia a escala nacional, concentrado en las ciudades, que actuaba en los sistemas educativo y judicial y en las comunicaciones. De los grupos armados formados por el Gobierno en el exilio en 1940 surgió el Armia Krajowa (AK; Ejército Nacional), que desempeñó un papel preeminente en el Levantamiento de Varsovia.

11 de noviembre de 1918	28 de junio de 1919	Agosto de 1920	12-14 de mayo de 1926
Fecha de fundación de la Segunda República. Llamada así para establecer un puente simbólico entre esta y la República Real, que existió antes de los repartos.	El Tratado de Versalles, que pone fin a la II Guerra Mundial, otorga a Polonia la parte occidental de Prusia y acceso al mar Báltico, pero Gdańsk queda como "ciudad libre".	Polonia derrota al Ejército Rojo en la Batalla de Varsovia, y con ello se asegura grandes extensiones de territorio en las actuales Belarús y Ucrania.	Los escarceos de Polonia con la democracia concluyen cuando Marshal Józef Piłsudski toma el poder en un golpe de Estado, suprime el Parlamento e impone un régimen autoritario.

Cambio de rumbo

La derrota sufrida por Hitler en Stalingrado en 1943 marcó el punto de inflexión de la guerra en el frente oriental y, a partir de entonces, el Ejército Rojo avanzó sin tropiezos hacia el oeste. Después de que los soviéticos liberaran la ciudad polaca de Lublin, el 22 de julio de 1944 se formó el procomunista Comité Polaco de Liberación Nacional (PKWN), que asumió las funciones de gobierno provisional. Una semana más tarde, el Ejército Rojo llegaba a las inmediaciones de Varsovia, ocupada por los alemanes.

En un último intento de establecer una administración polaca independiente, el AK quiso hacerse con el control de la ciudad antes de que llegaran las tropas soviéticas, con resultados desastrosos. El Ejército Rojo prosiguió su avance hacia el oeste y al cabo de pocos meses llegó a Berlín. Los alemanes capitularon el 8 de mayo de 1945.

Al término de la II Guerra Mundial, Polonia estaba literalmente en ruinas. Más de seis millones de polacos habían muerto en el conflicto, en torno al 20% de la población de antes de la guerra. De los tres millones de judíos polacos que había en 1939, solo sobrevivían unos 90 000. Las

> Winston Churchill señaló que "Polonia fue el único país que jamás colaboró con los nazis, y ninguna unidad polaca luchó en el Ejército alemán".

HISTORIA LA II GUERRA MUNDIAL

MASACRE DE KATYŃ

En abril de 1943, las tropas alemanas que luchaban en el frente oriental se encontraron con unas enormes fosas comunes en el bosque de Katyń, cerca de Smolensk, en la actual Rusia. Las excavaciones desvelaron los restos de varios miles de soldados y civiles polacos que habían sido ejecutados. El Gobierno soviético negó toda responsabilidad y acusó a los alemanes del crimen. Después de que los comunistas subieran al poder en Polonia, el asunto siguió siendo tabú a pesar de que casi todos los polacos conocían lo ocurrido.

No fue hasta 1990 cuando los soviéticos admitieron su "error", y dos años después se hicieron públicos por primera vez los documentos secretos que demostraban que el Politburó de Stalin había sido el responsable de la masacre.

El horror de Katyń afloró durante las exhumaciones llevadas a cabo por arqueólogos polacos en 1995-1996. He aquí lo sucedido: al poco tiempo de invadir Polonia, en septiembre de 1939, los soviéticos tomaron unos 180 000 prisioneros que fueron recluidos en varios campos repartidos por la Unión Soviética y los territorios ocupados. Siguiendo las órdenes de Stalin, firmadas en marzo de 1940, en torno a 21 800 de estos rehenes, entre los que se incluían muchos oficiales de alta graduación, jueces, maestros, médicos y abogados, fueron trasladados hasta los bosques de Katyń y otras zonas, fusilados y enterrados en fosas comunes. El propósito de los soviéticos era acabar con la élite cultural polaca para eliminar el liderazgo intelectual de la nación.

Nadie ha sido juzgado por esta atrocidad, pues Rusia afirma que lo sucedido en Katyń fue un delito militar y no un genocidio, crimen de guerra o crimen contra la humanidad.

1 de septiembre de 1939	17 de septiembre de 1939	22 de junio de 1941	1942
Los nazis utilizan como pretexto para invadir Polonia un montaje de un ataque a una emisora de radio alemana realizado por alemanes disfrazados de polacos. Estalla la II Guerra Mundial.	La Unión Soviética cumple su parte del Pacto Molotov-Ribbentrop, un programa para repartirse Europa del Este con la Alemania nazi, e invade el este de Polonia.	La Alemania nazi deroga el Pacto Molotov-Ribbentrop y declara la guerra a la Unión Soviética, lo que deriva en una precaria alianza entre Polonia y los soviéticos contra su enemigo común.	La Alemania nazi pone en marcha la Operación Reinhard, su plan secreto para asesinar a los judíos de la Polonia ocupada, y construye campos de exterminio en las regiones más orientales del país.

ciudades habían quedado reducidas a escombros; en Varsovia, solo el 15% de los edificios continuaba en pie. Muchos polacos exiliados prefirieron no regresar debido al nuevo orden político.

La Polonia comunista

Se atribuye a Stalin la siguiente frase de 1944: "Implantar el comunismo en Polonia es como ensillar una vaca".

Pese a que Polonia emergió de la II Guerra Mundial entre las potencias ganadoras, tuvo la desgracia de caer en el Bloque del Este, dominado por la Unión Soviética.

Los problemas afloraron durante la Conferencia de Yalta en febrero de 1945, cuando los tres líderes aliados, Roosevelt, Churchill y Stalin, acordaron dejar Polonia bajo control soviético. La frontera oriental polaca seguiría más o menos la línea de demarcación nazi-soviética de 1939. Seis meses después, los líderes aliados fijaron las lindes occidentales de Polonia a lo largo de los ríos Óder (Odra en polaco) y Nysa (Neisse); en la práctica, el país retornó a sus fronteras medievales.

Los radicales cambios fronterizos fueron seguidos por la redistribución masiva de la población, unos 10 millones de personas. Finalmente, el 98% de los polacos era de origen polaco.

Tan pronto como Polonia cayó bajo el control comunista, Stalin lanzó una intensiva campaña de sovietización. Los líderes de la resistencia fueron acusados de colaborar con los nazis, juzgados en Moscú y ejecutados o encarcelados tras juicios sumarísimos. En junio de 1945 se estableció en Moscú un Gobierno provisional polaco, que posteriormente fue transferido a Varsovia. En 1947, tras unas elecciones amañadas, el nuevo Sejm eligió presidente a Bolesław Bierut.

Rodado en el 2007 por el aclamado director polaco Andrzej Wajda, *Katyń* es un filme estremecedor sobre la masacre de militares polacos en la Unión Soviética siguiendo órdenes de Stalin durante la II Guerra Mundial. El hecho de que el padre del director se encontrara entre las víctimas dota al filme de una mayor carga emocional.

En 1948 se creó el Partido Obrero Unificado Polaco (PZPR), partido comunista del país, con objeto de monopolizar el poder, y en 1952 se adoptó una Constitución de corte soviético. El cargo de presidente quedó abolido y el poder pasó a manos del secretario general del Comité Central del Partido. Polonia ingresó en el Pacto de Varsovia.

Pan y libertad

El fanatismo estalinista nunca arraigó tanto en Polonia como en los países vecinos, y poco después de la muerte de Stalin, en 1953, desapareció casi por completo. El poder de la policía secreta disminuyó y se hicieron algunas concesiones a las demandas populares. Se liberalizó la prensa y se resucitaron los valores culturales polacos.

En junio de 1956 estalló en Poznań una gran manifestación que exigía "pan y libertad". Las protestas se reprimieron brutalmente y poco después se nombró secretario general del Partido a Ladislao Gomułka, antiguo prisionero político en la época de Stalin. Al principio se ganó el favor popular y, a pesar de su actitud cada vez más autoritaria –la

19 de abril de 1943	1 de agosto de 1944	27 de enero de 1945	Febrero-agosto de 1945
Se produce el Levantamiento del gueto de Varsovia. Los combatientes judíos resisten a las fuerzas alemanas, muy superiores, durante casi un mes.	Inicio del Levantamiento de Varsovia. La ciudad al pleno se convierte en un campo de batalla y, tras aplastar la revuelta, los alemanes deciden arrasarla.	El Ejército Rojo libera Auschwitz-Birkenau. El mundo ve las primeras fotografías e imágenes filmadas del Holocausto.	La Unión Soviética se anexiona 180 000 km² de Polonia por el este, mientras que los Aliados devuelven 100 000 km² de las provincias occidentales que habían permanecido bajo soberanía alemana.

presión contra la Iglesia y el acoso a la *intelligentsia–,* fueron la crisis económica y el aumento oficial de los precios en 1970 los que provocaron nuevas revueltas populares en Gdańsk, Gdynia y Szczecin. Una vez más se recurrió a la fuerza para acallar las protestas, con el resultado de 44 muertos. El Partido, para salvar la cara, destituyó a Gomułka y puso en su lugar a Edward Gierek.

En 1976, otro intento de incrementar los precios provocó nuevas manifestaciones, esta vez en Radom y Varsovia. Atrapado en una espiral de ineficacia, Gierek aceptó más préstamos y, para poder devolverlos, decidió retirar bienes de consumo del mercado y venderlos en el extranjero. En 1980, la deuda externa polaca ascendía a 21 millones de US$ y la economía había caído en un pozo sin fondo.

La oposición se vio fortalecida y respaldada por numerosos intelectuales. En julio de 1980, el anuncio de un nuevo aumento de los precios de los alimentos desató los acontecimientos: las huelgas y las disputas se extendieron como la pólvora por todo el país y en agosto se paralizaron los principales puertos, las minas de carbón de Silesia y los astilleros Lenin de Gdańsk.

A diferencia de otras protestas anteriores, las de 1980 no fueron violentas y los manifestantes no salieron a la calle sino que permanecieron en sus fábricas.

Solidaridad y caída del comunismo

El final del comunismo en Polonia se dilató en exceso y se remonta a 1980, coincidiendo con el nacimiento del sindicato Solidaridad.

El 31 de agosto de ese año, tras largas y hostiles negociaciones en el astillero de Gdańsk, el Gobierno firmó el acuerdo de Gdańsk, el cual obligaba al Partido a aceptar la mayoría de las exigencias de los obreros, incluidos el derecho a la huelga y a organizar sindicatos independientes. Como contrapartida, los trabajadores acataban la Constitución y aceptaban el poder supremo del Partido.

Las delegaciones proletarias de todo el país fundaron Solidarność (Solidaridad), un sindicato de ámbito nacional, independiente y autogestionado. Lech Wałęsa, que había liderado la huelga de Gdańsk, fue elegido su presidente.

El efecto expansivo de Solidaridad no tardó mucho en afectar al Gobierno. Gierek fue sustituido por Estanislao Kania, que a su vez lo fue por el general Wojciech Jaruzelski en octubre de 1981.

Donde más se notó la influencia sindical fue en la propia sociedad. Tras 35 años de moderación, los polacos se lanzaron al vacío de una democracia espontánea y caótica: se debatía el proceso de reforma de Solidaridad y florecía la prensa independiente. La verdad del pacto entre Stalin y Hitler o la masacre de Katyń, asuntos que habían sido tabú, salieron a la luz por vez primera.

La web del Instituto para la Memoria Nacional, www. ipn.gov.pl, ofrece información sobre el período comunista.

8 de mayo de 1945	1947	Junio de 1956	1970
La II Guerra Mundial termina con la rendición de la Alemania nazi. El júbilo recorre toda Polonia, pero también el temor, ya que el final de la guerra llega con el país ocupado por el Ejército Rojo.	Pese a que Stanisław Mikołajczyk (el único representante del Gobierno en el exilio que regresa a Polonia) obtiene más del 80% de los votos en las elecciones, se entrega el poder a los comunistas.	Primera huelga de la industria polaca en las fábricas de Poznań. 100 000 personas se echan a la calle. La Unión Soviética aplasta la revuelta con tanques, provocando 76 muertos y más de 900 heridos.	El canciller de Alemania Oriental, Willy Brandt, firma el Tratado de Varsovia, que reconoce las fronteras del país. Brandt se arrodilla ante el monumento al Levantamiento del gueto de Varsovia.

Naturalmente, los 10 millones de afiliados del sindicato representaban posturas bien diversas, desde los que optaban por la confrontación abierta hasta los que se inclinaban por planteamientos más conciliadores. Fue en gran medida la autoridad carismática de Wałęsa lo que mantuvo la moderación y el equilibrio internos de Solidaridad.

La Ley Marcial y sus repercusiones

Pese al compromiso por reconocer Solidaridad, el Gobierno polaco siguió sometido a la presión tanto de soviéticos como de los radicales locales para evitar introducir reformas de calado.

Esto condujo a un mayor descontento y, ante la ausencia de una alternativa política, a más huelgas. Entre tantos altercados, la crisis económica se agudizó. En noviembre de 1981, tras el infructuoso diálogo entre el Gobierno, Solidaridad y la Iglesia, las tensiones sociales se dispararon y se llegó a un jaque mate político.

Cuando el general Jaruzelski apareció de improviso en televisión a primera hora de la mañana del 13 de diciembre de 1981 para proclamar la Ley Marcial, los tanques ya estaban en las calles, en cada esquina había un puesto de control del Ejército y los grupos paramilitares habían sido destinados a las zonas potencialmente más problemáticas. El poder fue cedido al Consejo Militar de Salvación Nacional (WRON), un grupo compuesto por oficiales bajo el mando directo de Jaruzelski.

Las actividades de Solidaridad fueron suspendidas; todas las reuniones públicas, manifestaciones y huelgas, prohibidas; y millares de personas, incluida la mayoría de líderes de Solidaridad y el mismo Wałęsa, detenidos. Las manifestaciones espontáneas y las huelgas subsiguientes fueron reprimidas, un férreo control militar se impuso en todo el territorio y el país retrocedió a los tiempos anteriores a Solidaridad.

En octubre de 1982, el Gobierno disolvió Solidaridad y puso en libertad a Wałęsa, pero el sindicato continuó sus actividades en la clandestinidad, gozando de un amplio respaldo popular. En julio de 1984 se anunció una amnistía limitada y algunos miembros de la oposición política fueron liberados, aunque continuaron los arrestos tras cada protesta popular y no fue hasta 1986 cuando la totalidad de presos políticos quedaron en libertad.

El impacto de Gorbachov

La elección de Mikhail Gorbachov como líder de la Unión Soviética en 1985, unida a sus programas conocidos como *glasnost* y *perestroika,* supusieron un gran impulso a las reformas democráticas a lo largo y ancho de Europa central y la Europa del Este.

A principios de 1989, Jaruzelski permitió a la oposición presentarse a las elecciones parlamentarias. Estas elecciones "semilibres" (al menos en

Libros sobre Polonia durante la II Guerra Mundial

Europa en guerra, 1939-1945: ¿quién ganó la Segunda Guerra Mundial?, de Norman Davies

Varsovia, 1944. La heroica lucha de una ciudad atrapada, de Norman Davies

Tierras de sangre, de Timothy Snyder

Sin capítulo final, de Wladyslaw Anders

1978	Noviembre de 1980	13 de diciembre de 1981	Abril de 1989
Karol Wojtyła, arzobispo de Cracovia, es nombrado papa. Un año después, ya como Juan Pablo II, realiza una visita su tierra, lo que provoca un espectacular alboroto (político) internacional.	El Gobierno reconoce formalmente a Solidaridad, el primer sindicato no comunista de un país del Bloque del Este. Un millón de sus 10 millones de afiliados procede de las filas del Partido Comunista.	Se declara la Ley Marcial. Hay dudas sobre si es una acción impulsada por los soviéticos o un intento de los comunistas polacos de evitar la intervención militar soviética. Se prolonga hasta 1983.	Polonia se convierte en el primer estado de la Europa del Este en romper con el comunismo. Tras unas negociaciones, se permite a la oposición presentarse a las elecciones y se refunda Solidaridad.

el sentido de que fuera cual fuese el resultado, los comunistas tendrían garantizado un número de escaños) se celebraron en junio de 1989 y confirmaron el triunfo de Solidaridad, con una mayoría abrumadora de sus candidatos al Senado, la cámara alta del Parlamento. Los comunistas, sin embargo, se reservaron para sí mismos el 65% de los escaños del Sejm.

Jaruzelski fue nombrado presidente, con el objetivo de garantizar los cambios políticos tanto en Moscú como en Polonia. Como contrapeso, Tadeusz Mazowiecki, contrario al comunismo, fue elegido primer ministro gracias a la presión de Wałęsa. Este reparto de poderes, con un jefe de Gobierno no comunista por primera vez desde la II Guerra Mundial, allanó el camino para el colapso político en todo el bloque soviético. El partido comunista, tras perder confianza y afiliados, procedió a su histórica disolución en 1990.

Ascenso y caída de Lech Wałęsa

En noviembre de 1990, el líder de Solidaridad, Lech Wałęsa, ganó las primeras elecciones libres y se estableció la Tercera República de Polonia. Para Wałęsa fue el culmen de su carrera, mientras que para Polonia supuso el inicio de un renacer lleno de dificultades.

En los primeros meses de la nueva república, el ministro de Finanzas del Gobierno, Leszek Balcerowicz, introdujo un paquete de reformas a fin de pasar de la noche a la mañana de un sistema comunista centralista a uno de libre mercado. Su plan económico, conocido como "terapia de choque" por la celeridad de su ejecución, permitió la libertad de precios, acabó con los subsidios, restringió el dinero en circulación y devaluó bruscamente la moneda para que fuera convertible frente a las divisas occidentales.

El efecto fue casi instantáneo. En pocos meses, la economía pareció estabilizarse y los alimentos dejaron de escasear. Por contra, los precios y el desempleo se dispararon. La ola inicial de optimismo y de paciente resignación se trocó en incertidumbre y descontento, y las drásticas medidas de austeridad mermaron la popularidad del Ejecutivo.

En cuanto a Wałęsa, pese a haber sido un líder sindicalista muy capaz y carismático, como presidente no gozó del mismo éxito. Durante sus cinco años de mandato, Polonia conoció nada menos que cinco Gobiernos y cinco primeros ministros. Su estilo presidencial y sus logros fueron repetidamente cuestionados por casi todas las fuerzas políticas y la mayoría del electorado.

El país vira a la izquierda

Wałęsa fue derrotado por el excomunista Aleksander Kwaśniewski en las elecciones presidenciales de 1995. Pese a lo ajustado de los resultados, estas marcaron el descenso de Solidaridad y de Wałęsa.

Con el cargo de primer ministro en manos de otro excomunista como Włodzimierz Cimoszewicz, y el Parlamento girando también a la izquierda,

Los mejores libros sobre las revoluciones de 1989

Historia del presente, ensayos, retratos y crónicas de la Europa de los 90, de Timothy Garton Ash

Polonia y Solidarnosc, de María de las Mercedes Herrero de la Fuente.

La sociedad civil en Polonia y Solidaridad, de Izabela Barlinska.

HISTORIA ASCENSO Y CAÍDA DE LECH WAŁĘSA

1990	1995	1999	1 de mayo del 2004
Mal año para los comunistas. El Partido se disuelve, se celebran las primeras elecciones presidenciales democráticas y el país se convierte en una economía de libre mercado.	El excomunista Aleksander Kwaśniewski derrota a Lech Wałęsa en una carrera a la presidencia que acaba siendo un descalabro humillante para el exlíder de Solidaridad.	Polonia ingresa en la OTAN. El país ha dado un giro de 360 grados, pasando del Pacto de Varsovia a la alianza militar occidental.	Polonia ingresa en la UE. A pesar del apoyo popular masivo, cunde el temor de que se esté cambiando un poder extranjero por otro y que esto desencadene una oleada de emigración.

el país que había encabezado el movimiento anticomunista en Europa central y del Este se encontró curiosamente con un Gobierno de izquierdas declarado (o un "triángulo rojo", como advirtió Wałęsa).

La Iglesia, muy favorecida durante la presidencia de Wałęsa, también sintió la derrota y no dejó de alertar a sus fieles contra el peligro del "neopaganismo" por el que abogaba el nuevo régimen.

El estilo político del presidente Kwaśniewski resultó ser mucho más exitoso que el de Wałęsa. Durante su mandato aportó la ansiada calma política y supo cooperar con éxito tanto con la izquierda como con la derecha. Esto le permitió renovar su mandato en las elecciones de octubre del 2000. Wałęsa, que se presentó una vez más, recibió un tremendo varapalo tras obtener solo el 1% de los votos.

El 1 de mayo del 2004, bajo la presidencia de Kwaśniewski, Polonia ingresó en la UE junto con otros siete países de Europa central y del Este.

El desastre de Smolensk

Más allá de los habituales vaivenes de la política polaca, en el 2010 se produjo una tremenda tragedia en el liderazgo del país, que afectó tanto a la izquierda como a la derecha y sumió a Polonia en un largo duelo.

El 10 de abril de ese año, un avión de las Fuerzas Aéreas polacas con 96 pasajeros a bordo, incluidos el presidente Lech Kaczyński, su esposa y una alta delegación compuesta por 15 diputados polacos, se estrelló cerca de la ciudad rusa de Smolensk. No hubo supervivientes. La aeronave había despegado de Varsovia y se dirigía a una ceremonia en homenaje a los militares polacos asesinados en el bosque de Katyń durante la II Guerra Mundial.

El piloto trató de aterrizar en una base militar donde había niebla espesa, se golpeó con un árbol y perdió el control de la nave. En principio, una comisión rusa de investigación concluyó que el accidente se debió a un error del piloto, si bien un informe del Gobierno polaco, publicado en el 2011, repartió las culpas entre el lado polaco y los controladores aéreos rusos.

El pueblo polaco reaccionó con consternación y duelo y se organizaron funerales de Estado. De alguna manera, el accidente sirvió para unir –si acaso brevemente– a su fracturada clase política y, en última instancia, para demostrar la fortaleza de la democracia polaca.

Tras el desastre, la presidencia recayó en el portavoz parlamentario Bronisław Komorowski, quien no tardó en convocar elecciones anticipadas. Komorowski, de la conservadora Plataforma Cívica, se impuso en la última vuelta al hermano gemelo del presidente difunto, Jarosław Kaczyński. Komorowski fue presidente hasta las elecciones del 2015, en las que fue derrotado por Andrzej Duda, de centroderecha.

Julio del 2006	Abril del 2010	9 de octubre del 2011	24 de mayo del 2015
Los gemelos Lech y Jarosław Kaczyński ocupan la presidencia y la jefatura de Gobierno respectivamente. Su política nacionalista y conservadora les hace perder muchos apoyos.	El presidente Lech Kaczyński, su esposa y otras 90 personas mueren en un accidente de avión cerca de la ciudad rusa de Smolensk. El dolor une al país.	Las elecciones parlamentarias confirman el liderazgo de la formación conservadora Plataforma Cívica, si bien el social liberal Movimiento Palikot obtiene un histórico 10% del voto.	En la carrera presidencial más reñida de la historia polaca, Andrzej Duda, candidato de centroderecha de Ley y Justicia (PiS), derrota a Bronisław Komorowski, presidente en ejercicio.

El legado judío

Durante siglos y hasta el estallido de la II Guerra Mundial, Polonia albergó la mayor población judía de Europa. Varsovia era la ciudad con la mayor comunidad hebrea del mundo, después de Nueva York. Uno de los resultados más tristes de la II Guerra Mundial fue la casi total aniquilación de los judíos polacos.

Los inicios

Los judíos empezaron a llegar a Polonia en los albores del primer milenio, coincidiendo con la fundación del Reino de Polonia. Muchos de estos pioneros eran mercaderes llegados del sur y del este.

Desde las primeras Cruzadas (en torno al año 1100), Polonia comenzó a darse a conocer como refugio de judíos, algo que perduraría durante siglos. Se sabe que algunos de estos pioneros acuñaban moneda, ya que muchas lucen inscripciones hebreas de la época.

El ilustrado Casimiro

El monarca polaco que más se asocia con el crecimiento de la población judía de Polonia es Casimiro III el Grande [1333-1370], un rey culto que aprobó una serie de estatutos para ampliar los privilegios de los judíos. No en vano llevan su nombre dos importantes centros judíos, como el barrio de Kazimierz (cerca de Cracovia) y Kazimierz Dolny.

Pero no todo fue un camino de rosas, y los momentos dulces se vieron salpicados de pogromos, a menudo instigados por el clero. En aquella época, la Iglesia católica no los veía con los mismos ojos que el rey y la nobleza, quienes confiaban en los comerciantes judíos como intermediarios.

El s. XVI fue la edad dorada de los judíos de Polonia, pues se produjo un salto cuantitativo en la población judía del reino, en parte, catapultado por la inmigración. Fue durante este siglo cuando empezaron a crecer en el barrio de Kazimierz, en Cracovia. Esta ciudad, entonces independiente y con una significativa población católica, llegaría a ser, con el paso de los siglos, uno de los núcleos más importantes de cultura y erudición judías.

Por entonces, buena parte de Europa era un lugar intolerante donde los judíos no tenían cabida. Muchos de los recién llegados eran sefardíes descendientes de judíos españoles, que habían sido expulsados de España por los Reyes Católicos en 1492. Para finales del s. XVI, Polonia tenía una población judía mayor que la de toda Europa en su conjunto.

Ciudades con un importante legado judío

Varsovia: antiguo gueto judío

Cracovia: Kazimierz y Podgórze

Lublin: ruta del legado judío

Łódź: gueto de Litzmannstadt

Kazimierz Dolny: cementerio judío

"Si un cristiano profana de algún modo un cementerio judío, deberá ser castigado según dicta la ley". (Boleslao el Piadoso, invitando al asentamiento de los judíos en 1264).

Los pogromos y el Reparto

Si el s. xvi fue bueno, el s. xvii resultó un desastre sin precedentes tanto para el país como para los judíos polacos.

El levantamiento cosaco de la década de 1650 en la vecina Ucrania, liderado por Bohdan Chmielnicki, derivó en pogromos de cientos de miles de judíos en la región sureste del reino.

El libro *Jews in Poland: A Documentary History* (en inglés), de Iwo Cyprian Pogonowski, aporta un exhaustivo repaso a 500 años de relaciones entre polacos y judíos.

La guerra con Suecia, conocida como "el Diluvio", arrasó buena parte del país. Atrapados entre dos frentes, los judíos fueron atacados sin piedad por suecos y polacos.

Tras los repartos del s. xviii y principios del s. xix, las condiciones en que vivían comenzaron a diferir sobremanera dependiendo del lugar donde se hubieran radicado. En las regiones del sur y el este del país que habían pasado a manos austriacas, los judíos gozaban de una creciente tolerancia religiosa, que se inició en 1782 con el emperador austriaco José II y su Edicto de Tolerancia. Este decreto permitía oficialmente a los niños judíos asistir a escuelas y universidades y a los adultos desempeñar diversos trabajos fuera de los oficios tradicionales, así como poseer y gestionar fábricas. Durante el s. xix estas libertades fueron alcanzado paulatinamente otras zonas del antiguo reino polaco.

La industrialización del s. xix contribuyó a mejorar el nivel de vida general. Muchos judíos salieron de sus *shtetls* (pequeñas aldeas judías) en busca de oportunidades en ciudades de rápido crecimiento como Łódź. La urbanización aceleró el proceso de asimilación y, para el s. xx, los judíos y los polacos de ciudad tenían más cosas en común que divergencias.

Cualquier tipo de distinción legal existente entre judíos y polacos se esfumó tras la I Guerra Mundial con la fundación de la Polonia independiente, en la que todo el mundo era igual ante la ley sin distinción de credo ni nacionalidad.

Un censo de 1931 mostraba que los judíos de Polonia ascendían a casi tres millones, es decir, en torno al 10% de la población.

La II Guerra Mundial y el Holocausto

La aniquilación de los judíos polacos a manos de los nazis a partir del año 1939 fue casi total. Los números hablan por sí solos: de los tres millones que vivían en el país en 1939, menos de 100 000 sobrevivieron a la guerra. Comunidades enteras fueron exterminadas.

En la fase inicial del conflicto, en 1940 y 1941, los ocupantes alemanes obligaron a los judíos a vivir en guetos restringidos en Varsovia, Łódź, y el barrio de Podgórze, en Cracovia, así como en muchas otras localidades de todo el país. En algunos casos se trataba de campos de internamiento de facto; en otros, como en Łódź, eran campos de trabajo aprovechados por la Alemania nazi para su campaña bélica.

Principales campos de concentración y monumentos en memoria a las víctimas del Holocausto

Auschwitz-Birkenau

Majdanek

Bełżec

Treblinka

Sobibór

Las condiciones de vida eran pésimas y miles de personas murieron a causa de enfermedades, agotamiento y desnutrición. A día de hoy, ciudades como Lublin, Częstochowa y Radom aún muestran las cicatrices de los guetos, y las zonas donde se construyeron a menudo permanecen inhóspitas y deprimidas.

Después de que Alemania declarara la guerra a la Unión Soviética en el verano de 1941, la política nazi hacia los judíos viró, pasando de la reclusión al exterminio total. Para muchos, la muerte no tardaría en llegar. A finales de 1942 y principios de 1943, la mayoría de los judíos polacos habían desaparecido, muchos de ellos fusilados en campos y bosques próximos a sus pueblos, o deportados a campos de exterminio levantados a toda prisa en Auschwitz-Birkenau, Treblinka, Sobibór y Bełżec.

El campo de Auschwitz-Birkenau, entre otros, seguiría activo durante 1944, pero para entonces la mayoría de las víctimas eran judíos europeos de fuera de Polonia.

Desilusión y emigración

Tras la II Guerra Mundial, muchos de los judíos que habían sobrevivido emigraron a Israel o a EE UU. Pocos se quedaron.

Por sorprendente que parezca, tras la guerra no se observaba demasiada compasión hacia los supervivientes del Holocausto. Polonia era un país devastado por una guerra que había afectado a todo el mundo en mayor o menor medida. Para agravar ese virulento ambiente, tras la guerra muchos polacos empobrecidos se limitaron a reclamar la propiedad de casas y pisos de judíos evacuados a la fuerza por los nazis. Muchos de ellos no estaban dispuestos a devolver las propiedades, incluso en los raros casos en que sus propietarios sobrevivieron al Holocausto.

Aunque es justo decir que la mayoría de los polacos actuaron de forma intachable durante la guerra, y muchos cobijaron a sus vecinos judíos, este desagradable rasgo de antisemitismo polaco ha centrado el interés de estudiosos y libros. Uno de los más conocidos es *Fear: Anti-Semitism in Poland After Auschwitz*, de Jan T. Gross. El punto de inflexión se produjo en Kielce en julio de 1946, cuando unos 40 judíos fueron asesinados por una muchedumbre enfurecida. Las causas del pogromo no están claras; hay quienes sostienen que el ataque fue instigado por las autoridades comunistas; de lo que no hay duda es de que marcó un hito en la actitud de los polacos. Las tasas de emigración se dispararon y pocos optaron por quedarse.

A su vez, la posición de Polonia dentro del Bloque del Este dificultaba sobremanera el modo en que se enseñaba y conmemoraba el Holocausto. La Unión Soviética se había embarcado en una gran lucha a fin de derrotar a la Alemania nazi y la línea oficial era la de explotar ese esfuerzo al máximo. Para ello se politizó el sufrimiento de los judíos, que era visto como parte de una lucha obrera contra el fascismo. E incluso en la actualidad, muchos monumentos a las víctimas del Holocausto –como el de Majdanek, cerca de Lublin– tratan de proyectar el Holocausto como parte

Los mejores festivales judíos

Festival de la Cultura Judía, Cracovia

Festival Cultural Judío, Białystok

Cuatro Culturas, Łódź

EL LEGADO JUDÍO DESILUSIÓN Y EMIGRACIÓN

LECTURAS SOBRE EL HOLOCAUSTO

El género literario del Holocausto es inmenso y no es posible mencionar todos sus excelentes títulos, muchos escritos por supervivientes y ricos en detalles. Entre las obras más populares destaca *El arca de Schindler*, de Thomas Keneally (retitulada *La lista de Schindler* y adaptada al cine por Steven Spielberg), *El niño con el pijama de rayas*, ficción de John Boyne y, por supuesto, *El diario de Ana Frank*.

En clave histórica cabe destacar *Auschwitz: A New History* (en inglés), de Laurence Rees, que combina erudición y anécdotas personales para explicar el modo en que los cambios en la política nazi afectaba a campos como Auschwitz-Birkenau.

Sin destino, del Nobel de Literatura Imre Kertész, es una obra maestra que narra la historia de Auschwitz vista por un chico de 15 años separado de su familia en Budapest.

En muchos aspectos, la mejor obra de la literatura de supervivencia del Holocausto sigue siendo *Si esto es un hombre*, de Primo Levi, un judío italiano que sobrevivió a la guerra como prisionero del campo de Monowitz, en Auschwitz-Birkenau. Es una obra sublime, rebosante del sentimiento sincero, de un joven que trata de sobrevivir y entender la locura que le rodea. Levi siguió escribiendo durante décadas hasta su aparente suicidio en 1987, y regresó constantemente a la temática del Holocausto en obras como *La tregua*, *Si ahora no, ¿cuándo?* y *Los hundidos y los salvados*.

Para ver los campos desde la perspectiva de un autor polaco, se recomienda *Nuestro hogar es Auschwitz*, de Tadeusz Borowski, que no era judío, sino un prisionero político. Su Auschwitz-Birkenau es un manicomio de combates de boxeo y burdeles repleto de personajes desdichados dispuestos a arriesgarlo todo por una patata.

CIRCUITOS POR LA POLONIA JUDÍA

Varias compañías y organizaciones ofrecen circuitos guiados por los principales lugares vinculados al patrimonio judío y por importantes emplazamientos relacionados con el Holocausto. Además de las agencias indicadas a continuación, las oficinas de turismo pueden proporcionar información sobre la historia y los lugares de interés judíos de una zona en particular.

Our Roots (p. 448) Con sede en Varsovia, se especializa en visitas a lugares en los alrededores de la ciudad y de toda la región. Entre otros, ofrece su circuito clásico de 5 h "Varsovia Judía" por unos 500 PLN. También organizan otras visitas (Auschwitz-Birkenau y Treblinka incluidos) a petición del viajero.

Jarden Tourist Agency (p. 448) Sita en Cracovia, esta agencia se especializa en circuitos por lugares del patrimonio judío de toda la ciudad. El más popular, "Tras los pasos de *La lista de Schindler*" (2 h, en automóvil), cuesta unos 70 PLN por persona (mínimo 4 personas).

Momentum Tours & Travel (☑en EE UU 305 466 0652; www.momentumtours.com; ☺10.00-16.00 lu-vi) Especializada en circuitos por lugares del patrimonio judío de todo el mundo, su paquete de nueve días por Polonia incluye destinos poco convencionales, como Lublin, Kazimierz Dolny o Tarnów, entre otros.

de una batalla épica en vez de sencillamente rendir tributo a la pérdida de vidas humanas.

El renacimiento judío

En los años posteriores a la caída del régimen comunista, se observó una clara mejora en la actitud hacia la cultura e historia judías que incluso podría denominarse como un modesto renacimiento judío.

Cracovia, y en especial el antiguo barrio judío de Kazimierz, se ha puesto a la cabeza. Su Festival de la Cultura Judía ofrece cada año teatro, cine y, sobre todo, música *klezmer,* y se ha convertido en una de las principales citas culturales del país. En el 2010 se inauguró en Cracovia un museo sobre la ocupación nazi de la ciudad durante la II Guerra Mundial, instalado en la antigua fábrica de Oskar Schindler, quien sirvió de inspiración para la película *La lista de Schindler.*

Kazimierz cuenta con una singular mezcla de vestigios judíos y restaurantes judíos, chabacanos pero divertidos, donde la temática del *Violinista en el tejado* está muy sobreexplotada. Con todo, la tendencia es contagiosa y otras ciudades, incluidas Varsovia, Lublin y Łódź, están orgullosas de abrazar su legado judío.

En los últimos años, la oficina de turismo de Łódź ha creado una ruta por lugares judíos emblemáticos para empaparse de la historia, trágica pero fascinante, del que fuera el gueto que resistió más tiempo durante la guerra. Lublin también ofrece un circuito autoguiado que pone de relieve su rico patrimonio judío.

Varsovia, que albergó el mayor gueto y la población judía más numerosa durante la guerra, se había quedado atrás en los esfuerzos por abrazar el pasado judío del país, pero todo cambió en el 2014 con la inauguración del impresionante e interactivo Museo de la Historia de los Judíos Polacos.

Auschwitz: los nazis y la solución final es un documental de la BBC (se puede escuchar en español) que indaga en lo acaecido en Auschwitz-Birkenau.

Ciudades con bellas sinagogas

Cracovia (barrio de Kazimierz)

Zamość

Oświęcim

Nowy Sącz

Arte

Los polacos despuntan en creación artística, sobre todo en cine y literatura. El país ha dado al mundo hasta cuatro premios Nobel de Literatura y figuras cinematográficas como Andrzej Wajda, Roman Polański y Krzysztof Kieślowski.

A tenor del número de conciertos y festivales que se celebran en todo el país, se puede decir que las artes escénicas están en continua ebullición.

Literatura

Como en muchos otros países de Europa central, la literatura ocupa un lugar preferente, pues ha servido para canalizar el resentimiento del país contra el dominio extranjero durante los períodos de ocupación, y con frecuencia ha sido un fiel retrato de su espíritu de lucha.

Novelistas

El primer premio Nobel de Literatura se falló en 1901, solo cuatro años antes de que Henryk Sienkiewicz (1846-1916) se hiciera con el primero de los cuatro que han conseguido los escritores polacos. Sienkiewicz se hizo famoso gracias a *Quo Vadis?*, una novela épica que cuenta la historia de amor entre un pagano romano y una joven cristiana en la antigua Roma.

El novelista y cuentista Władysław Reymont (1867-1925) ganó el Nobel en 1924. Su obra *Los campesinos* es un relato épico en cuatro tomos sobre la vida en la Polonia rural.

En el período de entreguerras emergieron brillantes escritores, cuyo talento no fue apreciado al completo hasta después de la II Guerra Mundial. Entre ellos destacan Bruno Schulz (1892-1942), Witold Gombrowicz (1904-1969) y Stanisław Ignacy Witkiewicz (conocido como Witkacy; 1885-1939).

A pesar de haber escrito tan solo un puñado de libros, Schulz está considerado una de las cumbres literarias de Polonia; *La calle de los cocodrilos* es una buena introducción a su prosa ingeniosa e imaginativa. Judío atrapado en la vorágine de la II Guerra Mundial, Schulz tenía escasas posibilidades de sobrevivir a la ocupación alemana.

La generación posterior a la II Guerra Mundial

La posguerra situó a los escritores polacos en una grave disyuntiva: o se adaptaban al régimen comunista y conseguían buenas ventas o se aventuraban por caminos más independientes y se arriesgaban a la persecución.

Czesław Miłosz (1911-2004) rompió con el régimen comunista y analizó el conflicto en *El pensamiento cautivo* (Zniewolony Umysł). Este veterano refugiado político pasó los últimos 40 años de su vida en EE UU, y en 1980 le fue concedido el premio Nobel en reconocimiento a sus logros.

Una de las figuras más destacadas de la literatura de posguerra es el escritor, guionista y director de cine Tadeusz Konwicki (1926-2015). Joven miembro de la resistencia durante la II Guerra Mundial, sus trabajos anteriores a 1989 desquiciaron a los censores comunistas. Escribió más de 20 novelas; entre las más conocidas destacan la brillante *Un pequeño apocalipsis* y *Kompleks Polski* (El complejo polaco).

Libros polacos de lectura obligada

....

El pájaro pintado, de Jerzy Kosiński

....

La calle de los cocodrilos, de Bruno Schulz, relato incluido en *Las tiendas de color canela*

Un pequeño apocalipsis, de Tadeusz Konwicki

....

El pensamiento cautivo, de Czesław Miłosz

....

Solaris, de Stanisław Lem

La cultura en Polonia, Varsovia, de Wojciech Gielzynski, es un interesante repaso a la historia de la cultura polaca desde sus orígenes hasta su pasado más reciente. Esta obra, profusamente ilustrada y exquisitamente escrita, resulta una excelente introducción a la materia.

PROSA POLACA EN EL EXILIO

Varios exiliados polacos se han labrado la fama fuera de su país. Józef Teodor Konrad Natęcz Korzeniowski (1857-1924) nació en el seno de una familia venida a menos de la alta burguesía de Berdichev, hoy Ucrania. Abandonó el país en 1874 y, después de viajar por el mundo durante 20 años como marino, se estableció en Inglaterra. Aunque hablaba con fluidez el polaco, escribió en inglés. Más conocido como Joseph Conrad, sus novelas (*El corazón de las tinieblas* y *Lord Jim*, por citar solo dos) están consideradas clásicos de la literatura en lengua inglesa.

El premio Nobel estadounidense Isaac Bashevis Singer (1902-1991) se formó en Polonia antes de trasladarse a EE UU en 1935 huyendo del fascismo. Singer escribió originariamente en su lengua materna, el *yiddish*, pero después tradujo su obra al inglés. Dos de sus historias más memorables son *Enemigos: una historia de amor* y *Yentl*, que fue llevada a la gran pantalla por Barbra Streisand, quien también la protagonizó.

A pesar de la controversia que suscita la autenticidad de algunas obras de Jerzy Kosiński (1933-1991), este autor goza de renombre por dos novelas: *El pájaro pintado* y *Desde el jardín*. Kosiński nació Josek Lewinkopf en Łódź y emigró a EE UU en 1957.

Stanisław Lem (1921-2006) es el principal autor polaco de ciencia ficción. Ha vendido cerca de 27 millones de ejemplares de sus libros, traducidos a 41 idiomas. El más conocido es *Solaris*.

Poetas

El s. XIX produjo tres poetas polacos excepcionales: Adam Mickiewicz (1798-1855), Juliusz Słowacki (1809-1849) y Zygmunt Krasiński (1812-1859). Conocidos como los Tres Bardos, dieron voz en sus obras románticas a una nación despojada de su independencia. El más grande de los tres, Mickiewicz, representa para los polacos lo que Cervantes para los hispanohablantes o Shakespeare para los anglófonos, y se erige a la par como símbolo cultural y figura histórica. Nacido en Navahrudak, en la actual Belarús, fue activista político en su juventud y lo deportaron al centro de Rusia durante cinco años. En la década de 1830 abandonó Polonia para siempre, para ejercer como profesor de literatura en Lausana y París.

Los versos más famosos de Mickiewicz son los del largo poema épico *Pan Tadeusz* (1834), la evocación romántica de un mundo perdido: el de la alta burguesía polaco-lituana del s. XVIII, desgajada por el Reparto de 1795.

Curiosamente, el cuarto y más reciente premio Nobel a un polaco (en 1996) fue para una poetisa, Wisława Szymborska (1923-2012). La Academia sueca la definió como "la Mozart de la poesía" con "algo de la furia de Beethoven". Una buena introducción para quienes deseen conocer su obra es la antología titulada *Paisaje con grano de arena*.

Cine

Aunque la invención del cinematógrafo se atribuye a los hermanos Lumière, hay quien opina que el polaco Piotr Lebiedziński tuvo algo que ver en ello al construir una cámara en 1893, dos años antes de que estallara la fiebre del celuloide.

La primera película polaca se rodó en 1908, pero la industria cinematográfica del país no se desarrolló hasta después de la I Guerra Mundial. Con todo, fueron escasos los filmes realizados en el período de entreguerras que consiguieron traspasar las fronteras. Cabe destacar el nombre de Pola Negri (1897-1987), toda una estrella del cine mudo en el Hollywood de la década de 1920.

La Escuela Polaca

El cine polaco iba a cobrar gran protagonismo entre 1955 y 1963, período que se asocia a la edad de oro de la llamada Escuela Polaca, que bebió

El portal www.polishwriting.net es un recorrido por la obra de unos 20 novelistas polacos contemporáneos traducidos al inglés; incluye una escueta biografía, entrevistas, artículos y extractos de sus obras.

profusamente de las fuentes literarias y se dedicó a abordar los aspectos morales de la guerra. Sus tres grandes figuras, Andrzej Wajda (1926), Roman Polański (1933) y Jerzy Skolimowski (1938), se formaron en la Escuela de Cine de Łódź.

Wajda rodó en esa época sus mejores trabajos: la famosa trilogía *Generación, Kanał* (Canal) y *Cenizas y diamantes.* Con posterioridad, el infatigable director ha dirigido una película cada pocos años: entre las que destacan *El hombre de mármol,* su secuela *El hombre de hierro* y *La tierra de la gran promesa,* nominada a un Óscar. En el 2007, Wajda regresó a las cotas más altas del cine polaco con *Katyń,* una película sobre la masacre en el bosque de Katyń durante la II Guerra Mundial.

Polański y Skolimowski iniciaron sus carreras a principios de la década de 1960. El primero solo rodó un largometraje en Polonia, *El cuchillo en el agua,* antes de proseguir su carrera en Occidente, en tanto que el segundo dirigió cuatro filmes, el último de los cuales, *¡Arriba las manos!,* de 1967, no se estrenó hasta 1985. Skolimowski también se marchó de Polonia y, si bien obtuvo cierto reconocimiento internacional, su fama nunca pudo compararse con la de Polański, el autor de títulos tan memorables como *Cul-de-Sac (Callejón sin salida), Repulsión, La semilla del diablo, Chinatown, Lunas de hiel* y *El Pianista.*

Después de la Escuela Polaca

Con alguna excepción, desde 1963, los cineastas polacos no han llegado al nivel de calidad de la Escuela Polaca. La etapa comunista alumbró una sucesión de directores importantes, como Krzysztof Zanussi, Andrzej Żuławski y Agnieszka Holland. En 1970, Marek Piwowski rodó *Rejs* (El crucero), la primera película de culto polaca.

Un nombre que suele encabezar las listas de favoritos del cine de autor es Krzysztof Kieślowski (1941-1996), el director de la trilogía *Tres colores: Azul/Blanco/Rojo.* Empezó en 1976 con *Blizna (La cicatriz),* aunque su primer largometraje de éxito fue *Amator (El aficionado).* Después de varios filmes, afrontó el desafío de rodar *Dekalog (Decálogo),* una serie televisiva de 10 episodios que se vio en muchos países.

En el 2015, *Ida,* del director Paweł Pawlikowski, fue el primer largometraje polaco en ganar el Óscar a la mejor película extranjera. En esta conmovedora historia, filmada en blanco y negro y ambientada en la década de 1960, una joven novicia descubre sus raíces judías y el fatal destino de su familia durante la guerra.

Música

Música clásica

La figura más insigne de la música polaca es Frédéric Chopin (1810-1849), que cristalizó el estilo nacional inspirándose en danzas y canciones populares como *polonez* (polonesa), *mazurek* (mazurca), *oberek* y *kujawiak.* Nadie más en Polonia ha utilizado de manera tan creativa los ritmos folclóricos para componer piezas de concierto, ni ha obtenido tanto reconocimiento internacional.

Stanisław Moniuszko (1819-1872) también se inspiró en la tradición para crear la ópera polaca; dos de sus obras más conocidas, *La condesa* y *El castillo de los fantasmas,* son habituales en el repertorio operístico nacional. Henryk Wieniawski (1835-1880) es otro notable compositor polaco que en el s. XIX conquistó las más altas cotas de éxito.

A principios del s. XX, los músicos polacos empezaban a encandilar a una audiencia internacional. Los primeros fueron los pianistas Ignacy Paderewski (1860-1941) y Artur Rubinstein (1886-1982), que no dejó de tocar hasta su muerte. Karol Szymanowski (1882-1937) fue una personalidad musical de la primera mitad del s. XX; en su *ballet* más conocido, *Harnasie,* 'tradujo' la música folclórica de los Tatras al lenguaje musical moderno.

ARTE MÚSICA

Películas indispensables de directores polacos

El pianista, de Roman Polański

Trilogía Tres colores, de Krzysztof Kieślowski

Cenizas y diamantes, de Andrzej Wajda

Katyń, de Andrzej Wajda

La doble vida de Verónica, de Krzysztof Kieślowski

La web del Instituto de Cine Polaco (www.pisf.pl) contiene información sobre la industria cinematográfica nacional.

'JAZZ' A GOGÓ

Los clubes de *jazz* van y vienen, pero, como género musical, el *jazz* goza de un enorme seguimiento en Polonia.

El legendario pianista Krzysztof Komeda (1931-1969) se convirtió en la posguerra en la primera estrella de *jazz* del país y en una fuente de inspiración para muchos, incluidos Michał Urbaniak (violín y saxo), Zbigniew Namysłowski (saxo) y Tomasz Stańko (trompeta), todos ellos pilares de la escena en la década de 1960. Urbaniak desarrolló su carrera en EE UU, y quizá sea el músico de *jazz* polaco más conocido a escala internacional.

De la nueva generación, la mayor revelación es Leszek Możdżer (piano), seguido de los pianistas Andrzej Jagodziński y Włodzimierz Pawlik. También merecen nombrarse Piotr Wojtasik (trompeta), Maciej Sikała (saxo), Adam Pierończyk (saxo), Piotr Baron (saxo) y Cezary Konrad (batería).

Varias ciudades celebran festivales de *jazz* cada año. Uno de los mejores es el Festival de Jazz de Verano de Cracovia, que ocupa todo julio y agosto.

Tras los pasos de Frédéric Chopin

Museo Chopin, Varsovia

Iglesia de la Santa Cruz, Varsovia; su corazón está enterrado aquí

Universidad de Varsovia; donde el compositor estudió

Żelazowa Wola, Varsovia; su lugar de nacimiento

'Rock' y pop

El *rock* goza de una larga y prestigiosa tradición en Polonia, que viene de bastante antes de la caída del comunismo en 1989. El pionero del *rock* nacional fue Tadeusz Nalepa (1943-2007), que inició su carrera a finales de la década de 1960 y adquirió fama en todo el país. Otras figuras veteranas de la escena del pop-rock local son Lady Pank, Republika, Budka Suflera, Maanam, Bajm, T. Love y Hey. En los últimos años se ha asistido a una eclosión de artistas que abarcan todos los géneros y estilos musicales, desde la salsa hasta el *rap*. Brathanki y Golec uOrkiestra son dos grupos muy populares que mezclan ritmos folk y pop, y nombres como Wilki, Dżem y Myslovitz mantienen vivo el *rock* patrio. En años recientes ha reaparecido el *Disco polo,* música *dance* con base *disco* surgida en la década de 1990 y exclusiva de Polonia; clubes como el Hush Live de Cracovia se han consagrado a este estilo.

Pintura

El primer pintor sobresaliente del país no fue un polaco. Sobrino (y discípulo) del artista veneciano Canaletto, Bernardo Bellotto (1721-1780) nació en Venecia, se especializó en *vedute* (paisajes urbanos) y recorrió Europa de punta a punta, aceptando el cargo de pintor de cámara a su paso por Varsovia durante el reinado de Estanislao Augusto Poniatowski [1764-1795]. En el Castillo Real de Varsovia hay una sala dedicada a sus detalladas vistas de la ciudad, que supusieron una referencia inestimable en la reconstrucción del casco antiguo después de la II Guerra Mundial. Bellotto solía firmar sus lienzos como "de Canaletto", y por eso en Polonia se le conoce simplemente por Canaletto.

Artistas polacos

En la segunda mitad del s. XIX, Polonia se hallaba ya en condiciones de alumbrar a sus propios pintores. Nacido en Cracovia, Jan Matejko (1838-1893) iluminó lienzos conmovedores que glorificaban el pasado procurando mantener viva la idea de una nación polaca orgullosa e independiente, en una época en que el país había dejado de existir como entidad política; tardó tres años en terminar su obra más conocida, *La Batalla de Grünwald* (1878), un cuadro enorme que representa la famosa victoria de las fuerzas aliadas polacas, lituanas y rutenas sobre los Caballeros Teutones en 1410 y que se expone en el Museo Nacional de Varsovia. Figuras como Józef Brandt (1841-1915) y Wojciech Kossak (1857-1942) también contribuyeron por aquellos años a dejar testimonio pictórico de la historia polaca; a Kos-

Entre los nombres polacos más conocidos figuran: Antoni Patek, cofundador de la firma de relojería Patek Philippe & Co; Max Factor, el padre de la cosmética moderna; y los cuatro hermanos Warner, creadores del imperio Warner Bros.

sak se le recuerda sobre todo como el creador del *Panorama de Racławice,* que puede admirarse en Wrocław.

Teatro

Aunque la tradición teatral en Polonia se remonta a la Edad Media, el teatro en sentido estricto no empezó a desarrollarse hasta el Renacimiento, siguiendo las pautas de Francia e Italia. En el s. xvii empezaron a representarse las primeras obras genuinamente polacas. En 1765 se fundó en Varsovia la primera compañía permanente y su último director, Wojciech Boguslawski, está reconocido como el padre del teatro nacional.

En las décadas posteriores a la II Guerra Mundial, el teatro polaco adquirió fama internacional. Solo las salas de Cracovia y Lviv gozaron de relativa libertad, pero ni siquiera en ellas pudieron representarse los grandes dramas románticos nacionales, que no se llevarían a escena hasta principios del s. xx. Antes del estallido de la I Guerra Mundial, el país contaba solo con 10 teatros permanentes. En el período de entreguerras el panorama escénico floreció sobre todo en Varsovia y Cracovia.

Después de la II Guerra Mundial, la escena polaca adquirió reputación internacional, culminando con el Teatr Laboratorium (Teatro Laboratorio), fundado en 1965 por Jerzy Grotowski en Wrocław. De tipo experimental, es particularmente recordado por *Apocalypsis cum Figuris*. La compañía se disolvió en 1984, cuando Grotowski se dedicó a dar clases de interpretación en el extranjero hasta su muerte, en 1999. También tuvo resonancia internacional el Teatro Cricot 2, de Tadeusz Kantor, creado en 1956 en Cracovia. Por desgracia, sus mejores producciones, *La clase muerta* y *Wielopole, Wielopole*, nunca se han vuelto a representar, ya que Kantor falleció en 1990 y la compañía se disolvió pocos años después. Un nuevo museo, Cricoteka, ha abierto sus puertas en Cracovia para rememorar su vida y obra.

Arte popular

Polonia presume de poseer una larga y rica tradición en la artesanía y el arte populares, si bien existen importantes distinciones regionales. La cultura popular está mucho más arraigada en las montañas, sobre todo en la región de Podhale, a los pies de los Tatras, pero otros enclaves relativamente pequeños, como Kurpie o Łowicz (ambos en Mazovia), ayudan a mantener vivas las tradiciones.

La industrialización y la urbanización han ido cambiando las costumbres. La gente ha dejado de vestir atuendos típicos salvo en fechas indicadas, y los objetos que fabrican son mayormente vendidos como recuerdos o piezas de museo. Sus muchos *skansens* (museos populares al aire libre) son los mejores lugares para apreciar ese patrimonio.

Los *skansen* (vocablo escandinavo que designa un museo etnográfico al aire libre) se proponen preservar la cultura y arquitectura tradicionales en típicos edificios rurales (viviendas, graneros, iglesias, molinos), sobre todo de madera, reunidos en una determinada región. Hay 35 en todo el país.

ARTE ARTE POPULAR

'SKANSEN'

LA PINTURA DE LA POSGUERRA

Desde el final de la II Guerra Mundial hasta 1955, las artes visuales estuvieron dominadas por el realismo socialista.

Sin embargo, también fue una época en que las artes gráficas pasaron a primer plano, forjando una tradición que se remontaba a los albores del siglo. Uno de los artistas más influyentes fue Tadeusz Trepkowski (1914-1954), quien produjo sus mejores carteles tras la II Guerra Mundial. Su obra y la de otros artistas se puede contemplar en el Museo del Cartel de Varsovia.

A partir de 1955, los pintores polacos empezaron a experimentar con diversas formas, tendencias y técnicas. Zdzisław Beksiński (1929-2005), considerado uno de los mejores pinceles contemporáneos del país, plasmó en su obra un misterioso y secreto mundo onírico.

Paisaje, fauna y flora

Con bosque primigenio, ventosas dunas, lagos costeros, playas, islas pobladas de juncos, cuevas, cráteres, un desierto, una larga cadena montañosa y hasta una península llamada Hel, es lícito afirmar que Polonia posee uno de los ecosistemas con mayor diversidad de Europa.

Datos

Superficie:
312 685 km²

Países con los que
Linda: 7

Longitud de la
frontera: 3582 km

Lagos: 9300

Pico más elevado:
monte Rysy
(2499 m)

Río más largo:
Vístula (1090 km)

Pese a sus numerosos lagos, persisten los problemas de Polonia con el agua, como la contaminación y la falta de tratamiento de aguas residuales, aunque un reciente estudio de la Agencia Europea del Medio Ambiente ha apreciado mejoras en los últimos años.

Variedad paisajística

La orografía polaca se forjó, en su mayor parte, durante la última glaciación, cuando el hielo avanzó hacia el sur y no se retiró hasta pasados 10 000 años. El resultado fueron cinco zonas paisajísticas diferentes: los Sudetes y los Cárpatos, al sur; las vastas tierras bajas centrales; la región lacustre; el litoral del mar Báltico, al norte; y los ríos del norte.

Montañas del sur

Se extienden desde los Sudetes, al suroeste, pasando por los Tatras, al sur, hasta llegar a los Beskides, al sureste. Los Sudetes son una cadena montañosa muy antigua, cuyo pico más elevado es el Śnieżka (1602 m), en los montes Karkonosze. El punto más alto de Polonia es el monte Rysy (2499 m), en los Tatras. De hecho, los senderos de los Tatras están integrados con los del otro lado de la cadena, en Eslovaquia, lo que significa que el viajero puede cruzar a pie la frontera y proseguir por los mismos senderos en el otro lado. Al norte de los Tatras se alzan los Beskides, más bajos pero mucho más extensos y densamente arbolados, cuya cumbre es el Babia Góra (1725 m). El rincón sureste del país lo ocupan el Bieszczady, parte del arco de los Cárpatos, y posiblemente los picos más pintorescos y solitarios de Polonia.

Tierras bajas centrales

Abarcan desde el extremo noreste del país hasta 200 km pasada la frontera al sur. Ocupan la mayor parte del país: Baja Silesia, la "Gran Polonia" (Wielkopolska), Mazovia (Mazowsze) y Polesia. Durante miles de años, los arroyos de origen glaciar que fluían hacia el sur depositaron capas de limo que contribuyeron a crear algunos de los suelos más fértiles; como consecuencia, en su mayor parte son tierras de cultivo y la región productora de cereales más importante del país. En algunos lugares, como el Parque Nacional de Kampinos, al oeste de Varsovia, los sedimentos fluviales de origen glaciar han sido desplazados por el viento para formar dunas de hasta 30 m de altura

Los inmensos yacimientos de carbón de Alta Silesia, en el oeste de las tierras bajas, proveyeron del combustible necesario a la Revolución industrial del s. XIX. La gran proximidad de este combustible relativamente barato fomentó el eventual crecimiento de gigantescas acerías en plantas industriales de esta región, dejando un legado de contaminación del aire y el agua (p. 429) que aún se intenta corregir, aunque se están haciendo grandes progresos.

CUESTIONES MEDIOAMBIENTALES

Polonia ha realizado grandes progresos en esta materia en los últimos años, pero aún se enfrenta a problemas derivados de su legado, como la masiva deforestación durante la II Guerra Mundial y el rápido aumento de producción industrial –sobre todo en Alta Silesia– durante el período comunista. Este avance puede apreciarse especialmente en la contaminación del aire. Un estudio del 2014 de la Agencia Europea del Medio Ambiente (AEMA) concluyó que aunque la economía polaca había crecido cada año durante las últimas dos décadas, no se había producido un incremento perceptible de las emisiones. En algunos casos (p. ej. con el dióxido de azufre), el informe incluso observaba una reducción.

Buenas noticias teniendo en cuenta que en 1992, Polonia ocupaba el 12º puesto mundial en contaminación per cápita, y solo en la región de Katowive, el hollín y los contaminantes transmitidos por el aire superaban con creces las normas sanitarias aceptables. Parte de la solución ha sido la desindustrialización; p. ej., la actividad de las grandes y viejas fábricas metalúrgicas de Nowa Huta, cerca de Cracovia, constituye hoy apenas una mínima parte de lo que fue en las décadas de 1960 y 1970. Otro factor positivo ha sido la adopción de tecnología moderna para su depuración.

El informe de la AEMA confirmó asimismo los evidentes progresos del país en la protección de las aguas de superficie y subterráneas. El vertido de residuos municipales se ha reducido un 12% desde el 2000, y el porcentaje de población con acceso a servicios de tratamiento del agua ha crecido hasta el 70%. En cuanto a la gestión de residuos líquidos procedentes de la agricultura, el informe constataba que habían disminuido los productos químicos (como nitrógeno y fósforo) vertidos a los ríos, y que finalmente llegan al mar Báltico. No obstante, afirmaba que, en ciertas zonas, las aguas superficiales no tenía la calidad necesaria.

Según la AEMA, el mayor reto sigue siendo el uso más eficiente de los recursos materiales y energéticos, a fin de lograr la sostenibilidad económica.

Agua por doquier

Polonia no solo posee una larga franja de costa báltica, sino que además cuenta con lagos y ríos a rebosar de fauna y flora, donde es posible practicar toda clase de deportes acuáticos.

> Cerca del 52% del territorio es agrícola; casi el 30%, bosque.

Lagos de Polonia

Polonia tiene unos 9300 lagos, más que cualquier otro país europeo, a excepción de Finlandia. Esta zona se localiza en las regiones de Pomerania, Varmia y especialmente Mazuria. Las llanuras de suelos arcillosos y arboladas y los numerosos lagos glaciares se formaron a partir de la arcilla que se depositó tras el deshielo de la última glaciación. La zona incluye el único *puszcza* (bosque primigenio) que queda en Europa, lo que convierte al Parque Nacional de Białowieża en uno de los mayores atractivos del país.

Costa báltica

La costa del Báltico cruza el norte de Polonia desde Alemania hasta Kaliningrado. Caracterizada por sus marismas y dunas de arena, la planicie costera se formó como consecuencia de la subida del nivel del agua que provocó el deshielo glaciar. Estos depósitos de arena y grava no solo dan forma a las playas de los centros vacacionales, sino que también contribuyen a modelar las cambiantes dunas del Parque Nacional de Słowiński, la lengua de arena de Hel y la laguna del Vístula.

> El galardonado libro infantil *Bocheck i Poland*, de Josepha Contoski, es un hermoso relato sobre la relación entre los polacos y las cigüeñas blancas.

Ríos de Polonia

Todos los ríos polacos desembocan en el Báltico. El más largo (1090 km) es el Vístula (Wisła), que nace en los Tatras. Conocido como el río madre de Polonia, pues pasa por Cracovia y Varsovia, drena casi la mitad del

CIGÜEÑAS

Se dice que el monte Rysy fue escalado por la premio Nobel Marie Curie y el revolucionario ruso Lenin (por separado). El símbolo de la hoz y el martillo está pintado en una roca donde se cree que el líder comunista descansó.

país junto al Bug y el Narew, dos de sus afluentes. El segundo río más largo, el Óder (Odra), fluye junto a su principal afluente, el Warta, por el tercio occidental del territorio y en parte hace de frontera natural con Alemania. Debido a los deshielos primaverales, los ríos sufren importantes crecidas, lo que suele provocar inundaciones si a ellas se unen fuertes precipitaciones en julio.

Fauna y flora

Polonia es un destino que hará las delicias de los amantes de la fauna y la flora. Pueden verse bisontes pastando en el Parque Nacional de Białowieża o cigüeñas anidando sobre postes de telégrafo. Cuesta más ver osos pardos y linces. La variedad paisajística supone un hábitat ideal para infinidad de especies vegetales.

Fauna

Polonia alberga una gran riqueza animal. Pueden verse jabalíes, ciervos, alces y linces en el extremo noreste, y osos pardos y gatos monteses en los bosques del sur. También pueden observarse aves poco comunes como el ruiseñor ruso, el águila real, el pico dorsiblanco y el tridáctilo euroasiático, el grévol común y 200 especies más que anidan en el país.

Lobos

Los lobos grises son los mayores ejemplares de los cánidos y, en tiempos, una presencia habitual en el paisaje polaco. Antiguamente, la caza del lobo era uno de los pasatiempos preferidos de los zares. Esto, unido a una reducción de su hábitat, provocó su práctica desaparición en la década de 1990. Tras la aprobación en 1998 de una legislación específica para su protección, los últimos recuentos demuestran que su población ha empezado a crecer de nuevo.

Caballos

En Polonia existe una larga tradición de cría de caballos árabes. Algunos de los équidos que trotaban antaño libremente por las llanuras polacas se han conservado en los zoológicos, como el tarpán, que ya solo se encuentra en cautividad. Por suerte, los granjeros polacos solían cruzar esta especie con otra doméstica, lo que dio como resultado el pequeño konik, que, al poseer los genes del tarpán, está siendo utilizado para recuperar la especie. El poni hucul es descendiente directo del tarpán que poblaba los Cárpatos.

Aves

La variada topografía polaca alberga una gran diversidad de aves. Las extensas zonas de lagos, marismas y cañaverales de la costa báltica, y las cuencas pantanosas de los ríos Narew y Biebrza, acogen a numerosas especies acuáticas y son también visitadas en primavera y otoño por grandes bandadas migratorias de gansos, patos y aves zancudas. También hay una pequeña población de cormoranes que habita en los grandes lagos Mazurianos.

En primavera, las cigüeñas llegan de África y el país acoge cada año una cuarta parte de las 325 000 cigüeñas blancas de Europa, que suelen anidar en Mazuria y Polesia, en el noreste.

La *orzeł* (águila), símbolo nacional, fue adoptada como emblema real en el s. XII. En el país se pueden avistar varias especies de águilas, sobre todo en las montañas del sur, como el águila real y el águila culebrera, además de las menos comunes águila calzada, águila moteada y águila pomerana. El águila de cola blanca, inspiración del emblema nacional, habita en los parques nacionales de la costa báltica.

Además de traer bebés, en Polonia también se cree que las cigüeñas (*bociany*) son portadoras de buena suerte. A menudo la gente coloca sobre sus tejados ruedas y otros objetos para animarlas a anidar. Incluso las empresas de telecomunicaciones hacen todo lo posible por garantizar que sus postes y antenas sean inofensivos para estas zancudas.

EL REGRESO DEL BISONTE

El bisonte europeo (*Bison bonasus; żubr* en polaco) es el mayor mamífero del continente, cuyo peso puede superar los 1000 kg. Llegan a vivir hasta 25 años y, aunque parezcan torpes, pueden alcanzar los 50 km/h si hace falta.

Antiguamente, los bisontes se extendían por todo el continente, pero la creciente explotación forestal en Europa occidental les empujó hacia el este. En el s. xix, los últimos bisontes se concentraban en el bosque de Białowieża. En 1916 quedaban unos 150 ejemplares, pero tres años después se extinguieron debido a la caza. Por entonces, solo habían sobrevivido unos 50 bisontes repartidos por zoológicos en diferentes lugares del mundo.

En 1929 se empezó a reintroducir el bisonte en Białowieża y se soltaron varios ejemplares. El resultado es que hoy viven en libertad unos pocos cientos de bisontes solo en el bosque de Białowieża y varios cientos más han sido enviados a otra docena de regiones del país. Además, muchos bisontes de Białowieża se han repartido entre los zoológicos y otros bosques europeos, unos 2500 ejemplares en total.

Flora

A muchos visitantes quizá les sorprenda saber que Polonia contiene el único fragmento que queda del bosque primigenio que cubría gran parte de la Europa prehistórica. En el Parque Nacional de Białowieża aún se ven majestuosos robles con cinco siglos de antigüedad y gran variedad de flora que es, literalmente, ancestral.

El árbol más común de los bosques polacos es el pino (70% de la superficie total), si bien gracias a la proliferación de especies caducifolias como el roble, el haya, el abedul, el serbal o el tilo, se está incrementando la diversidad biológica y la capacidad de regeneración de los bosques. El sotobosque alberga incontables variedades de musgo y hongos, muchos de los cuales se utilizan en la cocina polaca.

En las regiones montañosas más altas, los bosques de coníferas, principalmente formados por pinos enanos, son capaces de resistir la climatología más severa, mientras que las tierras bajas y altas constituyen el hábitat natural de árboles que crecen tanto en suelos más áridos como en los cenagosos. Entre las especies autóctonas se encuentran el alerce polaco (*Larix polonica*) y el abedul (*Betula oycoviensis*), en la región de Ojców.

Zonas naturales protegidas

Actualmente, el 30% de Polonia es bosque, en su mayoría administrado por el Estado. En torno al 23% del país se halla bajo algún tipo de protección, ya sea como parque nacional, parque paisajístico u otra clase de zona protegida. Para acceder a los parques nacionales, así como a varios parques regionales y paisajísticos, se debe abonar una entrada en los quioscos próximos al inicio de los senderos. El importe varía, pero suele rondar los 5-10 PLN diarios.

Parques nacionales

En Polonia hay 23 *parki narodowe* (parques nacionales), que abarcan unos 3200 km², cerca del 1% de su superficie. Aparte de los seis de los Cárpatos, se distribuyen de forma homogénea, y así muestran todo el abanico de paisajes, flora y fauna que contiene el país. Białowieża, el parque nacional más antiguo, fue creado en 1932.

Parques paisajísticos

Además de los parques nacionales, los más pequeños y numerosos *parki krajobrazowe* (parques paisajísticos) también desempeñan un

PAISAJE, FAUNA Y FLORA ZONAS NATURALES PROTEGIDAS

Para información exhaustiva sobre observación de naturaleza en los parques nacionales, visítese la web www.wildpoland.com (en inglés).

De las 110 especies de mamíferos y 424 especies de aves que habitan en Polonia, 12 de cada grupo están amenazadas.

papel esencial en la conservación del medio ambiente. Además, aparte de su contribución estética, estas áreas suelen poseer valores históricos y culturales.

Reservas

Polonia tiene varias *rezerwaty* (reservas protegidas). Suelen ser pequeñas zonas con alguna característica peculiar, como una agrupación de árboles centenarios, un lago con flora poco común o una formación rocosa interesante. La Unesco ha reconocido a nueve de ellas como Reservas de la Biosfera por su enfoque innovador en la conservación de elementos ecológicos.

Guía práctica

Datos prácticos A-Z

Acceso a internet

Wifi

Polonia tiene buenas conexiones. El grueso de hoteles superiores a la pensión básica permite conectarse a internet (normalmente wifi). Además, muchos bares, cafés y restaurantes, también los McDonald's y Costa Coffee, ofrecen wifi gratis a sus clientes, aunque la intensidad y fiabilidad de la señal varía mucho.

Encontrar un ordenador

Dar con un ordenador para navegar por internet resulta más problemático. Muchos hoteles no ponen ordenadores a disposición de los clientes, pero algunos albergues privados sí que lo hacen. Los hoteles más grandes pueden tener un centro de negocios.

Lo mismo pasa con los cibercafés: hay menos porque cada vez hay más polacos con ordenador personal. Con todo, aún quedan unos cuantos. Como alternativa se puede recurrir a las oficinas de turismo o a las bibliotecas municipales, donde suele haber un terminal para acceder gratis a internet sin dilatarse demasiado.

Aduana

→ Los viajeros de países extracomunitarios pueden llevar hasta 200 cigarrillos, 50 puros o 250 g de tabaco para pipa, hasta 2 l de vino no espumoso y 1 l de licor.

→ Quienes procedan de un país comunitario pueden introducir hasta 800 cigarrillos, 200 puros o 1 kg de tabaco de pipa, y hasta 110 l de cerveza, 90 l de vino y 10 l de destilados.

→ No se permite exportar artículos fabricados antes del 9 de mayo de 1945 sin un permiso (*pozwolenie eksportowe*). Los anticuarios oficiales pueden ayudar con el papeleo, pero la burocracia es lenta y lleva su tiempo.

Alojamiento

Polonia tiene una amplia oferta para casi todos los bolsillos, a saber: hoteles, pensiones y casas de huéspedes, albergues, apartamentos de alquiler y zonas de acampada. En los últimos años se han disparado los precios, pero siguen siendo, en general, más bajos que en Europa occidental.

→ Varsovia es la ciudad más cara para alojarse, seguida de Cracovia, Gdańsk y Wrocław. Cuanto más lejos se esté de ellas, más barato será.

→ Las tarifas varían según la temporada. Los centros de veraneo, sobre todo en la costa báltica y en las montañas, tienen precios más altos en julio y agosto. Las estaciones de esquí suben precios en invierno, sobre todo en Navidad y Año Nuevo.

→ Los hoteles de las grandes ciudades ofrecen descuentos los fines de semana, y los de los lugares de veraneo, entre semana.

→ Normalmente los precios incluyen el desayuno pero no el aparcamiento, desde 10 PLN por noche en los hoteles más pequeños a 100 PLN por noche en un *parking* de Varsovia o Cracovia.

RANGO DE PRECIOS DE ALOJAMIENTO

Los alojamientos están clasificados de acuerdo al precio y según la preferencia del autor; las tarifas indicadas en esta guía corresponden a una habitación doble estándar con baño propio y desayuno en temporada alta.

€	menos de 150 PLN
€€	entre 150 y 400 PLN
€€€	más de 400 PLN

Las tarifas de las habitaciones incluyen el IVA en el precio final a pagar. Muy pocos municipios imponen una "tasa turística", y si la hay raras veces supera 1 o 2 PLN por noche y habitación.

Los precios vienen indicados en *złoty*, aunque los hoteles para la clientela extranjera también dan precios en euros para facilitar. Todos los hoteles aceptan *złoty*.

El motor de búsqueda de alojamiento más popular del país es www.booking.com; parte de los principales hoteles, muchas pensiones y albergues figuran en él.

Tipos de habitaciones

Los hoteles ofrecen las típicas habitaciones: individuales, dobles y apartamentos o suites. Además, tienen habitaciones para tres o cuatro personas. En la recepción suele haber un tablón con los tipos de habitación y los precios. A saber:

Individual	*pokój 1-osobowy*
Doble	*pokój 2-osobowy*
Con baño	*z łazienką*
Sin baño	*bez łazienki*
Solo con lavamanos	*z umywalką*

Los precios de las dobles varían si tienen dos camas o una de matrimonio (más cara).

Hay hoteles sin individuales pero que ofrecen dobles de uso individual a un precio reducido.

Albergues

Esta sección engloba tanto la nueva hornada de albergues privados como los de gestión pública o municipal, más antiguos. Las diferencias son notorias. También hay refugios de montaña, sencillos y rústicos, administrados por la PTTK.

ALBERGUES PRIVADOS

Por lo general, solo se encuentran en ciudades como Cracovia, Varsovia, Zakopane, Wrocław, Poznań o Łódź. El nivel de comodidad suele ser más alto que en los albergues juveniles, más sencillos, y los precios, prácticamente los mismos. El alojamiento normalmente consiste en dormitorios colectivos, cuyos precios aumentan a menor número de camas.

Los albergues privados suelen tener cocina comunitaria, lavandería y, a veces, salón y bar.

Las camas incluyen las sábanas y las habitaciones deberían disponer de taquillas para guardar los objetos personales.

Suelen contar con wifi gratis y ordenadores para navegar por internet, y su agradable personal políglota puede brindar información.

Aunque apuntan a mochileros, no hay restricciones por edad ni hora límite de entrada.

ALBERGUES PÚBLICOS

Polonia cuenta con unos 600 *schroniska młodzieżowe* (albergues juveniles), gestionados por la **Polskie Towarzystwo Schronisk Młodzieżowych** (PTSM; Asociación Polaca de Albergues Juveniles; www.ptsm.org.pl), asociada a Hostelling International (HI).

De estos, más o menos un 20% abre todo el año y el resto están abiertos solo en julio y agosto.

Los albergues suelen estar señalizados con un triángulo verde con el logotipo PTSM en el interior, situado encima de la entrada.

Cierran a las 22.00 y casi todos lo están entre 10.00 y 17.00.

Las instalaciones de los albergues públicos varían mucho. Algunos presentan un estado deplorable mientras que otros están bien y son modernos.

Las escuelas se convierten en albergues de temporada en vacaciones. En ellos todo es mucho más simple, a veces ni siquiera hay duchas, cocina o agua caliente. Conviene llevarse unas sábanas porque a menudo no tienen.

Los albergues juveniles aceptan a todo el mundo, socios o no, sin límite de edad.

ALBERGUES DE LA PTTK Y DE MONTAÑA

La **Polskie Towarzystwo Turystyczno-Krajoznawcze** (PTTK; Asociación Polaca de Turismo y Campo; www.pttk.pl) gestiona su propia red de albergues o *dom turysty/ dom wycieczkowy, como* se la conoce en polaco.

Están enfocados a los viajeros de bajo presupuesto, sobre todo excursionistas y mochileros. Muy raras veces tienen habitaciones individuales, y la mayoría ofrece habitaciones con tres o cuatro camas. Las camas se alquilan por unos 35-45 PLN.

La PTTK también gestiona una red de *schroniska górskie* (refugios de montaña). Las instalaciones suelen ser sencillas pero los precios son bajos y se sirven comidas calientes. En los refugios más apartados no suelen tener inconveniente en recibir a cualquiera, por más lleno que esté, de ahí que durante el pico turístico estival normalmente escaseen las camas. Muchos abren todo el año, aunque antes de salir se

INFORMACIÓN EN LA RED

Para más información sobre alojamientos, visítese www.lonelyplanet.es. Lo mejor de todo es que se pueden reservar en línea.

DATOS PRÁCTICOS ALOJAMIENTO

aconseja informarse al respecto en la oficina regional de la PTTK más cercana.

Alquiler de apartamentos para estancias cortas

Puede ser una buena opción si se prevé estar tres o más días en grandes urbes como Varsovia o Cracovia. Hay desde sencillos estudios a lujosos apartamentos con dos dormitorios, y por lo general se sitúan en el centro.

➡ Suelen estar bien equipados (toallas, ropa de cama, etc.), aunque los de más nivel también disponen de lavadora y electrodomésticos de cocina.

➡ El pago suele realizarse en efectivo y por adelantado o con tarjeta de crédito (mediante transferencia por internet); conviene ver la propiedad antes de pagar.

➡ En los últimos años han proliferado las webs que permiten alquilar directamente a través de los dueños, y en grandes ciudades como Varsovia o Cracovia hay docenas de apartamentos privados que se anuncian en estas webs.

'Campings'

La **Federación Polaca de Camping y Caravaning** (🖉 22 810 6050; www.pfcc. eu) dispone de un listado con más de 500 *campings* y zonas de vivac repartidos por todo el país, ya sea en grandes urbes (normalmente en las afueras), en poblaciones pequeñas o en zonas rurales.

Aproximadamente el 40% de los establecimientos registrados son *campings* equipados con todas las instalaciones y servicios: luz, electricidad, agua corriente, duchas, cocinas y parcelas para autocaravanas. El 60% restante son vivaques, equivalentes a plazas de *camping,* por lo general con aseos y poco más.

➡ Muchos sitios alquilan también cabañas de madera similares a una habitación básica de hotel.

➡ La mayor parte de los *campings* abren de mayo a septiembre, pero algunos solo de junio a agosto.

➡ Se suele cobrar una tarifa por parcela, más un suplemento por persona y automóvil. Algunos imponen un recargo por consumo de electricidad.

Habitaciones en casas particulares

Muchas personas alquilan habitaciones en sus casas, en especial en las zonas de montaña y en lugares que atraen a muchos turistas. Búsquense los carteles con *"pokoje", "noclegi"* o *"zimmer frei"* en la ventana.

Este tipo de habitaciones son como una lotería: nunca se sabe cómo será la habitación o quien será el anfitrión. Por eso se recomienda alquilar una por un par de noches y después alargar la estancia si se está a gusto.

➡ El cuarto de baño puede ser privado o no.

➡ A veces sirven desayunos y otras comidas, que no están incluidos en el precio de la habitación; hay que preguntar antes.

➡ Los anfitriones no suelen hablar inglés (y mucho menos español), pero están acostumbrados a tratar con viajeros, por lo que la comunicación rara vez supone un problema.

➡ Las individuales cuestan unos 40 PLN y las dobles, de 70 a 100 PLN, según el nivel.

Hoteles

En Polonia son la oferta más numerosa: los hay desde antiguos a nuevos, y de sencillos a lujosos.

A la cabeza de los de precio alto están las diversas cadenas hoteleras polacas e internacionales que ofrecen alojamientos a gente de negocios.

Luego están los hoteles más pequeños, de propiedad privada y precio medio. Suelen ser establecimientos atractivos, con una excelente relación calidad-precio, pero aun así siempre conviene comprobar la habitación antes de formalizar la reserva. Lo habitual es pagar uno 160 PLN por una habitación individual y desde 190 PLN por una doble.

LO BÁSICO

➡ **Periódicos y revistas** Para informarse de la actualidad del país, visítese la web de Warsaw Voice (www.warsawvoice.pl). Disponen de prensa extranjera en las tiendas Empik, librerías y quioscos de los vestíbulos de los hoteles de categoría.

➡ **Radio** Polskie Radio, pública, es la principal emisora nacional. Emite en AM y FM y llega a cualquier rincón del país; todos los programas son en polaco.

➡ **Televisión** Polonia tiene dos cadenas estatales que llegan a todo el país: TVP1 y TVP2; esta última, de perfil más didáctico y cultural. Además, hay varios canales privados, incluido el PolSat, con cobertura nacional.

➡ **Fumar** Está prohibido en todos los espacios públicos, incluidos bares y restaurantes. Unos cuantos establecimientos hacen caso omiso, pero la inmensa mayoría lo cumplen. En muchos hoteles no se puede fumar.

➡ **Pesos y medidas** Se usa el sistema métrico decimal.

Pensiones

Las *pensjonaty* son pequeñas casas de huéspedes que
sirven desayuno y, de vez
en cuando, media pensión
o pensión completa. Suelen
ser limpias, cómodas y con
una buena relación calidad-
precio.

Aunque los precios varíen
en función de la ubicación
y el nivel de confort, suelen
ser comparativamente más
baratas que los hoteles. Las
individuales/dobles rondan
los 130/170 PLN. Tal vez la
única pega sea la falta de
imaginación de los desa-
yunos tipo bufé, que por lo
general se reducen a fuentes
de jamón cocido y queso y el
café soluble de rigor.

Comida

Para información exhaustiva
sobre cocina polaca, véase
el capítulo *Comer y beber
como un polaco* (p. 37).

Comunidad homosexual

La homosexualidad es legal
en Polonia pero se tolera con
reservas. La sociedad polaca
es muy conservadora y, en
buena medida, bastante hostil hacia el colectivo LGBT.

Los gais y lesbianas en
Polonia se caracterizan por
la discreción; Varsovia y Cracovia son los mejores sitios
para encontrar bares, discotecas y alojamientos. Sopot
también se distingue por su
tolerancia. El mejor recurso
para estar al tanto de la escena en Polonia son las webs
http://warsaw.gayguide.net y
www.queer.pl (en polaco).

Correos

El servicio postal corre a
cargo de **Poczta Polska**
(www.poczta-polska.pl). En las
grandes ciudades hay más
de una docena de oficinas,
incluida la *poczta główna*
(oficina principal de correos),

RANGO DE PRECIOS PARA COMER

Los precios indicados a continuación se refieren al coste
medio de un plato principal.

€	menos de 20 PLN
€€	entre 20 y 40 PLN
€€€	más de 40 PLN

que es la que dispone de un
mayor número de servicios,
entre ellos lista de correos,
fax y cambio de moneda.

➡ El servicio postal es fiable.
Las cartas y postales que
se envían por avión tardan
menos de una semana en
llegar a un destino europeo
y dos semanas a cualquier
otro lugar.

➡ El franqueo de una carta
normal de hasta 50 g cuesta
5,20 PLN a Europa y al resto
del mundo. Las cartas y los
paquetes deben pesarse en
la oficina de correos para
cerciorarse de su correcto
franqueo.

Cuestiones legales

Como en todas partes, deben
respetarse las leyes del país
anfitrión. Aunque la embajada o el consulado es el mejor
recurso en caso de emer-
gencia, hay que tener claro
que hay cosas que nunca
harán, como conseguir que
no se apliquen las leyes por
ser extranjero, investigar un
delito, dar asesoramiento o
representación legal en causas civiles o penales, sacar a
alguien de la cárcel o prestar
dinero a sus ciudadanos.

No obstante, un cónsul
sí puede emitir pasaportes
en caso de emergencia,
contactar con familiares y
amigos, dar consejo sobre
cómo recibir dinero, proporcionar listados de médicos,
abogados e intérpretes de
confianza y visitar a alguien
arrestado o encarcelado.

Descuentos

Varias ciudades y regiones
ofrecen tarjetas "turísticas"
especiales para estancias
cortas, que permiten entrar
gratis o con descuento en
museos, galerías e insti-
tuciones culturales y, solo
algunas, viajar gratis en el
transporte público. Pueden
conseguirse en las oficinas
de turismo y en otros puntos
de venta (véase la web para
más detalles).

Entre las tarjetas más
populares se cuentan el **Warsaw Pass** (www.warsawpass.
com), la **Kraków Card** (www.
krakowcard.com) y la **Tri-City
Tourist Card** (www.gdansk4u.
pl), válida en Gdańsk y Sopot.

Carné de alberguista

El socio de HI puede beneficiarse de descuentos del 10-
25% sobre las tarifas de los
albergues juveniles, aunque
no todos los sitios lo apliquen
a los extranjeros. Se puede
llevar el carné u obtenerlo en
Polonia en las oficinas de la
PTSM; para localizar la más
próxima, visítese www.ptsm.
org.pl.

Carné de estudiante

En Polonia, los estudiantes
se benefician de grandes
descuentos, incluidos algunos museos y transportes
públicos. Para obtenerlo hay
que ser menor de 26 años y
tener el carné de estudiante
internacional válido (ISIC,
International Student Iden-
tity Card). La web www.isic.
pl dispone de un listado de
albergues y establecimientos
que lo admiten. Se puede
comprar en línea o a través

de **Almatur** (www.almatur.com.pl), con oficinas en las principales ciudades.

Dinero

La moneda oficial es el *złoty* (literalmente, "dorado"), abreviado como PLN. Un *złoty* se divide en 100 *groszy* (abreviado como gr). Hay billetes de 10, 20, 50, 100 y 200 PLN, y monedas de 1, 2, 5, 10, 20 y 50 gr y de 1, 2 y 5 PLN. Es una moneda estable que últimamente se ha defendido bien con respecto al euro y al dólar estadounidense.

Se aconseja guardarse billetes de denominación pequeña y monedas para pagar en tiendas, cafés y restaurantes, pues obtener cambio de los billetes de 100 PLN (los que suelen dispensar los cajeros automáticos) puede ser complicado.

Cajeros automáticos

Están por todas partes en las ciudades y pueblos, y hasta el villorrio más pequeño tiene uno. Casi todos aceptan Visa y MasterCard.

➡ Los cajeros automáticos polacos precisan un número PIN de cuatro dígitos.

➡ Antes de viajar al extranjero conviene informar al banco al respecto para así evitar que la entidad bloquee la tarjeta una vez se realicen transacciones fuera del país de origen.

➡ Al extraer efectivo de un cajero automático, a menudo se da la opción de convertir la transacción a la moneda del país del viajero, pero lo mejor es elegir que sea en *złotys*.

Efectivo

Se aconseja cambiar dinero en los bancos o en las *kantors* (oficinas privadas de cambio), que se encuentran en el centro de las ciudades, además de en agencias de viajes, estaciones de trenes, oficinas de correos y grandes almacenes. Mejor salir a comparar precios primero, porque los tipos de cambio varían.

➡ Las *kantors* suelen abrir entre 9.00 y 18.00 los días laborables y hasta las 14.00 los sábados, aunque algunas tienen un horario más amplio (incluso 24 h).

➡ Las *kantors* por lo general solo cambian las divisas de referencia y las de los países vecinos. Las que se cambian con mayor facilidad son los dólares estadounidenses y los euros.

➡ No se suele cobrar comisión por la transacción; el tipo de cambio es el escrito en el tablero (cada *kantor* tiene un panel con las tarifas de cambio).

Impuestos

En Polonia el IVA se aplica en diferentes porcentajes según el producto. El máximo es el 23%. El impuesto suele estar incluido en el precio marcado de artículos y servicios.

Propinas

➡ En los restaurantes es costumbre dejar un 10% de la cuenta para premiar un buen servicio; se puede dejar en el platillo de la cuenta o entregar directamente al camarero.

➡ Las propinas a peluqueros y otros servicios personales son más o menos un 10% del total.

➡ Los taxistas no esperan propina, pero es habitual redondear la tarifa en tramos de 5 o 10 PLN si se ha recibido un buen servicio.

➡ No se dan propinas en hoteles salvo en los de categoría, que suelen disponer de un servicio de habitaciones y mozos, que sí que esperan una propina.

Tarjetas de crédito

En muchos sitios se aceptan tarjetas Visa y MasterCard para el pago de artículos y servicios. El único momento en que se puede tener algún problema es en los establecimientos más pequeños o en transacciones por importes muy bajos. Los hoteles más grandes y restaurantes suelen aceptar tarjetas de American Express, aunque no de una manera tan generalizada como otras.

Para sacar dinero también se pueden utilizar las tarjetas de crédito.

Transferencias internacionales

Se puede enviar dinero a Polonia a través de **Western Union** (www.westernunion.com), un servicio por lo general rápido y fiable, aunque exige el pago de una comisión. Hay locales de Western Union en las principales localidades polacas.

Electricidad

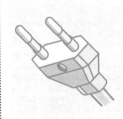

230V/50Hz

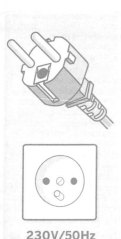

230V/50Hz

Embajadas y consulados

El portal http://embassy-finder.com presenta un listado actualizado de embajadas y consulados en todo el mundo. Las primeras están en Varsovia; muchos países tienen consulados en otras ciudades.

Alemania (22 584 1700; www.warschau.diplo.de; ul Jazdów 12)

Argentina (22 617 6028; Bruksełska 9, Varsovia)

Belarús (22 742 0990; www.poland.mfa.gov.by; ul Wiertnicza 58)

Chile (22 858 2330; chile.broad.gov.cl/polonia; Ocrężna 2, Varsovia)

EE UU (22 504 2000; http://poland.usembassy.gov; Al Ujazdowskie 29/31)

Eslovaquia (22 525 8110; ul Litewska 6, Varsovia)

España (22 583 4000; Myśliwiecka 4, Varsovia)

México (22 311 2900; embamex.sre.gob.mx/polonia; Jerozolimskie 123a piso 20, Varsovia)

Perú (22 646 8806; www.perupol.pl; Staroscinska 1, Varsovia)

Rusia (22 621 5575; www.

poland.mid.ru; ul Belwederska 49)

Ucrania (22 629-3446; http://poland.mfa.gov.ua; Al Szucha 7)

Fiestas oficiales

Año Nuevo 1 de enero
Epifanía 6 de enero
Domingo de Pascua Marzo o abril
Lunes de Pascua Marzo o abril
Día Nacional 1 de mayo
Día de la Constitución 3 de mayo
Domingo de Pentecostés 7º domingo después de Pascua
Corpus Christi 9º jueves después de Pascua
Día de la Asunción 15 de agosto
Día de Todos los Santos 1 de noviembre
Día de la Independencia 11 de noviembre
Navidad 25 y 26 de diciembre

Hora local

Todo el territorio polaco está en la misma zona horaria, GMT/UTC+1, que buena parte de Europa: 7 h más que en México DF; 6 h más que en Quito y en Lima y 4 h más que en Buenos Aires y en Santiago de Chile.

Polonia sigue el horario de ahorro de luz solar (Daylight Saving Time, DST), y adelanta el reloj 1 h a las 2.00 el último domingo de marzo y lo vuelve a retrasar a las 3.00 el último domingo de octubre.

Horario comercial

La mayoría de los sitios se rigen por los siguientes horarios. Los centros y galerías comerciales suelen tener un horario más amplio y abren de 9.00 a 20.00 (sa-do). Los museos normalmente cierran los lunes y tienen horarios reducidos fuera de temporada alta.

Bancos 9.00-16.00 lu-vi, 9.00-13.00 sa (variable)
Oficinas 9.00-17.00 lu-vi, 9.00-13.00 sa (variable)
Oficinas de correos 8.00-19.00 lu-vi, 8.00-13.00 sa (ciudades)
Restaurantes 11.00-22.00 a diario
Tiendas 8.00-18.00 lu-vi, 10.00-14.00 sa

Información turística

El portal oficial www.polonia.travel/es un verdadero tesoro de información útil, con una gran sección en español sobre festivales y eventos, alojamientos y consejos sobre qué ver y hacer.

Sobre el terreno, muchas localidades disponen de oficinas de turismo que varían exponencialmente en cuanto a utilidad y a atención en diferentes idiomas, aunque, como mínimo, deberían ser capaces de dispensar planos de la localidad y ofrecer asesoramiento sobre alojamientos y sitios donde comer.

Lavabos públicos

➡ Los servicios llevan el rótulo de "toaleta" o sencillamente "WC".

➡ En los de caballeros pondrá "dla panów" o "męski", o habrá un triángulo invertido en la puerta.

➡ En los de señoras pondrá "dla pań" o "damski", o habrá un círculo en la puerta.

➡ En Polonia hay pocos aseos públicos y se hallan bastante dispersos; además, no suelen estar muy limpios.

➡ Su uso suele costar 1 o 2 PLN, que recoge el encargado que hay en la puerta. Siempre hay que llevar monedas sueltas a mano.

Mapas

En Polonia se editan mapas y planos de buena calidad, de venta en oficinas de turismo, librerías y muchas gasolineras.

Demart y **Compass** ofrecen magníficos planos urbanos y mapas de senderismo por entre 14 y 20 PLN.

Seguramente no se necesitarán planos especiales en las principales zonas turísticas, pero resultarán útiles en localidades pequeñas y, sobre todo, para recorrer rutas ciclistas o de senderismo. Se recomienda comprarlos en las grandes ciudades, ya que no se consiguen en todas partes.

No hay que olvidarse el GPS en casa si se va en automóvil o se pretende alquilar un vehículo. Los mapas polacos de navegación suelen estar incluidos en los paquetes de mapas europeos de casi todas las compañías.

Niños

Viajar con los más pequeños por Polonia no supone ningún problema. Los peques disfrutan de privilegios en el transporte, en los alojamientos y en algunos espectáculos; la limitación de edad para acceder a ciertos beneficios y descuentos varía en función del lugar, pero lo cierto es que no se aplican con excesivo rigor; es fácil encontrar productos infantiles en las ciudades. Para obtener recomendaciones sobre cómo viajar en familia sin complicaciones, lo mejor es hacerse con un ejemplar de la guía *Travel with Children* (Viajar con niños), *de* Lonely Planet.

Seguro de viaje

Un seguro puede cubrir la atención médica, las pérdidas o los robos, pero también la cancelación o retrasos del viaje.

En www.lonelyplanet.es/iati-seguros.html es posible conseguir un seguro de viaje para todo el mundo. Se puede comprar, ampliar y reclamar por internet en cualquier momento, aunque ya se esté de viaje.

Conviene leer siempre la letra pequeña y asegurarse de que la póliza cubre la atención sanitaria y las medicinas. Algunas pólizas excluyen específicamente "actividades peligrosas" como el submarinismo, el uso de motocicletas, esquiar, escalar o incluso el senderismo.

Teléfono

Llamadas nacionales e internacionales

Polonia ha dejado de utilizar el antiguo sistema de prefijos de ciudad y de zona, y hoy todos los números de teléfono, tanto fijos como móviles, constan de nueve dígitos. En un número fijo (p. ej., ☎12 345 6789), los dos primeros dígitos corresponderían al antiguo prefijo de ciudad; los números de móvil, en cambio, se escriben ☎123 456 789.

Para llamar al extranjero desde Polonia hay que marcar el prefijo de acceso internacional (☎00), después el indicativo del país, luego el de zona (quitando el cero inicial) y por último el número deseado. Para llamar a Polonia desde el extranjero, hay que marcar el prefijo internacional del país del que se llama, después ☎48 (prefijo de Polonia) y, para acabar, los nueve dígitos del teléfono local al que se llama.

Tarjetas telefónicas

Los teléfonos públicos suelen precisar una tarjeta telefónica, de venta en oficinas de correos y quioscos de prensa. Las de Orange/TP cuestan 9/15/24 PLN por 15/30/60 *impuls* (unidades). Una tarjeta de 60 *impuls* basta para hacer una llamada de 10 min a Europa o de 8 min a EE UU.

FRONTERAS CAMBIANTES

Polonia es miembro de la zona de fronteras comunes de la UE (zona Schengen) y, por lo tanto, para cruzar a países limítrofes, incluidos Alemania, la República Checa, Eslovaquia y Lituania, no se requiere presentar ni el pasaporte ni un visado.

Esto no se aplica al visitar países como Belarús, Ucrania o el enclave ruso de Kaliningrado. Para el primero, casi todos los viajeros deberán solicitar con antelación un visado en un consulado bielorruso. Se necesitará un pasaporte vigente, fotografía y solicitud. Para más información, consúltese el portal del Ministerio de Asuntos Extranjeros de Belarús (www.mfa.gov.by).

En el caso de Ucrania y Kaliningrado, los ciudadanos de la UE y EE UU no necesitan visado para estancias de hasta 90 días. Para más información, consúltese el sitio web del Ministerio de Asuntos Exteriores de Ucrania (www.mfa.gov.ua).

Todos los viajeros precisan un visado ruso para entrar en Kaliningrado, aunque los ciudadanos de la UE pueden obtener un visado de turista de corta duración en la misma frontera, que ha de tramitarse previamente a través de agencias locales. A los viajeros de otras nacionalidades se les recomienda consultar un consulado ruso en el país de origen.

Otra opción sería comprar una tarjeta telefónica de una compañía privada, como **Telegrosik** (www.telegrosik. pl), cuyas tarifas internacionales son, si cabe, más económicas.

Teléfonos móviles

En Polonia se utiliza el sistema GSM 900/1800, compatible con el resto de Europa pero no siempre con el americano GSM o CDMA; se recomienda consultar al operador.

La mayoría de los *smartphones* son multibanda, lo que significa que son compatibles con diferentes redes internacionales. Antes de viajar a Polonia, conviene asegurarse de que el terminal sea compatible, y ojo con las llamadas redirigidas internacionalmente, pues resultan carísimas para tratarse de llamadas locales.

Si se tiene un teléfono multibanda GSM liberado, suele ser más económico y sencillo comprar una tarjeta SIM polaca de prepago (10 PLN) en la tienda de cualquier operador (GSM, Orange, etc.). No se precisa ningún documento de identificación, y pueden adquirirse en tiendas de telefonía, quioscos e incluso en algunos cajeros automáticos.

Aun cuando el terminal del viajero no sea compatible o no esté liberado, este se podrá utilizar como aparato receptor de conexión wifi. Eso sí, para evitar cobros no deseados, al llegar al país habrá que activar el modo "avión" (para bloquear las llamadas y los mensajes entrantes) y desactivar el modo "datos en itinerancia".

Trabajo

Salvo que se posea un dominio suficiente del idioma, para conseguir trabajo en Polonia es preciso recurrir casi siempre a alguna agencia internacional o bien ir mentalizado para dar clases de idiomas. El **Instituto Cervantes** (www.cervantes.es) es un buen sitio de partida para informarse.

Viajeros con discapacidades

Pese a las significativas mejoras que se han producido en los últimos años, lo cierto es que Polonia no está preparada para los viajeros con discapacidades. Las rampas para sillas de ruedas solo se ven en algunos hoteles y restaurantes de máxima categoría, y el transporte público no crea sino problemas a este colectivo. Además, contadas oficinas, museos o bancos tienen instalaciones especiales.

Hay varios sitios web útiles para viajeros con discapacidades. Si se tiene nociones de polaco, se puede visitar www.niepelnosprawni. pl. En español se recomienda consultar las webs de **Fundación Turismo para Todos** (www.turismo accesible.com. ar), **Federación ECOM** (www. ecom.cat) y **Discapnet** (www. discapnet.es). En EE UU se aconseja contactar con **Society for Accessible Travel & Hospitality** (www.sath.org).

Visados

No se exigen a los ciudadanos de la UE, que pueden quedarse en el país indefinidamente. Los viajeros de otras nacionalidades, como Argentina, Chile, Costa Rica, Ecuador, EE UU, El Salvador, Guatemala, Honduras, México, Nicaragua, Panamá y Paraguay pueden permanecer en Polonia un máximo de 90 días sin visado.

Los ciudadanos de Colombia, Cuba y Perú precisan de un visado.

Para otras nacionalidades, consúltese la web de la embajada polaca del país de origen o la web del Ministerio de Asuntos Exteriores de Polonia (www.msz.gov.pl).

Transporte

CÓMO LLEGAR Y SALIR

Llegada al país

Pasaporte

Los ciudadanos de la UE solo necesitan un DNI vigente para viajar por Polonia. El resto de los viajeros deberán llevar consigo el pasaporte. Recuérdese que algunas compañías aéreas no permiten embarcar a aquellos pasajeros cuyos pasaportes expiren en un margen inferior a seis meses a partir de la fecha de salida.

Avión

Aeropuertos y compañías aéreas

Varsovia cuenta con dos aeropuertos: el **aeropuerto de Varsovia-Frédéric Chopin** (Lotnisko Chopina Warszawa; ☑22 650 4220; www.lotnisko-chopina.pl; ul Żwirki i Wigury 1), que acoge casi todos los vuelos internacionales, y el más pequeño **aeropuerto de Varsovia-Modlin** (☑801 80 1880; www.modlinairport.pl; ul Generała Wiktora Thommée 1a), 35 km al norte de la capital, que recibe el servicio de las compañías de bajo coste.

Otros aeropuertos polacos con vuelos internacionales son:
Aeropuerto de Gdańsk-Lech Wałęsa (☑801 066 808, 52 567 3531; www.airport.gdansk.pl; ul Słowackiego 210)
Aeropuerto de Katowice (Port Lotniczy Katowice; ☑32 392 7000; www.katowice-airport.com; ul Wolności 90, Pyrzowice; ☎)
Aeropuerto internacional de Cracovia-Juan Pablo II (KRK; ☑información 12 295 5800; www.krakowairport.pl; Kapitana Mieczysława Medweckiego 1, Balice; ☎)
Aeropuerto de Łódź (www.airport.lodz.pl)
Aeropuerto de Lublin (www.airport.lublin.pl)
Aeropuerto de Rzeszów (www.rzeszowairport.pl)
Aeropuerto de Wrocław (☑71 358 1381; www.airport.wroclaw.pl; ul Graniczna 190)

La compañía de bandera polaca es **LOT** (☑801 703 703; www.lot.com), que ofrece vuelos regulares a Polonia desde toda Europa, incluidas muchas capitales europeas. Fuera de Europa tiene vuelos directos a/desde varias ciudades de EE UU, entre otros destinos.

Muchas compañías nacionales e internacionales disponen de vuelos regulares a Polonia, normalmente entre la capital del país en cuestión y/o una ciudad importante y Varsovia.

Asimismo, hay varias compañías de bajo coste que vuelan a Polonia, por lo general a aeropuertos más pequeños, como el de Modlin, en Varsovia, o los de Łódź, Katowice y Rzeszów, aunque también hay servicios a Cracovia.
EasyJet (www.easyjet.com)
GermanWings/Eurowings (www.germanwings.com)
Jet2 (www.jet2.com)
Norwegian (www.norwegian.com)
Ryanair (www.ryanair.com)
Wizz Air (www.wizzair.com)

Por tierra

Pasos fronterizos

Como miembro de la UE, Polonia tiene multitud de pasos fronterizos de libre circulación (ya sea por carretera o vías férreas) con Alemania, al oeste, y con la República Checa y Eslovaquia, al sur, a los que se suman unos cuantos con Lituania, al noreste.

Sin embargo, viajar al este y al norte hasta Ucrania, Belarús y el enclave ruso de Kaliningrado es otra historia, pues al ser países extracomunitarios es probable que se necesite un **visado y planificar con tiempo** (véase p. 440).

Los pasos fronterizos abiertos las 24 h para viajar a Polonia desde sus vecinos extracomunitarios son:
Frontera bielorrusa (de sur a norte): Terespol, Kuźnica
Frontera rusa (Kaliningrado) (de este a oeste): Bezledy-Bagrationowsk, Gronowo
Frontera ucraniana (de sur a norte): Medyka, Hrebenne-Rawa Ruska, Dorohusk

Belarús, Lituania, Rusia y Ucrania
AUTOBÚS

➡ Varias compañías de autobuses comunican Varsovia con ciudades del norte y el este de Polonia, entre ellas **Eurolines** (www.eurolines.pl), **Ecolines** (www.ecolines.net) y **Polski Bus** (www.polskibus.com).

➡ Conviene consultar los horarios, rutas y precios actuales en línea. Algunos destinos desde Varsovia son:
Minsk Desde 30 €, 12 h
Vilna Desde 10 €, 8 h
Kiev Desde 40 €, 14 h

➡ Ecolines tiene servicios diarios a Riga, en Letonia, donde se puede hacer trasbordo a un autobús con destino a San Petersburgo (desde 72 €, 24 h).

➡ También se puede cruzar la frontera a Belarús en autobús desde Białystok, en el este de Polonia, aunque el servicio suele ser errático. En el momento de redactar esta guía, había cinco autobuses diarios a Grodno (10 €, 2 h), en Belarús.

TREN
Ucrania Hay trenes nocturnos a diario, de Varsovia a Kiev (desde 90 €, 18 h) y de Cracovia a Leópolis (Lviv; desde 50 €, 11 h), ambos equipados con coches-cama. Al escoger el tren hay que asegurarse de que este no pase por Belarús y así evitar tener que tramitar un visado de tránsito bielorruso.
Belarús y Rusia Desde Varsovia también hay trenes regulares a Minsk (desde 80 €, 10 h). Estos convoyes por lo general solo tienen coches-cama, de modo que el billete incluye automáticamente una cama en un compartimento. El tren *Polonez* cruza a diario Brest y Minsk de camino a Moscú (desde 130 €, 19 h).
Lituania En los últimos años, las obras han dificultado las conexiones en tren con Lituania; al escribir estas líneas, la mejor manera de viajar al país era en autobús. En todo caso, desde Varsovia debería haber al menos un tren diario a Vilna (desde 25 €, 9 h)

DE EUROPA OCCIDENTAL A POLONIA POR TIERRA

Autobús

Eurolines (www.eurolines.pl) gestiona una extensa red de rutas de autobús por toda Europa oriental. La calidad, la fiabilidad y el nivel de confort varían de un vehículo a otro, pero en conjunto son satisfactorios. Casi todos los autobuses son modernos y están equipados con aire acondicionado, aseo y reproductor de DVD.

La siguiente lista proporciona una idea general de los precios y duraciones de los viajes entre algunas ciudades de Europa oriental y Varsovia:

DESTINO	TARIFA (€)	TIEMPO (H)
Ámsterdam	70	21
Bruselas	70	21
Colonia	60	20
Fráncfort	70	19
Hamburgo	45	17
Múnich	70	20
París	75	27
Roma	100	27

Tren

Varias ciudades alemanas están conectadas por tren (directa o indirectamente) con las principales urbes polacas. Tienen conexiones directas con Varsovia Berlín, Colonia, Dresde y Leipzig, entre otras. También circulan trenes directos entre Berlín y Cracovia (desde 60 €, 8-10 h).

La ruta Varsovia-Berlín (vía Fráncfort del Oder y Poznań; desde 60 €, 6 h) la cubren varios convoyes diarios.

No hay servicios directos de Bruselas (Bruxelles-Nord) a Varsovia (desde 100 €, 13½ h); si se va a hacer esta ruta, la forma más rápida es vía Colonia. Para ir de París a Varsovia (100 €, 17 h) suele ser necesario hacer trasbordo en Colonia.

vía Suwałki (para no pasar por Belarús).

República Checa y Eslovaquia

AUTOBÚS

➡ Varias compañías de autobuses conectan las principales ciudades polacas con Praga y otras ciudades checas.

➡ **Polski Bus** (www.polskibus. com) dispone de un servicio diario entre Varsovia (25 €, 10 h) y Praga vía Wrocław (20 €, 5 h), y otro, también diario, de Varsovia a Bratislava (30 €, 10 h).

➡ Desde Cracovia, **Tiger Express** (www.tigerexpress. eu) ofrece un servicio de microbuses a Praga (25 €, 6 h) y a ciudades eslovacas como Košice (30 €, 6 h).

➡ Desde Zakopane, la compañía regional de autobuses Strama (www. strama.eu) opera servicios regulares a Poprad, en Eslovaquia (5 €, 2 h).

TREN

➡ Desde Varsovia salen trenes diarios exprés a Praga (50 €, 8 h) y Bratislava (90 €, 8 h).

➡ La ruta entre Praga y Cracovia (40 €, 8 h) suele exigir hacer trasbordo en Katowice.

Por mar

En Polonia hay servicios de ferris que comunican los puertos bálticos de Gdańsk, Gdynia y Świnoujście con destinos en Escandinavia. **Polferries** (☎801 003 171; www.polferries.pl) gestiona ferris para automóviles desde el Nowy Port de Gdańsk a Nynäshamn, en Suecia (adultos/reducida 680/580 SEK, 19 h, hasta 4 semanales). Para información y reservas, visítese la web o alguna agencia de viajes. **Stena Line** (☎58 660 9200; www.stenaline.pl) Opera ferris

a/desde Karlskrona, en Suecia (adultos 165-195 PLN, reducida 140-165 PLN, 10½-12 h, 2-3 diarios). Se sale de la terminal situada 5 km al noroeste del centro de Gdynia. Véase la web para información y reservas. **Unity Line** (☎913 595 600; www.unityline.pl) Ferris diarios desde el puerto noroccidental de Świnoujście a Ystad, en Suecia (adultos 195/345 PLN ida/ida y vuelta, reducida 150/276 PLN ida/ida y vuelta, 7 h). Para más detalles y reserva de billetes, véase la web.

CÓMO DESPLAZARSE

Avión

LOT (☎801 703 703; www.lot. com) cubre una amplia red de rutas nacionales. Hay vuelos regulares entre Varsovia y Gdańsk, Katowice, Kraków, Poznań, Rzeszów, Szczecin y Wrocław. Muchos de los vuelos entre ciudades polacas pasan por Varsovia y los transbordos no siempre son prácticos.

Cabe esperar pagar entre 150 y 400 PLN o más por un vuelo directo a/desde Varsovia. Los billetes se pueden reservar (y abonar) en cualquier oficina de LOT, en línea y en agencias de viajes.

No se aplican tasas de salida en los vuelos interiores.

Bicicleta

Polonia brinda excelentes oportunidades para viajar en bicicleta; casi todo el país es llano y se pueden transportar en el tren si hace falta. Acampar no es imprescindible porque la distancia entre los hoteles y albergues se puede salvar por lo general en un día sin demasiado esfuerzo; no obstante, ir bien equipados permite una mayor flexibilidad.

Las tiendas y talleres de reparación de bicicletas

proliferan en las ciudades grandes y en algunos centros de veraneo.

Asimismo, cada vez hay más tiendas que alquilan bicicletas, sobre todo en las grandes ciudades; los precios comienzan a partir de unos 8/30 PLN por h/día.

Estado de las carreteras

➡ Las carreteras principales son muy transitadas y es mejor evitarlas. En cambio, se pueden planear rutas por las vías secundarias, que suelen estar más tranquilas y en un estado bastante aceptable.

➡ Conviene hacerse con un mapa detallado donde figuren las sendas de ciclismo y de senderismo.

➡ Algunos conductores se pegan tanto al arcén de la carretera para facilitar los adelantamientos de automóviles y camiones que ponen en peligro a los ciclistas. Recuérdese que en Polonia dos ciclistas no pueden circular en paralelo.

➡ Las ciudades tampoco son fáciles para las bicicletas, aunque ahora muchas cuenten con carriles-bici y planeen trazar más. El principal problema son los conductores, pues no suelen tener demasiada consideración hacia los ciclistas.

Bicicletas en el tren

Muchos trenes –aunque no todos– permiten transportar bicicletas.

➡ Al comprar el billete en la estación, hay que preguntar al vendedor si se puede viajar con bicicleta. En internet los horarios suelen indicar si los trenes admiten bicicletas.

➡ Las bicicletas precisan un billete aparte, que cuesta 7-10 PLN, según el tipo de tren.

➡ Muchos convoyes disponen de vagones especiales equipados con portabicicletas. Otras veces, la bici debe cargarse en el furgón de equipajes. Si el tren no lo tuviera, solo se permite dejarla en el primer y último vagones del convoy. Si se deja allí, hay que procurar sentarse cerca y evitar entorpecer el paso a otros pasajeros.

➡ En los coches-cama no se admiten bicicletas.

Seguridad

➡ El robo de bicicletas es algo muy habitual en Polonia, de ahí que siempre haya que atarla y evitar dejarla sola durante demasiado tiempo.

➡ Muchos hoteles disponen de cuartos especiales para el equipaje donde, por lo general, no tienen inconveniente en guardar la bicicleta de noche; otra opción es dejarla directamente en la habitación.

➡ Los trenes son lugares muy proclives a los robos. Si hubiera que dejar la bicicleta en el furgón de equipajes, interesa sentarse lo más cerca posible de este y echar un vistazo cada tanto. Conviene atar la bici a algún elemento fijo del vagón para evitar que la roben.

Barco

Aunque Polonia posee un largo litoral y se halla surcada por muchos ríos y canales, los barcos de pasaje son limitados y solo funcionan en verano. No navegan barcos de línea regular por los ríos principales ni a lo largo de la costa.

➡ Varias ciudades, entre ellas Szczecin, Gdańsk, Toruń, Poznań, Wrocław y Cracovia, ofrecen cruceros estivales por los ríos de

la zona, y desde unos cuantos puertos costeros (Kołobrzeg y Gdańsk) se organizan excursiones por mar. También salen desde Elbląg a Frombork y Krynica Morska.

➡ Hay embarcaciones turísticas que recorren parte del canal de Augustów.

Autobús

Polonia posee una extensa red de líneas de autobuses (mucho mayor que la de ferrocarriles) que da servicio a prácticamente todas las localidades accesibles por carretera. El autobús suele resultar más práctico que el tren para distancias cortas, pero también en aquellas rutas más largas que, p. ej., requieren realizar un gran desvío.

TRANSPORTE AUTOBÚS

COMPAÑÍAS DE AUTOBUSES POLACAS

En Polonia, casi todos los autobuses están gestionados por la antigua compañía estatal, Państwowa Komunikacja Samochodowa (PKS), aunque la liberalización llevada a cabo en el sector ha dado cabida a numerosas empresas privadas, lo que se traduce en una mayor oferta y continuas promociones.

"PKS" es un código muy socorrido cuando se está buscando una estación, pues en la actualidad se utiliza para referirse a los autobuses en general.

Se puede obtener información de los servicios de PKS en sus varias webs, que en buena medida adoptan la forma de www.pks.warszawa.pl, www.pks.krakow.pl, etc. Basta con teclear la localidad de salida antes del dominio ".pl" en la barra de búsqueda del navegador; si la web no existiera, lo más probable es que el enlace redirija al viajero a una compañía local.

Casi todas las ciudades cuentan con una estación principal de autobuses (dworzec autobusowy PKS), a menudo situada cerca de la de trenes para facilitar los traslados. Las instalaciones suelen ser muy básicas (nada de consignas o tan siquiera una cafetería), pero la mayoría tiene algún tipo de mostrador de información o al menos un horario a la vista.

PKS tiene mucha competencia privada, tanto en el ámbito local como en el nacional. El principal competidor nacional es Polski Bus (www.polskibus.com), que ofrece prácticos servicios de largo recorrido entre ciudades importantes a bordo de vehículos modernos y fiables; además, cuenta con un sencillo horario en inglés. Otra opción recomendable –también con un estupendo horario en línea y una red a escala nacional– es PKS Polonus (www.pkspolonus.pl), sita en Varsovia.

Los microbuses suelen viajar con mayor regularidad y más rápido que sus hermanos mayores (PKS y Polski Bus) y, encima, cubren más rutas. Por lo general no disponen de mostradores de información, pero los destinos aparecen indicados en los vehículos. Las estaciones de microbuses suelen estar en los aledaños de las estaciones principales de autobuses. Los billetes se compran directamente al conductor.

La frecuencia de los servicios varía muchísimo. Las rutas principales suelen estar servidas por un autobús más o menos cada 15 min, pero a algunos pueblecitos apartados quizá solo llegue uno al día. Los precios de los billetes varían en igual medida debido a la feroz competencia que mantienen las empresas del sector.

Tarifas

Algunos precios aproximados para rutas interurbanas son:

DISTANCIA (KM)	TARIFA (PLN)
20	6-8
40	10-14
60	14-16
80	16-18
100	20-25
150	25-30
200	30-35
250	40-45
300	45-50

Téngase en cuenta que, si bien los precios indicados en esta guía eran los vigentes cuando esta se redactó, no sería de extrañar que hubieran subido unos *złotys* para cuando se visite el país.

Horarios en la estación

➡ Están colgados en tablones, o bien dentro o fuera de las terminales de autobuses de PKS. El horario de *odjazdy* (salidas) incluye los *kierunek* (destinos), los *przez* (los lugares que pasa en ruta) y las horas de salida.

➡ Hay que fijarse también en los símbolos que pudieran acompañar la hora de salida, ya que estos podrían determinar que el autobús solo circula ciertos días o épocas del año. Está explicado en la leyenda del final de los horarios, pero resulta muy difícil de descifrar.

Billetes

➡ El único sitio donde se venden los billetes de PKS es en las propias estaciones de autobuses, ya sea en el mostrador de información/taquilla o directamente al conductor. Si se sube al autobús en ruta, hay que comprar el billete al conductor.

➡ Los billetes de Polski Bus y de otras compañías de autobuses privadas se pueden comprar por internet. En tal caso, basta con imprimir el billete, o descargarlo a un *smartphone* o a una *tablet*, y mostrárselo al conductor al subir al vehículo.

Automóvil y motocicleta

Asociaciones automovilísticas

En Polonia, la principal es **Polski Związek Motorowy** (PZM, Federación Polaca de Automovilistas y Motociclistas; ☑ urgencias 19 637; www.pzm.pl), que dispone de servicio de asistencia en carretera las 24 h. Si el viajero es miembro de alguna asociación afiliada extranjera disfrutará prácticamente de los mismos beneficios que si se tratara de la propia. En caso contrario, habrá que abonar el coste de los servicios prestados.

Con vehículo propio

Muchos turistas viajan por Polonia con su propio vehículo. No hay requisitos especiales; basta con llevar encima el pasaporte (con un visado vigente, si fuera necesario), el permiso de conducción, la documentación del vehículo y el seguro a terceros (conocido como Carta Verde). Las multas por circular sin estar asegurado son elevadas. En la parte trasera del vehículo debe estar visible una placa o pegatina que indique la nacionalidad.

Permiso de conducir

Los permisos extranjeros son válidos durante un máximo de 90 días.

Combustible

La *benzyna* (combustible), de distintos tipos y octanajes, se expende sin problema en las gasolineras. Existen varios tipos, incluida la gasolina sin plomo de 95 y 98 octanos y el diésel. El precio de la gasolina puede variar de una estación de servicio a otra; suelen ser más caras las que se encuentran junto a las carreteras principales. Casi todas las gasolineras son tipo autoservicio y admiten tarjetas de crédito.

Alquiler de automóviles

Las compañías de alquiler precisan del pasaporte, un permiso de conducción válido y disponer de una tarjeta de crédito. Hay que ser mayor de 21 o 23 años (según la compañía).

Gran parte de las agencias permiten recoger el vehículo en un punto y devolverlo en otro (por lo general cargando un extra), pero siempre dentro del territorio nacional; es muy raro que una compañía acceda a que el cliente traspase la frontera oriental.

Alquilar un automóvil en Polonia no es barato, pues los seguros resultan elevados y rara vez se ofrecen descuentos promocionales. Así, un modelo económico de una compañía local reputada cuesta unos 170/900 PLN por día/semana (con seguro y kilometraje ilimitado incluidos). En el caso de las grandes compañías internacionales, los precios comienzan a partir de unos 230/1100 PLN por día/semana. Suele salir más económico reservar desde el extranjero o a través de internet.

Avis (☑ 22 572 6565; www.avis.pl)
Europcar (☑ 22 255 5600; www.europcar.com.pl)
Hertz (☑ 22 500 1620; www.hertz.pl)

DISTANCIAS POR CARRETERA (KM)

	Białystok	Bydgoszcz	Częstochowa	Gdańsk	Katowice	Kielce	Cracovia	Łódź	Lublin	Olsztyn	Opole	Poznań	Rzeszów	Szczecin	Toruń	Varsovia	Wrocław
Bydgoszcz	389																
Częstochowa	410	316															
Gdańsk	379	167	470														
Katowice	485	391	75	545													
Kielce	363	348	124	483	156												
Cracovia	477	430	114	565	75	114											
Łódź	322	205	121	340	196	143	220										
Lublin	260	421	288	500	323	167	269	242									
Olsztyn	223	217	404	156	479	394	500	281	370								
Opole	507	318	98	485	113	220	182	244	382	452							
Poznań	491	129	289	296	335	354	403	212	465	323	261						
Rzeszów	430	516	272	642	244	163	165	306	170	516	347	517					
Szczecin	656	267	520	348	561	585	634	446	683	484	459	234	751				
Toruń	347	46	289	181	364	307	384	159	375	172	312	151	470	313			
Varsovia	188	255	222	339	297	181	295	134	161	213	319	310	303	524	209		
Wrocław	532	265	176	432	199	221	268	204	428	442	86	178	433	371	279	344	
Zielona Góra	601	259	328	411	356	422	427	303	542	453	245	130	585	214	281	413	157

Local Rent-a-Car (☎22 826 7100; www.lrc.com.pl; ul Marszałkowska 140) En los meses de verano alquila turismos de tamaño medio por 43 €/día (o 273 €/semana), con impuestos, seguro a todo riesgo y de robo y kilometraje ilimitado incluidos.

Estado de las carreteras

➡ Cubrir largas distancias en Polonia no es lo que se dice ameno. Las carreteras está muy transitadas y los tremendos esfuerzos realizados en los últimos años por construir tramos nuevos y reparar aquellos deteriorados acarrean desvíos y atascos.

➡ Aunque Polonia solo dispone de unas cuantas autopistas de cuatro carriles, lo cierto es que tiene numerosas carreteras nacionales de dos (y en ocasiones cuatro) carriles, muy dispares en cuanto a su estado y al límite de velocidad permitido, y que a menudo atraviesan directamente el centro de las poblaciones.

Peligros en la carretera

En las carreteras comarcales hay que conducir con suma precaución, máxime por la noche. Cuanto más se aleje uno de las rutas principales, más carros de caballos, ciclistas de más edad, tractores y otros vehículos agrícolas encontrará.

Normas de circulación

Las normas son similares a las de casi todo el resto de Europa. Los vehículos deben llevar un botiquín de primeros auxilios, un triángulo refractante y un identificador de la nacionalidad en la parte trasera; es obligatorio el uso del cinturón de seguridad. La tasa máxima de alcohol en sangre permitida para un conductor es de 0,02%. La policía puede imponer multas por exceso de velocidad y otras faltas en el mismo lugar de la infracción, en cuyo caso es importante pedir un comprobante.

➡ Los límites de velocidad son de 30-50 km/h en áreas urbanas, 90 km/h en carreteras, 110 km/h para autovías y 130 km/h en autopistas.

➡ Es necesario llevar las luces de cruce encendidas, hasta cuando hace sol.

➡ Los motoristas deberían recordar que tanto el conductor como el pasajero deben llevar casco.

Autostop

➡ Ningún lugar del mundo es del todo seguro para esta

práctica. Aquellos que elijan esta manera de viajar deben ser conscientes del riesgo que corren. Conviene recordar que es más seguro hacer autostop en pareja y avisar a alguien de que se viaja así.

➡ Dicho lo anterior, hacer autostop es bastante común en Polonia, especialmente para ir de un pueblo al vecino. Sin embargo, los automovilistas pocas veces paran; los grandes vehículos comerciales sí, pero cuentan con que se les pague el precio equivalente a un billete de autobús.

Transporte local

Las ciudades polacas cuentan con un excelente transporte público. Cada ciudad grande y de tamaño mediano dispone de una red exhaustiva de *autobús* (autobús), aunque algunas ciudades también tienen sistemas de *tramwaj* (tranvía) y *trolejbus* (trolebús). Varsovia es la única ciudad con metro.

➡ El transporte público funciona cada día de 5.00 a 23.00. En fin de semana se reduce la frecuencia.

➡ Es probable que los tranvías y autobuses vayan llenos en horas punta (7.00-9.00 y 16.30-18.30 lu-vi).

➡ Los horarios suelen figurar en las paradas, aunque no hay que confiar demasiado en su estricto cumplimiento.

Billetes y precios

Cada localidad tiene un sistema de billetes y precios algo diferente, por lo que conviene fijarse en lo que hacen los lugareños e imitarlos.

Casi todas las ciudades tienen un sistema tarifario basado en la duración del viaje, con un billete normal de 60 min que cuesta 3 PLN. Puede que los haya un poco más económicos para trayectos más cortos (20 o 30 min) y otros más caros para más largos (90 min).

Todos los autobuses y tranvías de Polonia tienen muchas cosas en común:

➡ No hay revisores ni en autobuses ni en tranvías. El billete se compra de antemano y se valida a bordo en las pequeñas máquinas próximas a las puertas.

➡ Los billetes se venden en quioscos como Ruch o Relay o en los puestos de la calle cercanos.

➡ Se pueden comprar varios billetes a la vez por si el viajero, en algún momento, se halla en una parada remota donde no los venden.

➡ Siempre hay revisores de incógnito merodeando y los extranjeros no están eximidos de ser multados.

Taxi

Viajar en taxi es fácil y no demasiado caro. Para hacerse una idea, una carrera de 5 km cuesta sobre 20 PLN y una de 10 km, no debería superar los 35 PLN. De noche (22.00-6.00), los domingos y fuera de los límites de la ciudad, las tarifas son más caras. El número de pasajeros es generalmente de cuatro como máximo y los bultos no afectan al precio.

➡ Evítense los taxis pirata ("taxis mafia" según los polacos), que suelen llevar una pequeña señal de "taxi" en el techo sin nombre ni número de teléfono.

➡ Se pueden parar taxis en la calle o, mejor aún, pedir uno por teléfono, para así evitar los taxis clandestinos.

➡ Siempre hay que llevar billetes pequeños para pagar el precio exacto. De no ser así, será difícil que un taxista que quiera cobrar más de la cuenta le devuelva a uno el cambio.

Circuitos

Jarden Tourist Agency (plano p. 134; ☎12 421 7166; www.jarden.pl; ul Szeroka 2; 🚋3, 9, 19, 24, 50) Se especia-

liza en circuitos de temática judía, incluidos los de 2 y 3 h a pie por Kazimierz y Podgórze, en Cracovia, así como un popular recorrido de 2 h en automóvil por localizaciones famosas de *La lista de Schindler*. El precio, por persona, oscila entre 40 y 90 PLN, según el número de participantes.

Mazurkas Travel (☎22 536 4600; www.mazurkas.com. pl; al Wojska Polskiego 27; ⊗8.30-16.30 lu-vi) El principal operador turístico de Varsovia ofrece circuitos de 3 h en autobús (140 PLN/persona aprox.) por la capital y excursiones a Cracovia y otros puntos del país, con traslados incluidos a/desde el alojamiento.

Our Roots (plano p. 56; ☎22 620 0556; www.our-roots. jewish.org.pl; ul Twarda 6) Especializado en circuitos por el patrimonio judío, como el circuito de la Varsovia judía (5 h, aprox. 500 PLN), y salidas previa solicitud a Auschwitz-Birkenau y Treblinka.

PTTK Mazury (plano p. 386; ☎89 527 5156; www. mazurypttk.pl; ul Staromiejska 1; excursión en kayak de 10 días 1190 PLN/persona; ⊗9.00-18.00 lu-vi) Agencia de viajes que organiza excursiones en kayak por los mejores ríos del país y los grandes lagos Mazurianos, a destacar la ruta del río Krutynia (conocida como Szlak Kajakowy Krutyni), de 10 días. Hay salidas diarias entre mayo y octubre. El precio incluye un kayak, comida, seguro, alojamiento en cabañas y un guía que hable polaco, inglés o alemán.

La ruta, de 103 km, arranca en Stanica Wodna PTTK, en Sorkwity, 50 km al este de Olsztyn, y sigue el río Krutynia y el lago Bełdany hasta Ruciane-Nida.

Tren

La red ferroviaria de Polonia es extensa, fácil de usar y tiene precios razonables. Tal

Red ferroviaria de Polonia

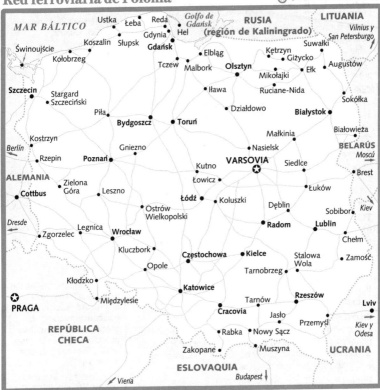

vez será el principal medio de transporte para recorrer largas distancias.

Dicho esto, en los últimos tiempos se ha reducido el servicio a muchas poblaciones, así que seguramente habrá que recurrir más al autobús o a una combinación de ambos transportes.

Compañías de ferrocarriles

Los ferrocarriles polacos estuvieron gestionados durante años por el monopolio estatal **Polskie Koleje Państwowe (PKP)**; pero, en la última década, la red se ha dividido entre varios operadores que administran diferentes rutas y trenes. **PKP InterCity** (IC; información 19 757; www. intercity.pl) opera todos los

trenes exprés, incluidos los ExpressInterCity Premium (EIP), ExpressInterCity (EIC) y TLK. A este le sigue **Przewozy Regionalne** (PR; 703 202 020; www.przewozyregionalne. pl), que gestiona buena parte de los restantes, entre ellos los relativamente rápidos InterRegio y los más lentos Regio.

Ambas compañías cubren todo el país y trabajan en equipo; en muchos casos, las ventanillas de la misma estación venden billetes para ambas. Eso sí, téngase en cuenta que cada una responde únicamente de sus billetes.

Horarios e información

Los *rozkład jazdy* (horarios de trenes) se cuelgan de las paredes de casi todas las

estaciones: las *odjazdy* (salidas) en los tablones amarillos y las *przyjazdy* (llegadas) en los blancos.

➡ Además de los horarios de salida y llegada, incluyen las iniciales junto a los destinos, que indican el tipo de tren: EIP, EIC, TLK, IR o Regio. Los trenes más rápidos aparecen en rojo; los más lentos, en negro.

➡ La letra R dentro de un recuadro indica un tren con reserva de asiento obligatoria. Puede que también figuren pequeñas letras y/o números después de la hora de salida; estos determinan si un tren circula en días festivos o los fines de semana (debería haber una leyenda en la parte inferior del horario para ayudar a interpretarlos).

TIPOS DE TRENES

La red ferroviaria de Polonia engloba varios tipos de trenes que se diferencian principalmente por la velocidad, el precio y el nivel de confort. Estos, además, se identifican por sus iniciales, o bien en la estación o en los horarios en internet.

ExpressInterCity Premium (EIP) Relativamente nuevos, estos trenes "Pendolino" de alta velocidad circulan entre ciudades importantes como Varsovia, Cracovia, Katowice, Wrocław y Gdańsk. Hay asientos en 1ª y en 2ª clase y es obligatorio reservar asiento.

ExpressInterCity (EIC) Un peldaño por debajo de los trenes EIP, los EIC son modernos y cómodos y también cubren rutas importantes como Varsovia-Cracovia y Varsovia-Gdańsk, pero son algo más económicos. Hay asientos en 1ª y 2ª clase y también es necesario reservar.

TLK (Pociąg Twoje Linie Kolejowe; TLK) Trenes exprés (de bajo coste) que cubren el trayecto entre ciudades importantes a velocidades similares a la de los trenes EIP, pero a precios en torno a un 40% más económicos. Los trenes TLK están un escalón por debajo en cuanto a confort y pueden viajar atestados. Hay asientos tanto en 1ª como en 2ª clase; ambas deberán reservarse. A veces se restringe el acceso con bicicletas.

InterRegio (Pociąg InterRegio; IR) Son los trenes "rápidos" normales que prestan servicio entre distintas regiones, con paradas en casi todas las localidades de tamaño medio en ruta. Los IR no suelen tener asientos en 1ª clase y no hay que reservar.

Regio (Pociąg Regio; Regio/Osob) Estos trenes son mucho más lentos, ya que efectúan parada en todas las estaciones a su paso. Por lo general, solo hay asientos en 2ª clase y no hace falta reservar.

HORARIOS EN INTERNET
Hay varias webs de utilidad que muestran los horarios de las distintas rutas y, por lo general, los precios, además de ofrecer la posibilidad de adquirir los billetes en línea.
www.rozklad-pkp.pl Información sobre todos los trenes polacos.
www.rozklad.sitkol.pl Horario general con sencillas instrucciones en inglés.
www.intercity.pl Información sobre trenes exprés y TLK.

En los horarios normalmente hay que escribir el nombre de las ciudades en polaco (no es necesario introducir los signos diacríticos).

Billetes

Hay varias opciones para comprarlos. Casi siempre se adquieren en las ventanillas de la estación de trenes. Se aconseja llegar a la estación como mínimo 30 min antes de la hora de salida del tren.

➡ La mayoría de las ventanillas –pero no todas– aceptan el pago con tarjeta de crédito.

➡ Los vendedores no acostumbran a hablar inglés; lo más indicado es anotar los datos correspondientes en un papel.

➡ Si fuera obligatorio reservar asiento, se dispensará automáticamente un *miejscówka* (billete con asiento reservado).

➡ Se puede subir al tren sin billete siempre y cuando la cola no avance y la salida sea inminente; habrá que buscar al revisor y pagar un pequeño suplemento de 5-10 PLN, según el tren.

➡ Las compañías privadas de viajes pueden ayudar a organizar los horarios de viaje y reservar billetes por internet. Una de las mejores es **Polrail Service** (☐ 52 332 5781; www.polrail. com).

Tarifas

➡ Varían mucho en función del tipo de tren y de la distancia a recorrer, de modo que conviene comparar precios antes de efectuar la compra. Viajar en 1ª clase es un 50% más caro que hacerlo en 2ª.

➡ Los trenes más caros son los Intercity EIP/EIC, cuyo precio incluye la tarifa básica del billete y la reserva obligatoria de asiento.

➡ Como ejemplo, la tarifa aproximada en 2ª clase (con reserva obligatoria de asiento incluida) en un tren EIP de Varsovia a Cracovia cuesta 135 PLN por un trayecto de 3 h. El recorrido de 6 h de Varsovia a Gdańsk también sale por 135 PLN. Bajando de categoría, los trenes TLK ofrecen tiempos de viaje parecidos pero suelen costar mucho menos. El viaje de Varsovia a Cracovia cuesta 54 PLN y dura 3 h; de Varsovia a Gdańsk, 60 PLN y se tarda 5 h.

➡ La siguiente tabla muestra una correlación aproximada de tarifas según la distancia en trenes TLK.

DISTANCIA (KM)	TARIFA (PLN)
50	18
100	28
150	38
200	40
250	45
300	50
350	52
400	55
450	58
500	65

Descuentos

➡ Los menores de 4 años no pagan; los niños de más edad y los estudiantes de hasta 26 años suelen beneficiarse de algún tipo de descuento, pero el sistema es complicado y, al parecer, varía de un año a otro. Lo mejor es preguntar si el viajero puede disponer de algún tipo de descuento al comprar el billete.

➡ Quienes tengan más de 60 años y vayan a viajar mucho, pueden hacerse con una *karta seniora* (tarjeta para jubilados), que brinda un descuento del 30% al reservar asientos de 1ª y 2ª clase. Los dos principales operadores polacos, PKP InterCity y Przewozy Regionalne, disponen de tarjetas similares pero no intercambiables.

Bonos de tren

Si se tiene previsto viajar mucho, una buena idea es comprar un bono de Inter-Rail. Solo pueden adquirirlo los residentes en Europa (mínimo de seis meses) y tienen tres categorías de precios: jóvenes (menores de 26 años), 2ª clase para adultos y 1ª clase para adultos. Los billetes cubren 5/8/10/12 días de viaje en un plazo de un mes y cuestan entre 70 y 190 €. Para más información, véase www.interrail.net.

Estaciones de trenes

Muchas estaciones polacas, como las de Cracovia, Poznań y Varsovia, han sido remozadas y se les han incorporado deslumbrantes centros comerciales. Otras, como las de Wrocław y Tarnów, ocupan edificios históricos por derecho. Casi todas las grandes estaciones disponen de salas de espera, bares, quioscos de prensa, consigna y lavabos.

Idioma

Lingüísticamente hablando, Polonia es uno de los países más homogéneos de Europa, ya que el 95% de la población habla el polaco como lengua materna. Este idioma es una variante occidental de las lenguas eslavas de Europa central y del Este, como el croata, el checo, el ruso, el serbio, el eslovaco y el esloveno. Hay cerca de 45 millones de hablantes de polaco.

Cuanto mejor se conoce el idioma más fácil y placentero resulta el viaje. Quien desee una guía más completa del idioma puede hacerse con un ejemplar de *Polaco para el viajero*, de Lonely Planet.

ALFABETO POLACO

Las letras polacas con signo diacrítico se consideran letras distintas. El orden del alfabético es el siguiente:
a ą b c cì d e ę f g h i j k l ł m n nì o ó p (q) r s sì t u (v) w (x) y z zì ż

Las letras q, v y x aparecen solo en palabras de origen extranjero.

CONVERSACIÓN

Hola.	*Cześć.*
Adiós.	*Do widzenia.*
Sí./No.	*Tak./Nie.*
Por favor.	*Proszę.*
Gracias.	*Dziękuję.*
De nada.	*Proszę.*
Disculpe/perdón.	*Przepraszam.*

¿Cómo está?
Jak pan/pani się miewa? (m/f for.)
Jak się masz? (inf.)

Bien. ¿Y usted?
Dobrze. A pan/pani? (m/f for.)
Dobrze. A ty? (inf.)

¿Cómo se llama usted?
Jak się pan/pani nazywa? (m/f for.)
Jakie się nazywasz? (inf.)

Me llamo...
Nazywam się ...

¿Habla inglés?
Czy pan/pani mówi po angielsku? (m/f for.)
Czy mówisz po angielsku? (inf.)

No entiendo.
Nie rozumiem.

ALOJAMIENTO

¿Dónde hay un ...? *Gdzie jest...?*

camping	*kamping*
pensión	*pokoje gościnne*
hotel	*hotel*
albergue juvenil	*schronisko młodzieżowe*

¿Tiene una habitación ...? *Czy jest pokój ...?*

individual	*jednoosobowy*
doble	*z podwójnym łóżkiem*

¿Cuánto cuesta por ...? *Ile kosztuje za ...?*

noche	*noc*
persona	*osobę*

aire acondicionado *klimatyzator*
cuarto de baño *łazienka*
ventana *okno*

DIRECCIONES

¿Dónde está un/el ...?
Gdzie jest ...?

¿Cuál es la dirección?
Jaki jest adres?

¿Podría escribirlo, por favor?
Proszę to napisać.

¿Podría indicármelo (en el mapa)?

PATRONES CLAVE

Para arreglárselas en polaco, basta con combinar estos sencillos patrones con palabras al gusto del consumidor:

¿Cuándo pasa (el próximo autobús)?
Kiedy jest (następny autobus)?

¿Dónde está (el mercado)?
Gdzie jest (targ)?

¿Tiene (algo más económico)?
Czy jest (coś tańszego)?

Tengo (una reserva).
Mam (rezerwację).

Me gustaría (la carta), por favor.
Proszę (o jadłospis).

Me gustaría (alquilar un automóvil).
Chcę (wypożyczyć samochód).

¿Puedo (hacer una fotografía)?
Czy mogę (zrobić zdjęcie)?

¿Por favor, podría (escribirlo)?
Proszę (to napisać).

Necesito (un guía).
Czy potrzebuję (przewodnika)

Necesito (asistencia).
Potrzebuję (pomoc).

Czy może pan/pani mi pokazać (na mapie)? (m/f)

en la esquina/semáforos
na rogu/światłach

detrás...	*za ...*
delante de ...	*przed ...*
izquierda	*lewo*
cerca...	*koło ...*
al lado de ...	*obok ...*
delante...	*naprzeciwko ...*
siga recto	*na wprost*
derecha	*prawo*

COMIDA Y BEBIDA

Me gustaría reservar una mesa para ...
Chciałem/am zarezerwować stolik ... (m/f)

(dos) personas	*dla (dwóch) osób*	
a las (ocho) en punto		*na (ósmą)*
No como...	*Nie jadam ...*	
huevos	*jajek*	
pescado	*ryb*	
carne (roja)	*(czerwonego) mięsa*	
carne de ave	*drobiu*	

¿Qué recomienda?
Co by pan/pani polecił/poleciła? (m/f)

¿Qué lleva ese plato?
Co jest w tym daniu?

Deme la carta, por favor.
Proszę o jadłospis.

¡Estaba delicioso!
To było pyszne.

¡Salud!
Na zdrowie!

Por favor, la cuenta.
Proszę o rachunek.

Palabras clave

botella	*butelka*
tazón	*miska*
desayuno	*śniadanie*
frío	*zimny*
taza	*filiżanka*
cena	*kolacja*
tenedor	*widelec*
vaso	*szklanka*
tienda de comestibles	*sklep spożywczy*
caliente	*gorący*
cuchillo	*nóż*
almuerzo	*obiad*
mercado	*rynek*
carta	*jadłospis*
plato	*talerz*
restaurante	*restauracja*
cuchara	*łyżka*
vegetariano	*wegetariański*
con...	*z ...*
sin...	*bez ...*

Carne y pescado

ternera	*wołowina*
pollo	*kurczak*
bacalao	*dorsz*
pato	*kaczka*
pescado	*ryba*
arenque	*śledź*
cordero	*jagnięcina*
langosta	*homar*
caballa	*makrela*
carne	*mięso*
mejillones	*małże*

LETREROS

Wejście	Entrada
Wyjście	Salida
Otwarte	Abierto
Zamknięte	Cerrado
Informacja	Información
Wzbroniony	Prohibido
Toalety	Aseos
Panowie	Hombres
Panie	Mujeres

ostras	ostrygi
gambas	krewetki
cerdo	wieprzowina
salmón	łosoś
marisco	owoce morza
trucha	pstrąg
atún	tuńczyk
pavo	indyk
ternera	cielęcina

Frutas y verduras

manzana	jabłko
albaricoque	morela
alubias	fasola
col	kapusta
zanahoria	marchewka
coliflor	kalafior
cereza	czereśnia
pepino	ogórek
fruta	owoc
uvas	winogrona
limón	cytryna
lentejas	soczewica
setas	grzyb
frutos secos	orzech
cebolla	cebula
naranja	pomarańcza
melocotón	brzoskwinia
pera	gruszka
pimiento	papryka
ciruela	śliwka
patata	ziemniak
fresa	truskawka

tomate	pomidor
verdura	warzywo
melón	arbuz

Otros

pan	chleb
queso	ser
huevo	jajko
miel	miód
fideos	makaron
aceite	olej
pasta	makaron
pimienta	pieprz
arroz	ryż
sal	sól
azúcar	cukier
vinagre	ocet

Bebidas

cerveza	piwo
café	kawa
zumo (de naranja)	sok (pomarańczowy)
leche	mleko
vino tinto	wino czerwone
refresco	napój
té	herbata
agua (mineral)	woda (mineralna)
vino blanco	wino białe

URGENCIAS

¡Socorro!	Na pomoc!
¡Fuera!	Odejdź!

¡Llame a la policía!
Zadzwoń po policję!
¡Llame a un médico!
Zadzwoń po lekarza!
Ha habido un accidente.
Tam był wypadek.
Me he perdido.
Zgubiłem/am się. (m/f)
¿Dónde están los aseos?
Gdzie są toalety?
Estoy enfermo.
Jestem chory/a. (m/f)
Me duele aquí.
Tutaj boli.

NÚMEROS

1	*jeden*
2	*dwa*
3	*trzy*
4	*cztery*
5	*pięć*
6	*sześć*
7	*siedem*
8	*osiem*
9	*dziewięć*
10	*dziesięć*
20	*dwadzieścia*
30	*trzydzieści*
40	*czterdzieści*
50	*pięćdziesiąt*
60	*sześćdziesiąt*
70	*siedemdziesiąt*
80	*osiemdziesiąt*
90	*dziewięćdziesiąt*
100	*sto*
1000	*tysiąc*

Soy alérgico a los (antibióticos).
Mam alergię na (antybiotyki).

COMPRAS Y SERVICIOS

Me gustaría comprar...
Chcę kupić ...
Solo estaba mirando.
Tylko oglądam.
¿Podría verlo?
Czy mogę to zobaczyć?
¿Cuánto cuesta?
Ile to kosztuje?
Es caro.
To jest za drogie.
¿Puede rebajar el precio?
Czy może pan/pani obniżyć cenę? (m/f)
Hay un error en la cuenta.
Na czeku jest pomyłka.

cajero automático	*bankomat*
tarjeta de crédito	*karta kredytowa*
cibercafé	*kawiarnia internetowa*
teléfono (móvil)	*telefon (komórkowy)*
estafeta de correos	*urząd pocztowy*
oficina de turismo	*biuro turystyczne*

FECHA Y HORA

¿Qué hora es?
Która jest godzina?
Es la una.
Pierwsza.
Las (10) y media.
Wpół do (jedenastej).
(literalmente: faltan media hora para las 11.00)

mañana	*rano*
tarde	*popołudnie*
noche	*wieczór*
ayer	*wczoraj*
hoy	*dziś/dzisiaj*
mañana	*jutro*
lunes	*poniedziałek*
martes	*wtorek*
miércoles	*środa*
jueves	*czwartek*
viernes	*piątek*
sábado	*sobota*
domingo	*niedziela*
enero	*styczeń*
febrero	*luty*
marzo	*marzec*
abril	*kwiecień*
mayo	*maj*
junio	*czerwiec*
julio	*lipiec*
agosto	*sierpień*
septiembre	*wrzesień*
octubre	*październik*
noviembre	*listopad*
diciembre	*grudzień*

TRANSPORTE

Transporte público

¿Cuándo pasa el ... (autobús)?
Kiedy jest ... (autobus)?

primer	*pierwszy*
último	*ostatni*
próximo	*następny*
barco	*statek*
autobús	*autobus*
avión	*samolot*
taxi	*taksówka*
taquilla	*kasa biletowa*

PREGUNTAS

¿Qué?	*Co?*
¿Cuándo?	*Kiedy?*
¿Dónde?	*Gdzie?*
¿Cuál?	*Który/a/e? (m/f/n)*
¿Quién?	*Kto?*
¿Por qué?	*Dlaczego?*

horarios	*rozkład jazdy*
tren	*pociąg*

Un billete ... (a Katowice).
Proszę bilet ... (do Katowic).

solo ida	*w jedną stronę*
ida y vuelta	*powrotny*

¿A qué hora llega a ...?
O której godzinie przyjeżdża do ...?

¿Para en ...?
Czy się zatrzymuje w...?

Por favor, avíseme cuando lleguemos a ...
Proszę mi powiedzieć gdy dojedziemy do ...

Por favor, lléveme a (esta dirección).
Proszę mnie zawieźć pod (ten adres).

Por favor, pare aquí.
Proszę się tu zatrzymać.

En automóvil y bicicleta

Me gustaría alquilar un ...   *Chcę
wypożyczyć ...*

todoterreno	*samochód terenowy*
bicicleta	*rower*
automóvil	*samochód*
motocicleta	*motocykl*

¿Esta carretera va a...?
Czy to jest droga do ...?

¿Dónde está la gasolinera?
Gdzie jest stacja benzynowa?

¿Cuánto tiempo puedo aparcar aquí?
Jak długo można tu parkować?

Necesito un mecánico.
Potrzebuję mechanika.

He tenido un accidente.
Miałem/am wypadek. (m/f)

diésel	*diesel*
con plomo	*ołowiowa*
gasolina	*benzyna*
sin plomo	*bezołowiowa*

GLOSARIO

Es probable que en algún momento del viaje aparezca algún término y abreviación de la lista que figura a continuación. Para vocabulario de comida y bebida, véanse pp. 453 y 458.

aleja o Aleje – avenida, calle principal; se abrevia como Al en las direcciones y los planos

apteka – farmacia

bankomat – cajero automático

bar mleczny – lechería/bar de leche; sencillo local tipo autoservicio o casa de comidas en la que se ofrecen platos muy baratos, especialmente vegetarianos

bazylika – basílica

bez łazienki – habitación con baño

biblioteka – biblioteca

bilet – billete

biuro turystyki – agencia de viajes

biuro zakwaterowania – oficina que proporciona alojamiento en casas particulares

brama – puerta

britzka – coche de caballos

Cepelia – red de tiendas que venden piezas de artesanía local

cerkiew (cerkwie) – iglesias ortodoxas o uniatas

cukiernia – pastelería

Desa – cadena de vendedores de antigüedades y arte antiguo

dom kultury – centro cultural

dom wycieczkowy – término aplicado a los albergues de la PTTK; también llamados *dom turysty*

domy wczasowe – casas de veraneo para trabajadores

dwór – mansión

góra – monte

gospoda – posada, taberna, restaurante

grosz – unidad de la moneda polaca, se abrevia como gr; plural *groszy*; véase también *złoty*

jaskinia – cueva

kancelaria kościelna – oficina de una iglesia

kantor(s) – oficina(s) privada(s) de cambio de divisas

kawiarnia – café

kemping – *camping*

kino – cine

kolegiata – colegiata

komórka – literalmente, "célula"; se utiliza para denominar a los teléfonos móviles (celulares en EE UU y Latinoamérica)

kościół – iglesia

księgarnia – librería

kwatery agro-turystyczne – casa rural

kwatery prywatne – habitaciones de alquiler en casas particulares

miejscówka – billete con asiento reservado

muzeum – museo

Na zdrowie! – ¡Salud!

noclegi – alojamiento

odjazdy – salidas (en los horarios del transporte)

ostrów – isla

otwarte – abierto

park narodowy – parque nacional

parking strzeżony – aparcamiento vigilado

pchac – tirar (en las puertas)

pensjonat(y) – pensión(es) privada(s)

peron – andén de una estación de trenes

piekarnia – panadería

PKS – Panstwowa Komunikacja Samochodowa; antigua empresa estatal que gestionaba gran parte del transporte en autobús de Polonia

Plac – plaza

poczta – oficina de correos

poczta główna – oficina principal de correos

pokój 1-osobowy – habitación individual

pokój 2-osobowy – habitación doble

przechowalnia bagażu – consigna

przez – vía, por el camino (en los horarios de transporte)

przyjazdy – llegadas (en los horarios de transporte)

PTSM – Polskie Towarzystwo Schronisk Młodzieżowych;

Asociación Polaca de Albergues Juveniles

PTTK – Polskie Towarzystwo Turystyczno-Krajoznawcze; Asociación Polaca de Turismo y Campo

rachunek – cuenta o nota

riksza – *ciclorickshaws* (taxi-triciclo)

rozkład jazdy – horario de transporte

Rynek – plaza mayor o del mercado

sanktuarium – santuario (por lo general, lugar de peregrinaje)

schronisko młodzieżowe – albergue juvenil

Sejm – cámara baja del Parlamento

skansen – museo etnográfico al aire libre

sklep – tienda

stanica wodna – albergue a orillas del agua, generalmente con barcas, kayaks y otras instalaciones relacionadas con el medio acuático

stare miasto – casco antiguo/ciudad vieja

Stary Rynek – casco antiguo/plaza del mercado

stołówka – cantina; restaurante o cafetería de una casa de veraneo, centro de trabajo, albergue, etc.

święty/a (m/f) – santo/a; abreviado Św

szopka – belén

teatr – teatro

toalety – aseos

ulica – calle; se abrevia ul en las direcciones (y se coloca antes del nombre de la calle); por lo general se omite en los mapas

Uniat – uniatas; católicos del rito oriental

wódka – vodka; el número uno de los aguardientes polacos

z łazienką – habitación con baño

zajazd – posada (a veces restaurante)

zamek – castillo

zdrój – centro de salud

zloty – moneda polaca; abreviada como PLN; dividida en 100 unidades llamadas *grosz*

Glosario gastronómico

bażant – faisán
befsztyk – filete de ternera
befsztyk tatarski – carne cruda y picada de ternera con trocitos de cebolla, yema de huevo cruda y, a menudo, pepinillos, eneldo y anchoas troceados
botwinka – sopa de tallos y hojas de remolachas pequeñas; suele llevar huevo duro
bryzol – filete (solomillo) de ternera a la parrilla
budyń – pudín de leche
chłodnik – sopa fría de remolacha con nata agria y verduras frescas; solo se sirve en verano
ciastko – repostería, pastel
ćwikła z chrzanem – remolacha rallada y hervida con rábanos picantes
dorsz – bacalao
dzik – jabalí
gęś – oca
gołąbki – hojas de col rellenas de carne picada, arroz y, a veces, setas
grochówka – sopa de guisantes, a veces servida *z grzankami* (con picatostes)
indyk – pavo
kaczka – pato
kapuśniak – chucrut y sopa de col con patatas
karp – carpa
knedle ze śliwkami – buñuelos rellenos de ciruelas
kopytka – ñoquis polacos; fideos hechos con harina y patatas hervidas

kotlet schabowy – chuleta de cerdo rebozada con pan rallado, harina y huevo; se encuentra prácticamente en todas las cartas polacas
krupnik – sopa espesa de cebada con verduras y tropezones de carne
kurczak – pollo
leniwe pierogi – fideos hervidos que se sirven con requesón

łosoś wędzony – salmón ahumado
melba – helado con fruta y nata montada
mizeria ze śmietaną – rodajas de pepino en nata agria
naleśniki – creps; tortitas fritas normalmente *z serem* (con requesón), *z owocami* (con fruta) o *z dżemem* (con mermelada), y servidas con nata agria y azúcar
pieczeń cielęca – carne de res asada
pieczeń wieprzowa – cerdo asado
pieczeń wołowa – ternera asada
pieczeń z dzika – jabalí asado
placki ziemniaczane – tortitas fritas de patata rallada y cruda, huevo y harina; servidas *ze śmietaną* (con nata agria) o *z cukrem* (con azúcar)
polędwica po angielsku – ternera al estilo inglés; filete de ternera asada
pstrąg – trucha
pyzy – buñuelos redondos al vapor hechos con harina de patata
rosół – consomé de ternera o pollo (*z wołowiny/z kury*) que se suele servir *z makaronem* (con fideos)

rumsztyk – filete de cadera
ryż z jabłkami – arroz con manzanas
sałatka jarzynowa – literalmente, "ensalada de verduras"; ensaladilla rusa
sałatka z pomidorów – ensalada de tomate, normalmente con cebolla
sarna – venado, ciervo
schab pieczony – lomo de cerdo asado sazonado con ciruelas pasas y especias
serem i z makiem – buñuelos con requesón/semillas de amapola
śledź w oleju – arenque en aceite con cebolla picada
śledź w śmietanie – arenque en nata agria
stek – filete
surówka z kapusty kiszonej – chucrut que a veces se sirve con manzana y cebolla

sztuka mięsa – ternera hervida con rábano picante
zając – liebre
zrazy zawijane – rollos de ternera estofados rellenos de setas y/o beicon y servidos en salsa de nata agria
zupa grzybowa – sopa de champiñones
zupa jarzynowa – sopa de verduras
zupa ogórkowa – sopa de pepino, normalmente con patatas y otras verduras
zupa pomidorowa – sopa de tomate que suele servirse *z makaronem* (con fideos) o *z ryżem* (con arroz)
zupa szczawiowa – sopa de acedera que suele servirse con un huevo duro

Entre bastidores

LA OPINIÓN DEL LECTOR

Agradecemos a los lectores cualquier comentario que ayude a que la próxima edición pueda ser más exacta. Toda la correspondencia recibida se envía al equipo editorial para su verificación. Es posible que algún fragmento de esta correspondencia se use en las guías o en la web de Lonely Planet. Aquellos que no quieran ver publicados sus textos ni su nombre, deben hacerlo constar. La correspondencia debe enviarse, indicando en el sobre Lonely Planet/ Actualizaciones, a la dirección de geoPlaneta en España: Av. Diagonal 662-664. 08034 Barcelona. También puede remitirse un correo electrónico a: viajeros@lonelyplanet.es. Para información, sugerencias y actualizaciones, se puede visitar www.lonelyplanet.es.

NUESTROS LECTORES

Gracias a los viajeros que consultaron la última edición y escribieron a Lonely Planet para enviar información, consejos útiles y anécdotas interesantes:

A Alyssa Donald, Aneta McNally, Arie van Oosterwijk, Assen Totin **B** Brian Mooney **D** Daniëlle Wolbers, David Bourchier, Debbie Greenlee **E** Elaine Silver, Emlyn Williams **G** Gillian Gardiner **J** Jalle Daels **K** Kingsley Jones **L** Lars Walter, Lucas Szymansk, Łukasz Patejuk **M** Marcia Anton, Marcus Hinske, Marie Neumann, Mark Wenig, Mathieu Gendaj, Mikolaj Stasiewicz **N** Nicolas Combremont **P** Peter Divine **R** Reinhart Eisenberg **S** Stefan Görk

AGRADECIMIENTOS

Mark Baker

Quiero dar las gracias a toda la gente que me ayudó durante mi labor, pero muy especialmente a Olga Brzezińska, Magdalena Krakowska y Anna Czerwinska.

Marc Di Duca

Un enorme gracias a mis suegros, Mykola y Vira, por cuidar de los chicos en mi ausencia y a mi mujer, Tanya, por su apoyo. Vaya mi agrade-cimiento también al personal de las oficinas de turismo de todo el país, pero sobre todo a los empleados de Gdańsk, Świnoujście, Sopot, Olsztyn y Grudziądz.

Tim Richards

Antes que nada, muchas gracias al bondadoso pueblo polaco por responder siempre a mis preguntas con buena cara y soportar mi uso limitado de su idioma. Gracias sobre todo al personal de las oficinas locales de turismo, siempre de gran ayuda. También me gustaría dar las gracias a las compañías de ferrocarriles polacas, cuyos trenes (bastante puntuales, por cierto) me llevaron por todo el país. Gracias asimismo a los restaurantes que no tuvieron inconveniente en adaptar clásicos polacos a mi recién estrenado vegetarianismo. *Dziękuję!*

RECONOCIMIENTOS

Información del mapa climatológico adaptado de M. C. Peel, B. L. Finlayson y T. A. McMahon (2007) "Updated World Map of the Koppen-Geiger Climate Classification", *Hydrology and Earth System Sciences*, 11, 1633-44. Fotografía de cubierta: Basílica de Santa María, Cracovia, en invierno, Witold Skrypczak / Getty Images ©

ESTE LIBRO

Esta es la traducción al español de la 8ª edición de *Poland* de Lonely Planet, documentada y escrita por Mark Baker, Marc Di Duca y Tim Richards. La edición anterior también fue escrita por los mismos autores. La 6ª edición la escribieron Tim Richards, Neal Bedford, Steve Fallon y Marika McAdam.

Versión en español

GeoPlaneta, que posee los derechos de traducción y distribución de las guías Lonely Planet en los países de habla hispana, ha adaptado para sus lectores los contenidos de este libro. Lonely Planet y GeoPlaneta quieren ofrecer al viajero independiente una selección de títulos en español; esta colaboración incluye, además, la distribución en España de los libros de Lonely Planet en inglés e italiano, así como un sitio web, www.lonelyplanet.es, donde el lector encontrará amplia información de viajes y las opiniones de los viajeros.

Gracias a Jane Grisman, James Hardy, Andi Jones, Catherine Naghton, Karyn Noble, Lauren Wellicome, Tracy Whitmey

Índice

La **negrita** indica los mapas.
El azul indica las fotografías.

Leyenda de los mapas

Puntos de interés
- Playa
- Reserva de aves
- Templo budista
- Castillo/palacio
- Templo cristiano
- Templo confuciano
- Templo hindú
- Templo islámico
- Templo jainita
- Templo judío
- Monumento
- Museo/galería de arte/edificio histórico
- Ruinas
- Sento (baño público)/onsen
- Templo sintoísta
- Templo sij
- Templo taoísta
- Lagar/viñedo
- Zoo/santuario de vida silvestre
- Otros puntos de interés

Actividades, cursos y circuitos
- Bodysurf
- Submarinismo/buceo
- Canoa/kayak
- Curso/circuito
- Esquí
- Buceo
- Surf
- Natación/piscina
- Senderismo
- Windsurf
- Otras actividades

Alojamiento
- Alojamiento
- Camping

Dónde comer
- Lugar donde comer

Dónde beber
- Lugar donde beber
- Café

Ocio
- Ocio

De compras
- Comercio

Información
- Banco, cajero automático
- Embajada/consulado
- Hospital/médico
- Acceso a internet
- Comisaría de policía
- Oficina de correos
- Teléfono
- Aseos públicos
- Información turística
- Otra información

Otros
- Playa
- Cabaña/refugio
- Faro
- Puesto de observación
- Montaña/volcán
- Oasis
- Parque
- Puerto de montaña
- Zona de picnic
- Cascada

Núcleos de población
- Capital (nacional)
- Capital (provincial)
- Ciudad/gran ciudad
- Pueblo/aldea

Transporte
- Aeropuerto
- Puesto fronterizo
- Autobús
- Teleférico/funicular
- Ciclismo
- Ferri
- Metro
- Monorraíl
- Aparcamiento
- Gasolinera
- S-Bahn
- Taxi
- Tren
- Tranvía
- U-Bahn
- Otros transportes

Red de carreteras
- Autopista
- Autovía
- Ctra. principal
- Ctra. secundaria
- Ctra. local
- Callejón
- Ctra. sin asfaltar
- Camino en construcción
- Zona peatonal
- Escaleras
- Túnel
- Puente peatonal
- Circuito a pie
- Desvío del circuito
- Camino de tierra

Límites
- Internacional
- 2º rango, provincial
- En litigio
- Regional/suburbano
- Parque marítimo
- Acantilado
- Muralla

Hidrografía
- Río/arroyo
- Agua estacional
- Canal
- Agua
- Lago seco/salado/estacional
- Arrecife

Áreas delimitadas
- Aeropuerto/pista
- Playa, desierto
- Cementerio cristiano
- Cementerio (otro tipo)
- Glaciar
- Marisma
- Parque/bosque
- Edificio de interés
- Zona deportiva
- Pantano/manglar

Nota: No todos los símbolos aparecen en los mapas de este libro.

LOS AUTORES

Mark Baker

Cracovia, Małopolska, Montes Cárpatos Mark visitó Polonia por primera vez a mediados de la década de 1980, cuando era estudiante y el país todavía pertenecía al bloque comunista. Desde entonces se ha mudado a Praga, ha vuelto a Polonia en multitud de ocasiones y ha trabajado como escritor y editor para Economist Group, Bloomberg News y Radio Free Europe/Radio Liberty. Además de haber colaborado en la guía *Poland* de Lonely Planet y haber escrito la guía *Pocket Kraków*, es coautor de las guías *Prague & the Czech Republic*, *Romania & Bulgaria*, *Slovenia* y *Estonia, Latvin & Lithuania*. Mark también escribió las secciones *En ruta* y *Guía práctica* de esta guía.

Marc Di Duca

Gdańsk y Pomerania, Varmia y Mazuria Marc lleva un cuarto de siglo yendo y viniendo del antiguo bloque comunista y trabajando como escritor de viajes a tiempo completo desde hace 10 años. Autor de varias guías de Polonia, siente predilección por la región norte del país, uno de sus rincones preferidos de Europa oriental. Cuando no está siguiendo la pista a Copérnico en la costa báltica, dándose un atracón a base de tarta de queso y *pizza* polaca o tratando de comprar billetes de tren a Szczecin, Marc vive a caballo entre Kent y Bohemia occidental con su mujer, Tanya, y sus dos hijos.

Más información sobre Marc en:
http://auth.lonelyplanet.com/profiles/madidu

Tim Richards

Varsovia, Mazovia y Podlaquia, Silesia, Wielkopolska Tim enseñó inglés en Cracovia en la década de 1990 y quedó fascinado ante la transición poscomunista de Polonia. Desde entonces ha vuelto en repetidas ocasiones por Lonely Planet, lo que le ha permitido estrechar su relación con este precioso y complejo país. En el 2011 lanzó por internet una recopilación de sus artículos sobre Polonia, titulada *We Have Here the Homicide*. Cuando no está recorriendo el mundo para Lonely Planet, Tim ejerce como periodista *freelance* en Melbourne (Australia) escribiendo sobre viajes y arte. Para ampliar detalles, visítese www.iwriter.com.au.

Más información sobre Tim en:
http://auth.lonelyplanet.com/profiles/timrichards

geoPlaneta
Av. Diagonal 662-664. 08034 Barcelona
viajeros@lonelyplanet.es
www.geoplaneta.com - www.lonelyplanet.es

Lonely Planet Global
Lonely Planet Global Limited, Unit E, Digital Court,
The Digital Hub, Rainsford Street, Dublin 8, Irlanda
(oficinas también en Reino Unido y Estados Unidos)
www.lonelyplanet.com - talk2us@lonelyplanet.com.au

Polonia
4ª edición en español – julio del 2016
Traducción de *Poland*, 8ª edición – marzo del 2016
© Lonely Planet Global Limited
1ª edición en español – noviembre del 2005

Editorial Planeta, S.A.
Con la autorización para la edición en español de Lonely Planet Global Ltd
A.B.N. 36 005 607 983, Unit E, Digital Court, The Digital Hub, Rainsford Street,
Dublín 8, Irlanda

© Textos y mapas: Lonely Planet, 2016
© Fotografías 2016, según se relaciona en cada imagen
© Edición en español: Editorial Planeta, S.A., 2016
© Traducción: Carme Bosch, Jorge García, 2016

ISBN: 978-84-08-15210-1

Depósito legal: B. 66-2016
Impresión y encuadernación: Liberduplex
Printed in Spain – Impreso en España